五百年来谁著史

1500年以来的中国与世界

韩毓海——著

中信出版集团 · 北京

图书在版编目（CIP）数据

五百年来谁著史：1500 年以来的中国与世界 / 韩毓海著 . -- 北京：中信出版社，2018.7（2025.12 重印）
ISBN 978-7-5086-8904-3

I. ①五… II. ①韩… III. ①中国历史－研究－明清时代 IV. ① K240.7

中国版本图书馆 CIP 数据核字（2018）第 089058 号

五百年来谁著史——1500 年以来的中国与世界

著　　者：韩毓海
出版发行：中信出版集团股份有限公司
（北京市朝阳区东三环北路 27 号嘉铭中心　邮编　100020）
承 印 者：北京盛通印刷股份有限公司

开　　本：787mm × 1092mm　1/16　　印　　张：41　　字　　数：514 千字
版　　次：2018 年 7 月第 1 版　　印　　次：2025 年 12 月第 12 次印刷
书　　号：ISBN 978–7–5086–8904–3
定　　价：128.00 元

献词

我愿诚挚地将自己幼稚的工作，

奉献给养育我的父母人民，

特别是：

奉献给激发我写下本书第一行文字的那遍地英雄的山河，

奉献给在这块土地上默默牺牲和奉献着，

创造了伟大的“太行精神”的父老亲人。

因为——正是那些在历史的纵深处和现实的实践中奋力工作的人，

使我幼稚的写作成了一个声音。

五百年 目录

上篇 『漫长的 16 世纪』

下篇 『漫长的19世纪』

2018年版序言

本书第一版出版于九年前，这次再版，希望能够摆脱盗版流布的困扰，使广大读者能够更全面、更真实地评判本书的得失。借此，我对中信出版集团和广大读者表示衷心的感谢。

鲁迅希望自己的书“速朽”，因为那是写于黑暗中的东西，而作者渴盼着光明。他甚至说，今人之所以喜读《水浒传》，就是因为今日之中国，依然还处在水浒的时代。

毛泽东曾说鲁迅是圣人，而只是谦虚地说自己是贤人。我等虽皆是凡人，但生在了中国和中国人出头的时代。我虽然对自己的作品没有自信，但对生我之时代充满自信。在这样的时代，我们做中国的学问，比鲁迅他们那一代人要幸运得多。

1917 年，蔡元培在《就任北京大学校长之演说》中说过一句话：“大学者，研究高深学问者也。”他这里所说的“高深学问”，显然并不等于知识，因为没有思想的知识，既谈不上高，也谈不上深，不过就是流水账而已。

1927年，陈寅恪在《清华大学王观堂先生纪念碑铭》中也说过一句话，叫作“独立之精神，自由之思想”。这块碑，现在就立在清华园中。

但是，无论怎样提倡文化、高标学问，生于蔡元培、陈寅恪那种时代，他们对于中国文化、中国道路、中国制度、中国理论，绝不会有我们今天这样的自信。王国维的自沉，在很大程度上就是出于对中国文化、中国制度之前途命运的绝望。

故陈寅恪在《王观堂先生挽词序》中方才如此沉痛地说：“社会经济之制度，以外族之侵迫，致剧疾之变迁；纲纪之说，无所凭依，不待外来学说之掊击，而已销沉沦丧于不知觉之间；虽有人焉，强聒而力持，亦终归于不可救疗之局。”

“皮之不存，毛将焉附。”正如陈寅恪悲哀自嘲的那样，如果中国的制度已经毫无前途，则所谓中国文化、中国思想，究竟何枝所依，何事所凭？如果连中国都没有了，则研究所谓中国学问，也不过就是讨辞赋、寻章句而已。

其实，蔡元培、陈寅恪当年对思想与学问之“自由”的理解，有很鲜明的启蒙主义或德国古典哲学色彩，它的根源就在于所谓的“人有自由意志”，而所谓自由意志，在他们看来，也就是“独立之精神，自由之思想”。

马克思批判地继承了德国古典哲学，在与恩格斯合写的《德意志意识形态》中，马克思说，所谓“人的自由意志”的发展，不过就是指人类“生产与交换能力”的发展。人类在生产与交换的历史发展过程中，形成、发展着自己的社会制度，因此，不研究社会制度的发展，思想和知识就没有着落、没有落脚点。

学问和思想从来就是附丽于制度的，从这个意义上说，世界上其实并不存在所谓与社会现实相脱离的“独立之精神，自由之思想”。高标“独立之精神，自由之思想”，说白了其实就是生活在那个中国文明黑暗时代的读书人“无地彷徨”的无奈之语。因为那个时候，无论改革旧制度还是创造新制度的力量，都还尚不具备。

本书的主题是研究近代以来中国治理体系和治理能力的现代化，通俗地说，就是研究近代以来中国的制度改革与革命。本书的主要线索是：从地缘政治变革的角度观察近代世界交往方式之变迁，从财政金融的角度思考顶层制度之改革，从基层组织的角度研究国家社会组织能力之革命。

我的学长袁纯清曾说，这本书的最大优点，就在于采取了历史唯物主义的立场和方法。

我既把他的话当作最大的褒扬，也将之视为学习和努力的目标。

今天看来，本书当然也有许多缺点与不足，而其最大的不足在于：考察名物制度的学者，并非现实中的实践者，而离开了波澜壮阔、艰辛曲折的生动实践，离开了饱含切肤之痛的斗争、付出、牺牲与收获，学问终归是纸上的学问，学者难免陷入迂阔和理想主义。我一向以为，历史上那些切中时弊的奏章、手札之所以比“四书”更具影响力，就是因为其作为破解现实问题的措施，比抽象的原理更有力量。

矛盾、变化是绝对的，而范式是相对的，从历史上看，我们不是一般地缺乏知识，而是缺乏有关行动的知识。

“知者行之始，行者知之成。圣学只一个功夫，知行不可分作两事。”我今天深刻地感受到：写好一本书，与为国家和人民办成一件事，哪怕是历史进程中的一件小事，比较起来，其价值“相去之远，何啻于十百千万也”。

在书里磨，与在事上磨，毕竟还是不同。本书之所以至今还有价值，就是因为它并不是一般的关于历史的著作，而是关于历史上的改革与革命的著作，它提供的是有关行动的知识，是有关历史运动的知识。

能写出一本50多万字的书，我感慨、惊诧于自己青年时代的勇气与毅力。“季子正年少，匹马黑貂裘”，那时可以数天连续通宵工作的我，可曾想到自己也有“可怜白发生”的时候?

一部学术著作是否有价值，并不取决于它是否符合当下手造的所谓“学术规范”，而在于它能否经得住历史的考验。所谓历史的考验，就是指面对那些历经历史沧桑而没有解决的问题。王安石的文章不可谓不多，但今天读来还能昭聋发聩的，不过就是《上仁宗皇帝言事书》。康有为的《新学伪经考》是否有价值不好说，但是，今天我们依然不能怀疑《上清帝第一书》的价值。

所谓“学术生产”也能创造出“剩余价值”的原因，庶几在此。

九年波澜壮阔的历程，对中华民族、对我们的国家来说是伟大的长征。学术不可能超越实践与变化，学术工作不过就是拼命努力去抓住历史变化的“剩余”而已。

“开元爆竹第一声，铁马冰河入梦中，眼底战国成争鹿，天下英雄孰卧龙。五百年来重写史，两万里后再长征，众手扶起唐社稷，沧海横流东方红。”

我希望自己能够保持青年时代那样的工作热情、那样的拼搏精神，希望自己能够跟上时代，永远不要掉队。

一

现在交到读者手上的第三版，主要对原书的理论部分做了增订。特别是下篇的第四节（从康德到列宁）、第五节（作为“中国方法”的《大同书》）中，原来只是略略提到的许多论点，现在都做了进一步的阐述。

如同马克思和列宁的著作一样，康德、黑格尔、康有为的著作，今天已被当作十分古旧的知识，人们怀疑它们与现实究竟有何关系，还能派上何等用场。实际上，这种怀疑是从这些著作诞生伊始就存在着的。例如，黑格尔的《精神现象学》一直被批评为“文字粗拙晦涩、令人无法了解”，文德尔班甚至这样说过：“能了解精神现象学的那一代人早已死绝了。”[1]

在实用主义的时代，像怀疑一切不能直接变成钱的东西一样，人们普遍怀疑“理论”的价值、“理论”的用处，这本是再“正常”不过的事情——当年的左文襄公曾经感慨地说：“今之农者，亦如今之学者，欲速见小，自误而以误人。吾三十以后，读书渐多，阅世渐深，知区区之存于心中，自以为是者，仅足以仿当今无足指数之人，而于古之狂狷尚未逮也。”[2]这些话若换成今天通俗的说法就是：所谓实用主义学风，便是“小农经济”在思想、学术领域中的反映。它的表现也就是左宗棠所说的“欲速见小，自误而以误人”，更进一步说，它导致我们的发展没有坚实的基础、长远的眼光和持续的内在动力，更导致我们日渐丧失了“理论”这个改造世界的有力武器。

马克思曾经这样说到他自己所处的时代、说到那个时代的德国：“不仅苦于资本主义生产的发展，而且苦于资本主义生产的不发展。除了现代的灾难而外，压迫我们的还有许多遗留下来的灾难，……不仅活人使我们受苦，而且死人也使我们受苦。死人抓住了活人！”实际上，马克思所说的，也就是我们的时代和我们当下的处境：今天，不仅肆虐全球的资本主义大危机使我们受苦，而且旧的生产方式、旧的发展方式同样也深深地束缚着我们，使我们受苦。马克思的时代其实离我们并没有那么遥远，而上述那些被判为“古之狂狷”者——康德、马克思、康有为，他们的写作所针对的，实际上也便是我们的现实，他们能够告诉我们的，比当下的时尚宣传所能给予我们的要多得多。

今天的人们似乎已经忘记了：正是康德第一个指出，英国人率先发明的“战争国债”和战争金融制度，乃是现代欧洲思想错误的结果，是西方思维最大的失误；而黑格尔则认为，推动现代西方世界发展的两个真正动力，无非是战争与财富；尼采更一针见血地指出，“债务关系”乃是资本主义制度的基础；正是马克思指出，在世界经济危机爆发之后，一切旧的经济学实际上都已经死亡了，因此，从今往后，我们需要一种完全不同的经济学；而列宁认为，金融垄断和跨国公司的垄断，是20世纪世界经济的主要特征；康有为则第一个提出了“大同”“小康”之辩，他说，未来的“大同社会”，必定是以劳动者为主体，以科技、思想和知识创新为动力的社会，必然是“劳动社会”和“创新型社会”。

这些被判为“古旧”的知识、这些晦涩的理论，恰恰是今天我们认识、改造现存世界的最有力武器。

二

本书第一版面世不久，就有学者希望我谈谈“理论叙述”与现实、历史叙述的关系问题。在一些读者看来，本书的上篇以现实、历史叙述为主体，而下篇则似乎更侧重于“理论”。对这个问题，其实再也没有人比马克思阐述得更好了。在《〈资本论〉·第二版跋》中，他便深刻地谈到了究竟应该怎样对待“理论”这个问题。马克思谈到了黑格尔的辩证法，谈到了这个有史以来最大的“理论狂人”，他这样说：在黑格尔那里，理论“是现实事物的造物主，而现实事物只是思维过程的外部表现”。与黑格尔不同，马克思自己则把理论当作人的思想和语言活动，马克思说，他自己不是从“口头说的、思考出来的、设想出来的、想象出来的出发，去理解有血有肉的人。我们的出发点是从事实际活动的人”。人的实际活动就是生产与交往，随着人类生产与交往活动的发展，人类形成了不同的社会制度，而离开了对制度的研究，所谓理论与思想乃是“皮之不存，毛将焉附”。

自新教改革以来，德国人所理解的人的解放，就是人的自由意志的发展。马克思认为，人的自由意志的发展就是生产与交往活动的发展，因此，“只有在现实的世界中并使用现实的手段才能实现真正的解放；没有蒸汽机和珍妮走锭精纺机就不能消灭奴隶制；没有改良的农业就不能消灭农奴制；当人们还不能使自己的吃喝住穿在质和量方面得到充分保证的时候，人们就根本不能获得解放。‘解放’是一种历史活动，不是思想活动，‘解放’是由历史的关系，是由工业状况、商业状况、农业状况、交往状况促成的”。

所谓理论叙述与历史叙述的统一，只能是对制度形成与发展的研究，我以为这就是本书所坚持的历史唯物主义的方法。

离开了历史变化的理论，与其说是抽象的，不如说是僵化的，这就是中国人所说的命数、天理与时势的关系。这里的时势，不仅仅是指中国历史的变化，也是指世界历史的变化。今天的中国，依然处在自16世纪以来历史巨变的大周期之中，因此，我们必须从广阔的时间与空间的角度审视我们今天的发展。

三

长期领先于世界的中国，为什么会在19世纪走向衰败和落伍？长期处于战乱分裂状态的欧洲，为什么会在19世纪后超越中国、领先世界？这是一个极其重要的课题，在世界学术界，它被称为“李约瑟之谜”（在当代中国学术界，对这一问题的回应主要是技术性的，并深刻地受到“现代化论”的束缚，例如，有中国经济学家认为李约瑟其实只是提出了两个疑问：其一，为什么中国科技水平和经济发展在历史上一直遥遥领先于其他文明？其二，为什么中国科技水平和经济发展现在不再领先于世界水平？[3]）。本书的基本目标之一，便是以上述辩证唯物主义方法去回应这一课题。

许多杰出的学者已在破解这个谜方面做出了重要贡献，如安格斯·麦迪森的《世界经济千年史》，以及伊懋可关于“高度平衡陷阱”的重要论断。按照麦迪森的统计，中国经济在 1 000 年里一直保持持续增长，并在 1820 年左右达到了世界经济总量的 1/3[4]；尽管如此，中国经济的增长却一直是依靠不断增加的劳动力投入维持的，而 1500 年之后，西方经济的增长则主要是依靠技术、生产方式的创新实现的。如果说西方经济 1500 年之后的增长体现为劳动生产率的提高的话，那么观察同时期的中国，却会发现经济增长伴随的乃是劳动生产率的下降，这可以解释为什么人口很少的西方却创造了越来越多的财富，并最终超越了中国。

麦迪森和伊懋可的论断，就“李约瑟之谜”给出了一个典范性的解释模式，但是他们的解释也遭到了两个方面的有力挑战。一个挑战就来自马克思主义。马克思主义认为，西方经济的增长方式受资本积累这个基本目标的制约，这使得科学技术的发展具有排斥人类劳动的弊端。同时，西方经济在 1500 年之后的飞跃增长不仅是劳动生产率提高的结果，而且是近乎无偿地占有当时还很廉价的世界资源的结果，包括无偿占有美洲、印度的农产品，以及世界上绝大部分的矿产品。西方经济的增长带有掠夺自然的特性，并与残暴的殖民主义统治相联系。因此，从排斥人类劳动和掠夺自然、殖民地这两个方面来看，西方经济 19 世纪的增长方式也是不可持续的。

另一个挑战是伴随着1950年以来中国社会主义工业化道路的开辟，特别是20世纪70年代以来东亚经济的持续起飞而产生的。这个学派把新中国的发展，以及20世纪70年代以来的东亚经济“奇迹”，解释为东亚具有大量高素质劳动力的结果，是这些优质劳动力通过建立合作型社会，创新西方单一竞争型模式的结果。他们认为，这条以农业为基础，农业、轻工业和重工业互相促进、协调发展的道路，既接续了亚当·斯密在《国富论》中所推崇的“世界经济的健康发展之路”（斯密认为这条道路为英国的“工业革命”所中断），更是对人类现代发展方式的创新。与排斥劳动和就业、依靠自然资源的大规模耗散、通过掠夺殖民地谋增长的“工业革命”不同，其被称为“勤劳革命”。

许多西方学者从劳动力的“质”而非“量”的角度观察中国的劳动力优势在持续发展中的作用，他们认为，“与普遍的看法相反，中华人民共和国对外资的主要吸引力并不是丰富的廉价劳动力资源，而主要是这些劳动力在健康、教育和自我管理能力上的高素质”，而且，这种质的优越性与中国长期坚持的社会主义道路分不开。如萨米尔·阿明认为，在中国，农民与土地的直接结合使中国能够创造新的发展模式，这种模式必然与只能用贫民窟和失业来解决经济危机的资本主义逻辑完全不同。[5]

本书的基本探索之一，就是对“李约瑟之谜”提出进一步的、不同的解释。这种解释主要集中在以下三个方面。

第一方面是地缘政治性的。自10世纪以降，在中国的推动下，逐步形成了横跨欧亚大陆，联系东洋、西洋和南洋的贸易与金融流动体系，其中，以恰克图为核心，贯通“内陆欧亚”的北方贸易体系和以琉球为核心，联系东洋、西洋和南洋的海洋贸易体系，乃是以中国为核心的世界体系的两个重要枢纽。16 世纪中后期以降，随着美洲白银的输入和帝国主义军事扩张的加剧，随着世界地缘政治态势的大变动，以中国为核心的世界贸易和货币流动体系最终于 19 世纪走向瓦解。中国那时的衰落，首先是上述世界地缘政治态势变动的结果。

第二方面是金融性的。它基于一个简单的事实：尽管在 10 世纪之后中国社会就开始进入"近世"，但自宋、元、明、清到中华民国长达数百年的时间内，由于长期实行经济、社会的放任主义，中国都没有自己的自主货币。宋代经济已经依赖南洋、西洋舶来的白银，而自明隆庆元年（1567）起，从美洲大量进口白银和银元，更成为解决中国经济发展与货币短缺矛盾的基本国策，从而使得中国经济社会的发展依赖美洲的白银供给。这成为阻碍中国长期发展、实现革命性发展的重要瓶颈。

魏源早就深刻指出："人知中国之银出漏于外洋，而不知自昔中国之银大半来于外洋"，"而近数百年间，钱粮改银以后，白金充布天下，谓非闽、粤番舶之来，何自得之"，"银之出于开采者十之三四，而来自番舶者十之六七"，"银来番舶数千年，今复为番舶收之而去"，"中国争用西洋之银钱，昂于内地之银值，则中国银币行之数百年，亦必因时而当变"。因此，魏源倡议：中国欲求富强，必先从国家自铸货币，驱逐西方银元始。[6] 近代中国改革的先驱者康有为上清帝的第一份奏折，就是《钱币疏》，其中即提出中国 400 年均没有国家主权货币，指出货币供给依赖外洋所造成的"失名、失实、失用"，乃是"旷世之大弊"，康有为更首倡"废两改元"，即废除银两，改行国家铸造、发行的银元为主权货币。[7] 中国革命的先驱者孙中山的革命目标之一，也便是“货币革命”，但是，直到1935年，中华民国国民政府才力图废除白银和银元而发行国家货币——法币。法币的发行没有当时中国经济的主体——农业经济的支撑，也难以深入中国的广大农村，故不得不以外币为“准备金”。法币既与英镑汇率挂钩，又以美国的“银本位制”为基础，这种在列强之间“左右逢源”的币制设计，却因独将日本排除在外，竟成为日本帝国主义发动侵华战争的重要借口。法币发行，终致20世纪40年代严重的通货膨胀而陷入崩溃。

因此，与1500年以降的西方相比，中国经济的增长缺乏国家财政组织、金融战略的有力支持，这是它陷入发展困境的又一个重要原因。

第三方面是政治上的，具体地说就是“国家组织能力”上的。宋代以降，经济和市场的不断发展与国家组织能力的持续下降这一矛盾现象，是我们观察历史得出的第三个基本结论。

中国政治史的经验和教训告诉我们，宋代以降之所以出现了国家组织能力下降的问题，其根源就在于国家治理能力的全面下降。中国的士大夫阶级，自那个时候起，就已经不再能够担负起一个逐步近代化的国家的治理之责，即他们既没有管理经济、财政、税收、司法、军事和金融的具体能力，也不再能够担负起组织人民、教育人民的责任。华而不实、日益腐化的士大夫阶级，已日益成为近代中国社会发展的阻碍力量，而中国的基层治理早已落在了横征暴敛的胥吏手中，即从那个时候起，中国其实已经出现了管理者、治理者“缺位”的危机。

被列宁称为“11世纪伟大的改革家”的王安石，在其政治名篇《上仁宗皇帝言事书》[8]中率先提出了中国面临着严峻的政治危机这一重要课题。面对经济的迅速发展、社会结构的巨大变化和强敌入侵的压力等多重难局，宋王朝暴露出的核心问题并不是缺乏经济能力，而是整体上丧失了政治能力。

王安石指出，宋王朝没有政治。这就是说，国家没有真正的治理者。儒家文化的根本缺陷在于其目标是培养“圣贤”和文人，而非日益近代化的国家治理者。儒家学说作为政治学是不合格的，因此，在这种思想文化体系中培养出来的官员，作为“治理者”也都是不合格的。王安石的文章开篇即痛陈中国“没有人才”，而他所谓的人才，并不是指文人，而是指治理者，并不是指儒家意义上的“圣贤”，而是指政治家——治国理政的人才。他认为儒家文化培养出来的只能是口吐莲花的文人和独善其身的“贤达”，而不是治理者，这就是他所谓：从造就治理者的角度看，儒宗学说之于人才的“教、养、取、任”，皆不得法，甚至可以说是一塌糊涂。

王安石之所以被称为“中国政治改革的第一人”，就是因为他提出了培养、选拔、约束和监督治理者的一整套办法，即他力图将治理者从“文人”和“圣贤”中剥离出来，形成一支职业化的治理者队伍。从今天的角度来说，他的这一举措可以被称为“政治的理性化”。

王安石希望造就一支职业化的治理者队伍，以此加强宋的国家能力，然而，在与庞大的士大夫阶级的对抗中，他失败了。像中国此后进行的一系列改革一样，王安石的改革也是自上而下的，这种改革无一例外地不能触动中国基层，尤其不能触动长期把持中国基层税收、司法、财政和军事的基本力量——胥吏阶级。

胥吏是从唐代的“役法”中演变而来的。按照役法，基层的事务是由人民轮流担职处理的，国家并不发给俸给，而唐中期以降，基层事务已由专任的事务员把持，他们的收入不是来自国家，而是来自办事获得的“好处费”。这种把持基层的事务员，就是胥吏。

实际上，国家治理者缺位所造成的最为深刻的弊端，尚不在困扰着王安石的“上层”，而在基层政治的瓦解，或者在于吏胥之害，它导致的结果就是所谓的“官无封建而吏有封建”。

南宋的改革家叶适说：“何谓‘吏胥之害’？从古患之，非直一日也，而今为甚者。盖自崇宁极于宣和，士大夫之职业，虽皮肤蹇浅者亦不复修治，而专从事于奔走进取，其薄书期会，一切惟胥吏之听。而吏人根固窟穴、权势熏炙、滥恩横赐、自占优比。渡江之后，文字散逸，旧法往例，尽用省记，轻重予夺，惟意所出。其最骄横者，三省枢密院，吏部七司户刑；……故今世号为‘公人世界’，又以为‘官无封建而吏有封建’者，皆指实而言也。”[9]

我们要理解叶适上面这些话，其实只要读读《水浒传》——甚至只需认清其中宋江这个人物的真实面目就足够了。研究中国政治史，我们竟然发现，宋代其实主要有两种干部：一种是王安石所谓无能、无为的“三门干部”，另一种就是叶适所谓胥吏式的“江湖老大式干部”，前者的代表是朱熹，后者的代表就是宋江。或曰：雅者朱子，俗者宋江，前者无为，后者胡为，而且又正是前者的无为，造就了后者的胡为。

宋江者，郓城县押司也，负责案卷的起草和管理，是个公职人员，属于叶适所说的“公人世界”里面的人物。这个人“刀笔精通，吏道纯熟”，“自小为吏，结识英雄辈”。不过，宋江这级干部，在宋代是没有国家正式工资的，虽然经过王安石、苏辙等人的呼吁[10]，朝廷六部里的胥吏（即叶适所谓“最骄横者”）算是有了工资，但地方州县还是基本没有——这不是因为财政困难发不出去，而是由于胥吏所担任的工作牵扯千家万户、人命关天，搞钱是根本不困难的。王安石批评士大夫出身的官员没有真本事，如此才放任了胥吏，而他的政治对立面司马光，则把批判矛头主要对准了胥吏，司马光以为胥吏“以啖民为生”，此所谓“是以百姓破家坏产者，非县官赋役独能使之然也，大半尽于吏家也”，这就是说，中国历史上最为腐败、骄横而激发民怨、民变者，即是基层的事务员。如宋江这种人，由于没有正常收入，又没有升迁的希望，当然要通过包揽诉讼大发横财，他那个“及时雨”的称号也就是靠着“仗义疏财”获得的，而宋江尽管并不是柴进那种天潢贵胄，可他倒是比柴大官人还出手大方，宋江的钱从何而来呢？比如，他给晁盖通风报信，让晁盖赶紧逃跑，后者马上就让刘唐拿 100 两黄金酬谢他，可见，宋江已经到了不必索贿，而是有人感激涕零给他送黄金、称他为“及时雨”的地步，这个人代表了胥吏阶级的最高境界。宋江这种人成为国家行政的基石，掌握了真正的“事权”，说明宋代的无政府状态达到了什么程度，国家能力下降到了何等程度。

叶适说：如果士大夫出身的官员不能干事、不愿干事、不会干事，那就不能从根本上避免胥吏胡作非为、什么事都敢干了，在这个意义上，恰恰是“平日袖手看文件”的朱熹，造就了官场上黑白通吃的“江湖老大”宋公明。既然没有一套培养、选拔、监督和约束管理者的办法，那么官员的进退自然没有什么切实标准可依，官员要升迁，除了奔走外，别无他法。既然儒家培养士大夫的标准如此脱离治国理政之实际，那么标准越多、法规越密、条文越细，就越不能执行，唯一的结果是行政变成了文牍，变成了以开会落实开会，以文件落实文件。实际上，就连起草文件的事都交给了胥吏。官员忙于奔走，更把基层的实际事务交给地方上的胥吏“能人”去操办，这样官员等于浮在上面，于是一切都成为表面文章，胥吏成为操持地方的黑社会性质的势力，而国家没有了他们竟然无法在基层办事。宋代对外不能抗击辽金，对内不能制止社会陷入无政府的江湖状态，即使它的经济和商业搞得再好，也难以避免亡国的命运，我们所谓“弱宋”，也就是指其国家能力的衰弱。

对于王安石改革的失败，叶适更曾有别开生面的总结，他在《民事》篇中这样说：即使王安石成功将士大夫阶级改造成有富国强兵真本事的“边才”和“吏才”，即使他能解决宋王朝国家能力下降的问题，王安石的办法也不能应对和解决宋王朝内部此起彼伏的社会问题。王安石的方案足以“强国”，却不足以“安民”。因为王安石所谓的有富国强兵能力的“人才”，与士大夫阶级一样，同是精英阶级，区别只在于前者是有能力的精英，而后者乃是袖手空谈的精英，而在脱离基层老百姓这一点上，他们则是相同的。

叶适以为，王安石理想中的“专家型人才”乃是“干大事”的，而基层社会和普通百姓面对的却是日常小事。今天我们不也常说“老百姓的事无小事”，“百姓的事情大如天”吗？实际上，确如叶适当年所一针见血地指出的,“老百姓的事”主要便是“小事”“细事”“碎事”，对老百姓来说，“富国强兵”固然重要，但更重要的是孩子上学、老人看病、家长里短，乃至谁比谁多拿了五十文大钱这种“分配不公”；而以专家决策为主体的科层制度，在制订规划、举全民之力“办大事”方面具有优越性，但它所针对的，并非邻里打架酿成的“群体事件”，更容易忽略“五十文大钱的差别”造成的基层“分配不公”。忽视这种小小的“不公”，恰是酿成“社会戾气上升”之根源。重读叶适的文章，我们不禁要感喟，以精英、专家为主体的“民主决策”之“先天不足”，实际也便在于此，即在于处理“细事”“小事”“碎事”方面的捉襟见肘。当年的叶适，只是把希望寄托在空虚缥缈的“三代之治”上，他以为“三代之治官非官”，即那时的“官”只不过是立足于井田制之上的基层民众的召集人和跑腿者，充其量不过是个基层群众领袖而已，其作用就在于调解和解决基层社会共同体中的小事与碎事；而后世的官员，最优秀者是有治国理政本事的专家，其余则为袖手清谈的混混，等而下之则是骑在老百姓头上作威作福的贵族与豪族，指望他们深入基层为老百姓解决“细事”，那是不可能的。“古者君与民为一体，后世君与民为二本”，叶适的这句话，道出了中国传统的政治死结。

由此我们可以看到，从三皇五帝到国民党，中国政治最大的弊端，就是理论与实际脱节、政治与基层民众脱节、经济活动与国家财政金融脱节，而历代统治者想出来的办法，竟是主张放弃基层，并放手让土豪劣绅、黑社会性质的组织与非正式的“包税人”控制和鱼肉基层。蒋介石在《中国之命运》一书中，更把放弃基层看作中国政治的最好传统，即他认为基层靠那些土豪劣绅和黑社会性质的组织去“自治”，“可以举修齐的实效，而不待法令的干涉。其互助的道德，可以谋公众的福利，而不待政府的督促。言教育则有乡校和社学。言赈济则有义田和义庄。言积谷备荒则有社仓的储蓄。言防盗缉奸则有保甲的连坐。乃至堤防沟洫，道路河川，无不由乡社的群力从事于修筑和疏浚”[11]。蒋介石的上述梦话，掩盖了所谓“役法”，实则早于唐末便已彻底崩溃的事实，而所谓胥吏，亦自那时起，由组织基层人民从事公益事业的事务员变成了鱼肉基层和乡里的赢利阶级，他的上述说法，简直是把长期由土豪劣绅和黑社会性质的组织把持的中国基层说得如同天堂一般，恰暴露出国民党政权脱离民众、无力组织和动员基层的痼疾。

中国共产党最大的政治成就之一，就是深入基层，在基层与人民群众之间建立起了血肉联系，把土豪劣绅和黑社会性质的组织掠夺的剩余夺取，一部分用于改善广大基层群众的民生，另一部分有组织地用于国家的发展与建设，从而一举结束了国将不国的“江湖”局面。历史的经验告诉我们，基层建设是我们的立国之基，与基层人民群众的血肉联系是我们党的执政之本，基层是中国政治的最大舞台，我们不去占领，土豪劣绅、黑社会性质的组织和会道门势力就会去占领。

历史的经验告诉我们，理论与实际结合、政治与民众结合、国家财政金融制度与生产发展及改善民生结合——这便是中国共产党扭转“数千年未有之大变局”的胜利之道，是人间正道。

四

中国历代变法之所以均不能成功，究其根本原因，就在居于治理者地位的士大夫阶级与广大人民群众（主要是农民）的根本利益是完全对立的。宋代宰相文彦博曾一语道尽中国传统政治的本质，在回答宋神宗关于“更张法制，于士大夫诚多不悦，然于百姓何所不便”的质询时，文彦博断然对宋神宗说道：“为与士大夫治天下，非与百姓治天下也。”提及这一节，连梁启超也不禁感慨：“吾请正告天下后世之读史者曰：荆公当时之新法，无一事焉非以利民，亦无一事焉非不利于士大夫。彼士大夫之利害与人民之利害固相冲突者也。”他更愤然指斥文彦博的上述名句“是豺狼之言也！稍有人心者何忍出诸口”[12]。然而，“为与士大夫治天下，非与百姓治天下”的确一语点明了中国传统政治的要害，从门阀士族到士大夫阶级，从郡望大姓到家族制度，

2 000 多年来，中国所有的王朝实质上无不如此。只不过到了国民党统治后期，连士大夫阶级也被通货膨胀搞得一贫如洗，只好去吃“嗟来之食”——美国人的救济粮了。至此，他们方才第一次同情共产党领导的人民革命，并逐步在这场革命中发现了“大我”。

中国历史数千年，为何一直不能解决国家组织能力问题？这里的要害就在于，无论是儒家的士大夫精英政治，还是法家积极有为的官僚政治，均不能面对中国政治改造的核心：如何从根本上调动人民的积极性？自皇帝到基层，层层复杂的国家机构，如果不靠人民积极的有所作为，就不能充分发挥组织能力。几千年来，人民逃避压迫剥削，其实质也就是逃避政治、逃避组织，其消极的方式是逃避赋役、消极怠工，而积极的抵抗便是造反起义、落草为寇。

在漫长的中国历史上，唯有近代以来的中国革命者方才深刻地了解到，学问与实际脱节、政治与民众脱节、国家财政金融制度与生产和民生脱节，便是中国社会组织能力持续衰弱之根本原因，从而方才把理论联系实际、密切联系群众，将“军队向前进，生产长一寸；加强纪律性，革命无不胜”作为一切行动之指南，专心致志、全心全意致力于改造基层，从基层入手教育人民、组织人民和发动群众。

在“为有牺牲多壮志”的革命斗争年代，在筚路蓝缕、一穷二白的共和国大厦破土动工的建设时期，中国共产党人没有也不可能有什么物质资源、黄金美钞去激励和动员人民与劳苦大众，之所以能够“唤起工农千百万，同心干”，就在于共产党人能够使得中国人民心悦诚服地觉悟和相信：“天下者，我们的天下；国家者，我们的国家；社会者，我们的社会。我们不说，谁说？我们不干，谁干？”共产党人有办法启发人民觉悟和相信：每个中国人自己就是革命的主体，每个老百姓都是新中国的新主人。

讽刺的是，在当今精英“民主”“宪政”的高调里，“人民”往往在“民粹”的释义里成了反义词，在他们鼓吹、设计的“市民社会”中，底层劳动大众和人民政府则成了贬义词。既然漠视人民，那又何谈民主？即使确有“文化大革命”时期的群众专制、群氓哄起，即使确有现时代“公德沦丧”的悲哀，但倘若睁开眼睛看，任何不持偏见者都不能不承认：中国的普通百姓始终肩负着民族的希望，忍辱负重、勤劳善良的中国劳苦大众，在面对地震、洪水的奋勇救灾中表现出的同甘共苦的毅力、救苦救难的情怀，感天动地、气壮山河。历史反复证明，也只有他们才能在实践中不断发现、发明新的民主形式。

法制即是民主，这是个基本的误解。因为民主的标志，乃是人民成为法律的制定者和社会的主人。当天下大事、国家大事成为少数精英、专家和治理者的私事时，当“为人民公天下”成为官面文章时，实则却是回到“民可使由之，不可使知之”的封建主义老路，那么，即使干部再辛苦、再操劳、再敬业，人民群众还是会困惑不满，还是会怨声载道，而这就是由于人民群众的主人翁意识被削弱，党的群众路线的工作作风被削弱，民众不再心悦诚服地相信“国家者，我们的国家；天下者，我们的天下”；民众不再相信五星红旗上的每一片光彩、人民政府的每一个成就与失误，对每个中国人而言，皆是人人有份的，甚而是相反的——遇事人皆把好处留给自己，而把一切问题推给国家、留给政府。

思想政治工作是党的生命线。这句话的核心是指：必须深入基层，组织和教育基层人民，全心全意地密切联系基层群众，而绝不是“全心全意地密切联系精英”，更不是以“市场放任”的名义，把关乎千家万户、生老病死的基层事务"承包"给各类营利性组织、"赢利型经纪"。中国共产党 90 年的奋斗历程表明：凡把思想政治教育、思想路线问题的讨论放在基层，凡是思想路线在普通劳动者中普及、展开的时候，我们的事业就会成功，就会兴旺发达；相反，凡是思想政治路线与基层脱节的时候，我们的事业一定会遇到挫折乃至失败。

凡是以为思想教育、组织工作的核心在于"密切联系精英"，而以为"民可使由之，不可使知之"，我们便又回到了传统政治失败的圈套之中，无论今天还是过去，正反两个方面都证明了这一点。

中国历代的问题是：皇帝久居深宫，治理依赖士大夫阶级，所以统治者听到的都是精英的声音，而精英最不希望的事情就是老百姓知道国家大事。共产党发明了种种方式——报纸、期刊、广播，经常分析最高领导的政策意旨，报告各地建设、政情和民隐，至于成千上万大字报、连篇累牍互联网，更是人民主动发表意见的媒体创举，而文艺作品，亦无不以最基层、草根的普通百姓、工农兵中之先进人物为主角，以他们喜闻乐见、全心接受仿效为鹄的。凡此诸端，无不在于促进上令下申，民情上达，从而大大增强国家组织能力，使十几亿人勠力同心建设新中国。其中的要害之一，就在于绕过精英、官僚，彻底摧毁把持基层事务、敲诈勒索的各类黑社会性质的组织，从而使得政策可以直达基层。

当今之时，如果听了某些不学无术者的宣传，则中国似乎已经国将不国，除非改制换人、卷旗缴枪，让某些"高等华人"上台，心无挂碍地跟着美国走，最好能成为美国的一个州。如果肯听老百姓的声音，那么其中头几条便是：当今精英祸国、律师谋财、"赢利型经纪"黑白通吃，面对为富不仁者，某些干部官员竟不作为乃至沆瀣一气，而相当一部分媒体、小报记者却专打便宜拳。

当此世变之亟，政治工作到底该抓哪头，究竟应该联系谁、打击谁，以谁为宣传对象、服务对象，以谁为主角，取决于共产党是否真正坐在最基层的老百姓那一边，取决于共产党是实行“三进三同”（即干部进基层、进村子、进农户，与群众同吃、同住、同劳动），还是在沙龙里与精英闭门思过、云山雾罩地开学术思想讨论会。

变民风易，变士风难；变士风易，变仕风难；变仕风易，变文风难。文风变，气象新也。自王安石、张居正、王阳明以来，历代改革家之所以推崇“尚质省文、反薄归厚”的文风，之所以把“改造文风”当作政治改革的要务，就是由于文风败坏乃是治理者脱离现实、学问脱离实际之作风败坏的集中表现。魏源曾这样批判中国士大夫作风和文风之败坏：

> 工骚墨之士，以农桑为俗务；而不知俗学之病人更甚于俗吏。托玄虚之理，以政务为粗才，而不知腐儒之无用亦同于异端。……自古有不王道之富强，无不富强之王道。……使其口心性，躬礼义，动言万物一体。而民瘼之不求，吏治之不习，国计边防之不问，一旦与人家国，上不足制国用，外不足靖疆圉，下不足苏民困，举平日胞与民物之空谈，至此无一事可效诸民物，天下亦安用此无用之王道哉！[13]

什么叫作王道？所谓王道，就是理论与实际相结合，政治与民众相结合，国家财政金融与生产和民生相结合。王者，往也；政者，正也。解民于倒悬，方才能民心所向，与民同心，斯即为大同。中国共产党人何以能够改造旧中国和旧文明呢？就是因为中国共产党是一支以“为人民服务”为宗旨的纪律严明的战斗队、宣传队和工作队。有了这样一支队伍，中国社会组织能力的长期涣散瓦解才得到了制止，中国人民方才焕发出改天换地的能力，中华文明的腐败病根才得到了医治，中国传统方才在革命中得到了更新。这是历史的结论。

相反，如果现代中国最强大的组织力量——中国共产党不能克服“精神懈怠、能力不足、脱离群众和消极腐败”的病症，中国社会的组织能力就将会再次瓦解，中国历史就将可能再次陷入悲剧性的循环之中。这同样绝非危言耸听。

古人云：

人情耽于逸乐。当无事之时，觉眼前无可复虑，耳目口体之欲日盛，而德慧术智日即消亡，冥然顽然。遇不如意事，见不如意人，读蹈厉奋发书，斯可验平素之道力。

愿为饮冰茹蘖之劳臣，不为肠肥脑满之达官，而任事以勇猛精进者，呜呼，此所以舍命不渝，而能视死如归也！

当今之世，果天下“无事之时”乎？当今之士，果“饮冰茹蘖之劳臣”哉？索诸八荒，“任事以勇猛精进者”，安在！

愿以此卷，与读者诸君共思之。

2011 年 8 月 11 日于北京

借此机会，我首先要向尊敬的读者说明一下第二版所做的修改：篇目本身未做丝毫更动，但每节几乎都增加了新的资料，目的是使第二版的观点更加鲜明丰富。至于语句和修辞上的改动，则无法一一列举出来，或许，对“中国语言文学系”的从业者而言，写出令自己满意的文字几乎是不可能之事，这也意味着语言的推敲永远是未竟之业。

早在2010年年初的时候，我就接到通知说，《五百年来谁著史：1500年以来的中国与世界》第一版已经全部卖完了，而增订版马上就要付印，就我个人的意见而言，第一版的某些部分需要做更为彻底的修改，但是，现实的压力使我没有时间这样做。因为半年多来，我一直在为第二卷（《龙兴：1500年以来的中国改革与革命》）而努力工作，这也是本学期我在北京大学所开课程的内容，这门课需要阅读大量的历史文献：《商君书》《盐铁论》《封建论》《上仁宗皇帝言事书》《传习录》《陈六事疏》《读史方舆纪要》《圣武记》《备陈民间疾苦疏》《应诏统筹全局疏》《东西民族根本思想之差异》《中国社会各阶级的分析》《实践论》《矛盾论》《论持久战》《改造我们的学习》《论联合政府》。当这些血与火的文字一一重现的时候，我深知：是我们筚路蓝缕的先驱，精神的父亲，以思想和实践铸就的不朽华章，点燃了后来者的心灵和眼睛。

“一篇读罢头飞雪”，时间倏忽而去。当《毕业歌》声响起，新的暑期即将到来时，学生告诉我说，正是一个学期的阅读，使大家真正理解了《毕业歌》里那些著名词句的意义：“同学们，大家起来，担负起天下的兴亡”，“我们今天是桃李芬芳，明天是社会的栋梁；我们今天是弦歌在一堂，明天要掀起民族自救的巨浪”。

《五百年来谁著史：1500年以来的中国与世界》在尊敬的前辈和同人、广大读者中迅速得到理解，既是对我劳动的最好报酬，更是对一个初学者最真诚无私的鼓励。中华民族江山有思，我知道，是那些肩负天下兴亡大业的实践者、劳动者成就了百年燕园中的“弦歌一堂”；我深信，“上本之于古者圣王之事”，“下原察百姓耳目之实”，同时“观其中国家百姓人民之利”，即从历史中、从实践中、从国家人民的利益中寻找知识的依据，“从无字句处读书”，这是北京大学真正的光荣传统。

马克思在《〈资本论〉·第一版序言》中曾说：“以货币形式为完成形态的价值形式，是极无内容和极其简单的。然而，两千多年来人类智慧对这种形式进行探讨的努力，并未得到什么结果，而对更有内容和更复杂的形式的分析，却至少已经接近于成功。”[1] 亦如本书第一版序言中所交代的那样，正是在纽约亲眼看见资本主义金融危机的经历，方才使我读懂了《资本论》作者的教诲：一个将“虚拟经济”置于生产和市场交换（“实体经济”）之上的资本主义体制，何以是一个“头足倒置”的危机结构？同样地，正是由于改革开放30多年的实践已将中国与世界深深地融为一体，方才为我们当前的思考提出了新的使命和要求：我们的思考必须始终具备广阔的世界历史视野。我们深知，使《资本论》《帝国主义是资本主义的最高阶段》《15至18世纪的物质文明、经济和资本主义》等理论文献成为当代中国认识世界之教科书的，并非基于单纯的理论或思想史的缘由，而是基于现实实践的要求和愿望，如果没有社会实践从正反两个方面所提供的深刻“常识”，我们就无法辨别高深莫测的理论和知识的真伪与高下。“然而马克思主义看重理论，正是，也仅仅是，因为它能够指导行动。如果有了正确的理论，只是把它空谈一阵，束之高阁，并不实行，那末，这种理论再好也是没有意义的。认识从实践始，经过实践得到了理论的认识，还须再回到实践去。”[2] 历史已经证明：离开了这一明快的道理，离开了这一正直的求学、求知道路，学院里的知识和理论研究就将迷失方向。

1954年，毛泽东在一届人大一次会议上曾说：“我们正在做我们的前人从来没有做过的极其光荣伟大的事业。”这意味着，只有了解我们的前人走过的道路，只有了解我们的前人的事业，才能更为深刻地了解我们今天的任务和使命。

如果尝试着将漫长的中国政治史分为四个时期，那么从春秋战国到秦的郡县制统一可以称为第一个时期，而其中以户籍制度为基础的郡县制之设立标志着中国政治文明所取得的最大成就。中国政治思想，兴起于秦晋之间，成就于墨法之道。在诸子百家中，墨家兼爱、尚贤、尚同的政治思想，对近代以来的革命者影响巨大，而其践行禹道，摩顶放踵，以自苦为乐，“兴天下之利，除天下之害”的政治伦理，尤其值得我们珍惜。同时，《商君书》指出，所谓政治，就是指那种通过经济、军事和法律手段组织人民的根本力量，这一论断开辟了富国强兵的康庄大道，而离开了秦所发明的户籍—郡县制度，一切政治实践亦将因丧失基本抓手而无从谈起。毛主席在《读〈封建论〉呈郭老》中说："劝君少骂秦始皇，焚坑事业要商量。祖龙魂死秦犹在，孔学名高实秕糠。百代都行秦法政，十批不是好文章。熟读唐人封建论，莫从子厚返文王。"至于墨家艰苦奋斗的实践精神，《庄子·天下》篇则论曰："其生也勤，其死也薄，其道大觳，使人忧，使人悲，其行难为也，……墨子虽独能任，奈天下何！"今日再思此语，怎不令人感慨万千！

从汉至唐，可谓中国政治史的第二个时期，其基本脉络是贵族制度的兴衰、胡汉种族的融合。这其中既有内部旷日持久的艰辛改革推动（九品官人法与中正制的纠葛，即体现了改革的复杂性），亦有北周、隋、唐携北国刚健雄风之革命冲击，而继秦之户籍—郡县制度之后，均田、府兵制度之实行，再为中国政治奠定一层深厚根基，中华民族借此方走向光辉灿烂之盛唐。

北宋以降，中国在世界上率先走向"近世"，举凡交通、经济、政治和思想文化之"近世化"，于宫崎市定的名篇《东洋的近世》中均有深刻之论述，至于工业技术方面，以焦炭冶铁之法，中国更是早于英国工业革命 600 年而成熟，此一点尤其具有世界史意义。[3] 所谓千古之谜者，则为率先走向近世之中国文明，何以此后竟 600 年徘徊不前，反而终在 1840 年之后，被现代西洋帝国主义势力一举击溃。我以为这便是政治史、思想史研究最为要害之课题。

实际上，王安石在《上仁宗皇帝言事书》中就已经深刻论述过：

宋以降，学术与政治的分离、文治与武功的分离、官与吏的分离（所谓“官无封建而吏有封建”），乃是导致政治组织能力下降、国家能力下降的根源所在。其中官与吏的分离，更是贵族制、中正制和役法弊端的遗存与发展，它导致了基层的财政、司法和税收乃至军事均操纵于胥吏之手，胥吏、豪民和生员沆瀣一气，把持基层和地方，遂酿成国家权力无法深入其中，而所谓“理政”，至此步履艰难。同时，由于官僚队伍中埋藏着一支庞大的非正式的行政大军，国家便不得不听任“火耗”“陋规”“浮征”的存在，国家财政和税收的统一再也无法实现，于是“理财”亦从此变为了空谈。

何况，率先进入近世的中国，生产发展、市场扩大与货币短缺之固有矛盾，竟长期不能得到解决，于是，除了用于促进农业革命外，中国更将铁的大量生产及冶铁技术用于铸铁钱和以“浸铜法”铸铜钱，货币的大量增加固然促进了中国的“商业革命”（明代即有“十大商帮”之兴起与壮大）。也正因如此，与其后英国将焦炭冶铁技术投入制造机器，并以此推动制造业和军事工业发展不同，中国冶铁技术的发展，尽管大大推动了其“农业革命”特别是“商业革命”，但没有发生“工业革命”，而这也导致商业资本与产业资本分离，导致商业资本支配国家经济，成为中国经济发展的最大瓶颈与障碍（宫崎市定、陶希圣）。进而言之，造成这一瓶颈之根源，更在中国没有建设有组织效率的财政制度，成功发行国家主权货币而完成金融革命，并得以借此闯过生产、市场扩大与货币短缺这道矛盾难关。国家货币不能发行，金融革命无法完成，根源又在政治上的官吏二分体制，王安石即痛感基层全为胥吏、豪民所把持，国家金融力量无法深入农村，到明隆庆元年之后，国家干脆通过进口美洲白银解决货币短缺问题，即从而将货币问题的解决委之于海外和国内豪商。于是，中国国家组织能力的持续下降便不可避免，胥吏、豪商、外国资本支配中国的命运亦不可避免了。

“起来，不愿做奴隶的人们，把我们的血肉铸成我们新的长城。”中国政治史的第四个时期，揭开了中国改革与革命的新时代，揭开了“改造中国与世界”的新时代。中国共产党人从中国最基层的农村入手，通过深入群众、组织群众的制度创新，重建了与劳动人民血肉相连的牢固的政治和社会组织，并于新中国诞生的前夜——1948 年 12 月 31 日，成功发行了中国国家主权货币“人民币”。此后 30 年，新中国方才以此现代政治、经济和财政制度创新为强大动力，在世界上人口最多的国家，一举完成了工业革命。改革开放以来，正是中国庞大的产业、生产能力，驱动了世界贸易和商业革命的日新月异。有人说，中国用 30 年的时间解决了“挨打”的问题，又用 30 年的时间解决了“挨饿”的问题，这种说法是形象的，但是，席卷全球的资本主义金融危机使我们认识到：倘若金融发展不以生产和民生进步为基础，如果“开放”的目标不是使人之资本、资源为我所用，而是使我之宝贵资源、资本流向发达国家市场，为人所用，那么，我们就“走到邪路上去了”。今天的我们正在探索一条不同于资本主义的新的、可持续的科学发展道路，在这条继往开来的道路上，我们深知遭遇各种艰难险阻是不可避免的，因此，我们应该虚怀若谷地接受一切科学的批评意见，接受世界上一切友好人士的善良建议。对于那些“所谓舆论的偏见”，我们要理直气壮地以马克思曾经引用过的佛罗伦萨人的格言作答：走自己的路，让人们说去吧！

60 多年前，陈寅恪曾经用“佛为一大事因缘出现于世”来颂扬宋明儒学的发生之于中国历史的划时代意义，而笔者学识浅陋，至今难以理解他的这番高论之陈意所在。对于绝大多数中国百姓如我者，同样是60多年前，一位伟大的中国人，在黄土高坡的低矮窑洞里所说的话，却如悠远的雷声，时刻警醒着我们，告诉我们何谓佛陀，告诉我们究竟什么才是真正支配历史的“大事因缘”，而这就是人民起来革命：

> 中国古代有个寓言，叫作“愚公移山”。说的是古代有一位老人，住在华北，名叫北山愚公。他的家门南面有两座大山挡住他家的出路，一座叫作太行山，一座叫作王屋山。愚公下决心率领他的儿子们要用锄头挖去这两座大山。有个老头子名叫智叟的看了发笑，说是你们这样干未免太愚蠢了，你们父子数人要挖掉这样两座大山是完全不可能的。愚公回答说：我死了以后有我的儿子，儿子死了，又有孙子，子子孙孙是没有穷尽的。这两座山虽然很高，却是不会再增高了，挖一点就会少一点，为什么挖不平呢？愚公批驳了智叟的错误思想，毫不动摇，每天挖山不止。这件事感动了上帝，他就派了两个神仙下凡，把两座山背走了。现在也有两座压在中国人民头上的大山，一座叫作帝国主义，一座叫作封建主义。中国共产党早就下了决心，要挖掉这两座山。我们一定要坚持下去，一定要不断地工作，我们也会感动上帝的。这个上帝不是别人，就是全中国的人民大众。全国人民大众一齐起来和我们一道挖这两座山，有什么挖不平呢？[4]

外国人一向有把自己的作品献给至亲好友的惯例，如此，我愿诚挚地将自己幼稚的工作，奉献给养育我的父母人民，特别是：奉献给激发我写下本书第一行文字的山西那遍地英雄的山河，奉献给在这块土地上默默牺牲和奉献着，创造了伟大的“太行精神”的父老亲人。因为——正是那些在历史的纵深处和现实的实践中奋力工作的人，使我幼稚的写作成了一个声音。

2010 年 7 月 10 日暴雨后，写于北京

五百年 第一版序言

一

2008 年 9 月，我在美国纽约大学教书，学校与华尔街之间徒步不过 20 分钟，教学之余，正好就近观察史无前例的资本主义金融大危机。那个时候我写了《反面教材的价值》这篇文章，以英文发表之后，国内的几家学术刊物也想刊出中文稿。记得有位编辑为了索要这篇文章，曾深夜从北京把电话打到纽约，求“稿”若渴之心，令我深深感动。最后，这篇文章很迅速地在国内发表，反响完全出乎我的意料。意外之余，我也由此体会到当今的中国是如此夜以继日、密切地关注着国际风云的变幻，而自己深以为幸的更是：作为一个货币金融领域的外行，一点儿有限的阅读和观察体会，远隔千山万水，竟也能够对国家和老百姓有些许轻微的意义。

从中国的视野或“以中国为本位”去观察和描述最近500年世界史的变迁，致力于探寻当代中国的“世界”观，是我最近这些年来学术工作努力的方向，但是，说老实话，这也仅仅是“努力的方向”而已。我自己读书不多，又不是历史系科班出身，所以这个探寻的过程，其实完全是学习的过程。

最近500年来，我们身处的这个世界发生了两件大事：一是欧美霸权形成并横扫世界；二是占人类1/4人口的中华民族，由逐渐衰落再次走向伟大复兴。有人把这段历史归结为资本主义的胜利，对此我不敢苟同。因为对于究竟什么才是“资本主义”，学术界可以称之为“正宗”的意见，起码就有三派，至于其他的纷纭众说，更不必再提了。在三派主流意见中，一派将资本主义归结为社会生产方式和社会关系的变革，特别是大机器生产和雇佣劳动关系的奠定（马克思）；一派着重于“资本主义精神”的发明，说白了就是把做生意等同于念经，把积累资本视为积累功德（马克斯·韦伯）；还有一派则侧重于自然经济向金融经济的蜕变和飞跃（费尔南·布罗代尔）。用这三派意见来解释什么是资本主义，似乎都有一定的道理，但是，如果用它们来解释西方之所以兴起，中国之所以衰落，解释中华民族的伟大复兴，在我看来，起码是没有抓住历史要害，而且也不尽符合历史事实的。

我认为，最简捷地解释这500年来世界史的消长，其核心实际上就在于“国家能力”这一点上。在西方现代兴衰的过程中起支配作用的，从根本上说是现代民族国家这种组织形式的奠定，最初就是16世纪地中海地区的银行家投资国家间的战争，最终则是金融家通过攫取“世界货币”的发钞权，让世界上最强大的国家（美国）乃至整个世界为他们的投资冒险买单和做担保（这随着1913年美国联邦储备系统的形成而达到高峰），而上述军事—金融—国家相结合的特殊组织形式，才是西方世界近代兴起的真正关键，至于那被奉若神明又众说纷纭的“资本主义”，充其量只不过是在不同历史时期充当了“帮手”的角色而已。现代民族国家的根本目标在于占有更大的“生存空间”，金融家的根本目标则在于通过债务关系攫取最大利润，至于是否采用上述三种“资本主义”方式，那完全要视其是否有利于这两个根本目标之达成而定。

考察中国500年兴衰的关键，其实在于经济的发展与国家组织能力下降这个矛盾现象。经济发达的宋，反而打不过立足于军事组织的辽、金、西夏部落，其关键并不在经济，而在社会组织能力。由皇权直接面对基层马铃薯一般无组织的小农，这样的国家自然也就没有什么组织效率可言。唐以降，基层财政、税收、司法渐与正式之国家行政相脱离，而为民间“胥吏”阶级所掌握，此即“役法”之大弊；而宋代以来的政策，又是将组织社会的任务一概交由商人和地方土豪，国家更从商业、运输乃至军需供应中全盘退出，国家取“无为”和“不干涉主义”，这就是“开中法”的弊端。不但基层没有组织，而且上层的货币财政也十分混乱，货币短缺、“多币制”的问题一直没有解决，到了明隆庆元年之后，反而将货币出路委之于进口美洲白银，这又是财政货币政策的最大失败。对外，所谓的“天下秩序”，于周边藩邦采取的一向是文化治理的“朝贡”方式，完全没有现代民族国家的“生存空间”和“地缘政治”意识，组织如此松散的帝国，无论它是否有利于发展经济，能否发生“资本主义萌芽”，一旦遭遇现代民族国家这种组织形式之打击，其涣然瓦解都是必然的。国家既然已经瓦解，至于发展什么“主义”才好，自然也都统统变成空谈了。

所以说，中华民族的伟大复兴，首先肇始于中国革命以建立基层组织的方式，发动群众、教育群众进而组织群众，大大提高了社会组织能力和国家效率；其次，国家才能把社会剩余有组织地投资于长期发展方面，如此才有合格的国家财政，在此基础上方有国家发行货币之主权；最后，对外反抗帝国主义的战争及其胜利，更是实实在在地打开了一片地缘政治的新格局。这种社会革命与民族革命之密切结合，靠的是无数革命前辈流血牺牲、艰苦奋斗，如此才谈得上今天的“伟大复兴”。至于是否采用资本主义这服灵丹妙药来谋发展，那完全也要视其是否有利于社会组织强大均衡、是否有利于国家能力持续增长、是否有利于保卫世界和平而定，即那充其量是末而不是本，是术而不是道，是手段而不是目的。实际上，中华民族的伟大复兴昭示的乃是完全不同的真理，中国的复兴走的乃是完全不同的道路，而这个真理、这条道路就是“只有社会主义才能救中国”，“只有社会主义才能发展中国”。这已经为历史所证实。

研究中国历史，上要看货币财政，下要看基层组织，同时更要能以世界大势之变迁、联系和互动为背景展开思考，如此，方能有所收获。在严肃的历史问题面前，任何轻薄的态度、任何教条主义的盲从都是必须杜绝的。唯一值得自我宽慰的是，上述浅见并不是盲从得到，而是从自己的读书、思考和摸索中得来的。几年来，就这样一边读书，一边思考，逐渐积累了一点儿笔记、一系列的问题，不过时间一长，反倒是更没有把这些学习体会写出来的勇气了，有些思考和提出的问题，自然也就随时光流逝，逐渐被淡忘了。

真正的写作机缘来自赴美前学校的一次安排，所在单位的党委书记蒋朗朗教授派我去山西做一个学术讲座。由于参加讲座者都来自基层，以从事财政和税务工作的同志为主，既是学校的安排，于我自然也是一项很艰巨的任务，我不得不紧急准备一个初步的讲稿，这样几天下来突击了几万字的稿子，由于对讲稿没有信心，还带了不少参考书到山西。我本是个过于认真又不堪大任的人，这次面对的又是上千名基层干部的大课堂，讲座结束后，竟然病倒在那里，反倒是给山西的同志（特别是曾被授予全国“人民满意的公务员”称号的李晋芳同志）添了不少麻烦。其间参观八路军太行纪念馆，以及抗战最艰苦时期建立的八路军总部（虽曰“总部”，实际上不过农舍三小间而已）的经历，对我触动非常之大，应该感谢这次较长期的面对基层的机遇，它使我近距离地感受到：我们的前人是如此的舍生取义，我们的百姓是如此的不屈不挠，绝大多数的基层工作者是如此的勤劳俭朴，中国历史的展开是如此的筚路蓝缕、波澜壮阔，中国改革和中国革命的大业，确是由生活在最基层的老百姓苦苦支撑起来的，这真是“作始也简，其将毕也必巨”！

太行山里本来也没有什么书可读，躺在宾馆里养病的时候，我突然感到自己在讲座前许多没有想清楚的事情，竟然想清楚了一些，这突如其来的大病，因此可以算是进益的一个机缘。在这样一个机缘之后，我领会了一些以前不甚领会的书上的语句，尤其包括历史上的改革与革命。

二

中国的改革与革命是近代落后的结果，革命当然不是近代以来中国落后的原因。对于“中国近代何以落伍”这个大题目，大致又有两种回答：其一，是马克思主义所指出的——帝国主义侵略和资本全球扩张所致；其二，则是一般地、抽象地将其归之于中国在制度、技术乃至文化上的落后弊端，以及西欧的先天优势（以马克斯·韦伯的理论最具代表性）。我的看法是：中国是一个以“天下”和“世界”为担当的文明，资本主义则是自1500年以来从地中海地区发展起来的以金融和军事技术为核心的向世界扩张的体系。这两种有着深刻历史传统的组织形式在500年内漫长的“互动”、博弈，才构成了我们解释500年来世界大势和中国“天下兴亡”的关键。从这个角度说，那些构成中国近代衰落的因素，往往又曾是支持中国长期繁荣的因素，这正如我们文明中固有的亟须变革的弊端，其中同时蕴涵着近代改革与革命及中国现代复兴的种子。只有了解中国文明形成的长期性、历史性、复杂性，同时又了解资本主义制度产生的历史性和复杂性，而不是抽象地将问题简单地归于“制度”和“体制”，我们才能对上述重大历史课题做出真正有意义的探究。

将中国的近代衰落简单、抽象地归于“专制制度”，特别是所谓“国无宪法”“民无权利”，其实是晚清和民初就有的议论，它终究要流于一种耳食之谈，沦为与历史和现实实践脱离太远的空洞教条。对其浅陋机械，前人已多有讥评。如钱穆就曾说：“谈者又疑中国政制无民权，无宪法。然民权亦各自有其所以表达之方式与机构，能遵循此种方式而保全其机构，此即立国之大宪大法，不必泥以求也。中国自秦以来，既为一广土众民之大邦，如欧西近代所运行民选代议士制度，乃为吾先民所弗能操纵。然诚使国家能历年举行考试，平均选拔各地优秀平民，使得有参政之机会；又立一客观的服务成绩规程，以为官位进退之准则，则下情上达，本非无路。晚清革命派，以民权宪法为推翻清政府之一种宣传，固有效矣。若遂认此为中国历史真相，谓自秦以来，中国唯有专制黑暗，若谓‘民无权，国无法’者已二千年之久，则显为不情不实之谈。民国以来，所谓民选代议之新制度，终以不切国情，一时未能切实推行。而历古相传‘考试’与‘铨选’之制度，为维持政府纪纲之两大骨干者，乃亦随专制黑暗之恶名而俱灭。于是一切官场之腐败混乱，胥乘而起，至今为厉。此不明国史真相，妄肆破坏，轻言改革所应食之恶果也。”[1]

中国当然不是从来没有制度。自上古以来，就有以黄帝为代表的“血缘世系”和以尧舜为代表的“名分世系”二者并存。就前一个世系而言，权力的合法性来自贵族血缘承继；就后一个世系而言，权力始终是向平民开放的，这就是所谓“人人皆可为尧舜”。这里的“平民”，更不专指士、士族、士大夫，也包括士农工商各阶层，特别是包括少数民族。唐太宗李世民以少数民族血统者，明太祖朱元璋以贫苦农民可以做皇帝，其合法性就来自尧舜的名分世系。这两个世系的互动沿革，就是所谓“多元一体”的制度基础。从历史的长时段看去，倡导“天下为公”，不断向平民、少数民族开放权力的尧舜世系、尧舜体制，是比导致罗马帝国迅速崩溃、贵族院垄断权力的“宪政”更合理、更进步、更能经受历史考验的制度，这已经为中国的长期统一、中华民族的悠久历史所证实。

作为最后一个汉家王朝，明朝无疑处于中国制度的重要转折期，从体制的上层看，其主要特征表现为：它是历史上皇权与士大夫阶级冲突最激烈的王朝。洪武十三年（1380），明太祖朱元璋废除了自秦以来辅佐天子处理国政的相位，这成为中国政治制度的极大变动。从此天子直接面对六部，六部有建议权，而天子则独揽决策权，另设内阁大学士，为天子襄理文墨，但内阁大学士没有建议权，为了避免皇帝与六部之间发生直接冲突，遂设司礼监居中传递协调——如此多头、侧面之管理体制，自然使得行政上彼此之掣肘成为不可避免。明世宗、明穆宗和明神宗在位期间（1522—1619），皇权与六部之间的冲突终于达到不可化解的僵持阶段，竟造成这三任皇帝几乎不见六部官员的局面。此后，作为皇帝代言人的内阁大学士和司礼监与士大夫的代言人六部之间的冲突更是日益加剧、不可协调。从基层看，胥吏、豪民和生员结合为一体，甚至成为"虽未掌握武装，但已掌握钱粮"的空前势力。明末置天下饥荒于不顾而放手聚敛的，就是这个全面控制基层的利益集团。可见，皇权与官僚体制之间的激烈冲突和矛盾的不可化解、上层与基层的全盘脱节，造成了明代中期以来国家行政效率、国家组织效率的迅速下降。

这一时期，恰恰又是世界史的大变革时期，因为一个银行家、战争和国家密切结合的军商合一、军政合一、资本与国家合一的体制，此时正在欧洲勃然兴起，而1500年以降的中国，国家体制的上中下结构却开始走向脱节，以致国家的一切改革非但不能动员官吏，反而总是被庞大的官吏集团阻碍，国家组织效率的严重下降，导致一切政治经济改革都不能真正实行。实际上，最终导致明王朝瓦解的，不但有皇权专制的原因，更有作为社会精英的士大夫阶级之颟顸独断，以及胥吏、豪民阶层控制地方。无能而颟顸的士大夫阶级为了一己之私，妄图以道学的专制垄断社会权力，这种"士大夫阶级的道学专制"更促成了体制从内部的解体。由此看来，钱穆的博学，恐怕也是士大夫一家的博学，因为在他那里，无论均田重农还是平等夷狄，都不算数，只要你不尊重"四民之首"的士大夫，你就是专制。他所同情、追随的国民党，虽曾标榜、号称要继承中国政治制度的有益因素，如在美式“三权分立”之外，再加上中国式的“考试”与“监察”两院，以成为“五权宪法”。这种精英运动的体制究竟是否行之有效，自然也早已为历史所证明。

不过，确如钱穆所指出的，民权的表达与实行不能单靠一纸宪法和几个代议士，关键在于形成下情上达的有效机制，他的这种看法倒是真有启示性的。而且，毫无疑问的是，诚如他所指出的，中国作为一个悠久的文明，自然不能说历史上从来就没有“制度”而只有“专制”，例如所谓均田与兼并、科举与选举、郡县与封建的制度争论，实际上一直贯穿于中国历史之中，并构成了近代以来中国改革与革命的真正动力。看不到这一点，自然也就不能说对中国的文明有起码的了解，甚至会沦为钱穆所讥讽的：中国近代以来之所以一再自食“改革的恶果”，尤其是老百姓一直不得不一再承担起“改革的后果与代价”，往往与精英没有知识和眼光，只会看见私利和短期利益最有关系。

与钱穆比起来，黄仁宇虽未从过政，毕竟吃过粮（古人只把“军粮”称为粮），因此，他的有些话恐怕还算是比较到位的。他说：“过去的中国近百年史，过于注重上层结构，很少涉及低层。比如说，民国初年的立宪运动与政党，他们本身对社会是一种外来异物（foreign body）。其领导人不乏高远的理想，而他们身后却无支持的选民（constituency），满腹经纶自然也无从化为具体方案，更何况渗入民间，所以一遇军阀逞凶，就无能为力，而他们在历史上的意义也因而消失了。”[2] 说到制度变革，孙中山以来的改革家其实最终也都不得不认识到：这绝非立一纸宪章、推几个“民意代表”即可完成的便宜事，而这里的道理，就在于“变制度易，变社会难”（这一点鲁迅等“先觉者”

其实早在辛亥革命之后就一直“无可措手”地痛感着）。因此，要从根本上变革社会，那就非要从基层做起、从中国人口的大多数——农民做起、从土地制度做起不可；要真正变革社会，就非要找到、找准中国社会的真正主体不可。以为单靠几个“民意代表”的三寸不烂之舌即可变革中国，这不过就是“黄口小儿式”的政治幼稚。有人甚至说，500年来，中国最不成熟的就是上层和精英，而精英最大的不成熟，就在于他们总是咒骂下层民众“不成熟”——这实在是很值得玩味的格言。

至于变革中国的主体，近代中国早期的改革者如康有为，曾寄望于作为“儒主”的皇帝的“公心”，这自然不能成功，而到了孙中山找到革命政党，才算是初步找到了变革中国，特别是进行民族革命的抓手。解决土地制度问题，训练和组织广大农民，从劳苦大众、从最基层出发改造长期为胥吏、豪民所把持的基层社会结构，才是中国共产党成功领导中国完成民族革命，再领导中国走向社会改革与社会革命的关键。倘若放弃了这一根本关键，汲汲于从上层、从书生的狭小视角空谈所谓的“制度”和“技术”之优劣，无论是搞“三权分立”还是玩什么“五权宪法”，就不仅是短视，而且是舍本逐末，而这种“瞎折腾”，终将自食“改革造成的恶果”，才是必然的事情。

时下的人们恐怕都知道，近代以来，中国没有科学、工业、自由和民主是不行的，但是，如果离开组织劳苦大众特别是农民这个中国社会主体，离开改造土地制度这个中国经济的最深层的基础，如果没有与基层现实密切联系的革命政党作为社会改造的利器，就不会有革命和改革的成功，而中国几千年来皇权直接面对千百万马铃薯一般的小农、毫无动员效率可言的“一盘散沙”的社会结构，更不能得以根本改变。正是共产党领导的革命，一举改造了中国的基层结构。历史告诉我们：今天绝不能小视人民组织起来的力量，更不可小觑创立社会基层结构的伟业，因为它一方面使得农业上的剩余得以转用到工商业，另一方面又使得工商业的发展反过来可以吸纳大量的人口就业谋生。国家从此方才可能有上下交往、良性的财政管理，这又使得中国第一次有了独立自主的发钞权和货币主权，但是，对于这一浅显的道理，却不是人人都愿意承认的。以为靠"个人自由"、一纸宪章、几个"民意代表"就能解决一切中国问题，这其实就是中国小资产阶级知识分子根深蒂固的定见、偏见和一塌糊涂的"政见"。"岂有文章惊天下，漫道书生事不成，百年一觉浮沤里，悲欣交集说摩登"——其实，就我个人来说，真正弄明白这个道理，更不是一朝一夕的事。

2008 年 8 月，我带着这份初步的讲稿到了纽约，当时课程较多，没有充沛的精力再读大量的书，只能找一些相关的英文书来读，同时再就旧稿提出的问题重新思索一番。在美国教书时比较谈得来的朋友，在看了这份初稿之后，都认为我应该继续写下去，于是在他们的鼓励下，我就不时在旧稿上改动一点儿，日积月累，这样改来改去，终于成了本书的上篇："漫长的 16 世纪"。

哈得孙河畔仲秋望月，中央公园圣诞踏雪，第八街上法式公寓里彻夜的灯火，寒来暑往，几度合上最后的书页，匆匆走出办公室，门口的百老汇大街已经是凌晨时光——如此情景，今天依然历历在目。喧嚣的世界金融中心纽约，于我竟是个读书写作的好地方。如今披阅旧稿，其中仿佛还散发着那些艰苦时光的余温。

回国以来几个月，给北京大学文科的研究生开一门"现代西洋理论阅读"课，由"客座"身份重归主人地位，心情自然大为舒畅。这门课实际上就是阅读西方研究中国和中国历史的著作，课程的讲义除了“漫长的16世纪”部分外，更加入了“漫长的19世纪”部分，听课的学生几乎遍及人文社会科学各个专业，所以他们给我的启发是很深的，很多过去想不清楚的问题，这次倒是在课堂上讨论出了眉目，结果是临到学期结束，大家兴犹未尽，对我来说，一本书的大体框架也算初步完成了。

三

西洋的中国史和世界史研究，是比较重视哲学和思想的，这可能是黑格尔的传统。它有很大的好处，就是纲举目张，可以根据一种哲学、一种思想来解说历史，但历史毕竟不是哲学史和思想史，本书所探究的这500年的世界史之复杂程度，就完全超乎人们的想象。知道了西洋怎么样，就照猫画虎，开口即说中国怎么样，看了明代初期怎么样，就说明代如何如何，那么历史研究就会变得索然无趣，好像几个公式就能解决问题似的。

这不是说我们可以没有思想史的研究、经济史的研究和社会史的研究——宽泛地说，也就是我们不能没有马克思主义的史学传统。没有了这样的研究传统，历史研究就会堕落为以“帝王家事”治天下的“演义”，这在中国历史上叫作“道学家”的逻辑，在中国民间叫说书人的逻辑。在这种逻辑的支配下，历史只能等于统治者的历史，甚至是统治者的家事、家计，乃至沦为胡编乱造的逸事，所表彰者无非道学家自我标榜的“气节”和“气功”而已。这本身就是不知何谓历史，其实就是一种愚昧。

无论如何，用社会生产方式的变革来解释历史、观察历史，是我们必须坚持的正确方向。在这方面，我们的前人已经给我们做出了很大的贡献，树立了很好的榜样。比如，用小自耕农发生得较早、发展得成熟，从而造成生产方式的过于分散和灵活，来解释中国何以发生了农业革命和“勤劳革命”，却没有发生大规模的工业革命、产业革命（郭沫若）；用国外资本、国内税收、地主地租的三重负担压迫来解释中国新民主主义革命的必然性（陈翰笙）；自古中国的商人就不事生产，商与生产相脱离，尤其是自宋发明“开中法”以来，国家竟然从组织社会活动，特别是商业活动中一概退出，而将贸易、运输乃至军需转运这类活动也一概委之于胥吏、富商和地方豪绅，从而造成国家与经济活动脱节、商人与生产脱节、上层与基层脱节，以此来解释国家资本、民族国家在现代中国的必要性（陶希圣）。无论这些前辈的政治观点如何、立场如何，他们都是从社会生产方式的演化出发，给我们指出了历史发展的道路，初步厘清了历史的脉络。

前面已经说过，治史者最难得的是有三重视野：下看基层组织，上看财政金融，外看世界大势。致力于这项工作的黄仁宇曾经感慨地说：“如果我们有了这样的视野，则在检讨中国现代史时，必须先看清当中的大轮廓。在社会全面解体又需要全部重造的时候，一件事情的意义可能前后牵涉几十年甚至几百年。即使亲临其境的人物，如克伦威尔、丹东和托洛茨基，本身反成了推进历史的工具，也难看清他们自己在历史中的真实意义。在这种情形之下，无目的的分析而不综合，难能尽到历史家的任务。我们纵使把郭松龄和殷汝耕的事迹写得不失毫厘，又牵涉本庄繁和冈村宁次的秘幕，在当中更投入梅兰芳和阮玲玉的琐闻轶事，也只是增长历史的篇幅，仍未掌握中国长期革命的真实性格。”他这里所说的“中国长期革命”，就是指19—20世纪的“漫长的革命”，而上述视野，概括起来说也就是历史唯物主义的视野。

由此，我们也就可以看到今天历史研究的一些毛病，其中之一是：分析有余，概括不足，不能自拔于史实。因为没有社会生产方式的分析，没有思想史、社会史和经济史的纲领，没有社会各阶级分析的观点，也就不能解释历史的发展和变化，这样就变成了见木不见林，只见事实，不见发展、变化、运动的逻辑。历史的实质全在变化，而这样的历史研究，非但不关心历史变化之所以然，而且更不理会现实变化之所以然，只是用了几本中国古书和外国新书的知识，乃至名人轶事，去批评、点缀和套用现实的变化，这种对变化的拒绝，其实也正是对历史本身的拒绝。

四

今天的我们，正处在中国历史和世界历史的重大变革期。中华民族的伟大复兴，是今天任何人都不能不去正视的大现实，这是 500 年人类历史中最为天翻地覆的大变化。对于这个大变化，既有的知识是不够了，任何人都必须重新学习、重新思考、重新研究。

潘维教授最近从国外回来休假，找我长谈，他的一个说法令我印象深刻。他说：从海外看中国，60 年至为成功，500 年来也有不少好的东西，当今世界上甚至有“中国模式”之说；然而，有些国内人看自己，特别是某些知识界“高人”说话，几乎一派悲观丧气，甚至以为前景可忧，“崩溃”在即——而他们千忧百转，其实就忧在“政治体制”。

“忧患”当然不是坏事，但“忧患”应该是忧天下、忧国家、忧老百姓，绝不是忧自己，更不能因为世界没有按照自己的办法来，甚至没有因“代议”成功而混上一官半职，就斤斤计较、患得患失。正因为民主、自由是当世的好东西，时贤无论“左右”，才纷纷作“为民请命”状，拉大旗扯虎皮，这本不奇怪，但是我们绝不该忘记，中国历史上的改革先驱都曾反复告诫我们：如果把民主讲成了抽象、简单的“官民对立”，那就是最大的肤浅和不及格，因为这样做起码就放跑了利益集团和地方分离势力，而在近代以来的语境下，更是放跑了帝国主义列强的压榨。如果那样做，所谓“民主”就很容易成为某些人要特权、搞分裂的工具，甚至沦为列强压迫中国的口实。

官僚政治不好，其恶性膨胀于国家、人民不利，这自是谁都知道的最浅显道理，不过历史却也总是没有那么简单，比如我们还是要知道：自古以来讲“官民对立”，这里所谓的“民”，其实指的是“豪民”及横行民间的“胥吏”，而非一般“小民”和“草民”（更非时贤所谓“屁民”）[3]。在这个意义上，国家与豪强巨族、土豪劣绅之间的矛盾，往往也就体现为代表国家税收利益的官僚与“豪民”之间的矛盾。所谓“官家之惠，优于三代，豪强之暴，酷于亡秦”（荀悦《汉纪》），这种出于官僚之口的“官民对立”，表达的恰恰是对豪强巨族、土豪劣绅的指斥和控诉，代表的其实就是“国家”与“小民”立场的重合，它同时也表明国家和普通老百姓其实有着共同的利益与共同的敌人，而这个敌人就是“豪强”和“豪民”。

因此，商鞅废井田，杨炎行两税法，张居正举“一条鞭”，其根本出发点尽管不能说是为平民老百姓的利益着想考虑，但他们要打击豪强，要把税收加在豪强和豪门头上这一点，是共通的，也是无疑的，这就是王安石所谓“择其富者而税之，择其可税者而税之”。现代中国对于官僚政治制度研究最精深的是马克思主义者王亚南（《资本论》的译者），他这样告诉我们：只有看到官僚制度的矛盾性，即看到其既有与人民利益相矛盾的一面，更有与地方势力、特权利益集团相矛盾的另一面，我们才能了解官僚制度的弹性和历史发展。[4]因此，从这个意义上说，政治改革的关键，并不在于抽象地讲国家利益与人民利益的对立。至于今天的中国"好得很"还是"糟得很"，首先也要看你究竟是站在哪个阶级的立场上说话，而抽象地讲"官民对立"，则必定流于丧失和缺乏阶级分析方法的肤浅。只有认识到国家从来就不是抽象的，甚至只有认识到国家总是有阶级性的（如美国联邦储备系统掌握发钞权，这就是美国国家"阶级性"之体现），我们才能了解，真正合格的政治改革，在于如何能使国家体现劳动人民的最大利益，而避免国家成为特权利益集团的工具。抽象的"官民对立"说，表面上看似义正词严，反对官僚政治，实则往往是屁股坐在"豪民"和"豪强"一边，为了特权阶层和豪强向国家讨利益与争权力。特权阶层和豪强也从来都不是一概地反对国家，因为从历史上看，他们要的往往就是由奴隶主、地主豪绅和买办资产阶级支配的国家，而他们极力反对和限制的，其实是劳动者当家做主的国家而已。

中国近代改革的先驱康有为说过，"故国无论君主民主，未有不中央集权也"，"政府者，集合管理众人之事之大力量，而未闻以地方各立为分权也"。这是考虑到中国历史的深层动因和内外形势而得出的结论。康有为进而指出：体制改革的真正目标，就是"民主政治"与"政治统一"的结合，就是人民与政府的结合。如果不实行人民自下而上的有序参与，就不能避免动乱；如果不打击利益集团和地方势力，如果不能反对帝国主义列强，如果没有一个强大的为人民服务的政府，不但现代中国在近代以来列强竞争的环境里不能图存，一切事情更会被内部利益集团的争权夺利、家计私利毁掉，那样国家就会分裂，人民就会真正受苦。这也是历史的结论。

今天的中国自然不是没有问题，相反，问题尚多，不容回避。也正因如此，我们才不能将问题简单化、抽象化，尤其不能脱离社会阶级分析和世界局势的视野看历史、看现实。只有如此，我们才能认识到：保持国家里面劳动人民之主人翁地位，防止国家沦为利益阶层、买办资产阶级的利益工具，特别是在思想文化领域里保卫中国革命历史叙述的合法性，于今天而言是多么艰巨而光荣的任务。我们常说要不忘历史，而老百姓把这叫作“吃水不忘挖井人”，只有从这样朴素的视野才能看到，中国今天的成就当然既不是吹出来的，更不是“粉饰”而能得来的，因为这就是中国历史和世界历史发展的必然结果。如果把一切问题都简单地归于“上层专制体制”，那么，我们是否也可以反过来把一切成就一概归于“上层专制体制”呢？我倒是认为，与其如此，反不如把成就看作劳动人民创造历史的结果，是漫长的社会生产方式变革的结果，是世界广泛联系和互动的结果，尤其是漫长而伟大的中国革命的结果。从这个角度来说，倘若说500年来中国体制中没有好东西，中国革命形成的体制是一团漆黑，非要拆了故宫建白宫，从孙中山到毛泽东一律打倒，乃至非要刨了祖坟而后快，这是不懂自己的历史，这也是割断自己的历史。这种歪曲历史的行径是绝不能容许的。

五

说到体制改革，从孔子、董仲舒到王安石、张居正，改革、改制一向是历代儒家追求的历史目标，所以功败垂成者，就在改革的主体从未落实于最广大的基层民众身上。唐末“役法”败坏，其由人民轮流承担的徭役，变成了职业化的“胥吏”承包官衙和基层行政事务，一切基层财政、司法、税收工作交诸胥吏，而政府却依然以其曾是“劳役”的理由不发给俸给，胥吏遂得以通过征收各种好处费的方式对基层民众强取豪夺。宋代以来行“开中法”，放手让商人代替国家组织社会，从事长途贸易甚至包办军需，就是因为皇权直接面对小农，国家没有组织效率。明代大行“一条鞭”，择其可税者而税之，也是考虑到国家直接面向千百万零散小农征税成本太高的缘故。王安石兴“青苗法”，欲使国家财政直接补助小农，其出发点更不可谓不好，但是，由于基层没有组织，地方全为酷吏、土豪所控制，王安石所补贴的对象，不幸最终也就成了酷吏和土豪，他的“青苗法”就几乎沦为今天所谓的鼓励农民“种大棚”（时下民谚曰：要想富，先修路；要想穷，种大棚）。500年来，改革的目标何尝不是提高国家组织效率，而改革的局限性则全由于没有完成建设基层组织的任务，所以这种自上而下的改革，也就不能不依靠基层的酷吏和土豪，结果这些以反封建为目标的改革，反而改出了“官无封建而吏有封建”的根深蒂固的封建制度。至于将组织社会的任务全盘交给商人和市场，1567年之后更将货币委之于进口白银，这也并非国家迷信道学，传统政治格外喜欢无为，而是宗法国家里，皇权对小农的“两张皮”结构造成的不得不然，即国家欲动员社会而没有抓手、能力和可能性。

近代以来，宗法国家瓦解，民族革命与社会革命开始，打倒帝国主义和买办资产阶级，是为了夺回国家财政和货币主权；打倒封建主义、铲除土豪劣绅，则是为了发动群众、组织群众，建立基层组织。“周虽旧邦，其命维新”，改革与革命被中国文明视为“天命”，一卷《大同书》唱响了红旗，改革与革命的目标并不仅仅是改造中国，更是改造世界。

今天，我们应该清醒地意识到：当今中国社会的主要矛盾，并不是什么抽象的国家与人民的矛盾（或者所谓“官民对立”），而当下的社会财富分配不公和收入差距拉大，其根源实则肇始于20世纪70年代初期由发达资本主义国家联合推出的“新自由主义”政治经济政策，它以货币投资政策的巨大调整（以维持美元和美国债券价值为主要目标），又一次使得资本主义凌驾于“世界经济”之上。如果费尔南·布罗代尔在世，他一定会惊呼这是堪比19世纪初期的又一次世界结构“大转型”。这就是为什么过去的几十年全世界都仿佛经历了“漫长的19世纪”的回潮和复辟。绵延的战争和最终无可避免的金融大危机，其实都是这次“大转型”的结果，今天看来，如果没有中国最终顶住了“新自由主义”政策的全面统治，世界经济和世界形势恐怕就不堪设想了。

基层组织和上层财政金融之外，我们还必须看世界大势。只有把握世界大势，才能认识到：当今世界，金融控制才是最大的垄断体制，而军事优势则是最直接、最强有力的暴力控制。至于文化霸权软刀子杀人不见血，为“整人”而定的国内、国际“规则”，恐怕也不见得全是政客想出来的——只是少见我们的道学家因资本金融垄断而“忧”、因帝国主义军事垄断而“忧”、因买办资产阶级腐败透顶的私有化政策而“忧”罢了。

其实，体制无非就是组织、组织能力，而关键就在把谁组织起来，组织起来反抗谁，又要维护谁的利益，因此，世界上就有了“革命的体制”和“反动的体制”两种体制，而从来就没有过什么抽象的、一劳永逸的“体制”和“反体制”。本书的一个基本观点就是：我们只有从生产方式的“发展”与“组织”之间的关系角度，从复杂的社会阶级斗争的角度，才能去正确分析、了解历史变化发展的真实。500年来，中国为什么逐步衰落？不是由于生产不发展、市场不发达，更不是由于什么“体制干预”过多，而恰恰是由于“体制”的无为、“无力”和低效。广大的劳动阶级（特别是农民）长期处于一盘散沙状态，中国基层社会更与上层完全脱节，以至像黄仁宇所说：经济虽大有发展，而社会却全无组织效率，从而无法将社会财富组织为国家能力，人民非但不能以“体制”的方式参与这种发展、保证这种发展、推动这种发展，结果反而在近代为外国和外部的金融资本与武力、为内外特权利益集团之勾结所控制。

尤其是在漫长的历史中，中国的“精英”、读书人对什么是社会生产组织，特别是对社会各阶级斗争的道理，基本上外行，对金融组织、货币组织、税收体制，则更是一窍不通、一塌糊涂；既将一切简单地归为“体制”，同时对“体制”的理解又如此茫然、肤浅，平日袖手谈心性，事后著书骂“屁民”，无论天下兴亡多少事，永远正确的反正只有他自己。这种“反体制”往最善良的地方去评价估计，也不过就是“道学家”的“发脾气”而已，而自宋、明以来，这种士大夫阶级的“气功”，对于国家和人民，从来就没有过什么真正、切实的补益。这也就是张居正所谓“国家以高官厚禄养此辈，真犬马不如也”，也就是曾国藩所谓“国家以此等人为学为官，与用牧猪奴何异”。

“五星出东方利中国”，五星中的四颗星分别是工人、农民、小资产阶级和民族资产阶级。上述四个阶级的联合，是因为他们有着共同的敌人——买办资产阶级和帝国主义势力，因反对共同的敌人而有着共同的利益。与1688年拿着银行家资产阶级的钱上台的英国王室不同，中国共产党人是靠工农的支持而打天下、有天下的，革命党人不欠资本家的钱，因此就没有格外要订立一个契约专门照顾资产阶级利益，与之立宪的任何理由。嚷嚷着要单独为某一个阶级立宪，其实质就是要破坏四个阶级的联合。历史证明，当工人、农民不愿意与后二者联合的时候，固然是忘记了自己真正的敌人——买办资产阶级和帝国主义势力；而当小资产阶级和民族资产阶级忘记了工人、农民的利益与自己根本利益的联系的时候，他们更是忘记了自己真正的敌人，同样也正是买办资产阶级和帝国主义势力，那种不自量力的狂热，使得他们只会在历史面前碰得头破血流。只有当上述四个阶级联合起来组织起一个强大的体制，方才是“大道之行也，天下为公”，这就是我们这个体制的根本目标。这个目标，当然是要让劳动者越来越有可能控制资本，让中国越来越有可能摆脱帝国主义的军事、金融控制——从大的方向说，这是真正的“通三统”“复三代之制”，是真正的“文武革命，顺天应时”的体制改革和体制革命。如果没有这样的体制革命，那么，资本控制劳动和市场、西方控制世界、少数人控制绝大多数资源、少数人压迫剥削多数人的体制就会一统天下（“全球化”？），如此中国的发展谈不上，和谐的世界谈不上，公平和正义也就谈不上了。

早在68年前，毛泽东就批评过这样的学风：“言必称希腊，对于自己的祖宗，则对不住，忘记了。认真地研究现状的空气是不浓厚的，认真地研究历史的空气也是不浓厚的。”他还说：“你们看，中国的经济、政治、军事、文化，我们究竟有多少人创造了可以称为理论的理论，算得科学形态的、周密的而不是粗枝大叶的理论呢？特别是在经济理论方面，中国资本主义的发展，从鸦片战争到现在，已经100年了，但是还没有产生一本合乎中国经济发展的实际的、真正科学的理论书。像在中国经济问题方面，能不能说理论水平已经高了呢？能不能说我党已经有了像样的经济理论家呢？实在不能说。”今天重读他的这些话，作为读书人和教书匠，实在是应该深以为警怵的。

20世纪曾被称为“革命的世纪”，尽管这并不是本书这一卷论述的主题，但是，上面这些话，既可以说是游离于本卷主题之外，也算是对第二卷（《龙兴：1500年以来的中国改革与革命》）的预告。故算是有感而发，不平则鸣。这里所谓的“不平”，特别是指对于伟大的中国革命及其成就——一个劳动者阶级当家做主的国家体制，近些年来在中国舆论界当权的骗子那里所遭受的“不公平对待”，所表达的愤懑、不满和抗议。

顾炎武的《精卫》，一直很喜欢。诗曰：

> 万事有不平，尔何空自苦？长将一寸身，衔木到终古。
> 我愿平东海，身沉心不改。大海无平期，我心无绝时。
> 呜呼！君不见，西山衔木众鸟多，鹊来燕去自成窠。

在这个意义上，读历史、研究历史是大有好处的，因为历史叙述着过去，也昭示着未来。历史本身就是由“大不平”写就的，因此，它的方向才是“大同”。

六

本书准备的材料原本是要写三卷的，与编者商量，目前出版的是第一卷内容。

这当然不能算是史学，连历史研究可能也谈不上，但是，不局限于西方人的结论，同时又把中国历史与西方历史打通来看，把世界历史理解为世界交流史、地域和文化互动史，对我这个读书不多的人来说，可能多少是需要点儿勇气的。

我在这里要敬表谢意的，是这些年来在学术上帮助、教诲我的不同学科的学长，我特别要感谢我中学时代的班主任柏庆禹先生、我的硕士导师孙昌熙教授、博士导师谢冕教授。最遗憾的是，孙昌熙教授已经过世了，他对我的作业一向抓得很严。

我很幸运，我遇到了好老师，他们教导我立志为国家、为人民做学问。我希望自己能像他们一样，做一名合格的老师。我希望我的学生也能走这样的路。

2009 年 9 月 2 日初稿

国庆节改定于北京

上篇

『漫长的16世纪』

五星分天之中，
积于东方，
中国利；
积于西方，
外国用兵者利。
——《史记·天官书》

眼看他起朱楼，
眼看他宴宾客，
眼看他楼塌了。
——孔尚任《桃花扇》

导 语

本书的上篇叙述了500年来，在“世界经济”向“现代资本主义世界体系”转化的过程中，中国由“世界经济”的火车头和“创生者”逐步走向衰落的过程。

“东洋的近世”本是由“京都史学派”提出的著名论断，其核心是：中国在10世纪进入近世，这比欧洲要早三个世纪左右。举凡国内与世界交通方面的革命，货币经济的普及，士大夫阶级之于世袭贵族阶级的战胜和替代，儒家思想由经学向史、论方向的转化，加之焦炭冶铁技术的成熟及铁器的大规模生产与出口——凡此五个方面，分别从交通变革、经济变革、政治变革、文艺复兴和工业变革，铸就了一个中国文明主导的“近世世界”。

“漫长的16世纪”的提法，来自两位著名的历史学家。一位是费尔南·布罗代尔，他把1350—1650年之间的300年称为“漫长的16世纪”。布罗代尔认为，这一时期是“世界经济”形成的时期，它大致与中国的明朝（1368—1644）在时间上是重合的。另一位是当代美国历史学家彭慕兰，他把1350—1850年之间的500年均称为“漫长的

16 世纪”。因为彭慕兰认为，只有在世界货币体系由“银本位”向“金本位”的过渡完成之后，只有在中国于 1850 年完全被西方的军事实力——进而是金融资本控制和支配之后，“漫长的 16 世纪”才算真正结束，而“现代资本主义世界体系”支配世界的时代才算开始。

通过阅读本书的上篇，读者首先将会逐渐区分两个重要范畴之间的不同，即布罗代尔所提出的“世界经济”与“现代资本主义世界体系”二者之间的不同。简单地说，“世界经济”是生产发展和市场交换不断扩大的产物，物质生产的发展和市场交换的日益扩大，最终以“世界”的规模铺开，于是就产生了“世界经济”，而这就是“漫长的 16 世纪”的主题。与“世界经济”不同，所谓“现代资本主义世界体系”，则是指以军事与金融扩张的方式在世界范围内攫取剩余价值的机制，而那将是本书的下篇——“漫长的 19 世纪”所论述的主题。

当前，对于中国文明及其历史命运，大致存在着两种看法：一种看法是中华文明从来辉煌灿烂，500 年前就逐渐形成了一种以生产为基础，以市场为导向之平和—平等的发展模式，只是在 1840 年之后由于西方的入侵，才突然间被打断了发展（乔万尼·阿瑞吉）；另一种看法则是这个文明从根本上“一塌糊涂”，几千年来都是“专制”和“独裁”，因而注定是要被“现代文明”荡涤和抛弃的。本书挑战了这两种一般性的看法。

上篇对最近 500 年世界历史运动的研究，能够使读者看到，在这 500 年里，中国历史所经历的大致是一个“双向的过程”：一方面是生产的发展、市场的扩大；另一方面却是“制度的无为”，即国家能力的持续下降。这种“国家能力的持续下降”，既指皇权直接面对千百万小农的基层无组织能力，又特别是指国家货币制度的混乱、税收体制的混乱，从而最终不得不将货币供应委之于国外的货币市场，结果逐步丧失了财政金融上的自主性。

这个“双向的过程”起码能让我们看到：生产的发展、市场的扩大，即我们一般意义上的经济繁荣发展，其实并不意味着社会共同体真正意义上、最终意义上的“强大”，如果没有政治有组织地推动，农业发展带来的剩余也不会自动扩展到工业领域。这就是有学者指出的：“经济力量在原则上固然可以转变为军事力量，可是当中也必须有组织与结构。”[1] 它尤其不意味着：由于生产规模和贸易规模之庞大，其在货币金融方面就能够自动获得优势和主导权。相反，随着生产发展、市场扩大而产生的货币和资本短缺问题，却有可能导致一个经济体将货币金融问题委之于“外部”——而中国的“漫长的16世纪”，恰恰提供了这样一个历史分析的范本。

因此，本书上篇的叙述，告诉我们的就是另一幅文明演进的图景。一方面，中国文明毫无疑问是辉煌灿烂的，这种辉煌灿烂使得中国在500年的大部分时间里保持着世界生产大国和贸易大国的地位，这一点当然是不可否定、毋庸置疑的。另一方面，从组织与结构上看，在“漫长的16世纪”里，中国行政体制深陷“官无封建而吏有封建”的痼疾之中，商与农、沿海与内地、中央与边疆的分裂、脱节日益严重，国家更一直没有解决由生产发展和市场扩大带来的货币金融问题。由于中国的货币制度一直是杂乱的“多种币制”，国家的税收制度不能不是混乱的，加上国家财政与税收实际上操持在基层和地方的“胥吏”之手，这种状况长期得不到治理和解决，这样一来，随着经济的发展，中国的国家能力、行政能力和财政能力反而就是逐步下降的。与此同时，由于一直没有解决经济的发展与货币短缺、信用制度不发达之间的矛盾，结果在明隆庆元年之后，中国转而通过大规模进口美洲白银解决内部的货币短缺问题，这种将货币金融委之于外国的举措，最终逐步造成了近代以来中国的经济、财政和社会完全为欧美金融资本所控制的局面。

正是从500年历史发展的角度看，一方面，中国经济、文化的辉煌灿烂是值得我们骄傲的；另一方面，中国的近代衰落也并不是突然、偶然发生的。恰恰是因为"发展"带来了新的问题，包括伊懋可所提出的市场的"高度平衡陷阱"问题，也正是由于没有自觉和有力地应对发展带来的问题，中国文明的辉煌、中国经济的发展才变得不可持续，而其近代衰落则不可避免。

因此，本书的上篇在结构上由彼此联系的两大块构成：第一节到第四节，集中论述"漫长的16世纪"中国经济和文化的辉煌，以此追寻一个已经消失的"中国文明主导的世界"；第五节到第八节，则集中探究"中国文明主导的世界"走向瓦解与衰落的内部和外部原因。

第一节从中国现实出发展开话题和引起讨论。我们身处的世界为"现代资本主义世界体系"所支配，这是一个不平等的世界。它的基本特征是核心地区从周边榨取剩余用于自身的发展，正是这种不平等的支配和剥削关系[2]，造成了世界各国及中国各区域和地域之间的发展不平衡。从这个意义上解释"科学发展观"，我们才会发现它真正的革命性所在：不仅致力于一般地消除中国内部的社会矛盾，而且致力于改造中国与世界的不平衡发展结构。

第二节的主题是在"世界史"叙述中，追寻已经消失了的"辉煌的中国世界"，重新发现、发掘在西方主导的"世界史"叙述中，消失和被掩埋了的"中国引导世界经济"时代。这一节用相当的篇幅介绍了费尔南·布罗代尔关于“世界经济”与“现代资本主义世界体系”之间的重要区分，同时介绍了中国文明对“世界经济”的创生起到的火车头作用，并集中反思了以马克斯·韦伯为代表的现代西方思想家对于“资本主义”和“世界经济”的混淆。

第三节和第四节集中从海洋和大陆两个方向上，叙述了“中国主导的世界”为什么是和平的、非掠夺（他人剩余）性的。这在海洋方面是指海洋朝贡贸易体系的形成，而在大陆方面则是指由经济而非战争原则支配的大陆条约体系的缔结。这两节的叙述重点又分别围绕着琉球和蒙古（北元）地区与中国长期交往的关系史展开。

第三节的论述重点是朝贡体系。海洋朝贡贸易体系曾是中国应对生态问题、区域安全（打击海盗）和货币资源短缺而设置的有效制度，它以中继贸易的方式将中国与世界联系起来。第三节中还着力描述了朝贡体系是如何随着新的帝国主义海洋时代的到来而逐步瓦解的，同时指出了这种瓦解对近代以来中国命运的重要影响。

世界古代史在很大程度上是中亚各民族不断发动战争的征服史，这种征服活动经匈奴、突厥到元帝国的形成时期达到高峰。第四节的叙述表明，正是500年来中国所形成的“长途贸易”和多元化的主权关系体系，即所谓的“多主制”（hierarchical inclusion），扭转了这种“中亚民族征服史”。这一节集中描述了中国如何以“大陆条约体制”，通过经济贸易的原则，改变并扭转中亚“征服史”的过程。

第五节是本书上篇叙述的转折点，从这一节开始叙述“中国主导的世界”是怎样走向瓦解的，并且致力于探索这种瓦解的内外原因：“漫长的16世纪”和中国命运的大转折发生在明隆庆元年前后[3]，从此中国开始通过大规模引进白银解决内部的货币短缺问题，从而放任内部的币制混乱、税制混乱不加治理，放弃自主的货币财政制度建设，而将金融命脉委之于外国。造成这一切的根本制度原因在于：中国式的封建主义在宋、明、清时期的发展，皇权与士大夫的对立（道学与朋党），基层事务渐归胥吏垄断，造成统治效率迅速下降，其中最集中的表现就是所谓“官无封建而吏有封建”。封建主义嵌入并落实到中国的最基层和地方，并与税收、币制、行政、司法密切联系。

第六节是本书上篇的重点，通过重新解释明朝亡国的原因和教训，指出国家能力的持续下降，乃是近500年来中国历史的根本问题，也正是由于国家能力的持续下降，明朝既不能应付“外寇”，又不能应付“流寇”。同时更指出这种国家能力的下降，主要原因大概有以下五点：其一，中国封建势力的变本加厉（所谓“官无封建而吏有封建”）；其二，儒学蜕化为道学，精英阶层长于朋党内讧而对财政、税收、司法一无所知，遂将基层一切财政、税收、司法归于“民间精英”——胥吏和幕僚，这种行政上的失败，阻碍了中国由宗法国家向近世财政国家，特别是向民族—人民国家的转换；其三，豪门巨富与新兴外贸商人勾结，土地兼并未能停止，市场垄断复又加剧，造成生产者和一般小农流离失所，生产力大幅下降；其四，小农丧失土地，民兵制无所依据，国家丧失劳动力，税收长期无着落，税收无着落，则无以养兵，故武备废弛，军队不堪一击；其五，金融业委之于外国。

第七节通过对著名明史专家黄仁宇之研究的再解读，重新发微近代以来中国革命的意义，即中国革命一方面从基层改造出发，自下而上地完成了彻底反封建的任务；另一方面确立了国家信用，从货币和财政上为中国的长远发展打下了制度基础。

第八节通过晋商的命运，集中探讨中国式的与长途贸易相联系的信用制度和近代西欧式的与战争投资相联系的资本主义战争金融制度之间的根本不同，从而把对“漫长的16世纪”的追寻引向了本书的下篇，即“漫长的19世纪”的讨论。

第八节既是上篇的结尾，也是下篇的先声。

读者将会发现，本书的上篇是根据作者的一篇讲稿修改而成的，那次讲解所面向的是基层，面对的是基层的工作者。中国的问题、变革中国的力量和希望都在基层，中国的根本出路在于广大基层民众与执政者的智慧、创造和奋斗，在于基层行政的高效和清明，非建设基层便不能形成一个下情上达、有效互动的社会组织结构，更无以建立严密之分工交换的经济体系。这其实也是为500年中国历史，特别是近代以来的中国革命所证明的一条真理。打破学术垄断和隔阂，向基层学习，向普通百姓学习，努力向在基层工作的同志学习他们的宝贵经验，是当今中国学术的出路所在。

正是基于这样的原因，我保留了上篇原有的面向基层的讲座风格，希望这种安排不会给读者带来阅读上的不便。

第一节
“无发展的增长”与“科学发展”

真正奇怪的是，为什么在那些世界史学家眼里，竟然从来就没有过“世界”？

——安德烈·贡德·弗兰克

从人文地理、经济地理的角度看，晋南与代北，自古以来就是中华民族大融合的文明创生地，无论是北上塞外还是南下中原，山西既是一个转折点，也是落脚点。

翻阅祖国的版图，就会看到山西宛如一个楔子，牢牢地镶嵌在东三省、蒙古高原、青藏高原和新疆之间。作为定鼎天下，特别是平衡祖国边疆的支点，山西这个楔子牢不牢，能否顶得住千钧重负，关乎天下兴亡、国家安稳。明清以来，定鼎西北边疆的历次行动，都是以山西为根据地展开的，故康熙三十六年（1697），清圣祖下诏：连年军队出征，都要经过山西，山西筹措军需、从龙征战，十分辛苦，故免除山西一年的额赋。从康熙五十年（1711）起，由山西开始，分批免除全国钱粮，三年轮遍天下。[1]

中国的商脉起于山西、源于山西；晋商辉煌，与国家经营北方边疆的战略相配合、相始终。无论是“走东口”（即东出张家口，沿张库大道奔向东北，再经库伦走向蒙古和俄罗斯）还是“走西口”（即西出今朔州右玉县杀虎口，经甘肃、新疆、中亚走向欧洲），晋商的行迹，既配合着国家的政治、军事战略，更以贸易的方式，通过山西商路之开拓，将东北与西北、中原与北国、中国与世界紧密地联系在一起。中国与世界的广泛联系成就了山西，山西也推动了中国与世界的广泛联系。[2]

山西有着极其丰富的资源、雄伟壮丽的表里山河，《史记》里说：周成王封其弟叔虞于“河、汾之东，方百里”，这块封地叫作“唐”。此后六个世纪，在“唐”这个地方兴起了周朝最强大的北方雄邦——“晋”，晋献公时代（前676—前651），先是利用其掌握的盐利实现了“富国”，随后又夺取原被赤狄东山皋落掌握的中条山而实现了“强兵”，这是由于位于晋南、绵延数百里的中条山富藏铜矿，铜的拥有，使晋国的青铜兵器和器物铸造步入辉煌，而终形成“晋国天下莫强焉”的局面。汉唐之际，随着以煤炭冶铁技术的发展，周唐故地亦成为中华文明前进之发动机，后赵石勒兴于上党郡，北魏定都平城（大同），高欢以晋阳（太原）为霸府，李唐王朝在此龙兴，中华民族亦由是走向光辉灿烂之“盛唐”。此后，五代的晋、汉、周皆从并州（晋阳）崛起，辽和蒙古也均以拥有富产煤和铁的云州（大同）为根据地而所向披靡。所有这一切当然都不是偶然的。解州的池盐，并州、云州的煤炭和冶铁业，乃是推动中国古代社会转变的动力，这一转变本身，更具有深刻的世界史意义。多少伟大的帝国王朝在这里升起又衰落，山西是一个令人胸怀天下的所在。[3]

上党—长治地区不仅是赵树理的故乡，而且是他毕生热爱的上党、中路梆子的故乡——以此为核心，西有秦腔，东有河北和山东梆子，这里是中国北方歌唱的源头，也为三晋文化奠定了基础。明代的山西版图比今天大，而清代的山西版图更大于明，所谓归绥六厅（今呼和浩特和包头）、“八旗”中的六旗（包括多伦）都在山西治下，从而形成了一个辽阔的晋方言和三晋文化共同体。

山西是文化的沃土。上党梆子这种艺术形式，源远流长，起码在明末时期就形成了，据说它是从沈宣王宫传出的。《明史》曾记载1549—1582年在藩的朱恬烄，说他“好学、工古文词、审音律”[4]，而沈宣王朱恬烄驻在山西，与明朝对蒙古的制度有关。洪武二十年（1387），明在今上党—长治地区以北设置大宁行都司，镇守喜峰口以外地区，其管辖范围，东连辽阳，西接大同，南屏北平。洪武（1368—1398）时的大将冯胜征蒙古纳哈出部落，筑大宁城于今内蒙古宁城，1391年明太祖封皇子朱权为宁王，镇大宁。此后，明朝更设立了由诸皇子镇守北部边疆的“宗王出镇”制度，继1391年封宁王朱权镇大宁之后，再封代王镇大同，封庆王镇宁夏，封谷王镇宣府，封安王镇平凉——加之秦王、晋王和燕王已经镇守西安、太原和北平，从而在中国北方构成了以山西为核心，内联中原与东南沿海，外接中亚、西亚，广阔的中国之“亚洲内陆边疆”。[5]

实际上，自汉击匈奴以来，便已设立了朔方诸郡，以与遥远的“岭南九郡”互成犄角之势，而上党郡即其一也。东汉（184—220）末年，匈奴来降者有五千部落，从此在此地与汉人杂处，其待遇与编户同，但不纳贡赋，可见政策起初是很宽松的。《晋书》卷一〇四《石勒载记》说：后赵的创建者石勒，就是上党郡武乡的羯人（指住在武乡境内的羯人部落）。不过，随着中原地区豪族的土地兼并日趋严重，朔方诸郡宽松的土地和移民政策就终于不能持续下去了，汉人与胡人争夺耕地的现象不断发生，西晋元康九年（299），江统所作《徙戎论》，就是针对这一地区汉胡杂处的状态而发。所谓“徙戎”的核心，就是夺胡人耕地为政府和汉人所有，也就是将中原地区的阶级矛盾转嫁到异民族身上，从而必然由阶级矛盾促发民族矛盾。导致中国历史重大转折的“永嘉之变”，西晋汉族政权终被石勒等所率匈奴、鲜卑、羯、氐、羌部落联军推翻，也即是在此地区发端。[6] 正是这场历史的大变乱，推翻了以“名教”为思想基础的士族门阀制度，形成了新的民族融合，而主张众生平等的佛教也因之从塞外播向中原。

定鼎北方的军事根据地、中国商脉的起源，遂成就了山西“军商合一”的制度传统，更发展出“以军法促民法”的严格管理体制，从历史上看，“军政合一”便是山西强盛的制度保障。中国政治，起于秦晋之间，成于墨法之道。晋文公行军事编制之法，晋悼公铸刑鼎而使“民在鼎矣”，这些举措均为户籍—郡县制之形成奠定了基础。又据宫崎市定，在古代中国，中原的国家即是城市国家，或者说是“城郭”的国家，人民只是在劳作时离开城郭，日落依然回城郭休息。而“村落”则是到汉代后期才在北方大规模出现的，村落的来源主要有两个：一是来自西北游牧民族侵入和定居而成的部落与聚落；二是作为国家政策的屯田，“邨”（“村”的繁体字）的写法本身，正说明了它与屯田的关系。屯田，避免了秦征戍之苦，在边地形成伍里、连邑之制，则使军粮充实。什伍制度或者保伍制度——用军法来代替民法的制度，亦是在控制村落的过程中得以推广的，而恰恰是从村落本身所内含的准军事的保伍制度，以及它与游牧民族部落制度之间的历史联系之中，我们方才可以看到“以农村包围城市”这一天才学说源远流长的历史基础所在。[7] 由此我们亦可以说，中国之村落组织制度亦是从山西发源的，中国乡村历史变迁的轨迹，在此地保存得最为完整，体现得也最为丰富，这一点从赵树理的小说杰作《李家庄的变迁》中即可窥豹。

魏源曾说：“以军令饬天下之人心，皇然以军事军食延天下之人材。人材进则军政修，人心肃则国威遒。一喜四海春，一怒四海秋。五官强，五兵昌，禁止令行，四夷来王，是之谓战胜于庙堂。”[8] 近代中国“一盘散沙”的局面得以改变，很大程度上依靠的就是共产党在太行地区试验、实行的“军政合一”的制度创新，从而大大增强了根据地和八路军的组织能力。因此，作为伟大的“太行精神”的发源地，长治在中国现代历史上同样具有重要地位。长治是抗日战争的前线和根据地，1938—1940 年间，八路军总部就设在长治的武乡县境内（仪门、砖壁和王家峪），“小米加步枪”“我们在太行山上”“妻子送郎上战场，母亲叫儿打东洋”的传奇，就是由这里走进中国历史的。

同时，长治不但是中国革命的落脚点，而且是社会主义新农村建设的出发点，是新农村建设历史经验的宝库，特别是人民金融和人民币制度，也是从长治、从太行山深处走向全中国、走向全世界的。

中华人民共和国成立以来，由于中苏、中蒙关系的重要性及敏感性，山西的战略地位不断提升，山西所开创的农业集体化道路尤其影响深远。长治还是中国人民的美国朋友韩丁的第二故乡，韩丁的巨著《翻身》和《深翻》，写的就是长治郊区的张庄，这两本书所探讨的就是中国革命所造成的土地制度大变革对于现代世界的重要意义。

大家知道，关于中国农村发展、中国现代土地制度的第一场党内争论，即 1950 年由长治地委书记王谦发起，并引发华北局、山西省，直到毛泽东和其他中央领导同志之间关于中国农村社会主义道路的辩论，就发源于长治这块土地。这场辩论对新中国农村发展道路的影响是巨大的，众所周知，它也成为赵树理写作长篇小说《三里湾》（后来的电影《花好月圆》据其改编）的契机。60年风雨再回首，今天看来，王谦当年根据长治的经验所提出的土地、劳动力入股分红，积累公积金，而公积金作为公共积累不参与分配，成员退社时不能将其带走的创举，是一种壮大农村经济，特别是壮大农村基层金融力量的制度创新，这种基层公共积累的制度创新是对历史上晋商经营传统的继承和发展，而且1609年的荷兰东印度公司实行的也是这样的入股分红但公积金不分红的制度，我们今天绝不能忘记这种来自基层和人民群众的制度创新。[9]

在漫长的历史中，中国作为一个农业大国，国家的税收来自土地税，贵族、士大夫和豪门地主的收入则来自地租，这二者自然都压在农民身上。当国家既要收税又不能制止豪门地主兼并土地之时，就会本末皆失，结果就是天下大乱。近代以来，由于国家既要赔款又要自强，国家于税收方面更是空前加强，小农交租、自食后自然无力完此重税，只好向地主借高利贷，如此又造成地主、富农也无意投资土地和生产，而热衷于从事金融高利贷，因为放高利贷比其他投资（包括投资土地、农业生产）更加有利可图。于是，近代以来，地主就越来越不再是农业生产的促进力量，而成为农业生产的毁坏力量，中国基层的金融—借贷机制亦从此全为土豪劣绅、买办商人及帝国主义资本所垄断把握。现代帝国主义势力正是借助中国基层金融信贷机制阙如这一点，才得以深入中国腹地的。1939年，陈翰笙在研究美国烟草公司在华进行资本、资源掠夺的名著中，对此曾有过清晰、深入之描述。

陈翰笙说：由于中国国家只顾向百姓征税，更无深入和面向基层的信贷制度，外国资本通过中国的买办势力向中国基层农民发放高利贷，便成为其掠夺中国最为便捷之手段，而帝国主义和买办阶级通过高利贷资本对农民的剥削，借助的又是“世界市场”的名义，它比直接的政治压迫、军事入侵更为隐蔽、更具欺骗性，当然也更为残酷。[10]解放初华北、山西地区农村借贷利率之高，在英国人柯鲁克夫妇的《十里店：中国一个村庄的革命》这本书中也有很深切的描写。[11]“一出《白毛女》，唱响新中国”，而《白毛女》中揭露最深的，也是华北农村高利贷之残酷。因此，认为地富阶级是中国农村恢复生产的主要动力，为了农村生产计，不能触动他们的利益，这其实是没有看到近代以来农村地富的主要功能早已不是发展生产，而是在农村实行残酷剥削之金融借贷——或者说是美国学者杜赞奇所谓的“赢利型国家经纪”。杜赞奇说：“我所称的‘赢利型国家经纪’是指那些被国家权力利用的，但在一个不断商品化的社会中没有合法收入的职员。为了强调其专断和压榨本质，我有时也用‘贪婪经纪’或‘掠夺经纪’来形容他们。”[12]

因此，农村要发展、农业要振兴，首先需要的就是资金。欲摆脱困境，便迫切需要建立起深入农村基层之国家金融—信贷机制。最早且深入地认识到这一点的，便是中国共产党人。1939 年 10 月 15 日，在邓小平的领导下，晋察冀边区在长治黎城小寨村成立了“冀南银行”，发行纸币。[13]人民政权发行自主货币，对外而言，就是为了反抗国民党政权以法币通货膨胀和大幅贬值掠夺根据地人民的财产，更是为了反抗日本侵略者通过伪币掠夺根据地资源，以保护人民的财产；对内而言，人民政权发行自主货币，其主要功能就是促进根据地发展生产和保障民生，特别是为广大贫苦农民提供小额信贷，帮助他们开展生产，改善生活。总之，对外反抗帝国主义、官僚资产阶级通过垄断货币剥夺人民，对内为发展生产和保障民生提供贷款，这就是人民政权发行自主货币的目标，也是“人民的货币”——人民币的实质。我们不能忘记，不但山西票号代表着中国金融业的传统，而且人民币也是从我们脚下这块土地走出去的。

由此，我们方才可以深刻认识到：中华人民共和国成立后，国家在农村地区推行的“活跃借贷”（指贫困户在青黄不接时期向大户借贷生产、生活资料，待收获后加倍偿还）的号召之所以没有效果，就是因为它不以土地为抵押，故大户公开不从政令，而绝不愿借贷于小户，这就是借贷无从抵押之故；而一旦允许以土地为抵押，口子一开，则大规模的农民失地现象必然发生。20 世纪 50 年代以来，中国共产党之所以坚决要走农村集体化的道路，一方面是因为农业依旧是国家税收的来源，另一方面是因为只有这样做，才有利于国家信贷对农民和农业的扶持。国家通过政策和贷款（主要是以供销合作社的形式）所扶持的只能是农村集体（至于“集体”之大小可以商议），当然不可能对汪洋大海一样的小农个体逐一扶持，因为任何国家（包括共产党领导的立足农村基层的国家）都不可能承担得起这样巨大的行政代价。现代制度不能建立在中世纪的经济基础之上，现代金融—信贷机制更不能以极小块的土地为抵押展开实行，国家深入基层的金融—信贷必须以农村基层的组织化为前提。没有国家，特别是国家信贷的扶持，全靠农民“自发”当然不能产生农村工业化和产业化，只能产生出剥削农村和农民的、非生产性的高利贷食利剥削阶层，这已经为历史所反复证明。何况当时的中国，一没有资金，二没有市场，从而无法以大规模转移农村人口的方式进行工业化，这个问题实际上是改革开放以来，通过引进国外（以港台为中介）资金、建立面向海外市场的沿海加工基地，以廉价劳动力取得农村汇款的方式解决的，但是，它依然要决定性地受制于海外的资本和市场，进一步导致中国经济，特别是农村基层汇款受制于外国金融和市场垄断。今天国家免除了农业税，农村合作医疗、养老保险制度的实行，当然都是几千年没有的盛举，但这毕竟离把中国农村发展起来还有很远的距离。在这个意义上，毛泽东强调“要把农村建设好，甚至建设得与城市一样好”，在当年可能是高远的理想，但于我们今天而言，是必须面对的实实在在的课题。

韩丁之杰作《翻身》，被称为美国“中国研究”的奠基之作，它不但得到了李约瑟的高度评价，而且另一位杰出的历史学家黄仁宇更指出：“我要求修当代中国历史的研究生和大学生，在翻开教科书前，必须看完这本书。”因为正是韩丁和赵树理告诉我们什么是旧中国农村的现实：土地被分割成鱼鳞状的小块，农民将如此小块的土地作为借贷的担保，土地产权从不清楚，这就必然造成高利贷盛行，高利贷导致中国农村的贫富差别乃是“生死的差别”，农村剥削之实质是信贷剥削，而非简单的劳动力地租剥削。《翻身》和赵树理的作品还让我们看到，自16世纪以来，除了利用那些基层的社会渣滓作为非正式的税官（胥吏）鱼肉乡里外，中国国家根本就没有接近过村落，在这个意义上，16世纪以来的中国政府，实际上是建立在浮萍般无组织、无依靠的小农社会的沙洲之上的，国民党政府当然也不能例外。黄仁宇如此总结国共两党的历史博弈：

> 毛泽东的成功归功于他打破了城乡之间的沟通障碍。他成功说服城市青年执行乡村改革计划，让受过教育的精英分子和文盲

群众对谈。他关于中国农村改造的信息通过无线电发报机传达到中国各地，在最基层通过口耳相传进一步传播，从而形成了以20世纪的聪明机制对抗16世纪组织形式的最佳范例。当毛泽东的话语延伸到小村落时，被孤立在城市里的国民党绝对没有机会赢得中国。[14]

与当下中国的许多学者不同，韩丁为中国革命给中国农村带来的天翻地覆的变化而感到兴奋，他也对中国农村发展中出现的曲折和问题直言不讳，尽管他总认为那是艰难探索中出现的问题。他对毛泽东的评价是很高的，因为他坚信毛主席的主张：农村基层组织的创新，农业的分工协作、统一经营，农村金融和集体积累机制的形成，特别是面向基层农村的国家信贷机制的决定性作用——这是农村接受并发展先进生产力的条件。如果不重视这一点，听任掠夺性的资本大举进入乡村，肆意侵吞包括土地资源在内的农村剩余，必然会导致广大农民沦为工业化“先进生产力”的肥料。

严肃地对待我们的历史，就必须把打破常规，寻求中国现代化道路的大发展，与严重损害农民利益的“共产风”严格区分开来。早在1959年的第二次郑州会议上，毛泽东就曾经如此严厉批判以行政命令手段取消、代替、破坏农村市场和农村金融—信贷的“共产风”：“他们在公社范围内，实行贫富拉平，平均分配，对生产队的某些财产无代价地上调，银行方面也把许多农村中的贷款一律收回。一平、二调、三收款，引起广大农民的很大恐慌。这就是我们目前同农民关系中的一个最根本的问题。”毛泽东呼吁：“关于国家投资问题，我建议国家在十年内向公社投资几十亿到百多亿元人民币，帮助公社发展工业，帮助穷队发展生产。我认为，穷社、穷队，不要很久，就可以向富社、富队看齐，大大发展起来。”[15] 我相信这些久被尘封之历史，亦终有重见天日之时。

毛泽东去世后，抚今追昔，韩丁在《大逆转》一书中这样写道：

> 毛泽东对于中国社会主义道路和实践的伟大贡献，照亮了我们这个时代前进的道路。毛泽东领导下的中国在残酷的外国经济封锁条件下白手起家，最终建立了一个有实力与西方跨国公司进行平等贸易的经济——只有在这个基础上，中国方能主动地在经济交往中争取到对中国有利的条件，参加国际经济贸易规则的制定，从而不至于像中华人民共和国成立前那样沦为西方的新殖民地和债务奴隶。今天看来，如果毛泽东最终成功了，我认为不但中国无疑会有一个欣欣向荣、广受人民崇信的社会主义经济和文化（经济的进展或许会比今天慢一点儿），而且，当今世界政治经济的结构性危机也不会发展到如此不可收拾的地步，特别是，对当今世界所有生活极端贫困和遭受剥削的第三世界人民来说，他们不会走到今天这样彻底绝望的境地，因为对他们而言，中国道路将会是一个更为坚实而且更加有用的发展典范。[16]

“人说山西好风光。”据说“上党”的古意即“以上天为党”，这句话大有气象，它说明研究一个区域的问题，必须具备国际和世界的视野，反过来说，观察所谓“全球化”的问题，更不能离开这种“全球化”对区域、地方和基层所造成的影响。因此，借“上党”辽阔的视野，我首先说一下 1350—1850 年大约 500 年以降的世界历史脉络，以此开始一种不同的历史叙述，这就是历史学界所谓“漫长的 16 世纪”，它是“现代世界经济”形成的时期。我主要讨论的是中国经济（主要是明清时代的中国经济）在上述“现代世界经济”中起到的作用。

我们先谈一个理论问题，就是历史观问题。

大家知道，眼下全世界的学术界都在流行一个暧昧不清的词叫“文明”或者“文化”。21世纪伊始，哈佛大学的塞缪尔·亨廷顿教授出版了一本著名的书《文明的冲突与世界秩序的重建》，这本书把整个世界史描述为“文明之间冲突”的历史，随后联合国更别出心裁地把2001年定为“文明对话年”。在“9·11”事件发生之后，“文明”“文明的冲突”这样的说法更是被用得“满天飞”，美国的反恐战争正是在这个意义上被定义为伊斯兰文明与西方文明之间的冲突、现代文明与宗教愚昧之间的冲突，甚至被西方社会定义为“文明保卫战”。

在当今世界，可能没有一个词比“文明”或“文化”更含糊不清、更容易造成误导的了。学术界长期运用“文化比较”“文明比较”这样的范式从事研究，是要通过比较的方式找出不同文化之间的差异，确立某一种文化的本质。我认为，这样的思考方式本身就是成问题的，它很容易造成巨大的误导。误导之一就是通过纸上谈兵的“文化差别”，实际上掩盖了这个世界上强与弱、贫与富的差别，而后者才是真正的、根本的差别，它造成的实际结果，就是用“文化”和“文明”这样的虚构的范畴来掩盖真实的世界究竟是什么样的。我们知道，今天的伊拉克打不过美国，巴勒斯坦打不过以色列，正如过去的中国打不过八国联军，这不是文化的原因，而主要是武力的问题、财力的原因。如果我们把这个问题颠倒过来，说财富的差别、武力的差别乃是由抽象的“文化”决定的，那么，这就好像哈佛大学的戴维·S. 兰德斯教授在他所写的一本畅销书《国富国穷：为什么有人富有人穷》中所持的那个简单化立场，即西方国家之所以富，是因为它的“文化”好；世界其他地方穷，则是因为其“文化”劣等。这是一种狡辩，而这种狡辩即使放诸“西方”本身也不能自圆其说。众所周知，1500年以来西方所谓“大国崛起”的先导者，乃是西班牙天主教帝国，而它的主要特征恰恰是崇尚暴力、野蛮的骑士制度，同时又高度轻视物质生产和市场交换，这既是西班牙、葡萄牙的“文化特点”，也是其“民风”所在。直到17—18世纪，西班牙人尚认为，让英国人和荷兰人为其生产商品乃是西班牙帝国最值得骄傲之处。15—16世纪的西班牙宗教帝国，乃至整个西方所奉行的，总体来说是以武力、暴力和权力为合法性的民族国家体制，是以资本掠夺为特征的金融制度，在19世纪之前，它们无论在文化水平还是生产力方面都比当时的中国远为落后，这本应是世界史的常识。[17] 尽管如此，“文化优胜论”却是非常深入人心的狡辩，说它深入人心，是因为不仅在国际关系中，而且在我们的日常生活中，这种“文化政治”也起着非常大的作用。

“文明”和“文化”这个范畴造成的第二个误导也是致命的，因为它认为存在着一种本质性的文化，特别是存在着一种鹤立鸡群、超乎其他文明之上的“西方文化”或者“欧洲文明”，这是一种“欧洲中心主义”的幻觉。这种文化幻觉是19世纪之后才在欧洲产生的，哲学家黑格尔、尼采，社会学家韦伯等都是这种幻觉的代言人，实际上，在漫长的历史过程中，“欧洲”如何由一个混杂的地缘、种族范畴变成了单一“文明”范畴，本身就是一个值得长期探讨却又几乎从未得到认真思考的现象。相反，随着历史的发展，欧洲人仿佛《阿Q正传》中的那位赵太爷，生怕自己跟穷亲戚沾上一点儿关系，不断自我强化地坚信“欧洲文明”是独自发展起来的，是独一无二的，是纯而又纯的。

在这个意义上，19 世纪之后，欧洲其实就丧失了真正的“世界”关怀和“世界”视野，因为它眼里只有自己，它忘记了世界之所以可以称为“世界”，就是因为它指的就是杂多、多元之间的交往和联系，而我们称之为“世界史”的东西，无非就是指这种“多元联系发展的历史”，其实就是指“世界交通史”和“世界交流史”。这就是为什么当代杰出的世界史家安德烈·贡德·弗兰克如此尖刻地批评欧洲所谓的“世界史”：“真正奇怪的是，为什么在那些世界史学家眼里，竟然从来就没有过‘世界’？”

今天我们要谈的“漫长的 16 世纪”，即 1350—1850 年这 500 年的历史，首先是中国的明清两朝与周边怎样发生关系的世界史。我们谈明清两朝，就是把它放置在与大陆上的蒙古、中亚、西亚，海洋上的“南洋”“西洋”的广泛交流、交往中来看的，以此说明：没有这种广泛的交往，就没有“漫长的 16 世纪”中国的辉煌；离开了与周边的广泛交流和交往，明清的 500 年兴亡问题也无法谈得清楚。即使明朝号称汉人天下，这个“天下”却是通过与北方的“亚洲内陆边疆”和海上的“海洋朝贡贸易体系”组织起来的，因此，明清两朝的文化、政治和经济其实都是不纯的，唯其不纯，它才伟大。

在整个“漫长的 16 世纪”，欧洲和西方都是很落后的，与 19 世纪的欧洲中心主义相反，那时贫穷的欧洲总希望攀上东方、亚洲和中国这样的富亲戚，希望跟东方拉上关系。所以，那个时期的欧洲反而是具备“世界”和“世界史”视野的，“漫长的 16 世纪”可以说是“西方急于跟东方拉关系的历史”，那个时候西方人甚至希望自己成为一个“东方杂种”。这种愿望在 1911 年出版的《牛津简明英语词典》关于“东方”的条目中暴露无遗——“东方：指光芒四射的、闪光的（绸缎)、高贵的、兴盛的、光明的所在，是宜居之所，是理性关系的确立，是朝向，是确定自我方位的所在，朝向东方。”这种关于“东方”的解释，在1980年出版的《剑桥美国英语词典》中，竟然被改为短促的一句话——“东方，指中东的东部，尤其指东亚”，而这恰恰表明，今天的“西方”在文化上是很封闭的。[18]

如果我们从经济史的角度看，在“漫长的16世纪”，无论在人口和劳动力还是货币资本和生产能力方面，东方都是领先于西方的。西方严重的落后情况，是在“漫长的16世纪”的下半叶，也就是在1567年之后才得以逐步改变的，而西方之所以能够逐步改变它的落后，主要也是因为通过美洲的发现这一重大事件，欧洲从此得以绕过西亚伊斯兰世界，直接与世界经济、文化的核心区——东亚和中国建立联系，更具体地说就是通过三个“三角贸易结构”：一个是葡萄牙人开辟的出地中海、经大西洋、绕过好望角到印度洋的“东印度航线”，即葡萄牙—印度—爪哇群岛之间的平底船贸易三角结构；一个是西班牙人开辟的跨太平洋航线，即墨西哥—马尼拉—福建之间的大帆船贸易三角结构；还有一个是由墨西哥到意大利，再经阿拉伯海、印度到菲律宾的环球航线。[19]这三个三角结构之所以能够构成，关键在于美洲白银的发现，形成了东亚与美洲、欧洲之间的白银流动机制，实际上，欧洲开矿业的发展，也是从西班牙人在美洲驱使奴隶进行白银开采起步的，并不是从英国工业革命的煤炭开采起步的。就是从那个时期开始，西方逐渐掌握了当时的“世界货币”白银，这才通过与东方“白银经济圈”之间的贸易积累起大量的资本，从而节约了自身发展的经济和环境成本，并为西方的崛起奠定了基础。从全球社会结构运动的视野来看，16世纪后期这种结构性的供求关系一旦形成，就会对全球物质生产、环境生态及社会发展模式都产生巨大的影响，而两条发展道路或者两个世界之间的“大分流”亦因此而形成：一条是亚洲式的，通过追求劳动生产率的不断提高、市场的不断扩大节约资本，从而以市场扩张推动“世界经济”发展；另一条则是欧洲或西方式的，通过追求资本的利润率和资本的积累，形成不断变迁的世界“资本中心”外围的结构，并利用这个资本中心对广阔的外围与“边缘”加以排斥和剥削。

费尔南·布罗代尔、伊曼纽尔·沃勒斯坦和乔万尼·阿瑞吉的著作分别描述了1500年以来，世界“资本中心”漂移和变迁的历史：首先是热那亚（放债给西班牙）、威尼斯（放债给荷兰），其次是荷兰（放债给英国）、英国（放债给美国），最终则是美国和日本以武力与金融垄断剥削全世界的当代统治结构之形成。[20] 根据这种“资本中心”漂移的历程（或曰“资本的历程”），弗兰克进一步提出，如果我们把16世纪末以来世界经济的发展看作一场全球博弈的话，那么这种博弈的实质，就是全球经济贸易活动的参与者要在全球性的经济结构中为自己争取一个资本积累中心的位置。因为一旦获得这样一个有利位置，就可以利用别人的资源和经济剩余谋求自己的发展。弗兰克以“结构增熵”来描述这种结构互动、结构变迁：获得在全球结构中资本积累的有利位置，就可以把全球结构运动的利润集中在自己手里，从而把代价、结构运动的“增熵”扩散到整个结构中去。毫无疑问的是，资本积累模式是对世界经济和世界市场均衡的破坏。换句话说，世界资本中心总是遵循资本积累和利润最大化的原则，并通过一系列制度性的框架把世界市场和世界经济的剩余集中在自己手里。结果，从此之后，希望通过劳动生产率的提高和市场的扩大“自动导致”世界市场的“均衡”这种理想主义的市场经济模式或“市场模型”，也就再也不可能实现了，经济和市场的“均衡”运动已经被所谓资本的“增熵”运动取代，而这种“结构增熵”运动，使得核心地区可以充分利用别人的自然、人力和货币资源，并把发展和增长的代价耗散到结构的边缘。因此，在这个既定结构中，落后地区之落后，既是发达地区之发达的结果，也是其条件。

概括而言，在“漫长的16世纪”后期所形成的基本世界经济结构，就是“美洲—欧洲—亚洲”三角结构，正是通过这一结构，欧洲才逐步改变了它远远落后于世界的地位，随后，在“漫长的19世纪”，“英国—印度—中国”的新三角结构则是欧洲帝国主义统治世界模式的核心。此时的市场扩张，已不是分工和交换扩大的结果，而是由资本积累和武力扩张推动的，因为靠市场的“看不见的手”是不能获取别人的资源而谋自身发展的。于是，结构运动和变迁的结果一方面是欧洲地区的“崛起”，另一方面则是边缘地区作为“增长代价”的承担者日益陷入混乱和失序之中——这就是弗兰克所谓：“熵（发展的代价）被从经济秩序的中心排放到秩序的边缘地区，结果是中心的秩序和结构日益强大，边缘的秩序和结构日益解体。世界经济核心地区的有序增长，总是以边缘地区的无序和退化为前提的。”资本中心区域益强，生产劳动区域益弱，这就是所谓“无发展的增长”。[21]

资本主义经济学的严重缺陷，就在于它深深陷进了牛顿力学时代的早期机械物理学中，而从来没有真正理解现代物理学，特别是热力学定律。在这个意义上，资本主义经济学，包括建立于其上的全部资本主义社会发展模式，恰恰从科学进步、科学发展的视野看去，是落后的和片面的。

按照牛顿的观点，每个作用力都有相等的反作用力，正是在这种机械世界观的基础上，古典经济学家，如亚当·斯密和让·巴蒂斯特·萨伊才把市场比作供需双方互相促动的一种机械机制，比如，若消费需求增加，卖方就会提价，如果卖方价格过高，需求则会减少，迫使其降价，以重启需求。同样的逻辑更被应用到自然资源和作为“劳动力”的人的利用中：如果资源和劳动力稀缺，价格就会上升，这就促使供应量上升；相反，资源和劳动力价格下降，供应量就会减少。因此，一个合理的市场价格是保证资源合理化生产、配置的基础。

但是，上述机械论的观点无视了三个基本事实：第一，它认为自然资源和劳动力的供给是万世不枯的，因此永远可以以合理的价格买到某种资源、买到廉价劳动力。第二，根据作用力和反作用力相等原理，供需、买卖双方是互利双赢的，它无视了自然资源是不可再生的，人是不能买卖的，劳动力供给更不是万世不枯的，比如一块煤燃烧后就再也不能做功了，就成为废料了，劳动力更存在老化、退化和耗尽的可能。从这个意义上说，卖自然资源致富比卖血还残酷，因为卖血换钱，血液在某种意义上可以在人类机体内再生，而卖了资源却永远不可再生，再生的只能是熵。因为资源的生产在熵的意义上是不可逆的，所以“互利双赢”从根本上说是谈不上的。第三，它认为熵是市场的外部性，是偶然因素，是商业活动的边际成本，但是，当这种外部性、这种边际成本已经大到可以毁灭环境、可以毁灭一个地区人民的生活的时候，这样的经济学本身就已经成为严重的误导。

实际上，当马克思在《资本论》中批驳资本主义市场是戴着“商品交换”假面的“不平等交换”时，他就是从热力学的视野出发去批判牛顿的机械力学的。作为马克思主义者，我们应该摆脱牛顿力学的简单机械论，从热力学、从真正的科学发展视野来观察我们的世界。爱因斯坦曾这样指出：“热力学定律是宇宙中我相信的唯一物理学理论，也是涵盖面最广、影响最为深远的科学理论。”热力学第一、第二定律的核心可以概括为这样一句话：“宇宙总能量不变，但熵的总量在不断增加。”第一定律指出宇宙能量不变，所以也被称为“能量守恒定律”；第二定律则指出，尽管能量不能被创造也不能被消灭，它只是不断地从一种形式转化为另一种形式，但是，这种转化永远是单向的，即从“可利用的”到“不可利用的”。比如，我们烧完一块煤，能量还存在，只是转换成了扩散到空气中的二氧化硫、二氧化碳和其他气体，但是，尽管在此过程中能量没有丢失，那块煤却永远也不能再次燃烧了，再也不能发挥它原有的作用了。这正如耗尽了30年积累起来的青壮劳动力，劳动力资源便会枯竭，中国的发展就会丧失动力一样。这就是第二定律告诉我们的关键：能量在任何条件下转化都会损失一部分“可利用能量”，这部分能量再也不能做有用功了，转而成为社会发展进步的巨大负担。可利用能量的损失数量，就被称为“熵”，这个现代物理学中最重要的概念，是由英国皇家学会会长鲁道夫·克劳修斯在1868年率先提出的。

总体来说，热力学第一定律说的是宇宙能量总量守恒：能量既不能被创造，也不能被消灭，只能改变其形式。热力学第二定律说的是：能量形式之间的转化只能是单向的，即从有用的向无用的转化，从可利用的向不可利用的转化，从有序的向无序的转化。根据热力学第二定律，宇宙中的每一件东西都是始于可利用的、集中的能量，随着时间的推移，它们逐渐转化成了不可利用的、分散的能量。衡量可利用的能量转化成不可利用的能量程度的指标就是熵，它适用于宇宙的任何子系统。

根据热力学第二定律，我们可以得出两个基本结论：第一，能量形式之间的转化是单向的、不可逆的（即从有用的向无用的转化，从可利用的向不可利用的转化），因此，从根本上说，在所谓的“能源市场”“劳动力市场”上，资源的输出和生产方、劳动力的输出方，绝不可能与能源的消费和购买方、劳动力的购买方实现真正的互利双赢。因为在这种交易或者“转化”中，前者生产和输出的是不可再生的资源，是可利用的能量，是不可再生的劳动力，而留下的却是不可利用的废物，其必然结果就是自己系统的熵的指数升高了，社会负担总体加重了，社会能力被削弱了。

当今世界发展正面临着两个重要挑战：一个是能源的挑战（环境问题与能源问题息息相关），另一个是国际金融危机的挑战。石油、天然气和煤炭，是能源的三个主要来源。全球石油储藏的基本地缘状态是：中东占 61.7%，一面独大。在世界六大产油区中，俄罗斯、美国自身的储量分别排在第二和第五，而整个亚洲则排在最末（仅占世界储量的 3.5%），总体“贫油”，我国只有南海算是海底石油储藏比较丰富的地区——但是，这个地区很不太平。同时，俄罗斯和美国分别是天然气的最大储备国和最大生产国，其中俄罗斯占世界储量的 26.7%，而整个亚洲地区只占 7.9%。石油和天然气的分布状况清晰、深刻地体现了我国“底子薄”的基本国情。在三大能源中，我国只有煤炭的储量排在美国、俄罗斯之后，居世界第三，但与美国和俄罗斯煤层浅、利于露天开采不同，我国的煤层深，主要需依靠深层开采。目前，在世界能源供应总量中，石油占 35%，煤炭占 23%，天然气占 21%。我国的基本国情决定了，国际能源供给和储备的战略形势也昭示着：尽管从长远看，22 世纪末全球煤炭储备也将耗尽，但在相当长的一段时期内，我国的能源供应主要必须依靠煤炭。中国最重要的煤炭能源基地，就是山西。

中国的发展正处在重要的历史转折关头，其中，经济的快速发展和资源有限之间的矛盾，长期依赖廉价劳动力谋发展与劳动者收入的下降和人口老龄化之间的矛盾，已经成为我国发展所面临的两大突出矛盾。

胡锦涛曾指出：“我国是一个人口大国，但同时也是一个人均资源相对不足的国家。”这是我国的基本国情，而“解决好能源不足的矛盾，是关系我国发展全局的一个重大问题”。当前我国经济总量已占世界经济总量的 7% 以上，但每年的煤炭消耗量接近世界总消耗量的四成；在经济保持持续增长的强劲势头的同时，石油进口依存度已超过 55%。与此同时，一些西方国家则着力推动制定碳交易、碳关税等规则和准则，力图通过经营与金融债券相类似的“排放券”剥削、压制发展中国家，以维持不合理、不公正的世界秩序。严峻的挑战和压力向我们昭示：“实现国家现代化的目标，就必须走科技含量高、经济效益好、资源消耗低、环境污染少、人力资源优势得到充分发挥的新型工业化路子，切实推动经济社会发展转入科学发展的轨道。”[22]

资本主义社会的组织能力，说白了就是吸收有用能量，排出无用能量的能力，就是把优质的资本、人力和资源抓在自己手里，把贫困、污染和老弱病残孤排斥在系统外的能力，这就是当今世界不平等的根源。因此，弗雷德里克·索迪指出：热力学定律“最终决定了政治能力的兴衰、国家自由与否，以及工商业的发展，它是人类普遍幸福的来源，同时也是贫富差距产生的根源”[23]。从这个意义上说，能否掌握能量转换的主动权，能否优化我们宝贵的自然资源，能否优化煤炭，即不仅要把煤炭理解为资源要素，而且要把煤炭提升为科技要素、创新要素和资本要素，这是摆在我们面前的重要课题；能否通过不断提高劳动者收入，改善劳动者条件，提升劳动者素质——能否“以人为本”、降低熵值，能否阻止我们宝贵的资本、劳动力和资源流出，为资本主义世界体系服务，这是检验我们领导层执政能力、社会组织能力的一个基本指标，是检验科学发展观是否得到落实的重要尺度。

资源与资本的问题，“结构增熵”和“资本中心”扩张运动的理论，是“世界体系理论”的具体化。从这样的角度来观察500年来世界历史的运动，比当前流行的“全球化”的含混说法更真实，也更具理论力量。大家知道，“全球化”这个范畴本身，最早是由洛克菲勒和布热津斯基牵头的美国国家安全“三边委员会”提出的，而这个“三边委员会”本身，当然就是一个为把全球利润抓在少数发达国家手里，而对世界经济与市场进行管理和剥削的国际垄断资本家俱乐部。[24] 今天，对所谓“全球化”最通俗的解释就体现在《纽约时报》专栏作家托马斯·弗里德曼的著作《世界是平的：21世纪简史》一书中，据说这本国际垄断资本“俱乐部手册”，被许多地方当作领导干部的学习材料。托马斯·弗里德曼那些广为人知的说教包括：“全球化”的核心在于资本的自由化，资本的自由流动将抹平全球差异，使得世界经济自动达到均衡；全球化的推手是国际资本和跨国公司，跨国公司（全球资本家阶级的总部）摧毁了国家边界和民族企业、民族市场，平衡了全球竞争，使得中国和印度等发展中国家通过为跨国公司提供“外包服务”得以加入制造业的供应链，因此，正是跨国公司和世界资本家阶级推进了全球工业化，从而使得发展中国家可以与发达国家“共同富裕”。[25] 托马斯·弗里德曼所宣扬的这套“全球化战略”听起来十分美妙，却掩盖了资本的本性是逐利这个简单的事实，掩盖了资本对世界的“发展”从来就不感兴趣，因为它唯一感兴趣的是利润率的“增长”，是资本的积累，是如何利用全世界的资源榨取最大利润——这才是“三边委员会”所提出的资本战略的核心所在。

实际上，专栏作家托马斯·弗里德曼的著作只不过是对一位更为著名的弗里德曼——经济学家米尔顿·弗里德曼的理论鹦鹉学舌的通俗版，后者作为“芝加哥学派”的代表人物，因其最终使富国、富人获利的“反通货膨胀”理论而获瑞典银行青睐[26]，并于1976年获得了诺贝尔经济学奖。同时，大家应该知道的是，因为米尔顿·弗里德曼支持智利皮诺切特的军事政变和军事独裁政权，并利用芝加哥学派为皮诺切特政权培养“经济改革家”，所以在颁奖仪式上有人高呼他是个“刽子手”。弗里德曼使美元利率持续上升的货币政策，造成了20世纪80年代以拉丁美洲国家为核心的“第三世界债务危机”。而且，更鲜为人知的是，米尔顿·弗里德曼在哈佛大学就学时，曾经有两位著名的同学，一位是中国社会科学院世界经济与政治研究所的创始人之一浦山，另一位就是我们前文提到的世界经济史学家安德烈·贡德·弗兰克。浦山于1949年在哈佛大学获得博士学位的论文《论技术进步对就业的影响》，曾震惊了国际学术界。1989年，《加图学报》发表了浦山对弗里德曼的批评，浦山指出：实际上，今天的所谓“全球化”首先是一个有利于发达国家的金融资本家完成资本积累的制度安排，而并非生产和市场发展的自然结果。包括“三边委员会”这样的机制，不过就是一个发达国家资本家集团的联合体，它所关心的从来就是资本的积累和利润率的增加，而不会考虑资本积累给发展中国家的生产、就业和环境造成的代价。在这样一种以资本利润率最大化为导向的“全球化”制度框架中，经济、市场和区域之间的“失衡”是常态，“均衡”反而是变态。资本的全球积累、全球资本家集团的这一“全球战略”，将导致全球性的经济危机难以避免，而且这种全球性金融资本危机，将比过往的区域性危机更加难以应对——今天世界经济的发展情况，已经证明了浦山的远见卓识。

国际学术界公认的是，如果浦山不回中国，凭借他的成就，他一定可以得诺贝尔经济学奖。[27] 弗兰克逝世后，意大利经济史学家乔万尼·阿瑞吉则这样写道：弗里德曼的信徒终于可以松一口气了，他们对弗兰克的长期排斥不是学术性而是政治性的。今天看来，弗兰克关于世界经济是一个多边多角的“菱形结构”的论断，更能揭示“全球化”的本质是什么，描述世界经济运动的著名的“弗兰克模型”，更足以使“世界是平的”这类幼稚的宣传沦为笑柄。[28]

今天的全球化是由发达国家的金融—军事扩张机制推动的，是西方资本家集团长期通过操纵金融信贷，“利用他人的资源和财富谋自身发展”的一贯政策的延续，绝非市场自身扩张的结果。这样的全球化，更是以摧毁基层和世界广大地区的财政—金融秩序为前提的，而这才是当今世界“国富国穷”，即何以有人富、有人穷的真正原因所在。因此，对广大发展中国家来说，必须探索一条新的发展道路，必须形成新的发展观，否则，真正的发展就是谈不上的，所获至多不过是弗兰克所谓“无发展的增长”，即 GDP（国内生产总值）的增长无一例外地是以社会组织能力和产业自主创新能力的“双下降”为代价获得的。

我们都知道，山西在历史上是非常富的，它有很辉煌的商业传统，汉字中商贾的“贾”字，就是从盐商的“盐”字发展而来的，山西的盐、铁和煤使得它在漫长的中国和世界经济史上扮演着举足轻重的角色，明清以降，票号更使得山西成为吸纳财富的金融中心。大家还告诉我，明代以降，中国地面上的“非物质文化遗产”70%以上都在山西。近代以来，山西衰落的过程恐怕也是毋庸讳言的。我想，这个问题推而广之，其实就是：为什么随着中国近代以来现代化运动的展开，一些原来经济非常发达的地区，类似山西，它们原有的对外开放桥头堡的角色，以及在中国经济中所处的核心地位反而日益丧失了？

我们凡研究社会发展问题，无论自觉与否，都需要一种空间性和结构性的视野，研究历史问题也是如此，特别是，历史研究必须与交通、地理研究紧密结合在一起，这好比我们的古人所谓“天时”的问题必须结合“地利”的问题去考虑才行。更为重要的是，马克思主义告诉我们，研究生产力的问题必须结合生产关系的研究。正是从这个基本原理出发，我认为不同空间、不同地域之间的关系也是生产关系的重要构成部分，甚至是最基本的构成部分。人的一切活动都是在特定的空间里展开的，经济活动更是如此，我个人认为，只有从这一角度，才能更好地理解科学发展观的内涵，理解它真正的理论创新之处何在。

古人说天时、地利、人和，就是说一个地区在一个整体性的空间结构中的战略地位，即“地利”是非常重要的，这个结构不仅是对于国内，而且对于世界也是一样的，而马克思主义者所说的“空间”，一方面是指“自然的空间”，另一方面则是指“制度的空间”。这里所谓“自然（或物质）的空间”，是指河流、气候、生态体系、人口、自然资源等；所谓“制度的空间”，则是指人们交往的规则和制约，即社会关系的“总和”。如此看来，如果当今世界的交往规则是按照资本积累和利润最大化的原则组织起来的，那么在这样的制度框架里，一个地区在自然空间方面的优越性就会相形见绌，其在资源、商业方面的优势不但难以发挥，而且会成为资本掠夺的主要对象。[29]用弗兰克那个很直观的比喻来说就是：资本主义世界体系是一个运动着的、多边多角的“菱形结构”，从这个结构互动的角度形象地看，结构中一部分的扩张总是会伴随着结构中另一部分的收缩，一些经济区域的发展和崛起，甚至总是以另一些地区的衰落为条件的，因为在这样的制度空间里，它会把收益、利润集中在这个“菱形结构”的一角，而把代价扩散到周边。

制度经济学者如约翰·肯尼斯·加尔布雷斯、卡尔·波拉尼的研究已经证明，在以资本积累为导向的既定制度空间里，资本的积累是一个不可逆的过程，因此指望市场这只“看不见的手”使得经济自动达到“均衡”，实在无异于天方夜谭。相反，在资本积累的过程中，不是“均衡”，而恰恰是“失调”、失衡才是经济生活的一般状态，因此，正是为了维护市场经济，“政府和社会的集体控制，对于不断纠正和克服经济生活的失调缺陷，就是必要的”[30]。如果政府丧失了自己的责任和能力，如果政府也只是抽象、空洞地讲发展，不讲协调，只是空洞地讲生产力，不讲生产关系，那只能造成一种危险的发展或者错误的发展。

在这个问题上，我们自古以来就有许多经验和教训。我们知道，唐代之后，中国的经济中心是沿着运河交通线建立起来的，唐宋以降，一方面是资本日益集中于运河沿线，另一方面则是原有的以长安为核心的政治、经济和交通网络的衰落。到了明代，这种交通和资源分配的失衡已经发展到不可收拾的地步。崇祯二年（1629），给事中陕西人马懋才在《备陈大饥疏》中，详细描述了西北大饥荒中人相食的惨状，更为触目惊心的是，这样的饥荒竟然长期不为朝廷所知。这里很重要的原因就在于近世以来，西北交通不便，经济方面与资本集中、经济发达地区的差异极大，而地方官员在中央的发言权亦小，故实情壅蔽，以致如此巨大的灾情都难以上达。

19 世纪中期以来，西方列强扩张的据点是中国沿海，而近代中国国家为了富国强兵，同样也把沿海地区作为争夺的要害，于是先从内部把历史上长期平衡南北的发展方式改变了，改成面对东南沿海，继而把这个发展方向单一化了，最后是僵化了，东南西北之间结构的互动都没有了，我们的发展不是内部区域间的互动，而是变成直线了，变成一根筋了。也就是说，近代以来——不仅仅是改革开放初期以来，中国就不得不放弃重视南北协调的发展传统，甚至不得不放弃对中国腹地的经营，一味要求腹地为注重沿海的现代化战略做贡献，或者干脆听凭腹地衰落。于是，在资本、劳动力和资源都涌向沿海地区之后，腹地就这样成了中国政治经济，特别是社会服务的软肋，结果大家当然也都很清楚：由于中西部既得不到资金也得不到服务，长此以往，它就转而成为近代以来革命和动乱的摇篮。从李自成以来，太平天国、义和团，到蒙古、新疆、西藏大大小小、林林总总一系列最终几乎要了我们命的问题，不都是从我们今天所说的“中西部地区”搞起来的吗？这个过程表明：为了一时的发展甚至短期的利益而忽视了南北平衡和协调，或者只是单纯讲发展而不讲协调，就会造成很大的问题甚至灾难，因为它使得区域间良性的互动变成了恶性的区域冲突。这是一条深刻的历史经验教训。

美国学者彭慕兰对这个问题也有很好的论述，他认为如果鼓励一个地区大肆利用其他地方的剩余和资源谋发展，那么全球经济体当然就不是一个机会均等的市场或者起点公平的赛场，而是一个不平等和不平衡的结构秩序，它所造成的也只能是萨米尔·阿明所谓的“不平等的发展”。[31] 近代以来，这个不平等、不平衡的世界结构更被内化为中国自身的内部不平衡和不平等，而这始于 19 世纪 50 年代中国的“国家重商主义”发展道路的奠定，这种发展道路最终导致了中国内部的发展机遇和发展模式的“大分流”或者“大转型”：在中国许多地区，1850 年以后国家政策向重商主义方向的转化，是一个比 1911 年或者 1928 年那些变化更重要的政体转变。

外国的冲击摧毁了明清治国方略的基本原则，特别是通常要求较为富裕的地区接济较为贫困的地区建设基础设施的社会重建信条。取而代之的是，外国的压迫有助于给一个正在奋力求存的国家带来一种类似重商主义的逻辑，资源不得不被用在它要尽力保卫的地方——中国的东南沿海，那里是西方直接干涉的地方，也是偿还外债的开发区。

但是，一旦我们把国家作为一个服务的提供者来观察它的新旧使命之间、核心区域与腹地之间的显著差异——我搜集到的证据显示：一方面，国家对于腹地的更多的榨取，确实对核心区域的公共事业做出了重要的改善；另一方面，腹地则越来越为国家所忽略，并越来越缺乏在更大范围内进行行政整合的机会，这些机会存在于那些核心地区，而腹地既承受着更大的压榨和榨取（大部分来自传统权力的拥有者），又承受着剧烈的服务衰退之苦。[32]

彭慕兰所指出的 19 世纪以来中国的“国家重商主义”发展道路，是很值得思考的问题。1850 年之后，中国的发展道路一改历史上所谓“让富裕地区援助贫困地区”（这种制度在明清两朝被称为各省“协饷”，而所谓“协饷”，就是从国家税收中拿出一部分用于支持、救助那些不发达地区和受灾地区），而成为“劫贫济富”。我们还知道，中国历史上历来都是“重农抑商”的，为什么如此？最简单的原因就是商不事生产，尤其不能促进生产方式的转变。更具体地说，中国历史上的商是伴随着冶铁铸钱技术的发展而发达的，它有摧毁和破坏小农经济的作用，却没有突破小农经济，把中国的社会生产力提升到新阶段的作用。中国历史上的商人，赚到钱后无非做两件事：一件是买地，土地本无绝对价值，一旦与地租相联系就有了很大的价值，而商人们这样做的结果就是土地兼并和国家土地税的减少，所以历代国家即便为国税考虑，也要抑商；另一件则是放高利贷，放高利贷自古有之，近代尤甚，其结果我们前面已经大致说过了。

曾经做过国民党“文胆”的陶希圣曾经这样总结道：因为中国的商业支配着工业，所以中国就不能发生工业革命，而不能从重商主义走向产业革命，这就是“重商主义陷阱”。何况中国的商人是在广阔的大陆上经营，市场广阔，“他们在现存的生产方法之下可以获得利润，他们不必去求生产方法的改良。中国因此不能像英吉利那样，开始工业革命”——这是很有意思的见解。在现代学术史上，陶希圣曾是与郭沫若齐名的杰出历史学家，他在这个问题上是有洞见的，但也有不太高明之处，因为他没有看到：1500 年以降，欧洲有 200 多个国家，彼此战乱不休，500 年来一直在打仗，战争和战争融资是 500 年来欧洲政治经济的头等大事，所以近代欧洲几乎是很必然地发展出国债制度的——一方面，国家要为战争融资，就必须向商人借钱，从而使得商人支配了国家和战争，并形成军商合一的体制；另一方面，它使得“负债经营”成为欧洲近代国家和企业之通例，这就促成了信用制度的发展和扩大。为包括陶希圣在内的近代以来的中国人所追求、羡慕的所谓的英国“工业革命”，在此意义上就并非平白发生的，因为要确立某种新的生产方式，单纯从经济上很通俗地讲，第一需要很廉价的资源，比如作为英国工业革命支柱之一的大规模机器生产棉布，仅靠机器节约劳动力成本其实是不行的，何况机器在初期并不便宜，而没有美洲殖民地的棉花，没有美洲的棉布市场——没有这些廉价的资源和武力“打出来的市场”，英国的纺织业是不能崛起的，新的生产方式也是不能确立的。

资源之外，更为重要且关键的就是大规模的投资。没有投资，任何新的生产方式充其量也都不过是纸上谈兵而已，而欧洲在长期战争融资中发展起来的信用制度，却能够把信用转化为资本，从而把可预见的未来利润转化为资本投资，这样才解决了向新的生产方式（其实首先是先进武器的制造）大规模投资的问题。可见，如果脱离欧洲军商合一的体制，如果不分析欧洲立足于应付大规模战争而形成的战争融资制度，空谈“商人资本与工业资本的结合”也只能是脱离具体历史的书生之见。

与 1500 年以来的欧洲完全不同，明清以降的中国在大约 400 年里是和平、统一的帝国，其间大规模的战争也并不是没有，但是战争绝没有欧洲 400 年那样如家常便饭般频繁，甚至可以说，在 1840 年鸦片战争之前，与中华帝国真正势均力敌的劲敌并不存在。于是，在中国是两个彼此接续的绵延帝国，在欧洲则是 200 多个势均力敌、彼此混战的国家，所谓中国和欧洲的客观环境、条件相差几何？在这样的条件下，所谓军商合一的体制，所谓立足于战争融资的国债制度，当然在中国是无从发生、发展的。

因此，和平“大一统”的明、清帝国经常面临的首要任务，与其说是战争，还不如说是救灾。我们知道，儒家讲“大一统”政治的合法性，是从“天人合一”这个角度来论证的，这意味着对统治者来说，风调雨顺是上天的肯定和奖赏，而反过来，天灾则不仅仅是自然灾害，更被阐释为“人祸”的结果，是上天对统治者的谴责和警醒。所以，自董仲舒以来，儒家一直就颇有些巫师的味道。比如《春秋繁露·必仁且智第三十》说：

> 天地之物有不常之变者，谓之异，小者谓之灾。灾常先至而异乃随之。灾者，天之谴也；异者，天之威也。谴之而不知，乃畏之以威。诗云：“畏天之威。”殆此谓也。凡灾异之本，尽生于国家之失。国家之失乃始萌芽，而天出灾害而谴告之；谴告之而不知变，乃见怪异以惊骇之，惊骇之尚不知畏恐，其殃咎乃至。以此见天意之仁而不欲陷人也。谨案灾异以见天意。天意有欲也，有不欲也。所欲所不欲者，人内以自省，宜有惩于心；外以观其事，宜有验于国。故见天意者之于灾异也，畏之而不恶也，以为天欲振吾过，救吾失，故以此报我也。[33]

这是很著名的话。这也是为什么中国历代国家都把救灾当作头等大事，因为儒家的“天人合一”和“天人感应”附会说灾害是上天的警示，而倘若统治者面临警示还不全力救灾并且“罪己”，那就不仅是不仁不义，而且是拿“天命”开玩笑，其合法性自然就成问题了。结果，如何处理灾害，就成为“大一统”合法性的保证，这就是为什么在彭慕兰看来，中国国家在漫长的历史中扮演了一个“服务的提供者”、区域的协调平衡者和救灾者的角色。中国的这个漫长的“救灾”

政治传统，到近代之后就衰落了，因为近代的中国统治者忙于应付赔款、自强和发展等问题，无暇顾及救灾的问题——或者说“天命”的问题，甚至为了自强、为了发展，破坏环境和自然，引发自然灾害的事情总有发生，乃至沦落到“劫贫济富谋发展”的不堪和狼狈，而这是造成中国社会内部崩溃的一个重要原因。

“大一统”的另一个基础就是一元论的宇宙观。所谓“纪元”“开元”“元年春王正月”等说法，说的都是政治的一元论。“纪元”“开元”与近代中国引进的“世纪”观念非常不同，“世纪”讲的是直线进步的发展，而“开元”“纪元”讲的则是在运动中不断达到自我平衡的结构。中国近代改革的先驱者康有为进一步将“一统”发微为“三世”，他的这种说法预示着：在“一统”的状态下，包含着不同的发展阶段，存在着各个地区发展的不平衡，因此，所谓“大一统”的目标，就是要最终消除这种发展的不平衡，创造“大小远近若一”的“太平世”。从历史上看，春秋“大一统”的真正目标，亦无非是打击诸侯、豪门贵族和地方势力。这是因为中国民族关系复杂，地域差别极大，各地经济的自足性强，分裂的危险始终是存在的，协调地方差距、反对分裂是中国政治的又一大传统。

总之，注重农业和民生，积极抵抗灾害，坚决反对分裂而重区域协调，是中国传统政治追求的主要目标。这个政治目标与近代西方军商合一的政治体制、负债经营的企业国家模式非常不同，追求直线发展与注重结构内部平衡是两种不同的宇宙观。中国政治传统与近代西方政治理念分别是在不同的条件下、在处理不同的危机中确立和形成的。近代以来，中国以西方政治为范本进行改革，这种政治改革有成功之处，更有其不得不然之隐情，自然也有失败的地方，其最大的失败就是为了“发展”而放弃了中国传统政治的基本功能——重农、救灾和反分裂，忽视自身的协调与平衡，而这就是彭慕兰所谓近代中国政治向“国家重商主义”转化的代价，或如陶希圣所言，乃是落入了“重商主义陷阱”。

明代中期以来，特别是16世纪70年代以降，随着大陆贸易和海洋贸易的扩大，中国的商人资本迅速增加。在鸦片战争之前，明清两朝所遇到的最强劲的外敌，也不过就是北元蒙古，特别是西蒙古（范围涵盖今天之新疆、青藏高原和外蒙古）。明清两朝与北方敌人的军事斗争，虽然自始至终得到了商人的帮助，但是国家形势远没有严峻到需要建立一个军商合一的体制，非得发行国家战争债券融资才能应付的地步。建立在严密土地税收制度上的国家财政，尚足以应对内外危机，而中国的国家债务信用之不发展，追根溯源，很大程度上是与其面临的外部敌人相对弱小，不必确立近代西洋式“以战养战”的体制有关的，对此我们于后将做更细致的分析。然而，历史发展的结果却是，鸦片之役以降，中国政治经济一下子就面临着严酷的两难困局，或者说陷入双重危机之中：一方面，国家要自强、要发展，最需要的当然就是钱（资本）；另一方面，不但天文数字的赔款耗尽了国家的财力，而且西方对中国市场的垄断进一步使得中国财源日益凋敝。与此同时，国家衰亡，战乱频仍，社会动荡，此时再发行国家债券，力图运用国家信用的力量振兴产业，无异于最没有信用者发行信用，其命运自然可想而知。[34] 所以，近代中国唯一的融资渠道只有“外资”，这使得中国经济不得不依赖西方的金融垄断。于是，近代以来，中国一变“重农抑商”为“国家重商主义”，但这里所谓的商指外商，所谓的融资主要是指外资和外债，这就不能不养成一个不事生产的买办资产阶级，而它们的力量主要分布在中国的沿海地区。一个把中国的可怜“剩余”一并掠走的半殖民地体制由此铸成。近代以来的仁人志士，也正是基于此才共同认识到，中华民族要生存下去，就必须首先打倒帝国主义，废除不平等条约，夺回国内市场，铲除买办资产阶级——在这样的背景下，中国政治才由宗法的时代进入了近代以来的民族革命、国民革命、社会革命的新时代。

1850 年以来的“国家重商主义”趋势，客观上将中国纳入帝国主义主导的国际金融秩序之中，从而形成了僵化的、一根筋式的发展模式。近代中国之所以被肢解，中国之所以自近代以来一直面临着分裂的可能，一个基本原因，正如彭慕兰所说，是近代以来国内资本的高度匮乏而非市场的匮乏导致了对外资的高度依赖，从而使它内部的发展不协调、不平衡了。比如，如果没有英国的问题、日本的问题，如果没有沙俄的问题，当然也就不会有近代以来的西藏、满洲、蒙古、新疆问题。中国近代以来面临的首要问题是四分五裂、国家解体，这个问题当然不是“发展”的问题，自然更不是简单的“通过发展和改革就能解决的问题”。其间中国当然不能说没有一点儿生产的发展甚至增长，按照杉原薰的精确统计，英国工业革命后的半个多世纪，中国的经济一直在增长[35]，第一次世界大战前后，中国经济亦有增长，但这些增长所伴随的，是中国社会瓦解、国家分裂，这是典型的“没有发展的增长”。

从这样的角度理解科学发展观，就要把转变发展方式理解为对近代以来“革命的思想”和“革命的学说”的继承与发展，把它理解为近代以来中国革命思想的延续。学习科学发展观，我们起码要重视以下几个问题：

第一，所谓科学发展观的实质，就在于它不仅仅是就生产力谈生产力，而是把重点放在生产关系的调整，包括社会关系、经济关系、区域之间关系的调整上。从最浅的层次上讲，如果没有一个良性的环境，没有一个好的社会关系、生产关系、区域协调关系，如果是东边点火、西边冒烟，两极分化，社会对立，那就谈不上发展。从更深的层次上讲，科学发展观的理论基础是马克思主义的世界观，它的根本目标是“改造中国与世界”，即从世界的视野出发，继承发扬中国传统文明的优秀成分，结合中国革命与改革的经验，探索并提出一种不同于近代资本主义道路的发展模式。科学发展观是与近代以来中国改革和革命的学说一以贯之的。这就是我们前面说的：看区域的问题，则需世界之眼光，而不能仅仅就事论事，简单地立足于执政和应付眼下的危机。

举个例子，山西煤炭资源极其丰富，黑龙江北部地区森林资源比较丰富，而这两个地区最近又都很倒霉，成为国内外媒体异口同声斥责的焦点地区：对山西来说，就是指责山西矿难和污染；对黑龙江北部地区来说，就是指责那里滥砍滥伐，破坏森林资源。问题的关键是，这些灾难难道仅仅是山西和黑龙江造成的吗？当然不是。外国的媒体也有好的、分析性的文章，不像国内的某些媒体，鼠目寸光、流于义正词严地打便宜拳。比如美国的一份很著名的杂志《纽约客》，最近就发表了一篇很长的文章，深入探讨了黑龙江中俄边境地区大规模的林木盗窃问题，题目就叫“盗林”。文章的作者做了大量的调查，发现林木盗窃其实是一个在跨国资本的驱动下环环相扣的贸易链，因为他们调查发现那些由中俄边境盗窃的木材制成的产品，是直接提供给美国跨国公司沃尔玛的。美国作为世界上最大的木材制品消费国，同时还为其消费的木材制品制定了相应的标准，比如中国可以用秸秆和废纤维造纸，但是，美国只接受以原木（还不是一般的木材）为原料的纸张，结果就是，中俄边境的滥砍滥伐行为，其实是为了供应美国市场而不是中国国内市场，因此，可以说造成中俄边境地区森林锐减的真正罪魁祸首是美国的消费市场，特别是沃尔玛这样的跨国企业。[36]

加拿大学者马耀邦曾分析过沃尔玛的发家史，他说：

> 甚至连沃尔玛的创始人萨姆·沃尔顿本人也无法想象，他1962年开在阿肯色州罗杰斯的小店会扩张成为世界上最大的零售商之一，正如他无法想象一个靠近中国香港的小镇——深圳，会成为其零售帝国的采购总部。沃尔玛每年100亿美元的纯利润中90%以上来自中国，这足够令人吃惊，但是，沃尔玛迅速崛起为美国第一大进口商，还不仅仅是摧毁了中国溃不成军的零售业，它的崛起给中国造成的代价，在R.格林瓦尔德著名的纪录片《沃尔玛——高成本低价格》中体现为——一个中国农民工面对镜头这样说：沃尔玛的顾客，当你穿着高档服装，当你的小孩玩着昂贵的玩具的时候，你有没有想到我们中国工人是在什么条件下干活的？另一位女工则说：你们赚取的利润，你们的好日子，来自中国人民的汗水、泪水和超时的工作。[37]

成本与价格的差别，在一定程度上就是东西部之间的区域差别，国际市场的低价格，是建立在中西部的高成本基础之上的。这就是利润的来源。今天山西煤炭的问题、东北森林的问题，包括很严重的食品安全问题，在实质上是同样的问题。山西挖煤当然不是为了自己用，而主要是为了供应东南沿海地区的出口加工企业，结果是资源和资本都流向了发达地区，代价却被留在了广阔的腹地。在当今中国，利润在沿海、代价在内地，利润在国外、代价在国内，利润在城市、代价在农村，利润在上层、代价在基层——这是一个不平等的发展逻辑。这里最根本、最核心的问题当然是全球性的供需关系，是全球性的生产关系，是全球资本积累的黑暗逻辑——只要这个世界性的生产—消费结构不变，只要这个资本全球积累的残酷逻辑不变，抡起板子玩命地打安徽、河南、山西、内蒙古、黑龙江，是解决不了问题的。

第二，必须坚持全面的改革开放，不能南边开放，北边闭关自守。今天我们讲的“大一统”，是在全国共同市场的背景下讲的，是在发展社会主义市场经济的背景下讲的，不是像历史上单纯地讲“文化上的大一统”。要形成广泛的、统一的市场，就要反对片面的发展观、开放观，发展山西，一个重要方略是逐步打开、恢复北方和西部通往外部世界的通道，包括重建由山西通向外蒙古地区的通道、经新疆通向中亚地区的商道，特别是以高速铁路的发展为千载难逢的历史契机，重建北方的、跨区域的、世界性的现代商业贸易网络，重建古丝绸之路。清代杰出的学者邹代钧，在光绪十一年（1885）奉诏随使英国、俄罗斯后即指出：“修铁路起东三省，亘蒙古以达新疆，与俄起中亚细亚以横贯西北利亚之铁路并行，而移民殖边，通商惠工，我不视之为瓯脱，俄自不敢起戎心。”[38] 这就是建议以山西为枢纽，以铁路横贯晋商“走东口”和“走西口”的商贸大道，重建内陆欧亚的联系。这一远见卓识的战略构想，由于近代中国的积贫积弱在当时并不可能实现，而今天我们则必须抓住千载难逢的历史机遇，实现这个伟大的战略。东路、西路，关键尤其在于中路，中路是枢纽，是落脚点，也是出发点，好像大门的轴一样，抓住轴线，解决好中部地区的发展问题，是解决经济发展不平衡和不协调的根本。

自古以来，横跨欧亚大陆的辽阔的北国，就是推动和改变中国历史进程的发动机。魏晋时期发生于今山西北部的鲜卑、匈奴、羯、氐、羌少数民族联军的起义，一举摧毁了中国的士族门阀和贵族阶级，将中国历史引入了一个新的阶段。元帝国更是以富产煤、铁的云州（大同）为根据地席卷世界。山西的地位是由世界历史的波澜起伏造就的，这提醒我们每个人不能不胸怀历史、放眼世界，即要求我们从历史的深度和世界的视野去思考发展道路，思考我们肩上的使命与责任。

作为深深嵌在东北、蒙古与新疆和青藏高原之间的“楔子”，山西的发展对北方边疆的安宁具有举足轻重的作用。山西的民生搞得怎么样，决定了边疆的民生搞得怎么样。山西走什么样的发展道路，对周边会产生深刻的影响：山西搞得好，便会形成辐射东西南北的“放大效应”；山西搞不好，边疆也就很难真正搞得好。自近代以来，面对帝国主义的扩张和侵略，如何处理中国广阔的“亚洲内陆边疆”问题，一直是决定中华民族兴衰的关键。究竟是团结边疆少数民族使民族地区成为反侵略的前哨，还是压制乃至剥削他们以酿成边疆动乱乃至分裂呢？最直白地说，我们究竟是走孙中山、毛泽东的道路，形成最广泛的民族统一战线，彻底反对一切形式的帝国主义，还是走一条对外妥协、对内剥削边疆地区的“次帝国主义”道路呢？这是两条不同的道路。国民党当年背叛革命，就曾走过一条对外妥协、对内压迫少数民族的“次帝国主义”道路，欧文·拉铁摩尔曾经指出：

> 1927 年与共产党分裂之后，国民党放弃了孙中山的一些重要原则，而采用了“次帝国主义”当代边疆政策，即他们放弃了

1925—1927年大革命时期提出的推翻一切帝国主义的目标。他们所采用的一个新的目标是，在新型（西方式的）实业家与银行家和旧地主的联盟下，在外国势力全面控制中国之前，抢先把整个内地及边疆都统一起来，而由组织严密的中国团体来领导并统治。在边疆方面，这就意味着对一切边疆民族加以统治，以通过在边疆的殖民补偿沿海地区丧失给外国帝国主义的权益。

日本的侵略造成了深远的影响，经过国内的几番艰苦斗争，证明国民党的“次帝国主义”或者“国内帝国主义”政策不能确保中国免受真正的帝国主义侵略，这个政策乃被修正而且终于被放弃。中国反抗外来侵略的“统一战线”使得中国内地与边疆的关系出现新转机，并造成了汉人与少数民族如蒙古族、回族等的共同防御联盟，这样就又回到孙中山的最重要原则上了。[39]

毫无疑问，我们共产党人应该走孙中山和毛泽东的路线，而不是蒋介石的路线，认识到广阔的“亚洲内陆边疆”的战略地位。这就要求我们今天必须逐步地、系统地纠正把发展压在东南沿海这一点上的片面发展观，这种观点是非历史的，即使放在今天也是成问题的。看看我们今天周边的形势：中亚、东北亚地区，特别是朝鲜、蒙古地区、青藏高原地区和新疆，从来就是国际博弈的热点，它更涉及中国历史上最为重要的少数民族地区，而历史告诉我们，只要把东部发展的代价转移到中西部，造成少数民族地区贫困，那么它们就一定会闹分裂。

山西是唯一一个与蒙古有着漫长的商业贸易交往的区域，是历史上在南北方向上联系中国各地区、联系中国与外部世界的重要通道，认识到这一点非常关键，今天从经济战略的角度恢复这种通道和联系也非常重要。因为加强北方的经济和政治建设，是我们未来发展的迫切课题，也是稳定边疆的迫切课题。我们虽然有了上海合作组织（简称“上合组织”），但是如果日本、美国把蒙古拉了去，那上合组织的威力就要大打折扣了。近代以来，日本一直积极插手蒙古问题，在这个问题上，日本是100年来常抓不懈的，他们长期培养大批蒙古留学生，拥有大量世界一流的蒙古学人才。今天的世界列强，亦以积极援助蒙古的方式，从根本上切断了蒙古自主发展自己独立工商业的可能性，即通过将蒙古“养起来”的方式，使得蒙古的经济完全依附西方国家。所谓的“大蒙古国”的背后，许多强国都在插手。台湾问题固然重要，但如果让人家像明朝后期那样把陆地与海洋的敌对势力联系起来，再在中间插上一竿子，那样我们就会很被动。大家只要看看从蒙古到北京的距离就会明白这个问题的严峻程度了，而要面对这个重大课题，我们首先就要从历史的经验教训和现实的启示中重建我们的大视野。

第三，我们一定要知道，所谓发展，兼有兴起和摧毁的双面效应，摧毁和重建往往是同一过程的两面。我们要清醒地认识到：世界各民族的政治、经济和文化有交流、交融的一面，更有交锋的另一面。从交锋和摧毁的意义上说，经济竞争也是一个破坏的过程，所谓科学发展，就是强调要看到这两面，应对这两面，特别是要注意到发展与保护的辩证关系，因而要具备保护意识：环境的、社会的、产业的、文化的。在科学发展的意义上，不能保护，就不能发展。例如，日本是一个资源相对贫乏的国家，但它的能源技术是非常先进的，所谓“发达国家出技术，中国出资源和劳动力”的发展方式，绝不能成为摧毁我们自主能源技术发展能力的说辞。今天，山西如果不能壮大自己的能源技术、能源产业，就不能真正保护自己的资源，倘若那样，山西就只能沦为一个粗放型的资源出口大省、能源产业小省。这就是今天山西人民正在致力进行的转型跨越发展之划时代意义。作为领导干部、管理者，作为共产党人，肩负着转型、跨越发展这一重大历史使命，这要求大家一要为人民管好资源，二要按照人民的要求管好社会，三要管好自己。所谓管好资源，就是优化我们的资源，要求我们彻底摆脱对旧的发展方式的路径依赖，不但要从资源要素的角度理解煤炭，而且要从科技的角度、创新的角度、资本的角度理解我们的资源，以提升资源的价值。要积极开发山西丰富的风能、水能资源，摆脱“一煤独大”的单一发展模式。要全力推进高铁的发展，加快推动物联网的发展，山西再也不能靠卖煤谋生存。所谓管好社会，核心就是发扬“太行精神”，树立文化自觉、体制自信，始终从战略视野去把握和应对国际、国内市场的风云变幻。同时，我们必须管好自己，同志们必须认识到思想上、精神上的腐败是最大的腐败。山西是八路军的故乡，我们绝不能丢了老八路的精神。今天，如果山西的干部不转变，就谈不上发展方式的根本转变。山西的干部必须始终坚持群众路线，深入基层、深入群众，拜人民群众为师。只有让群众知道并了解转型跨越发展的意义，只有发动3 400万三晋父老乡亲一起为我们的转型发展献计献策，只有发动人民督促我们的工作，我们才始终不会懈怠，我们的目标才能够实现。[40]

壮丽的表里山河、灿烂的文化和丰富的资源，造成了“天下形势必有取于山西”的历史规律。这一切应该成为我们前进的动力，绝不应该成为我们的历史包袱。顾祖禹在《读史方舆纪要》中深刻指出：“盖以上游之势，系于山西也。曰：山西之形势诚重矣。然昔人有言，殷纣之国，左孟门，右太行，常山在北，大河在南，而武王杀之。且高干不能以并州拒曹魏，刘琨不能以并州制刘、石。靳准窃平阳，而旋毙于刘曜；杨谅起晋阳，而卒蹶于杨素，恶在其为险固者也。曰：成败相乘也，如转圜也。使谓形势可恃，是终古无覆亡之国也。”历史的教训值得注意，因为今天丰富的煤炭资源，“一煤独大”的发展模式，在某种程度上已经成为我们发展创新的包袱，既束缚了我们的视野，又腐化了我们的干部队伍。

管好、用好我们宝贵的自然资源和人力资源，是生产力发展的前提。最终，发展生产力，需要创造一个有利于生产力发展的生产关系，而其中空间关系或者地域之间的关系则是生产关系的重要组成部分，区域和空间关系的协调因而成为发展生产力的基本前提。这就是“和谐社会”、科学发展观思想的马克思主义的理论基础，也是我们今天观察问题的一个重要出发点。

第二节
历史与迷信

我们不把世俗问题化为神学问题，我们要把神学问题化为世俗问题。

——马克思

欧洲乃人类文明的中心，并负有统治世界之使命——这并非只是1095年发起十字军圣战的狂热教徒的信念，它甚至是欧洲社会科学的基础，或者说是“神学基础”。

在三卷百科全书式的巨著《15至18世纪的物质文明、经济和资本主义》中，法国历史学家费尔南·布罗代尔曾说：

马克斯·韦伯（1904年）和威纳尔·桑巴特（1912年）当时认为，欧洲是世界科学、理性和逻辑的必然中心，这种看法在他们那个时代可能是合乎情理的。但是今天的我们已经丧失了这种确信和这种自大心理。

一种文明凭什么始终要比另一种文明更聪明和更合乎情理

> 呢？马克斯·韦伯甚至曾经提出过这个问题，但在略加犹豫后，他仍坚持了自己（西方文明优越）的意见。他和桑巴特全都认为，对资本主义的一切解释，都离不开西方“精神”本质的不可缺少的优越性。实际上，今天看来，如果说西方果真有什么优越性，这种优越性也主要来自历史的偶然和（西方）暴力（的优越性），来自世界范围的“发错了牌”。
>
> 今天，为了某个事业或者某种解释的需要而改写世界史，当然是没有意义的。但我们不妨假定，正当欧洲因所谓百年战争而出现经济大衰退的时代，如果中国帆船于1419年绕过了好望角，如果世界的统治权转到了这个遥远的东方大国，转到了当时世界上人口最稠密、生产最发达的区域，那又会是什么情形？
>
> 另一个带有时代局限色彩的观点是：在马克斯·韦伯看来，资本主义是人类的归宿，是经济发展的“福地”，是进步的最后阶段，而绝不是一种危机、脆弱和过渡性的制度。但是，今天资本主义的危机，至少是它的连锁演变，都不再是韦伯所谓的“不可能之事”。因为我们可以亲眼看到这类事情的出现。总之，正是事实迫使我们认识到：“不能再认为历史演变就到资本主义为止。”[1]

与布罗代尔一样，宫崎市定更进一步提出：如果从文明论的角度来说，一个近代的、世俗化的世界，恰恰是东洋文明、中国文明的产物，中国在10世纪已经进入近世，是世界上最早进入近世的文明，这要比西洋早三个世纪，即所谓的“唐宋之变”。宫崎市定更从以下四个方面论述了“中国的近世”“东洋的近世”在人类历史上所具有的开创作用：

第一，从交通上说，因为交通首先与经济的关系最为密切，或者说与通货和商品的流通关系最为密切；其次，它与政治文化的关系密切，交通要害往往是文化交往和行政权力集中的地方。所以，研究历史，离不开地理和地图，看历史地图，也不仅仅要看国境线，重要的是要看交通线。

中古时代，中国交通的要害当然在西部，核心是长安，长安除了具有关中之富外，更重要的是有七条大路通向世界。这一时期，对中国与世界的交通线记载最详者是唐人贾耽的《古今郡国县道四夷述》，《新唐书》转载了这些记述，其中值得注意的是西出长安和南下长安跨越欧亚的交通线，这两条线路的终点都是“西海”，而根据宫崎市定在《条支和大秦和西海》一文中的考证，中国古籍中所谓的“西海”，其实就是地中海。

贾耽是唐顺宗时代（805）的宰相之一，就是在那个时代，爆发了著名的“永贞革新”，柳宗元、刘禹锡等人均参与其中，而所谓“二王八司马”事件，就是改革失败的结果。“永贞革新”是以加强国家财政能力、促进经济贸易发展为目标的改革，具有深刻的近代化意义，它触动了以贵族为核心的三省六部制度，动摇了传统制度的顶层设计，为宋以来以“三司”为核心的治理体系奠定了基础。

由中古向近世变化，首先表现为交通更依赖运河，洛阳在唐代之所以日益重要，是因为它毗邻运河，经运河很容易到达南方的良港广州和福州，而从那里可以直下占城（今越南北部）。宋、元、明之所以都用兵占城，就是因为那里是中国出海的重要补给站，从占城补给后，可以直下南洋的新加坡，从新加坡往东是东印度群岛，往西可以抵达波斯湾，从波斯湾经两河流域，最终可以在地中海（西海）对岸的叙利亚（即条支国）与陆上丝绸之路汇合。明代则以婆罗洲（今加里曼丹岛）的文莱为界，文莱以东称“东洋”，以西称“西洋”，而这也就是所谓“郑和下西洋”之说的由来。

北宋把首都建在运河与黄河交汇的城市开封（只是在元代取直之后，运河才不再经过开封），南宋依然把首都定在运河南端的杭州，而元、明、清都把首都定在运河北端的北京。可以说，中国的近世是一个以运河交通为核心的时代。

十字军东征即将开始之时，据《续资治通鉴长编》卷二二五记载，宋神宗熙宁四年（1071）7月，层檀国越大洋来朝贡，层檀国，即正在崛起的塞尔柱突厥帝国君主的称号；宋神宗元丰四年（1081），拂菻国使者从陆路来朝贡，拂菻国，即东罗马帝国。交战双方分别从海路和陆路来朝贡，表明当时的欧洲和西亚都迫切期待从宋朝那里获得经济贸易的支持，也就是在宋神宗时代（1068—1085），发生了著名的王安石改革，这场改革的一个重要目的，包括与西夏的战争，就是打通中国通向西亚和欧洲的陆上贸易道路，因此，只有将十字军运动与王安石改革联系起来看，我们才能真正看到这场世界变迁的真正动力何在。实际上，正是李大钊在《我的马克思主义观》中第一次运用历史唯物主义方法正确地分析指出：十字军运动的意义和目的，就在于争夺来自东方的财富，而所谓文艺复兴运动，绝不是平白无故发生的。仅凭所谓文艺复兴运动，欧洲不可能进入现代的门槛。

当然，正是从交通的视野，我们可以很自然地看出，中国的现代与中古和近世都不同，它是以沿海为核心的时代。在帝国主义所发动的“海国时代”中，中国的衰落和危机，首先也表现为在交通上被围困和封堵，这就是康有为在《上清帝第一书》中开头即指出的：“自琉球灭、安南失、缅甸亡，羽翼尽翦，将及腹心。”[2] 康有为从交通视野出发论述中国现代之危机，这是非常有见地的，因为琉球、安南、缅甸是中国历史上从海洋和陆地走向“东洋”与“西洋”的重要通道。

第二，从经济上说，自唐代中期开始，民避徭役，逃亡渐多，而田移豪户，官不收授，如此，国家就不能再依赖土地税了，危机时节只能是靠盐的专卖来支持税收，这便是刘晏改革盐法的依据。到了宋代，田赋只占国家税收的不到一半，另一多半来自盐利、工商税和关税，这个时候，中国的经济当然就不能说是农业经济占主体了。明代开始了田赋纳银钱，正统元年（1436）江南官田折纳“金花银”，这意味着皇家土地第一次变成了货币资本，皇家也由大地主变成了大土地资本家，如此货币经济就很普及了。明英宗时代（1435—1449、1457—1464），国家税收的来源为米粮、绢、钞、力、银、马，米粮所占比重很小，以银纳税开始推行。随着工商业和交通的发展，大的都市开封、扬州、杭州在运河边形成，分工扩大，技术发展。一个突出的标志就是焦炭冶炼技术的突破，这一技术被运用于两个方面：一个是冶铁，另一个是瓷器的生产。在英国工业革命之前，铁的冶炼尤其具有世界历史意义，也可以说铁的冶炼代表着生产力发展的最高水平。中国的冶铁业成熟得早，代表着世界冶铁业的最高成就，一部冶铁史，可以说是中华科学技术史的红线，元代中国出口世界的主要物品就是铁及铁制品，西方的史料大量记述了中国铁制品通过亚丁湾输入欧洲的情况。还有一个通俗而重要的例子：倘若没有铁，就没有锚，而没有巨型的海锚，长途航海自然不能进行。

第三，从政治上说，中古时代的社会精英是贵族郡望，安史之乱、黄巢之乱以及随后的五代十国的战乱消灭了中国的贵族士族，宋代的社会精英主要是从都市的土地资本家和商人中产生的，他们不是靠门第和郡望，而是靠经济实力支持的读书考试获得地位的，这种地位是不能世袭的，这就是所谓的士大夫阶级代替了贵族士族成为社会的精英。他们“捐亲戚、弃坟墓”，社会地位不再与出身和地域（郡望）相联系，社会流动性加强。从政治经济学的角度说，汉代经济依赖盐铁和商业均输赋税，唐代经济依赖土地收入，而宋代之后主要依靠商业资本，因为土地本身也成为货币资本，士大夫阶级背后的依靠力量主要是城市工商，他们比较集中地产生于运河两岸、江南和富藏盐、煤的山西。

第四，从文化上说，中古（魏晋南北朝和隋唐）是一个佛教鼎盛的时代，所谓“南朝四百八十寺，多少楼台烟雨中”，更不必说敦煌了。儒家的主要工作是注经，儒家文化是以“五经”为核心的，“五经”以礼为重，礼即天子之礼，礼之要在祭、在持，那就是一套为皇帝服务的贵族意识形态。宋代以降，礼由天子之礼演变为百姓伦理，朱熹更使礼制度化为乡规民约，文化下行成为百姓的意识形态，因此，中古时代有经师、经生，无文人，更无乡绅。宋代士大夫的主体性增强，他们不重经书，而是重发表自己对于经书的议论，近世所重视的儒家经典，是以思想和议论性的“四书”为核心的，其中《论语》就是把天子之礼下行于百姓伦理的典范。王夫之的《宋论》就批评宋代是一个太重议论的时代，结果是大敌当前，朝中却久议不决，此即《商君书》所谓“是以其君惽于说，其官乱于言，其民惰而不农”，“夫人聚党与，说议于国，纷纷焉”。[3]唐宋八大家的文章，其实也都是议论。

总之，交通的变化（欧亚经济共同体的形成）、经济的变化（实物、农业经济向商品货币经济）、政治的变化（贵族门阀士族向科举士大夫再向现代知识分子）、文化的变化（由经书向思想、舆论，由天子之礼向百姓伦理），是中国近世变化的关键点，也是中国历史变化的关键点。因此，宫崎市定指出，中国的“唐宋之变”早于欧洲三个世纪揭开了人类近代文明的大幕。

欧洲的文艺复兴，是它在与伊斯兰势力长期冲突、对峙中发现了东方文明，并在1500年之后与东方文明直接建立起联系的结果。特别是作为近世“普世价值”核心的人文主义，以及所谓“价值中立”的判断，就来自东方文明的影响，而非在西方的宗教文明中所能自然产生：

> 欧洲历史的发展，历来是以基督教和西亚伊斯兰教思想的对立为契机的，基督教的世界与伊斯兰教的世界持续敌对。在不是盟友便是敌人、不是神便是恶魔的对立世界中，要出现人类普遍的、共通的人道主义十分困难。但是自从欧洲开拓了直接驶往东洋的航路后，发现了第三种世界，认识到有人不属于基督教，也不属于伊斯兰教，非敌人也非盟友。他们不是因为野蛮而中立，而是有着高度的文明，同时是没有基督教，也没有伊斯兰教的一个中立世界。对因宗教而长期感到无益之苦恼的欧洲人来说，这个世界所推行的儒教世界观是值得羡慕的，于是，他们把它理想化、空想化，让它担当起鼓吹打破欧洲现状的革命的角色，并非不可思议。由两个相对立的世界去寻找一种抽象的、共通的人类是困难的，只有在第三种世界出现、认识到第三种世界的先进性后，大家便意识到新的人性。这种情形，正好合乎社会不能由两

个人形成，必须有三个人以上才能称为社会的原理。法国革命并不单是政治上的变革，也是文艺复兴以来人文主义运动的总结。而这却是没有和东洋的交通便不能成就的人类大事业。[4]

同时，阿拉伯人和伊斯兰文明在世界交通与贸易历史上所扮演的举足轻重的角色，亦经常被欧洲中心论的历史叙述忽略。实际上，如果十字军东征有什么出乎意料的结果，就是其在巴勒斯坦的短暂停留，使他们了解了亚里士多德的作品、伊斯兰天文学、阿拉伯数字和中国造纸术。“尽管十字军东征作为军事冒险行动在很大程度上失败了，却促进了西欧再次融入到东半球更大的经济体当中。”[5] 世界上第一次大规模的海洋开发，则发生在 7 世纪，这恰恰是阿拉伯世界与中国互动的结果，具体说来就是唐朝与阿拉伯萨拉森帝国之间交通贸易扩大的结果。

在那个时代，波斯人、阿拉伯人和突厥人先后通过海上和陆路穿行于欧亚大陆，把中国、西亚和欧洲联系起来，而发生于 755 年的安史之乱，则是这种人口、贸易、货币大流动产生的一个结果。

宫崎市定的研究指出：

在萨拉森帝国奥马亚王朝时代（661—750），阿拉伯人已追踪波斯人之后来到中国，在扬州的为数很多，扬州靠近运河，与华北交通便利，又处在扬子江口，为海上交通的起点，所以在扬州居住的阿拉伯人大半以经由海路南洋到达者居多。

奥马亚王朝继续了 90 年之后，信奉伊斯兰教的阿拔斯王朝起而代之，奠都于底格里斯河畔的巴格达，企图从波斯湾出印度洋，谋求海上的发展。阿拉伯人以自己优秀的航海术横渡七海，中国

> 的船舶也能横渡印度洋而进入波斯湾。这时造船技术也逐渐有了进步，大的船舶长达 20 丈（约 66.67 米），可搭载乘客六七百人。唐代中国人把阿拉伯人称为大食或菩萨蛮，阿拔斯王朝最兴盛时代，也是中国与阿拉伯世界两洋间的交通和贸易最旺盛的时代，这个时代是唐德宗贞元年间（785—805），当时著名的地理学家贾耽的著作记载了从交州出发，经过南洋到达波斯湾的航路，其后约 50 年，萨拉森帝国有伊本·科达道贝撰写地理书，也叙述了从波斯湾到达中国海岸的航程。随着唐与萨拉森帝国间交通贸易的日趋旺盛，中间的南洋各国也利益均占，特别是苏门答腊和爪哇，因地处交通要冲，又是南洋特产的集散地，遂迅速获得发展。[6]

中西交往之前史，起码可以追溯到东汉。东汉和帝（89—105 年在位）时，班超派甘英出使大秦、条支，至安息临海而止。可见，长期以来，欧洲欲从东方获得知识和财富，非得以西亚的伊斯兰世界作为中介不可，因此，16 世纪之前的世界的交通线，当然可以说是以西亚为中介的，而东方和欧洲则分别处于两端，这也是奥斯曼帝国能够长期威胁、影响欧洲的原因。在与东方的这种“间接贸易”和“间接交往”中，获得最大好处、积累起庞大资本的欧洲人，起初当然便是威尼斯人和热那亚人，因为正是这两个小小的地中海城市国家，一直担负着把东方产品从后来成为奥斯曼帝国属地的叙利亚（条支国）输入地中海西岸的生意。不过，15 世纪中期以降，这样的情况终于发生了巨变。1453 年，奥斯曼帝国西进，灭亡了具有 1 000 年历史的东罗马拜占庭帝国，随后他们就把热那亚人赶出了地中海贸易，而威尼斯人遂独占其利，垄断了经波斯湾、红海进入地中海的商路。此后不久，在伊比利亚半岛上兴起的葡萄牙、西班牙两个天主教国家，则把信仰伊斯兰教的莫尔人赶走。热那亚人为了打破威尼斯对东方贸易的垄断，转而投资西班牙的航路探险，直至新航路的发现，从此，西班牙、葡萄牙这两个天主教帝国得以西出地中海，另辟一条航线，开发了绕开伊斯兰世界直接与东洋交往的海上航线，随后，他们又以讨伐“异教”之名义发动了一系列针对欧洲新教国家的战争。自这个时期起，热那亚人就由地中海上的转口贸易商一变而为投资西班牙、葡萄牙殖民活动的金融资本家，接着，威尼斯货币商人则站在反对西班牙帝国的新教一方，投资支持荷兰反抗西班牙帝国的战争，而欧洲的资本主义制度，其实也正是从这样的金融资本家的战争投资活动中产生出来的。

王加丰先生的研究具体描述了这个过程：

> 我们的教科书在讲到近代新航路的开辟（又叫“地理大发现”）时，通常归之于15世纪以来奥斯曼帝国的兴起阻断了东西方的商路，促使西欧开辟另外的航线，以便满足对香料的需求。其实，中世纪传统的商路有的被阻塞，这当然是事实，但没有事实说明这时期从东方运到西方的香料减少了，因为从印度洋经波斯湾及红海到地中海的商路一直是畅通的。这里的关键是，原先大部分香料都是由威尼斯和热那亚两个意大利的城市国家从地中海东岸运到西欧的，但1453年奥斯曼帝国占领伊斯坦布尔（原名君士坦丁堡）后，热那亚被赶出了东地中海的贸易活动，威尼斯遂垄断了与西欧的香料贸易，热那亚和西欧其他一些城市为了打破垄断，把资金和人力投入伊比利亚人在大西洋上的探险，希望

借此打开一条新的航道与威尼斯人竞争。[7]

也就是说，西班牙帝国的美洲殖民活动，主要得益于热那亚商人的财政支持，热那亚人扮演了西班牙帝国理财人的角色，而这便是布罗代尔所指出的：正是地中海银行家向西班牙帝国和荷兰所发行的战争债券，彻底改变了货币本身的意义，因为它使得货币由交换的媒介变成了投资国家间战争的“资本”，使得货币由促进生产和交换的手段变成驱动战争的高利贷、掠夺资源及压迫他人的工具与手段。1550年之后，随着美洲殖民地白银的大规模生产，欧洲将这样一套由意大利人首创的金融制度运用于支配白银的流动，从而使得其资本经营方面之优势日益转化成为“西方军事能力优越”的动力。本来只是作为国际贸易凭证的白银，就是这样由交换媒介成为金融资本家所掌握的“资本”和“投资”，从而为西欧之崛起准备了条件。

“加州史学派”“京都史学派”的研究，都提供了亚洲和美洲新世界物产的流入如何摧毁欧洲旧世界的例证，例如，宫崎市定指出：

> 如果只有欧洲的历史，欧洲的工业革命不能发生。因为大规模以焦炭冶铁的技术成熟于中国，而非英国的发明，而且不但是机械的问题，还有社会整体结构的问题。工业革命发生的背后，需要小资产阶级的兴隆，亦必须有从东洋贸易中得来的资本积累。要机器运转，不能单靠动力，还必须有棉花作为原料，更需要贩卖制品的市场，而提供原料和市场的实际是东洋。没有和东洋的交通，工业革命大概不会发生。
>
> 法国革命的背景不止于欧洲。法国小资产阶级是革命的原动力，他们的兴起亦得力于从荷兰方面流入的通过东洋贸易积累起

> 来的资本。不仅如此，东洋思想对革命的人道主义的勃兴也有影响。在革命思想家脑子里，东洋乌托邦是否存在于现实的东洋中并不是大问题。西洋人发现新航路、发现新大陆，与中国社会的接触，使欧洲人思想发生大转变的深度，难以估量。[8]

但是，仅仅通过新的海上航线与东方建立起直接的联系、直接的贸易，对欧洲的兴起而言，还是远远不够的。首先，对海上航行而言，距离并不是问题，安全才是最大的问题，因此，如果没有投资战争和武力的庞大资本，欧洲的远航和扩张，特别是打入繁华的东亚海上贸易圈，均不可能实现。从这个意义上说，由威尼斯人和热那亚人开创的战争金融与战争国债制度，才是欧洲兴起的真正动力所在。彭慕兰的《大分流：欧洲、中国及现代世界经济的发展》指出英国工业革命的资源动力（棉花）和市场（棉布）都在美洲与亚洲，而不是来自英国内部的市场，除此之外，他更指出工业革命持续性投资的来源是英国的军事财政制度，“英国 1689—1815 年间超过其国力数倍的额外资金是从伦敦资本市场筹借的，而 1840 年之后，资金的赤字则由中国的赔款填充”[9]。这不但说明了“工业革命”不是英国的独立产物，而且更系统地证明了马克思曾经说过的那句话：“鸦片战争才是英国经济的血液。”

费尔南·布罗代尔等人通过大量的史料证明：欧洲资本的原始积累，既非来自马克斯·韦伯所谓“新教徒的储蓄冲动”，也并非一般地来自对雇佣劳动“剩余价值”之榨取（大卫·李嘉图、恩格斯），而是来自地中海城市国家（热那亚）向西班牙军事帝国所放债务产生的巨额利息。[10] 但是，马克思在《神圣家族》中又采用了蒲鲁东的观点，批判了亚当·斯密和大卫·李嘉图的观点。蒲鲁东认为资本家可以通过“作弊”——延长必要劳动时间达到“不平等交换”。按照这样的逻辑，奴隶主将比资本家更容易进行“原始积累”。蒲鲁东认为，地中海的银行家是欧洲乃至世界上最早的“资本家”，而他们之所以能够掌握巨额资本、完成资本积累，主要就是因为16世纪的地中海地区处于从美洲向中国贩运白银的十字路口上。

从表面上看，布罗代尔的上述观点仿佛构成了对马克思资本原始积累理论的挑战，不过，仔细阅读马克思的著作，我们将会发现，马克思早在《神圣家族》中就批评了亚当·斯密和大卫·李嘉图的剩余价值学说，马克思实际上也早就这样指出过：国债和国际信用制度乃是资本主义生产方式的“起点”，而且在资本主义发生、发展的历史上，这个“起点”更是由旧的资本中心迈向新的资本中心的起点，是资本主义由一个“积累中心”跳向下一个“积累中心”之“罗德斯岛”。马克思在回溯资本主义在欧洲发生的历史时这样说：

> 伴随着国债同时产生的，有国际信用制度。国际信用制度常常隐藏着这个或那个国家原始积累的源泉之一。例如，由于没落的威尼斯以巨额货币贷给荷兰，威尼斯的劫掠制度的卑鄙行径就成为荷兰资本财富的这种隐蔽的基础。荷兰和英国的关系也是这样。在18世纪初……荷兰已不再是一个占统治地位的工商业国家。因此，荷兰……的主要营业之一就是贷放巨额资本，特别是贷给它的强大竞争者英国。现在英国和美国之间也发生了类似的情形。[11]

正如布罗代尔早就指出过的，相对于市场的公平交易，资本主义就是“作弊”，但是，资本的积累绝非仅通过延长雇工的劳动时间这种

“小小的作弊”所能实现。实际上，金融家先是通过放债活动投资西欧军事帝国、民族国家之间的战争；随后，他们才通过战争借贷的方式控制了西欧的民族国家；最后，金融资产阶级又是通过西方民族国家的殖民活动才控制了殖民地的政治经济和财政，从而开始了从掌握“国家”到剥削“世界”的历程。

因此，资本与国家关系的发展历程，可以最简单地概括为：先是地中海银行资本家以军事投资的方式鼓励民族国家的战争冒险，然后私人投资家以美国联邦储备系统的形式在1913年垄断了美国的发钞权。随着1944年布雷顿森林体系确立美元为世界货币并与黄金挂钩，一个由资本家四处投资冒险，而由全世界为其投资买单和担保的时代才真正确立——只要全世界均认同美元和美国国债即可。因此，在现代世界结构中，“资本主义”属于上层结构，而市场经济和物质生产则是“中层结构”，小生产和小市场乃是“下层结构”。在这个意义上，资本主义并不是市场交换，发展生产力当然更不等于发展资本主义。

同样地，正是从马克思主义的立场来看，反对资本主义不等于反对资本。因为资本不过是信用的货币化和证券化，无论社会主义还是资本主义都需要它，区别只在于资本是公共的还是为少数人所垄断的。马克思在《共产党宣言》中这样深刻指出：“资本是集体的产物，它只有通过社会许多成员的共同活动，而且归根到底只有通过社会全体成员的共同活动，才能运动起来。因此，资本不是一种个人力量，而是一种社会力量。因此，把资本变成公共的、属于社会全体成员的财产，这并不是把个人财产变成社会财产。这里所改变的只是财产的社会性质。它将失掉它的阶级性质。”

所谓共产主义，不是指剥夺私人财产，而是使资本成为公共的。

《共产党宣言》这样指出："共产主义的特征并不是要废除一般的所有制，而是要废除资产阶级的所有制。"

乔万尼·阿瑞吉的研究亦表明：金融与武力的联合乃是资本主义发展的真正动力；不仅热那亚与西班牙帝国的关系是这样，实际上，今天的美国和日本恰恰也是通过金融—军事垄断才获得世界霸权的。他认为，在20世纪后期的资本主义体系中起着支配作用的是两个中心——一个是作为金融和资本中心的日本，另一个是作为军事中心的美国，因此20世纪的资本主义体系的动力可以概括为"日本的钱"加上"美国的枪"，换句话说，就是日本为美国在全世界的战争机器提供借款，亦正如资本主义诞生时期热那亚人投资西班牙帝国的殖民战争。[12]

布罗代尔的著作过于卷帙浩繁，正如乔万尼·阿瑞吉和查尔斯·蒂利都指出过的，阅读布罗代尔，首先必须抓住他的理论纲领。布罗代尔最基本的理论纲领就是：要客观地认识500年来的世界史，就必须区分"世界经济"和"现代资本主义世界体系"，必须区分物质生产、市场交换与资本主义（金融和军事扩张）之间的不同。[13]

因此，既有的"世界史"概念本身是一个必须进行反思的范畴。因为自19世纪以来,"世界市场""世界经济"的开端总是被理解为"资本主义"的开端。正是这种粗浅的看法，使得发展市场经济、发展生产力被简单地理解为"发展资本主义"，于是人们总是忘记了所谓"资本主义"的根本动力，就是极少数人垄断支配国际信用体系以追求资本积累和利润率，与之相比，劳动生产率的提高和贸易规模的扩大，充其量只不过是资本积累的手段之一，而绝非资本主义的目的。当军事和金融掠夺更能迅速达到资本积累的目标之时，或当劳动生产率的提高所带来的商品充裕有可能使商品价格降低之时，为了追求资本积累和利润率，资本主义便会毫不留情地采用破坏生产和市场的方式来攫取利润。因此，资本主义绝不等于市场经济，恰恰相反，资本主义乃是指“金融武力联合体”对于物质生产和市场经济的支配——经常就是毁坏。于是，布罗代尔这样批评说：由于人们往往分不清“世界经济”与“现代资本主义世界体系”之间的历史区别，结果，他们不仅混淆了物质生产、市场经济和资本主义金融、军事扩张之间的不同，而且还一致做出了“颠倒性”的判断。在他们看来，不是物质生产和市场交换的扩大形成了资本主义发生的基础，而是资本主义发展本身成了物质生产和市场经济的前提。

市场经济和世界市场形成的历史，当然要比资本主义的历史漫长得多。早在“漫长的16世纪”（1350—1650），“世界市场”就已经逐步形成了，它的主要特征是“物质生产活动”以“分工和交换扩大”的方式向“世界”铺开，正是这个“世界市场”构成了19世纪才出现的“现代资本主义世界体系”的基础。或者说，以生产和交换市场扩大为动力的“世界经济”，是随后产生的那个西方以“资本积累”和军事暴力所驱动的“现代资本主义世界体系”的前提。

“世界经济”滥觞于11世纪（中国宋代），形成于“漫长的16世纪”，它的第一个高峰期又大致与中国的明代（1368—1644）相同。这当然也不是偶然的，因为作为当时世界上人口最稠密、生产最发达的地区，中国扮演了推动国内市场向世界铺开的“源头”的角色。也正是市场的扩大、生产的发展，不断刺激了中国对于白银货币的大规模需求，而这又是最终促使“世界经济”向西方金融垄断型“现代资本主义世界体系”转换的根本契机。

实际上，正是按照亚当·斯密的逻辑，“资本主义”并不是市场经济发展的必然结果，毋宁说是相反，这主要是因为分工和就业的扩大会带来收入和需求的下降，而交换和竞争的发展则会导致“一般利润率”的下降，这二者对资本积累而言是绝对不利的。按照伊懋可著名的论断，中国正是被如此发达的市场经济导入了“高度平衡陷阱”，而没有发展出资本主义。[14]

与欧洲不同，在“漫长的16世纪”，中华帝国天下无敌的形象和其周边的地缘局势，使其缺乏军事扩张的根本动力，而统治世界上最为庞大的人口，则使中国政治缺乏将资本和资源集中于少数人手中的制度偏好，从而推崇“均平”。士农工商各得其所的广泛分工就业及充分的市场竞争带来的商品和劳动力的质优价廉，使中华帝国以其经济发达及和平主义的对外形象长期成为世界各国仰慕的对象。当亚当·斯密在《国富论》中把中国视为“市场经济”的楷模和榜样时，他并没有预见到另一种以军事和金融扩张为动力的资本主义方式会取代中国统治世界。

这表明：资本主义只不过是利用了世界市场和市场经济，或者说欧洲的近代兴起并不是欧洲独自发展的结果，更不是欧洲思想、宗教和社会独特性、先进性的结果，而是利用他人资源的结果。特别是在1492年美洲大陆被“发现”之后，从“世界经济”中获得最大好处的便是欧洲，因为它采用的不是市场交换的方式，而是以军事手段掠夺非洲人口、美洲和亚洲资源的方式。

与市场经济和物质生产的世界扩张相比，资本主义的产生其实是非常晚的事情，它在16世纪中后期才从地中海城市国家发生出来，但是，那个时候，“欧洲”还太弱小，它只不过是罗马帝国崩溃后留下的小小的“地中海残余”，在发现美洲并与亚洲建立起直接联系之前，“资本主义”与“欧洲”一样，还都属于“地方势力”，那时的欧洲并不知何谓“世界”。

尽管连宫崎市定这样的有大见识者也囿于岛国立场，把海洋文明与现代文明联系起来，但是，真实的世界史告诉我们：把人类从定居、农耕的彼此隔绝状态联系起来的，并不仅仅是航海和海洋文明，而首先是游牧文明。魏源曾形象地将世界各国以文明形态划分为“居国”“行国”“海国”，“居国”是指定居的城市文明，“行国”是指游牧文明，而“海国”就是我们今天常说的“海洋文明”。在魏源的视野里，“居国”“行国”“海国”是彼此联系、互相生成的“一体”，因为中国历史很大程度上就是与游牧民族打交道的历史，在中国历史上，怎样治理天下的问题，很大程度上等于怎样治理边疆的问题。因此，秦汉的头等大事，就是击匈奴。卡夫卡在《当中国修建长城时》中说，万里长城，乃是中国秩序的体现，是中华民族精神的象征，那是写在大地上的法。胡服骑射、蒙恬戍边、苏武牧羊、李陵降胡、昭君出塞、文姬归汉等故事都是大地上的法的注脚。

直到东汉永元五年（93），匈奴大规模西迁，于4世纪进入钦察草原，驱赶着西哥特人涌入罗马，终在470年毁灭了西罗马帝国。

11世纪以降，正是唐代以来西迁的突厥，最终摧毁了东罗马帝国，引发了西欧的十字军东征，而正是十字军东征促成了南欧的文艺复兴。

如果说，对历史上的中国而言，治理天下，取决于如何治理边疆，那么，对西欧而言，如何治理世界，则取决于如何治理中欧与西亚，如何应对被称为“上帝的鞭子”的阿提拉和奥斯曼土耳其帝国的挑战。

所谓“跨文化互动的时代”，则是在 1000—1500 年由大汗的铁骑推动和造成的。正是伴随着蒙古帝国的形成过程，产生了人类空间意识的重要革命，这种空间革命的核心就是融大陆与海洋为一体，把陆地与海洋联系起来——这就是我们所理解的“作为整体的世界空间”的诞生。反之，如果把海洋与陆地对立，整体的“世界”就会一分为二，而在这个意义上，世界就不是被“发现”了，而是被对立起来了。

从那时起，中国就有了海上丝绸之路和陆上丝绸之路的说法。

实际上，在 1000—1500 年这个重要的历史时期，恰恰是蒙古人发现了“世界”，而关于蒙古“黄祸”的叙述，则是近代西方视野的产物，它使得“蒙古”、亚洲在欧洲的视野里，逐步被叙述成闭关自守的“大陆文明”和所谓“亚细亚生产方式”的象征。于是，人们就逐渐忘记了正是蒙古帝国开创了人类同时面向大陆和海洋的空间。[15]

长期以来，尽管少数严肃的历史研究者也注意到西起伏尔加河、东至兴安岭这一辽阔区域在人类文明交往中起到的重要作用，注意到在英文中被称为“中亚”“中欧亚”“亚洲内陆”“欧亚内陆”的草原、沙漠和森林地带，以其横贯世界大陆的政治、经济和军事历史所显示的辉煌，包括其在技术、宗教和物质文化的传播上所扮演的极为重要的角色，但是，绝大多数西方学者依然是从“西方边疆的延伸”的视角去研究并看待这一广漠地区的。直到 20 世纪初期，欧文·拉铁摩尔、弗莱彻等学者才开始将这一广阔的区域视为“亚洲内陆边疆”及其延伸，而非西方势力的延伸，正是这种反转带来了“亚洲驱动欧洲”而非“欧洲驱动亚洲和世界”的新视野。在他们的影响下，西方的历史学家终于逐渐认识到：从 400 年（中国南北朝时期）到 1400 年的 1 000 年，以及此后的约 500 年，是由亚洲内陆各民族（匈奴、突厥、契丹）的活动驱动整个欧亚大陆变动的时期。在这些民族中，蒙古人更因在13—14世纪建立了世界历史上最大的陆地帝国而理所当然地被看作推动世界一体化的动力。是他们创造了一个整体的世界，并使得“亚洲内陆”成为整体的世界史中最重要的核心区域。

同时，在亚洲内部，日本的“东洋史学派”提议将构建东亚海洋经贸共同体的驱动者中国宋代视为“亚洲近代”乃至“世界近代”的开端，继而认为蒙古大陆帝国的扩张打断了亚洲走向近代、走向海洋的步伐。这种太注重“东洋”、亚洲的观点也是不够准确的。我们知道：中国南北交通和通商的要道，自隋代以来就是大运河，而自元代统一以来，一方面是由于商船太大，运河河道难以承载；另一方面则是由于权豪长期私决运河灌田，运河水淡涸。故而元政府的漕运改走海道，正是元的这一举措将海洋与中国内陆联系起来，这是中国面向海洋的一次革命。[16] 大致上说，元代一直采取比较积极的面向海洋的政策，平宋之后，忽必烈即派浦寿庚下海招徕客商，并积极准备对日本的海洋征服。整个元代，与南洋和印度的贸易均十分昌盛，著名的马可·波罗即从大漠草原而来，又乘海舟而返，从而完成了他跨越陆地与海洋的从欧洲到中国的“全球化”之旅。马可·波罗只不过是当时无数穿越世界的“拉班”和“布彻”等欧亚旅行者之一。在元代，上海、温州、庆元、广陵（扬州）、广州、泉州和杭州都设市舶司，都是重要的国际海洋贸易城市，马可·波罗更把杭州称为“天堂”。[17]

宋代广设市舶司，将海外贸易作为国家税收的主要来源，元帝国恰恰是继承而非放弃了宋代的这一海洋税收理念，它既非常重视横跨欧亚的商贸活动，也重视海洋贸易活动，更通过发行国家货币促进帝国的贸易税收，而其最重要的金融成就则是实现了世界上最早的信用货币——中统元宝交钞的发行。[18]也正是由于重视商业和税收，元帝国方才排斥儒生而重用擅长理财的回人，但是，元帝国对世界经济的贡献，在历史上长期被抹杀了，在中国，这一贡献直到清末才被魏源重新发掘。[19]如果说《海国图志》是以海洋文明的视野观察世界的，那么《元史新编》则是以欧亚大陆为核心，以“行国”即游牧文明的视野观察世界的。魏源在《元史新编》中指出：来自陆地，但又不排斥而是拥抱海洋，努力沟通陆地与海洋，这是元代“行国”世界观的基本特征。实际上，在“绵延无垠”、无限辽阔的意义上，大地就是海洋；在游牧和迁徙的意义上，牧民就如同逐鱼群而居的渔民；就高度机动、劫掠型的战争模式而言，蒙古游击骑兵更如同后来海洋战争中的海盗。在“行国”的视野里，陆地与海洋非但不是对立的，而且是不能分隔的，这也就是蒙古空间观与以海洋对抗陆地的欧洲“海洋空间观”之根本区别。

更有学者从成吉思汗的帝号来源，阐释融大地与海洋为一体的蒙古帝国空间观说：

> 汗——《蒙古秘史》原文为“合罕”，旁译为“皇帝”，即北魏、隋唐以来柔然、突厥、回纥、契丹等北方民族的最高领袖的突厥—蒙古语称号：可汗。
>
> 法国学者伯希和认为：“成吉思”（Cingiz）为突厥—畏兀儿语 tengiz 的鄂音化的读法，其意为海，与蒙古语 dalai（海）意思相同。故“成吉思汗”意为“大海汗”。《蒙古秘史》第 280 节所载窝阔台（元太宗）的称号为“大海汗”（dalai-inqaan），1246 年贵由（元定宗）致教皇英诺森四世的国书中自称“大海汗”，14

世纪居庸关八思巴字石刻，称蒙古皇帝为“大海君主，国之合罕”（talayineenulus-unquaan）。自成吉思汗以下，蒙古皇帝常有“大海汗”的尊号。故成吉思汗应即“大海汗”之意。在伯希和之后，大部分中外学者都赞同伯希和的见解，认为“成吉思汗”为“大海汗”之意。[20]

伯希和与魏源的论述起码表明：海洋、“大海”，在蒙古语言—文化中从来就不指涉负面的价值，蒙古人也从来没有像近代欧洲贬损“大陆”一样去贬损、仇视“海洋”，当然更没有把“陆地”与“海洋”刻意对立起来。当蒙古帝国构筑起跨文化互动的世界图景，并驱动欧亚贸易一体化之时，“欧洲”还什么都不是：它不是罗马，而只是罗马帝国边疆动乱蛮族的割据；它也不是东罗马帝国的残余势力拜占庭，而是拜占庭的对立面，正是在与拜占庭的对立中，文艺复兴和启蒙主义的思想衍生出随后的皇帝 / 教皇、天主教 / 东正教、宗教 / 启蒙、美德 / 商业——最终就是现代 / 古代的对立，而直到美洲大陆的发现，直到占世界 1/5 的美洲大陆被以“欧洲”（拉丁）命名，作为世界力量的“欧洲”和“资本主义”才姗姗来迟。

滨下武志指出：“从欧洲的角度看，16 世纪固然可以被称为伟大的航海时代，但如果从其他贸易圈来看，则可以将欧洲人到达亚洲，理解为欧洲人利用了亚洲的贸易者在印度洋和南中国海开辟的伟大航线。”[21] 不过，今天看来，也恰恰是 1492 年之后的欧洲航海活动，第一次通过殖民战争的暴力活动将陆地与海洋对立起来，而陆地与海洋的对立则又是整体的人类世界从此后“一分为二”的真正基础：东方与西方、人与自然、现代与传统、个人与社会等一系列二元对立的思维方式，说到底都是建立在“陆地与海洋的空间对立”的基础之上的。

卡尔·施密特是一位尖锐地站在天主教的立场上批判新教，站在大陆法系的立场上批判海洋法系的特立独行的思想家。他认为，欧洲的航海，不是把人类联系在一起的举措，而是把人类共同体分裂为二的举措。脱胎于罗马法的大陆法系，铸造了法律面前人人平等的公民信念，且以《万民法》将罗马帝国周边的蛮族也包纳在内，而海洋法系则是一种“海上游牧民族”——海盗的学说。海洋法战胜大陆法，这不仅意味着马克思所谓的“市民社会”战胜了“公民社会”，更在于那些“海上游牧民族”战胜了城邦文明。海洋法系的胜利，是以新大陆的发现，并以美国宪法的形成为标志的，它最终将导致一个美国统治的世界。

施密特在描述16世纪欧洲航海重新划分世界的意义时曾这样说：

> 那个时代的伟大的历史决断，在对海洋世界与陆地世界之间的决断中达到高潮，在世界史中，这种对立及其深度绝无仅有。因为，这种陆地与海洋的冲突，在世界史上第一次不再表现为像地中海盆地那样的海盆中的冲突，相反，它发生在位于星球中间的陆地与世界诸大洋的宏阔视野中，一般说来，这种变革的深度只能在星球的世界图景完整呈现在人们面前之后——也就是说，只能在16世纪后才能发生。[22]

施密特这里所说的“在星球的世界图景完整呈现在人们面前之后”，其实是含蓄地承认正是“美洲”的发现使得欧洲真正发现了自己。也正是在这个意义上，欧洲人将“新世界”称为“拉丁（人的）美洲”。

因此，《鲁滨孙漂流记》之所以被视为欧洲文学的开山之作，正是因为它标志着西欧“海洋时代”的来临。作为西方小说中最早的“航海家”、冒险家形象，作为个人主义或者个人奋斗的英雄，作为战胜自然、征服和教化野蛮人的先驱者，鲁滨孙身上完美地体现着大陆与海洋、个人与社会、人与自然、欧洲与世界、文明与野蛮的对立。在这个意义上，鲁滨孙是“海洋法”的人格化。

但是，施密特所提出的“海上游牧民族”的范畴依然是值得深思的，因为在鲁滨孙这个孤独而自由的“个人”、这个“海的儿子”的身上，依然保留着欧洲的“史前史”，例如小说开篇，笛福介绍鲁滨孙的家世，言其生在1632年（明代后期），而其母系则来自一个中亚的移民部落，与“成吉思汗”类似，鲁滨孙有个很蛮族的姓——Keutznaer，在匈牙利语中的意思是“驾车人”，而有人推测Keutz也就是汉时西域的“高车”，亦即唐时的回纥、元时的畏兀儿、清时的回部。[23] 笛福说：英国人由于语音的变化，把Keutz念成了Crusoe，所以他小说的主人公就成了鲁滨孙·克鲁索。这种历史语言学的解释是有一定启示性的，即使这种解释仅仅作为一种推测，它也表明，在那个时候，笛福似乎很清楚欧洲人口的大多数是外来的，也包括来自蒙古和中亚的移民后裔，这些人是通过战争和逃难，穿越茫茫大陆和草原来到欧洲的。

剑桥大学政治学教授肯尼思·米诺格这样指出：从历史上看，所谓“欧洲人”，其最初的意思可能就是“移民”“逃难者”“无家可归的人”，因为“我们今天看到的欧洲，是历史上一批又一批部落为追兵所迫，在漫长艰辛的大陆上向西移民的过程——罗马人给这一群群逃难的部族起了各种名字：匈奴人、格特人、西格特人、盎格鲁人、法兰克人，等等”[24]。蒙古帝国崩溃后亚洲与欧洲之间陆上交通的中断，奥斯曼帝国的长期压力，铸造了陆地与海洋断裂的意识，奠定了欧洲近代以来的空间观念。走向海洋，并不是出于中世纪后期西地中海人的先知先觉，而是因为他们走投无路，对长期被奥斯曼帝国封锁在伊比利亚半岛上的葡萄牙、西班牙来说，向西突围、冲出地中海是唯一可能的选择。实际上，在 15 世纪后期，再像马可 · 波罗那样选择陆路交通，或东出地中海、南下波斯湾去寻找东方，已经是完全没有可能了。西班牙和葡萄牙之所以要走海路到杭州这个“天堂”去，兼有绕开奥斯曼帝国封锁和到东方寻找光明的双重目的。

欧洲对于大陆的阴暗记忆，更与 1000 年以来欧洲大陆内部旷日持久的互相杀伐关系密切。在 15 世纪 90 年代左右，欧洲人口只有 6 200 万，却分为 200 多个国家，彼此之间争战不断。欧洲内部通过约 500 年的自相残杀，差不多消灭了 170 个国家。今天的欧洲人之所以特别重视种族和种族灭绝这样的问题，首先与他们自己惨痛的历史经历有关。[25]

在美洲新大陆被发现并被命名为“拉丁人的家园”之前，“欧洲”其实就是世界上无家可归的流浪部落的统称。也许唯一能将这些“罗马帝国崩溃后的残余和碎片”统合起来的就是基督教，于是，“什么都不是的欧洲”就只能将自身定义为一种“精神的存在”、一种“文明”。今天看来，欧洲的兴起是“天命”使然，即欧洲的扩张是要为“世界精神”寻找一个安置的场所、一个“生存空间”——这种说法虽是事后编纂，但也表明唯心论的辩证法乃是陷入现实和精神的双重分裂之中的欧洲寻找自我认同的隐喻。我们下面要扼要介绍的马克斯 · 韦伯的《中国的宗教：儒教与道教》和《宗教与世界》这两部经典文献，就是这种“寻找欧洲认同”的历史唯心论的代表性作品。

欧洲之所以必须将自己定义为一种精神和“文明”，一是由于其长期的物质贫困，二是由于发现新大陆之前“欧洲”在地域上的狭小及因战乱造成的长期分裂。就前一方面而言，1820 年时，中国的 GDP 依然占世界总量的 32.9%，领先于欧洲核心 12 国的总和（12%），而这就是为什么马克斯·韦伯在完成于 1905 年的《新教伦理与资本主义精神》、完成于 1915 年的《中国的宗教：儒教与道教》中，依然把欧洲的“优越性”定义于宗教和精神上的，而非物质和经济上的。就后一方面而言，“漫长的 16 世纪”既是资本主义在欧洲的发生期，同时也正是欧洲内部天主教和新教两大势力对抗、杀伐走向高潮的时期，而这才是韦伯将资本主义与新教联系起来的真正原因所在。

欧洲内部天主教与新教的对抗，始于天主教势力在伊比利亚半岛驱逐摩尔—犹太文明的反异教战争，随后，西班牙为了建立纯粹的天主教帝国，开始了更大规模的迫害异教徒运动。查理五世到菲利普二世统治期间（1500—1598），被称为西班牙的“黄金时代”，在此期间西班牙宗教裁判所的受害者，最保守的估计也超过 550 万人（其主要迫害对象是摩尔人和犹太人）。其后西班牙对荷兰和英国的战争，不过是其迫害新教徒运动的延续，因为菲利普二世不再满足于宗教裁判所的流放，更要到法国、英国和荷兰去追捕新教徒，所以，对法国、荷兰、英国迭次进行的耗费空前的战争，其实只是西班牙打击异端的战争——宗教战争的各个不同阶段而已。

在欧洲，资本主义兴起的历史过程，一直伴随着新教与天主教之间旷日持久的战争，总体来说，资本主义在欧洲的崛起又是与新教势力的战胜、天主教势力的衰落过程联系在一起的，因此，此后的欧洲经济学家往往将天主教势力之失败、新教阵营之战胜归于它们操纵经济方式的不同使然，例如，归结为西班牙帝国只重视囤积金银，而不懂得通过掌控货币流通积累利润，或西班牙只重视奢侈品消费，而不重视生产和贸易所致。我们今日耳熟能详之经济学意义上的所谓由重商主义向古典学派之转化，其背后真实的历史进程，其实就是指由西班牙的发展模式、霸权模式向荷兰、英国的发展模式、霸权模式的转化，也可以说就是指欧洲和世界的统治权从天主教转向了新教势力手中这个历史过程。于是，新教势力的胜利往往也就被解释为新教阵营代表着一种新的、区别于西班牙帝国的发展模式，例如将金钱视为利润和利息的来源，不重视囤积金银，而重视生产，同时节制消费等。这在客观上铸成了资本主义与新教之间存在必然联系的说法。

不过，在20世纪初，当马克斯·韦伯要处理“欧洲文明”与“亚洲文明”这两个完全不同的巨大课题时，他却简单地以欧洲短暂的历史和经验来说明世界史问题，即把16世纪欧洲内部天主教与新教斗争的历史，原样照搬于描述欧洲与亚洲乃至欧洲与世界之间的关系，结果是：16世纪欧洲内部新教与天主教之间的冲突，在他那里变成了19世纪世界范围内“新教”与“儒教”之间的冲突，而19世纪以降的世界史，在他那里也不过就是“16世纪以来欧洲内部史”的放大和重复而已。缺乏真正的“世界视野”，仅从基督教的内部紧张和冲突出发解释世界史，不免堕入唯心论的神权主义，这是韦伯问题的根源所在。

对于马克斯·韦伯的思考方式，布罗代尔曾经有如下一语中的的批评：

他的论证十分复杂，使人有茫无头绪之感。他想找到具有特殊心态的，即具有理想型“资本主义精神”的少数新教徒，因而就需要一系列的假定。而他在时间上从现在向过去倒着论证，则使问题变得更为复杂。[26]

在《新教伦理与资本主义精神》中，马克斯·韦伯将现代文明的实质称为“宗教的理性化”，今天，这已经成为西方社会科学的一个权威论断，而他的观点来自一个古怪的发现：北欧的清教徒因受读写能力和文化程度所限而不能阅读拉丁文《圣经》，所以转而将经营生意和日常生计当作上帝交代的“任务”（天职）去崇奉。经营生意成为念经等宗教活动的“替代品”，结果从中就产生出“资本主义精神”。这一论断不仅用以说明欧洲内部新教与天主教之间的冲突，而且用于西方与中国和世界其他文明之间的整体比较。在这个意义上，《新教伦理与资本主义精神》乃是《中国的宗教：儒教与道教》和《宗教与世界》的理论基础，后者不过是前者的观点在世界史范围内的应用，而其目的则是说明欧洲的兴起是由于新教在“精神”和文化上的优越。

通俗地说，韦伯所说的“宗教的理性化”，其实就是指“怀着宗教般的热情赚钱，从事商业和经济活动”。这种对金钱的宗教般的热情，这种被马克思称为“拜物教”的宗教，与其说是欧洲文化独特性的产物，不如说是对欧洲文化的误解。韦伯认为资本主义是从拒绝消费的“吝啬鬼”道德中产生的，而这对主张资本主义起源于负债经营、借债消费，甚至认为资本主义就是起源于“奢侈”的学派而言，倒真是一个讽刺，桑巴特就曾经这样批评说：

> 新教的初衷其实是试图要回到福音书所宣扬的贫困状态中去，这实际上对于经济生活的结构及其扩展，倒是个十足的威胁。清教主义至多是主张苏格兰式不近人情的吝啬的一个派别，是对小店铺主的教诲，把它夸大为欧洲文化的核心是缺乏说服力的。

布罗代尔则认为，如果资本主义确是有一种精神或者“性格”的话，那么我们只好说，这就是热那亚人和威尼斯人的“狐狸”性格，它导源于有息借贷，特别是国债制度的迅猛发展。欧洲的国债制度，恰恰起源于天主教阵营内的热那亚与西班牙帝国之间的债务关系，因此资本主义与韦伯所推崇的“新教”难以挂上关系。布罗代尔说：如果把资本主义产生视为放贷制度的发展，那么借贷制度的发展，恰恰是在“天主教城市国家”诸如热那亚走向繁荣昌盛的。尽管“放债”在全世界都是极其古老的职业，但真正的问题在于：为什么偏偏是在16世纪后期的欧洲地中海地区，偏偏是在天主教的城市国家，会产生一个足以向帝国并通过帝国战争逐步向全世界放债的银行家阶级？这个问题绝不能用抽象的“精神”来解释，而首先应该用16世纪后期的全球白银流动来解释，应该用地中海在全球军事—货币运动结构中所处的“十字路口”的有利位置来解释：“在1600年的天主教城市热那亚，一个已具世界规模的资本主义活动中心，贷款利息为1.2%，还有哪个城市的利息率比这更低？也许正如低利息率促使资本主义的发展一样，资本主义的发展也造成了低利息率。”[27] 布罗代尔还说，早在加尔文偶然涉及“有息借贷是否违法”这样的命题之前，放债在地中海地区已经是非常普遍的“职业”了，而早在热那亚人放债于西班牙帝国之前，一个摩尔—犹太金融体系就存在于地中海地区，只是这个体系被西班牙人的暴力摧毁了而已。“更何况，在有息借贷问题上，加尔文没有提出任何突破性主张，有息借贷的门很久以前就是敞开的。”[28]

韦伯对资本主义产生于“新教伦理”的解释不但在欧洲学术界是充满争议性的，而且韦伯在《宗教与世界》这部里程碑式著作中，将清教教义解释为“经济禁欲主义”，并以此与世界其他的宗教文化，特别是亚洲的宗教和文化对立起来进行比较时，他的这种通过“排他法”寻求欧洲认同的方式，更加造成了他对于中国文化复杂性的大简化。

马克斯·韦伯曾从两个方面介绍新教禁欲主义：

> 禁欲进一步可以分为两种形式。一方面，禁欲可以采取逃离现实的形式，斩断一切家庭与社会的纽带，弃绝一切个人的拥有与政治、艺术和情爱的关怀，以此，个人或许才能够唯服侍上帝为一事是顾。……另一种形式是入世的禁欲，以清教徒为例：此中人亦以为被造物乃是上帝的工具，并寻求以个人职业行为来荣耀上帝，例如过一种模范的家庭生活，在生活的任何领域里都行止严谨、将一切个人的职务都当成是上帝所命而敬事履行。[29]

其实，就前一种“出世的禁欲”而言，韦伯所论述的那种“清教伦理”与佛教几乎没有什么不同。自东汉传入中国以来，佛教组织难道不就是一个“斩断一切家庭与社会的纽带，弃绝一切个人的拥有与政治、艺术和情爱的关怀”的共同体吗？实际上，也正是在“弃绝”了上述关怀之后，佛教共同体必然成为庞大的经济组织。正因为佛教组织不纳国税，广营寺产，特别是它首创了严密的高利贷制度，所以才拥有雄厚的经济实力，正是这种财富积累的方式保证了佛教在中国几千年的历史中不断发达壮大。北魏以来，中国历史上数次教权与政权之间的冲突，其实都与佛教会聚敛财产而导致国税大规模流失有关。

在这个意义上，哈佛大学资深教授杨联陞关于佛教首创大规模放贷制度的著名研究，从具体中国历史出发，成为对韦伯理论的一个有力批判。杨联陞说：

> 在中国历史中，共有四种起源于佛教寺庙或者说和佛教寺庙有密切关联的募钱制度，它们是当铺、资金互助协会（即合会）、拍卖性销售、出售抽奖券。佛教寺庙之拥有并经营当铺，可回溯到公元 5 世纪。资金互助协会至迟在唐代就与寺庙有密切联系。有可能更早，但至迟在唐、宋、元代，去世僧侣的个人物品就在寺庙中拍卖，在元代则由寺庙发行抽奖券募集资金。[30]

佛教是一个经济组织和“放债”共同体，佛教寺庙首倡了高利贷金融和募钱制度——这是佛教研究中的一个重要论断。因为佛教组织更有利于积累财产，难道我们就此可以说主张以孤独的个人直接面对救世主的“佛教伦理”才是资本主义发生的根源吗？

就韦伯所说的后一种“入世的禁欲”而言，所谓的清教伦理与儒教，特别是宋明以来的理学内涵的世俗精神更是殊少区别。“例如过一种模范的家庭生活，在生活的任何领域里都行止严谨、将一切个人的职务都当成是上帝所命而敬事履行”——这对反对闭门穷经，而主“簿书期会，课计功效，核虚实，验勤惰，令行禁止”的近世儒生来说，难道不就是常识吗？大家知道，家族、宗族制的基础本是田制，因此绝大多数儒生都是地主，宋代之后，随着货币税收的逐步强化，土地变成了货币资本，大地主亦因之变成了大土地资本家，如果说儒学教导地主不关心经济、不关心财货和家产，那么，中国历史上的痼疾——地主的兼并、高利贷剥削不就不存在了吗？

韦伯思想的根本缺陷在于，他把资本主义等同于“理性化经营”。韦伯这样提问：中国人格外勤劳，中国文化中丝毫不缺乏经济冲动，世界贵金属的大部分都流向了 16 世纪的中国——当所有的条件似乎都已经具备的时候，为什么中国没有发生向资本主义的转变?

他的答案是：中国没有理想化经营的思想。中国虽然存在大量的投资放债活动，但没有发展出理性化的信用制度，即没有发展出证券制度，因为证券是信用的数字化，是经过理性计算的信用，而中国的投资活动缺乏严密的计算论证，只能算是投机活动。中国的家计与企业没有分离，没有形成面向国内或者国际市场的生产活动，中国的生产活动只是家计的补充。最终，中国没有产生出保护私有财产权的法律体系，因此，经济活动不能从社会活动中独立出来。

实际上，如果说在 1500 年之后世界上果真存在过韦伯所说的“宗教理性化”运动，那么，与韦伯的结论恰恰相反，我们只好说，“宗教理性化”改革运动，不是率先发生在欧洲，而是发生在中国。韦伯对于晋商票号制度毫无了解，因此，他关于“中国没有建立在计算基础上的信用制度，中国没有证券制度”的说法毫无根据。韦伯关于中国排斥市场的说法也是武断的，简而言之，中国没有欧洲那样的封建壁垒，有着广阔的国内市场，中国的瓷器、丝绸长期以来就是面向世界市场的。家族与企业对立的说法同样值得商榷：正像马克思所指出的那样，中国的家族和宗族制度实质上就是经济制度，家规、乡约的基本内容也主要是经济性的。家和族首先是劳动分工协作的共同体。怀着庄严的、近乎宗教般的情感和心态经营家计，特别是经济生活，这种所谓“事上磨炼”的宗教，可以说恰是明代以降中国文明的实质，它特别表现在发源于江南富庶城市地区（扬州、泰州和苏州）的“心学”思想之中。

那么，所谓“理性化经营”与“资本主义”果然就是一回事吗?

这二者之间能够画等号吗?

显然并非如此。

实际上,恰恰是韦伯自己在《中国的宗教:儒教与道教》中,推翻了其在《宗教与世界》《新教伦理与资本主义精神》中的结论。

在《中国的宗教:儒教与道教》中,韦伯提出,中国没有迈向资本主义的根本原因,并不是中国没有理性化的经营活动,而恰是基于如下与西方社会发展不同的历史事实:第一,中国的货币制度没有与宗教组织相联系,正像马克思所指出的那样,西方的教会是一个包揽税收的放债体系,罗马教会就是最早的银行,新教改革不过是把宗教的虔信改造为信用而已,而中国历代王朝对于寺院的打击,就是为了避免教会发展为一个金融组织。这就是“中国的宗教”与西方宗教、中国宗教组织与西方宗教组织的根本不同。第二,中国有从事商品生产的城市,但是,中国的城市里没有武装起来的市民阶级。中国的城市是和平的、纯商业性质的,而西方的城市则是武装起来的,西方的资产阶级一开始就是武装起来的阶级。第三,西方的上帝是战争之神,基督教是斗争的宗教,而中国的神是和平的神,中国的宗教是和平的宗教。第四,中国的国家,不是由西欧那种贵族掌握的封建国家,而是由官僚领导的俸禄制国家,因此,中国不可能形成与国家抗衡的独立的政治经济力量,而欧洲的资产阶级是在封建贵族制的基础上发展出来的,民族国家是从封建国家中发展出来的。第五,因为中国的国家财政依赖土地税收,中国国家倾向于保护农民免受大地主的盘剥,不可能放任英国那种圈地运动,所以中国缺乏由失地农民转化而来的自由劳动力市场。第六,中国的氏族、家族制度和村落自治制度束缚了人口的自由流动,中国的基层为胥吏所掌握,使国家行政效率大为下降。第七，儒教具有和平主义的性格，儒教对于秩序的追求，泯灭了竞争的欲望。

全面阅读韦伯的著作，我们就会发现他思想中的一个根本的矛盾，即“合理化的经营”与“资本主义”之间的矛盾。所谓合理化的经营，主要指市场的形成、保护经济发展的法律、信用投资制度，而资本主义则是指军事化的暴力组织、对于农村和农民的剥夺、与宗教相联系的金融垄断制度。

韦伯的《宗教与社会学论文集》出版于1920年（即他去世那一年），即第一次世界大战结束后不久，可谓是一部充满帝国主义色彩的著作。因为在韦伯眼里，穷兵黩武恰是西方文明的优势，爱好和平反而是中国文化的弱点。实际上，在韦伯看来，中国落后挨打的真正原因，实际上就是没有发展出金融与暴力相结合的资本主义体制，但是，他炮制了“各文化领域的合理化”这种可疑的范畴，以全面否定和贬低中国文化。

韦伯给资本主义穿上了合理化的外衣，以此论证西方文明的优越性。韦伯自称“非汉学家”，他对于中国的了解是高度抽象的，他归纳出了一些中国的本质性特征，而这些“中国的本质性特征”，从春秋战国到清代，都没有丝毫的改变，即使在16世纪，世界贵金属的大部分都流入中国之后，中国的本质性特征依然没有任何变化。

他的这种观察显然是靠不住的。

事实上，与贫困、落后的欧洲相比，当时的中国——明朝，确实就是一派引领世界和平发展的光明景象，英国历史学家加文·孟席斯这样写道：

> 1404 年，当朱棣指示姚广孝率领 2 180 名学者进行包罗万象、长达 4 000 卷的百科全书——《永乐大典》的编纂工程时，处于文艺复兴前夜的欧洲，对于印刷术还一无所知，实际上，那个时候亨利五世（1387—1422 年在位）的图书室里只有六本手抄本，其中三本还是从修道院借来的，当时欧洲最富有的商人 Florentine Francesco Datini 拥有 12 本书，其中八本还都是宗教著作。
>
> 1421 年 2 月 2 日是中国的春节。这一天，来自亚洲、非洲、阿拉伯世界以及印度洋周边地区的使节和统治者，麇集于“天子脚下”的北京城，这些被中国惊世骇俗的航海技术制造的超级巨轮载来的使节，有幸成为访问世界上最伟大的宫殿群——紫禁城的第一批客人。超过 28 个国家的首脑和使节获得了此项殊荣，却不包括神圣罗马帝国皇帝、拜占庭皇帝、威尼斯大公和英、法、葡萄牙诸国的国王。而他们之所以没有被邀请，只是由于他们作为既缺乏科学知识又没有可贸易货物的落后国家的元首，在中国皇帝朱棣的眼里尚不入流。[31]

文中所提的“巨轮”并非夸张之词，因为郑和宝船最重的一条有 7 800 吨，这已经接近万吨轮的水平，比 19 世纪之前英国最大的军舰还大两倍。自唐代以来，中国的铁器即经亚丁湾大规模出口到欧洲，元代出口海外的主要商品亦是铁器，而没有冶铁技术的发展，则无航海所需之巨锚。明英宗时代更有这样一则著名的国际笑话，说是明朝廷宴请各国元首和使节，结果宴会所用 580 件官窑瓷器全部被使节顺手牵羊盗走了。实际上，直到今天，明代的家具和瓷器，依然是豪华的世俗日常生活的完美象征。

与韦伯所描述的不同，“世界的发现”也与新教伦理的精神旅行没有关系。因为正如丹尼尔·J. 布尔斯廷指出的，欧洲那些关于天堂和地狱的宗教知识对于“发现世界”毫无意义，这里的关键在于天文学和地图学的世俗知识，具体地说就在于绘制地图特别是海图之技术及天文学的先进，而在 15 世纪唯一拥有这种先进技术的是中国人。[32] 当欧洲开始航海时（1470 年），这离明朝结束国家主导的大航海已经过去差不多半个世纪了。从这个意义上说，欧洲的航海在人类历史上本来就没有任何开创意义。

布罗代尔提出了假如“郑和船队于 1419 年绕过了好望角”的假设，但是，他并非唯一一个思考这个问题的人。在《1421：中国发现世界》一书中，英国皇家海军出身的“业余历史学家”加文·孟席斯[33] 根据自己多年的航海经验，通过阅读大量航海历史的资料，结合星象学、地图学、古代文物和人类学进行研究，力图将已被明代道学家焚毁的郑和当年航海的路线图再次描绘出来。他声称中国人确实绕过了好望角，到过非洲西海岸、南美洲和澳大利亚，并且进入加勒比海和科蒂兹海；1421 年，即明成祖永乐十九年，中国人发现美洲大陆，早于哥伦布 70 年；中国人发现澳洲，先于库克船长 350 年；中国人到达麦哲伦海峡的时间，比麦哲伦出生的时间还早一个甲子；中国人解决计算经度的问题遥遥领先于欧洲三个世纪——他的推断使得郑和成为完成世界环球航行第一人。

孟席斯说，他的新理论的形成源自一次“意外发现”，即他偶然发现了 1428 年葡萄牙人的一张海图。该海图相当准确地标明了非洲、南美洲、澳大利亚以及其他一些岛屿的位置，还标明了好望角的位置（众所周知，葡萄牙人是到 1498 年才发现好望角的）。孟席斯的研究最终表明：这张海图是根据中国人的地图和地理知识绘制的，“如果它不是由欧洲人的上帝绘制的话”[34]。据他考证，这张航海图是由意大利旅行家尼古拉·达·康提带到欧洲的，根据这张海图，西方航海家在出发前就对目的地的航行路线有了规划。孟席斯因此提出疑问：在不断宣传欧洲人独立发现了新大陆的500年间，为什么没有人指出欧洲航海探险家当时已经拥有完整的海图？数百万平方千米的海洋，需要大批大型的船只才能完成测绘工作，在当时又是谁才能测绘出这种海图？他得出的答案是很自然的——当时拥有世界上最大船队的只有中国人，是航海家郑和及其船队完成了远程航海，是他们而不是“上帝”绘制了这张海图。孟席斯的研究显示，郑和的海图大约在1428年前后由尼古拉·达·康提带到葡萄牙。此后葡萄牙航海家达·伽马、麦哲伦和英国航海家库克都曾使用这张海图的复制品，孟席斯奔波于世界各地的图书馆和博物馆，找到了这张海图的各种抄本。他还证明：事实上，包括哥伦布在内的航海家都曾在日志或书信中承认，他们拥有航海图，因此，在出发前都已知道自己的航线。

孟席斯的学说在学术界显然并未产生相应的反响，这丝毫不奇怪，其中最基本的原因在于中国古代航海的地图几乎均已散失，同时，这更说明关于葡萄牙人和西班牙人“发现世界”的定见已经根深蒂固，习惯势力总是坚不可摧的，但是，20世纪初以来，数幅15世纪由欧洲人、阿拉伯人绘制的世界地图相继被发现，这个事实与其说给地理学界和史学界的“习惯”带来了惊喜，不如说带来了巨大的烦恼，其中著名的包括绘于1415年的《德·韦哥地图》、绘于1489年的《马尔特鲁斯地图》等，这些地图均被现代技术鉴定为真迹，而它们的发现动摇了固有的交通史观念，预示着早在1492年哥伦布的“地理大发现”

之前，确实有人完成了环球勘测，也证明孟席斯的推断并非臆测。最近，中国学者刘钢在研究了《德 · 韦哥地图》之后也提出：“中世纪时期，欧洲人绘制的世界地图遵循以东为上方的原则，并且将圣地耶路撒冷置于地图的中央，但《德 · 韦哥地图》是以北为上方的，地图的中心也不是耶路撒冷，而是位于现今乌兹别克斯坦的撒马尔罕。这一地区在唐代是粟特人的故乡，在宋代是陆上丝绸之路的重镇，而在 13 世纪不仅是蒙古沟通欧亚大陆的一个商业贸易重镇，而且是蒙古帝国进行天文、地理研究的重要基地之一，更是明代主要的朝贡国。”[35]

关于中国古代地理学知识对于西方的影响，刘钢的研究亦提出了两个重要的佐证。第一，由于夜间通过北极星的方位判定方向，中国的地图一直是“以北为上”的，这种“以北为上”的绘图方式，最迟在西晋裴秀主持编制《禹贡地域图》（268 年）设定“准望”原则时就已经确立，而在 1415 年《德 · 韦哥地图》之前，西方的地图却均是以东为上的。欧洲的地图“以北为上”，是不是受中国地图学影响的结果？第二，元朝至元十六年（1279），在郭守敬的主持下，进行了全国 27 个地点的天文大地测量，所谓“设监侯官一十四员，分道而出，东至高丽，西极滇池，南逾朱崖，北尽铁勒，四海测验，凡二十七所”，其中撒马尔罕是重要的测绘中心。[36] 此前所有的欧洲地图均以耶路撒冷为核心，《德 · 韦哥地图》却把撒马尔罕标为世界的中心，鲜明地体现了撒马尔罕在陆上丝绸之路上的地位，从这一点上说，这幅地图在欧洲地图史上实在是太过突兀了，因此，将其说成欧洲人的发明，恐怕缺乏依据。恰恰就是这幅《德 · 韦哥地图》，早在葡萄牙人到来之前就已经标出了好望角的位置，并且画出了非洲东海岸的形状——而这一点，统统不能在既定的欧洲中心主义的世界史框架中得到严肃认真的说明。

像“资本主义”一样，文艺复兴与近代科学也被韦伯和桑巴特解释为西方“理性精神”的产物，即是希腊—罗马文明的复兴，但是，我们也确实早就应该像布罗代尔那样问一问：究竟什么才是“理性”呢？我们也确实应该进一步追问：这里的希腊，究竟是古代希腊，还是作为奥斯曼帝国一部分的希腊呢？如果是后者的话，那么经由希腊传入欧洲并经过基督教改造的希腊“理性世界观”，不过就是东方世界观的变种，是一种“基督教化了的东方文明”而已。正如孟席斯讽刺地指出的，在“亨利五世的图书室里只有六本手抄本，其中三本还是从修道院借来的”的欧洲，西方近代科学知识的兴起，只能是大规模借鉴和引进中国、阿拉伯世界的科学知识的结果，而绝不可能是如韦伯所说的“基督教自我理性化”的产物。认为单靠全欧洲修道院里不到 100 本的羊皮书就促成了近代科学的产生，这足以沦为天方夜谭，这种天方夜谭恐怕连“上帝”也不会相信。

哈罗德·库克的《物质交换：荷兰黄金时代的商业、医学和科学》是最新涌现出的一部欧洲史研究杰作，其思维缜密、材料翔实令人惊叹。库克的核心观点是：在 17 世纪，荷兰乃是欧洲最先进的国家，荷兰的“文艺复兴”，就是引进东方物产和知识的结果，其实也就是东洋文明在欧洲的复兴，而绝不是什么古代希腊文明的复兴。荷兰的兴起，意味着欧洲摆脱了狭隘的“地中海时代”，进入“印度洋—大西洋时代”。对荷兰来说，所谓“自然的知识”“理性知识”，其实也就是指通过航海获得的“来自外国的知识”：中国的印刷术、瓷器等工业产品和造船工艺、航海技术、航海图纸，蒙古的战争技术（特别是火器），阿拉伯的造园术、矿物，南洋的香料和物种知识，印度的药用植物，美洲的种植业和开矿技术——也正是这些与欧洲“宗教知识”相区别的

“自然知识”，大大提升了欧洲人的审美和生活品位，扩大了欧洲的空间视野，形成了荷兰17世纪的文艺复兴，并最终促进了近代科学在欧洲的发展。

因此，所谓“理性化”不是指精神自身的理想化，而是指“将自然的知识体系化”。例如，库克在比较fact（事实）和true（真理）这两个词在近代欧洲的转换时指出：所谓fact是一个伴随着大量亚洲知识和物产被引进后产生的词，它指“事实”胜于“思辨”，指对新知识、新事物的“发现和鉴赏能力”胜于玄想。伴随着新事物、新知识引进而产生的欧洲鉴赏学、博物学、植物学、航海术和战争技术，为科学奠基，也使得“重视证据和事实”成为近代科学方法的圭臬，更培养了“立据为凭”“以事实为依据”的契约法律观念。与fact这个16世纪的新词汇不同，true是指思想和理性的推演能力，它导源于古希腊的辩证法思想，强调的是思想自身通过辩证法的“三段论”（syllogism）式的自我证明方式。欧洲思想从理性思辨到实践科学的转变就是这样发生的。

与之相关的还有：reason（理性）一词向test（实验、品味）一词的转换，test是伴随着大量新事物和新知识的引进而产生的词，它指对这些新事物进行比较、类比、收集、归类的方式，这个新词意味着正确的知识来自对新事物的实验和尝试，来自自然知识的收集、整理和体系化，而与理性自身的逻辑推导完全无关。实际上，这就是卢梭所倡导的“自然知识”优于“理性思辨”，是启蒙主义的要害所在。杜威早在五四时期向中国介绍西方科学思想时就已经指出：近代科学思想并不是古希腊“理性”推演的发展，而是与“理性”相对立的“经验”“实验”“事实”的产物。杜威的观点与库克是相同的：

希腊思想认为凡动者皆为劣等之物，希腊人言有某物，即谓此物始终不变。新科学谓宇宙为动的而非静的，实为思想革命之大助，加里雷倭（伽利略）疑地球非静的，而反对亚里士多德，心理上协助自由主义不少。[37]

库克在上述研究16—17世纪荷兰问题的经典著作中，还详尽地考察了荷兰绘画对于东洋文明的借鉴：其一，对于植物、静物的描绘，实则产生于荷兰商人在亚洲进口贸易中，形象地说明东洋物产（进口商业）需要——严格地说，它起初是作为“外国商品说明书”而存在的；其二，中国的山水画对荷兰的绘画风格产生了根本性影响，它使欧洲艺术摆脱了宗教主题的束缚，而转向了从自然角度对人的沉思，文艺复兴讲人是宇宙的核心与主宰，斯宾诺莎的泛神论则讲万物有灵，人只是自然的一部分，而西洋文化对于自然的发现，是从荷兰启蒙运动开始的，这要大大晚于中国。[38]

对此问题，宫崎市定其实早有论述如下：

画的题材离开人事，去发现自然本身的趣味性，是人类对人为现象加以深刻反省后所做的。西洋的风景画直到宗教画和人物画走到末路的情形下才开始出现，而变得流行，则是在和东洋开通了交通后的17世纪的荷兰。[39]

至于资本主义究竟是不是韦伯所谓“理性”的，对这个问题持怀疑看法的，更是大有人在。布罗代尔这样一语中的地说：

假如我像桑巴特一样喜欢做系统的和盖棺定论的解释，我将会把赌博和投机说成是资本主义发展的重要原因。在本书的叙述中，读者已经看到了赌博、冒险和作弊这个想法时隐时现，资本主义的基本规则其实是面对市场的习惯机制，而制造一种逆向活动，使得市场以另外的方式或者相反的方式运转。[40]

韦伯一方面把新教伦理定义为“现代西方文明”的核心，另一方面又把儒教和道教定义为中国文明的本质，把中国文明和“西方文明”作为整体对立起来，从而开了简单化理解中国文明的先河。他将儒教贬低为利禄之学，同时又将道教指斥为巫术，认为东方文明整体未达到“理性”层次，从中无法产生自由、民主与科学，这就是东方整体落伍的原因。这不但表明他对于儒、道、佛的互相渗透并最终结合为“理学”、心学的事实缺乏了解，而且也表明他对于中国世界观与现代科学之间的关系缺乏洞察。[41]

众所周知，明代文化灿烂的标志，便是制礼作乐，除了《永乐大典》这部伟大的百科全书外，更为重要的是万物作为有机之整体，处于和谐运动之中的宇宙观的形成，这意味着作为“天下秩序”表述的“礼”，由关于政治制度设计的“天子之礼”向着宇宙秩序学说的转变，这种转变本身包含着现代科学世界观的深刻内涵。理学乃是这种宇宙观的伦理表述，其最初的根源在于中国发达的天文学和农学。李约瑟说：借助阴阳二元的互动，结合四时的变迁，以及五行的物质因素之间的转换，在阴阳（理气）和五行之中运动的中国宇宙学说之中，包含着世界上任何“宗教”都不具备的科学宇宙观的雏形。

五行之说，与金、木、水、火、土五个行星相关，合之又称“五纬”。早在汉代，中国就通过太阳的运行在其他天体上的不同投影设计了二十八宿，以太阳的周年运行轨道定位，而欧洲认识到地球围绕着太阳运行这一点，却要等哥白尼出世。普林斯顿大学中国历史研究的开创者牟复礼深刻地指出：在全世界的文化中，只有中国文化将宇宙和人类的出现归结为“本然自生的和谐运动”，而不是“造物主”创造的产物。这种宇宙论和人类社会发生论，与近代科学世界观最为接近，而与“宗教”最远。

牟复礼说：

> 现代的欧美人坚持一种未经检验，而且也被证明是没有根据的假定：所有民族都认为宇宙和人类是外在的造物主创造的产物。（直到20世纪，西方宗教思想仍然主导着全世界的宇宙论。）由于把假定的基本类比当成事实，西方人在翻译中国典籍时依赖的是用我们自己文化的表达所进行的似是而非的比附，并且以此机械地解读中国经典，这满足的不过是西方人喜欢在其他文化中听到自我回声的癖好。
>
> 对外来者而言，他最难以发现的是中国没有创世的神话，这在所有民族中，不论是古代的还是现代的，原始的还是开化的，中国人是唯一的。这意味着中国人认为世界和人类不是被创造出来的，而这正是一个本然自生（spontaneously self-generating life）的宇宙的特征，这个宇宙没有造物主、上帝、终极因、绝对超越的意志，等等。
>
> 宇宙论（cosmology）用以理解世界和宇宙是什么，而宇宙生成论（cosmogony）则用以解释宇宙如何形成。宇宙论和宇宙生成论涵盖了从史前神话到现代物理学的广泛领域。中国的宇宙论和宇宙生成论似乎比其他宗教文化更接近现代物理学的观点。当然，

> 与其说中国古代就有超前的科学，倒不如说他们奇异的思想独辟蹊径，给现代物理学理论带来了启发。
>
> 中国的宇宙生成论主张的是一个有机的过程，宇宙的各个部分从属于一个有机整体，它们都参与到这个本然自生的生命过程的相互运动之中，这是个天才卓异的观点——在李约瑟和王铃详尽地揭示中国宇宙论的性质和含意之前，一些权威学者已经注意到中国宇宙论与近代科学宇宙观的联系。荣格在 1949 年曾经说过："古代中国人思考宇宙的方式和现代心理学有所类似。不能否认他们心中的世界模式是一种最明显的心理—物理结构。"李约瑟称中国人的宇宙论为"没有主宰却和谐有序"，这种有机和谐的宇宙观让我们瞠目结舌，因为中国的宇宙观与其他的宇宙观完全不同：例如古希腊的宇宙论，总有逻各斯、主神或者其他俯瞰着被创造出来的世界的主宰者，他们对于世界的存在是不可或缺的。中国宇宙论与闪族的差别更大，闪族传统孕育出基督教和伊斯兰教的创世观，上帝用手从虚无中创造，或者根据自己的意志创造世界，但是中国人的观念与上述机械论、目的论、有神论的宇宙论肝胆楚越。由于我们西方文明的故步自封由来已久，所以我们不大可能理解中国那种迥然相异的宇宙观。[42]

牟复礼教授的论述，清晰地比较了中国"无主宰者"的宇宙生成论与欧洲上帝主宰世界的宗教观之不同。首先，中国的"宇宙论"，其实也就是"宇宙生成论"，它认为宇宙没有先验的、固定的本质，宇宙或者"天"，除了"化生"即"生成"外，什么也不是。其次，它认为宇宙间的万事万物，是彼此依赖、互相生成的，而不是由一个"主体"

决定、生成的，这也就是牟复礼所谓的宇宙生成的“有机过程”，即宇宙乃“本然自生的生命过程的相互运动”，是“没有主宰的和谐有序”。这就令人信服地证明了中国宇宙论而非西方宗教世界观更为接近现代科学世界观的事实，并且，牟复礼也明确指出：近代以来西方对于中国文明的认识，是建立在韦伯式的重大误解之上的。

中国宇宙观的系统表述，是在宋代的理学和“太极”学说中奠定的，按照陈寅恪等人的研究，这是中国思想进入近世的关键标志。宋学摆脱了古代儒学以“礼”为核心的纯粹制度论色彩，变为更纯粹的宇宙论，用今天的科学语言来表述，这种宇宙观的构成大概如下：宇宙间的森罗万象可以分类为木、火、土、金、水五行，也就是五要素。这五要素乃是原子，即最微小的分子——不过，如果允许原子受到破坏，从而失去质的特征，则各原子可以分为阴阳二气。阴阳性质相反，所以原子是以所谓正、负量的能力去分解的。这个阴阳运行的世界名为“气”。世界按一定的法则运动，这个法则就是《道德经》中所说的“道生一，一生二，二生三，三生万物。万物负阴而抱阳，冲气以为和”。这个运动法则名为理。宇宙就是由“理”的法则和“气”的物质实在组成的。

那么，“理”的世界，是否也就等于西洋意义上所谓“精神的世界”呢？“理”是否就是“气”和物质的世界的主宰呢？并不是。宫崎市定指出，所谓理的世界，不过是“从极限的角度”所理解的物质的、运动的世界而已，“理”是极限状态下的“气”，这种“极限状态”是指：在失去了时间和空间的极限状态下，物质世界的运动实际上并没有消灭，它只不过是超越了时间和空间，我们无法见到而已。物质的形式消失了的、没有了时间和空间的世界，称为“无极”，不过，由于这个世界同样蕴含着变化的力量，所以，这种极限状态下的物质和运动的世界，则称为“太极”。[43]

也就是说，“太极”本身更是没有主宰的、运动的世界，因为在那里，连时间与空间的主宰都不存在。

阴阳互相生成的运动是没有止境的，是永远也没有完成的。无休止的互相生成，便是对无涯之“生”的肯定。

这种“互相生成的无止境运动”[44]，与欧洲的“辩证法”之间，表面上似乎具有某种相似性，根本上却是完全不同的。现代欧洲的辩证法思想是在黑格尔那里成熟的，黑格尔也是借用中国哲学的气、水、火、土这样的基本元素运动来解释他的辩证法的。尽管黑格尔的辩证法也强调正反和对立统一，然而，黑格尔强调运动是有目的的，是有止境的循环，黑格尔所谓的“运动”，就是从上帝和“精神”开始，又回到上帝和“精神”的重复、循环，这便是精神的“异化运动”。在这个意义上，正与反都是精神自身的“异化”，达到“和”之后就再次回归到精神，然后，再开始新一轮的异化运动。这就是说：运动的根源，不是事物之间的互相生成，而是精神的自我异化和精神的自我生成。黑格尔这样说：

> 自然分解为许多普遍元素——气、水、火、土。空气是持存不变的、纯然普遍的、透明的本质；水是永远被牺牲的（或被消除的被废弃的）本质；火是它们的有灵魂的统一体，它永远在消除它们的对立，同时又永远在把它们的简单统一分裂为彼此对立；而土则是这些元素的坚固枢纽，是这些本质及其过程的主体，是它们的出发点和归宿地。

在中国思想中，金、木、水、火、土这些元素是互相联系、彼此生成的，并不像黑格尔的辩证法所描述的那样，表面上是彼此纯然对立、彼此分裂的事物的运动，实则不过是一个共同的本质——“精神”自身的异化。而且，在中国思想中，正如金、木、水、火和土这些元素是彼此联系、互相依赖、互相生成的一样，世界本身（“居国”“行国”“海国”）也是这样互相联系、彼此生成的，因此，在中国的宇宙观中，无论是“海洋中心论”还是“陆地中心论”，都是无从成立的，是站不住脚的。

中国的知识论认为，寻求知识的正确方法，并不在玄想精神的运动，而在于观察事物之间的关系，了解它们是如何彼此生成的——这就是所谓“矛盾的同一性”。正如牟复礼和宫崎市定所指出的，朴素的宇宙生成论当然不是现代意义上的“科学世界观”，但是，它也绝不是韦伯所谓“反科学”的宗教，而是与现代物理学最为接近的哲学。这便是陈寅恪以为两宋新儒学开启了人类现代性，并对之高度评价的原因。他说：“中国自秦以后，迄于今日，其思想之演变历程，至繁至久。要之，只为一大事因缘，即（两宋）新儒学之产生及其传衍而已。”我虽不敢赞成这种高论，而以为中国最彻底之现代思想文化革命实为新文化运动和五四运动，但如果从现代科学的分科角度说，自董仲舒倡导“天人合一”以来，儒学对于“天下秩序”“天子之礼”的阐述中，也包含着对于天象、格物和人欲的关注。从这个意义上说，一方面，中国的自然法就是“礼”，因为礼所针对的，就是天下的秩序。皇帝的地位、天子的合法性，是在与天、地、先王之间的关系中才能被确立起来的，故曰“经国序民，莫急于礼。礼有五经，莫重于祭。祭有二义，或祈或报。报以章德，祈以弭害。古先哲王，类帝禋宗。

望于山川，遍于群神”。

另一方面，中国的礼中，也包含着对于自然秩序的思考，其中表达的亦可谓是天文学、物理学、植物学和生理学旨趣，理学中包含着“自然法”的思想，这是无疑的。因此，对于中国近代科学世界观的思考，也必须结合对于“礼”制的演变的思考，即“礼”如何由秦汉的“天子之礼”发展为宋明的百姓伦理和“天理”宇宙观，进一步在近代发展为科学世界观。

16世纪的中国之所以产生了辉煌的历法、航海技术、植物学著作和《本草纲目》这样的中医药学著作，产生了《永乐大典》这种百科全书，也都与理学内涵的“科学”旨趣是分不开的。在中国思想中，关于自然和宇宙秩序的知识，是礼制思想的一个组成部分，是中国思想发展的产物。离开后者，前者就不能得到合法性的解释；而离开了前者，后者的发展就丧失了动力。这也就是马克思所说的，离开了历史唯物主义的视野，仅仅从抽象的制度、精神出发，就不能理解制度和精神的运动是建立在人们的生产与交往活动之不断扩大的基础上的。

例如，对大航海起着重要作用的，首先是冶铁业的进步。宫崎市定这样说：

> 锚这件东西，就像在日本是海军的象征一样，是航海时最必要的东西。现在的飞机最大的欠缺就是不能在空中停下来，而能够使船停止下来的就是锚。宋代数百斤的锚，到了明代就成了千钧（三万斤）重了。从《天工开物》上的图看来，图中画着的一只铁锚的爪就有一人长，而一只船就要用几个锚，所以要消费很多铁，同时足以说明这是由于铁的生产丰富了，所以才能制造这

样大的锚。

中国的铁器在明清时代往南海方面出口很盛，曾驰名中外。而且，在欧洲经历产业革命文化东渐之前，南海是中国铁制品独占的市场。[45]

在以五行为基础的宇宙观中，作为物质的基本元素，水与土是密切联系的，正如海洋与陆地是不能分隔的一样。因此，我们可以根据辩证唯物主义的观点反过来说——如果没有理学的宇宙观，就不可能有舆地学的思想和堪舆的方法，尽管后世人往往把堪舆简单地等同于“看风水”，但实际上，帮助郑和远航的重要航海工具“浮水罗盘”，也就是堪舆的产物。在茫茫大海上夜航，当无法通过辨别星体确定方位之时，罗盘是唯一指示方向的工具。卡尔·施密特曾经正确地指出：“由于罗盘的使用，某种精神性的东西被灌注到船上，因此人与船建立起一种共同体的亲和性。如此，最遥远的大洋上的陆地已彼此联系在一起，地球终于向世人揭开它的面纱。”[46] 李露晔说，如果没有中国人发明罗盘，“发现世界”根本没有可能。

早在秦汉时期，堪舆师为皇陵一类重要建筑选址时，通常要研究地象和水象，使择定的地点不至于与地气、水气相冲。他们那个神奇的罗盘上，附有一个磁杓或者磁针，在光滑的平面上能自行确定南北方向。千年之后，大明舟师将磁针带上船，作为天候不佳、妨碍他们观看天象时的指引。由于船身的摇晃无法获得水平，因此舟师将磁针放在盛了水的小石盆里，有了“浮水罗盘”，舵师就可以在远航中维持方向，“指南针”去除了黑夜无光所带来的恐惧。[47]

中国文明的另一个重要成就在天文学，这是因为天文学是礼制的基础。在明代，中国的历法高度发达，是赠送各朝贡国的重要礼物，这在《明史·外国传》中多有记载。大明历法是阴阳合历，而不是单纯根据月亮的运行周期制定的，只是在西洋历法传入中国之后，中国的历法才逐渐被贬低为“阴历”。[48] 天文学的发达一方面基于世界秩序的知识，另一方面也为航海技术的发展提供了条件和重要基础，孟席斯指出，“北极星”在中国既有（礼制上的）象征意义，又有航海作用。从（礼制上的）象征意义上说，皇帝就是北极星，文武百官则如同其他的星辰各司其位；从航海和天文学的作用来看，根据北极星的位置可以确定北极和赤道的位置，而根据北极星和赤道的位置，则可以进行从北纬 90 度到 0 度的划分。[49] 正是发达的天文学，特别是对于星象的观察，使得当时的远洋船队可以确定自己的位置，不迷失航向。

李露晔则更为具体地描述了明代远航所运用的“占星板”（量天尺），以及如何采用占星板进行纬度测算：

> 舵师用一种叫“牵星板”的简便占板，测知北极星或者南十字星星体距地平线的海拔高度，以确定纬度。这种占星板，在宝船船队远航时首次被使用。牵星板由 12 片方形木片组成，舵师依海平面调整牵星板，再用本身手臂的长度估计星体的位置，这有点儿像西方航海者所使用的带有细绳和一块板子的曲尺。而在宝船远航之前及之后，中国舵师所使用的是一种垂直的直尺，叫“量天尺”。[50]

因此，中国的“天”并不是从一个主宰者——“上帝”那里推出来的，而是对于天下秩序、宇宙秩序的描述；中国的“天”，原本是从天文学的观察中产生出来的，并不是被“上帝”创造出来的。这其实也就是说，物质的世界并非由精神产生、决定，或是精神的“异化”，恰恰相反，以皇权、天子为核心的“天下秩序”，是一种时空关系的表述。西方的形而上学认为，所谓世界就是精神的异化，是精神变来的，还要复归于精神；而中国的“天”却既是精神的秩序，也是物质的秩序，在中国思想中，精神与物质是互相决定、互相异化、互相生成的。故宋代的朱子学以太极学说为前提，用今天的话来说，它是从宇宙原理出发论述人性的，这也就如同以物理学谈心理学，以心理学谈道德一样；而明代王阳明的心学则是从认识论出发而及于宇宙论的，用今天的话来说，这就是主张从自我内心出发建立认识论的哲学。由于简单地将儒学与佛教、道教分离开来观察，韦伯实际上并不了解理学是怎样融合了儒学、佛教和道教的思想，成为在16世纪之后走向高峰的新儒学（理学）的。同时，他更混淆了理学、心学与道学的根本不同，他不知道理学是宇宙论，心学是认识论，而只有道学才以三纲五常为“天理”。正是由于韦伯等西方学者的影响，加之五四时期如吴虞等的偏激之论，人们往往把“家族制度”视为儒学的全部，而无视儒学是包含制度论（经学）、宇宙论（理学）、认识论（心学）在内的复杂体系。

由于简单地将儒学等同于利禄之术，韦伯更断言儒教中并不包含任何个人自由的思想，甚至认为儒学是彻底“反自由”的，而这尤其表明他对宋明以降的“心学”几乎是一无所知的。因为韦伯这样断言说：

> 在儒教中，毫无自然法认定的任何一种个人的自由领域存在。在中国的语文里，根本就没有“自由”这个字眼。这倒是可以从家产制的国家的本质与历史的轨迹来说明。[51]

在西方语境中，自由乃“天赋人权”，这一论断来自康德所谓自由是人的先天本能一说，故自由是道德之基础，即先验道德。所谓精神的自由有二意：认识之自由与欲求（意志）之自由。实际上，康德所谓自由，就是王阳明所言之“良知”，或《华严经》所谓“初心”：

> 吾良知之体，本自聪明睿智，本自宽裕温柔，本自发强刚毅，本自斋庄中正文理密察，本自溥博渊泉而时出之，本无富贵之可慕，本无贫贱之可忧，本无得丧之可欣戚，爱憎之可取舍。……故凡慕富贵，忧贫贱，欣戚得丧，爱憎取舍之类，皆足以蔽吾聪明睿智之体，而窒吾渊泉时出之用。[52]

在朱子那里，读书学习是人的天性，用康德的话说，就是认识能力是人之先天能力。王阳明则以为，行乃是人之天性，这用康德的话来说，就是“欲求”（意志）能力乃人之天性。故阳明说：“知者行之始，行者知之成。圣学只一个功夫，知行不可分作两事。”“五经皆史”，“史”即“事”也。凡经济、财政、司法、军事，皆天下事也，不与经济、财政、司法、军事相结合的知识，就不是真知。

王阳明的思想，就是启蒙的思想，也可以说代表着明代改革的思想路线。这在关于“天道”的讨论中有明确的表现。何谓道？在明代改革者与“道学家”旷日持久的争论中，王阳明等人主张：所谓“求道”，便是不以士大夫阶级的取舍为取舍，不以士大夫阶级的标准为标准，进一步说，“道”就是以天下人的欲望和好恶为标准、为取舍，因此，学做圣人，并不是学做孔子、朱子，不是与孔孟同心，而是“与天下人同心”，“与天下百姓同好恶”——这就是“大同”，这就是圣人之道。沟口雄三这样说：“王阳明的‘满街皆是圣人’，是作为‘学而可为圣人’这种宋学以来的圣人观的明代式归结。”[53]王阳明指出“四民异业而同道”，朱国桢、庞尚鹏等提出“农商平等说”，以为只有摆脱当世的四民等级取舍，才能自由和自主地判断是非善恶，才能自主地形成认识，这是对“士为四民之首”的道学专制主义的批判和否定。

如果一定要从阶级论的角度分析，那么，王阳明的思想究竟反映了哪一阶层、哪一阶级的兴起呢？我们只好说：它代表着从事经济、财政、司法、军事活动的那个阶级的兴起，在明代，这个阶级就是城市里的平民阶级。

所谓“家产制国家”，意味着做官是获得经济利益的唯一手段，但是，韦伯忘记了，自宋明以来，经济基础和实力才是读书做官的前提条件，这就是士子主要产生于运河沿线的经济发达地区的原因。与韦伯关于“中国的家产官僚体制……从未得到发展的市民阶层的侵扰”[54]的判断相反，在明代“蒙古封贡”“隆庆开关”等一系列重大改革中起了关键性作用的王崇古、张四维等，都出身于山西大盐商家族，没有他们的鼓吹，非但“晋商”不可能崛起，而且诸如白银货币化、俺答封贡、“开中法”等重大改革措施都不能实施。王阳明所创立的“知行合一”的实践哲学，是对“袖手空谈”的士大夫的深刻批评，也是明代以来“工”与“商”的地位在“差序格局”中不断上升的体现，是商业文化通过科举制日益支配政治的体现，而经济发达的地区（如江南和山西）也正是政治发言权不断增强的地区。

贸易的扩大，航海的发展，纵横于大河上下、大漠南北的晋商的奔走，与国家经营北方的战略紧密配合，将居国、行国与海国联系为一个整体，而天空、大地与海洋互相生成、彼此联系的宇宙观，则是对这个彼此联系的世界的抽象表述。《史记·天官书》中说：“天则有列宿，地则有州域。”中国古人不仅把天上的星宿和地上的州域联系起来，从而形成了“天下”观，而且将天象运用于人伦，从而形成了类似今人费孝通所指出的“差序格局”的分合秩序，这又特别体现为“士农工商”的差序分工。明代“吴中四才”之首的祝允明在他所著的闻记中，就记载了跟随郑和去印度洋远征的老兵的言谈，通过对大航海的追溯，展示了一种新的世界秩序，其中说：一到印度洋，天上的星宿所对应的地方完全变样，所以把二十八宿分隶属于九州是错误的，可见，对外贸易的发展和地理的发现，扩大了人们的眼界，推动了儒学内部的革命。如果说朱子学依然还是官学、士大夫之学，还是站在“富民”的立场上说话，那么阳明学则代表真正的平民思想运动，而且这种思想运动更与社会运动结合起来。这就是王阳明所提倡的“知行合一”，思想不应该关闭在个人的小圈子里，而必须追求与天下人同心。

在宋代之前，中国政治舞台的核心地区是北方，而宋代之后，中国社会思想运动的核心地区则是南方，这与南方经济贸易的发达有关。最早起来反抗元帝国的，就是以江苏盐场为根据地的张士诚贩盐集团，此后，仅苏州、松江地方，在明代就发生了许多著名的民众运动：明万历二十九年（1601），朝廷派盐监孙隆到苏州课征织机之税，引发苏州市民暴动，继之是天启六年（1626）东林党人、府县生员反抗魏忠贤的运动，再继之是火烧董其昌家宅的运动，这些都是反抗“富民”的运动。[55] 同时，繁华的贸易都市的兴起，也为艺术之独立发展提供了舞台。王阳明系浙江余姚人，他与同属江南商贸发达地区的“吴中四才”的祝允明、唐寅、文徵明、徐祯卿等，大致属于同一时代。那个时代的艺术家，皆把表现初心、发现初心当作艺术追求的目标，这种文艺复兴的潮流，一直影响到清代的曹雪芹。我们说《红楼梦》是一部表现自由的著作，不如说它是一部追求初心的诗篇。曹雪芹自幼生长在“心学”的故乡——江南繁华地江宁，世代为江宁织造的后人，他明显受到了儒学文艺复兴——心学思想的影响。如果说《红楼梦》的“满纸荒唐言”乃是“彻底反自由”的，那这显然就是十足的荒谬了。

南宋陆象山“六经皆为心之注脚”，可谓是把天下士子从专务读经之书生解放为经世致用之人才的号召，也可谓是发现初心的一声号角。明代商人阶级的兴起，对士大夫官僚等级制（即韦伯所谓“家产官僚制”）的破坏是巨大的，例如，按照古制，士大夫祭于庙，庶人只能祭于寝，明嘉靖（1522—1566）之后，商人建祠之风，集中于商贸发达地区，这表明在发达地区，经济开始制约和支配政治。所谓良知自由，就是不以孔孟之心代替天下四民之心，不以士大夫阶级之欲压迫和压抑天下百姓之欲，王阳明指出，没有良心和良知的自由，非但不可能有独立自主的意识，而且不能正确地认识事物，更不能成为一个真正的人——遑论“圣人”。这种“贵我”、良心自由的论断乃是宋明心学的核心，比黑格尔对“精神自由”的论述要早得多。王阳明的心学中关于“良知自由”的思想，所代表的既不是大官僚地主和“富民”的思想，又不是下层农民的思想，而是在16世纪日益扩大的城市平民社会的思想。正如内藤湖南等研究者指出的，中国自宋明之后便已进入绝对皇权治下的“近世平民社会”，“良知自由”学说的产生，标志着广大的中间平民阶级成为中国近世社会的主体，心学中关于“良知自由”和“意志自由”的思想，是中国社会由古代向近代变迁的表达，近世中国社会的基本矛盾，乃是“富民”与“平民”之间的矛盾。

韦伯其实并不了解：儒学从根本上说并不是宗教，中国在唐宋之间即消灭了与宗教相联系的贵族，士大夫的阶级基础是“富民”和中上层平民，而非贵族。儒学的宗教化是宋代后期的事情，是基于对抗佛教而言，其极端代表就是道学，而明代心学，则可谓是近代哲学认识论，是与道学相对立的反抗传统儒家经院哲学的思想革命运动。儒学有着漫长而复杂的发展历史，在春秋战国时期，儒学主要是政治学和政治哲学，汉代以降，儒学整合了道家自然哲学的内涵，以“天人合一”的图式，力图在自然与社会之间建立普遍的联系。宋代朱熹的理学大致可以说是以天理为背景的宇宙论，后为道学家扭曲而成家族、宗族论，而心学则是近世平民自由的学说。我们说儒学不是“教”，尤其是说，只是在蒙元时期，为了以道学统治汉人，蒙元统治者才开始为孔孟、二程、朱熹等人立庙塑像。[56] 即使最粗浅的描述也可以让我们看到，将本不是一个整体的儒学简化为韦伯所谓的“反科学、反自由”的宗教，并与他所推崇的“科学和自由”的宗教——新教伦理对立起来，是 19 世纪以降的西方思想家所刻意为之，这不过就是学术版的基督教教义。

韦伯的《中国的宗教：儒教与道教》和《宗教与世界》是西方社会科学的里程碑式著作，它大大影响了世界对中国的认识和中国人的自我认知，其影响力至今依然未见稍减。从这个意义上讲，正是韦伯缔造的文明论叙述成功地掩盖了真实的历史：随着 4 世纪罗马帝国的崩溃，作为一个整体空间的“西方”实际上就已经不存在了，在“漫长的 16 世纪”开始之前，所谓的“西方”和“欧洲”只不过是处于世界历史边缘的地方势力，直到 1500 年之后，西方才再次成为一个区域性力量，这是西班牙占领美洲，并与世界上最为发达的东亚区域建立起直接联系的结果。如果不通过殖民美洲，“欧洲人”的含义恐怕还是没有现实家园的流浪者；如果不是无偿占有美洲资源并通过操纵白银流动与亚洲建立联系，欧洲的兴起也是不可能的。而且，美洲的发现也不是欧洲凭借自身的智慧和理性完成的，因为这是中国和阿拉伯航海技术扩散的结果。西方上升为世界性力量，乃是“漫长的19世纪”的新现象。在西方由地方性势力向区域性、全球性力量过渡和发展的漫长过程之中，起到关键作用的，乃是世界联系和世界交通的变化，其次才是西方在金融和武力方面形成的制度创新。基督教固然可以算作西方世界、罗马帝国的唯一遗产，但是，与世界交通的变化和武力、金融制度之创新这两个关键因素相比，其对“西方崛起”的作用实在是微不足道的——简而言之，所谓的“西方文明”，绝非解释自“漫长的16世纪”以来世界变化的真正有益范畴，用基督教文明支配世界的历程来解释世界历史，也并非科学，而恰恰是迷信。

当然，韦伯的这两部巨著并非一无是处。它的出发点和用意本来是力图利用中国文明“和平主义”的软弱，反衬西方文明“富强”的优越性，但《中国的宗教：儒教与道教》无形中揭示了暴力与金融之结合乃资本主义实质的真实。从这个意义上说，韦伯的著作无形中体现了对于欧洲现代性的反思，体现的是经济史的文明视野。韦伯率先指出，欧洲国家以军事霸权和金融霸权统治世界的方式，其实是没有其“文化上的合法性”的，因此，韦伯才力图说明欧洲资本主义的文化合法性就在于新教。他指出：一旦脱离了新教，欧洲的统治依靠的就是军事暴力和金融垄断，这其实就与野蛮人的统治没有区别。同时，如果丧失了精神的力量，德国经济不可能发展起来，发展起来也无意义。[57]但是，为了树立新教伦理的唯一霸权，韦伯忘记了“世界的发现”既非凭借精神，又非为精神寻找生存空间的“自我异化”，因为它是随着交通的扩展，以文化技术，特别是地理学和天文学技术的进步及广泛传播为前提与条件的。

与韦伯的抽象论述相比，宫崎市定关于现代世界发生的如下论述更值得我们借鉴，他说，现代世界史是东西方彼此异化、相互发现和相互生成的过程，这一过程至今尚未完结：

> 我们指出了在文艺复兴方面东洋比西洋先进之处，但在革命（revolution）方面不能不承认西洋比东洋先进。想来东洋在宋代之后，困扰了千多年，依然未能从文艺复兴再进一步，反而是西洋在进入文艺复兴四五个世纪之后，便很快跳越至新的最近阶段。个中原因，是西洋文艺复兴本身内在的发展性比东洋的优越所致。但不应忽视的是，西洋文艺复兴本身就是东洋影响的结果，而在日后的发展中，亦与东洋有不绝的联系。[58]

> 欧洲史的出发，比西亚史或者东亚史都要晚。特别是现今成为欧洲中心的北欧，本来更是后进国。但经过两次革命后，超越了其他地域，达到了最近世的阶段，处于全世界的领导地位。这是他们在极短的时日内从近世史毕业的结果。但是由于他们从后进国突然转换为先进国，所处地位急变，观察其他世界的现状时久欠反省，以现在类推和追溯过去，产生种种误解。东洋人本身的看法亦因这个急变而受到困惑。在我们猝然否定东洋比西洋更早开始的东洋的近世之前，请试站在马可·波罗的位置，看看元代，或化身为利玛窦，观察一下明代的社会。[59]

“漫长的16世纪”是中国主导的世界秩序达到顶峰的时刻，而正如韦伯实际上表明的那样，当时的欧洲却穷得只剩下了“精神”。因此，马克思才这样深刻地批判弥漫欧洲的历史唯心主义叙述，并阐明了禁欲主义与资本积累之间的关系：“我们不把世俗问题化为神学问题。我们要把神学问题化为世俗问题。相当长的时期以来，人们一直用迷信来说明历史，而我们现在是用历史来说明迷信”，“因此，彼岸世界的真理消逝后，历史的任务就是确立此岸的真理。”[60]

第三节
“当中国称霸海洋”

> 琉球国者，南海胜地也，而钟三韩之秀，以大明为辅车，以日域为唇齿，在此二中间涌出之蓬莱仙岛也。以舟楫为万国之津梁，异产至宝充满十方刹。
>
> ——琉球国钟铭文（1458 年前后铸造）

1400—1500 年，欧洲陷入了经济停滞与百年战争。1492 年，当欧洲人开始发现新大陆的航海活动时，其实已经比明代开创的世界史上第一次大航海落后了 80 年，而且，它比明代最后一次大规模的航海活动也差不多落后了 65 年。布罗代尔曾经问道：

> 正当欧洲因所谓百年战争而出现经济大衰退的时代，如果中国帆船于 1419 年绕过了好望角，如果世界的统治权转到了这个遥远的东方大国，转到了当时世界上人口最稠密、生产最发达的区域，那又会是什么情形？

其实，布罗代尔并非唯一一个提出这样疑问的人。因为李露晔也曾这样感慨地说：

> 郑和与达·伽马到达非洲的时间相差了80年，或许有人想知道：如果他们相遇，会发生什么事情？在了解了大明帝国海军超凡的力量之后，达·伽马以他85英尺（约25.91米）到100英尺（30.48米）长的小船，敢不敢继续穿越印度洋呢？见过了葡萄牙的小破船之后，中国舰队指挥官会不会想在前进的途中踩扁这些挡路的蜗牛，以阻止欧洲人打开一条东西贸易的通路呢？[1]

中国不可能全力面向海洋，这有几乎命定的地缘政治原因，因为自秦统一以来，中国致力于打交道的主要对象，其实是中亚—北方各民族。长期以来将亚洲与欧洲联系起来的主要通道，也是由中国经西亚到达欧洲的陆上道路。这使得中亚、西亚各民族的活动深深嵌入中国历史之中。

尽管如此，中国对于岭南及南洋的经营，却于战国时代就已经发端，屈原《离骚》“朝发轫于苍梧兮”所言之“苍梧”者，即今广西梧州。汉武帝（前141—前87年在位）时设岭南七郡，苍梧即其一，交趾、九真二郡，设于印度支那，而日南一郡，则设于今越南之顺化，故顺化作为历来中国下南洋的重要补给基地，为历代所高度重视。

吕后立，南越叛。汉元帝（前49—前33年在位）之后，南方七郡复合并称交州，交州刺史最初驻跸于嬴偻，也就是现在的河内。南洋的物产主要就是通过交州输入中国的，中国的产品也主要是通过这条道路流向海外的。

至三国吴帝孙权黄武五年（226），始将交州分为两州：合浦郡以东四郡称为“广州”，而交趾郡以南三郡仍称“交州”，任用两名刺史来治理。广州之得名，实起源于此，而广州作为中国海洋贸易的良港，亦自是发端。[2]唐朝即在广州设市舶使一官，充贸易管理之职，到了宋代，广州之外，又在杭州、泉州设置市舶司官署，其主管长官亦称市舶使，初由地方首长兼任，元丰（1078—1085）之后，设置了专任的市舶提举司，脱离地方管辖，直属中央。这是海外贸易税成为国家税收重要来源的标志。宋代以来，大陆和北方边疆的危机日益带动着海洋的发现，并促使王朝向南方扩张，海外贸易作为国家税收，特别是军饷的来源，亦得到朝廷的极大重视。自此之后，在元、明两朝和清乾隆（1736—1796 年在位）初期，中国依然称霸海上。自至元九年到至元三十年（1272—1293），元派亦黑迭儿多次出使南洋，至马八儿国、俱兰国（均在现在的印度南部）等，从至元十八年（1281）起，先后于海上用兵击日本、占城、安南、爪哇。自明万历二十年（1592 年，哥伦布航海后 100 年）至万历二十七年（1599），明朝又击败了东南海上唯一的敢于挑战者——日本，形成了 400 年海上无敌手的战略格局。

在中国，商之地位的崛起，与礼制秩序中汉与夷狄地位的颠倒有关。本来，“士农工商”的差序格局中，商的活动位置在周边、外围，商仿佛专门是用来与“天下”外围的“夷”打交道的。明代中期之前，中国与欧洲并未展开直接贸易，东洋的对外贸易主要通过西亚伊斯兰世界为中介进行，在忽必烈时代（1260—1294），因回人擅长理财、贸易，又不似儒生喜爱干预政治，故深得蒙古统治者的青睐，在元朝帝国里，回人的地位相当特殊。元征服江南后，先后用回人阿合马、桑哥主持江南，此二者为服务忽必烈的战争而大肆搜刮，颇有恶名，为江南汉人所不齿。明初依然重用回人与夷打交道，除郑和本人是穆斯林外，郑和船队的二号人物太监王景弘，亦是信奉伊斯兰教的回族人，详细记述出使经历的《瀛涯胜览》的作者马欢，同样是“善通番语”、信仰伊斯兰教的回族人，他的祖上亦为随蒙古伯颜大军的色目人。[3]这既说明西亚与东洋文明交往历史之源远流长，也说明儒家文化实际上并没有在中国历史上完全一统天下，毋宁是相反，汉代以降，魏晋时代基本是道家、老庄的天下，隋唐佛教极盛，且杂以袄教、景教，元代宗教信仰则更为庞杂。可见，儒家在中国历史上“得意”的时间确实并不长。明代皇权与六部冲突剧烈，遂使太监有权，而明代不少太监出入内廷与外事，主持军政与税收，又确是非常能干的，例如郑和及张居正改革的助手冯保等。所谓能干，是说他们比“平日袖手谈心性，临危一死报君王”，只擅长“党争”的东林党人有更为切实的才能。东林党人一贯高倡气节，但不幸的是，他们往往把气节用在了礼教和理学最保守的地方去了，即把气节用在了维护三纲五常的大义上去了，这使得争“帝王家事”成为明代道学的政治传统，它最终发展到把国事等同于皇帝的家事，通过介入皇帝的家事干预国事，而最终是于国事无所补益。[4]

在历史上，把君臣、父子、夫妇的纲纪附会为儒教核心的，其实便是道学。道学原本是在排斥佛教的“无君无父”的“毁家”思想斗争中逐步确立起来的学说，周敦颐和张载将道教的太极宇宙图景与宗族、家族伦理融为一体，形成了道学，这在当时的主要目的，就是排斥佛教会而倡导尊王尊父。两宋期间，道学虽然渐次得势，但是没有取得正统地位；蒙古时代，为了统治和控制汉人，当局才把道学奉为正统。二程、朱熹等人其实是被元代异族统治者钦定为孔子的唯一继承人的，这也使得道学在明代承传下来。明代的道学反而如同儒教教会，全没有了王安石、叶适那样对于现实事功和政治改革的留意，相反，他们主要代表着不关心现实事功，只一味空谈名节的保守派人士的议论，因此，在明代，道学的主流一般是不接触现实和一味反对任何改革的。实际上，贯穿明朝的儒生与太监的斗争背后，有正统儒学的重本抑末、重农抑商思想与发展海外贸易和民间商业诉求之间的斗争，亦彰显了道学家的空疏迂阔。因为这些道学家不仅仅与太监争斗，更大肆反对王阳明的良知自由说（骂王学放荡恣意），同时也反对张居正的改革主张（骂张为功利小人）；而他们自己却只是提倡功夫、规矩和气节，此即所谓“凡治财赋者，则目为聚敛”，“留心政事者，则目为俗吏”，“自诡其学为正心修身齐家治国平天下”，“其为太守，为监司，必须建立书院，立诸贤之祠”，“然后号为贤者，则可以钓声名”，“擢巍科，为名士……于是天下竞趋之，稍有议及其党，必挤之为小人，虽时君亦不得而辨之也”。

在那样一个中国历史和世界历史上的大转折时代，在那样一个最需要读书人承担和做事的时代，道学家们却一股脑儿地反对做事。其中一个重要的例子是：当成化年间（1465—1488），达·伽马和哥伦布航海前数年，一位显赫的太监又动起出洋的念头，准备继续郑和的事业之时，明政府这时却震惊地发现，皇家档案库中保存的郑和航海的资料（包括海图和造船图纸）都被慷慨激昂的车驾郎中刘大夏付之一炬了。工部官员刘大夏与主持修造的太监由于在权力分配方面发生内讧，移私愤于航海大业。从这个意义上说，那个道学家刘大夏烧毁的不仅仅是异端，也不仅仅是当时世界上最先进的航海资料，他毁掉的，甚至是中国未来数百年积极走向海洋的发展道路。[5] 当然，这也使得达·伽马的小船幸运地避开了与大明船队的遭遇。

若寻根追溯，所谓“道学”，实发端于北宋范仲淹时代士大夫阶级领导和发动的社会改革运动，此即所谓“道学之名，起于元祐，盛于淳熙。其徒有假其名以欺世者，真可以嘘枯吹生”。道学为中国历史留下了重要遗产，而其负面影响则大致有三：

第一，所谓“朋党”和“党争”。这涉及礼制秩序中“道”与“器”、君子与小人、中国与夷狄、义与利、义理文辞与“经世致用”之间的辩难。范仲淹之后，王安石与司马光之间的争论，由其同年、门生、后学、同僚推波助澜，波及整个士大夫阶层，朝中分化为“元丰”“元祐”新旧两党，并从此因人划派，各立朋党，最终发展到互相以舆论乃至政治手段迫害对方、势不两立的局面。此后的士大夫更将加入“朋党”作为立身的敲门砖，高标道义，实营私利，并成为士风所向。欧阳修宣扬“君子小人”势不两立的名篇《朋党论》，从此竟成为历代“党争”的依据，“朋党”之争从此便日益不再是政见之争，而沦为纯粹的派系之争。此所谓“其心岂恤国事？直欲快私忿以售其奸，不可不深察也”。“朋党”这种道学遗祸，不但是宋代政治分裂、国家分裂的推手，且其大盛于明、流布于清，甚至现代政治之痼疾——今之所谓“宗派主义”，若循之历史渊源，亦在道学流弊。雍正帝《御制朋党论》驳斥欧阳修，以为“君子无朋，惟小人则有之”，指出官员唯应忠于社稷，而绝非忠于亲戚“朋党”，这是对管仲所谓“不为爱亲危其社稷，故曰社稷戚于亲。不为爱人枉其法，故曰法爱于人”的政治伦理的重申。可见“道学”与“朋党”之关系，实是政治史上必须留意考察的重要内容。

第二，道学是在反对佛教以人生为“虚无”的斗争中壮大的，它一方面肯定了人生为“实有”，另一方面用君臣、父子、夫妇伦常的等级制来反对佛家众生平等、本体平等的学说。这样，道学就以家族制度，特别是富民、大官僚家族的宗法制度，改造了儒学，更以三纲五常之说改造了道家太极学说中宇宙间“无主宰”的世界观，而成为大官僚宗法制的意识形态。

第三，道学家既然把君臣、父子、夫妇说成主宰宇宙之“三纲”，即支配宇宙秩序之唯一“天道自然”，那么，他们所倡导的“无为”，其实质上便是不允许破坏这种封建宗法制度的唯一性。故陶希圣先生这样批评道学家的“富民”立场：“贫富不均，本是天理。岂可使贫者富？最好还是让贫者贫，富者富。‘各安天分’吧！他（程颐）说：‘三代之治，顺理者也。两汉以下，皆把持天下者也。’他是主张无为无事，以改革为反天逆理的。”[6]

在 15 世纪初的中国，最奋发有为的学问是张居正等所推崇的“实学”，是王阳明“贵我”“知行合一”的实践哲学——“心学”，而留心于现实经济、财政、司法乃至军事的，往往是太监而不是道学家，这实在是今天很值得思考的问题。[7]

明永乐三年（1405），郑和率领由两万多人组成的船队，开始了环绕世界的航海大发现，到 1433 年共七下西洋。郑和大航海的目的首先是贸易，因而我们说郑和下西洋，乃是人类沟通大陆与海洋的长途贸易的开端。[8]

具体地说，明代的海洋长途贸易基于几个目的。第一，由于明代早期的货币信用问题，即明代早期国家发行的纸币——宝钞，一直不是商品交换的硬通货，由于货币“失灵”，所以需要引进大量海外珍品来刺激国内的商业和交换活动，甚至来给官员发俸禄和奖金。直到万历年间（1573—1620），采用“胡椒苏木折俸”制度，依然是张居正新政的主要内容之一，由此亦可见，郑和海外贸易所得之胡椒、苏木等，万历时依然是国库的重要储备和官俸的重要来源。也正是由于明前期税收仍以实物为主，鉴于宝钞贬值迅速，朝廷对于宝钞采用只发不收策略，造成宝钞实际上并不是国家税收工具，国家既然不能做到以钞纳税，这反过来也就成为宝钞失败的重要原因。[9]第二，出于社会目的，特别是医疗卫生目的。明朝前期发生了大规模的疾病和瘟疫，需要大量的海外药材安定形势、对抗瘟疫，所以郑和船队中有大量的“药船”，它所带回的南洋物种对《救荒本草》《证类本草》《本草纲目》等植物学、医药学著作的编纂具有重要意义。与此同时，郑和航海所引进的矿物，如从阿拉伯世界引进的钴，乃是著名的明代青花瓷生产的基本原料。[10]第三，船队由大规模的战舰和兵船构成，要保障长途贸易线路的安全、贸易点的稳定，就非需要武力不可，而长途贸易与战争总是密切联系在一起的，打击海盗、绥靖海疆，同时更是与永乐四年（1406）展开的安南之战相呼应，这乃是郑和航海的第三个目的。郑和的航海之所以被称为“和平之旅”，那不过是因为当时的舰队太强大了，所到之处，基本上没有遇到像样的抵抗而已。[11]

在上述三者中，货币问题与航海、海洋贸易之关系问题又是最首要的。中国历史上一个重要的历史悬案是：为什么几千年来，中国对海外贸易总缺乏一个积极的态度呢？甚至在中国国力空前强盛、称霸海洋的时代，竟然也多次出现了“海禁”的反复？这一重要问题并不能以中国文化“先天的闭关自守性”来解释，也不能简单归结为道学家的“干扰和破坏”，这里最为核心之原因，首先就是货币问题。

简单地说，因为中国是一个包括黄金和白银在内的贵金属产量很低的国家，这造成了严重的货币短缺问题，亦成为中国历代政治和财政经济上的一件大事。因此，对历代中国王朝来说，虽然什么商品都可以下海，但货币是不能下海的。比如，唐代即有防范金、银、铁从边关贸易流出的禁令，《唐律疏议》曾记载“金、银、铁，并不得度西边、北边诸关”。南宋虽然奖励海外贸易，但是严令“铜不下海”。[12] 元代自忽必烈起，一方面鼓励海外贸易，另一方面则严令“金银铜铁货不许下海”，所谓“金银铜铁货”，其中除铁是武器制造的原料外，其余都是贵金属，而在国家信用货币不能确立的时代，特别是在多币种混用的体制下，金银铜铁等，因其自然属性而必然充当稀缺性货币的角色，其流失对于国内经济的影响当然是巨大的，故对货币流失海外的担忧自古皆然。

例如，宋代出于国家安全的需要，一直渴求大量的马匹（明亦如此），马匹又主要只能从西北的马市交易中得来，而马市时开时关，其主要原因就是政府担心货币流失。王安石时代，曾以“保马”之法鼓励中原民众养马以充军需，此法失败后，方才逐步发明了以布，特别是茶，而不是以贵金属购马的物物交换模式，而这就是“茶马交易”。郑和远航之所以采用以物易物的方式，以其巨轮装载大量货物到海外交换，也是为了应对国内货币的短缺。

宫崎市定指出：“中国从 9 世纪起就使用焦炭，从 10 世纪开始的宋代普遍实行了焦炭炼铁法。”这要比欧洲先进约 600 年，但是，中国没有把铁的生产运用于制造机器，而是将绝大多数铁用于制造铁钱，或以“浸铜法”铸造铜钱。中国经济的发展导致了货币短缺，货币生产的扩大促进了中国的“商业革命”，反而使焦炭冶铁技术之先驱者中国未能发生工业革命。

宫崎市定进一步说：

> 中国被称为地大物博的国家，在这个国家里商业兴盛以来，商业资本就牢固地控制了经济界。……这种商业资本只要能从商业里获得利润，便心满意足了，……这样一来，……效率遭到压抑，也不会感到有使用机器的必要。[13]

明代的“海禁”和海外贸易，又与前代非常不同，明初之“海禁”，所担忧者尚不全在“金银铜铁货”流失海外，而且出于对流亡海上的方国珍、张士诚残部袭扰的防范，因方、张二人，分别起于台州、泰州，元末运河断绝之后，由他们控制海运，以替代漕运。正如谭春霖民国时期的著作《欧人东渐前明代海外关系》所指出，明代的对外贸易与宋、元比较亦发生很大转变，总体来说，宋、元均把对外贸易视为国家收入的重要来源，既然是收入的来源，那么国家就要课以较重之贸易税，而为了增加贸易税，往往又采取下海招商的政策。反之，明太祖采用的是劝说外国前来朝贡，即招引外国船只来中国港口与人民进行贸易的政策，也就是说，与宋、元鼓励商船到海外竞争国际市场不同，明朝初期以招引外国船舶来华贸易、鼓励外商竞争中国市场为国策。为此，明朝专门设立了三个市舶司，其中宁波对朝鲜、日本，福建对琉球，而广东则对南洋各国。

此外，为了招引外商来华贸易，明初对海外贸易采取了免税鼓励的招商方式，这就是谭春霖所谓：“明代对于海外贸易，绝不以宋元之收入为中心。”也就是说，明代的“海外贸易，所以怀柔远人，不在乎利”，明朝对海外贸易很少征税，甚至是不征税的，即“为怀柔番邦，随贡而来之货物，每免其税”。正是因为政府几乎对海外贸易不征税，所以明与宋、元相比，自然就没有整齐严密的国家征税制度，“明朝既不以征税为海外贸易之中心，故对于税率无严密整齐之制度”，“市舶司时设时关，抽分亦时见豁免”。[14]

郑和大航海，正是明朝这种“以德治海”政策的集中体现，更为准确地说，就是明宣示礼制——天下秩序的行为。首先，郑和宝船的尺寸是很有讲究的，好像我们今天迷信“8”这个数字一样，郑和宝船的尺寸是 44 丈 4 尺或者 444 尺（148 米），这倒正是施密特所谓“将某种精神性的东西灌注到航海中”。因为“4”这个数字代表时空（四季和四方），即地有四隅，天有“四德”，同时也意味着居四海之中为中国，其他与这个数字有关的还有四维、礼义廉耻“四德”、士农工商四职等，所以在明朝，“4”是个吉祥的数字。宝船的尺寸一直是学术界研究的重要问题，一般认为，这种世界历史上最大的木制宝船长度在 400 英尺（121.92 米）左右，宽度在 166 英尺（50.60 米）左右。[15] 研究这种尺寸有一个重要意义——追溯中国海洋观的起源，按照这种中国式的海洋观：“德”居于四海之内，它象征中国作为礼仪之邦居四海之中。

“德化四夷”的思想在中国上古时期就已经形成，所谓“德化”的核心就是强调通过文化交流，以非武力的方式建立世界秩序的构想。这里所谓的“夷”，最初据《说文通训定声》，“东方之人也。东方夷人好战、好猎，故字从大、持弓，会意”。可见，“夷”并无贬义，却指涉着好战或征服主义的文化，它与“德化”和“文化”的方式相对。“夷”为族称，最早见于商代甲骨文中，其时专指三代（夏商周）中原地区对以海岱地区为主体的东方族群的称谓，而“东夷”之名主要是文明社会“华夏”的对称。在先秦时期，东夷主要活动于黄河下游、山东半岛、淮河流域以北的苏北地区、豫东和皖北地区，以今胶东半岛地区为核心。

与“夷”相对应，中国意义上的“王者”“王道”，所指涉的不是武力和权力支配关系（霸道），“王道”所指涉的理想关系，亦不是权力支配下的服从，而是一种宾主关系——这就是所谓“宾服”与“服从”这两个词意之间的根本区别。《盐铁论》说：

> 春秋“王者无敌”，言其仁厚，其德美，天下宾服，莫敢受交也。德行延及方外，舟车所臻，足迹所及，莫不泽被。蛮貊异国，重译而至。方此之时，天下同和，君臣一德，外内相信，上下辑睦。兵设而不试，干戈闭藏而不用。……诚信著乎天下，醇德流乎四海，则近者歌讴而乐之，远者执禽而朝之。故正近者不以威，来远者不以武，德义修而任贤良也。……上下相交，道路雁行。方此之时，贱货而贵德，重义而轻利。赏之不穷，何宝之夺也！[16]

我们前面已经说过，在中国，“礼”包含着“法”，法是礼的一部分，因为礼所讲述的是天下秩序，而这就是中国的礼与西方近代的“国际法”的区别。在礼制的视野里，中国与四夷的关系是宾主关系，是康德所谓“主人与客人的关系”，而不是黑格尔所谓“主人与奴隶的关系”。中国的外交，依据的是“礼”，即待客之道，而非西方的“国际法”。

故这些话可以说是讲到了中国固有之“朝贡制度”的实质：不依靠武力威胁（“兵设而不试，干戈闭藏而不用”），而依靠文化和经济交流（“蛮貊异国，重译而至”）的力量，建立世界秩序。更进一步说就是：按照文化、经济交流关系的密切程度来保持的远近、亲疏不同的多元关系。（“则近者歌讴而乐之，远者执禽而朝之。故正近者不以威，来远者不以武，德义修而任贤良也。”）

明代中国的朝贡体系是礼制的产物，正是按照这种异邦与中国之间文化、经济贸易交流的密切程度而设置的远近关系，这种关系由密切而淡漠，也就是所谓的由“近”及“远”，又大致可以分为以下五类：

一、蒙古封贡（并将西藏、藏传佛教夹杂于其中），西南地区的土官和土司朝贡，即在行政上纳入区划，将其首领纳入俸禄系统。

二、女真等羁縻部落的朝贡。

三、关系最近的朝贡国，如琉球、朝鲜。

四、相对边缘的南洋朝贡国，如安南（越南）、暹罗（泰国）、真腊（柬埔寨）等。

五、以武力袭扰、走私贸易及海盗方式寄生于朝贡体系之中的势力，如 19 世纪之前活动于东南亚和和印度洋地区的日本、西班牙、葡萄牙、荷兰及英国。

当然，明代中国之所以能够和平利用海洋或曰“以德治海”，则取决于以下条件：其一，中国作为当时的海洋强权无人堪与匹敌，中国亦不必动用武力使周边臣服；其二，中国可以用财富和商品购买周边的效忠，同时更能以一种有效的方式支配这种资源、支配这种购买力。也就是说，对于那些“不听话”的势力，作为“德政”体现的“中国购买力”就不会降临到他们头上。正是上述儒家伦理观、“天下观”赋予海洋以意义，这就是中国特色的海洋和海权意识。它使航海不仅仅是探险、掠夺，而是一种以“德治”为核心的文化和精神行为。

与此同时，明代也是南洋和海外华人共同体形成的时期。随着官方所鼓励的朝贡贸易的开拓，随着皇家支持的远航所开辟的航路的拓展及设置的贸易点的增加，民间的贸易以“移民”或“漂流”等合法或非法的方式，也如影随形地壮大起来。随着南洋和海外华人共同体的崛起，由福建眉州民女林若幻化而成的妈祖，终成中国的海神。官方贸易以“册封”的方式确立起以中国为中心的天下秩序，而民间贸易则以妈祖为信仰，建立起周边的文化认同。[17]在宋代之后，随着对于民间海外贸易的鼓励，所谓“四德”的象征在民间则由妈祖的形象代表，她逐渐代替了原有的、官方的中国海神“龙王”；而妈祖居中，四海环绕其周的形象，在著名的河南朱仙镇木刻年画中有着栩栩如生的体现。因此，有学者的研究指出：

> 宋代以来，四海龙王的地位每况愈下，逐渐为天妃所取代，在妈祖的传说中，海龙王的地位都居于妈祖之下，甚至为妈祖所支配或降伏。如山东蓬莱天后宫的主神为海神娘娘，四海龙王则成为其侍卫。[18]

当然，对今天的我们来说，探究郑和征服海洋的伟大航行为什么会在1433年之后突然停止了这个问题，恐怕比单纯地夸耀中国称霸海洋的怀旧要有意义得多。在这个问题上，前人已经提出了许多意见供我们参考，除了上面讲到的货币流失这个重要问题外，其中最有价值的包括彭慕兰所提出的生态危机和木材短缺的问题。

我们知道，在自然经济的时代，木材是重要的稀缺资源，因为人们吃饭、取暖、建屋无不需要木材。大量造纸需要木材，而要建造郑和领导的这样庞大的船队，除了征役砍伐外，还要把木材运到位于扬州的国家造船厂，当时最省钱省力的办法就是依靠河流，而据孟席斯估算：建造郑和那样的宝船，“每艘要消耗300亩（20万平方米）以上的好柚木”，随着航海规模的扩大，航海次数的频仍，沿河的森林几乎被砍伐光了，而从远离河道的深山中运出木材，成本则越来越高，这最终导致建造大型的、可供远洋的宝船的代价过于高昂，明朝大规模的航海活动遭遇了生态和市场的瓶颈，是其最终不得不停下来的一大重要原因。

那么，为什么欧洲能持续航海，难道他们没有遇到过生态和木材的问题吗？实际上，欧洲当然也遇到了同样的问题，只不过因为明朝开始航海早、规模大，明代中国经济发展得早且快，所以它只是比西方更早地遇到了这种资源的、生态的和发展的问题罢了。欧洲当然随后也遇到了严峻的生态问题，虽然通过他们在美洲的殖民活动，即在美洲通过种植业和大规模的砍树，这种危机得到了一定的缓解，但是到了 17 世纪后期，欧洲也几乎不能持续进行大规模的远洋和航海了，因为对欧洲来说木材资源的代价也太高了。也正是这种严峻的生态危机，加上全球气候变化（严寒和取暖的需要），才促发了煤炭（先是泥炭）在英国的大规模开采和利用，并由此带动了蒸汽机和冶铁业的发展——我们知道，英国最大的地利，就是它相当于欧洲的山西，即它拥有大量的浅层地表煤，正是生态的危机促发了煤的开采和利用，而煤的开采又促发了工业革命。[19]

明朝应对制约远航贸易的木材短缺问题的办法是：一方面，禁止大规模的民间砍树、造船、下海；另一方面，通过建立“海洋朝贡贸易体制”代替国家支持的大远洋。所谓海洋朝贡体制的实质，一是以中国购买力为基础的“德政”海外分配机制，二是通过设立“海上贸易中继站”的方式，以中小型船只代替巨轮进行航海活动。

除此之外，明代以来，中国所面临的国家安全问题，其中一个是蒙古北元的问题，而另一个就是东南沿海的海盗问题。头一个问题最终演化为女真南下入关，夺取了明朝天下；而后一个问题，则是一直没有得以彻底解决，相反却是日益扩展。这两者间的联系是：女真在明末的崛起，在很大程度上是通过朝鲜进口大量日本白银，丰富了自身财力的结果。实际上，对明代来说，女真的祸乱其实是与海上的倭寇联系在一起的。明代的海盗问题，又经倭寇问题，到清代绵延不绝，最终发展为西方殖民主义自东南海上而来，并以鸦片战争的方式占领了中国的东南沿海，摧毁了中国最后一个封建王朝清朝。

因而，明清两朝无论在政治上还是军事上，都面临着既要在东南沿海发展海外贸易，又要打击大规模海盗之间的矛盾，同时还面临着既要顾南又要筹北的问题。所谓海洋朝贡贸易体制，实际上就是应对上述多重矛盾（货币、生态和军事安全）的一个制度性方案。任何从单一角度去理解这一特殊体制的企图，都不免是简单化的。

不过，即使今天的海洋战略也显示出：大规模的海上军事行动，并不足以杜绝和打击小股海盗。同时，明代中国过于偏重通过以购买力为基础的德政分配机制——礼制控制周边，这也使得在海洋上出现了国家和军事的真空，并且使得海盗成为这一真空的填补，乘虚而入且久禁不绝。

何况，即使在明代，海盗问题也不等于外部倭寇问题，相反，倭寇问题更是明代社会内部政治和经济变化的结果。在明朝建国之前，日本九州和濑户内海沿岸，因经济、贸易发展不振，部分日本商人就已经开始与中国闽、浙沿海的民间商人、强盗勾结起来，从事劫掠式海盗活动，这些人被称为倭寇，而且除了东海海域外，在中国南海，位于安南广南地区的“阮光平父子以兵篡国，国用虚耗，商舶不至，乃遣乌艚船百余、总兵十二，以采办军饷为名，多招中国沿海亡命，啖以官爵，资以船械，使向导入寇闵、粤、江、浙”，更是横行南海直至清乾隆时期。[20]故一方面看来，所谓“倭寇”仿佛是个“跨国犯罪集团”，它的主要据点是作为走私贸易中心的日本南部五岛、平户和浙江双屿岛，但是，从另一方面看去，终明一代，倭寇海盗势力日益巨大（明中叶葡萄牙、荷兰殖民者也纷纷加入东南海盗的队伍），其头目一直以浙江、福建的中国人为主，而他们更与中国国内的豪门巨商勾结联络，所以，倭寇问题不是单纯的国际问题，更不是单纯的日本问题，而是随着中国海外贸易的扩大、国内外贸巨商的崛起，近世中国社会内部矛盾不断发展、激化之结果。

具体说来，随着中国经济的发展，豪门巨商的势力也日益扩大，他们在垄断国内商业贸易的同时，也力图垄断海外贸易。其中南京、北京的豪门巨商与浙江、福建沿海的民间走私商人有着密切的联系，而后者则是海盗的主要依靠力量。故而，明嘉靖时代积极主张打击倭寇海盗的浙江巡抚朱纨就曾经这样感慨地说：“去外国盗易，去中国盗难，去中国濒海之盗犹易，去中国衣冠之盗尤难。”[21]他所说的“中国衣冠之盗”，就是指与海盗相勾结进行走私贸易活动的巨商大族，因为海盗集团与南京、北京的官商都有密切的联系，从而在朝廷中具有深刻的官商勾结的关系网络，正是由于他们内外勾结，最终竟然导致朱纨在朝廷中遭弹劾而自杀，朱纨的继任者胡宗宪，也同样因打击海盗有功反遭弹劾下狱。这说明海盗、倭寇和豪商官僚之间盘根错节，已经结成了十分强大的社会政治势力。

明朝建国初期，为了抑制倭寇和沿海地区居民互相勾结，乃至为了抑制官商勾结，实施了海禁政策，而海禁实施后，中国民间商人进行海外贸易的行为自然受到限制，故明朝政府就需要寻找一个替代性的固定海外贸易渠道。

明洪武、永乐年间（1368—1424），在对北元的旷日持久的战争中，明军的火器——火铳枪，一直是它战胜蒙古骑兵的主要利器，因此，明朝对于硫黄的需求格外强烈，海外硫黄也是明清两朝最大的国家垄断、“禁运”的战略物资，加之明朝初期对于香料的需求（香料是明初奖励官员的重要赐物），故而，在众多的朝贡国之间，明朝遂选择了拥有特殊地理优势、富产硫黄的琉球，从而使得琉球成为连接明朝与东亚、东南亚海上贸易的中转站。

明朝开国后，即将原本属于中国民间商人的商业利益让给了主要朝贡国琉球，与琉球保持着密切的朝贡关系，等于在东南海上设立了一个稳定的外藩，从而可以最大限度地保证明沿海地区和海外贸易的安全。直到隆庆元年海禁止，福建泉州月港—马尼拉—墨西哥之间的大帆船贸易开通之前，琉球一直是中国对南洋贸易的重要中转，由于长期扮演着中国与南洋各国之间的贸易中继角色，琉球王国迅速崛起。琉球问题，也成为近500年来关系中国政治经济利益和国家安全的要害。

《明史》卷三二三说，“琉球居东南大海中”。13世纪末期，琉球就已经存在着中山、山南和山北三个分立的地方政权。从明洪武五年（1372）起，琉球“三山”均开始来中国朝贡，明朝向琉球提供大量瓷器、铁器，而琉球则向明朝提供马匹和硫黄等战略物资，以用于明军对北方蒙古（北元）的战争。马匹和硫黄的大规模进口，解决了自宋以来中国军队急需的装备问题，而大量铁器的出口，也使得琉球内部武器的质量迅速得以提升，随后，琉球分立的三个政权（中山、山南和山北）分别派遣王室后裔来明国子监留学。1416年，中山王尚巴志征服山北，1429 年再征服山南，从而形成了统一的琉球王国（第一尚氏王朝）。从此，每一代国王都需要由明朝册封任命。1470 年琉球大臣金元夺位自立，建立第二尚氏王朝，但依然维持尚王姓不变，新王朝因此得到了明朝的册封，确立了合法性。

可见，早在葡萄牙航海之前，琉球就作为连接东亚和东南亚贸易航路的枢纽，成了 15 世纪亚洲海上中转贸易的核心。《明史·外国传》中，对于 14—15 世纪各国对明朝的朝贡次数均有记载，从其中，我们可以看出当时对明朝进行朝贡的国家，已经遍布东亚（琉球、朝鲜、日本、乌斯藏、哈密、吐鲁番等）与东南亚、中亚（安南、暹罗、爪哇、满剌加、真腊、苏门答腊等），而对明的朝贡次数，琉球居 17 国之首，先后共达 171 次，是居 13 位的日本的 9 倍。所以，仅从朝贡次数上来看，与当时的琉球相比，日本与中国的关系还远处在朝贡体系中的边缘，这客观上更加剧了日本因经济贫困而引发的海盗活动的嚣张。

对于琉球所担负的中转贸易的历史意义，日本研究者村井章介在《海洋视角的战国日本：从列岛史到世界史》一书中甚至概括说：1470 年之后开始的琉球中转贸易，显然比郑和兴师动众的长途远航更为经济而持久，琉球中转贸易的常规性，以及它所实现的贸易规模，其意义远远超过郑和的长途远航。[22] 从海洋战略上讲，琉球处于浙江、福建与日本交通的要冲，结交琉球，既可以弹压海盗，又可以进口大量军事物资，以应付北面的战争，故明朝为了确保这一航线，对琉球实施了包含许多特殊内容的“最惠国待遇”政策，如恩准琉球的朝贡次数远远高于其他国家，同时，明朝还向琉球提供朝贡贸易用的先进船只，并派“南人”（“闽人三十六姓”）至琉球教授与外交及贸易相关的知识和技术，在福州开设专门接待琉球使节的商馆“柔远驿”（现存旧址），更长期接纳琉球王室子弟就学于明朝的国立大学——国子监。其中，派遣“闽人三十六姓”这一政策是后来促进琉球发展的关键。“闽人三十六姓”中包括“知书者，授大夫长史，以为朝贡之司；习航海者，授通事，总为指南之备”，即他们不仅是善于操舟者，而且担任通译和其他与朝贡有关的外交事务。他们定居琉球以后，使得该国在尚姓之外，别有36姓，他们虽是琉球“国民”，于“族”则在福建，是为中国海外移民的先驱。今天，冲绳岛那霸市内，“闽人三十六姓”的旧居虽已不复存在，但是，时至今日，在当时“闽人三十六姓”聚集居住的村落“久米村”附近，位于“久米一町目”的天妃（妈祖）小学内的上天妃（妈祖）宫的石门仍在，矗立在与“久米二町目”相邻的“若狭一町目”上，威严的孔庙仍然完好，这都是中国文化远播海外的历史明证。[23]

1450—1550年是琉球王国的黄金时代。与明朝、朝鲜、南洋诸国和日本进行贸易，使得琉球积累了庞大的财富，琉球尚真王在位50年间，其王国之富裕，堪比布罗代尔所描写的地中海地区之威尼斯、热那亚。关于琉球在中国与南洋的贸易间所起到的中介作用，滨下武志的研究做了如下勾勒：

> 琉球在华南和东南亚之间有两条贸易路线。……东侧路线从泉州（或者福州）开始，连接琉球、台湾和苏禄。这条线路不仅使琉球和东南亚朝贡国家开展贸易，而且从16世纪和17世纪以后，琉球亦以马尼拉为中心，与西班牙开展贸易（用丝交换白银），以台湾为中心，与荷兰东印度公司开展贸易。同时，这条线路可以从福州深入中国北部，联系中国北方大豆和豆饼的出口贸

易。这样琉球就沿着中国的东海岸贯通了南—北贸易。

西侧路线，是起始于广州，连接东南亚主要朝贡国（包括暹罗、马六甲、苏门答腊）的海岸航线路线，这条贸易路线交易的商品是大米、海产品、苏木、胡椒、辣椒。这样，这条线路和华南地区（广东、广西、湖南等）的食物生产密切相连。[24]

至今尚存的悬挂于1458年建成的首里城正殿的大钟上的铭文，对15世纪末期琉球海上贸易的繁荣，记述如下：

琉球国者，南海胜地也，而钟三韩之秀，以大明为辅车，以日域为唇齿，在此二中间涌出之蓬莱仙岛也。以舟楫为万国之津梁，异产至宝充满十方刹。

由于从明朝进口了大量铁器，琉球的武器水平得到长足发展，尚真王进一步进行领土扩张，终在其执政期间将琉球的版图扩至八重山诸岛（今属冲绳县，位于台湾与冲绳岛之间），从而构成琉球列岛的广阔版图。

走向强大的琉球一直是明朝的唇齿和辐辏，特别是在战略上积极配合明朝打击海盗的军事活动。《明史》卷三二三载：

（嘉靖）三十六年……倭寇自浙江败还，抵琉球境。世子尚元遣兵邀击，大歼之，获中国被掠者六人，至是送还。

隆庆中，凡三贡，皆送还中国漂流人口。[25]

正如杉原薰指出的，如同时期地中海地区的热那亚与威尼斯之间那样，16世纪的东亚海上同样存在着剧烈的贸易竞争，不过，这种竞争是围绕着中国购买力的分配进行的，它特别表现为日本与琉球之间的竞争。[26] 这一论述表明：琉球海上中继贸易核心的角色，一方面沉重打击了明朝东南海上的海盗行为，另一方面也直接威胁着日本德川幕府的利益，日本迟早要对琉球的发展做出剧烈反应。随着 16 世纪末明朝将朝贡贸易重心转向北方边疆，琉球的历史发生了逆转。

自 1570 年北元俺答汗正式接受封贡，明朝对北元政权的漫长战争终于告一段落，代替明朝与北元间旷日持久的战争的，是大规模的北方边关贸易。长期困扰明军的马匹问题，可以从俺答封贡中得以解决，所谓“晋商”，即由此兴起。从此，明朝对琉球硫黄、马匹供给之需求大幅下降。这一时期恰恰又是美洲白银流入中国的开始，由此，明朝逐渐把对外贸易的重点和重心由琉球海转向了菲律宾和美洲，从海外进口的大量白银，更使得长期以来对货币流失海外与代北的担忧为之顿解。自 16 世纪 70 年代后期起，东起辽东，逶迤向西到甘肃，明朝与蒙古的边境线上出现了近 40 个各种形式的贸易点，北方贸易以马市为主，此时的马市，因南部海洋贸易的大规模白银进口，亦由王安石时代的茶马交易扩张为以白银购马为主，而如此大规模的北方边贸在中国历史上是前所未有的。明朝廷手中掌握的大量白银，更是其“德化及于代北”，诱降北元蒙古的有力武器。贸易中心由海洋向大陆的转移，反过来大大影响了琉球在以明朝为核心的朝贡体系中的地位，这也给长期觊觎琉球地位的日本德川幕府制造了重要的战略机遇。

据日本文献记载，1609 年，在尚宁王执政的第 19 年的 3 月 4 日，由萨摩藩（今鹿儿岛）岛津家家臣桦山久高率领的军士 3 000 人，分乘 100 艘军船从山川港出发，于 3 月 8 日登陆奄美大岛，开始了对琉球列岛的征服。萨摩军于 3 月 22 日攻破德岛，3 月 24 日攻破冲永良部岛，

3 月 26 日登陆琉球本岛北部的运天港，侵略军先打下今归仁城，后直逼首里城（今那霸市）。琉球方面虽出兵 4 000 人迎敌，但面对战国时代久经沙场的萨摩兵的猛烈进攻，升平日久的琉球军队基本无力还手，首里城很快就被攻破了，尚宁王走出首里城向萨摩求和。萨摩军于 4 月 5 日占领了首里城，4 月中旬方撤回萨摩。德川幕府随即认可萨摩藩对琉球的占领，并将奄美群岛割让给萨摩作藩属。[27]

次年（1610 年），尚宁王被挟制离开首里城，与萨摩藩主岛津忠恒一起奔赴江户，途经骏府谒见了隐居在那里的德川家康，是年 8 月 28 日，在江户城谒见了德川秀忠。为挟制琉球国以达到与明朝贸易的目的，家康以外国使团的礼节接待了尚宁王，并许下不亡琉球王室的承诺。

可见，日本幕府发动战争的目的本不是占领琉球，而是通过挟制琉球，加入对明朝的朝贡体系以换取物质和财富上的好处，即在对明朝贡中“使琉球得虚名而日本获实利”。故而，在尚宁王归国同年，幕府立即通过琉球国着手恢复明朝与日本贸易事宜，示意藩主岛津义久让琉球代之传信明朝，这其实是向明朝通报：日本与被挟制的琉球之间业已达成的重新分配中国购买力的“盟约”。两年后，萨摩方面将起草完毕的书函交付琉球，让其转交明朝的福建道总督军务都察院御史所，在这封书信中，岛津义久感叹说“中华与日本不通商舶者三十余年于今矣”，并抱怨明朝“施德不均”，迫切希望借助琉球向中国转达日本的朝贡要求。[28]

也许令今人费解的是，为什么长期以来，中国把朝贡视为对其他国家的“德政”，而周边的国家却一直把能够到中国朝贡视为一件必须努力争取的恩惠——日本甚至不惜通过战争的方式获得朝贡国的地位？这是因为朝贡对于这些国家引进先进技术、发展经济是十分有利的，朝贡名曰市场交易，实际上就是经济援助。对中国来说，也就是花钱买效忠，在 1567 年中国得以通过对外贸易引进白银之前，朝贡贸易只能造成中国财富和货币的流失。黄仁宇指出：“郑和的远洋探险行动输出的铜钱还无法确知其总数，同时铜钱也被赏赐给外国的使者，1453 年，仅仅日本的朝贡使团就运走了 50 118 000 文铜钱，造成明初铸造的许多铜钱流失到海外。”[29] 在这个问题上，陶希圣的论述更是精辟：

> 本来中国的闭关政策，基本动因乃是货币的保存。外藩进口的货物大多是珠宝香料，中国付出的代价乃是货币，货币乃是商人资本特殊发达的社会财富最高形式，于朝贡中流失，于中国乃最得不偿失之事。[30]

因此，在国际公共信用拆借机制和国家间货币互换的结算机制形成之前，竞争朝贡，就等于竞争分享中国购买力的好处，而相对于周边对朝贡的积极态度而言，中国对接纳朝贡国却是不甚积极的。于是，当明朝得知萨摩入寇琉球，得知日本所谓“进贡”不过是借琉球之口实现自己的经济愿望而已时，就以“琉球新经残破，财匮人乏”为由婉转拒绝了，命其“俟十年之后物力稍完，然后复修贡职未为晚也”。于是，德川家康苦心等待的“朝贡关系正常化”最终破产，萨摩则成为入侵琉球的最大利益得主，从琉球掠夺的财富则成为萨摩藩从此迅速崛起的基础。1620 年阴历九月十九，在位 32 年的尚宁王在郁闷中去世。因尚宁王身后无子，在萨摩的授意下，由尚元王之孙、王后的堂兄弟“任敷王子”尚丰继位，琉球王国的命运从此走上下坡路。

对于琉球王国史的这一重要转折，《明史》中的记载是相当简略的：

当是时，日本方强，有吞灭之意。琉球外御强邻，内修贡不绝。四十年，日本果以劲兵三千入其国，掳其王，迁其宗器，大掠而去。浙江总兵官杨宗业以闻，乞严饬海上兵备，从之。已而其王释归，复遣使修贡，然其国残破已甚，礼官乃定十年一贡之例。明年修贡如故。又明年再贡，福建守臣遵朝命却还之，其使者怏怏而去。四十四年，日本有取鸡笼山之谋，其地名台湾，密迩福建，尚宁遣使以闻，诏海上警备。[31]

上述记载又表明琉球之地位于中国地缘政治的重要性，一旦琉球丧失，台湾的地位也就不保了。《明史》所述之事实是：万历四十四年（1616），长崎代官（相当于现在的市长）村山等安奉德川家康之命，由他的儿子村山秋安率船 13 艘，动员二三千人侵略台湾，这就是日本首次大规模对台用兵，但是，此番军事行动被琉球王尚宁侦知，特别派遣通事蔡廛前赴明廷报告。《明实录》说：“琉球国王中山尚宁遣蔡廛来言，迩间倭寇各岛造战船五百余只，欲取鸡笼山，恐其流突中国，危害闽海，故特移谘奏报。”所谓“鸡笼山”，即指现在的台湾省基隆市。

从历史上看，正是琉球地位之丧失，终于造成中国周边形势为之一变，亦为日后日本之崛起埋下了最为深刻之伏笔。实际上，正是由于入寇琉球并将琉球纳为朝贡国，萨摩藩才日益积累起庞大的财富，而这一财富，乃是萨摩藩最终得以发动“明治维新”的真正财政基础所在。[32]故而，琉球衰落，恰标志着中日长期战略形势对比变化之开端，这种形势到了清末日本借琉球船民被杀再次发难于台湾，又至明治维新后琉球被废藩置县为日本冲绳县（1870 年）再一变。其后，琉球问题至第二次世界大战后美军据冲绳而设立威胁亚太地区的军事基地则为三变。凡此三变，都导源于明代中后期联系明、琉之间的海洋朝贡贸易体系的解体，这是影响中国500年命运的大事，故史家不可不重视其中之原委。

今天看来，海洋朝贡体系衰落的原因是复杂的。第一，明朝贸易重点的变化使然。自秦征匈奴、唐伐突厥以来，中国的主要战略竞争对手即在中亚、蒙古地区而非海上，而明朝尤其如此。随着1570年明蒙边关贸易的扩大，明朝对外贸易的重心由海洋转向了大陆。明朝的国家购买力，很大部分被重新分配到北方边疆方面，海上购买力下降，造成以琉球为中继的海洋朝贡贸易体系整体地位下降，而琉球的重要性随之下降。

第二，海盗的日益猖獗。这是长期的"以德治海"造成的海洋政治、军事真空使然。明中期以降，由于倭寇的出没日频，琉球和明朝在为册封而派船出海时都需等待海洋局势趋于稳定才能实施，完成册封的时间短则数年，长则需要十几年。尚元王是在即位后五年才得到明朝册封的，尚宁王则在即位后十几年才得到册封。

第三，随着西班牙和葡萄牙开始大航海活动，世界交通体系和海洋交通体系均发生了剧变。由于自此欧洲可以直接与东洋发生交通、贸易关系，故而东洋与欧洲之间原来的交往中介——西亚便被抛在一边了。西亚原本所居东洋和欧洲之间交通枢纽的地位，从此也就一落千丈，而西亚伊斯兰世界的辉煌地位，虽在16世纪奥斯曼帝国时代达到高峰，但亦从此日益走向衰落——这与国际贸易路线的改变有着最为深刻的关系。

随着西亚陆路交通线的衰落，东洋和西洋的海上形势也发生了巨变。弘治十一年（1498），葡萄牙人达·伽马绕过好望角，在印度西海岸建立了殖民地，而嘉靖四十四年（1565），西班牙人则占领了吕宋，并以菲利普二世之名改此地为“菲律宾”，以此为基地，西班牙将美洲的白银大规模运入中国。由于美洲白银的大规模出口，中国从此不再格外担心海外贸易会造成货币和贵金属的流失，转而通过海外贸易大量吸收白银货币，从这个意义上说，明朝于1567年解除海禁，正是对新的海洋时代降临的回应。16世纪后半期海禁之解体，又标志着新的航海线路的形成。这条新的贸易线路，主要就是福建—菲律宾—墨西哥，其中继站为马尼拉，而非琉球。中国对外贸易的主要方式至此也完全变化，即已不是以购买力换取臣服，也不是以货币换取海外产品，而主要是出口商品以换取美洲白银了。海禁体制的解除，客观上更使得与东南亚方面进行非法贸易的中国商人形成了庞大的势力。这不仅瓦解了琉球的贸易基础，其中一部分商人实际上亦商亦盗，更威胁着正常的海洋朝贡贸易。

严格地说，现代资本主义世界体系的滥觞，也正是从1567年开始的，这一方面是指地中海地区新的银行家阶级的出现，另一方面则是指美洲白银贸易造成了中国主导的国际贸易线路的改变。由于琉球不产白银，在这一点上它比不上日本，甚至不如朝鲜，这决定了白银货币圈一旦形成，琉球注定要处于边缘地位。实际上，从此之后，中国商船开始往来于东南亚各个港口开展贸易，而此前的东亚中转贸易站——琉球的重要程度自然大为下降。

与此同时，1511年，葡萄牙海军又占领了15世纪初以来与明朝建立朝贡关系的马六甲（满剌加），从此马六甲王国从以明朝为核心的朝贡贸易的历史舞台上消失了。由于马六甲是连接亚洲和欧洲的印度洋贸易中转，只要占领了马六甲，就等于扼住了跨越印度洋的欧—亚贸易中继站。这对琉球来说，也等于失去了两个南海贸易的重要据点。从这一年起，琉球船就不再往来于菲律宾和马六甲海域了。与此同时，葡萄牙的势力又向爪哇、暹罗及华南逼近，使得琉球船的贸易活动圈越发狭窄。[33]

在欧洲人撰写的大航海时代的记录中，葡萄牙人托梅·皮雷斯在《东方诸国记》中对琉球的描述是不容忽视的，因为他是第一个把琉球比作热那亚，将琉球海贸易等同于地中海贸易的欧洲殖民者。托梅·皮雷斯于1511年来到印度，第二年便来到离新加坡不远的马六甲，在当地的葡萄牙商馆办事。随后，他作为葡萄牙大使（葡属满剌加总督大使）被派往中国，1520年到达广州，准备前往北京，但当时明朝皇帝没有接见葡萄牙使节一行，因为就在托梅·皮雷斯一行来到北京时，马六甲王国的使节正在向明朝皇帝控告葡萄牙的入侵。御史邱道隆、何鳌先后上书，其中邱道隆主张严厉声讨葡萄牙占领满剌加的罪行，命其立即归还满剌加国王领土，而何鳌则主张中国为了维护朝贡国利益，必须对葡萄牙进行经济制裁，"驱逐在澳番舶及番人潜居者，禁私通，严守备"。结果自然是托梅·皮雷斯满腔热情而来，却受到了明王朝"礼部"下层官员的一顿申饬，满怀失望地回到广州。1523年，葡萄牙海盗入寇广东新会，被中国水师击败，托梅·皮雷斯被俘获，1524年在中国被处死。[34]

这表明在大规模的白银贸易开始之前，葡萄牙和西班牙在中国眼中依然是无足轻重的海盗。葡萄牙未能进入明朝的海洋朝贡体系，因此它也只能如同日本那样去联络海盗。1510年，明朝最大的海盗王国首领王直的前辈——许栋兄弟，第一次将葡萄牙人从马六甲带入浙江海域。

今天看来，葡萄牙人之所以能闯入东亚和东南亚，无非是得到了中国走私贸易商人的帮助，同时借用了他们建立的走私贸易航线。对此，葡萄牙人加斯帕尔·达·克路士在《中国志》中的叙述是这样的：

> 因被朝廷禁止回到中国，而不得不居住在马六甲、北大年等南海群岛的海外中国人，与葡萄牙互相勾结，私下和中国进行走私贸易，最终造成了在广东进行贸易的葡萄牙人也失去了做合法贸易的资格。为了能将贸易继续下去，进行走私贸易的海外中国人又将葡萄牙人带去了他们的亲戚朋友所居住的浙江双屿岛。

嘉靖年间，双屿岛已经成为走私贸易者开拓的国际市场，在双屿，当地居民通过出售粮食给葡萄牙人获得丰厚利润。福建人王直在海上建立的海盗王国，乃是16世纪东亚最大的海上强权。日后，倭寇首领王直又带着日本人出现在双屿岛上，这导致明朝需要对付的东南沿海的海盗问题更为棘手。

1548年，明朝官军在浙江巡抚朱纨指挥下追杀到双屿岛，焚毁了走私贸易市场，而王直遂将根据地转移到了日本的五岛（现在的五岛列岛，以福江岛、久贺岛、奈留岛、若松岛和中通岛五岛为中心，位于长崎县西部，距长崎100千米），同时在日本平户置业，继续走私贸易。平户领主松蒲隆信允许王直这样的反叛者居住在当地的最主要原因，就是考虑到来自走私贸易的丰厚利润。1550年，葡萄牙船第一次驶入平户港，加入海上走私贸易。走私贸易扩张的结果，使得海外的珍奇异物充斥平户，凭借来自贸易的利润，松蒲隆信成为暴发式崛起的日本战国大名。于是日本平户（今长崎地区）取代了琉球，成为东南海上的贸易强权。不过好景不长，1557年，王直接受朱纨的继任者——浙江巡抚胡宗宪的诱降离开了平户，次年即被囚杀于杭州，此后平户的前景也走向惨淡。[35]

综上所述，一方面围绕着中国购买力所进行的朝贡竞争日益激烈，另一方面由于倭寇、中国内地走私豪商，加上来自欧洲的葡萄牙人这“三股势力”联手开发连接东南亚与中国—日本—南洋的航线，处于矛盾核心的琉球于1570年完成了与暹罗的最后一次贸易后，彻底退出了南洋贸易舞台。

第四，1609年琉球被寇，明朝没有像援助朝鲜一样对琉球提供坚定的军事支持，这是琉球在日本的军事侵略和威胁下丧失国家主权的直接原因。对比而言，16世纪末期，朝鲜两度遭到丰臣秀吉的侵略，而明朝立即派援军前往相助，与朝鲜一起打退日军。这是由于朝鲜与中国的北方边疆接壤，朝鲜与蒙古（北元）和后金都有着比较密切的联系，如果朝鲜丧失，则明朝的反对势力将在地域上连成一体——这是明朝绝对不愿意看到的。在1609年，明朝经济已经深深卷入海外白银贸易，对进口白银的重视和依赖，终使明朝统治者轻视了不产白银的琉球的地缘战略价值。

第五，明代中期以降，东南沿海宗族势力向海外的发展，又是一个十分值得研究的课题，它促成了“东亚社会共同体”的形成。明朝初期从事走私贸易者、被朝廷禁止回到中国的反叛者——从而不得不居住在马六甲、北大年等南海群岛的海外中国人，成为“东亚社会共同体”的主干，随后，“闽人三十六姓”这种官方外派的移民，则成为南洋各地的精英力量，在漫长的历史上，他们与“倭寇”之间的关系十分复杂。实际上，从明末清初横行海上的王直、许栋、郑成功集团，到近代孙中山革命的海外依靠力量“洪门会”，再到我们改革开放之初的主要引资对象“亚洲四小龙”，其中都包含着历史上形成的一个族群——南洋中国人。[36]

由于中华帝国的地方治理主要依靠宗族势力，明中期之后，国家缺乏深入地方和基层的能力，东南沿海海盗势力的猖獗则是宗族势力膨胀的必然结果。杉原薰的研究指出，明代中国开始的以社会扩张、宗族扩张为动力的海外移民过程，是与近代西方以国家军事扩张为动力的殖民过程不同的，它持续的时间更长，并形成了以“船头”“客栈”“信局”为中介的海洋贸易、人口、货币流动网络，而这就是跨国的“东亚社会共同体”形成的真正基础。[37]

从“东亚社会共同体”形成的历史看，近代以来的西班牙、荷兰、英国、日本等帝国主义势力，其侵入中国的历史也就不能仅从 1840 年算起，因为所谓的“西方势力侵入中国”，一开始并非攻击中国本土，而是先以走私贸易和海盗的方式混入中国的海上朝贡体系。在数百年漫长的时间里，葡萄牙、西班牙、荷兰和英国才先后建立新的、由武力和金融驱动的海洋霸权体系，从而逐步替代了以中国为核心的海洋朝贡体系，即从外围逐渐渗入并瓦解了所谓的“海洋中国共同体”，这是欧洲势力次第进入亚洲海上的基本方式，它更大大利用了宗族国家内部的离心力量，利用了明代以来中国社会向海外扩张所形成的网络，也借助了与东南亚有着密切联系的买办商人的势力。从此意义上讲，本尼迪克特·安德森以近代东南亚（即中国意义上的“南洋”）为背景的著作《想象的共同体》，实际上就是以“海洋中国”的近代命运为背景，描述了原有的“东亚社会共同体”在西方帝国主义的冲击下，那一地区“只知有家族而不知有国家”的“天下子民”力图通过西方式的“民族国家”这种政治形式寻找政治认同的曲折、动荡的过程。

明末，南洋中国人集团中最为强悍者，当属福建郑氏海上商业集团。郑芝龙便是依托中国—西班牙—日本贸易而起，他是中国土官，但信仰天主教，且有教名尼古拉斯·一官，意思就是信仰天主教的中国土官，他的儿子郑成功有一半日本血统，名大木。因此，郑氏家族可谓是一个由中国人领导的跨国商业集团。当西方势力刚刚进入东洋贸易圈之时，亦恰逢中国向南洋移民达到高峰的时代，在那个时代，南洋各个原住民王国，都是中国的朝贡国。总体来说，直到 1895 年中日甲午战争之前，它们仍将“天朝”中华当作文明的核心，而不肯屈服于欧洲人、日本人这些新兴利益集团的统治，同时，再加上西班牙、葡萄牙、荷兰、英国和日本互相之间存在着激烈的利益角逐，所以，一个新的南洋的势力范围并未划定，19 世纪之前，西方列强和日本的势力尚不足以与中国之朝贡体系抗衡。所以，华侨团体往往主动参与到这个地区的利益角逐之中，作为中国利益的代言人出现，他们的斗争既取得了成功，也经常遭到残酷的镇压。例如，明清之交，配合清高宗征伐缅甸、驱逐缅甸入侵者、恢复暹罗王朝的功臣，便是暹罗华侨义勇军的首领郑昭。由于明清两朝均把战略重点置于北方边疆，对南洋的开拓总被视为第二位的事情（如张居正死后，戚继光即由冀州总兵贬为番禺总兵，由戚继光的降职亦可见冀州、番禺这两地重要性的差异），所以，南洋华侨的奋斗，由于没有本国后援，日渐归于失败。关于郑昭的史迹，魏源这样记述说：“暹罗者，居缅西南海，与缅世仇，缅酋孟驳于乾隆三十六年灭之。……暹罗遗民愤缅无道，推其遗臣郑昭为主，起兵尽复旧封，又兴师侵缅地，于四十六年航海来贡告捷，朝廷不使亦不止也。”[38] 自乾隆十八年（1753）起，久征缅甸而不下，最终靠的是暹罗华侨领袖郑昭、郑华父子，两路夹击，缅甸方于乾隆五十五年（1790）扣关求贡。然而，乾隆对南洋华人的力量却始终是漠视的，一向采取不使不止、不闻不问的姿态，反而将南洋中国移民视为“非我族类”，对其只有警戒，丝毫也无保护之意，在南洋华侨遭受西方和日本势力镇压时，往往更是采取不闻不问的姿态。结果，如郑昭这种怀抱强烈中国意识者，万分渴望得到本国的后援，而乾隆皇帝却对其置之不理，最终，在南洋华侨之中，逐渐产生出反清复明这样的天地会组织，也就并不奇怪了。于是，辛亥年间（1851—1861），清王朝反而为这些华侨所支持的革命党推翻，也便是合乎情理之事了。

从这个角度说，一个“新中华”的构想，最初也是在南洋发生的，或者说是“南洋中国”的产物——而恰恰是这一点，为我们从中国内部，特别是从海洋朝贡体系之变迁观察近代中国之革命，而非将中国革命简单地视为“西方冲击”的结果提供了新的、重要的视点。[39]

第四节
回首射雕时，万里暮云平

北虏散处漠北，人不耕织，地无他产，虏中锅釜针线之日用，需借中国铸造，绸缎绢布之色衣，惟恃劫掠。今既誓绝侵犯，故虏使于乞封贡之初，即求听伊买卖充用，庶可免于盗窃。

——王崇古《确议封贡事宜疏》（1571年）

明以降500年来，中国所面临的国家安全威胁，不仅来自海洋，而更始终有来自北方的大陆之牵制。如果说海洋朝贡贸易体制是明代稳定周边海洋环境的基本政策，那么，大陆条约体系则是清代稳定北方大陆的基本政策。

1368年明朝建立，而此后流亡在塞北的元遗民政权，就一直是明朝的主要战略威胁。由于藏传佛教格鲁派与蒙古政权之间的宗教联系，青藏高原地区长期沦为蒙古势力范围，随着西蒙古瓦剌的崛起，新疆北疆地区也成为蒙古的势力，因此，我们可以说，500年来影响中国国家安全根本利益的新疆、西藏和蒙古问题，实是自明代初年就历史地、紧密地联系在一起的。

在现代资本主义海洋霸权确立之前，世界交通线的中介乃是中亚地区，而世界的战略形势也大致是中亚各民族不断发动征服战争的历史，因此，明朝所驱动的“世界经济”的重要功能之一，正是要以经济和贸易的方式去瓦解并转化这种中亚征服史。

对明清两朝何以没有走上以军事力量向海洋方向大举扩张的道路，乔万尼·阿瑞吉认为：来自北方的威胁和白银依赖进口的问题，乃是其中两大要因。

> 至少一个世纪的时间，清朝的主要安全问题依然在西北边境，在此情况下，向造船、航海投资，从好的方面看是奢侈之举，从坏的方面看就是走向帝国过度扩张的不二之路。此外，为什么要在欧洲国家争相用白银换取中国商品时进行危险的扩张呢？从16世纪到18世纪，由于中国在丝绸、瓷器和茶叶出口上极具竞争力，再加上中国对白银的需求，银价达到世界其他地区市价的两倍以上，因此“新大陆”生产的3/4的白银都流向了中国。考虑到这种现实，人们就不难想象，中国使全世界印象深刻的以自我为中心的成功发展，为何使清朝忽视了那些侵略性的海上“野蛮人”带到该地区的新力量。[1]

明朝开国10年后的1378年，北元昭宗卒，而当时北方蒙古帝国残余势力依然十分强大，它的版图东自松辽平原，西逾阿尔泰山，南面出燕山、阴山一线，并有云南梁王遥奉正朔，因此，北元政权依然具备与明朝长期对峙的条件，甚至影响着周边国家对明王朝的认同。例如，在北元政权尚强之时，朝鲜在明初一度委蛇于明朝与北元之间，直到1369年，高丽才停用北元的“至正”年号，而1377年复倒向北元，再用北元“宣光”年号，重奉北元为中国正朔。对于北方蒙古政权残余，明朝称之为元、故元、前元，朝鲜《高丽史》中则称北迁后的元政权为“北元”，这种说法也得到了后世的普遍接受。[2]

永乐初年（1403），蒙古势力已经明显分裂为两大部分，即西部的瓦剌和东部的鞑靼。所谓“鞑靼”是明朝对于“蒙古大汗”的译称，指的就是由成吉思汗“黄金家族”代表的蒙古本部。魏源说：“初，顺帝北归和林，连易五主，始去国号，称鞑靼可汗。”瓦剌亦写作鄂鲁特、厄鲁特或卫拉特[3]，500年来，实以该部落对中国的国家利益影响最大。

瓦剌来自蒙古高原西部，13世纪活动于叶塞尼河上游地区，其故土为蒙古大草原西北方的大森林地区。实际上，瓦剌是蒙古族在对抗突厥入侵的过程中与此地早期移民（回纥）长期交往、融合而成的种族，故也被称为“蒙古的突厥诸部落”，它在唐时即称回纥，1207年左右才被成吉思汗征服。元代时其核心民族则为畏兀儿，而元帝国瓦解后，瓦剌民族再次获得了巨大的独立发展空间，从此开始与蒙古本部分庭抗礼。可以说，终明清两朝，位于蒙古高原西部，跨越今新疆、西藏、青海的瓦剌蒙古，一直是中央政府经营、筹划的主要对象，也是对中国国家安全影响最大的力量。

夹在明王朝与瓦剌和鞑靼之间的，则是所谓的“兀良哈三卫”。历史上，其所在地是东胡诸民族如契丹、鲜卑的生存区。经过元代的熔炼，这里的契丹族虽已成为蒙古人，但保留着某些农业和定居的生产生活方式。明朝建立之后，主要已成为农耕民族的兀良哈三卫（即契丹蒙古），与明建立起特殊的隶属关系，成为明朝的看边和藩篱。

故而，终明一代，在历史上由多民族融合成的蒙古势力有三部：鞑靼、瓦剌和兀良哈三卫。总体上看，前两者是大明王朝的对手，后者则是明的看边。洪武末年（1398），明与北元的边界基本上已经确定下来，这条界线，大体是东起明奴儿干都司，沿西剌木伦河，至今内蒙古锡林郭勒盟中部，折向阴山山脉，复由阴山西行，沿贺兰山南下，转河西走廊至哈密的。陆续建立起来的明代长城，就是沿此边界展开的。

永乐年间（1403—1424），瓦剌、鞑靼这“两个蒙古”和明王朝在亚洲北方大陆的长期角逐，成三足鼎立之势，其基本形势又表现为：瓦剌和鞑靼都想利用明朝的协助打击对手，最终消灭对方，先统一蒙古，而后再与明朝一争高下。对明朝来说，既然一时无法消灭北元，就只好最大限度地利用“两个蒙古”的政策，以削弱和分化其为最大目的。所以，明成祖朱棣（1402—1424 年在位）虽然“五出漠北，三犁虏庭”，但主要还是通过分化“两个蒙古”的政策，恩威并施，力图造成瓦剌、鞑靼两败俱伤，最终凌驾于它们之上。北元与明朝的长达 200 年建立在战略和武力均衡基础上的对峙，亦由此形成。

因此，在明王朝的大部分时间内，维持、利用“三足鼎立”的战略格局，是明朝、瓦剌、鞑靼统治者在旷日持久的争战中，一直心照不宣地恪守着的基本游戏规则，这一点戏剧性地表现在 1449 年著名的土木堡之变中。在这场戏剧性的战役中，明英宗朱祁镇被瓦剌蒙古的也先可汗意外地俘虏了，俘虏朱祁镇的也先可汗，乃是瓦剌蒙古第三代汗王（其祖为马哈木，其父为元太师脱欢），为了平衡与鞑靼部的关系，也先可汗竟然主动把朱祁镇送还，并把自己的妹妹嫁给了这位人质。明朝野上下却顿时把这场灾难的罪魁祸首归结为唆使英宗亲征的太监王振的滥权，对于太监祸国的指控，也自然不能不威胁到主要由太监主持的海洋贸易（朱祁镇也就是那个在大宴外宾时餐具都被客人盗走的皇帝），未料这场危机却以瓦剌戏剧性地罢兵送客而得以解决。瓦剌这样做的原因，就是也先可汗不准备与明王朝彻底决裂，而是欲同时驾驭两位对手——明皇朱祁镇和鞑靼的脱脱不花，从而维持三足鼎立的政治格局。[4]

明王朝与“两个蒙古”之间在亚洲北方大陆的长期角逐，又因羼杂了西藏宗教因素而变得更加复杂。明初，朝廷通过五王治藏制度，设乌思藏都司，将西藏纳入版图，此时，宗喀巴创立藏传佛教格鲁派，并将其影响扩大到蒙古地区，藏传佛教格鲁派随之卷入了瓦剌、鞑靼之间的争斗。至清初，形成了包纳青藏蒙古的藏传佛教格鲁派三活佛体制：达赖治卫藏，班禅治青海和后藏，哲布尊丹巴治蒙古。万历七年（1579），藏传佛教格鲁派传至三世达赖索南坚措，鞑靼则以迎请三世达赖到本地弘法之名，挥师西征瓦剌，而对“两个蒙古”为争当喇嘛教保护人而进行的大战，明朝亦采取了坐山观虎斗的姿态。张居正更指出，“两个蒙古”围绕喇嘛教进行的争斗，必将削弱它们彼此的势力，从而加强其彼此对明朝中央的认同：

> 臣看得乌斯藏僧人索南坚措，即虏酋俺答所称活佛也。去年虏酋西行，以迎见活佛为名，实欲西抢瓦剌。比时臣窃料虏酋此行，必致败衄，待其既败，而后抚之，则彼之感德俞深，而款贡可以久坚。乃授策边臣，使之随宜操纵，因机诱劝，阴修内治，以待其变。今闻套虏，连遭丧败，俺答部下番夷，悉皆叛离，势甚窘迫。遂托言活佛教以作善戒杀，阻其西掠，劝之回巢。又因而联合西僧，向风慕义，交臂请贡，献琛来王。自此虏款必当益

坚，边患可以永息。[5]

其中“随宜操纵，因机诱劝，阴修内治，以待其变”等句，正可以视为明代对北方大陆政策的简短概括。利用藏传佛教这个“软力量”瓦解蒙古人的战斗力，更是明清两朝所采取之蒙古政策的特点。道光时期（1821—1850）的魏源更说，这就如同西方用鸦片和基督教瓦解中国一样：

然蒙古衰弱，中国之利也。以黄教柔驯蒙古，中国之上计也。即为蒙古计，与其为匈奴、突厥之冯陵飘忽，九边枕锋镝，原野厌膏血，何如水草寝讹，休养生息？是则以慈悲销杀伐，以因果导犷狠。宗喀巴之功，中外华夷实利赖之。且蒙古敬信黄教，实始于俺答，俺答之佞佛，由于其妻三娘子。而中国大臣高拱、张居正、王崇古张驰驾驭，因势推移，不独明塞息五十年之烽燧，且本朝开二百年之太平，仁人利溥，民到于今受其赐。……有能借耶稣罪福之教，以杜西夷鸦烟之毒者乎？是有待于高、张之相，与鉴川之督抚。[6]

至明朝末年，为了争取统一蒙古而互相杀伐的“两个蒙古”，却使得蒙古地区再进一步分裂为互不统一的三部：西蒙古瓦剌一面独大，而鞑靼蒙古本部则又分裂为南北（漠南与漠北）两部分。漠南蒙古的不断南下蚕食，蒙古势力的南部于是成为与山西接壤的俺答汗后裔——土默特部。在这一历史阶段，四分五裂的蒙古政权名义上的政治中心，乃是蒙古大汗所在的察哈尔部，而阴山南麓的土默特草原，在俺答封贡之后则成为联系中原与北国的门户。[7]

在这一时期，明朝原本用来打击蒙古的看边——女真族，却在努尔哈赤的领导下不断壮大。1626 年，迅速崛起的女真势力，在皇太极的率领下，率先征服了漠南蒙古，反过来从北面完成了对明朝的全面包围。女真族随后更通过与朝鲜的贸易大量进口了日本白银，并借助“走东口”的山西商人获得了精良武器。在军事、财力不断壮大的同时，皇太极还进一步通过大力提倡满蒙联姻，将满蒙贵族的利益紧密联系起来，巩固了漠南蒙古对后金的臣属地位，而兀良哈三卫率先与清朝皇族建立起姻亲关系。魏源说：“科尔沁部在喜峰口外，兀良哈三卫也。从龙佐命，世为肺腑，与国休戚。孝端文皇后、孝庄文皇后、孝惠章皇后，皆科尔沁女。”[8] 蒙满联合，从而为清朝最终统一中国，在北方奠定了坚实的基础。

此时的瓦剌即“西蒙古”，却在固始汗的率领下，向东南方向继续扩张，逐步征服了青海、西藏地区，并在文化上与藏传佛教格鲁派紧密地结合在一起，更设立了在蒙古武力保护下，由著名的达赖、班禅坐床统治西藏的制度，从而使得西蒙古的势力扩展到整个青藏高原。直至清朝建国之后，瓦剌部日益走向强大，终于形成了鼎立西北的“瓦剌四部”：和硕特治青海，准噶尔治伊犁，杜尔伯特治额尔齐斯，土尔扈特治雅尔。四部之间彼此攻伐，却始终坚持与中央分庭抗礼，特别是准噶尔部的噶尔丹不但控制西藏事务，而且在 1638 年俄国和清朝的雅克萨战争中，更力图利用俄国势力制约大清。1686 年，俄国方面更提出了建立“俄国—瓦剌联盟”的设想，亚洲北方大陆的博弈，进入新一轮空前严峻的时期。

由此更可见，世界史并不是随着西洋“发现世界”的航海才被揭开的，欧洲的海洋殖民和帝国主义活动，也并非世界史唯一的、根本的动力。在“欧洲中心论”的历史叙述中常常被忽略的，乃是横贯欧亚的大陆强权之间的交往、交融、冲突和竞争，这些交融与竞争既构成了元、明、清三个中国王朝更替的大背景，也是世界史展开的另一个重要动力。其中，奥斯曼帝国、帖木儿汗国、金帐汗国、萨非王朝与中国历代王朝之间长期的交往和博弈，亦是世界史研究者必须考虑的头等大事，这也使得欧洲、西亚、中亚的政治、经济和军事影响深刻地嵌入中国的地缘政治理念之中，使得中国的北方地区成了一个被欧文·拉铁摩尔称为“内亚洲”或者“内亚—欧”的国际化色彩很强的区域[9]，而所谓明清之变，其实就是在这个“内亚洲”区域中发生的，清朝的兴起的根本原因，也只能从蒙古、东北亚和明朝之间的多方博弈中才能看出。

1500 年以降，当葡萄牙、西班牙东进并介入中国海上朝贡贸易体制之时，联系中国与西亚的北方交通线也发生了剧变。这种剧变，就是以日本的崛起和俄罗斯的东扩为标志展开的。首先，日本于 1543 年在今天的兵库县发现了巨大的银矿——生野银山，生野银山的发现，要早于美洲玻利维亚波托西大银矿三年，此后，石见、佐渡的银矿亦相继发现，从此日本开始通过大规模的白银出口改变长期贫困落后的地位。经朝鲜流入满洲，这是日本白银出口的一条重要通道，通过这条道路大量引进日本白银，女真积累了迅速崛起的重要财政基础。万历三年（1575），即琉球被占的前三年，蒙古喀尔喀部悉归于女真。更为重要的却是俄罗斯的东扩，这终于使得蒙古及其周边满洲的问题牵扯到日本、俄罗斯的因素，从而成为中国日益走向北方边疆之大变局的契机。

俄罗斯帝国的前身，乃是蒙古金帐汗国的征税官莫斯科大公，莫斯科大公伊凡三世于1480年灭金帐汗国，自称俄罗斯皇帝（沙皇）。随后，俄罗斯帝国以建立联盟的方式逐步吞并了金帐汗国的蒙古属国，开始不断东扩，在金帐汗国的属国失必儿汗国把西伯利亚献给伊凡四世后，俄罗斯具有了巨大的东方殖民地和属国，直至1638年，俄罗斯的东扩终于到达太平洋沿岸，而横贯亚洲北部的交通线就这样被俄罗斯重新打通了。

俄罗斯帝国之所以能够迅速东扩，占领幅员辽阔的领土，主要也是由于它作为蒙古历史上的属国或者一部，利用了蒙古势力的分崩离析和互相杀伐，例如利用东、西蒙古之间的矛盾和内讧，乃是俄罗斯得以东出西伯利亚之关键所在。也正是由于俄国与西蒙古加快了建立军事联盟的步伐，康熙皇帝才不得不着手解决西蒙古噶尔丹的问题。经过长期准备、连年征战，清朝首先利用“蒙古保护人”与西藏喇嘛之间的矛盾，一举废除了蒙古汗王控制西藏的制度，设置了中央驻藏大臣与达赖、班禅共治西藏的体制，保证了西藏站在中央一边。随后，康熙三十六年，清王朝终于初步平定了噶尔丹势力。但是，雍正中，噶尔丹的侄子策妄阿拉布坦再次兴兵攻入西藏，乾隆中，策妄的外孙阿睦尔撒纳复西破卫藏、东摧喀尔喀蒙古。与准噶尔蒙古的斗争，耗费了整整清代三位皇帝的心血，所用军费不下数亿两白银。关于准噶尔部，魏源这样评论说：

> 初，准部……共计二十余万户，六十余万人口。……不作贼者不齿于人数，一人能劫数人者为壮士，能劳苦，勇战斗。各回城及哈萨克一闻其至，则阖匿奔窜，虏掠驱载惟所欲，相詈者至以“厄鲁特”为诟厉。其民则尔，汗又甚之。专假昏媾以吞噬与

国：昏青海覆青海，昏拉藏戕拉藏，昏土尔扈特逐土尔扈特，昏杜尔伯特并土尔伯特……致我祖二宗，三朝四顾，旰食仄席，戍塞防秋，中国耗弊。仁庙、宪庙屡集廷议，皆有“此贼不灭，天下不安”之谕。数穷极理，天钟一阿睦尔撒纳而倾覆之。[10]

从这个意义上说，雄才大略的康熙皇帝，为清王朝最终统一新疆、西藏和整个蒙古地区，为中华民族的最终形成，奠定了坚实的基础，做出了重要贡献。魏源说：

世咸知乾隆新疆辟地二万余里，然准、回二部东西六千余里，南北三千余里，径一围三，故得周二万余里。康熙中，收西藏，东西南北各五六千里，是已周二万余里。又收青海，收喀尔喀，青海东西南北二千余里，喀部东西五千余里，南北三千余里，其周又逾二万里。是康熙中，拓地已周四万余里，更廓于乾隆。[11]

中亚—蒙古问题是近千年以来北方问题的核心。应该说，蒙古问题直到清朝中叶才得以整体解决，这成为清王朝为中华民族的统一所交出的一份最光荣的答卷，但是，自 1500 年以来，蒙古问题的背后，由于始终存在着俄罗斯帝国和日本扩张力量的不断推动，故而进入一全新之严峻时代，随着清王朝的近代瓦解，蒙古问题必然再次凸现。最终，随着国民党政府在 1945 年 8 月 13 日与苏联签订《中苏友好同盟条约》，外蒙古实行独立，从此被从中国版图中分割出去。

那么，终明一代对蒙古的主要政策如何，蒙古对明中央政权的态度又怎样呢？总体来看，自明代以来，蒙古势力对中央政府的不断袭扰，其目的显然已不是恢复元朝帝国，而是基于蒙古地区对中原地区物产的依赖。所以，自明成祖朱棣以来，出于政治上的需要，明朝就开始了经济上怀柔蒙古的长期政策。这主要是以商品换取蒙古臣服的“封贡”。1402 年，刚刚称帝的朱棣即遣使至鞑靼、兀良哈三卫等部宣告：“朕今统承天位，特谕尔等，其各据边境，永安生业，商贾贸易，一从所便；欲来朝者，与使臣偕至。”明朝前期，北元与明的经济贸易交往主要是朝贡与马市这两种形式，陆地朝贡与海洋朝贡形式相同，共分以下三个主要内容：进贡——于指定的“会同馆”开市交易，使团进京途中进行贸易，马市——主要通过民间边境贸易。

16 世纪 70 年代是世界史的重要转折关头。世界海洋形势发生了剧变。美洲白银的发现和大量引进，随后是日本白银的发现和引进，大大缓和了中国历代面临的货币缺乏与市场扩张之间的矛盾，从此也更为深入地将中国经济纳入美洲殖民者所掌握的白银资本体系之中：随着隆庆元年海禁止，由福建经马尼拉到墨西哥的太平洋三角贸易体系形成，明朝的亚洲大陆政策也开始发生重要调整。由于手中掌握了大量白银，明王朝对蒙古北元的“道德感召”和感化方才有了切实的诱惑力，至此，明与北元终于化干戈为玉帛，开始实行用明之财力换取北元臣服的政策。停战协定的签署，更标志着经济贸易的原则代替了武力的原则，“中亚征服史”的时代终于让位于“世界经济”时代——正是在这样的背景下，蒙古封贡开始了。

自汉唐以来，中亚各民族均不愿意采取定居的方式，而专以游牧的方式成为中国的威胁，此即所谓“强则进兵抄掠，弱则窜伏山林”，而这里的原因就在于他们人口稀少，所谓“突厥人户寡少，不及唐家百分之一”，故一旦定居，必被同化。《旧唐书》卷一百九十四载，突厥可汗甚至以为，唐朝的封贡政策，势必挑动中亚各民族之间的互相争斗："唐人言语甜蜜，绢物柔滑，以甘言柔绢，招引远民，与之接近，诱唆我民，谓远者给予恶绢，近者给予良绢，无知者惑其言，与之接近，被杀者多。"自1500年以降，随着欧洲人自海上开辟直接与东洋贸易的航路，原有的中亚交通线的地位一落千丈，欧洲不再与中亚、西亚打交道，而对其采封锁之态势，中亚民族从此陷入腹背受敌之孤立状态。中亚和蒙古民族最终不得不改变原有姿态，倒向明朝并接受封贡的根本原因，其实也就在于世界局势的这种根本性变化。

明王朝迅速抓住了这个历史机遇。隆庆五年（1571），出身于豪商世家的兵部右侍郎王崇古在《确议封贡事宜疏》称："北虏散处漠北，人不耕织，地无他产，虏中锅釜针线之日用，需借中国铸造，绸缎绢布之色衣，惟恃劫掠。今既誓绝侵犯，故虏使于乞封贡之初，即求听伊买卖充用，庶可免于盗窃。"

王崇古，平阳府浦州（今山西运城永济市）人，他的父亲王瑶是著名的盐商，当俺答汗的养孙把那汉吉和俺答汗本人因情仇内讧先后倒向明朝时，盐商之子王崇古独具慧眼，看到了将山西由"战场"变为"商场"的机缘，果断上奏朝廷，给俺答加封爵位，纳其部为属国，订盟通贡，开放马市。

明朝之外交属于礼部管辖。《明史》说，对"隆庆议和"这件事，当朝礼部尚书兼武英殿大学士张居正极为赞和，"（高）拱封俺答，居正亦赞之，授王崇古以方略"。张居正这样夸奖王崇古说："此所谓非常之事，非公孰能为之？"面对道学家反对马市的议论，张居正则指出：无论从战略上还是财政上说，马市和封贡都是对明朝有利的，因为这代表着蒙古的战争体制被明朝的市场经济机制瓦解。

仆尝恐虏不慕官爵之荣，不贪中国之利，但以戎马与吾相角于疆场，真无可奈何也。今诚有慕于我，我因机而制之，不过出吾什一之富，则数万之众可折箠而使之。顾今时人皆不足以语此，反以为狂而悖矣。[12]

张居正之所以能有这样的底气，敢于口出“不过出吾什一之富，则数万之众可折箠而使之”这样的豪言壮语，其实就是由于他的手里掌握着前人从来不能想象的巨额白银。给蒙古人以白银，让他们“买卖充用”，而银子的供应则由明王朝掌握，这一政策对蒙古制度的瓦解比枪炮更为彻底。随着北元政权在货币上依赖明朝，明与蒙古在北方大陆上的长期争战终于告一段落，边疆对峙为贸易互市所取代。

俺答封贡后，宣府—大同一线之大同得胜堡、新平堡，宣府之张家口堡、归化之杀虎口堡同时开市，北方边关重镇从此成为贸易重镇。通过大规模出口商品换取美洲白银，再以朝贡方式赠予蒙古白银，使其“买卖充用”，放弃武力掠夺，大明帝国从此支配起一个横跨陆地与海洋的巨大贸易网络，中国在“漫长的16世纪”主导世界经济的辉煌由此奠基。

隆庆一朝，实可谓“半个山西朝廷”，朝中大吏权臣，除王崇古外，还有同是蒲州人的张四维（他是王崇古的外甥）。万历三年，张四维由礼部侍郎升礼部尚书兼东阁大学士，主管外交朝贡，而户部尚书则由另一个山西人王国光担任，他们对于推动山西成为“改革开放的前哨”，自然起到了重大作用。山西的晋商，遂因北方边境贸易兴盛而起家。由于明代在长城边关设立的九个边镇中，其中两个最大的——大同和山西都在今天的山西，还有一个边镇延绥（今榆林）在山西和陕西的交会处，而另一个边镇宣府（今宣化）则在今河北、山西和内蒙古交界处，这四镇的兵力占了边关兵力的45%。由于在代北这样缺水的地方屯田解决军粮无异于天方夜谭，所以明朝不得不利用商人往边关运粮，而商人把粮食运到边关，不是直接拿到钱，而是拿到赚钱的办法——盐引。盐引就是盐的专卖权，自汉武帝实行盐铁国家专营后，盐就成为历代国家专控物品，贩卖获利极高，而把盐引给粮商，就意味着国家以盐税作抵押换取民间的战争投资。明朝负责盐专卖的机构称“都转运盐使司”，由于上述政策，它却并不从事食盐运销，而将此交付商人进行。这就是影响中国历史甚巨的“开中法”之延续。

“屯田、中盐以给边军，军饷不仰借于县官，故上下交足，军民胥裕。”山西不利于屯田，但解州富产食盐。使商人在贩盐、运盐的同时，承担起运粮之责，以解决边镇之军粮问题，一个以山西为核心的经济贸易区，就这样形成了。

“开中法”源于宋，而大行于明，它的主要功用有两个：第一个是打击商人窖藏货币，让商人把钱拿出来为国家所用，特别是为当时国家的战争开支所用。前面已经说过，随着经济的发展、贸易的扩大，中国作为一个银和其他贵金属产量非常低的国家，货币短缺与经济贸易发展之间的矛盾，日益成为核心的矛盾。在货币短缺的情况下，商人巨贾窖藏货币必定盛行，尤其是在对外贸易发达时，铜银金又必然出口，这构成了历代海禁的主要动因。宋代首倡开中之法，主要目的就是调动商人的赢利积极性，让他们事先把钱拿出来为流通和贸易所用，从而刺激经济和交换，以消除商人窖藏货币的弊端。[13]宋初令商人运粟输边，商人得到的好处是取得贩盐权，而其主要目的是扩大货币流通。天圣八年（1030），宋御史中丞王随曾说明“开中法”之五利，其核心其实就在第四条——打击富家“藏镪”货币：

> 钱币，国之货泉，欲使通流，富家多藏镪不出，民用益蹙，今岁得商人出缗钱六十余万助经费，四利也。[14]

明帝国延续了这种做法，将“开中法”用于战争物资运输，这看似与欧洲国家以国家税收为抵押换取私人银行家对于战争的借款和投资有一定相似性，都是借助商人，以鼓励货币的流动性来壮大经济的方法，而两者的区别却在于：近世西欧为国家与商人资本的结合，而中国之“开中”则是国家于社会组织乃至军事组织活动中进一步退出，一切组织活动均交由商人，故功效可谓截然相反。

“开中法”要处理的第二个问题，则是国家和市场的关系，而这种关系的实质又是围绕着主要赢利商品而展开的博弈。这里所说的主要赢利商品，在当时就是指盐和茶。盐和茶是老百姓日常生活所必需的，与国计民生关系很大。随着国家经济的发展、市场的扩大、人口的日益繁稠，国家把盐、茶贸易垄断在自己手里，日益变得不可能。因此，宋代以来，就有放开盐茶禁榷，允许指定的官商进行经营的议论。这其实也一直是宋、明改革的重要议题之一。对此，反对者认为，将茶盐贩运交由商人垄断，或由国家出卖盐引，势必造成官商勾结，茶盐腾贵，消费者受害；更有人主张如此则会使得国家税收大权旁落，不可避免地造成国家和生产者两面贫穷，而不事生产的商人却垄断市场、独自获利暴富，从而造成一面毁灭经济，一面国家行政效率低下的局面。[15]主张者如王安石、张居正等则认为，只有通过“开中法”，将盐茶贸易从国家垄断转移到商人，才能确保有效税收。“开中法”的真正目标，其实是通过增加税收增强国家能力，而不是简单地将茶盐贸易交给巨商。

中国历史上产的盐，一是沿海的海盐（故民谚有“煮钱十万贯，骑鹤下扬州”之说），一是四川的井盐（以自贡为最），再就是宁夏和山西解州的池盐（直到现代陕甘宁边区时代，晒盐依然是边区经济的主要来源），而晋商就是靠贩卖池盐获利起家的。当然，除了盐外，还有其他商品，比如长治的丝绸，因当时长治称潞安府，明代国家鼓励晋南地区大规模植桑种麻，潞绸则是北方丝绸纺织业的代表。[16]

清代以来，特别是康熙中叶以降，清军万里西征，行军瓦剌蒙古，山西“八大皇商”[17]和其他商贩随军贸易，“所带货物，以茶布为主”，目的就是以商利充军需。雍正八年（1730）的布兰泰奏章中，更有商贩“借名运粮”，实际上是“货多粮少”的奏报，但朝廷依然坚持对进入蒙古地区的商人采取鼓励和保护政策，包括发给写有满蒙汉文的“龙票”，甚至给部分商人封官加爵。乾隆初年，随着经营资本的不断扩大，旅蒙军需商人开始在张家口、归化和多伦等地区定居下来。沿着这条著名的“张库大道”，他们走向了恰克图，其中最初设于乌里雅苏台（清代设立的管理外蒙和新疆阿勒泰地区的军政机构所在地，即今蒙古国扎布罕省扎布哈朗特）的山西商号“大魁盛”，在光绪年间（1875—1908）已经积累资本白银 2 000 万两以上，它不但为清军包办军需，而且还为蒙古政权提供财政借款，最终包揽了蒙古地区的税收，以此方式控制蒙古地区。

清代西征蒙古，主要原因是西蒙古与俄罗斯的军事勾结，以及俄罗斯与东蒙古之间的冲突。17 世纪中叶，俄国殖民势力进入外贝加尔湖地区，开始与喀尔喀蒙古的车臣汗、土谢特汗部的布里亚特部发生冲突（目前这些地区均已属于俄罗斯的蒙古自治共和国），而在噶尔丹与俄国的军事同盟鼓励下，自 17 世纪 60 年代起，俄国把侵略的重点由西部蒙古转移向东，放在了贝加尔湖以东的布里亚特蒙古地区和黑龙江的广大地区，俄国在蒙古草原东部的侵略行动，明显是利用了东西蒙古之间的矛盾，实际上更充当了噶尔丹讨伐东部蒙古的先锋队。也正是为了孤立和打击噶尔丹，清政府介入俄国与布里亚特蒙古之间的战争，以开通清俄贸易的方式，阻止了俄国对东部蒙古的入侵，使东部蒙古地区得以稳定，并最终为彻底解决噶尔丹分裂势力创造了条件。

以恰克图为核心的蒙古经济贸易区就是这样形成的，它是以山西为核心的北方经济贸易区的放大版或“国际版”。1689 年，清俄签订《尼布楚条约》，这其实是世界上第一部跨国、跨境贸易法，而不仅仅是一部军事停战协定。雍正五年（1727），清俄再签订《恰克图条约》，此条约一方面划定了两国在西伯利亚地区的边境线，另一方面则根据《尼布楚条约》所奠定的跨国贸易法，规定原属土谢特部的恰克图地方为清俄双方政府认定的互市地点，该城（恰克图）为中俄两国共有的自由贸易区。从此，清俄两国商人蜂拥而至，随着北方陆上共同市场的不断扩大，特别是在 1830 年英法大战封锁了欧洲海路之后，欧洲对中国的贸易主要是经过蒙古和俄罗斯这个通道转运的，以恰克图为核心的北方中路贸易，是 17—18 世纪世界上最主要的大陆贸易商道。在此之前，西方人所知道的将世界联系起来的方式，只有战争与传教，欧洲人与外国人和异教徒（中亚穆斯林）之间的关系，只能是敌对的战争关系，而正是在恰克图这个地方，一种新的国际关系准则诞生了：敌对关系被主客关系或者“宾客关系”替代，中俄在此地互相将对方当作“客人”，恰克图使战场变成了商场，不是战争与传教，而是贸易与互市将辽阔的欧亚大陆联系了起来。康德曾经高度评价这种宾客关系：这就是达成未来“永久和平”的国际法的基础。[18]

《尼布楚条约》和《恰克图条约》在国际法史上具有重要的开创作用，这种作用又主要表现在如下两点。

第一，它结束了蒙古长期以来的内讧，缔造了蒙古内部的和平，实现了中俄两国的和平，实现了欧亚大陆北方的和平。

以恰克图经济贸易区为核心，蒙古完成了统一，而这一统一的实质是：实现货币统一和经济贸易规则的统一，不是形成唯一主权形式。这与欧洲的情况非常不同。1648 年的《威斯特伐利亚和约》[19] 一直被西方视为“现代国际关系”的基础，因为它标志着欧洲进入数百个诸侯国彼此混战的“民族国家”主权平等的时代，神圣罗马帝国实质上瓦解。欧洲民族国家的主权形式虽然确立，但是，货币、经济贸易法则的统一至今依然没有完成，欧盟的一体化遇到的严峻问题就是经济贸易和货币统一这个大问题。与欧洲不同，《尼布楚条约》和《恰克图条约》首先关注的是经济贸易规则的统一，同时又体现了主权的多元性（或所谓“多主制”），即不仅仅是抽象地强调尊重主权，还要强调尊重主权形式的多样性。历史证明，这是维护蒙古和平统一发展的最好形式。这突出地表现为被法学界称为“威斯特伐利亚和约二元论”的国内法、国际法的二元框架，但是，这种二元框架并没有涉及跨国法、民间法和地方法的内容，由于“民族国家”这种形式被视为唯一主权者，结果，“国内法—国际法”这种狭窄的二元关系，就将民间法、地方法和跨国法完全排除在外，从而将复杂的国际关系大幅简化了。

比较而言，清帝既是中华帝国的皇帝，同时也是北方诸少数民族的“可汗”和盟主，对各蒙古汗王来说，中华皇帝虽然不是他们行政上的统治者，但是他们会盟的统帅——从这个意义上说，清帝之于广大的蒙古会盟地区，类似今天欧盟的“主席”。这种“多主制”的主权关系超越了近代欧洲“民族国家是唯一主权者”的简单框架，所以，《尼布楚条约》不仅包含跨国贸易、跨国追究逃犯等内容，而且更注意蒙古地方法，并引进了大量蒙古地方法的内容作为司法依据，这在当时和今天无疑都是非常先进的。实际上，直到第二次世界大战结束后，欧洲司法体系中才补充了针对跨国贸易、跨国犯罪的内容，并且增加了尊重地方法的条款，这实际上都是对《尼布楚条约》精神的继承，同时也是对《威斯特伐利亚和约》那种把民族国家作为唯一主权者的狭隘理解的扬弃。[20]

《威斯特伐利亚和约》之所以被视为现代国际关系体系的基石，还由于它诉诸了一个欧洲国家间的“国际新秩序”，但是，这一新秩序是欧洲百年战争的结果，实际上，只有那些战胜者才真正有权解释“国际法”，并按照这种“国际法”对战败者进行处分。从这个意义上讲，国际法的实质，只不过就是为霸权主义政治披上了合法的外衣，而在此基础之上建立的国际关系之主权平等，亦无非是武力之对等而已。相对而言，中国的朝贡体系之基础不在武力，而在经济、贸易和文化交流，并且根据经济、贸易、文化交流关系之疏密设置了远近不同的、多样性的关系体系，与其说这种关系是不平等的，不如说它是多元的、复杂的，而究竟哪一种更适合处理复杂的人类共同体之间的关系，历史发展至今，应该说尚无定论。

第二，《尼布楚条约》更为强调尊重文化、宗教和习俗的多元性。众所周知，以法律的名义确定德意志分裂的 314 个邦国的“主权”，恰恰是《威斯特伐利亚和约》所谓“主权平等”的真正内涵，而《尼布楚条约》却成功避免了蒙古的分裂，维护了蒙古的统一。[21] 这主要是因为《尼布楚条约》将尊重文化、宗教和习俗作为重要内容，不仅尊重蒙古和中国的宗教习俗，而且强调必须尊重欧洲和世界其他地区的宗教和习俗，这从如下比较中可以看出：《威斯特伐利亚和约》本身即是欧洲宗教战争的产物，主要体现了新教国家的利益，其目标在于排斥天主教势力在欧洲的发言权，但是，《尼布楚条约》包含了天主教势力，这里所谓的天主教势力，当然主要是指当时欧洲的强国法国。法国从路易十四时代（1643—1715）起，就压倒了西班牙而称霸欧洲大陆，法国是以天主教为国教的，在它代替西班牙成为罗马教皇的拥护者之后，便对向海外传播天主教抱有很大志趣，而这就是法国教士张诚、白晋等人在康熙朝任职的缘故。《尼布楚条约》不仅涉及中俄双方，而且有法国传教士张诚等的参与，它所采用的满文、汉文、蒙古文、俄罗斯文、"拉提诺"（拉丁文）多种语言文本，以及关于尊重地方法律习俗的条款，强调的不是抽象的主权平等，而是在主权平等中纳入了尊重宗教、文化、习俗的内容，从而大大充实了主权平等的内涵。

清王朝瓦解后，俄国不断策动外蒙古独立，第二次世界大战结束后，外蒙古被从中国分离出去。从此，恰克图经济贸易区与山西经济贸易区之间的联系中断。恰克图经济贸易区丧失了在欧亚大陆经济中的核心地位，外蒙古从此陷入了无法摆脱的孤立与经济困境。

回顾历史，我们深刻认识到：正是1570年的俺答封贡，特别是1689年的《尼布楚条约》和1727年的《恰克图条约》，为欧亚大陆的和平，为这一区域的文化、贸易交流奠定了基础。它以和平的方式推动了跨国市场的扩大。明代后期以来分裂为二的南北蒙古地区，最终被《尼布楚条约》保证的跨境贸易统一起来：漠南蒙古著名的贸易城市为归化城、多伦、热河，而漠北则有库伦、乌里雅苏台、科布多等。客商不断地以他们雄厚的商业资本，投资北方商道上的“基础设施建设”，这种对固定资产的投资，使得商人足迹所至，创造了一个以贸易和商业联系起来的巨大市场，也开拓、创造了一系列新大陆上的北方城市。这种被市场和贸易创造出来的城市还有张家口、包头、西宁、巴里坤、卜奎（今齐齐哈尔），其中，张家口是明代隆庆年间崛起的市场交易中心，而包头亦如此，乔姓晋商首先在这条商路上设立了商号，这之后才形成了商埠。蒙古国的首都乌兰巴托，当时叫库伦，清康熙时代（1661—1722），12 家最富的晋商是这座城市的主体，号称“十二首甲”。在国际关系和对外贸易史上最著名的，当然就是北方中路贸易的国际中继站——恰克图。该城今位于蒙古国和俄罗斯的边境线上，往北是俄罗斯边疆布里亚特共和国首府乌兰乌德，往南则是蒙古国首都乌兰巴托。恰克图在清代是蒙古土谢特部的重镇，随后成为亚欧之间最重要的货物集散地。

1570 年，蒙古封贡，草原上的和平形成。1592 年，明朝在朝鲜击溃日本的挑战，东亚实现安宁。1681 年，中俄达成和平条约，随后 1697 年，清朝扫平噶尔丹。在欧洲陷入一片混战之时，欧亚大陆的北方进入经济贸易大发展的和平时代。

从这个意义上说，今天已经被人们遗忘的琉球海洋贸易和北方恰克图贸易，实则开创了一个“世界经济”和世界市场的伟大时代。明清两朝均以和平的方式推进了贸易和市场的跨国化，并将国家间的关系由敌我关系改造为宾主关系，从而与近代西方以金融资本、军事扩张的方式推动的“全球化”拉开了距离。

正如贡德·弗兰克所指出的，1500 年之后由西班牙和葡萄牙的海外军事冒险缔造的海洋贸易体系，长期以来，不过是借助上述横跨大陆—海洋的亚洲贸易体系的力量才得以发展起来的，西欧先是通过美洲白银融入这个庞大的世界贸易体系，随后，西方世界以帝国主义战争和资本主义金融垄断的方式，将大陆与海洋对立起来，切断了融大陆与海洋为一体的世界经济贸易体系，使得资本控制生产、海洋宰制大陆、西方宰制世界的不平等世界得以产生——而这才是施密特所说的西欧主导的“海洋时代”的实质。

第五节

“隆庆元年”（1567），世界史的大转折

> 西来诸商，与贵国交易，每岁金银不下百万，其所从来，有出于敝地之矿者，亦有海外亚墨利加（即美洲）所出而进者。盖其地之矿，广而且腴，计十分之土，金银且六七分也。大西近海一国，每岁所入，亦不下数百万，有识者曰：敝地实受多银之害，金银愈多，而货愈贵也。
>
> ——艾儒略《西方问答》（1637年）

明隆庆元年，海禁解。这无论在中国历史还是世界历史上，都具有极其重要的标志性意义。[1]

我们前面已经说过：中国历代闭关政策的核心，尤在保存货币。货币短缺与经济发展之间的矛盾，乃是长期困扰中国经济的主要矛盾，正是由于历代政府都要面对这个矛盾，所以就必然时有海禁政策，冶铁亦移力于铸钱。1530年以降，自西班牙在美洲大规模开采白银，并通过菲律宾马尼拉出口中国以来，中国的对外贸易方式为之一变：因为如此一来，货币流失的担忧就不再是主要威胁了，而且物物交换也

不必再是中国对外贸易的主要方式，而代替这一切的，则是以物资的大规模出口换取美洲白银的时代潮流。一个新的“白银推动的世界”因之开始形成。

这个“新的时代”对中国社会和历史的发展而言，究竟又意味着什么呢？它意味着，从此以后，中国逐步结束了由商人巨富垄断和窖藏货币的局面，转向逐步依靠外国进口货币刺激国内经济的时代。白银流入，大大刺激了货币的流通，扩大了市场，但也是基于同样的原因，从事外贸经营的商人（主要是东南沿海地区的商人）和外国金融垄断者的地位日益上升，并开始逐渐代替中国历史上的大地主阶级支配政治、经济。（在明代中期，他们已经能够逼迫主张打击海盗的朱纨自杀、胡宗宪瘐死狱中，这充分显示了其左右政局的能力。）在随后历史的演进中，以引进白银和依赖外国资本为业的商人逐步发展成为专门为外国势力服务的“中介”，日益成为垄断和支配中国国内经济的主导力量。从这个意义上，我们可以说，早在16世纪中叶，中国近代“买办商人”的前身已经开始出现，海外金融力量支配中国经济的问题也已经初露端倪。由明隆庆元年时的白银大规模进口，直到鸦片战争（1840年）的纹银大规模外流，这前后共计大约270年的时间，即魏源所谓“银来番舶数千年，今复为番舶收之而去”。在这段时间里，中国社会走过了“宗族革命”和“宗族国家”的旧时代，而终于在鸦片战争之后，开始迎来现代民族革命和社会革命的新时代，面临民族国家建设和社会建设的新问题：在这个新的革命时代里，买办阶级和帝国主义，特别是外国金融资产阶级，终于成为中国革命的主要对象，而我们至今的历史就是如此逐步发展过来的。

货币金融问题，是近500年来中国最为关键之问题。中国货币的历史发展过程高度复杂,由于长期实行多种币制,不同币种之间的换算成为货币史上的难题。从历史上看,中国在以银为主币之前,铸币主要用铜。汉代以降,铜禁颇严;唐代以降,历朝也多颁铜禁;五代至唐,随着欧亚贸易的发展,受到西亚贸易影响,银入岭南;宋以后,银在市场上之采用方才逐渐广泛,自此铜禁渐驰。这期间魏晋至唐初,天下大乱,大体说来,民间贸易主币为布帛,而政府收税也采用布和谷。可见,白银最终成为主币,在历史上经历了一个漫长而复杂的过程。

白银首先是在美索不达米亚地区被用作货币的,《史记》说,安息以银为币,自西域传入,初为奢饰品。直到南朝梁代,银才作为海外贸易的结算手段传入中国,而银在中国被赋予交换媒介的意义,最初又是在五代混乱的局面中形成的。根据宫崎市定的研究,"南朝梁代,在岭南广州、交州一带,交易只用金银","在经济上以金银为货币本位的风习,似乎是从波斯、印度方面传到南洋的"[2]。不过,当时中国的流通货币,却依旧还是铜钱——恰恰因此,五代时期的各个国家,为了在互相间的贸易中尽可能地把铜钱保存在自己手里,防止铜钱流失到其他国家,方才将银作为国家间的"贸易凭证"加以采用:

> 到了五代的分裂时代,各国政府以数量甚少的铜钱作为国际通用货币,铜钱变得贵重。小政权割据了地方,各国间进行国际贸易,由于只有铜钱可以作为结算的共通货币,国内的铜钱积存量就是该国的通用货币量。在这种情形下,各国为了维持本身的持有量,尽量将通用货币集中在政府手里。特别是资源贫弱、容易入超的国家,一方面发行新的铅钱、铁钱以在民间通用,实行

> 严格的货币管制，防止铜钱流出，同时又利用因低品位货币下降的外币兑换率，把本国的商品向外国廉卖，力求吸收更多保有的通用货币。这种通货分裂使国际贸易受到显著的束缚，商人为求打开局面，使用银块作为解决办法。银块不抵触任何国家的通货管理法，可以自由无阻地使用。银块作为货币早在广东盛行，广东逐渐传向北方，以至在江南变得普遍。[3]

宋代的货币制度是铜钱与钞（交子）兼使，不过由于海外贸易的发展，特别是国家税收越来越依赖海外贸易，故而银在沿海民间的采用开始普及起来。因此，王夫之在《宋论》中激烈批评宋代发行国家货币——交子的做法，称其是愚商、愚民之举，而他的根据，则是说白银已经日益成为民间商品交换的工具，相对于钞和铜钱而言，银已经日益成为稀缺资源，所谓“其得之也难，而用之不敝，输之也轻，而藏之也不腐。盖是数物者，非宝也，而有可宝之道焉。故天下利用之，王者弗能违也”。“王者弗能违也”，这就是说白银已经凌驾于国家之上，凌驾于生产和贸易之上了，王夫之进而认为，国家发行纸币，就是向白银宣战，也等于向商人宣战，故可谓是“官以之愚商，商以之愚民，交相愚于无实之虚名，而导天下以作伪”。[4]

对于白银流布中国的历史，魏源《圣武记·军储篇一》述之最详。他说：“人知中国之银出漏于外洋，而不知自昔中国之银大半来于外洋，外洋之用银币亦先于中国。何者？宋、明以前，银不为币，币惟黄金及铜。”这就是说：宋代及明初，白银还并不是中国的合法货币。那么，白银货币究竟是什么时候、怎样传入中国的呢？魏源又指出：“《汉书·西域传》：罽宾、安息、条支濒海诸国，皆以金银为钱，文为骑马，幕为面，或文为王面，幕为夫人面（幕者，钱背）。唐《西域记》：龟兹国、睹贺罗国、迦毕试国，其货皆用金银钱及小铜钱，印度兼用金银贝珠。是西域上古即用银币，先于中国数千年。其证一。《通典》谓：梁初惟京师及三吴、荆、湖、江、湘、梁、益用钱，其余州郡杂以谷帛交易。交、广以金银为货币。韩愈及元稹奏状，皆言自岭以南用金银，……是闽、粤旧通番舶，故用银独早。”

关于美洲白银大量流入中国，以及白银流入对中国财政货币政策造成的根本性影响，魏源下面的话尤为重要：

> 是宋代之禁铜钱下海，与今日之禁纹银出洋无异。盖昔时番舶载银，以易中国之铜钱，钱之出海既众，则银之入中国者亦必众。故昔时不闻禁出洋之银，犹今不闻禁出洋之铜钱。事所本无，患正相反。其证三。《职方外纪》言：南墨利加州各国多产金银，而孛露国、金加西腊国所产尤甲天下。其场有四坑，皆深二百丈，役夫常三万人。国王什税其一，每七日约得课银三万两。百物俱贵，惟银至贱。……欧罗巴岁岁交易，所获金银甚多。……洪武、永乐中行钞，禁民间不得以金银为货交易，违者治罪。有告发者，就以其物给之。欲以轻银而重钞。《通典》载唐度支岁入之数，粟、布、钱、帛而外，未尝有银。惟两广诸州土贡，每州贡银三十两，或二十两，以为贡，不为币。苏辙《元祐会计录》及《元史·成宗纪》，岁入之数，银但五千万两。《洪武实录》岁入之数，银但二万四千余两。是则自明以前，重铜轻银如此，其采银贡银之少如此。而近数百年间，钱粮改银以后，白金充布天下，谓非闽、粤番舶之来，何自得之？[5]

魏源已经讲得很清楚：明朝初年，白银还并不是合法货币，政府甚至禁用金银交易。从《大明会典》中亦可知，明朝典章制度中有“钞法”“钱法”，却并没有“银法”。尽管政府有明确禁令，白银在民间市场上的使用却并未停止，反而随着市场贸易的活跃而渐成大潮。这首先就是由于主导市场的大商人手中掌握着大量白银，白银作为流通主币，与他们的推波助澜最有关系。到嘉靖年间（16世纪40年代），白银的主币化过程逐步走向完成；在明朝中后期，白银普遍通行于全社会，终于在货币流通领域占据了主导地位。

明代人民负担繁多，夏税、秋粮要纳钞、绢、米麦，丁役则包括力、银、马，银是包括在丁役中的。永乐年间，虽岁贡银三十万两有奇，而民间交易用银仍为厉禁（《明史·卷七》，1895页）。那么，银作为货币流通，这个口是怎么开的呢？

迄今为止，中外学术界对白银在明代社会前后期地位所发生的巨大变化，主流看法均是援引《明史》的说法：正统初年，明英宗“弛用银之禁”“朝野率皆用银”，认为白银货币化是朝廷法令推行的结果。换句话说，白银流通，是从白银成为官俸这一点上开了口子。这个说法是有历史依据的。《明史》说：“至正统元年，副都御史周铨言：‘行在各卫官俸，支米南京，道远费多，辄以米易货，贵买贱售，十不及一。朝廷虚糜廪禄，各官不得实惠。请于南畿、浙江、江西、湖广不通舟楫地，折收布、绢、白金，解京充俸。’”[6]这表明，白银首先是在南方富裕地区成为官俸，即官员的工资的。这些地区恰恰就是海外白银大量涌入的地区，从这一点来看，明代白银货币化则是民间商人，甚至是走私商人推动的结果，故而它才经历了一个“自下而上”的发展历程，到嘉靖以后，经过商人与政府的长期博弈，银作为主币才终于为官方所认可，而这首先就与著名的“一条鞭法”的推行有关。

嘉靖年间，浙江巡按庞尚鹏，正是基于浙江沿海商人大量拥有进口白银的实际情况，首次奏请在闽浙地区实行“一条鞭法”。此法一改国家土地税征收实物的做法，力主确立白银为国家税收工具，从而结束了实物征税的历史，因此，这一主张方才成为中国税收和货币史上的一场大革命。同时他还主张，劳役负担（丁役）也由交纳粮米（本色）折算为白银征收（称为折色），至于土贡方面，土贡方物亦皆折合为银。租、役、贡都折合为银征收，故其核心在以白银为税收货币——而这就是“一条鞭”之实质。

不过，“一条鞭法”之核心是计田查田，按照田亩收取田租，而商人无田，自然就不用交田租。此前历代租税，皆是农商并征，如今商人不征田租，此为旷古之大不公平。由于各个地区土地收入不同，内陆地区银又很缺乏，加上这个政策默认商人，特别是沿海地区商人的走私活动，所以嘉靖以来，反对它的声音也一直很高，故此法一直没有在全国范围内真正实行。众所周知，直到万历年间，张居正当国，下制申饬全国通行这全民以交纳白银免除赋役的“一条鞭法”，这种赋役折银的做法，才最终确立下来。[7]

隆庆元年，明穆宗朱载垕颁令：凡买卖货物，值银一钱以上者，银钱兼使，一钱以下只许用钱。隆庆元年这条“银钱兼使”的法令，其重要性在于，它是明朝首次以法权形式肯定了白银为合法货币，并且是以法权形式把白银作为主币的货币形态固定了下来，同时又以法的形式将城市工商的地位、权利固定下来。

按土地多少而非人头征税，这显然是不利于大地主和官僚所有者的，但是，由于城市工商手中拥有白银，东南沿海，特别是浙江、福建民间进口白银最多，所以大商人和这些地区的城市工商业“富民”，实际上才是“一条鞭法”税收的真正征收对象和主体。吴承明指出：万历时，徽商、浙商和闵商“藏褓白银有至百万者，至于其他二三十万，不过中贾尔”。明代中后期的“心学”思想所代表者，主要就是沿海商人之利益，何心隐所谓“商贾大于农耕”，以及王夫之所谓“大贾富民者，国之司命也”，诸如此类种种说法，均代表着商人阶级兴起所造成的社会结构的大变动。张居正“万历新政”之所以兴学案、裁书院、打击民间讲学，甚至囚杀何心隐，其真正目的，与其说是迫害士子、毁坏学术，不如说是镇压商人富民阶级对于税收的反抗。

“一条鞭法”的推行，使得白银渗透到社会的每个角落，深入人们的日常生活之中。张居正所推行的以货币囤积为目标的重商主义政策，一方面造成税收的重心仍在土地，而土地所产者为米粮；另一方面，国家税收的工具却是白银，白银则主要掌握在富商大贾手中。农民缴税，便要把粮米兑成钱，再以铜钱换成白银，一旦丰收，则钱贵谷贱，一旦白银供应短缺，则银贵钱贱，农民因国家税收用银，从此就要遭受多重盘剥。更有甚者，银—钱兑换机制，则又全为富民、豪商所把握，他们通过这种兑换机制，即可坐地进行资本剥削，何况熔铸银锭的银炉也掌握在豪商、富民手中，这在客观上使得商人，特别是沿海商人在国家财政与税收中扮演了举足轻重的角色，他们掌握国家命脉之能力，自是得以空前高涨，当然，这也使得市场在白银的驱动下，前所未有地活跃起来，它促进了这一时期商品经济的繁荣、商帮的形成和市镇的兴起。

当明王朝筹划其银本位的货币体系之时，一个问题自然也就随之浮出水面：随着白银渗透到整个社会，社会各阶层对白银的需求日益增长，如何解决这一严重的供求矛盾便成为当务之急。对明朝政府而言，除了从历史上继承下来的白银储藏外（主要掌握在巨商手中，国库储存并不多），白银的来源主要有两个：一个是国内自有的白银矿藏资源，另一个自然是海外贸易交换而得的外来银资。

明朝时的银矿，分布于湖广、贵州、河南、陕西、山东、北直隶、浙江、福建、四川、云南等多处，非但相当分散，事实上国内的银矿资源是非常有限的，即中国可以算是银矿资源相对贫乏的国家，而且明朝在对国内矿产资源进行开发时，更存在着诸多问题，尤其是当开采的白银量达不到预定的标准时，朝廷往往要求当地政府弥补这一差额，而地方政府往往将差额转嫁分派到基层百姓身上，百姓深受开矿之苦。对于这一状况，宋应星在《天工开物》[8]中有详细的记载：

> 凡银中国所出，浙江，福建，旧有矿场，国初或采或闭。江西饶、信、瑞三郡，有坑从未开。湖广则出辰州，贵州则出铜仁，河南则宜阳赵保山、永宁秋树坡、卢氏高嘴儿、嵩县马槽山，与四川会川密勒山、甘肃大黄山等，皆称美矿。其他难以枚举。然生气有限，每逢开采，数不足则括派以赔偿，法不严则窃争而酿乱，故禁戒不得不苛。燕、齐诸道，则地气寒而石骨薄，不产金银。然合八省所生，不敌云南之半。故开矿煎银，唯滇中可永行也。凡云南银矿，楚雄、永昌、大理为最盛，曲靖、姚安次之，镇沅又次之。[9]

嘉靖、隆庆时代著名的廉吏海瑞，在这个问题上也是很有见地的。他一方面认识到“矿乃天地自然之利”，开采银矿可以“俭省吾民一二”，另一方面，他更看到“官开必立官设衙门，取掘夫役，种种费用，十倍矿利”。[10] 这就是说，矿利入官，本来可以减少人民的赋役，而一旦设立衙门开矿，由于供养衙门和采矿劳役增加，人民的负担反而十倍加重。

于是，一方面是日益增长的巨大的白银需求，另一方面则是当时国内白银储存量及银矿开采量严重不足，特别是开采的严重高成本又使得政府的白银开采政策始终摇摆不定。在国内白银开采和供应远远不能满足需求的情况下，在开矿劳民伤财、极不经济的核算考量下，当然主要更是在货币需求的强烈刺激下，明朝将寻求白银的视野投向海外就是一个必然的选择。与此密切相关的是，货币需求促使私人海外贸易蓬勃兴起，明朝的海洋政策也从防止货币流失转向白银货币引进。当海外白银成为当时中国社会白银来源的重要支撑时，中国市场得到了极大的扩展，中国经济从而日益融入美洲白银主导的世界资本市场。

我们知道，西班牙人于1500年左右到美洲的目的本是找金子，而在16世纪30年代却意外地发现了白银——1530年是中国明代的嘉靖九年，这一年明王朝也发生了一件轰动官场的事，它也与白银有关，即当时的福建延平县令徐阶因成功处理了当地盗窃国家银矿的案件而名声大噪，徐阶后官至首辅，他入阁主政后，随即提拔了张居正为国子监司业，并推举张担任后来成为隆庆帝的裕王（朱载垕）的教师。嘉靖末年，朝廷采纳徐阶的建议，停开铜矿，停宝源局铸钱。就在那个时候，徐阶发出了“开矿不如市舶”的呼吁，这代表了明朝货币政策的极大转向。[11]

隆庆元年，明朝开放海禁，同时结束了免征海外贸易税的政策，开始大规模对海外贸易征税。宫崎市定指出，这一事件具有划时代的历史意义：

> 隆庆元年，明朝政府英明果断地解除了海禁，开放漳州府，公开允许中国商人从那里开船前往东南洋。所谓东洋包括菲律宾以南、婆罗洲以东摩鹿加群岛一带；所谓西洋包括安南、文郎马神、帝汶以西的印度支那半岛以及南洋群岛地方。万历三年，对出国的中国船颁发特许证（引），每引征税银三两，后来增加为六两，因商民请发特许证的很多，所以规定每年以一百一十引为定额。万历十七年（1589）又规定了水饷、陆饷和加增饷的详细税则，这在中国关税史上是划时代的大事件。[12]

这里所说的“水饷”就是根据船只大小对船主所征之税，而“陆饷”就是进出口货物税，最主要的是“加增饷”，这是专门对往来菲律宾的船只所收之税，因为这种船所运者为银，故需每船加征税收白银一百五十两。

明朝白银的海外来源主要是日本和美洲，其巨大的白银需求直接刺激了相关国家和地区的白银开采，并逐渐形成了以明王朝为中心的白银贸易体系。前面说过，当16世纪40年代葡萄牙人东来日本时，他们一开始只能加入倭寇的海盗团伙，但是，当发现中日间丝银贸易可以获得巨大利润时，他们便积极参与其间，开展了活跃的中介贸易，以中国丝绸换日本白银，并将贸易范围扩大到欧洲。西班牙扩张到亚洲以后，也几乎立即发现了以白银换取中国商品最为有利可图，紧接着就出现了美洲银矿的疯狂开采和运输。这些当然都是中国的白银需求推动了世界矿产开发的例证。

在随后的历史时期，日本白银产量的绝大部分及占美洲产量3/4的世界白银流入了中国，总数极为庞大（日本白银开采的时间大约只有

90 年）。明朝经海上贸易流入中国的白银，远超其 270 余年间国内开采的白银总量。在明代后期中国拥有的白银总量中，属于国内生产的比重更是甚小。在这一重要问题上，前人的研究已经给出了一些基本数字。如全汉升统计，1597 年一年间自美洲运往马尼拉的白银总数为 1 200 万比索，相当于 34.5 万公斤。16 世纪末，葡萄牙共将 3 万公斤白银运到了澳门。百濑弘认为："西班牙占领菲律宾以后二百数十年间，自墨西哥流入菲律宾的银子总额有四亿元（西班牙元）。"[13] 黄仁宇认为："从 1390 年至 1468 年，中国国内的白银产量总计达 3 000 万两以上，在明灭亡前的 72 年间，海外输入中国的银元在一亿元以上。"[14] 吴承明先生《16、17 世纪中国的经济现代化因素与社会思想变迁》中所做的"最谨慎估计"是：16 世纪后期到 17 世纪初，流入中国的白银起码已达 1.5 亿两。又据百濑弘教授在《清代西班牙元的流通》中所做另一保守统计，从 1700 到 1835 年，由西方流入中国的白银迅速攀升，总额则为 12 亿两左右，到乾隆中期，每年仅进口西班牙银元便达 500 万元。陈梧桐的研究则指出：1540—1644 年之间，日本生产白银的绝大部分输入中国，前后共约 7 500 吨，而明代中后期倭患表面上的平息，实际上与此时日本发现了银矿，从而可以通过输银而非抢劫的方式换取中国财富有关。

在此基础上，丹尼斯·弗莱恩和阿拉图罗·热拉尔德范曾经提出"世界贸易"在 1571 年诞生的观点，因为正是从那时起，一个世界贸易网络开始建立，世界市场雏形开始出现，而最为关键的是，白银成为"世界货币"，它在世界经济一体化的历史进程中极为重要的作用也已经显示出来。

白银作为主币地位之确立，决定了明代以降大规模引进海外白银的政策，正是这个货币政策从根本上改变了中国原有的联系世界的贸易线路，也逐步重塑了中国认识世界的方式。本来，西洋（印度洋）和南洋（南亚）是中国海外贸易的主要目标，而为了引进白银，中国的贸易线路开始经过马尼拉，面向太平洋那一端的美洲大陆。

16 世纪初，由于葡萄牙人垄断了绕过非洲到亚洲的东印度航线，西班牙只能另辟他途，即向西越过大西洋，经过墨西哥西渡太平洋，再到亚洲。因此，16 世纪的太平洋才被称为“西班牙海”。1529 年，西班牙与葡萄牙签订《萨拉戈萨条约》，以马鲁古以东 17 度划分两国势力范围。出于香料贸易和打开亚洲市场的动机，1564 年西班牙殖民者在菲律宾宿务登陆，建立了第一个殖民点，同年 6 月，西班牙“圣·巴布洛号”大帆船满载亚洲香料和货物，从宿务返回墨西哥阿卡普尔科。1571 年，西班牙又占领马尼拉，从此开通了阿卡普尔科—马尼拉之间的大帆船贸易，而 1567 年，明王朝正式解除海禁，阿卡普尔科—马尼拉航线延至福建。此时美洲白银的发现，特别是随着 1550 年汞齐化精炼法在整个西班牙美洲的传播，使得美洲白银的生产规模大幅扩大，迅速回应了中国经济对白银的大规模需求，并一举解决了困扰明朝百年的货币问题。这就好像冥冥中有一只手，把西班牙人在美洲发现的白银与同时代明代的货币问题联系起来了：中国人能生产世界上最好的商品，而驱动中国不断扩大商品生产的却是在中国紧缺的贵金属——白银，当时的西班牙尽管一无所有，手里却掌握着经墨西哥出口的白银，支配漫长的 16 世纪的墨西哥—菲律宾—中国福建的海上跨国大帆船贸易体系就此形成。

1580 年时，每年到菲律宾的中国商船有四五十艘，根据另一资料，1572 年至 1644 年（明朝瓦解），共有 1 086 艘中国货船抵达马尼拉，从福建泉州月港远贩马尼拉的货物，主要就是生丝和丝织品。这些货物再从马尼拉运到阿卡普尔科，这样，就形成了以月港为起点，马尼拉为中继，墨西哥阿卡普尔科为终点的中国福建—菲律宾马尼拉—西属墨西哥之间的“海上丝绸之路”。在 18 世纪末墨西哥的进口总值中，中国丝绸和其他商品占 63%，而大帆船从墨西哥运到菲律宾的主要是银元，据估计，1565—1820 年之间，墨西哥向马尼拉输送的白银高达 4 亿比索，其中的绝大部分流入中国。[15]

因此，与其称往来于菲律宾的大帆船航线为“海上丝绸之路”，不如称之为“海上白银之路”更为妥当。贸易对象、外贸线路的改变也逐步改变了中国与世界的关系，自此之后，中国所理解的“世界”，逐步变成了那些向中国出口货币的国家，或者说，变成了那些有“资本”购买中国商品的国家——1567 年之后，这样的国家当然就是拥有“新大陆”的西欧。于是，中国与世界的关系，逐渐变成了中国与“西方”的关系。

中国士大夫对这一关键性问题发出的疑问，我们可以从明崇祯十年（1637）福建晋江景教堂刊刻、意大利传教士艾儒略撰写、相国蒋德璟校阅的《西方问答》一书中看到。该书以问答的方式，交换了中西之间诸多不同看法，而其核心就是关于白银的问题。

中方问艾儒略：“敝邦所用银钱，皆来自贵邦，不识何若是之多也？”

艾儒略则回答道：“西来诸商，与贵国交易，每岁金银不下百万，其所从来，有出于敝地之矿者，亦有海外亚墨利加（即美洲）所出而进者。盖其地之矿，广而且腴，计十分之土，金银且六七分也。大西近海一国，每岁所入，亦不下数百万，有识者曰：敝地实受多银之害，金银愈多，而货愈贵也。”

这段对话十分关键，因为它简要地说明了：明代中期以降，中国的大部分白银供应依赖由西方进口，而欧洲的货币供给则主要来自美洲殖民地，同时，他们也从传教士那里得知白银的过度供应导致了欧洲的价格革命，即艾儒略所谓“敝地实受多银之害，金银愈多，而货愈贵”，而这最终也导致了劳动力价格的上涨，从而为后来欧洲发生机器代替人工的“革命”埋下伏笔。[16]

明朝最终把白银确立为国家税收和储备货币，原因固然复杂，但如果简要地归结起来也无非两方面：于内因方面，这是由于明朝初期以来，建立自主的、合理的货币发钞体系的努力最终失败了；从外因上说，则是美洲白银的发现，使得这种失败变得更为迅速而彻底。

货币主权是关乎国家财政和国家主权的核心问题，它深刻地关系到王朝的兴亡。元帝国崩溃的原因很多，除了以库里台选举大汗的制度[17]特别容易导致内部分裂外，蒙古纸币——中统交钞的崩溃，其实是元帝国崩溃的一个极其重要的原因，也就是说，一个国家发的钞票没有人认，那么这个国家其实也就名存实亡了。终明一代，北元“蒙古内部均没有货币。蒙古人在朝贡互市所得银两，就在当地购买诸生活用品。即使有所剩余，则携回铸佛或铸浮屠”[18]。

与元代一样，明朝也全力为它发行的纸币——宝钞为百姓所接受而斗争，但结果一开始就很不理想。明朝初期，皇帝把宝钞发给来朝贡的外国使团作为礼物，或者发给官员作为额外的奖励，前者没见过这么精美的印刷品，故而尚把宝钞当宝贝，后者大概只是把它当奖状用。历史证明，皇帝倘以赏赐的方式发行宝钞，就很难控制宝钞的流通量和印刷量，从而也难以避免宝钞发行陷入通货膨胀的命运。

1429 年，朝廷进一步下严旨推行宝钞，同时禁止金银交易，明令私下交易白银一两，即罚钞一千贯。匪夷所思的是，宣德皇帝（明宣宗朱瞻基，1426—1435 年在位）继位伊始，就赏赐官吏军民金银963 829 两。皇帝此举，虽然号称动用皇家内库所存，与国库无关，但根本的问题在于：皇帝的这一做法本身与国家的货币政策完全相左——既然皇帝自己带头违背钞法，钞法能否坚持自然也就可想而知。

更有甚者，皇帝内库以钞换钱，遂使钱法、钞法皆不行。洪、熙、永、宣，四代行钞，其后钱钞兼使。至明武宗正德年间（1506—1521），中官管太仓，司铜钱库，只出钞，不进钞，拥钱不出，钞值大坏，而钱法亦坏。

这更充分暴露了明代没有一个统一的国家财政机制，户部太仓库不过是京师银库之一，而非中央财政核心，因为户部根本无权管理太仆寺常盈库、工部节慎库、光禄寺银库，它们之间彼此独立，不能节制，而皇帝的三大内库（内承运库、广惠库、东裕库）更是不受国家财政管辖，皇帝只是在内库困窘之时，便名正言顺地向户部太仓伸手，带头破坏国家财政而已。张居正奏折中多有劝阻皇帝向国库伸手之论，其实便在于此[19]。

1448 年，朝廷再出重拳推行宝钞，出动锦衣卫查禁民间银、铜流通，但第二年，年轻的皇帝即在土木堡被瓦剌蒙古擒获，朝野上下对太监祸国的指控达到高潮，动用锦衣卫推行宝钞的政策亦从此告吹。[20]

明成祖时，基于税收严峻，都御史陈瑛言事：“比岁钞法不通，皆缘朝廷出钞太多，收敛无法，以至物重钞轻。今莫若暂行户口食盐法。天下人民不下千万户，官军不下二百万家，诚令计口纳钞食盐，可收五千余万锭。”[21] 1404 年，由于宝钞发行的失控，都察院复建言：实行各户食盐纳钞，其实是历史上把盐税作为国家税收主要来源的故伎重演，只不过是进而主张把盐税征收与宝钞发行联系起来而已，而国家垄断盐税，是历代财政困难时往往会采取的，但它所遭到的反抗，从来也是格外剧烈的，因而是否可行，朝野上下久议不决。可见，明朝没有统一的国家财政机制，没有真正的中央财政机构，这才是宝钞的发行注定要失败的最根本原因所在。

从理论上说，明政府其实只能采用两种办法来解决国家信用问题，一种办法就是建设收支平衡的国家财政制度。运用中央财政机制，推行宝钞、严格钞法，打击商人以银垄断市场的行为，禁止民间用银。同时，必须整理多头财政，调整税收方向，把工商贸易税收置于土地税收之上，努力使得官方认定的货币，也就是宝钞的发行，可以建立在国家切实的财政能力的基础上。

另一种办法，就是“开中法”式的，即将货币短缺的解决，委之于让商人乃至外贸商人组织市场、组织社会，而国家则从组织社会中全盘退出。这也就是我们明朝的祖宗所谓“不扰中国之民，而得外邦之助”的妙方，但是这样做，国家就势必要把经济命脉委之于商人，将包括银—钱汇兑机制、银锭熔铸机制在内的经济机制，全都交由民间的“富民”，特别是那些从事进出口的外贸巨商，如此，国家只是乐得省事，坐收税银而已。其理由无他，无非就是因为巨商手里掌握着大量的进口货币，它会造成更为严重的后果，就是使得一国经济依赖货币商人，甚至国外的金融业，变得不可避免。

因而，所谓“国家财政”，其实质就在通过准确的国家财政税收计算和预算，确立起国家信用，如此，国家就可以通过发行信用掌握和调控经济，此乃立国之本。相反，如果国家没有准确的财政制度和财政调控能力，甚至没有发行自主货币的能力，而把货币供应全然委之于商人甚至外国货币市场，那么也就自然丧失了对经济根本上的控制力量，从而也就丧失了对商人阶级和他们所垄断的市场的干预力量，其最终结果，就是国家能力衰落、生产者受盘剥而日益贫困，独有买办商人得利而暴富。

非常可惜的是，明代所实行的政策，总体来说是走了后一条路，由于国家所面对的是千百万零散的、无组织的小农，这样就根本没有可能通过建立准确的财政计算合理地发行信用，由于每家每户的土地非常狭小，土地产权又严重混乱，白银很难作为征收狭小土地税收的计算手段，它只适合于征收工商贸易税。明代商人做生意的目的就是积累白银，这反而造成了货币流通的严重不畅。黄仁宇指出：“明朝末年一个大财主可能会在其家中窖藏 100 万两白银。1580 年的一份上奏透露出在长江以南的许多家庭确实储藏有成千上万两白银。通常为了安全，(人们)都是将这些银条、银锭埋入地下，可以理解，白银广泛用于制作珠宝、首饰、器皿，它们在理论上可以看作一种现金，实际上却减少了流通中货币的数量。”当国家转而把货币供应委之于商人时，国家就不能不制定一系列倚重于商的政策，其中“一条鞭法”则是最典型的明帝国内部商人阶级与国家、社会力量大博弈的产物。“一条鞭法”之所以成为张居正所说的“势所必然、势所必行”，就是由于随着经济的发展、贸易的扩大，固有的货币短缺与市场不断扩大的矛盾日益突出，商人私自出口货币和窖藏货币的现象愈发严重，而国家整理财政和调控经济的努力,又一直受到基层社会毫无组织能力的限制,一旦大规模进口白银成为可能,海上贸易线路自然要为之改变,朝贡体系即不能维持。上述这些内外条件综合起来,国家也就只能向世界货币市场和国内掌握着大量白银货币的商人妥协了。万历年间“一条鞭法”的强力推行,在这个意义上,也确实如张居正所说是必然的选择。既然不能以国家货币宝钞完成征税,也就只能向富民、豪商所垄断的白银经济低头,尽管这是一个使种粮、种地的农民的利益大为受损,而唯独使沿海地区的商人获利的政策。或者说,一旦国家将货币的来源,甚至财政的主要来源委之于商人和海外金融业,那么生产者的利益就会受到巨大的损害,国家控制货币和经济的能力终将荡然无存,社会的整合能力则必然下降。

明代对于商人,特别是东南沿海地区的出口商人之重视,乃是由于国家希望通过引进白银解决财政问题,它固然鼓励了商业和对外贸易的一时发展,但是,这是以国家丧失货币主权,从而丧失社会整合能力为代价的。对于这种重商主义政策的两面性,有学者这样指出:

> 早在10年前,我们已将郑和研究与社会史研究相结合,试图从郑和远航与明中叶社会关系的变迁来考察其历史作用。一言以蔽之,郑和下西洋对中国社会产生了两极效应,我们尝试从六个方面论证:朝贡贸易的衰落与私人海外贸易的兴起;官营手工业的衰落与民间手工业的兴起;大明宝钞的衰落与“朝野皆用银”的兴起;社会整合程度的下降与海外移民热潮的兴起;正统理学(重农抑商)的没落与新思想的兴起。
>
> 最近几年我们进行的白银货币研究进一步表明,明代社会的

变迁，白银货币化的加速，自下而上到自上而下的转折点，就发生在成化、弘治年间（1465—1505），而这也是私人海外贸易兴盛的时期。郑和下西洋开始后，大量胡椒、苏木的输入“充溢库市”，明朝以此折饷折俸，特别是折合成文武官员、军士人等的俸禄，一直到成化七年（1471）才用完，持续了半个多世纪之久。朝廷以外货作为货币代用品，以解救钞法败坏的危机和货币政策的失败，时人的评价是“不扰中国之民，而得外邦之助”。因此，朝廷内部开海禁的建议也直达宫廷。伴随着白银的货币化，市场不断扩大，而日本和美洲白银的大开发，与明朝经济社会形成互相促进的作用。由于国内不断增加的白银巨大需求，拉动了白银的大量流入，最终把中国和整个世界联系起来，中国经济为一个整体的世界的形成做出了重要贡献。[22]

上述引文指出：恰恰是明朝国家治理能力的下降，恰恰是大明宝钞的失败、钞法的败坏造成的财政危机，才导致了“朝野皆用银”。这样的说法，确实是很有见识的。可见，明朝货币信用的问题之最终得以解决，靠的不是造就一个可以为自己的经济发展“供血”的心脏，而是不断靠外部的货币“输血”实现的。大量西班牙美洲货币的引进，则使得本来已经混乱的币制变得更加混乱。

对于中国中央财政制度的失败及其与国际贸易规模扩大之间的悖论关系，恐怕没有人比滨下武志概括得更为妥当了：

对货币发行的考察，可以折射出中国所谓的“中央集权”行使的真正状况。在中国的货币体系中，几乎没有黄金流通，银和钱（铜钱）是货币体系的两大支柱。铜钱的铸造由中央政府管辖，

> 但在明代，流通的主要货币是由民间的银炉铸造的称量货币：银元宝（银锭）。最初，银与钱的比价是白银一两兑换钱一千文，但是，随着时间的推移，两者之间的差距在增大。
>
> 但是，即使白银流动超出中央政府的管辖范围，明代仍然坚持实行以白银纳税的方向，这导致越来越多的人需要进行货币兑换，民间金融机构掌握着财政汇兑。因此，私人金融机构对货币和公共财政的控制日益增强。[23]

实际上，滨下武志对明代财政制度和货币制度的研究，更揭示了一个很难被人们的“常识”接受的事实：所谓中国乃一“高度中央集权”之体制，这不过是近代以来西方话语中的一个子虚乌有的虚构。实际的情况可能恰恰相反，如历代王朝一样，明王朝乃是所谓的“天下”，而绝非近代意义上的（民族）国家，其多重“分权”而造成的权力分散和行政效率之差，由张居正奏折中斑斑点点、痛心疾首的申诉中立可顿见。按照张居正的说法，明代所谓“内阁”者，无非是为皇帝办事的内廷，其权力与唐之三省、宋之二府（枢密院、中书门下）远不能相比，因为皇帝本身能力低下，因此，明之内阁，权力也没有汉武帝时的内朝权力大，它绝非“中央政府”。内阁既然并非“中央”，遑论“中央集权”之所由来？这种严重“分权”之最为集中的表现，就是明朝中央连发行国家货币的能力也不具有。

明朝统一国家财政和发行国家信用之努力的失败，恰是由三位最“无为”的皇帝（嘉靖、隆庆和万历，在位时间是1522—1620年）造成的，而这三位皇帝执政时期，却又恰好赶上了美洲白银的大规模出口。这样一来，从内部，即通过整理财政、稳定货币发行量、清理混乱的多币种制度，确立自主的货币信用的努力，也就被一劳永逸地放弃了。货币短缺问题以放手进口白银这种被动的方式来解决，本身就是国家能力下降的鲜明表现。

这三位皇帝执政时期，又是皇权与六部官员之间的冲突达到高潮的时代，以道学家为主体的士大夫官僚阶级，使“党争”成为明代政治的一个突出特点，同时又力图以繁芜的礼法将皇帝紧密束缚起来，这种上层统治结构的纷争，更使得明王朝的行政效率下降到了最低点。

大量的白银流入，仿佛为长期困扰明朝的货币问题找到了解决之道——但它更深刻地反映出明朝国家体制的痼疾[24]，并带来了两个后果：第一，美洲白银开始支配世界经济体系；第二，明朝经济开始依赖国外白银进口。由于困扰明代经济的根本问题是通过外部因素解决的，而不是通过建立完善的财政体系实现的，所以我们说，明代解决货币问题的方法，从总体上说是消极的。

威廉·阿特威尔在《剑桥中国明代史》的第八章“明代中国与新兴的世界经济，约1470—1650年”中，对这个问题的两个方面都有论述。他一方面对明朝给予世界经济的贡献评价很高，这样概括说：“在16世纪和17世纪，中国国内对进口白银的需求，国外对中国丝绸、瓷器、金、铜币和其他商品的需求，促使中国比以往更深地卷入世界经济事务，这种卷入被证明是一种祸福结合的幸事。”他还引用了牟复礼的话：“到1644年，中国是世界历史的一部分，它深受世界贸易中白银流动的影响，深受粮食作物的传播造成的农业转变的影响。”[25]

另一方面，阿特威尔对明代致力于货币税收问题的改革总体评价不高，一个最著名的例子是他对“一条鞭法”改革的解释。由于张居正的改革在明代乃至中国古代经济史上都是浓墨重彩的关键性一笔，因此张江陵与王荆公（安石）并列，一直被视为中国改革家的代表，但阿特威尔解释说，这不是因为张大人是孔明再世，而是因为“一条鞭法”改革得以完成的真正基础，其实就是白银的大规模进口。明代把国家税收折合为白银来征收，这一改革的实施发生在1570年，这正与海禁解除后世界白银流入中国的高峰期完全重合，而改革的两个试点浙江和福建，都是最直接卷入海上白银贸易的省份，也是海盗和海外贸易最活跃的省份。所以，阿特威尔认为，理解500年前的中国国内改革，重要的是要看到它的国际和全球背景，而不是看改革家张居正出神入化的治理手段。[26]

这就是说，改革家张居正只不过是赶上了世界史的大机遇，在那种“战略机遇期”里面，即使中国皇帝、首辅上下都不作为，只要国际经济大形势“颇有利于我”，如同今天的沙特、科威特的屁股下面坐着石油，那就何愁美元不滚滚而来，但是，一旦石油挖尽，出口链条崩断，外在的货币供应随之停止，所谓的“盛世”也就将土崩瓦解。

阿特威尔很犀利的地方是把张居正改革纳入一个世界的视野中去观察，指出了张居正式的改革过于依赖外贸、过于依赖世界货币市场供应的致命弱点。这就是为什么尽管明代中期市场和生产都大幅扩大了，国家的治理能力反而下降了，这突出地表现为混乱的币制不能治理、基层不能组织这一明代政治的根本方面。他的论述令我们耳目一新。

嘉靖皇帝继位时的1522年，中国以其超前的科学技术水平、繁荣的市场经济，遥遥领先于世界上其他国家，但是在“无为”的道学思想支配下，明朝没有建立起农业的商品化的国家财政体制和金融体制，皇权与士大夫阶级内部的争斗不能停止，由皇权直接面对千百万小农的“两张皮”结构也没有改变。在长期表面繁华的掩盖下，中国的国力却日益衰落，上层为“道学”而战，基层又没有组织，于是政府掌握经济、整合社会的能力不断下降。特别是：由于当国的官僚阶级和士大夫阶级不善财政，甚至耻于言利、耻于言财政，这种风气在终明一代泛滥不治造成的结果，就是国家在与国内的豪强商人和大地主的博弈中必然会失败。当国家不得不将货币短缺的解决之道委之于商人，甚至进一步委之于海外白银进口的时候，这就非但使得中国历来不事生产的商人垄断社会的局面一发不可收拾，而且，它也开了中国经济依赖国外金融业的先河。

中国国家能力下降之根本原因，从政治上看，也可以说是封建制度对国家能力的瓦解。封建制度，在宋代之后其实并没有被彻底扫除，恰恰相反，具有中国特色的封建制度在宋代、明代乃至后来的清代获得了新的、更为稳固的形式，而其最为突出的表现，就是影响中国历史甚巨的“官无封建而吏有封建”的体制。

这是因为中国自宋以来，官与吏就是分离的，官以科举出身，所长者无非经史辞章，但对于财税、经济、司法，均一无所长，于是只能将后者委之于吏。宋、明、清之体制，官常有升迁、有调防，而吏却是永不升迁、无调防，这势必造成久居地方的吏成为最大的地方势力和利益集团。由于吏被称为“流外”，即胥吏不能算作士大夫，地位近乎“下九流”，因此他们也就没有以礼义廉耻自我约束之必要，既然不算国家正式官员，其收入自然只能从搜刮之中获得。对此，王安石深刻指出：

> 又其次曰流外。朝廷固已挤之于廉耻之外，而限其进取之路

> 矣。顾属之以州县之事，使之临士民之上，岂所谓以贤治不肖者乎？以臣使事之所及，一路数千里之间，州县之吏，出于流外者，往往而有，可属任以事者，殆无二三，而当防闲其奸者，皆是也。[27]

这种官与吏分离的体制，名曰“以贤治不肖”，实则以不肖治国、治万民，其所造成的直接结果，自然就是财税、经济、司法，实际上一向都操在吏的手中——也就是说，所谓近代意义上的“国家命脉”，500年来其实都是由吏操持的。久居地方、永无升迁的吏，一向又只能从财税、经济和司法中获得、抽取利益，于是，当国家有任何改革，特别是旨在提高国家能力的财政税收改革（如王安石、张居正的改革）之际，其所首先触及的就是吏这个集团的根本利益，而这些改革之所以总是归于失败，并不是由于其出发点不好，或者目标不明确，而是由于这些改革倘不借助吏则根本不能推行，而这种改革又往往总是与吏的根本利益截然相悖的。于是，这种“体制性的自相矛盾”造成吏总是有能力、有办法将改革转变为对百姓的更严酷的榨取，使得国家政令扭曲，最终使得此类意在壮大国家力量的改革反而走向引发社会矛盾、促使国家能力下降的反面上去，王安石、张居正改革失败的根本原因无他，大抵就在此“官无封建而吏有封建”之体制。

这种体制恰恰又是宋以来皇权“反封建”举措出乎意料的结果。自宋以来，历代君主在反对兼并、振作纲纪、鼓励科举方面，起码在口头上都是一致的，这样做的基本目标就是抑止豪门贵族的力量，控制地方精英势力坐大。宋代消除封建政策的极端，甚至造成太守无兵权、无财权，以致酿成各州县在辽、金、蒙古的游击之下，竟不能守土自保的地方弱势局面，而在边塞危机的状态下，地方危机导致中央危机其实也就是自然的。明代在推重中央集权方面更是不遗余力，但其结果也是同样的悖谬：削平地方官员的权力，却造成了以吏为核心的最大的地方利益集团，朝廷时刻留心和警惧地方封建，处心积虑使得太守无权，结果反而造成豪门巨商和胥吏阶级有大权，而正是这个地方利益集团把握基层和地方，自下而上地垄断了国家的税收、财政、司法。500 年来，非但国家的任何改革不经过这个利益集团不能推行，它更使得以大一统为目标的君主集权的反封建努力归于彻底失败。所谓"官无封建而吏有封建"这句话，确实说到了宋明以降中国政治弊端的核心处。

柳宗元《封建论》中有这样一个著名的论断，他说：自秦以来，中国政治之缺失，在"政"而不在"制"。其意是说，历代缺失的并不是郡县层面的大一统"制度"，而是王朝上下的"行政"和"理政"能力。今天看来，他的这种看法是深刻的，因为包括秦始皇在内，其错误也不在完成国家统一和实行郡县制度，而在于他的"苛政"和劳役"政策"失当。[28] 中国在唐宋之间削平了文武贵族势力，从而在根本上避免了内部的分裂和战乱，这种消灭文武贵族的做法当然是历史的进步，应该说没有贵族特权的制度是一个好的制度，因为对照来看，1500 年以降的欧洲之所以战乱不止，欧洲之所以是战争的源头，就是因为他们虽然推翻了教士和教皇，但没有真正推翻贵族，相反，贵族和商人的结合，才产生了军商合一的军国主义体制。不过，话说回来，唐宋以降的中国制度，其长处虽然在于维持长期的和平统一，但代贵族和豪族而起的近世士大夫官僚阶级是一个在军事、财政、司法上充分无能的阶级。中国不像欧洲那样 500 年来充满战乱，由 200 多个国家打成今天的二十几个国家，而是实现了数百年长期的和平，这当然是一种进步，而反过来与欧洲相比，近世王朝行政效率低下、官僚无能，行政上的“无为”也可以说是另一种“失在于政而不在于制”。

官员的不作为造成国家行政效率之低下，胥吏的横行造成腐败之不能禁止，所谓的“官无封建”，恰恰又是宋以来“反封建”的一个悖论性的结果。叶适（水心）的《监司之害》说得好：

> 今也，上之操制监司，又甚于临司操制州郡，紧紧恐其擅权而自用。或非时不得巡历，或巡历不得过三日，所从之吏卒，所批之券食，所受之礼馈，皆有“明禁”，然则朝廷防监司之不暇，而监司何足防州郡哉！[29]

这就是说，节制官员的结果，反而是造成胥吏和豪绅掌握了地方上的一切。与叶适一起提出“官无封建而吏有封建”这一洞见的，是宋代伟大的哲学家陆象山。陆子综合考量，认为必须区分两种改革，一种改革是“为民”的（主民），即自下而上的改革；另一种改革是为自身制造政绩的（主身），即自上而下的改革。后一种改革则必借助吏、为吏所扭曲，甚至服务于吏的利益：

> 今日为民之蠹者，吏也。民之穷困甚矣，而吏日以横。议论主民者，必将检吏奸而宽民力，或不得已而阙于财赋，不为其上所谅，则宁身受其罪。若其议论之主身者，则必首以办财赋为大务，必假阙乏之说以朘削民，科条方略，必受成于吏，以吏为师，以吏为伍，甚者服役于吏。[30]

“科条方略，必受成于吏，以吏为师，以吏为伍，甚者服役于吏”，陆子的这些话确实说到了中国政治之根本。那么，究竟怎么改变这种“官无封建而吏有封建”的状况呢？这恐怕也正是历代改革家最为痛心疾首的事业——在他们看来，由于“自下而上”是万不可行的，更是“不为其上所谅”的，那么其实也只有“自上而下”一条路可走，这就需要士大夫与官员改变文风和学风，所谓改官制、改儒学，即需要士大夫抛弃道学这种“伪儒学”，而专注和留心于吏事、财政、经济乃至军事这种“真儒学”。陆子指出，秦汉以降，后世的儒学其实早已经违背了儒家的真传统：

世儒耻及簿书，独不思伯禹作贡成赋，周公制国用，孔子会计当，《洪范·八政》首食货，孟子言王政，亦先制民产，正经界，果皆可耻乎？[31]

陆象山对中国的知识制度和官僚制度的批判是极其到位的。诚如斯言，既然科举考试本无经济、财政、司法、军事内容，只不过是三纲五常、章句辞赋而已，那么以此考取录用的官员，又怎么能担当建设一个财政国家、富强国家的任务呢？这些所谓的国家栋梁，只不过是些擅长以骈四俪六的文体说假话、大话和空话的鹦鹉罢了。由此看来，就难怪改革家如王安石、张居正要汲汲于振纲纪、兴学校、改科举了，而他们对于一无所长、反受制于吏和豪门的儒生的针砭，今天读来，依旧是如此痛切。例如，王安石说：

讲说章句，固非古者教人之道也。近岁乃始教之以课试之文章。夫课试之文章，非博诵强学、穷日之力则不能。及其能工也，大则不足以用天下国家，小则不足以为天下国家用。故虽白首于

> 庠序，穷日之力，以帅上之教，及使之从政，则茫然不知其方者，皆是也。[32]

王安石认为，科举制度瓦解了真正的儒学。他要实现的真正儒家理想是：井田出于天下秩序，学校出于井田，选举出于学校，官吏出于选举。他之所以以《周礼》为变法的指导思想，就是因为《周礼》指涉天下秩序，既是关于制度和制度改革的理论，也是一种选拔人才的准则。他称颂《周礼》说：

> 惟道之在政事。其贵贱有位，其后先有序，其多寡有数，其迟数有时。制而用之存乎法，推而行之存乎人。其人足以任官，其官足以行法，莫盛于成周之时。其法可行于后世，其文有见于载籍，莫具乎《周官》之书。

因此，研究《周礼》，就是研究治理体系，即制度问题，即回答“礼乐之损益何宜，天地之变化何如，礼器之制度何尚”这种制度合法性问题；而实践《周礼》，就是按照治理能力选拔人才，即依据“邦家之大计何先，治人之要务何急，政教之利害何大，安边之计策何出”选拔人才。

但是，科举制度下，对经典的研究完全离开了对制度的思考，变成了讲说章句的学究之学，选拔人才的标准完全脱离了对治理能力的考量，变成了考评文辞。于是，学问不及义理，文章不及政事，所选拔者，要么是浮躁才子，要么是刻板书蠹，而“使通才之人或见赘于时，高世之士或见排于俗”。“何哉？其取舍好尚如此，所习不得不然也。”

故欲求人才，必须变革培养人才的知识体系，只有使人才培养的知识体系与天下秩序相结合，方可变革天下——这就是近500年来中国改革与革命思想的主题。

如果以治理体系和治理能力为核心的儒家思想瓦解，思想与学术的实质发生了根本的变化，那么，在这种思想与学术制度之下，所培养出的所谓“人才”便皆是废物。故王安石说：“今之进士，古之文吏也。今之经学，古之儒生也。然其策进士，则但以章句声病，苟尚文辞，类皆小能者为之。策经学者，徒以记问为能，不责大义，类皆蒙鄙者能之。”

对于“伪儒学”通过科举制度产生的大量废物，张居正干脆说：“国家以高官厚禄养此辈，真犬马不如也。”近人曾国藩亦沿用了张的调子，更痛斥士大夫道：“国家以此等人为官，与以牧猪奴为官何异？”由此可见，即使到了晚清，这种状况依然没有得到任何改变。

所以，自明以降500年里，中国虽然表面上以绝对君权削平了地方割据势力，但是上主无为，国家的政治主干自然是由完全不通财政经济军事的士大夫阶级构成的，明代上层政治，简而言之是“无为”之主与“无能”之臣相争不已，而实际的国家命脉则操纵于地方猾吏集团的手中，在所谓“官无封建而吏有封建”的独特体制里，他们自然与豪门巨富沆瀣一气。表面上虽然是大一统，但实际上国家的整合能力反而下降了，而中国的封建体制却因此更为牢固了，特别是在“吏主地方”的条件下，国家的政治经济财政能力更是一塌糊涂。小农因为无组织，因为一盘散沙，自然也不知国家为何物事。

同时，明代中期以来，豪商富民不但把持社会舆论——“乡评”（今日所谓“掌握传媒”），甚至成为沿海发达地区吏的主要来源，顾炎武说，嘉靖时代，“买田者多为乡官，去农而为乡官家人者，已十倍于前”。乡官从而成为土地兼并和逃避国家赋役的重要力量，而那些无缘入仕的举人、监生、贡生更是加入了吏的队伍，最终形成了庞大的“吏商学”一体化的利益集团。他们所掀起的奢靡之风，带动了官场乃至整个社会的腐败，张翰《松窗梦语》讲说嘉靖、万历年间的奢靡之风曰：“今男子服锦绮，女子饰金珠，是皆僭拟无涯，逾国家之制也。”另一方面，则是败坏了学风和士风，这就是顾炎武所谓：“举业至于抄佛书，讲学至于会男女，考试至于鬻生员，此皆一代之大变。”所谓明儒学案频发，就与“吏商学”利益集团对抗国家，特别是国家税收政策有关，推而至明末，这个利益集团已经发展到“虽未掌握武装而已掌握钱粮”的地步，所谓天下饥荒而依然放手聚敛，奢谈心性者，即是这个阶级。

官员无能和不作为，导致国家行政机构过于分散脆弱，胥吏有权，最终导致基层乃至全社会腐败，而归其最终成因，也就是苏轼早就指出过的“帝王之私”之必然，即皇帝不能真正将行政机制赋予官员。东坡说：

> 是故天下既平，则削去其具，抑远天下刚健好名之士，而奖用柔懦畏谨之人。不过数十年，天下靡然无复往时之喜事也，于是能者不自愤发，而无以见其能，不能者益已废弛而无用。当是之时，人君欲有所为，而左右前后皆无足使者，是以纲纪日坏而不自知。[33]

由于“强干弱枝”的君权体制的束缚，官员“不能做事、不愿做事”，科举制度选出的士大夫精英实际上也“不会做事”，而官员既然

“有名无实”，即没有实际本领，那么，也就不能避免“有实无名”的胥吏和豪商阶级胡作非为、什么都敢干了。正是看到了这一点，魏源方才沉痛地说：“故国家欲兴数百年之利弊，在综核名实始；欲综核名实，在士大夫舍楷书帖括，而自讨朝章、讨国故始，舍胥吏例案，而图讦谟、图远猷始。”[34] 讦谟者，制度也；远猷者，天下也。这就是说，中国政治的传统，不在科举帖括和文人辞章里，不在胥吏起草的文牍中，而在历代制定的政治政策中，在制定财政、税收、兵制、选拔等政策的历史过程中，我们必须从后者之中方才能够总结和研究中国的治国理政经验，总结中国的政治传统。

所谓“举天下之士而倡言无为”，这种无所作为不仅是主上“无为”，而且更足以使得小农无组织，故不能造反，官员无实权，故无力篡夺，国家无中央财政机制，故皇家可以随意向户部太仓取用——但是，这也使得国家在政治、经济和财税上无法下情上达，社会无有效之组织结构，国家既无动员能力，信用自然无法确立，其直接结果，就是在明隆庆元年之后，以放任白银进口的方式解决国家财政问题。这也就是滨下武志所谓，一个不富藏银矿的国家，竟然选择别的国家所富藏的白银贵金属作为自己的货币——今天看来，这不正是一件把金融命脉委之于他人的荒唐之举吗？

明清两朝有一点是完全相同的——这两个大帝国都以白银为国家税收和国家储备货币，也就是说，清朝的货币政策基本上承袭了明制，用黄仁宇的话来说就是：“明清两朝国家均无货币工具。”500年来，中国这种完全依赖世界市场供给的货币政策，对世界经济的“变异”来说，既是决定性的、更是根本性的。一方面，对明清两朝来说，中国对外贸易的主要目的，其实就是进口白银；另一方面，从长远看，由于银根主要依赖国外，所以白银的短缺和白银的外流，又势必造成周期性的、剧烈的通货紧缩，威胁宏观经济，而这导致白银问题反过来成为制约明清两朝经济发展最为致命的软肋，这甚至就是解释明清两个帝国突然间迅速瓦解的一个最为根本的原因。

回顾此番重大历史转变，对今天的启示意义起码有二：第一，中国要不要改革开放，这其实早已是不需要争论的问题。理由很简单：因为我们自明代开始就是改革开放的；500 年来，最为彻底地依靠市场组织一切的，总体来说就是中国而不是别的国家。我们真正需要争论的问题仅仅是：中国为什么没有形成独立自主的财政和金融体制，为什么长期没有建成统一的国家财政制度，从而没有完成向现代国家体制的转化？这里的核心就是：中国 500 年来都没有解决“官无封建而吏有封建”的问题，从而也就没有完成彻底的反封建的使命，这就导致中国的财政、税收和司法操纵在地方利益集团的手中，师徒相授、子承父业的吏，与地方豪强相结合，成为近代中国最大的封建贵族阶层，这也就是所谓的“吏有封建”。同时，士大夫阶级徒慕虚文事务，作为政治精英又是极不合格的。因此，要国家富强，就要实行彻底的反封建，要彻底反封建，只有发动人民组织起来自治、起来革命，从组织基层入手推翻土豪劣绅和地方吏治，否则是没有办法的。这就是近代中国国家建设必从革命始的原因。

第二，自隆庆元年引进白银以来，非但中国原有的经济发展与货币短缺之间的大矛盾没有得到根本性的改变和解决，而且随着资本主义体制在西方的形成，中国日益由一个货币短缺的国家变成了一个“资本”短缺的国家。通过垄断货币以自肥，阻碍中国前进和发展的地主—商人阶级，也在近 500 年的发展中，一变而为利用外国金融资本、吸纳中国人民的财富以自肥的买办资本、买办资产阶级。鸦片战争以来，正是他们勾结帝国主义，将中华民族推向了灾难的深渊，使国家不成样子、人民饥寒交迫，这也迫使以孙中山和毛泽东为先导和旗帜的中国人民奋起反抗这种苦难的命运。从基层建立农民组织，打倒封建主义、买办资产阶级和帝国主义，铲除500年养成的政治毒瘤，就是近代以来的中国民族革命、国民革命和社会革命的一向宗旨。自辛亥革命以来，这个革命至今已有100多年的历史了。我们今天回顾历史，就是要记住孙中山的话："革命尚未成功，同志仍需努力。"也就是要记住毛泽东的教诲，要"将革命进行到底"。

第六节

重写《甲申三百年祭》

> 农出粟而使之输金，唐、宋以降之弊政也；商利用金而使之输粟，则开中之弊法也。颠倒有无而责非其有，贸迁于南而田庐于北，人心拂而理势逆。
>
> ——王夫之

白银依赖进口是明清两代最为突出的问题。

其实，白银一旦不再是交换的媒介而成为支配生产与交换的“看得见的手”（金融资本），它就脱离了货币的性质，成为积累资本和掠夺财富的工具。正如卡尔·波兰尼所说，货币一旦像商品一样在市场上被炒卖，货币供应的不稳定，虽然会使得炒家利用其得利，但也会使得定期性的经济危机不可避免。[1] 如果我们今天看不到这个实质性的金融问题，也就不能解释为什么 17 世纪 30 年代的美洲白银供应短缺会成为明朝垮掉的一个重要原因，而 200 年后，为什么 1830—1850 年间的世界货币体系由银本位制向金本位制的转变，也竟然最终导致了清朝的垮台。如果纠缠在浩如烟海的历史细节里，迷失在皇帝、娘娘、太监钩心斗角的鸡零狗碎中，就势必看不到500年历史的基本脉络，那样，我们的历史研究，就与靠议论皇帝家事治天下的“道学家”没有什么不同了。

当然，白银的进口和外向型的经济，确乎大大促进了明代的经济和生产活动向着专业化、货币化、跨国、跨区域的方向发展，特别是在江南地区（尤其是作为“棉都”的松江地区），随着国内外对于棉布的需求增多，越来越多的人改行从事全日制的纺织和棉布贸易。社会学家黄宗智有一个观察，以此来反驳历史上中国没有市场经济的说法，他说：我们要了解明代经济的市场化程度，其实从一个极简单的例子就可以看到，那就是当时中国的大多数人舍衣麻而衣布。这就说明了当时棉花和棉布生产的市场化如何导致了棉布价格的下降。[2]

明代苏州一府（吴县、长州、元和）所担负的国家税负，与浙江一省匹敌，为天下十分之一强。江南地区的苏州是著名的绢都，扬州为江北盐都，松江则为棉都。明初对苏松地区课以重税，本带有报复或惩罚性质，因为此处曾是张士诚政权之根据地，故在其政权崩溃（1367年）后，凡官仕士诚者，皆被徙至太祖故乡凤阳，进而又迁其富户至应天府（南京）。明成祖迁都北京后，亦三迁苏州地方富民充北京。不过，经过宣德、正统至成化，政情逐渐稳定，经济日趋繁荣，外国银元亦开始大规模流入，苏州地区恢复了创伤，经济和文化走向了繁荣，此时昔日惩罚性的税收则转化为政府对这一地区经济繁荣的依赖，同时也促使该地区为了应付高额税收，进一步向开拓海外贸易、吸引白银的方向发展。宫崎市定指出：

> 苏州的繁荣有赖于外国贸易利益之处甚多。当然，在明代海

船不能进入苏州，但由于苏州是绢都，这种优秀的特产品在海外广有市场，因而以此换取了大量的白银。特别是到了嘉靖年间，葡萄牙船的航线扩展到了东方，在浙江海上的双屿，还有日本人的参与，形成了一个大型的国际贸易处，这样，苏绢的销售更加兴旺，从而增进了苏州的繁荣。松江的杨道东与父老共游海上，诸岛浮沉献翠，飞帆往来浪中，众人都在欣赏绝景，杨独愀然道：

“今国家法制渐弛，诸阑出奸民，潜与夷市使，或因事籓衅，铤而走险，未必不勾之内犯，则焚吾庐舍者，即若辈也。”

他的这一预言随即完全成为事实。[3]

其实，与当前的经济学家所倡导的“比较优势理论”所描述的一样，明代市场的扩大，使得物美价廉的中国商品通过出口越来越多地占据了当时的世界市场，但与此同时，它也带来了以下三个问题。

第一个问题是：市场、资源的竞争，必然会造成国家间的竞争，特别是中、西（班牙）两大帝国间围绕菲律宾问题的对抗。随着中国商人把贸易据点建立在马尼拉，甚至随着大帆船贸易把中国商城办到了墨西哥，中国商人与西班牙商人的纠纷日益扩大，其实，西班牙人在16世纪后期占领菲律宾（吕宋）时，当时在吕宋定居的闽浙中国人已经有好几万了，西班牙人起初的政策，是利用华人压制当地土著。万历三十年（1602），闽商阎应龙等人向朝廷汇报说吕宋机易山有金银矿，每年可采金十万两、银三十万两，明朝廷当时正在国内四处开发金银矿，闻讯遂即命福建地方抓紧办理，福建于是派员往吕宋勘察，中国的探矿之举引起西班牙当局妒忌，两方争执遂起，华侨卷入其中。次年，冲突激化，有25 000名华侨在冲突中被杀，更造成中国南方的对外贸易据点由菲律宾的马尼拉撤退到本土的福建、澳门和广州。[4] 与此同时，当时的西班牙菲利浦二世又下令对中国商品征收高额的贸易税——同时诉诸武力高压和贸易保护的原因，就是基于当时的“中国经济威胁论”。此时的明朝廷鉴于对日海上战争刚刚结束，不愿再战，特别是考虑到需要保证西班牙白银的进口，不敢对自己的“主要货币供应国”动武，结果，只是在口头上对西班牙“议罪以闻”（用今天的话就是“表示强烈抗议”）应付过去了事。

第二个问题是：对外贸易的扩大造成国内生产的日益专业化、市场化。这同样也是个好坏参半的结果，特别是农产品的过度货币化、市场化，从来就蕴含着巨大的风险，在交通运输手段比较落后的时代，粮食生产的区域化和市场化更可能造成并加剧粮食危机，明代乃至清代，南方地区都是主要的粮食基地，如果这些地区不种粮食，而且还等待别的地区给它运粮吃，那么粮食生产的风险就是巨大的。

唐宋以降，江南即是粮食主要产地，特别是宋初自安南引进水稻后，“东南之田，所种惟稻”，不过，到了明代中期，这种情况却发生了根本改变，良田纷纷弃稻，此处原因全在“乡民以种稻收薄，故为他种以图利”。陈梧桐总结了文献所记述的江南地区因货币经济驱动，专务蚕桑而放弃稻粮，同时广植棉花、烟草、甘蔗等经济作物的情况：

> 江南“农田种稻者不过十之二三，图利种植者，则有十之七八”。松江府官民军灶垦田凡200万亩，大半植棉。苏州府的太仓州“地宜稻者亦十之六七，皆弃稻袭花”，“郊原四望，遍地皆棉”。嘉定县“其民独名木棉”，“种稻之田约止十分之一”。昆山也是“多种木棉”。杭、嘉、湖地区尽逐蚕桑之利，“浙之嘉湖南

浔之地，遍地植之”。福建南部因“为稻利薄，蔗利厚，往往有改稻而种蔗者”，或者改种荔枝、龙眼等水果，以及染料作为蓝靓，烟草传入后，“又耗地十之六七”。广东“因糖利厚，粤人开糖坊者多致富”，此外，广东还广植荔枝、龙眼等水果，河南、山东则广植棉花，成为新兴的产棉区，江西、陕西则改田种烟，成为重要的产烟区。[5]

因为原本种稻粮的土地，大部分改种了棉花、甘蔗、烟草等经济作物，所以明朝中后期一直面临巨大的粮食风险，这乃是市场放任政策导致之必然。这种粮食风险在 17 世纪 40 年代达到高峰，由于自然灾害造成的粮食短缺，市场化最彻底的富裕地区被证明无法抵御粮食危机，因为这些地区不生产粮食，口粮要跨区域去买，在粮价腾贵的灾荒时期，以富裕的江南地区遭受打击最为严重。根据黄仁宇提供的资料，17 世纪 40 年代，苏州地区每斤大米的价格升至 100 个铜钱，在大批的人饿死的同时，许多豪宅低价出售也无人问津。[6] 这充分表明货币经济和对外贸易促进了市场化的发展和劳动力的专业化分工，但到了灾荒年头，市场化和货币经济，特别是“一条鞭法”的弊端，会鲜明地表现出来：由于广大的“发达地区”为了满足国内和国际市场的需要，扩大了棉花和桑树的种植，这些当年曾经是粮食自给自足的地区，现在突然发现它的粮食供应必须依赖跨地区的贸易。17 世纪 40 年代，即使在丰收的年份，南直隶（指安徽和江苏地区，包括皇帝的老家）、浙江地区的人也要靠出售生丝、原棉、棉纱和棉布换取货币，以购买粮食。“一条鞭法”实施之后，由于要用银两来完国家赋税和地租，以及偿还贷款，如果遇到灾荒，当银粮比价发生巨大波动，而国家又救助不力时，那么粮贵钱贱的巨大灾难就不可避免了。

明代实行的租、役、贡一律交银的“一条鞭法”，实际上是“开中法”以来，力图用货币支配、调动一切资源的政策的延续，明中期只不过是将货币确定为银而已。对明王朝来说，银是通过出口资源和商品换来的进口商品，既然作为货币的银本身也是“商品”，银的开采、生产自然也要受到供给—需求的影响。大致说来，白银进口初期，在银短缺的情况下，银的价值超越了它本身的价值许多倍，不但进口、运输白银可以获得巨额利润，而且银贵物贱，力田小民遂受其苦，而拥有银的商人当然是很威风的；但是，随着银的大量开采、进口和转运，银的短缺现象逐渐消失了，银的价值越来越接近其本身价值，这时开采、出口和转运白银就越来越无利可图，而且银一多，物贵银贱的现象就出现了，物的价格自然会被白银市场人为抬高，这个时候，甚至连拥有和转运银的商人也觉得吃亏了。上述两面之外，最坏的一种可能性是：先是白银的大量开采和出口造成银价下跌，于是在市场价格的驱动下，白银开采和白银供应量逐步减少，随后白银供应量减少又导致白银缺乏、市场交易不畅——这就是“通货膨胀”与“通货紧缩”接踵而至，这也就是明代中后期所面临的实际情况。一方面，从国际上看，白银开采变得无利可图了，白银的开采量减少，而出口量更大幅减少，从而造成白银缺乏；另一方面，从国内经济上看，则是白银抬高了物价，物资腾贵。于是既缺少白银，同时又物资腾贵的危机动荡时代就到来了。

明朝末年，王夫之（船山）等人其实已经很痛切地看到了这个问题，他认为小民力田得米，再以米换银钱纳税，银贵则小民苦；而商人贸易所求者为银，银价落则商人亏。种粮的农民要交银，有银的商人却要纳粮，这就是“开中法”的弊端，其造成的恶果是“贸迁于南而田庐于北，人心拂而理势逆”，最终是“颠倒有无而责非其有”，最终必然导致粮食危机，结果是既缺钱又缺粮，农商两不利。而这就是“开中法”的困境：

> 盐政开中之法，其名甚美，综核而行之乍利，要不可以行远，非通计理财之大法也。商之不可为农，犹农之不可以为商也。商其农，徒窳其农而贫之于商。农其商，徒困其商而要不可为农。开中者，将使商自耕乎？抑使募人以耕乎？商固不能自耕，而必募人以耕，乃天下可耕之人皆怀土重迁者，商且悬重利以购之，则贪者舍先畴以趋远利，而中土之腴田芜矣。不则徒使商豢游惰之农，而出不能裨其入也。抑天下果有有余之农可募邪，则胡不官募之，而必假于商乎？农出粟而使之输金，唐、宋以降之弊政也；商利用金而使之输粟，则开中之弊法也。颠倒有无而责非其有，贸迁于南而田庐于北，人心拂而理势逆，故行之未百年而叶淇得以挠之，商乃宁输数倍之金以丐免遥耕之苦，必然之势也。耕犹食也，莫之劝而自勤者也。强人以耕，殆犹夫强人以食，与不噎而哕者几何哉？此开中之不能久也。[7]

弘治时代，“开中法”已由“运粮开中”改为“纳银开中”，商人从此也不再承担粮食转运的任务。[8]这样，原本依靠商人转运粮食的体制也瓦解了。从这个意义上说，17 世纪 40 年代导致明帝国灭亡的粮食危机，一方面是由于天灾，另一方面，商人因运粮无利而不为，乐得“纳银开中”换取盐引，而这就是将运粮交由商人的恶果，这更是当今诺贝尔经济学奖得主阿玛蒂亚·森所提出的那个重要理论：明代后期的大饥荒是由粮食的过度市场化造成的，即在后一种条件下，大批的人饿死并不是由于单纯的天灾，而是市场上粮食的价格太高，人们买不起粮食导致了大饥荒的爆发，如此才会有富裕地区卖了豪宅买米吃的“时弊”。也就是说，明代的最终崩溃不是由于经济没有完成市场化改革，或者过于封闭和自给自足，明代后期发达地区所遇到的粮食危机，恰恰是过度的货币化所致——是把粮食生产完全交给了市场，而国家失位造成的。张居正的“一条鞭法”改革恰恰促进了这种粮食生产的货币化，它表面上增加了国家的税收，实际上却加剧了农业危机。如果农民可以通过其他渠道如种桑、织布、制烟得到比种粮更多的现金，并以现金来完税，那么他为什么还要选择种粮食呢？这不过是从明代改革以来就暴露出来的深刻问题。

第三个问题其实与上述两个方面均有关：明代后期遇到的灭顶之灾，更是由新大陆银产量的第一次急遽下降直接造成的，是世界货币市场动荡所产生的“蝴蝶效应”所造成的放大冲击。这种美洲白银供给的大幅萎缩正好发生在 17 世纪第二个 10 年，它造成了白银供应的短缺，导致了中国国内严重的通货紧缩，明代的白银主要靠进口，在货币上是“与世界接轨”并依赖世界货币市场的，1630 年之后，随着美洲白银供给的大幅减少，白银短缺，通货紧缩扩大到了不堪承受的地步。加上这一时期发生的边关危机、对外贸易纠纷、农业灾荒及改革造成的负效应没有得到及时纠正，终酿成了导致明帝国崩溃的经济大危机。

引爆大明王朝覆灭的“17 世纪普遍的世界性危机”，发生于 17 世纪 30—40 年代（与明王朝迅速走向崩溃同时）。这一世界性的经济危机与明王朝以白银为中心建立起来的贸易体系密切相关。全球白银源源不断地流入中国，一方面固然推动了晚明中国社会的重大变迁——迫使国家政策更为彻底地由重农转向重商，由国内市场转向国际市场；另一方面，它也加速了转型期的社会动荡。市场是只“看不见的手”，价格决定一切，随着市场的发展，作为外贸商品的白银的价格自然不可能恒定不变，随着中国吸纳白银的速度日渐放缓，白银自身的价格必将缓慢地向其生产成本回落，在边际效应递减规律的作用下，一场经济危机即“通货危机”迟早要到来。当这一刻终于在1630年到来时，布罗代尔这样说：“美洲白银的光辉时代无疑在17世纪中叶结束了。”[9]

通货紧缩导源于美洲白银产量的剧烈波动。白银生产在1570年左右走向高峰，又因1630年的生产过剩而走向低谷。亚当·斯密对这场危机这样总结道：“从1630年至1640年，或1636年左右，美洲银矿的发现对降低白银价值的效果似乎已经完结。白银价值相对于谷价价值的降低，从来没有达到过这种地步。”[10] 当这场危机到来时，由于统一的世界市场的连动作用，欧洲猛烈爆发了“价格革命”，西班牙通货膨胀加剧，英国、法国、意大利等国家都不同程度地遭遇了冲击，出现了通货膨胀问题。在中国，由于白银价格大幅跌落，明末崇祯年间（1628—1644）发生了金银比价与欧洲拉平的现象，达到了1∶13。[11] 社会出现了危机，银贱物贵，结果是国家既缺少白银，米谷等实物也相当匮乏，市场一片萧条。同时，因为白银单位价值下跌，与以往比较，同等数量的小麦和劳务必须支付更多的白银才能取得，这使无论官方还是民间都迫切需要更多的白银。与此同时，美洲和日本银矿的开采量却在减少，流入量也在减少，实际上，无论国内还是世界，白银生产和流通都在缩减。于是，在中外互动的世界经济危机的作用下，明朝社会动荡加剧，各种危机集体爆发。这就是所谓的“内外交困”，而此时的大明帝国再力图“有为”，也已经是完全无回天之力了。

宫崎市定追究了明朝衰亡的另一直接国际背景，他指出，1624 年之后，西班牙、葡萄牙向中国运银的通道，被新起的英国、法国、荷兰等国从海上阻断，这严重影响了欧洲的对华贸易，更影响了中国的白银进口。他根据这种白银进口的大变化观察、描述明清之更替：

> 16 世纪是葡萄牙和西班牙掌握海上霸权的时代，但他们的海上霸权，从 1588 年西班牙的无敌舰队远征英国失败起，便开始动摇了。英、法、荷兰等国在海上露出头角，挤进西班牙、葡萄牙所独占的航路，于是，在欧洲各国之间出现斗争，互相阻碍航行，欧洲与东洋之间的通商因而也自然受到阻碍。欧洲贸易的停滞影响了中国社会，引起了严重的经济萧条。满洲的女真族，从万历末年就已经兴盛起来，这时明代对于欧洲的贸易已经日益衰落，国内还发生了叛乱，结果灭亡了。
>
> 最初把葡萄牙在东洋的殖民地夺取最多、势力最强盛的国家是荷兰。荷兰在 1602 年设立了东印度公司，先是打进了葡萄牙所独占的印度洋，击败了葡萄牙舰队，夺取了马六甲群岛，并于 1619 年在爪哇的巴达维亚建立了殖民地，把盛产香料的南洋群岛置于自己势力范围，这就使荷兰的经济力量扩展起来，本国的阿姆斯特丹取得了当时欧洲金融中心的地位。随后，荷兰人占领台湾，荷兰企图和明朝通商，但因葡萄牙人以澳门为据点，独占了对中国的贸易，于是荷兰介入日本的倭寇贸易之中。如上所述，最终葡萄牙人在澳门进行的贸易由于荷兰人的阻挠而陷入停顿，这是明朝趋于衰落的原因之一。[12]

荷兰于明熹宗天启四年（1624）占领台湾，从台湾、爪哇和马六甲几个方向切断了西班牙由菲律宾往福建运银的通道，这一事件尤其值得重视。斯坦利·施泰因和芭芭拉·施泰因在其著作《白银，贸易与战争：欧洲现代前夜的西班牙与美洲》[13]中附有精密之统计，详尽记述了1571—1700年间美洲白银的产量与西班牙贩卖白银的收入所得。从这个精密的统计中，我们可以十分清晰地看到：1591—1630年间，西班牙贩卖美洲白银的收入，每年均在4亿比索以上，但是，1631年之后，突然下降到了2亿比索左右，也就是说下降了一半。这一统计证明：西班牙运往亚洲的白银数量，在1630年之后发生了巨大的、雪崩式的下跌，而此时正是明王朝走向崩溃的关键时期。

同时，白银生产和供给的波动，既决定着中国国内的白银价格，也决定着国际市场上金银比价的变化，后者对西方的对华贸易影响甚为巨大。欧洲的对华贸易一向有两个目的，即一方面是用银来换取中国物产，另一面则是用美洲银来换取亚洲金，再运到欧洲获利——这是因为银在中国比在欧洲贵，反映在金银比价上，就是中国的金银比价要低于欧洲。1630年之后，白银在中国的价格下跌，中国的金银比价达到了1∶13，即达到了与欧洲相同的水平，这样一来，欧洲对华贸易的另一重要动力——以美洲银换亚洲金的套利需求便丧失了，此乃这个时期欧洲对华贸易活动大幅减少的又一原因。

关于白银在16世纪以降世界经济中的地位和作用，目前最为通俗的解释，可以归功于安德烈·贡德·弗兰克教授在《白银资本》一书中做出的开创性贡献，即16世纪中期以来，欧洲如何借助美洲白银驱动一个世界经济。弗兰克研究的缺陷在于他并没有详细分析中国内部宝钞—白银—铜钱之间的兑换机制，同时，他也没有分析世界范围内黄金—西班牙银元—中国银锭之间的汇兑关系。由于没有进行这样的分析，弗兰克的研究也就无法揭示从中国内部看，政府以白银征税，为什么会形成一种对小农进行金融剥削的机制，因为这种金融剥削机制只能从白银—铜钱—米粮的不合理的兑换机制中才能看到，进一步说，只能从巨商、富民掌握的银—铜兑换机制中才能看到。同时，如果没有对欧洲与亚洲之间黄金—白银汇兑机制的分析，就不能从国际货币投机的角度洞察世界白银市场的变化、波动，从而也就不能解释明清两朝的衰亡是如何具体地、深刻地与世界市场的白银波动息息相关，而世界白银市场之波动又是国际汇兑—投机活动的直接结果。

深入揭示了这个问题的，是滨下武志的研究，滨下的主要学术贡献就是指出：所谓的“朝贡贸易体系”，绝不仅仅是一种简单地以美洲银换取亚洲物产的“贸易”体系，因为“朝贡体系”更是一个国际货币汇兑体系。从这个体系的运动中，我们不仅仅可以看到商品交换，更可以看到货币交换，不仅仅可以看到贸易，更可以看到金融。因此，他倾向于认为：“朝贡体系”乃一“国际金融体系”，金—银—铜的“自由兑换”机制是其主要特征；只有看到这种“货币自由兑换机制”如何演变为近代以来的西方“金融垄断体制”，我们才算看到了世界经济史演化的根底所在。对于这个问题，我以为滨下的研究之深刻、丰富性，起码表现为以下四点。

第一，弗兰克没有叙述白银作为货币与资本在亚洲和中国得以确立的漫长而复杂的历史过程，特别是，他没有揭示白银与铜钱、宝钞、黄金之间的复杂历史关系，正如滨下指出的，这从而就必然忽视了 16 世纪中期以来美洲白银之所以能够进入亚洲的真实历史条件和真正的历史基础。这个基础就是，在美洲发现白银之前，在亚洲范围内就已经形成了一个钞—银—铜钱兼使的体系，其中东洋国家间的贸易，乃是以银作为“外贸凭证”的。实际上，整个明代均没有正式废止宝钞。漫长的历史充分说明：银在中国的采用，完全是国际贸易驱动国内民间市场的结果，既是自下而上发展的结果，又是由外而内发展的结果，即是海外贸易促进国内贸易的结果，它并不是国家意志的结果，毋宁说是国家意志失败——或者说国家向商业、贸易和民间妥协的结果。这里主要的原因，就是明代中国以“天下”自居，它始终要照顾和平衡中央与边缘、中国与更广大的亚洲区域之间的利益，而不可能完全从中央、从中国一个国家的利益考虑问题——这就是滨下指出的：白银一开始就是区域性的，是“区域贸易空间”的产物，而不是中国国家行政制度和行政空间的产物。

第二，正因如此，白银作为区域间贸易的媒介，与国家意志的体现（钞法）、民间贸易的主要媒介（铜钱）之间构成了互动的流通、兑换关系，或者说构成了滨下所谓的流通层次（circulation tier）。正是从这个角度看，并不是弗兰克简单理解的“白银”，而是白银—钞法—铜钱的“关系体系”或货币兑换机制，方才构成了中国货币体系运动的真实情况，或者说，正是这种互动的“货币关系体系”，方才反过来为白银流通制造了条件。众所周知，弗兰克的看法正好相反：他认为是美洲—欧洲—亚洲之间的白银流通，为中国经济和世界经济发展制造了条件。

第三，滨下指出，16 世纪中期美洲白银大规模进入亚洲贸易体系，除了由于白银是欧洲进口亚洲商品的通货外，另一个重要原因乃是在欧洲与亚洲之间，金银比价存在巨大差异。白银卷入亚洲的重要原因之一，就是欧洲以银换取亚洲的金，因此，16 世纪中期之后形成的世界货币体系，就不是单纯的“白银资本体系”推动的结果，而是铜—银—金关系体系流通的结果。16 世纪中期以降的利润和资本积累，不仅来自白银驱动的贸易活动，而且来自铜—银—金这一“关系体系”的运动，或者说更是因为这种兑换关系、兑换机制的存在。这就是为什么原本不是商品生产中心的新加坡和香港，却因为在历史上就处于多重货币汇兑的中介点，反而会成为繁荣的资本中心，也解释了这一地区经济的买办实质。

第四，16 世纪中期到 19 世纪中期的白银稀缺（从而导致白银长期扮演了世界货币的角色），不仅仅是由于中国和亚洲经济吸收白银的强大能力，更是因为这种稀缺性只有放在铜—银—金的“关系体系”中才能看出，换句话说，白银的地位只有从区域内部和区域之间的“货币汇兑关系”中才能得到更深入的说明。同样地，1872 年之后，欧洲各国开始采用金本位制，从而导致了黄金稀缺，结果在铜—银—金的“关系体系”中，白银的价格迅速下降，这种白银价格下降造成了白银圈内产品价格的下降，从而有利于中国扩大出口，不过同时，却更有利于西方对中国的资本投资和对中国政府的借款能力的扩张。这多少有点儿类似今天的中国：一方面是出口的不断扩大，另一方面则是外国在华投资的不断膨胀。这一切都是人民币的弱势地位使然，从某种意义上说是中国历史上不断以生产和贸易的方式向世界让利的“朝贡贸易”方式的延续。[14]

总之，我们并不能简单地说是美洲白银的发现驱动了现代世界，因为白银在世界范围内流动的真实历史，实在要比这一简单化的断语远为复杂。唐代后期以降，白银在铜—钞—银的关系运动中脱颖而出，逐步成为亚洲区域经济的主导货币；16 世纪以降，在铜—银—金的关系体系中，白银终于成为世界货币，而1872年开始的欧洲金本位制度，则可以被看作这一关系体系的反转。正如滨下指出的，16—19世纪，白银地位的确立，只有在铜—银—金的关系运动中才能看出，正如美元在当今世界的地位只有在与其他货币的关系之中才能得到表现一样。正是从这个意义上，我们或许应该说：不是美元的流动导致了国际金融秩序的变化，而是美元与其他货币之间汇兑关系的变化，影响着美元的价格，从而造成了国际金融秩序的变化。

事实上，明朝的一些有识之士，如黄宗羲、顾炎武和王夫之，在面对白银主币化时，都已经深刻地注意到了由此引发的严重社会问题。[15]他们的论述将晚明社会变迁与世界变革联系在一起，指出明末中国社会危机的总爆发与世界通货危机有着必然的联系，明朝的衰亡与将货币委之于白银进口最有关系——非常可惜的是，这些论述却一直没有得到充分注意。明代国家虽然囤积了大量贵金属货币，但没有以此为基础建立国家信用体系，而只有掌握了信用体系，才可以合理调控货币供应量，而不是为贵金属供求所左右。世界经济的白银时代持续了一个世纪，也正是17世纪的白银危机，促使了一个新的世界经济体系的形成。

实际上，世界通货危机发生，必将引发世界范围的市场连锁反应，只是对各国的打击程度不同而已。中国是白银的最大进口国，必然会受到最为沉重的打击。明王朝使国内对白银的巨大需求依赖海外市场的供应，一方面固然能暂时缓解国内的“银荒”，另一方面，统治者却忽视了白银依赖对国家财政造成的潜在危机，而一旦货币危机爆发，再试图“废银”，妄图摆脱白银进口之制约，而重建国家主导的信用制度，已经是不可能的了，当时的局面，已经是任何贤君明主均无法力挽狂澜的了。

当然，从表面上看，明朝是亡于西部的李自成起义和北方的边患的——这一点乃是钱穆、傅斯年以来的“民国历史学家”一直坚持的，也是至今一般教科书上所能够告诉我们的。我们不妨问一个最简单的问题：起义和边患、“外寇”和“流寇”几乎每个朝代都有，但明朝为什么在三个最“无为”的皇帝（嘉靖、隆庆和万历）手里竟然号称“盛世”，而到了兢兢业业、励精图治、力图“有为”的崇祯皇帝手里，它却一朝崩溃了呢？可见这种表面化的解释是无力的。明亡的根本原因，像其他帝国一样，主要还是它的经济崩溃了。这种经济崩溃的最根本原因，一方面是明代对国际性货币——白银进口的依赖，这使它的财政和经济最终要受到国际白银生产的制约；另一方面则是它对对外贸易的依赖，即过于外向型的经济造成了国内农业生产的货币化和区域化，结果那些最为市场化的地区反而不能应对灾荒和粮食的短缺，因为它们在粮食供给方面不能自给自足。

也就是说，导致明朝经济崩溃的，恰恰是那些促进它在嘉靖、隆庆和万历的“改革开放”时代经济大繁荣的因素，更准确地说，是这些因素的过度实施。用今天的话来说，就是明代国家过于依赖世界市场和货币进口，乃至将一切交给“市场”，而忽略了国家组织建设和社会“保护”，特别是忽视了货币金融的安全和粮食生产的安全。明王朝的改革开放是典型的舍本逐末、被动型的改革开放，用今天的话来说，就是明朝问题之关键不是闭关自守、不改革开放、不搞市场经济，而是“国家能力的持续下降”。

在这个意义上，彭慕兰甚至把明亡的教训视为国家在财政、经济上保护的“缺位”，而将一切财政、经济放任给“市场”的典型案例，并将其作为观察随后数百年中国政治的一个重大视点。他指出：

> 政府的主要失败似乎一直是在其传统使命方面——维护公共秩序和治水、救荒、军事防御。这些失败可能对长期增长率的影响不大，不过，它们对大众福利和人民生活影响极大。最有可能的是，在“普通”人的眼里，它们对政府合法地位的损害，远远超过了政府在经济乃至现代使命中所获得的有限的成功。可能没有什么农民会太多地关注工业化，甚至极少有人会认为政府收入的增加和对乡村的渗透是好事，农民在何种程度上关心国家防务的强大，其实也是有争议的。但对1937年（抗日战争）之前的农民来说，这不可能是重中之重；实际上，中国农民对于征募活动一向抵触。
>
> 而与之相比，防治“自然灾害”可能更接近大多数农民希望政府去做的事。并且，那些在中国以经济为核心的新的治国方略中看起来是无关紧要的区域，农民成群结队地抛弃了政府，而最终使得共产主义革命在中国20世纪兴起的，同样是这样的力量。[16]

这个问题在漕运的败坏中表现得尤为深刻。隋唐以降，运河渐成中国国家所掌握的最大之公共设施，由于大运河的开通，由长安可沿黄河下达开封，在运河乘船，可至钱塘江口的杭州，由此沿浙江、福建海岸线南下，则可安全便捷地到达广州。所以，宫崎市定说：“大运河在促进中国内部东西交通的同时，更联络起横断亚洲的南北、海陆两大干线的东端，是一个具有世界史意义的大事业。”[17]据此，北宋遂把首都建立在运河与黄河交汇处的城市开封[18]，南宋依然把首都定在运河南端的杭州，而元、明、清都把首都定在运河北端的北京，可见，运河曾是近世中国国家之命脉，甚至可以说，中国的近世，就是一个以运河交通为核心的时代。

对于这样一个具有世界史意义的大事业，对于这个堪称经济和交通命脉的、最为重要的国家公共设施，明代却弃之不顾，国家竟然不对运河之维护、保养投入资金，相反，竟将运河“承包”给地方官员和商人经营赚钱，甚至连国家管理运河的最高官员运河转运使，也不能从国家拿到一分钱，而只好通过经营运河的收入维持公共开支：

> 整个漕粮制度和运河管理不能从中央财政获得支持，水路是由地方无偿征发徭役来维持的，根本不能从中央政府得到任何补助。
>
> 许多转运使能够根据情况自由地处理政府的财物，他们也被期望通过在水路之间进行商品买卖，获得的利润和周转资金被用来推进转运工作。他们的权限包括服务船只的修造、人员的组织、运河体系的维护。换句话说，他们综合了地区财务主管、运输官员、采购代理于一身，按商业规则运营。[19]

国家把关系国计民生的公共设施承包给商人，不肯投入经费，如此得利的只是官与商，而漕运的腐败向来就是明代政治腐败的重要一环，因此受损害的当然只能是运河两岸的普通老百姓。清嘉庆十四年（1809）五月，御使李鸿宾奏：南漕运米一石，各项费用要数十金。协办大学士刘权也奏道：南漕运米一石，需银十八两。根据魏源的调查，嘉庆时代，江南民间米价丰岁每石二两，俭岁三两，荒岁四两。可见，米经运河漕运到北方，价格竟然就涨了十倍，中间的差价均被商人、管河大员、胥吏赚取。[20]清代（尤其是康熙一朝）反明之道而行，举全力于河工，更有“靡费事小，节省罪大”的定例，于是，河工遂成为最大的摇钱树，商人、官员、富民、胥吏皆秉持“市场经济思维”，无不希望靡费浩荡的修河工程永远持续下去，而绝不希望河清海晏的出现，因为那样就等于断了自己的财路，如此一来，便出现了魏源所说的另一个悖论：“竭天下之财赋以事河，古今有此漏卮填壑之政乎？”这样做的结果，自然是造成了河越修越堵的怪圈，大运河航运的日渐衰落，又进一步导致运河两岸的城市衰落，直至清咸丰五年（1855）黄河于兰考铜瓦厢决口，在山东阳谷张秋镇斩断运河，从而使得数百年来繁华的城市地区，特别是苏北、鲁西和华北地区，一朝沦为“黄泛区”，由繁华而迅疾凋落，由凋落而陷入贫苦。导致近代中国旷世之大变局的义和团运动，竟然从昔日繁花似锦的运河两岸地区陷入赤贫的民众中爆发，这就是明代以降将国家公共设施“市场化”放任不管所遗下的长远历史回声。同时，当市场的放任政策造成粮食危机，而国家又救灾不利时，这种典型的“国家失位”就必然造成社会崩溃。

郭沫若、陶希圣、黄仁宇、彭慕兰的研究有一致之处，他们均指出了中国国家能力在近500年内的持续下降，并提示我们必须去追寻这种国家能力持续下降的真实原因所在——这毫无疑问是个极其重要的见解。

正像本书前面所论述的，这种国家能力持续500年的下降，综合起来说，大致可以从几个去处寻找原因：第一，中国封建势力的变本加厉（所谓“官无封建而吏有封建”）；第二，知识体系和人才培养体系的变化——儒学蜕化为道学，精英阶层对经济、财政、司法一无所知，无法承担由宗法国家向近世财政国家，特别是向民族—人民国家的转换；第三，豪门巨富、新兴外贸商人与胥吏勾结，土地兼并未能停止，市场垄断复又加剧，导致生产者和小农流离失所，生产力大幅下降；第四，小农丧失土地，民兵制无所依据，国家丧失劳动力，税收长期无着，税收无着则无以养兵，故武备废弛，不堪一击；第五，金融业委之于外国。

上述五种弊端，在明清约400年里竟均无大的改观，最终又造成了中国在1840年的鸦片战争中，被7 000名长途奔袭的海盗一举击溃，可见那时中国的国家能力已经衰弱到了极点。

李自成的农民起义军之主干，是丧失土地的流民和小农，他们当然有平等主义的诉求，而且，这种诉求与李岩等心学的信徒所信仰的良知自由学说也是有重合之处的。农民起义所追求的“平等”，却又终究流于流寇式的消费共同主义，即所谓“大碗吃酒肉，大块分金银”而已，他们没有从基层组织入手来建国的意志，更没有使中国摆脱500年来国家能力衰弱的思想见识，所以入京之后，就忙于敲诈勒索金银去了。最为悲剧性的是，明朝既亡，但中国于经济上未摆脱市场“高度平衡陷阱”，于政治方面也没有走出一治一乱的循环。起码对清朝来说，这确乎是“哀之而不鉴之，复为后人哀之”了。

第七节

黄仁宇为什么要讲毛泽东的好话

毛泽东和中国共产党改革了中国的农村，创造出一个新的低层结构，使农业上的剩余能转用到工商业。中国今后的趋向，也能从这基础上发展。其目的是根据各地区的条件，使全民就业。

——黄仁宇

“桃花扇底说前朝”，我们重讲大明旧事对今天有什么意义呢？这自然是为了提醒我们要努力去认识我们自己的历史，特别是近代以来中国革命的历史与500年历史演化之间的关系。在我们民族这最近500年的历史中，当然是有许多好的东西的，但认识到什么是好的东西并不容易，而只有认识到了才能去实行它、发扬光大它，当年孙中山所谓的“知难行易”就是这个意思。

500年来，中国的改革家和仁人志士为了使中国摆脱国家能力衰微的情势，提出了很多重要见解，综合起来，其中就有均田亩、兴民兵、办学校、开财源、简行政，与之相应的，就是要去兼并、限募兵、废科举、理财政、清吏治。从王安石、张居正到康有为、梁启超，都有这样类似的主张。这主张大致上就是说：只有实行耕者有其田，老百姓为了自己的家和田，才会组织起来“保卫胜利果实”，军队的实力靠的就是农民自己组织起来保家卫国，这才是强军之本。同样地，只有将学问与现实中的经济、财政、司法、军事实践相结合，才能真正塑造有真才实学的一代精英，从而彻底替代地方上的吏和利益集团，这是造就人才的强国之本，而科举只能产生完全脱离现实的废物，它只能使国家日益衰弱。

王荆公曾如此赞美《礼记》中的学校制度说：

> 古者井天下之田，而党庠、遂序、国学之法立乎其中。乡射饮酒、春秋合乐、养老劳农、尊贤使能、考艺选言之政，至于受成、献馘、讯囚之事，无不出于学。[1]

在他看来，周制所代表的“道统”陷于土崩瓦解，乃是国家政治持续衰败的真正原因。作为“先王之制”的周制之瓦解，又主要表现在三个方面：“学术与政治”的分离、“文治与武功”的分离、“官与吏”的分离。其中“学术与政治”的分离表现为：

> 朝廷礼乐刑政之事，未尝在于学，学者亦漠然自以礼乐刑政为有司之事，而非己所当知也。学者之所教，讲说章句而已。讲说章句，固非古者教人之道也。

“文治与武功”的分离则表现为：

> 先王之时，士之所学者，文武之道也。士之才有可以为公卿

大夫，有可以为士，其才之大小，宜不宜则有矣，至于武事，则随其才之大小，未有不学者也。故其大者，居则为六官之卿，出则为六军之将也。……今之学者，以文武为异事，吾知治文事而已，至于边疆宿卫之任，则推而属之于卒伍，往往天下奸悍无赖之人。苟其才行足自托于乡里者，亦未有肯去亲戚而从召募者也。边疆宿卫，此乃天下之重任，而人主之所当慎重者也。[2]

至于“官与吏”的分离，因为牵扯中国历史之关键点，故值得稍做进一步的解释。

首先，儒生与文吏的分别，本是自古就有的事情，“先秦，尤其是战国历史的发展进程，留下了两大政治文化遗产：专制官僚组织和诸子百家文化。前者的承载者，是一个‘文吏’群体；后者的承载者，则是士人阶层”。所谓“儒生”，最初只是传承礼乐诗书的民间学者；而“文吏”则相当于职业文官，他们的技能是文书、财会和法律。秦排儒而任吏，西汉则是儒生、文吏并举，我们所谓历史上的“儒法斗争”，其实就是指这两个阶层之间的斗争。不过，到了东汉之后，“儒生的文吏化”或者“文吏的儒家化”逐步完成，“王霸之道”的融合，使儒生与文吏的对立遂大致宣告结束。此后中国政治的最大问题，乃是官僚的士族化，或曰贵族垄断官位的问题，即所谓“门阀政治”，而这种贵族垄断官位的问题，经魏晋南北朝的演变，亦终至隋唐时期以科举制的方式得到了解决。[3]

因此，我们所谓“官与吏”的分离并不是指历史上的“儒生与文吏”的对立，当然也不牵扯任官方所称的“贵族与平民”间的对立和不平等，因为我们所谓“官与吏”的分离，乃是唐代后期才出现的新的现象，这里的吏，并不是指“文吏”，而是指“胥吏”。胥吏是从“中正法”的流弊和役法的败坏中产生出来的，按中正法，官九品以上为士，无涉徭役，九品以下为胥吏。所谓役法，是规定人民必须为政府轮流服劳役的法律，但是，晚唐以降所谓胥吏，已经不是民间轮流承担徭役者，而是专指协助官僚处理财税、司法、文牍的职业化的工作人员，即基层事务的承包人。基层事务由胥吏承包，这是晚唐以降中国官僚政治的最大特色。更为奇特的是，由于胥吏是从役法中产生出来的，所以国家就依例不发给其俸给，而是听任胥吏从办事中获得好处来解决生活费。宋代以来，胥吏的职位更是师徒相授、父子相续，并且出缺可以买卖、出租，这就是所谓“吏有封建”之说的由来。元代统治者排斥汉族官僚知识分子而专用胥吏，于是“吏学”就成为显学。明清以来，官员更聘任幕僚，作为顾问、秘书并履行监督吏的职责，于是清代更有所谓“幕学”之发生。所以，在中国的正式官僚队伍之中，始终埋藏着一支非正式的行政人员大军：它即由胥吏和幕僚构成。这一特殊的中国官僚政治现象，起码导致了两个当然痼疾。

第一是财政的混乱。因为胥吏和幕僚的收入都不能从国家俸禄中获得，而主要只能通过额外的税收解决，结果，到了清代，当局已经把这种额外的税收视为必然、当然，或称之为“火耗”，或称之为“陋规”，总之国家将此视为惯例，而不假干涉。

第二是行政上的混乱。从表面上看，君主专制下官员只是服从于君主，彼此并不能勾结联络、互为朋党，但由于官员既然已经将事务委托给胥吏和幕僚，自己等于浮在其上，行政实际上均是由胥吏、幕僚决定。幕僚和胥吏本身当然是一个上下联络勾结的利益共同体，而所谓的“官场”，其实就是以他们的关系网作为基础的，明代即有“救官不救民、救大不救小、救生不救死，救旧不救新”的司法口诀，希望他们不勾结联络为一个巨大的“社会关系网”，不成其为“朋党”[4]，乃是不现实的。实际上，所谓“官场衙门作风”，历来也主要是指胥吏的作风。

如此看来，中国近世以来的所谓封建专制，其实不过就是按“惯例”和“陋规”进行的统治罢了，国家不但对于农村不干涉，对于商人、富民不干涉，对于吏同样（抑或更加）不干涉。明代以降，国家即使能够任官，也未必能够“治吏”，国家能调整官俸，却根本不能够废止“陋规”，而国家之所以不能通过整理财政税收制止腐败和聚敛，乃是因为一旦如此，则会造成胥吏罢工，而一旦胥吏罢工，则整个国家行政系统就会一朝垮台。

王安石的改革理想，当然就是在恢复“道统”的名义下，力图把这三者（学术与政治、文治与武功、官僚与胥吏）重新统一起来。不过，正如宫崎市定所说，历史上希望恢复周制的，前有王莽，后有王安石，其结果却没有一个是不以失败告终的。说到这里的原因，我们或许就不得不追溯到马克斯·韦伯所谓的“现代职业分化”所造成的难局（通俗地说就是“行政官僚化”的难局）：现代世界与传统世界相比，已经充分地复杂起来，处理这样一个复杂的世界，正如韦伯所说，在手段与目的之间，在功利目标与终极目标之间，一定存在着巨大的矛盾和差距。像张居正、曾国藩、李鸿章这样的政客，他们所关心的，其实便是不计任何代价地推行自己的政策，此所谓“为政不在多言，顾力行何如耳”，即他们当然不会思考什么终极价值问题。如王安石这样多少有些书生情怀者，则难免就要陷入上述自我矛盾之中，如此反而使得其政策之制定、实施亦归之于首鼠两端，最终之结果则不能不以彻底失败告终。所以，500 年来，王安石改革的理想在封建制度下其实完全没有实现的可能。[5]

那么，是谁实现了这个儒家富国强兵的理想呢？今天看来，当然是近代以来的中国革命实现了这样的理想，中国革命使知识分子与人民群众空前地结合起来，使真理与实践密切地结合起来，将知与行合而为一，这就集中表现在人民战争的战略战术和实事求是的优良学风（用五四时期比较抽象的说法就是“民主”与“科学”）上。中国革命能够实现儒家这种最高的理想，就是因为它要从基层出发打倒土豪劣绅、推翻封建制度，它要让人民自己组织起来维护自己和国家的利益，它相信真才实学在人民的实践中，它指出任何高妙的理想和完美的政策都必须符合中国最基层的实际和要求——从这个意义上说，中国革命真正是“复三代之制”，我们理应从这样的高度去理解中国革命的意义。

其次，我们回顾历史，是为了增加我们今天的危机意识，时刻不忘“革命尚未成功”的道理，以激励我们继续奋斗的精神。中国革命的最大成就，在于它取得了对帝国主义的军事胜利，而改革开放 30 年的最大成就，是使我们部分地结束了西方资本主义势力对世界市场的垄断，任何否定这种成就的观点，都是割断历史。我们今天还面临着更严峻的任务，这个任务就是结束西方资本主义对世界金融能源市场的垄断，这才是空前困难的、艰巨的任务，但是，不完成这样一个任务，中华民族的复兴是不能实现的，不合理的世界秩序是不能从根本上改变的。因为 500 年来中华民族衰落的根本原因，就在于在货币金融上受制于西方垄断。[6] 这一点，我们在前面已经论述过了。

从这个意义上讲，人类现代历史上一直就有两种经济上的对外

"开放"，一种是建立在"固本"基础上的开放，比如以金融与工业之紧密结合立国的美国，再如我们中华人民共和国成立后理顺混乱的货币体系，建立基层组织，努力建立独立自主的财政体系、工业体系。这种对外开放的前提是建立从中央到基层的有效社会组织，同时，为经济发展建立一个强有力的独立自主的货币心脏，建立牢固的财政税收体系，如此才能有健全的国内市场和产业结构，才有旺盛的生产能力，而这样的开放总能以我为主、取人之长，我们说这种开放是主动的，是以自力更生为基础的。还有一种被动的开放是由于没有确立起自己的财政、税收和货币信用体系，甚至内部的货币—税收体制一派混乱，所以只能靠外面力量的刺激来维持内部的经济。这种对外开放当然也能带来表面的增长，但这种发展是依赖型的发展，明代中后期的开放就是这后一种对外开放的典型。

明王朝之所以衰亡，最通俗地说，是由于它丧失了主动进行自我改造的危机意识。皇帝倡导无为，凡事只找容易的对付，道学家一味空谈扯皮，因为道学的核心也是讲"天不变道亦不变"，所以对一切变革，他们都是要反对的，尤其是对建立农民的基层组织、从基层组织人民，自然是上下同声都是要拒斥的。一旦离开了对"危机意识"的警醒，任何对于明亡的讨论都找不到真正的方向。

大家知道，中国现代史上第一次关于明亡之经验教训的大讨论，是在 1944 年，即明亡 300 周年时展开的，也就是说，它发生在抗战即将胜利，而决定中国命运的"大决战"即将展开之前，而且是国民党首先揭开了这场讨论的序幕。这场讨论的核心和归结点，其实也就是围绕如何建设新中国，以及建立怎样一个"新中国"而发生的。

今天看来，蒋介石的《中国之命运》(据说还曾由陶希圣捉笔修订)

一书虽然穷尽全力，但它最大的败笔，就是在抗战全面胜利还未到来之时表现出的胜利者姿态和自居正统意识，表现为危机意识的荡然无存。特别是，蒋介石仅仅简单地将明亡归咎于“外寇”与“流寇”，而在当时的历史条件下，蒋介石眼中的“外寇”和“流寇”显然是指日本帝国主义和共产党，他甚至还认为，明不是亡于“外寇”，而是亡于“流寇”。他说：“满族原是少数人口的宗族，为什么能征服中国呢？三百年的明室，在李闯王与张献忠等流寇与满族的旗兵，内外交侵下，竟以覆灭。自满族入关以后，中国的民族思想，便渐渐覆灭了。”实际上，蒋介石的上述观点正代表了长期以来对明亡经验教训的简单化和通俗化的总结，而他一贯的所谓“攘外必先安内”论，竟然也就是基于保守派学者所总结出来的所谓“明亡之教训”。例如，1940 年钱穆在《国史大纲》中说：“其时对流寇常以抚议而误兵机，对满洲又因格于廷议而不得言和，遂至亡国。若先和满，一意剿寇，尚可救。”[7] 这极明显不过的微言大义，无异于公然主张投降日寇而镇压共产党。与其观点相同者，更有李光涛根据傅斯年建议修订的《论建州与流寇相因亡明》之论。这种“先和满，再剿寇”的说法，实则又是由魏源的议论发展而来，魏源在总结明末的战略失误时，曾经说过这样的话：“而中原盗贼蜂起，或百万，或数十万，所至破城陷藩，东西交哄。明之诸臣于流寇，或多议抚，而于我朝，反讳议和，又不图所以战守，盈廷筑室，蜩螗羹沸。”[8] 很显然，魏源当时是站在清朝的立场上发出这番议论的。

今天看来，蒋介石对中华民族 500 年不断走向衰亡的诊断，虽出自为时人所追捧的“宿儒”和“大师”之手笔，但实际上对历史学研究而言是十足的“天不变，道亦不变”的道学见识，它不但没有涉及

500年来“官无封建而吏有封建”的社会结构，没有涉及不事生产的商人在漫长历史上的消极作用，更没有涉及外国资本的侵入和垄断问题（抗战之初沿海工商地区迅速丧失之原委，亦从未引起过国民党的认真反思）。尤其是，当蒋介石写作此书之时，其时的中国已不得不完全依靠内陆农村之供给进行艰苦抗战，但是，国民党竟然没有意识到倘不抓住最后的机遇，彻底改革中国固有之土地制度，则抗战不能坚持，政权亦不能维持。于是，他们这种对明亡教训的总结，即使在当时也不可能经得住学术界的驳斥，便成为情理之中的事。这些反思性文章中最具代表性的，便是柳亚子的《纪念三百年前的甲申》和郭沫若的《甲申三百年祭》。

众所周知，郭沫若的文章最鲜明地表现出的，就是强烈的危机意识。郭沫若以为，除非进行最彻底的、面向基层的社会变革，否则中国难以在现代世界立足，亦无法避免民族危亡的命运——而这也是他的文章为毛泽东所激赏的原因所在。在郭沫若看来，明末的政治黑暗加之天灾人祸已经表明，全面的社会改造已经迫在眉睫，历史留给明王朝的机会已经很少了。当然，此时也并非没有人看到衰世乱政，甚至连崇祯帝也知道官吏之不肖，但是，因为朝廷所维护的“天下”说到底只是既得利益集团——“富民的天下”，所以它必然要视百姓为“盗匪”，如此一来，要从基层进行“彻底的改革”，从基层发动组织人民自救，实是不可能之事。李自成和张献忠的起义军大抵都是铤而走险的饥民，他们之所以能够所向披靡，就是因为“人心所附”。“当时的朝廷是在用兵剿寇，而当时的民间却是在望寇‘剿兵’。”此即是毛泽东在重庆谈判时之赋诗感慨的：“有田有地吾为主，无法无天是为民。……遍地哀鸿满城血，无非一念救苍生。”

当然，郭沫若从未简单地讴歌和赞成农民起义为未来出路，毋宁说在他看来，李自成起义只不过是社会危机的结果，而并非改造社会的良方，因为连起义军自己也并没有真正的社会改造方案。所以，即便在当时看来，郭沫若的文章也很难说是站在中国共产党的立场上发言，而借明亡教训对当政之国民党政府加以劝诫、警醒，恐怕倒是其题中应有之意。孰料，《甲申三百年祭》发表后，国民党当局却立即组织叶青、陶希圣等著名学者在《中央日报》撰文，予以高调挞伐。倒是文章发表20日之后，中国共产党领袖毛泽东即在延安的中国共产党高级干部会议上大力推荐此文，以为中国共产党行动之警诫，随后，郭沫若的文章更被列入中国共产党整风文件，并作为单行本在延安和各解放区发行。毛泽东借此号召中国共产党要从明亡中汲取深刻历史教训。其中的教训之一，就是对所谓“流寇思想”的反思：李自成起义军每占领一地，则席卷而去，甫一占领，随即放弃，这表明起义军能够夺取城市，却不会管理和经营城市，这就是所谓经得起战争的考验，却经不起执政的考验。由此一点即可见毛泽东对中国历史思索之深，可谓极矣。

尽管郭沫若的文章也并没有从世界经济史的背景，结合白银引进的问题，论述国家财政金融制度与生产、民生之脱节，从而触及明国家能力衰竭的根本原因，但是郭沫若立论高远，毕竟触及了中国历史为什么难以跳出由盛而衰的历史循环，特别是在物质生产、市场经济双扩大的情况下，国家行政能力、财政能力和社会团结能力反而持续下降的问题——也正是他文章中所表达的这种忧患与抱负，促使我们不断思考打破历史循环的办法。

从世界史的视野，结合近500年来西方资本主义兴起的经验，探讨明亡历史教训的代表者是黄仁宇。他提出从“国家财政金融建设的失败”的角度探索明代国家能力持续衰弱的原因，并以此追究明亡的教训。这种看法当然突破了历史上既有的关于明亡的讨论。同时，作为曾经的“蒋介石忠实信徒”，黄仁宇的研究更可以被看作半个多世纪之后国民党方面对“中国之命运”问题、对500年历史经验教训的迟到的反思。随着中国的改革开放，黄仁宇的著作被大批介绍到国内，这其实并不是偶然的，他的研究更促使我们注意，我们中国共产党人其实只是走完了万里长征的第一步，因为我们今天面临着如何打破西方资本集团垄断世界金融的艰难课题。

黄仁宇是当代明代经济史研究的重镇，他尤其擅长明代财税问题的研究，其作品中最具影响力的当然是《万历十五年》[9]，但学术性最强、用力最深的则是《16世纪明代中国之财政与税收》和《明代的漕运》，后二者值得专业人士一读。

中国为什么积贫积弱？很多人以为，中国历史上一向不重商，由于不重视商人和商业，反而是“重农抑商”，结果商业不发达，所以就不能发展出资本主义。对这种肤浅的观点，陶希圣在其著作中早已经彻底批驳过了。黄仁宇的论述同样也是说：中国历史上的商人与生产活动、生产者是完全脱离的，商人有了钱，无非是买地和放贷，而这些都会破坏生产和国家税收，正因为商人与生产相脱离，所以国家抑商就是自然和必然的。何况近代以来，更有买办商人完全流于替外国资本放债盘剥中国市场和生产者，因此中国要完成工业革命，就非要国家资本、国有企业不可。故而对于这样不事生产的商人，一定要抑止，否则国家一定会继续贫困下去。

尽管黄仁宇有国民党的背景，但若单纯地看黄仁宇关于明代税收制度的观点，我们一定会发现他是很有些“左倾”的。其实，对于壮大国家资本、国有企业这一点，国共两党的政策区别本来就很小。因此，他对中国共产党建政之初为新中国建设所选择的道路是很肯定的，他还说：共产党不仅仅恢复了基层的小农生产，实现了耕者有其田的“孙文主义”，最为关键的是，共产党更建立了牢固的社会组织结构，尤其是把一盘散沙的农民组织起来，把农业剩余从地主豪商手中夺过来，用于国家工业化建设，这就大大解放了土地资源和劳动力资源，同时又为新中国培养了大量合格的现代劳动者，工业发展反过来使过剩农业人口得以充分就业。这是中国国家复兴的最大希望。他的名言是：“过去的中国近百年史，过于注重上层结构，很少涉及低层”，而只有共产党改造和建立了中国的基础结构。[10] 身处冷战时代的美国，黄仁宇能够坚持这样的观点，当然是非常不容易的——因为在他的学术成就被广泛认可，并被接纳为剑桥中国史的作者之时，他却丧失了在美国大学的教职，显然，对他教职的剥夺，纯粹是意识形态性的。

黄仁宇于 1938 年加入设在成都的国民党中央军校，该中央军校的校长即为蒋介石，黄仁宇后来坦承：“用郭沫若的话来说，我可以算作蒋校长的‘忠实信徒’。”抗战期间转战中国内地的艰苦历程，以及 38 岁之后在美国从事历史研究，并最终成为杰出的历史学家的传奇生涯，使得黄仁宇的思想发生了深刻而巨大的转变。他说，我最终得出了与李约瑟完全一致的结论：中国的根本问题就是土地问题和农民问题，谁能赢得农民，谁就将赢得中国，而谁能解决土地问题，谁就将赢得农民。当然，这恰恰就是毛泽东的历史论断，而非蒋介石的看法，更不是当时美国学术界的看法。

创建一个现代国家（新中国），这是近代中国历史的最根本主题，而正如黑格尔曾经痛切地指出“德意志还并不是一个国家”一样，黄仁宇也这样说：传统中国并不是一个“国家”，而是一个王朝。宋代以来“为士大夫治天下”，王朝的支配力量是士大夫文化，并不是有组织的财政和税收，或者倘若说王朝有其经济基础，那么，这个经济基础却是无法被国家财政和税收支配的，而这就是中国近世以降持续衰弱的真正原因所在。进而言之，传统中国的经济基础是小农土地所有制，这种小农土地所有制更具有两个基本特点：其一是土地向来被分成小规模，以利小自耕农的运作；其二是土地所有权归属极其混杂，从这个意义上说，中国传统的土地所有制，就绝非西方近代意义上的土地私有制——而黄仁宇说，这一点恰恰是西方研究者最不容易弄清，而又总是陷入误解和混淆之处。

由于中国历来没有深入基层的国家信贷机制，所以农民缺钱之时，“总是通过对亲戚邻居买卖、承租及抵押他们的小块土地，也常常以超高的利率互借土地，并以极低的工资雇用帮手”。同时，由于基层被排斥在国家法律组织系统之外，所以土地的此类买卖、抵押、承租和转借，都是按照当地的习俗来进行的，因此，土地的真正所有权及其归属，往往很难在现代法权和所有权即“法律意义上”加以界定，甚至根本就不可能在此意义上真正搞清楚。也正是“土地分割得极其狭小”和“土地所有权很难搞清楚”这两点，方才造成中国国家的税收只能保持在很低的水平之上，反过来说，既然国家取之甚少，故予之亦甚微，即国家自然也就没有能力对农村进行扶持，更何况“明朝和清朝政府都没有货币工具”，即使想扶持也做不到。[11] 结果自然就是：中国的土地资源一直在极低的水平上流转、循环，而生存于小块土地之上，很少与国家发生政治、经济关系的广大农民，亦毫无生存保障，故只能在饥饿线上挣扎。

由于小块土地的抵押、承租、转借和非正式的买卖，已经将中国农村土地的产权搞得面目全非，故“土地所有权”面目不清始终是历代税收之最大难题。从这个角度看，中国农村的土地所有制，当然就绝非西方意义上之土地私有制。同时人们往往又不懂得：当农民生活无法周济之时，小块土地的抵押、承租、转借，乃是他们救急求生的唯一金融借贷手段，这种产权不完备的土地制度，恰恰又充当着基层日常性、临时性的金融借贷机制。因此，要在中国农村实行土地产权明晰的、西方意义上的土地私有化，客观上就等于取消了农村唯一的金融借贷机制，从而使这个土地私有化方案成为现实中根本无法操作的天方夜谭——而这一点，恰恰是西方人及国民党时代那些高高在上的知识阶级永远都不会了解的社会秘密。

黄仁宇指出，土地问题之积重难返，恰好是中国社会困境的缩影，要改变中国土地制度，道德的说教毫无意义和用处，因为土地问题之解决，需要天翻地覆的大变革，而这种变革舍政治革命和暴力手段则无法达成。一方面来说，解决土地不均、力图“平均地权”，就一定要剥夺地主，黄仁宇后来回忆说：“我到美国后对费孝通教授的论断也很熟悉，他说，如果可耕地的面积不够，而不得不在地主和农田劳工之间做选择，为了将土地资本和劳动力合一，也只好选择后者，牺牲前者。”不过，从另一方面来看，欲实行西方式的产权明晰的土地私有化制度，则等于彻底摧毁中国农村以小块土地为抵押的借贷、周转机制，那就更无异于彻底摧毁了中国农村大多数人苟延残喘的生活可能性，其暴力程度，可谓尤甚于前者。这恰恰也是黄仁宇对中国问题专家马丁·杨的建议加以推崇的原因，他说：“马丁·杨博士对位于中国东岸的农村故乡提出建议，他预测，为更合理地运用农业用地而进行改造，即使是采用私有制，都无法不诉诸暴力而达成。”[12]

若想在上述两种暴力之中取其轻，或者寻找第三条更为合理的道路，那么结论无他——只能是彻底废除农村土地私人所有制，将农地所有权归于农民的组织，从这个意义上说，组织农民，其实也就是组织土地，舍土地改革与土地重新组织，则无以组织农民。近代以来中国的悲惨处境，也仅仅为这样一条出路准备了历史条件与可能性：第二次世界大战期间，由于沿海工商业地区全部沦陷，中国只好依靠内地广大农村地区的支持进行艰苦抗战，面临亡国灭种之祸的中华民族的最后一线生机，实际上也只能是把土地这“最后的资源”全部集中起来，同时，又只能将历来被动无知但占人口大多数的农民全面组织起来，形成中国历史上第一次空前强大的“中央集权”——“普罗独裁”和“民主中央集权”，即以这种土地和人力相结合的组织形式，即以“农民与农地之中央集权”来对抗外侮，求得民族生存，为中国再生寻出唯一出路和可能性，舍此之外，中国其实再无翻身之可能。黄仁宇告诫：

> 读者要记住，在第二次世界大战结束前，中国之再生必须系于农村改造的态势已逐渐明显，虽然在国民党这一方的我们仍然拒绝接受其必然性。回顾过去，土地问题已经变得盘根错节，严重到必须诉诸最后手段，也就是全面禁止私人拥有土地。[13]

面临如此的处境，我们也许终于可以看到革命分子的观点：他们采取的乃是最后手段。现有文明正在解体，我们可以说，他们正是运用了社会契约的理论，只是方略有所不同——为了彻底清除过去的影响，每个人都必须先回到野蛮状态，然后才能谈高贵。[14]

作为抗战期间的国民党军官，黄仁宇事后痛切反思说：国民党确实错误地估计了中国农村的状况，作为一个精英政党，国民党对中国农村缺乏了解，更对从最基层组织民众不感兴趣，这一点甚至连孙中山也不例外。

这让我想起孙中山的意见：中国的问题在于普遍贫穷，不在贫富不均。中国的有钱人还不一定比得上西方的中产阶级。

但是，《翻身》的一些段落也让我惊觉自己的无动于衷，这就是国民党的毛病，甚至孙中山也不例外。问题在于贫富不均在许多已开发国家其实并不是太严重的问题，前提是穷人的生存不致受威胁。如果贫富的差距就是生死之别，即使贫富差距不那么明显，也会构成最严重的问题，亟须立即改革。

处于疾病、贫困和灾害的威胁之下，毫无保障的中国广大农民，原本就苟延残喘地生活在“快淹死的状态下”，小块的土地在灾荒和战乱面前根本救不了他们，一旦面临战争的破坏和国家税收的加强，他们就会被洪水没顶。农村的全面破产会立即导致国家破产，农民铤而走险的造反亦会将导致政权的瓦解——这两种情况导致的其实是同样的结果，而自明500年来，这种情况竟然没有多少改变。

国民党恰恰忘记了组织农地、组织农民，或“通过组织农地而组织农民”这一改造中国的根本方略，更无视了解决这一根本问题的迫切性，可悲的是，他们反而把希望寄托在东南沿海的工商业地区和外国人的援助之上。以国民政府发行的法币为例，法币既以美国的银本位制为基础，又与英镑汇率挂钩，这就难怪蒋中正竟如此一语中的：“对美外交，其成败超越任何价值之上。”共产党在根据地时代亦发行货币，但共产党发行的货币，是与振奋农村经济、发展生产的目标相始终的，特别是与经营土地生产相联系的。一个依赖外国援助，一个依托农村土地与生产发展，两个政权的性质、前途和命运，仅从其货币金融政策之不同中便可以看出。

黄仁宇说：抗战前十年国民党在东南沿海的一切面向现代化的举措，后来看去，无非是一个自我欺骗的幻觉，蒋介石所为，不过是力图让全世界知道，中国可以靠东南沿海的工商业发展而生存，同时更以这种“现代化自强”的表面文章来换取西方强权的同情，但历史证明，这除了唤起日本帝国主义的野心外，什么实际效果也没有。卢沟桥的枪声一响，从东南到东北，中国沿海地区一朝全失，国民政府注定要被赶往内地，所有国家岁入顿时化为乌有。于是，为了维持庞大的军队和政府，国民政府只能在内陆省份实行“田赋实征”，也就是靠征收实物来支持国家运转和战争。政府所用税籍，竟然还是明代留下的混乱材料，内迁时期国民政府的财政政策，竟然连明代中期的水平都没有达到，“这种方法无异要求用中世纪的制度来承担现代战争的主要财政负担，悲剧的下场已经注定”。

作为抗战期间浴血奋战的老战士，黄仁宇更如此谈到他内心挥之不去的深刻屈辱感：中国最不名誉之处在于，蒋介石的行为使美国人觉得是中国把他们拖入了战争，以为如果没有美国人的拯救，中国一定会被日本灭亡；而国民党的最不名誉之处更在于，美国人加入太平洋战争后，华盛顿政府曾赠予中国三亿美元，用以稳定通货，制止通货膨胀，但是，这笔巨款落入国民党要人及其亲友手中，最后被转入美国投机市场，并在美国广为购置不动产。重庆的国民参政会竟然天真地建议，请美国代为列出这些人的姓名与资产，以便课税——这就是中国国民党所谓“民主”的最大笑话，它使中华民族在全世界面前蒙羞。

令黄仁宇深感羞辱的，其实是这样的事实：由于奉行“有权斯有钱”的财政政策，国民政府始终把“印钞票”即通货膨胀当作筹集资金、解决财政问题的基本方式。据戴建兵先生的资料统计，法币发行自 1937 年的 3 亿元，猛增至 1945 年的 8 487 亿元，1938 年度国库支出达 30 亿元之多，而税收却只有 7 亿元左右，于是一切便全靠印钞解决。为了弥补政府年均 80% 以上的财政赤字，到 1942 年，货币发行量更达 1937 年的 32 828 倍。为了支持蒋介石政府、挽救法币崩溃，美国总统罗斯福和国务卿赫尔遂指示财政部部长摩根索立即给予中国国民政府 3 亿美元贷款援助，随后基于形势严峻，美国又不得不于 1942 年 2 月 2 日宣布将对华贷款提高到 5 亿美元。国民政府先是决定将这笔美元存在美国，随时用于结汇，以稳定汇市，随后，却又决定将此款用于购买美国货物，来华生利，于是，这笔贷款的相当部分便沦为当局经办者自行购物，特别是在美国投资不动产，斯即所谓“发国难财”一说之由来。马寅初不过提出要对这笔“国难财”征税，不料此论一出，马氏反被囚禁于重庆歌乐山（马氏《通货新论》一书即被囚禁时所作）。这就是马氏所谓：“国民党政府口头上奉的是孙中山先生‘天下为公’宗旨，实际执行的是‘地上为私’四个大字 。”[15]

黄仁宇说：“我起初尊敬蒋介石，也许正如郭沫若所说的，因为我是他的‘忠实信徒’。但是，随着时间进展，崇拜变成同情的了解。身为历史学家的我最后终于看到，对于国民党运动及其领导人蒋介石来说，命运赋予他们的行动范围相当有限。”[16] 蒋介石对中国所遭遇危机的认识过于浅显，国民党甚至没有真正认识到，中国所面临的乃是从基层组织人民进行最彻底的变革。“中华民国”并无独立的国家财政，国家的力量也从未深入广大农村，在《中国之命运》中，蒋介石竟然把抽象的（甚至是“国民党化”的）“中国文化”当作建国的基石，这对一个现代意义上的政治家而言，无疑显得相当可笑。与蒋介石不同，毛泽东却终于教会那些曾经是五四“新文化”狂热信徒的中国共产党“新青年”懂得：唯有从中国最基层建立起牢固的政治、经济和军事制度，方才是建立一个现代国家的必由之路。

黄仁宇认为，推动中国经济现代化，也就是使中国经济合理化，其根本办法，就是毛泽东所说的“组织起来”。毛泽东这样说：必须“组织起来，不把经济工作看作是一个广大的运动，一个广大的战线，而只看作是一个用以补救财政不足的临时手段。这就是另外一种方针，这就是错误的方针”。因此，中国经济现代化问题，不是一个简单的财政不足、资本匮乏问题，而是一个社会组织体系的问题。从这个意义上说，毛泽东的伟大贡献，就是把一盘散沙的农民组织起来，完成了中国广大基层社会的合理化组织进程，这就是中国经济社会现代化的真正基础所在。毛泽东把中国的希望寄托在有组织的农民而非士大夫和买办商人身上，这是共产党战胜国民党，推动中国治理体系现代化的关键一着。这就是毛泽东在《论联合政府》中所指出的：“农民是工人的前身，是工业市场的主体，是军队的来源，是文化运动的主要对象，是现阶段中国民主政治的主力。”

《论联合政府》与《中国之命运》，是毛、蒋二人，国、共两党关于中国命运的两份不同答卷，比较研读，高下立判。

古人曰：“宇栋之内，燕雀不知天地之高；坎井之蛙，不知江海之大；掉口腐儒，不知国家之虑；负荷之商，不知猗顿之富”。[17] 当黄仁宇把目光转向自己的“敌人”一方时，这位昔日的国民党军官却为子孙后代留下了中华民族历史上那位最伟大的民族英雄的悲怆形象——在“非毛化”成为时代潮流，毛泽东的人格最遭贬损的时候，黄仁宇讲到了毛泽东的“人格”。这些话使我们记起康德的名文《死后当时好名声》。

康德在这篇文章里说：所谓精神之幸福，就是利他。青年时代的毛泽东在读泡尔生《伦理学原理笔记》时在批注中这样写道：“利精神在利情与意，如吾亲爱之人吾情不能忘之，吾欲救之则奋吾力以救之，至剧烈之时，宁可使自己死，不可使亲爱之人死。如此，吾情始洽，吾意始畅。古今之孝子烈妇忠臣侠友，殉情者，爱国者，爱世界者，爱主义者，皆所以利自己之精神也。”

“人是要有一点精神的”，这是毛泽东在中共八届二中全会上讲过的名言。他还说过，这种精神，就是全心全意为人民服务的精神，就是毫不利己、专门利人的精神。

为人民服务，毫不利己、专门利人——这样做，对个人而言，似乎等于什么也得不到，但如果真的做到了，我们所能够得到的，就是毛泽东青年时代所说的真正的“幸福”——“精神之幸福”。

也许有人会说，这样做，确实也有一种好处，那就是可以得到他人的承认与赞美，起码死后会获得一个好名声，但是，毛泽东想必绝不会赞成这样的看法。

因为青年时代的毛泽东还说过：“道德非必待人而有，待人而有者客观之道德律，独立所有者，主观之道德律也。吾人欲自尽其性，自完其心，自有最可宝贵之道德律。”这就是说，我之奋斗，不过自尽我之天性，自完我之初心，而比起这种精神之幸福，生前身后名皆不足道。

追求精神之幸福乃人之天性，是先验之道德，是后天道德律的基础，因此便是人之初心，这种人之初心，是“人格”的组成部分。一个追求精神之幸福者死后，人们可能赞美他，也可能诋毁他，但这都不重要，重要的乃是人们能否从那个“追求精神之幸福者”的人生中，参悟“追求精神之幸福”乃至高之幸福，能否通过对这个人一生追求的思考，获得对人的天性、人之“初心”的觉悟。因此，那些赞美他的人，并非在赞美他一生的功业，而是在赞美人之初心，是在赞美精神追求之幸福；而那些诋毁他的人，也并非在诋毁他的事业，而是因为他们泯灭了初心，他们那样做，就是在诋毁精神追求之幸福。

黄仁宇就是从这样的角度去谈论毛泽东的“人格”的：

> 更难的是评断毛泽东的人格。传统中国史家的“褒贬”手法此处完全无法适用，因为他有非凡的生涯。历史学家尤其还必须记住：他的妹妹、两个弟弟、一个妻子和一个儿子都因他而坦然赴死，更不用说另一个妻子还在狱中（译按：黄仁宇开始写回忆录时，江青还在狱中）。我可以毫不犹豫地说：毛泽东是个伟人，他有超强的行动能力和无比远大的视野。而好人或坏人，慈悲还是奸诈这样的标准不适合他。就好像我们看历史上的伟人一样，例如恺撒和拿破仑，我们可以崇拜他，也可能为他而悲伤，却绝不可能模仿他。因为他是这样非凡的人物，在异常的时代以极端的手段去对抗反常的局势。[18]

历史研究当然不是“隆中对”，不过，黄仁宇丰富的人生阅历，确实使得他的历史研究与众不同。当代史家中能“上马杀贼，下马读书”如黄仁宇者，亦的确鲜见，也正是贯通古今中西的知识能力，加上或许是独一无二的个人阅历，方才成就了他“欲识他年分鼎处，先生笑指图画中”的“大历史”写作风格。

当然，黄仁宇的许多具体观点同样是值得讨论的，比如，他的核心观点之一是：中国国家经济建设的重心，全在于国家如何才能把商人的资本与劳动和生产结合起来，经济要发展，没有劳动者固然不行，没有资本也不行，而没有国家把二者结合起来，引导资本不断投资劳动，那就更是不行。故黄仁宇所理解的“社会主义”，似乎不过就是“国家资本主义”罢了。他认为中国国家能力衰弱的原因，就是国家无为，他所逐一描述的明代恶政，例如把粮税交由地方豪强，把盐税交由商人，劳役税收折银（折色），税率制定又交由地方官员，从来不能固定，表面上国家省事，但实际上必然造就行政的“内卷化”——这些无不证明政府的衰弱和管理上的混乱。[19] 那么，国家究竟怎样才能有为呢？具体说，国家怎样才能约束资本的逐利本性，同时又不断调动劳动者的积极性、创造性，更使得二者结合起来呢？对此，中国共产党早期的回答就是“劳资两利”的过渡时期的经济纲领，而黄仁宇当然没有直接赞美“过渡纲领”，而只是归结为对明代历史的种种叙述，但是对此纲领，他显然是十分赞成的。不过，要把资本家与劳动者结合在一起，需要一个日益庞大的财政国债体系才行，即这样的国家一方面要向资本家不断透支信用，另一方面又要向劳动者不断提供福利，方才能调动两头的积极性、两面讨好。美国罗斯福“新政”长期实行带来的教训，则充分证明这种政策的最终结果实际上是两面不讨好。因为说到底，将资本和劳动结合，无异于将狼与羊圈养在一起，本来就是很难实行的。

黄仁宇的另一个基本观点，就是认为明代的税制很不合理，也就是税收得太少，正式国税太低，国家面对千百万无组织之小农征税，成本太高，结果国家没有钱。因为国家没有钱，又不愿意通过严格财政税收制度的管理或民间金融力量解决财政问题，而是通过滥发货币，以通货膨胀来掠夺老百姓的财富，长此以往，造成了经济崩溃，从而导致了明朝的瓦解。

黄仁宇说明朝的税收太低，明朝的低税制太理想化，这当然有一定的道理。明太祖朱元璋是中国历史上唯一一位贫苦农民出身的皇帝，他不但对官逼民反、苛捐杂税有着切肤之痛，故从明代开国就坚持要少收税，这成为明代的祖制，而且，朱元璋对金融投机资本的逐利本性，对这种本性的难以扭转，更有着超乎当今经济学家的直觉，比如他特别注意到明初的大商人主宰的“牙行”和“钱庄”（借贷经纪）对金融市场的垄断，迫使一般商人亦不得不接受其垄断价格，并从他们那里高息借贷，于是金融垄断不但造成生产凋敝，连商业和市场也一并凋敝。因此，牙行和货币垄断商人作为破坏市场或“反市场”的力量，是明代开国后全力打击的一个重点。这些重视生产、打击兼并、打击市场垄断和金融垄断的政策，无疑促进了社会和经济的发展，也为后来的张居正改革提供了基础。只不过，明朝初期的赋税水平究竟是高还是低，本来就很难衡量说明，因为虽然田赋有定额制度，不能随便增加，但政府运送赋税的钱照例要由纳税人出，长途解运赋税的费用及其特定的折纳——所谓的“火耗”、浮征，因此一向很高，而且是可以随便增加的（故名“加耗”），加上随着边关问题的日益严峻、灾荒的频仍，总体来说，明朝的税收是节节上升的，对于垄断商人，也是不断放任的。因此，如果说明代经济的崩溃是由于税收得太少、税制不合理，转而通过滥发货币导致通货膨胀，造成经济崩溃——这起码是简单化了。

还有，我们也可以说，黄仁宇拿明朝与当时欧洲那些穷兵黩武的民族国家相比较，认为明朝没有把提高工商业者、资本家的地位放在第一位去考虑，所以明朝作为现代国家来说就是不合格的，在我看来，他的这个观点起码更是太简单化了。

我们前面已经说过，16世纪初的欧洲有200多个互相杀伐不止的国家，那里的人民要保命，要免于种族灭绝，就不得不寻找保护，寻找保护就不能不交保护费，而这个保护费，其实也就是欧洲近代意义上的税收。欧洲税收主要用于战争的目的，一年灭一国，十年灭一族，战争在欧洲是经常性的，所以欧洲自然税多而重。中国固然也重视税收（主要是土地税），但税收主要用于社会目的，特别是救灾的目的，尽管中国是个灾害频仍的国家，但灾害并不是每年每月每时都发生的，所以中国税少而轻，这也就可以理解。为了应付战争和扩大战争的需要，欧洲的国王不仅要收税，还要向大商人借钱，所以欧洲国王和大商人逐渐形成了债务人和债主的关系，最终银行家会爬到国王和国家的头上，成为一个跨国的金融集团，这毫不奇怪。中国的皇帝很少跟商人借钱，所以他也没有培养一个大商人阶级并让其做自己债主的必要。总体来说，1500年以来欧洲是以战争谋发展的，而中国是以和平谋发展的，发展道路完全不同，所谓"税收"，所谓"通货膨胀"，这些术语的意义、运用也完全不一样，不能张冠李戴，更不能以一个模式来批评另一个模式。

最终我们还可以批评说：黄仁宇的"税收太少"的观点，也不能比较好地解释明朝瓦解的原因。这是因为：第一，明代的税收政策、税收管理在张居正之后得到了剧烈的强化，而且我们知道，明代，尤其是明代后期，皇家其实并不缺银，一个例子就是李自成打进北京城后，在皇家内库里发现了大量的高纯度白银——纹银，以至李岩不禁感叹：崇祯皇帝留着这么多银子而不愿意拿出来救灾，实在是太想不开。我们还知道，李岩之所以造反，就是因为当灾荒发生时，他要拿出自己的钱救灾，反而被地方官诬为蛊惑人心的“邀名”，结果被抓了起来，山大王红娘子把他抢出来，他才不得不造反。这个例子说明：明朝中后期以来不是税收不力，而是没有把税收用在包括救灾在内的社会服务、社会救助方面，即明国家将一切委之于市场和社会，政府除了收税外几乎毫无作为。国家不是税收不利，而是在社会事业方面严重缺位，说穿了就是救灾不力。如果非要拿今天来比附说明朝的税收制度不合理、不能现代化，也应该说它没有认真实施类似我们今天转移支付的财政政策。明朝不是税太轻，而是收了大量的银税而没用在正经地方，而国家信用的破产最终导致了国家能力的崩溃。这也就是郭沫若在《甲申三百年祭》中揭示的：明朝国家信用破产的证据是，掠夺的是官家，而救灾赈济的倒是李自成这样的强盗。郭沫若指出，崇祯九年（1636），武生李琎上书建议富家助赈、富家助饷，结果差一点儿掉了脑袋，而李岩带头放自家粮救灾，人却进了班房——这两个例子正说明了历史的讽刺——“官家在征比搜括，寇家在散财发粟”，结果人心自然颠倒，国家竟然能够在灾害面前也保持“无为”，自然也就谈不上什么“国家能力”了。[20]由此可见郭沫若的眼光比黄仁宇锐利，如果像黄仁宇那样，一方面说明朝税收不力，另一方面赞美张居正的横征暴敛为“税收合理化”，岂不是自相矛盾？

崇祯储备了这么多白银，反过来说明白银始终是短缺的，因为白银主要是通过进口得到的，供应始终是不稳定的。这也说明：由于货币短缺与经济发展之间这一矛盾的决定作用，通货紧缩才是明代一贯和主要的经济问题。美洲白银价格回落造成的通货膨胀，对欧洲的影响是巨大的，但对中国的影响只是局部的。明朝总体上一直处于白银饥渴状态，即通货紧缩状态，而且明代国内经济越发展，这种货币饥渴状态就越严峻，这就是为什么17世纪30年代的世界白银、美洲白银供应的短缺会对明代经济造成如此沉重的打击。

黄仁宇认为明代经济是自给自足和自我封闭的这一观点，恐怕也是不对的。因为离开了明代行走天下的布商（晋商主要经营的便是布、粮和盐），他不能解释明代全国各地都穿棉袄这种简单的事实，更不能解释17世纪40年代，为什么偏偏是经济最发达、最富裕的地区受到粮食危机的打击最沉重这个根本问题。这里的回答只能是我们上面所说的，恰恰是因为这些地区过于依赖外贸造成的生产的市场化、专业化，特别是粮食生产的市场化、粮食供应的跨区域化。

尽管黄仁宇的论述可以遭到许多挑战和质疑，但是，如果我们从他所倡导的“大历史”的视野去反思，我们就不能不承认，黄仁宇有一点是非常深刻的，即他率先指出：明朝自始至终都没有一个比较准确细致的“国家预算”，因为没有准确的国家预算，所以国家实际上就不知道究竟需要多少钱，特别是需要从老百姓那里拿多少赋贡、收多少税。这就是他指出的明朝“税收不能合理化”的真正意思所在。更为关键的是，这样一来，明朝也就不能在准确的税收基础上，明白自己要发行多少纸钞——既不能少发，更不能滥发，只有这样才能保证钞法的稳定，才能建立起独立自主的货币制度、发钞制度。从财政上说，这样的国家才能说拥有自己的财政—税收—货币体系，它才能成为一个真正意义上的财政国家。

黄仁宇从金融视野出发，更对资本主义体制扩张型发展的动力有着特殊的理解。他说“我所谓资本主义”，“其精义在于负债经营，亦即 deficit financing”。[21] 这乃是一句极其到位的话。他这里没有说明的仅仅是：所谓国家“负债经营”的制度，在近代以来的西方世界，首先就是战争国债体制，正是从国家发行“战争债券”为战争融资的方式中，从对“债务”进行管理的制度中，才产生了现代资本主义的金融体制，从而为资本主义体制奠定了“上层建筑”。战争是现代金融—国债体制发生之最实质的动力，而如果没有国家以债务的方式进行融资，近代以来，非但西方几乎所有的重大经济和科技创新都会因资金的缺乏而无法进行，而且两次世界大战亦均不可能发生。[22] 从这个意义上说，黄仁宇所谓的“债务国家”的作用，则又不能简单地等同于一般意义上“财政国家”的作用，因为所谓“国债”信用制度的确立，就一国而言，本是一个为民族谋万世、谋未来，而不是“谋现时”的制度。

今天看来，我们或许会把黄仁宇的上述观点理解为非常典型的“计划经济”的观点，国家预算、税收管理、债务管理、独立稳定的货币发行，这一切当然都建立在一个严格的国家计划管理委员会的会计制度之上，这不是计划经济又是什么呢？当然，所谓的“计划”一直都存在，关键只是由国家来计划，还是由垄断资本家、私人银行家来计划而已。黄仁宇不可能没有看到：明代经济已经是一个世界型的经济，它的经济是开放的，因而采用进口白银的方式解决货币问题，好像也是很自然的。黄仁宇作为一个特立独行的思想家，他最大的“固执己见”恰恰在于：他拒绝承认明代采用进口白银的方式解决货币供给，这是一个好的、必然的选择，他毋宁认为，这完全是一个错误的、被动的选择，或者说明朝统治者自己根本就没有选择过，而是稀里糊涂地被白银“选择”了而已。了解这一点，才会明白他何以会一语中的地指出：“明清两代，国家均无货币工具。”

黄仁宇确实看到了：依赖外部货币供血而自身缺乏造血机能，即没有独立自主和稳定的财政—税收—货币管理体系，是明朝垮台的根本原因，而造成明朝初期整体财政政策瓦解的，就是白银的大规模进口。黄仁宇研究明史，但他没有最终挑明的一个最大历史秘密其实是：如果没有白银的大规模引进，明代本来有可能通过建立一个准确的国家预算，通过完善税收制度，建立起一个独立自主的宝钞（纸币）发行制度。反过来说，倘若明代的宝钞最终能够稳定，它也就完全没有必要通过大规模进口白银解决货币问题了。进一步说，明代如果不大规模进口白银，即使通过严格管理的国债制度，也可以推动经济的发展，那么，500 年的世界史也就完全可以改写了，甚至数百年后，由白银外流导致的鸦片战争也都不可能发生了！

实际上，早在黄仁宇之前，黄宗羲、顾炎武和王夫之，以及魏源和康有为等人，都曾基于明末的货币危机提出过“废两改元说”（即废除银两而改行国家铸造、发行的银元），只是这种远见卓识并没有得到当时及后来的理解罢了。

黄仁宇关于“债务国家”与“负债经营”、关于从国债制度入手确立现代国家信用制度的论断，实际上是结合了西方近代崛起的经验，却又相当完美地解释了新中国前 30 年的发展道路。因为新中国所进行的一切重大项目，包括军事、科技、交通、教育等，完全都是在资本严重匮乏的条件下投资建设的，而新中国之所以能够完成这样开天辟地的项目，就是依靠长期的低工资、高就业、高积累、低消费的财政经济政策。

明朝以降，中国一直没有建立起国家预算体制，没有通过严格的国家预算、税收体制建立起发钞体制，其中的根本原因，往制度上说就是中央政府直接面对千百万小农征税，基层无组织，中间无制度，“农业上的盈余无从有系统的积累，进而有秩序地发挥到工商业上，再伸展到服务性质的事业，有如保险及律师之雇用等”[23]。往文化上说就在于道学误国。道学所推崇的自然主义的“无为”宇宙观，必然使得保持和维护现状的主张成为主流意识形态，国家在组织效率上不求长进，这固然“使兴师造反，背叛朝廷者不易发难”，却更使国家没有动员最广大基层的组织能力。明朝以降500年，中国并没有完成儒家思想的近代转化，也没有完成儒生角色的现代转化，明朝的儒生在治国理财方面都是完全不合格的。明代道学家的思想空洞狭隘，不能经世致用——这套“非理性思想”培养出来的儒生，好像那才高八斗的侯方域，这个家伙的头脑竟然还不如李香君清楚，这种人一旦成为“精英”，只能误国，不能成事。

黄仁宇的这套想法，令人想起日本现代大思想家丸山真男关于明代理学传入日本后，发生了“国家化转变”的论断。按照丸山的看法，理学在日本的江户时代，经过日本知识分子的改造后，方由自然主义的宇宙观演变为积极有为的国家观，特别是国家经济观，从而成为日本现代转变的动力，这是后话，但也不妨引用供参考：

朱子学的道是由天地自然之理赋予的基础，它贯通天与人、包摄社会与自然，既是规则又是法则。不过，这种绝对总括性的道，通过素行、仁斋和益轩等所表现出的连续性的思维解体的过

> 程，其中的诸要素就逐渐开始独立化。人道、规范和应该，已脱离了天道的存在。道的价值既不存在于合乎自然的真理之中，也不存在于自身终极的理想中，它完全依靠圣人的制作。使道成为道的不是理，而是权威。[24]

维护国家权威，首先必须维护国家货币主权和财政权威，货币是“圣人制作”“国家制作”，不能委之于天和自然。这就是魏源的名言：“货币者，圣人所以权衡万物之轻重而时为之制。夫岂无法以驭之？”[25]为了子孙后代的发展，为了民族的未来，必须牺牲现在和当下的利益，必须创造一种机制，以保证我们能够为他们做些什么。这就是现代国家组织的作用，也是“托架”出时间和空间，把我们作为一个整体与“未来”联系起来的现代货币信用体系的作用（安东尼·吉登斯），诚如丸山真男所说，这也是日本经济起飞的真正秘密。

与丸山不同，在当时的背景下，黄仁宇的写作实际上更属意于中华人民共和国成立以来建立独立自主的财政货币体系的努力，他独具慧眼地把这看作 500 年来头一件大事。

实际上，中华人民共和国成立伊始，最彪炳千秋的一项伟业，也就是一举确立了人民币的国家主权货币地位。历史上，中国的国家货币发行均是因为无法成功进入农村地区，无法为千百万一盘散沙的小农所接受，故而总是宣告失败。但是，中国共产党是中国历史上第一个成功在农村建立起现代组织的政治力量，中国共产党所开辟的以农村包围城市的道路，是以农村基层的组织化、农村政治的现代化为前提的，这也就为财政金融制度最终在中国基层农村的展开制造了根本条件。早在延安时代，在边区银行行长朱理治等的主持下，中国共产党就成功进行了边区货币的发行，边币发行的成功，不但使得陕甘宁边区避免了通货膨胀，度过了抗战最艰苦时代的金融危机，而且为边区财政的独立自主，为中国共产党在人民的支持下打败日本侵略者和国民党反动派，奠定了坚实的财政金融基础。有学者甚至指出：朱理治所著《朱理治金融论稿》，其学术水平已经达到了当时世界金融理论的最前沿，可谓是第一代中国共产党人治国理政的宝贵知识理论财富。[26]

中国历史上第一套成功的国家货币——人民币，则是在 1948 年 12 月 1 日开始发行的。不过在当时，人民币在城市里几乎没有人接受，上海解放伊始，银元炒卖之风甚嚣尘上，银价暴涨，通货膨胀非常严重。因此，确立人民币的权威、抑制通货膨胀，这是人民币能否站得住、新中国能否站得住的关键所在。1949 年 5 月 31 日，新的中央人民政府尚未成立，毛泽东主席即责成成立了以陈云、薄一波为首的中央财经委员会（以下简称“中财委”，附属于中革军委），“中财委”向中共中央、毛主席汇报说，解决目前空前的财政经济困难，摆在我们面前的路无非两条：一条是为了支持战争、筹措军费，中央不得不发钞印票，这样做的结果，无异于变相征税，势必如国民党政权和历代王朝一样，造成人民困苦、通货膨胀持续，最终就是国家合法货币垮台；另一条路是只有在努力恢复生产、改善人民生活的基础上，方才能适当增加税收，并辅之以严格管理、严格兑现的公债发行，同时更重要的是必须严格财权、统一财经、迅速制止财政的多头管理，治国先理财、理财先治党，如此才能防止乱花钱、乱招人、乱调拨。一句话：只有形成从中央到地方的严格的财经纪律，才能节约开支、实现收支平衡，在根本上抑制通货膨胀，从而维持人民币的国家法定货币地位。[27]这便是毛泽东对革命党人财政政策的高度概括和总结：“军队向前进，生产长一寸；加强纪律性，革命无不胜。”其中最关键的，就在于严格财政纪律，即“加强纪律性”。

对于整个国家，从中央到地方实行严格的财政管理，这一点说来似乎容易，力行则甚难。历朝历代，包括国民党政权均未做到此点，从客观上说，这就是由于国家没有深入地方的组织机构，用黄仁宇的话来说，就是国家没有垂直的行政管理系统，而只有互相牵制的“侧面彼此管理”的多头财税体系。从主观上说，中国士大夫官僚集团一向并无实际行政能力，更以言财政、税收、司法为耻，以为那是胥吏所为，如此一来，他们便将实际上的国家行政交由一个利益集团处理。因此，也正是对照历史，毛泽东的话才格外令人深思，他这样说：我们不但善于破坏一个旧世界，我们还将善于建设一个新世界。

货币主权和中央财政权威，从根本上说就根植于政权本身的权威。政权的权威，来自对人民绝对负责任，而一个对人民负责任的政权，则必然要对执政者提出“责任伦理”的要求。什么是革命者的世界观？这是值得我们今天认真思考的问题。在毛泽东那里，正如在康德和马克思那里一样，“世界”并不是需要我们去屈服、臣服、认同、膜拜的“表象”，而是我们必须努力改造和创造的“对象”。套用马克斯·韦伯的说法，什么是理性？所谓理性，并非指“欲望”“感性”的节制或者对立面，我们所说的理性，乃是一种在时间中、在历史中才能展开的“责任伦理”，即只有那些面对前人的牺牲感到深深的愧疚，而对后来者怀有巨大责任的人，才是置身于历史中的人，才是置身于真实世界中的人，正是这种愧疚、这种责任，要求、命令我们把有限的生命投入到无限的为后来者造福的事业中去。因此，只有这样的人，才配称得上理性的人、对历史负责的人，只有这样的工作，才配称得上理性的事业。[28]

所谓“英雄造时势”，中国共产党人就是创造中国革命胜利大势的英雄群体，而毛泽东就是现代中国的圣人。他把天道由天下秩序、自然法则和终极道德理想转变为现实的制度，这就是中华人民共和国。同时，他又使中国共产党人的日常工作与信仰、信用紧紧联系在一起，铸成这种联系的，就是对牺牲者的责任、愧疚，就是对在我们的前面英勇地牺牲了的烈士的承诺。这种建立在我们与牺牲者之间的信用关系，就是新中国信用制度的根源和基础，它使我们的工作既是日常的、世俗的，同时也是神圣的、永恒的，圣人制礼作乐，而毛泽东的伟大贡献，则在于把中国传统的礼乐共同体转变为新中国——一个新的礼乐共同体。

毛泽东在 1945 年曾经这样告诫我们党说：

> 无数革命先烈为了人民的利益牺牲了他们的生命，使我们每个活着的人想起他们就心里难过，难道我们还有什么个人利益不能牺牲，还有什么错误不能抛弃吗？
>
> 成千成万的先烈，为着人民的利益，在我们的前头英勇地牺牲了，让我们高举起他们的旗帜，踏着他们的血迹前进吧！[29]

历史也为我们留下了李先念当年如此声色俱厉的讲话，其内容实堪比其同乡张居正之《陈六事疏》，而唯一的，也是根本的区别在于，它告诉作为后来者的我们，究竟什么是共产党人的意志，什么是革命者的“责任伦理”：

> 我们过去对统一这个问题是很生疏的。今后各级党委和各级

政府，以及一切掌管政策与执行制度的人，财经工作搞得好不好，犯不犯错误，很大程度上，要看能否正确认识和自觉对待这个问题。在财政收支问题上，历来我们是多收多用、自收自用，这是我们搞惯了的。因此，各自为政的思想可以说是根深蒂固的，其理论是一切可以"机动"。但是，从现在起，为了实现财政经济工作的统一管理和统一领导，必须去掉各自为政的思想，坚决克服地方主义、本位主义和无政府、无纪律状态。正如毛主席所说，我们要用黄色炸药来炸掉本位主义、地方主义、自由主义和无政府状态。否则，我们在财经方面就要失败。

统一就是一切按照政策、制度办事。统收统支，统一管理，一切开支要有计划，有预算、有决算，不造预算不发钱，不报决算不批预算。"大概""差不多"这一套"理论"都要扔掉。财政厅财政整顿方案上说，过去报告与账面不符，账面与实物不符，党与政府的材料不符。没有一个准确的数字，不准确怎么能谈到统一呢？因此，必须健全严格的会计制度。

共产党人在任何情况下都应该自觉地积极努力，绝不丧气，任何困难都不能影响共产党人的积极性。只要我们下定决心，节衣缩食，统一财经管理，我们就能很快地恢复经济，进行建设。[30]

薄一波后来回忆说：当时对党员干部最严厉的惩罚，所针对的是"浪费"，而非"贪污"，因为对共产党人来说，不能用贪污和不贪污这个剥削阶级的标准来要求党员和干部。毛泽东更这样说到革命者的责任伦理："为了新中国，死了多少人？有谁想过这个问题？我是经常想这个问题的。""革命尚未成功，同志仍需努力"，再思此语，今昔对照，桃花扇底说前朝，岂是“感慨系之”所能道尽？

人民币权威的确立，是500年来最伟大的奇迹，是中华民族走向伟大复兴的真正基石，1949年，流传在上海资本家中的话是：“共产党军事一百分、政治八十分、经济不及格”，“共产党打天下本领大，治天下可就不如我们”。毛泽东主席回答他们的原话是这样的：“打天下并没有那么容易，治天下也不见得就难成了那样”，“我们不但善于破坏一个旧世界，我们还将善于建设一个新世界”。今天重读陈云的《为什么要统一财经工作》、薄一波的《平抑物价、统一财经》，最令人深思的是从严治党、从严理财、“全党饿肚子也要把支出降下来”那样一种气概、那样一种革命的责任伦理、那样一种为人民负责任的现代政治品德。

“军队向前进，生产长一寸；加强纪律性，革命无不胜。”在我看来，黄仁宇和另一位海外学术巨擘邹谠先生，虽然都有国民党的背景，但高调赞扬毛泽东时代新中国的成就，原因就在于他们从民族大义出发，是真正懂历史的大学者。黄仁宇说：只有上看货币财政独立，下看基层建设，才能“掌握中国长期革命的真实性格”。诚哉斯言！

第八节

中国资产阶级的历史命运

> 你可以随意向一个市场经济中增添许多资本家，但是除非国家以这些人的阶级利益为出发点，否则这个市场经济仍是非资本主义的，布罗代尔本人把中华帝国作为恰好能将“市场经济”和“资本主义”分开的例子，这是一个历史的洞见。
>
> ——乔万尼·阿瑞吉

近代以来的中国为什么没有走西方式的资本主义道路？大家都知道，这里的原因主要是中国没有产生西方式的那种资产阶级，中国的民族资产阶级与近代西方的资产阶级，比较起来性质是不同的。毛泽东就曾经说过，这是由于中国资产阶级先天不足，力量比较弱小。

不过，我们也可以看到中国商业资本早熟或发达的大量描述，例如，吴承明先生认为，中国的现代化起码开始于明代，证据就是近代以来的所谓“十大商帮”：晋、陕、徽商和广东、福建商帮等，在明代都已经形成了很大规模。[1] 若我们再看 19 世纪初，也就是鸦片战争前的 19 世纪 30 年代，以中国南方广东的行商和北方山西的晋商为例，竟会发现这两部分商人几乎主宰了当时的世界贸易和商业活动，不但晋商在蒙古、俄罗斯、欧洲和日本进行了很多的国际投资，广东行商还曾投资美国的铁路建设。[2] 无论从外贸还是金融上看，他们其实都已经具备了国际资产阶级的规模，这就给我们提出了一个相反的问题：

我们怎么看中国资产阶级“力量弱小”这个论断？即我们究竟该如何理解毛主席的上述洞察呢？他那个著名的解释是不是可靠呢？

我认为毛主席的解释总体上是对的，而理解他的论述的关键，首先在于我们怎么理解企业家和资本家这两个词。今天我们把企业家、商人、制造业者不加区分地、一般地、笼统地称为资本家，其实是很不准确的，因为这样笼统的说法，其实没有正确区分产业资本、商业资本和金融资本，用布罗代尔的话说，就是没有正确区分物质生产、市场经济和资本主义，没有区分它们之间的区别与联系，进而没有既区别又联系地解释它们产生的原因。

近代意义上的中国资产阶级其实是“长途贸易”的产物，这样的资产阶级，并不是一般地与生产和贸易的经营者有关系，而是与长途贸易有着最为根本的关系，长途贸易是理解近代中国资产阶级产生的关键。区域性的、地方性的市场和贸易，是自古以来就有的，而从事这样的交换活动的人，一般来说也不必是与生产活动截然分离的、独立的商人阶级，它也不需要大量的、独立的商业资本，因而，那些人也不能被称为近代意义上的商人阶级，他们只是一边生产、一边销售的“商贩”，即所谓“贩夫走卒”而已。

我们所说的长途贸易就大不同了。长途贸易一般是指跨国的大宗贸易。这种贸易首先不是一般的生产者能够经营的，甚至也不是一般的国家能够承担的。亚当·斯密说：所谓长途贸易，它不但要求一个国家有生产大宗商品的资本和财力，而且要求一部分人有巨大的财力、资本，先去把这些商品购买下来，然后再转运到远方去出售即卖出去，也就是说，需要他们为远方的消费者预先垫付生产成本和交易成本，于是，这就要求一个国家存在大于，起码是等于生产资本的商业资本，即它要求存在与生产资本相当的商业资本，进而要求存在一个与生产活动相分离的商人资产阶级，如此，长途跨国贸易方可能发生。

近代中国的行商和晋商，正是这样一个既与生产活动相分离，又可以通过大规模的长途贸易把国内生产组织起来的商人阶级，所以它才支持了大规模的海洋贸易和大陆贸易。晋商资本，首先就是指从事跨国长途贸易的大商业资本，无论是“走东口”（张家口）经张库大道到恰克图，还是“走西口”（今右玉县的杀虎口）经甘肃、新疆出境，晋商贩卖的货物都是输向欧洲的。无论内洋行还是外洋行，广东行商所垄断的都是南洋和西洋贸易。下面的数字可以说明问题：1819 年，中国对欧美的海上贸易赚取的白银为 2 282 万两，此后到道光十三年（1833），每年海上对欧美的贸易赚取的白银都在 2 300 万两之上。我们再看北方的恰克图贸易，按照俄罗斯方面的统计，1854 年中俄两国间的贸易额是 1 968 万卢布。当时南方的海洋贸易是由行商主导的，但其资本的部分来源仍是山西票号，而北方大陆上的长途贸易则完全是由晋商主导的。从上述数字我们大概可以看出，19 世纪中叶在中国南方从事海洋长途贸易的行商和在北方从事大陆贸易的晋商积累了多么雄厚的资本。

除了对独立的商人阶级和商业资本的要求外，长途贸易又必然要求并依赖信用资本的发展——这是它的又一个根本特征。信用的发展，是长途贸易的产物，因为长途贸易的一个特点就是它的贸易周期比较长，例如当时从欧洲到中国的一个贸易周期差不多要三年时间，可见，长途贸易虽然利润高，但是其利润回款的周期也特别长，面临如此长的回款周期，就必然要提出相应的、严格的信用要求，即生产商需要一个有信用的凭证，以保证它在三年后能从销售商、贸易商那里拿到货款和利润，而对贸易商来说也是同样的，他也要向中间商和代理人提出类似的信用要求。例如对1840年之前的英国东印度公司来说，他们并不是把货物运到广州，再自己直接完成销售，而是将货物交由他们的中国代理商——广东行商寄售或者代售，当彼时货物的价格行市不理想时，英国贸易商尤其喜欢这样做，即将货物交由行商处理，待三年之后，凭着行商开具的信用证，再来结算货款和利息。

所以说，长途贸易不但要求一个与生产资本相当的商业资本、职业化的“商帮”，而且它也必然要求规范、严格的信用资本的存在，从而，长途跨国贸易在催生商人资本的同时，必然也会催生相当规模的信用机构。

对于这个问题，马克思是这样论述的：“大规模的和供应远地市场的生产，会把全部产品投入商业手中；但是，要使一国的资本增加一倍，以便商业能够用自有的资本把全国的产品买去并且卖掉，这是不可能的。在这里，信用就是不可避免的了；信用的数量和生产的价值量一起增长，信用的期限也会随着市场距离的增加而延长。在这里是互相影响的。生产过程的发展促使信用扩大，而信用又引起工商活动的增长。”[3]

马克思的论断很经典地说清楚了：专业性的信用机构，乃是长途跨国贸易的必然产物，它会与生产、贸易的发展一起增长。他的这一论断也很好地解释了晋商是怎样的一种商人，他们为什么会从边关贸易商发展为长途贸易商，并且最终发展为票号资本即信用资本。

所以，要谈论马克思，首先要读《资本论》，无论我们坚持还是否定马克思，恐怕都要先读一遍《资本论》再说话，否则没有意义。比如我们研究晋商，不读《资本论》怎么行呢？晋商难道首先不是长途贸易的产物吗？如果不了解长途贸易对信用凭证的必然要求，又怎么能解释晋商会发展出票号呢？票号难道是从天上掉下来，突然又被大风刮走了吗？当然不是的。正如马克思所说，让山西商人一股脑儿地用现金把全中国的货物都买下，这显然是不可能的。那怎么办呢？自然就需要延期支付的信用凭证，这就是“长途国际贸易必然需要商业信用机制的产生”。什么是商业信用呢？马克思说：商业信用的“代表是汇票，是一种有一定支付期限的债券，是一种延期支付的证书”。山西票号所经营者，就是一种汇票。

1823 年左右，中国第一家成规模的票号日升昌及其横跨北方共同市场的信用网络在山西平遥诞生了。票号的诞生，标志着晋商由商人资本向信用资本的过渡，标志着中国资产阶级的发展达到了它历史上的顶峰。山西票号兴起的基础，在于它创造了一套严格的信用管理制度，票号经营的范围主要是信托支付、吸款放贷和不同成色银两之兑换，其中以信托支付为主要业务。

信托支付是货币资本经营的一种方式，而且是比较简单的方式，它一般通过委托支付的方式获取利润（或者手续费）。山西票号发展的高峰，便是由于在庚子事变中接驾有功，清廷遂将庚子赔款 10 亿两白银分配到各省、关、盐道筹集，而所集款项一律由各省交各地晋商票号负责保管、汇划给外国银行，这使得银根集聚山西，山西票号几乎成为清朝户部的金库和总出纳。

信托支付之外，更为复杂的方式则是货币兑换。中国货币体系长期以来存在着钞—银—铜钱的多币制，而白银的成色又非常不同，这就造成了非国家主导的民间货币自由兑换机制的存在和发展，为通过货币兑换逐利制造了条件。其实，早在山西票号出现之前很久，16世纪中后期，随着中国海外贸易的发展，南洋华侨的“银信汇兑局”就已经产生，直到19世纪初它还在发挥汇兑的作用。中国北方第一家经营货币兑换的机构“帐局”，在乾隆元年（1736）开设于张家口，这当然也是山西人经营的，它也是北方共同市场形成并逐步扩大的产物。因为张家口是明隆庆年间兴起的市场，是因明代的边关贸易和白银经济的驱动而产生的。清雍正五年（1727），为了稳定喀尔喀蒙古地区的形势，中俄之间签订了《恰克图条约》，这个条约打通了北方陆路贸易的商道，山西就处在这个中路贸易的核心处，票号亦因此承担起卢布、黄金与白银的兑换业务。随后，北方大陆共同市场不断扩大，信托和汇兑的需求也不断扩大。我们前面已经说过，1630年荷兰与葡萄牙、西班牙角逐南洋贸易，导致自海上输入中国白银的减少，这乃是明王朝瓦解的重要原因，而1830年正是北方陆路贸易的高峰期，也是因为当时的英法战争封锁了欧洲海路，欧洲与中国的贸易主要只能经过恰克图这个北方陆路贸易的通道进行，恰克图贸易是当时世界贸易的核心，而张家口这个地方则是以晋商为主的北方贸易商人接受国货和贩卖外货的枢纽。这就使得银根进一步向以山西为核心的北方集聚。

尽管中国的信托、汇兑机构诞生得并不比西方晚，尽管晋商拥有庞大的资本，同时经营着为跨国长途贸易提供信用服务的汇兑网络，并以之吸款放贷，我们还是必须指出：票号资本并不是近代西方意义上的银行资本和金融资本。

那么，山西票号与西方的私人银行究竟有什么不同呢？如果最简单地回答这个问题，我的结论就是：尽管山西票号大规模地投资生产和贸易，但是它并不投资战争。正因它不为国家的战争行为提供借款，它也就不具有国家赋予的以国家税收为抵押的发钞权。在一个帝国主义的时代，票号只是从生产和贸易中获利发财，却没有从战争中获利发财，这是它最大的局限所在。投资战争却是西方主要私人银行经营的根本手段，格莱斯顿勋爵之所以说英格兰银行由"银行家的银行"变成了"政府的政府"，就是由于投资战争是银行家最大的获利工具，所以在帝国主义的时代，山西票号完全不可能竞争过西方的私人银行。所谓中国资产阶级先天不足、力量弱小，我认为也只有从这个角度才能得到解释。

马克斯·韦伯说，西方的城市与中国的城市、西方的资产阶级与中国的资产阶级根本之不同就在于：西方的城市是武装城市，西方的资产阶级是一个武装起来的阶级，欧洲最早的金融机构——圣殿骑士团，就是一个在十字军东征中诞生的武僧组织。西方最早的私人银行（阿姆斯特丹银行和英格兰银行）都是发战争财起家的，这就是它们与山西票号的根本不同。在欧洲民族国家争霸的条件下，西方私人银行的基本功能，其实就是为国家提供战争借款，国家又反过来以税收作为抵押，赋予私人银行发钞权。作为国家的债主，私人银行因而具有了"绝对的权力"，这就是为什么阿克顿勋爵说"权力导致腐败，绝对权力导致绝对腐败"[4]。前者指国家，后者就指私人银行。

在这一点上，我们只要简单比较一下荷兰东印度公司和山西票号，大概就可以得出很清楚的结论，荷兰东印度公司与其说是一个公司，还不如说是一个国家，或曰荷兰国家在海外的全权机构。荷兰与其说是一个一般意义上的“国家”，还不如说就是公司，或曰东印度公司的最大股东。正如陈勇教授所指出的：

> 议会授予公司一系列经济、政治特权。经济权包括尚待建立的好望角至麦哲伦海峡间的贸易垄断权，以及已经产生实效的进口东方香料、丝绸和棉布的免税权。在政治方面，公司可以以荷兰议会的名义对外缔约、修筑据点、任命行政官员以及招募军队。实际上，公司就是国家派驻东方的代表机构。
>
> 经济、政治特权的授予不是无条件的，国家的支持甚至是以货币为交换的。公司获取特权的条件，是25 000盾的货币支付，是以金钱换取权力。得到金钱的议会，又立即分文不动地向公司入股，从而自己也成为公司的大股东。特权的授予还是有期限的，首期特权状期限为21年，以后的授权，除第二次外，都属于有偿授权，特权的期限越长，支付的金额就越大。一名法国人似乎早就看出了其中的奥妙，他说：“在荷兰，国家和商业公司是一回事。”[5]

实际上，这就是康有为在《上清帝第二书》中所深刻指出的，西方列强的所谓国家，其实是个公司，其所谓公司，亦可谓国家，即他所谓：“明时葡萄牙之通澳门，荷兰之收南洋，英人乾隆时之取印度，道光时之犯广州，非其政府之力，乃其公司之权。盖民力既合，有国助之，不独可以富强，且可以辟地，商会所关，亦不少矣。”

因此，近代欧洲所采用的如下两种方式，恰是中国从来不具备的：其一是国家以发行国债的方式投资战争和殖民（这是英国最常采用的方式），其二则是国家授权公司对外战争和殖民的权力（这是荷兰东印度公司的特征）。与近代西方完全不同，明清以降的中国政府尽管亦将对外贸易特权授予特定的民间商业集团，但是，国家并不直接参与和干预公司经营，为了防止官商勾结，更严令倘若地方官员涉及商业利益，则需按律严惩，广东公行和晋商票号的经营就是如此。故而，鸦片战争之前，英国东印度公司与广东公行之间发生贸易纠纷时，原本这种纠纷一向是由英国东印度公司的总经理与广东公行的代表磋商解决的，而当英国委派的律劳卑自称具有官—商二重身份，即他声称自己既是东印度公司经理，同时也是英国政府的外交官之时，广东官员便理所当然地拒绝承认他的这种双重身份，拒绝他的这种越权行为，拒绝与之对话，并责令其退出广州，而这样做的核心目的，就是拒绝将商业问题上升为政治问题，拒绝将两个公司之间的纠纷上升到国家层面，更重要的是拒绝将平等的自由贸易竞争变成帝国主义支配的强权逻辑——而这正是导致鸦片战争爆发的导火索。

明清以降，无论是蒙古封贡还是恰克图经济贸易区的规划，中国处理国际事务的原则都是为了经济与和平发展，应该淡化和搁置主权争议。西方近代的原则恰恰相反，即把经济贸易问题上升为主权问题，并以军商合一、政商勾结的帝国主义方式处理国际事务。宫崎市定因此指出：对中国来说，政府与公司合一的经营模式，恰恰是洋务运动“学习西洋的结果”，在此之前，中国的商业与政治是严格分开的，政府不能经营商业、企业，官员更不得参与经营活动，因此，所谓“绝对权力导致绝对腐败”，所谓“官商勾结”，当然是指荷兰、英国那种“国家和公司合一”体制，这种腐败体制绝非中国所固有的。[6]

同时，荷兰东印度公司等所经营的股票，与山西票号经营的汇票之间更有本质的不同。从表面上看，荷兰股票业出现的原因，亦是贸易周期甚长，回款分红太慢，加上很多投资人不是经营者，故在投资人急欲变现的情况下，遂有股票买卖之发生，由于刻意将股价定得很低，东印度公司的股票也就可以吸引全社会的参与，从而迅速募集大笔资金。与之相对，票号则更像中国传统之“均输”制度的发展，主要目的是解决商人阶级在长途贸易中携带大宗资金之困难，类似今日专供大宗商务项目服务之异地划拨制度，前者的目的在于向全社会集资，而后者仅在商家的存取方便而已。[7]

1840 年之后，为其经营宗旨所决定，西方金融机构在中国和其他殖民地、半殖民地的作为，就是通过经营战争投资的方式逐步扩大和掌握世界市场：它一方面为发动战争的国家提供贷款，另一方面又为战败国提供“赔款”的借贷“服务”，同时要求以该国的税收，特别是海关税收作为抵押。正是通过这样的方式，西方私人银行逐步控制了各个国家的海关、税收和贸易权利，从而成为一个跨国的、垄断的金融资产阶级。

例如，1895 年，日本正是在英格兰银行借款的支持下，发动了侵略中国的甲午战争，而按照英格兰银行的要求，日本作为战胜国，迫使清王朝将所有的赔款白银 2 亿余两全部折合为英镑，存入英格兰银行生息。利用这笔天文数字的赔款，日本于 1897 年以固定的 1∶32（1 日元等于 2 先令）的金银比价，大肆购买黄金券（英镑），从而完成了金本位制改革。[8]我们在本书的下篇将要介绍：欧洲各国在 1840 年左右采用金本位制，这是由于它们在长期的殖民活动和贸易投机中掌握了世界上大部分的黄金，而欧洲采用金本位，却使得大批劣质银币涌入中国，同时更造成大批基准银（纹银）流出中国，遂导致了清王朝的货币体系紊乱、清朝财政因之垮台。此外，由于金贵银贱，所以中国产品从此在世界市场上就“天然”处于竞争劣势，而这一点对当时同属银本位的日本其实也是一样的。日本之所以能够改变它的银本位制度，就是通过大规模的中国赔款占有了世界上纯度最高的白银，借以换金。反过来，由于库平银在甲午战争的赔款中消耗殆尽，中国纯银尽失，这样一来，对清王朝来说，其财政就从根本上崩溃了。

尽管在甲午战争之前，清政府也曾向山西票号借款 100 万两白银，作为战争经费的补充，这是清政府第一次，也是唯一一次因战争而向民间信用机构融资，但随着甲午战败，随着一系列不平等条约所做出的明确规定，向本国私人资本借款、民间融资的行为被“国际条约”明文禁止。那些不平等条约规定：作为战败国，清政府的战争赔款必须从西方金融机构获得，而不得从中国民间金融机构融资。这一规定不但使得西方金融机构通过借款行为掌握了包括海关税在内的中国国家税收，同时它更将中国金融机构彻底排除在“战争金融体制”之外。众所周知，列宁将帝国主义的根本特征称为“金融垄断资本主义”，其意义实际上亦在于此。

近代中国为什么不能富国强兵呢？说穿了，一方面是国家财政确实捉襟见肘，根本没有钱投资在军事和工业上，另一方面，西方列强也不允许中国把金融业与制造业，特别是军事工业结合起来。金融垄断资本主义在彻底瓦解了清王朝的国家财政的同时，也使得清王朝借助国内融资振兴军事和工业的能力归于彻底的不可能。对山西票号而言，我们则可以说，在一个帝国主义的时代，票号作为丧失了“战争投资”这个最大客户的金融机构，其前途就是不言而喻的。也就是说，票号资本先是不能投资国家的工业革命和军事自卫，随后又被排除在经营战争借款和赔款之外，这样它就几乎丧失了帝国主义时代所有的“大宗业务”。从这个意义上说，中国的票号资本显然是被现代金融垄断资本主义，或者说是被西方的金融垄断击溃的。

从整个发展的历史来看，山西票号本不是一个向国家发债的私人金融机构，而主要是一个经营借贷、汇兑和异地划拨的信托机构，它不能以国家信誉和国家税收作抵押而拥有发钞权，也没有发行国家债券的权利。与西方的私人银行不同，它无法投资战争这桩最大的“生意”，它更不是国家的债主，更不会凌驾于国家之上，最终发展为跨国的、垄断的金融资产阶级。从这个意义上，我们就可以更进一步地理解毛泽东所说的：中国民族资产阶级先天不足，后天弱小。

晋商和山西票号的衰落，还必须从它所投资的主要对象——国际长途贸易的衰落中寻找原因。金融与生产相脱节，即不投资生产，而主要投资贩运，同时与生产和技术创新相脱节，这本是中国商人的固有缺陷。随着帝国主义入侵造成的中国边疆崩溃，随着以炮舰政策开路的通商开埠，西方商人大规模进入中国沿海和内地建立贸易据点，山西也就因而丧失了国际贸易中继站的地利，而晋商也就丧失了充当国际贸易中转商的利益，它的财力便日益萎缩。

20 世纪伊始，长期居于重要战略地位的北方“中路贸易”通道，逐步被废弃了。这里最好的例子是恰克图贸易。恰克图互市开始于 1728 年，目的就是稳定喀尔喀蒙古地区，对抗俄罗斯对这一地区的扩张。特别是 19 世纪中叶前，中俄贸易几乎全部集中于此，这个曾经的荒漠之丘一时名声大振，成了中俄贸易的“咽喉要道”。清人何秋涛曾称其是“百货云集，市肆喧嚣”的“朔漠之间一都会”，俄文史料称其为“西伯利亚汉堡”，有的西方历史文献甚至称其为“沙漠威尼斯”。

为了与正在崛起的日本争夺“远东霸权”，俄国于1891年开始建设东起海参崴、西至莫斯科的世界上最长的西伯利亚铁路，此路东线率先开工，全线于1904年通车，1916年工程方告收尾，同时，该铁路复线延至大连，穿越中国东北（即所谓中东路）。20世纪初，随着西伯利亚远东铁路的修通，中俄贸易的线路从此转向了东部沿海，张库商贸大道从此中断。1911年，随着清王朝的瓦解，漠北蒙古（即外蒙古）掀起了分离运动。20世纪前半叶，整个外蒙古地区一直就是俄国、日本两国努力争夺的势力范围（西伯利亚铁路通车之际，即日俄战争结束之时）。明清以降500年，由于《恰克图条约》体系的崩溃，张库大道为西伯利亚铁路所替代，该地区沦为了日本、俄国推行霸权政治和军事博弈的场所，欧亚内陆经济体系也从此逐步瓦解，而由山西到恰克图的北方中路贸易也从此走向衰落。

中国长期实行多币制，从而形成了复杂的货币自由兑换机制，而随着鸦片战争之后中国经济的崩溃，这种货币自由兑换的市场制度也崩溃了，它所造成的结果，当然就是币制的混乱，在如此混乱的币制之中，经营兑换业务势必是没有前途的。仅就清代而言，铜钱之外，所流通银币就有西班牙元、威尼斯银币、法国王冠银币和丹麦、瑞典、荷兰及德意志铸造的利克斯银圆。进入民国，军阀割据，币制更可谓大坏，仅杜恂诚《中国金融通史》所列举，便有银两、银元、角银、铜钱、外国银行钞、中交两行钞、政府纸币等多种货币同时通行，实银更分元宝、中锭、锞子、散碎诸种，称量及成色更分库平、关平和漕平诸色，其混乱复杂程度，实为世界货币史上之最。可见500年来中国货币政策的失败，到民国期间终成江河鱼烂、无法收拾的局面，最终无可避免地导致了外国货币长期代替中国的国家信用，外国银行发行的信用竟成为中国的“主权货币”。因为中国国家本没有法定货币，民间此时就只能相信坚挺的外国通货。（清末，北京大学的复学，即需校长严复从华俄道胜银行借款，因为俄国银行发行的钞票贬值最慢，而民国初年，则以日本银行在中国所发钞票最为坚挺。）工商业之运作当然也只能依赖和信任外国资本，正是基于这样的原因，外国资本支配中国财政与经济发展成为一件必然的事情，而这恰恰就是约 500 年中国历史发生的最大偏颇所造成的恶果。

由此亦可见，近世以来中国之根本问题，并非资本缺乏、贸易不畅这些简单的结论所能打发得了的，若说根本问题，就在国家没有货币主权，国家没有货币工具，也没有发行信用的机制。明清以来，国家连主权货币都自我废除了，这就是所谓现代意义上的“国家没有能力”。也正是基于这样的严峻问题，伟大的中国革命先行者孙中山所领导的辛亥革命，最核心一条便是“币制革命”，也就是废止金银流通而发行国家货币，而孙中山革命思想中这极其重要的一条，过去很少被研究者重视甚至提及，这倒是一件非常奇怪的事情。1931 年 11 月，北京大学前校长蔡元培联合张继等人，在中国国民党第四次全国代表大会上提议落实孙中山“钱币革命”之遗训。[9] 实际上，孙中山的这个理想是在 1934 年国民党四届四中全会上，当中国面临日本入侵的危机之时，才真正开始落实的，然而，“大祸临头方觉悔”，这种临时抱佛脚的改革已为时太晚，币改之议甫定，卢沟桥枪声骤起，发行法币的沿海城市地区，一朝沦丧于日寇之手，国民政府发行主权货币的努力因为丧失了经济基础，便难免最终陷入失败之命运。

庚子事变、甲午战败、日俄战争，这一系列的大事变，使得广阔的中国北方领土不断沦入敌手，直至日寇发动侵华战争，辽阔的北方从此便不再是中国之政治、军事、经济、财政和文化之中心，此一转变方才是所谓“数千年未有之大变局”之实质。自此之后，为了自强和图存，中国之政治、军事、经济、财政和文化中心，便不得不退守东南，而抗战时期，则更不得不退守西南一隅。国民政府将银根集中于东南沿海，特别是上海，力图以此地重建国家财政，这其实便是数千年之巨变之下的不得不然。国民政府之四大国有银行，都设立在南方，这表明财政南移乃是为大势所迫。当是时也，以晋商、票号为代表的中国传统金融业，竟不能适应国家财政南移、银根南走的大势，山西金融业者不能毅然变计，而依然妄图在北方经营立足，其命运自然可想而知。

1938 年，中国金融业的鼻祖日昌升票号宣告歇业，1948 年最终停业，晋商主导中国经济的时代从此结束。

晋商和山西票号是在中华帝国经营北方的长期战略中脱颖而出、走向崛起和辉煌的，但是，在历史发展的总体进程中，山西商人不断丢失战略视野，所谓山西票号丧失自觉，就是指其日益丧失投资、服务于国家争夺北方边疆战略大计之自觉，继而日益把置业买地、放高利贷作为主业。一旦北方失守，中国银根必然要移向南方，而此时的山西商人，却只有地方观念，而无国家战略，遑论世界视野，没有自觉地与国家发展和世界大势“结合”，这是他们与西方银行家的根本区别。局限于山西地方意识，是辉煌的晋商走向失败的根源。

晋商之衰、山西之衰，是近代中国民族资产阶级衰落之缩影，它足以为后人哀之，后人哀之而不鉴之，复为后人哀之也。

在北方持消极退让之政策，则是中国历代腐败王朝之通弊。1945 年 8 月 13 日，国民党政府为了换取苏联当局放弃对中国共产党的支持，更与当时的苏联政府签订了《中苏友好同盟条约》，该条约承认了苏联支持下的外蒙古独立。外蒙古和恰克图从此被从中国分割出去，而中国内地经山西联系北方的商路，亦从此彻底断绝。近代以来，中华民族真是灾难深重！

1950 年，毛泽东第一次访苏归来，途经当时已经属于苏联的布里亚特蒙古自治共和国首都乌兰乌德，他不但拒绝了当地政府的欢迎，并一反常态地拒绝下车做客。据师哲回忆，毛主席当时沉痛地说：这里就是当年苏武牧羊的地方。[10]

恰克图是清代中俄边境重镇，它南通库伦（今蒙古人民共和国乌兰巴托），北达“乌丁斯克”，即今天俄罗斯联邦布里亚特共和国首都乌兰乌德，也就是毛主席当年拒绝下车的地方。1727 年 10 月，中俄《恰克图条约》在此草签，次年正式换文。恰克图在俄语中称为“阿尔丹布拉克”，而它的另一半则被称为“买卖城”。

马克思在《资本论》第一卷里的《所谓资本的原始积累》中说，西方的资本，他们的“第一桶金”，都是通过战争，通过掠夺世界抢来的，而剥削自己国内的劳动者，这根本就不是西方“大国崛起”的主要原因。近代中国，始于被打（资本被人家抢跑了），止于被打（没有资本发展工业）。按照主流经济学，军事工业是资本密集型，投入产出不合比例，因此，中国根本就搞不了——这就是所谓理性的结论。落后挨打，这是中国的命运或宿命，换句话说，中国的近代命运，根本就是历史的“理性选择”。

新中国的“第一桶金”当然也是打出来的，但与西方列强不同，毛泽东不是选弱国打，而是选世界上最强的美国打。抗美援朝，毛泽东死了儿子，中国死了 19 万人，打出了中国在世界上的发言权，换来了苏联的156项援助。今天还是有人说，抗美援朝不是理性选择，而说这种话的人，怎么会理解一个伟大的父亲，为了中国人不再挨打，把自己的儿子送到美国人燃烧弹下的心情呢？

更不要忘记还有关键一条——资本一定要对制度说话，而这也是现代世界的“公理”，苏联的投资当然也是资本，绝不因“社会主义情谊”而改变。于是，1957年，赫鲁晓夫方才说，中国搞不了空军、海军，还不如跟苏联一起搞算了。

毛泽东则回了这样一句：好吗！干脆中国都给你，我重回井冈山打游击去吧。

当然，在今天的贤达看来，这就是白给的钱不要，就是给脸不要脸，竟然还敢打投资方的脸，资本大势浩浩荡荡，顺我者昌，逆我者亡——毛泽东岂止是太不理性了？

今天的人们难以想象，当外资和对华援助在一夜之间撤走，导致一切在建工程全面停工，这对一个发展中国家意味着什么——它的命运必然是银行破产、政府垮台、社会动乱，而这恰恰是中国在1958年所面对的局面。

但是，我们没有停工，我们没有垮台，在共和国的脚手架上，我们的人民挥汗如雨。我们回答说，有条件要上，没有条件，创造条件也要上。

当时的毛泽东在一篇文章中这样写道：河北省一个只有三条驴腿的互助组，农民们从山上背回了生产资料，支援了四面楚歌的新中国，让每个人感动得落泪。“穷棒子互助组”，这就是我们整个国家的形象，而中国的、人民的现代化，则由此开辟。

“北国风光，千里冰封，万里雪飘”，“江山如此多娇，引无数英雄竞折腰”，康熙大帝之后，实再无一人有此襟怀。至矣！开国领袖毛泽东：“其道大觳，使人忧，使人悲……虽独能任，奈天下何！”

听凭金融依赖外国，这是自明隆庆元年以来中国国家能力持续衰败的最为根本的原因。国民政府发行之法币，固然是名义上的国家主权货币，但是，迫于列强的压力，法币不得不借英镑为准备金，并与英镑汇率挂钩，同时，因为美国是世界白银的垄断国，为了照顾美国的利益，故法币又以银本位为基础。正是这种将日本排除在外的币改政策，成为日本发动侵华战争的重要借口。从这个意义上说，离开了英美列强的支持，法币其实就毫无价值，故自发行以来，法币不但从来没有金银值钱，也从来没有美元、英镑甚至日元坚挺，因为它根本就不是独立的国家主权货币，从根本上说，法币并没有中国本土经济的发展作为基础。近代以来，帝国主义更通过中国的买办资产阶级，以借款和贷款的方式控制了中国，而由于中国的财政经济不能独立自主，中国的工农业也就不能独立自主发展，国防就根本谈不上了。

对于这个问题，500 年来认识得最为清楚的，就是以中国共产党为代表的先进的中国人。中华人民共和国成立以来，中国人民在中国共产党的率领下，北方拒俄，南方抗美，抗美援朝、抗美援越，包括毛岸英烈士等多少英雄儿女血洒疆场，所以奋斗不息者，换取的就是四个字：独立自主。如今，中国政府可以不屈服于任何外在压力和威胁，能够只遵从自己国家和人民的最高利益行事，包括可以按照自己的意志进行改革开放，这就是由我们伟大前人们的壮烈牺牲换来的。

以近代中国所遭逢之巨变综合而言，国民党政权的经济基础之所以集中于东南沿海，乃是东三省、蒙古、新疆、华北相继沦陷丧失之故，故遂有金融南移、银根南走，财政金融全面依赖英美的“买办政权”之实质。唯有自共产党始，中国方才有财政金融之独立自主，今天看来，如果没有国家政治的高度统一，如果不走独立自主、统筹布局国内市场的道路，中国经济独立于世界，特别是财政金融独立于外国控制，那就是不可能实现的，尤其是摆脱卢布之控制一举，更彰显了共产党人的战略勇气。

1960年，中苏之间的最终分裂之造成，除了意识形态的原因外，中国拒绝成为苏联的新朝贡体系中的卫星国，特别是拒绝人民币与卢布挂钩，乃是日后苏联制裁、封锁和压制中国的重要原因。这种经济制裁在20世纪60年代初达到了高峰。按照苏方的统计，1950—1961年，苏联向中国借款14次，总计达18.18亿卢布，其中还包括用于朝鲜战争的军事借款2亿卢布，利息是2%。根据师哲的回忆，在抗美援朝战争过程始终，苏联从未说明苏方提供的军火属于战争借款，而一直声称是对中国出兵维护社会主义集团利益的补偿，是苏联应该担负的责任。这一部分军火后来被加到中国的债务中，并且附以高额利息。

按照周恩来在1964年全国人民代表大会报告中所宣告的数字，截至1964年，中国已经偿还了苏联外债14亿卢布，其余的款项将通过边贸的方式以实物的形式于当年偿清。正是在偿还苏联债务的过程中，新中国不得不勒紧腰带，严格量入为出，确立起极其严格的国家预算体制，从而保证了人民币的独立自主。日本学者毛利和子在做出统计后赞叹说：1957年，中国国家预算为128亿美元，当时的美元汇率略低于卢布，故14亿卢布相当于15亿美元，这等于是中国国家预算的12%，苏联的债务毫无疑问加剧了中国的国家困难，但是从长远看，中国如果不依附于苏联并成为其卫星国，不使人民币与卢布挂钩，就必须偿还苏联的借款，奇迹般的是，到1964年中国就把苏联的借款基本还清了，在这个背景下，毛泽东 1956 年遂以批判斯大林主义为基础，提出了以《论十大关系》为核心的，独立自主、自力更生的中国社会主义道路。[11]

什么叫“为有牺牲多壮志，敢教日月换新天”，什么叫“人民万岁”，什么叫“农民万岁”，什么叫“人是要有一点精神的”？

我一向以为，世界上最好的关于中国的文章，并不见得就是中国人写的。比如说，关于长城的最好的文章——《当中国修建长城时》，就是捷克人卡夫卡写的。

我们的国歌里有一句，“把我们的血肉筑成我们新的长城”，而卡夫卡写这篇文章时，中国的国歌当然还没诞生。

它的开头从修长城的民工说起，很轻、很诙谐。

卡夫卡说：长城是分段修的，每 20 人一小组，负责 500 米，而那些垒墙的民工，他们起初想的只是一点工钱，他们只想赶紧完成自己负责的那 500 米，然后回家抱老婆孩子，对他们来说，修长城其实是一件完全扯淡的事情，这项异想天开的工程根本不会完成，而即使修成了也毫无意义，它根本不能阻挡高度机动性的游牧民族的铁骑。

那些民工的视野只限于他们的家、他们的村庄和乡镇，由此构成的狭小而具体的社会关系，乃是他们得失忧乐的唯一源泉，由于视野有限，他们的忍耐度是有限的，如果超过了工时，他们要么逃跑，要么就会造反。

什么都是浮云——这就是千百年来中国人的哲学，因为他们时刻想回到自由自在的状态，因为他们希望成为一片浮云。

“奇迹”却发生在他们交差回家的路上，史诗般的乐章就此开始。

卡夫卡这样写道：

在他们终于交差回家的路上，在旅途中，他们不时看到一段段竣工的城墙巍峨耸立，路经上司的驻地时，他们得到颁发的勋章，耳中听到的是新从内地涌来的筑墙大军的欢呼声，眼里看到的是为做手脚架而伐倒的森林，一座座不可逾越的石山被敲成了城砖，在各个圣地，他们还能听到虔诚的人们祈求工程竣工的歌声。

这一切都缓和了他们焦急的心情。他们终于知道：自己不是一个微不足道的垒墙者，而是有一个共同的名字——“修筑长城的人”。

“修筑长城的人”所享有的声誉四处传诵，传遍天下。人们听他们讲述修长城时的虔诚敬意，沉默的普通老百姓对长城终将完工的信心，这一切又绷紧了他们的心弦。

在家乡过了一段平静的生活，他们变得更加健壮。于是，这一次，他们像永远怀着希望的孩子一样再次辞别了家乡，这一次，他们胸中再为民族大业尽力的欲望变得无法抑制。这一次，他们还没到时间就从家里出来，而这一次，半个村子的人一直把他们送出好远好远。

在每条路上都能看见一队队人、一面面角旗、一面面彩旗，在大路上，他们仿佛是第一次发现：自己的国家这么辽阔，这么富裕，这么美丽，这么可爱。每个农人都是兄弟，要为他们筑起一道屏障，为此他将用他的一切感激一辈子。

多么协调！多么一致！胸贴着胸，一种民间轮舞，血液不再被禁锢在可怜的体内循环之中，而是在无边无际的中国甜蜜地往复流淌。

其实，数位伟大的西方人曾经被称为或者自称“中国人”，例如，康德曾被尼采称为“格尼斯堡的中国人”。在这篇文章里，卡夫卡就自称“中国人”，但我知道，卡夫卡心中的祖国——中国，有着令人难以理解的意义。

一个人，并不能因为只是生在中国、长在中国，就自然而然地成了“中国人”。

实际上，那些只能看到眼前和现在的人，那些为了工钱应付公事的人，便不是卡夫卡所说的中国人，因为卡夫卡所说的中国人，其实有一个共同的，也是特殊的名字——修筑长城的人。

我想起了另一个版本的《当中国修建长城时》，那是美国学者裴宜理的名著《华北的叛乱者与革命者》，其中写到了中华人民共和国成立后的第一个大型水利工程——整治淮河。这本书引用了在工地上劳动的睢县县长王凤梧的话：

你可以看到每个农民的思想一天天都在发生变化……他来到治河工地劳动，首先挣得了一些救济粮来养活自己，并把余下的一些送回家去养活家小。至少他会想到，他现在的劳动是为了自己在自己的土地上抗洪，或者说这些土地在土地改革以后成了他自己的土地了。他原本希望划出一片土地，自己将它开挖出来，并将土石运走，他甚至会把自己的劳动计算到每一个立方厘米。现在，他终于发现集体工作更方便有利……正是他在治河工地上的亲身经历，使他渐渐地想到了他的存在而不是他自己那块地，想到他的区而不是他所在的村子，他会进一步想到他所在的县和地区，最终他就有了中国的概念……因此，你看到，我们不仅在改变自然，而且我们也在改变自己的思想。

这两篇著作写作的时间相隔遥远，但它们思考的是同一个问题：什么是“中国人”，什么是“修筑长城的人”，什么是“民族精神”？

卡夫卡所说的“中国人”“修筑长城的人”，就是能够从人类整体利益的角度去思考和行动的人，正是从这样的角度出发，他们方才能够为整体、为未来做出巨大的牺牲，并心甘情愿地付出沉重代价。

正是在挥汗如雨的共同劳动和牺牲中，他们发现了历史，发现了自己，发现了“中国”，发现了“中国人”，发现了“精神”。

他们的牺牲与代价，就是这样凝成了“中国”，造成了人类和中国历史，造就了人间奇迹，形成了中华民族的伟大民族精神。

克·布洛赫有言：“唯有总体的历史，才是真正的历史。”从这个意义上说，忘记历史，等于背叛，而割断历史，就等于杀戮自己的未来。

小　结

“中国道路”与世界史问题

而今我谓昆仑，不要这高，不要这多雪。安得倚天抽宝剑，把汝裁为三截？一截遗欧，一截赠美，一截还东国。太平世界，环球同此凉热。

——毛泽东《念奴娇·昆仑》

1567 年是世界史上至关重要的一年，而在中国历史上，它被称为“隆庆元年”。这一年，明隆庆帝朱载垕同时开放了海禁和银禁，诏令“朝野上下率皆用银”。从此，中国开始了大规模的白银进口。根据弗林和吉拉尔德斯的统计，自 16 世纪中叶起，西班牙从美洲横越太平洋，经菲律宾运到中国的白银，占新大陆白银总产量的 3/4，这一根据美洲和欧洲的白银出口量统计得出的数字，是非常确实的。[1]

与此同时，在 1561 年的欧洲，在作为白银、金币、铜币和汇票汇兑中心及物资转运中继站的地中海地区，热那亚商人则开始倒卖西班牙帝国的借款凭证——“调剂债券”。从 1579 年 11 月 21 日起，直到 1621 年为止，欧洲债券的拥有者在意大利皮亚琴察定期举办债券交易年会，这就是著名的“皮亚琴察交易会”。[2] 地中海债券交易大会一直持续到荷兰阿姆斯特丹银行成立（1609 年）并发行债务票据，即持续到欧洲金融中心由地中海转移到荷兰之后很久，才告一段落。

16 世纪 60 年代是世界历史的转折关头，也是世界经济“大分流”的开端。自 16 世纪 60 年代以来，中国作为“世界经济”的创生者，在“世界经济”向“现代资本主义世界体系”转化的过程中，逐步走向衰落，而直到今天，我们才终于目睹了新中国通过伟大的中国革命和选择社会主义道路实现的复兴，这使得中国、亚洲与欧美（所谓世界的“南方”与“北方”）在经济上再次走向势均力敌和“相对的平衡”。

中国为什么会由长期的经济领先走向近代的积弱积贫？近代以来积弱积贫的中国，今天为什么会再次走向伟大复兴？西方世界为什么能够在“漫长的 16 世纪”逐渐赶超中国，并在 19 世纪横扫世界、所向披靡？今天的欧美各国又为什么会陷入空前的、难以自拔的金融危机与动荡？这其中的历史经验和教训，是我们必须面对的重要思想理论课题。

在 1776 年发表的《国民财富的性质和原因的研究》(《国富论》)关键性的第三篇第一章《论财富的自然增长》中，亚当·斯密曾这样指出：中华帝国代表着“财富增长的自然方式”——首先是农业的发展，其次是农业的剩余促进了城市手工业和制造业的发展，最后则是国内贸易和对外贸易的发展与扩大。他说：“中华帝国幅员辽阔，人口众多，物产丰富，大部分地区水陆交通便利。因而，其国内的广大市场就足以支持大规模的制造业，并允许很可观的分工程度。中国的国内市场不逊于欧洲各国市场的总和。”与中国相对，罗马帝国崩溃所造成的土地荒芜和人民流离失所，加上随后旷日持久的大规模战乱，导致欧洲的农业完全被摧毁，于是，欧洲的统治者就不得不以强制的方式对其财政的唯一来源——城市工商和手工业者（起初即半自由奴隶）课以重税，并通过对殖民地的掠夺维持统治和征战经费。亚当·斯密指出，这样一来，欧洲就走上了一条“非自然的”或者“变态的”发展道路，这条道路就是国家首先以强征贸易税的方式积累财富，其次再投资城市制造业（主要是与军事相关的制造业），最后方才可能将可怜的剩余施舍给农村。

1776年，即美国《独立宣言》发表的那一年，在被视为经济学奠基之作的《国富论》中，亚当·斯密依然认为，中国代表着一条自然、健康的经济发展和国民财富积累道路，并指出这条道路可以通过分工的扩大、市场的发展、贸易的增加，推动建立一个健康、自然的世界经济体系。同时，在他看来，欧洲发展走上的恰恰是被罗马帝国的崩溃和持续的战乱打断的、扭曲了的“非自然的”“变态的”道路。[3]后来的人们大都忽略了斯密的这些重要论断，对于亚当·斯密，也正如对于其他经典作家一样，我们总是谈论得多，而阅读得少，我们总是容易忘记：只有通过对经典巨著的仔细阅读，才能重拾前人给予我们的真正智慧——这就是必须认真思考和面对历史的曲折与出乎意料的戏剧性。

所谓16世纪的世界史“大分流”，就是指中国和西欧从此走上了不同的发展道路。最简单地说，在最近500年的世界史上，中国代表着“勤劳革命”和市场经济的发展模式，而西方则代表着战争投资或者以“战争金融”推动资本积累的模式。学术界所谓中国的“劳动密集型”和西方的“资本密集型”之比较，其所指亦不过是这两种模式的具体表现而已。这两种模式究竟谁是谁非、谁胜谁负，在今天依然还是一个没有解决的问题。

如果500年的历史经验教训，或曰“历史发展出乎意料的结果”，使作为后来者的我们能够比亚当·斯密看到更多一点东西的话，那么，我们或许会这样补充他关于“财富自然增长”的理论——因为历史使我们最终认识到社会交往方式的变动与生产组织的力量：“国民财富”看起来并不可能自动转化为“国家能力”，农村的积累和剩余亦不可能自动转化为城市制造业的资本和动力，因为这需要强有力的组织和支配框架。具体来说，就是必须有强有力的中央财政指导，必须有以金融方式向新的生产领域投资的动力，必须有严格有效的财政管理制度和会计制度，而这一切又都需要贯穿中央和基层的严密的行政体系来支持。换句话说，经济的发展并非一个自动自发的过程，它一定需要有组织的政治的支持、推动和保障。

说到500年来的经验教训，自然是不胜枚举，更不是一句“先进”或“落后”，“发展”或“迟发展”所能简单概括的。其中最为关键性的第一条，就涉及国家能力问题，尤其是作为国家和社会组织能力最集中体现的货币主权和财政能力问题。

当我们从政治或者“政治经济学”的角度去观察中国历史发展之时，将会很痛切地发现：国家与基层相脱离、精英阶级与现实政治和民众相脱离、行政政策与实际相脱离、财政金融与国内生产和民生相脱离，便是中国国家能力持续衰微的症结所在，当然，这也成为历代政治家所要努力克服的“症候”，也可以说是历代“变法”、改革所要努力解决的问题。例如，唐代思想家柳宗元在《封建论》中曾将自秦汉至盛唐的得失概括为“制度”与“行政”的脱离，柳宗元说秦之失，

“失在于政，不在于制”，意思是说秦朝的过失并不在于实行统一的郡县制度，而在于行政和政策上的失当，尤在于政策上的“酷刑苦役”之严苛，从而造成“人怨于下而吏畏于上”、造成行政方面上下脱节的局面，此论可谓是对中国历史“兴替之鉴”的独到探讨。

因此，若最简单地讨论“国家能力”问题，起码要注意漫长的中国政治史上的三个要害：儒生与文吏、科举与国家官僚、士大夫官僚阶级与胥吏。

我们必须认识到：先秦之儒生，最初本不过是传承礼乐诗书的民间学者而已，相对于王朝文吏，他们对国家行政本来就不甚了了，儒家学说不能应付一个大型国家行政之管理，甚至干脆就是反对国家而主张“封建”的，这可以说是为其“朴素政治自由主义”思想本质所决定。此一点，早已为毛泽东“祖龙魂死秦犹在，孔学名高实秕糠”一句所道尽。儒家本是立足于基层之井田、庠序制度上的民间学派，他们主张将一切交由民间精英去组织的空谈，听起来固然天真烂漫，但从基层和民间的角度去批评国家行政失当，特别是国家脱离基层和百姓疾苦，是秦汉以降儒家招揽人心之屡试不爽的法宝。只是我们绝不要忘记：儒生从来就不是老百姓，汉以降，他们的主干是士族贵族，他们站在井田、庠序的立场上批评国家，经常倒是为了自己集团的利益，拿老百姓的疾苦说事而已。

隋唐之科举制度，通过将人才选拔机制从民间士族贵族那里夺取并垄断到国家手中的方式，一举摧毁了儒家道义上、口头上的战斗力与号召力之基层抓手。韩愈悲叹唐代佛教之盛、儒家之衰，认为其根源就在于井田制的摧毁，因为从此之后，儒生就再也不能扮演由民间供养的“意见领袖”了，而只剩下充当为国家俸禄供养的士大夫官僚一途了，这真可谓是深切之语。不过，唐之租庸调制，实质上是兵、农、税合一的战时体制，升平日久，则不能维持，而在均田和租庸调崩溃之后，基层和民间“自组织”或“无组织”的结果，就是基层沦为小块土地的耕种和产权混乱的土地流转——说穿了，这便是土地和人力资源的低效运营，而此时基层的所谓“自组织”，亦与“无组织”相去不远矣。其后果便是：一方面，如此低效运营的基层土地制度，本不足以供养庞大的国家行政系统，从此更导致经济也只好在低水平上循环维持，再也谈不上什么积累与“发展”；另一方面，官员及其来源“秀才”也因“被国家化”而脱离了基层，成为操持着一套脱离现实的“普适性”话语（也就是诗词文赋）的士大夫官僚鹦鹉阶级，以“五经”为研究对象的儒生已经退化为记诵考据之学者，“五经”所承载的礼乐制度内容已经不是学者所追求的目标，如此就必然形成以“空言”代替实际之行政低效乃至无效，即势必导致中国社会的“两张皮”结构。这就进一步使得唐宋以降胥吏阶层包办基层事务成为事实上的不得不然，即在国家正式官员队伍中，从此埋伏下一支庞大的、非正式的胥吏、幕僚大军，国家也就只能带头破坏财政税收制度，听任“火耗”“陋规”的公然存在，否则便无以赡养这支非正式的官僚大军。一旦行政全为胥吏、幕僚所操纵，到了那个时候，所谓“制度”与“行政”脱节所造成的问题，就已经不再是柳宗元所谓“人怨于下而吏畏于上”，而往往成为“人怨于下而吏犯于上”了。

我们常说没有共产党就没有新中国，一个重要方面，就是指中国共产党乃是通过从基层出发，发动群众、组织群众，重建了现代中国，就是指共产党根本的治国理政之道——理论与实践结合，政治与民众结合，公共财政与生产和民生结合。“变民风易，变士风难；变士风易，变仕风难”，“合天下之众者财，理天下之财者法，守天下之法者吏。吏不良，则有法而莫守”。这是历代政治家共有的慨叹，所谓千古一叹，全在此一根本问题不能解决而已。王安石的另一名言是：“一部《周礼》，理财居其半，周公岂为利哉？”如果天道不能落实为财政司法制度，这种天道就是空虚；如果财政司法制度不能上升为天道，这种制度所代表的就是私利。故问题不在理财，而在为天下理财，而不是为一个阶级逐利。

因此，理论联系实际、密切联系群众、批评与自我批评，从群众中来，到群众中去，从实践中来，到实践中去，所谓“三大作风”“三大法宝”者，乃是中国共产党所变中国千秋历史之大法，是近代以来的中国之所以要“革命”的基本政治根据。

毛泽东曾这样反复提醒共产党人：

> 共产党人必须随时准备坚持真理，因为任何真理都是符合于人民利益的；共产党人必须随时准备修正错误，因为任何错误都是不符合于人民利益的。二十四年的经验告诉我们，凡属正确的任务、政策和工作作风，都是和当时当地的群众要求相适合，都是联系群众的；凡属错误的任务、政策和工作作风，都是和当时当地的群众要求不相适合，都是脱离群众的。[4]

所谓“整顿党的作风”，撮其要旨，或从根本上说，也就是历史上变革仕风、士风与世风之“变法”传统的现代实践，就是中国革命传统与中国历史上漫长的革命、“变法”传统的接续，也就是中国革命的大法。倘若要问什么是中国历史的“正统”与“正道”，那么，所谓理论与实践结合、政治与民众结合、公共财政与生产和民生结合——这种改革与革命，当然就是中国政治的正统与正道，此即所谓“大道之行，天下为公也”。孙中山还告诉我们：革命尚未成功，同志仍需努力。今天的我们，倘若不能将革命进行到底，丧失了从最基层组织动员群众的能力，倘不能在不断的自我批评和作风整顿中坚强党的执政能力，则大道隐去，天下为家，而一旦革命之法崩坏，中国历史就又将回到悲剧性的循环与轮回之中去。

我们前面分析过，自明隆庆元年起，经济发达、领先的中华帝国，却把货币金融委之于海外白银进口，与此同时，皇权与士大夫官僚阶级之间，长期围绕着“礼法”进行的几乎毫无意义的朋党之争，导致了帝国统治结构从上层断裂，至于在基层方面，由于“官无封建而吏有封建”的痼疾，豪强和胥吏通过操持行政、司法和财税垄断地方，皇权直接面对千百万无组织之小农，并无制度抓手，国家任何自上而下的改革，自然都会被操持地方的豪强胥吏扭曲。如此上下脱节的国家，如此组织松散的社会，各阶层均按其“自治”的潜规则行事，表面上仿佛是在“看不见的手”的支配下各得其所、各行其是，但实际上，其内部的组织能力、组织效率是实实在在地不断下降的。结果，如此社会，只能以道学家的“无为主义”作为意识形态，如此没有组织效率、奉行“不干预主义”的国家，自然也就无以建立起严格的国家预算机制、税收体制，从而更不可能在严格的财政和税收的基础上成功确立起自己的发钞机制，无法从根本上保证国家货币的稳定与独立。最终，在美洲大规模发现白银的“国际大气候”下，明帝国将货币短缺问题之解决全盘委之于美洲白银之进口，其实乃是一种无奈之举，它深刻地折射出明帝国国家行政能力的失败，透视着其社会结构从内部持续解体的大趋势。

从那时起直到清末，尽管中国日益积累起庞大的民间资本，尽管通过长途贸易的扩张与发展初步发展出了以票号为标志的民间货币信用机构，但是，中国的商业资本、产业资本和金融资本之间是脱节的，财富的积累与生产发展，特别是民众的生活改善是脱节的，这集中表现为商人不事生产，最大的商帮也不过是长途的商贩而已。与明一样，清帝国亦是依赖白银进口，又放任“多币制”之痼疾而不解决，市场交换和国家税收都要依赖铜币、银元和纹银之间复杂的换算，货币系统、货币体制相当混乱（“多币制”的混乱，又最为清楚地显示了清王朝在农村、城市之间，在交换的社会诸领域之间的管理上是混乱脱节的）。一旦 1830—1850 年间世界发生了由银本位制向金本位制的制度大转变，当欧美各国纷纷抛弃白银之时，大批劣质银币自然就会涌入中国货币市场，在此冲击之下，清帝国的货币体系即刻陷入混乱。

当是时也，与日俱增的赔款又使西方列强迅而掌握了世界上绝大多数高纯度的白银，从而使与之有利的金—银比价得以确立，这样就进一步稳固了以英国为核心的金本位制及美国的银本位制的基础。鸦片战争之后，中国金融体系的崩溃与军事的失败接踵而至，此后，中国再无内政之独立，国家财政亦完全沦为虚名，它对内被排斥在本国金融服务之外，对外又不能设防，即中国无法将自己的剩余资本投资国家的军事自卫建设。从晚清直到 1949 年，又是约 100 年间，中国面向富强、现代化的改革方案可谓层出不穷，但最终也没有形成一个金融—军事工业—工商业—农业相统一的政治经济结构。国家经济没有财政的指导，社会又无分工交换的组织能力，与之相伴随的，是中国的内战之不能停止，中国人之间的自相残杀不能停止，而导致这种现象的一个原因就是：中国人之间的内战持续的时间越长，对西方的金融机构放债乃至卖军火就越有好处。可见，货币主权荡然无存、金融依赖海外的问题，乃是从明王朝到蒋介石政权以来持续数百年的根本困局，这是中国国家走向近代衰落的最根本原因。

近代以来，中华民族饱受帝国主义的侵略，在现代民族国家竞争和帝国主义争霸的国际环境中，中国人反复认识到了一个残酷的真理：金融的问题永远是与战争联系在一起的，金融安全也永远是与国家安全联系在一起的。500 年来，特别是近代以来，我们最沉痛的教训和最深重的代价也就体现在这里。

我们常说社会主义救中国，一个重要方面就是指这个制度可以集中力量办大事，特别是有组织地把财政剩余用于办国计民生的大事，包括有效地利用国家支持的金融信用的力量，有效地利用国家能力的“象征系统”——货币和金融的力量，推动生产的发展并改善民生。这就将社会交往方式提升到了信用的层次，一个国家的能力如何、一个社会的组织能力如何，重要的是看它能否有力地支撑起合理、坚固之货币体系和财政体系。货币金融体系是一个国家组织能力的象征，是一个社会团结协作能力的体现，是国家经济和社会发展的重要基础。

新中国的伟大功绩，在于它第一次形成了立足于基层的、组织严密的社会动员机制和社会组织结构，而在此严密的社会组织的基础上，方能建立起严格的国家预算体系、税收体系和转移支付体系。通过从基层起步建立起公共积累、社会积累和国家积累，从而最大限度地利用极其有限的资本作为准备金，中国政府一举确立起中国人民银行作为发钞机构的权威性，确立起人民币作为主权货币的独立性、权威性。[5] 在根据地时代，中国共产党就确立了以发展生产、改善民生为边区财政金融发展的唯一目标，而绝不像国民党政府那样，通过印票子这样的金融手段掠夺人民。只有这样，新中国才能通过充分地上下动员，调动起全社会的财富，集中力量办大事，建国头28年以来，我们正是如此集中起有限的资金，建立起我国完善的国防体系、工业体系和交通基础设施体系，并进行了大规模的农田水利基本建设，从而形成了新中国独立自主的国民经济体系。历史告诉我们，如果没有通过中国革命建立起的基层组织，使国家得以有组织、有效率地将大量农业剩余源源不断地投资工商业，然后再以工商业的发展反过来吸引大量人口就业，那就没有中国的工业化，亦绝不会有我们改革开放以来经济如此迅速的发展。如果不坚持以金融发展为生产和民生服务的目标，而是走牺牲生产发展和民生的“虚拟经济”道路，那么我们就不能避免亚洲金融危机，更不能避免当前的世界经济危机。没有中国国家的金融独立，迷信金融与世界接轨，即使有昙花一现的所谓繁荣，从最根本上说，那样的一盘散沙的中国不仅搞不成现代化，更不能遏制内部瓦解的趋势，同时应对外部势力的打击，更会被周期性的资本主义金融危机搞得民不聊生。国民党统治几十年，不就是这样吗？

天下兴亡多少事，不尽长江滚滚流。“以史为镜，可以知兴替。”今天的中国，所逢之时，实盛于艰难后死的前人百倍，而所承之重，恐亦百倍于前人。我们应该努力奋斗，以无愧于我们前人的探索与牺牲。

第二，土地问题、农民问题和劳动力问题。

中国的根本问题是农民问题，中国历代改革的核心无非是围绕着土地制度做文章。认识到这一点，乃是讨论中国问题的基础。离开了这一点，也就从根本上离开了中国现实。

近代以来，最常见、最流行的观念之一，就是把中国之落后完全归结于农民之所为。农民“素质”差、“水平”低，狭隘、自私的农民，据说还是“东方专制主义”的温床，这就是所谓“中国的原罪”，或曰中国之“原罪”。这是因为中国有着世界上最多的农民，要发展、要赶超、要民主、要自由，首先就要处心积虑地消灭农民。甚至于今天，更有“土地私有化”方略之呼吁，以为现代化就等于把农民变成一无所有的劳动力后备大军——作为英国工业革命前奏的“圈地运动”，不就是这样做的吗？

其实，这些人并不知道：英国之圈地，所圈的主要是长期荒废的“公地”，而非自耕农的土地，同时，被从土地上“转移”、赶出来的，也并不是拥有土地的自耕农，而是本来就没有土地的农奴（由于种植业向牧场的转换，所以就用不着那么多农奴集体劳动了）。在当时的英国，只要农奴肯交赎金，他们就“自由”了，这就是为什么英国最初的产业工人大多是从流浪汉转化而来的，而流浪汉又主要是从“被自由”了的农奴转化而来的。所以，如此产业劳动大军，却从来谈不上什么经营管理经验（因为是农奴），更一向缺乏协作精神（因为是流浪汉），他们一旦被圈到工厂里，日夜重复一件机械性的劳动动作，其“精神异化”更是不可避免。所谓“机器对人和劳动力的排斥”，尽管出于只讲效率、不讲人道的血腥资本逻辑，但是，从资本家的角度来看，这确实是基于欧洲劳动力之特点（缺点）所做出的几乎必然的选择。简而言之，采用这样缺乏劳动技巧、协作精神、经营能力的“异化”劳动力，还不如多采用些机器为好。当马克思不幸地谈到欧洲“流氓无产阶级”时，他其实是非常清晰地触及了欧洲产业劳动者阶级的这种“异化”的史前史。

与英国和欧洲完全不同，中国社会的最广大基础却是拥有小块土地的小农，而任何政权如果妄图剥夺中国农民的土地所有权，那就等于挖掉了自己执政合法性的根本基础，这一点早已经为历史所反复证明。正是由于中国的基本现实乃是“人多地少”，农民不得不在如此小块的土地上费尽心力、殚精竭虑，从而在漫长的历史中，不断积累了极其丰富的管理、经营经验。在家庭劳动之中，中国农民更形成了密切协作的劳动技巧，而中国的农村家庭（农户），正是这样一个分工协作的劳动共同体。于是，在这个意义上，中国的农民，反就被如此历史条件造就为世上最为精明强干的劳动者，他们甚至是拥有令人惊叹的管理能力的经营者和精打细算本领的会计。又恰恰是这一点，使得他们与欧洲的农奴—流浪汉—产业劳动者阶级有着不同的发生史、发展史。探讨中国与欧洲之区别，首先就不能不面对这种社会生产劳动的“史前史”所造成的劳动力能力的差别。

对近代中国的各种教条主义者而言，中国要发展，要么靠资本，要么靠“观念”，他们共同的所作所为，竟然首先就是要消灭农民，而他们的根本立场，自然也都免不了要与中国社会的根本基础——农民为敌。比如曾以极左面目出现的“托派”，就认为农民连“革命”也不配，因此，他们绝不会赞成毛泽东的名言：谁能赢得农民的支持，谁就会赢得中国，而谁能解决土地问题，谁就可以赢得农民。实际上，只有毛泽东和共产党人才真正认识到：中国农村的凋敝和农民的贫困，绝不是由于中国农民不勤劳或荒于生计打算之“愚昧”，而是由于土地和农村劳动力的低水平循环经营。要摆脱这个困境，就必须把分散的小农组织起来，实行土地的规模化经营，就必须动用国家财政金融力量扶助农业发展，如此农村和农业才能真正上台阶。只有农业搞好了，只有以农业的发展为基础，国家方才能将农业剩余用于城市工商业的发展，再反过来吸收全民就业；只有农村搞好了，我们才能以广阔的农村市场来推动城市生产持续的发展。

欲振兴中国之农村与农业，就必须使农民真切认识到规模化经营的好处，而一个时期以来，我们的意识形态却是在全力指斥农民组织起来的坏处，对于农民的组织、农民的合作，缺乏实在的金融政策支持，于是，在小农经济的束缚下，农民和农村巨大的创造力没有真正发挥出来。

日本学者杉原薰率先采用了“勤劳革命”这个范畴，而更为直接涉及中国、日本的“勤劳革命”与英国“工业革命”模式区别的，则是他的另外一本编著《日本、中国和亚洲的国际经济增长，1850—1949》中。[6] 当然，滨下武志关于货币金融问题的研究也非常重要，他率先指出：中国近代经济崩溃的重要原因是明代中期以来采用了白银货币体制，而同时将白银的来源寄托于进口美洲白银。正是这一点，使得中国在19世纪世界货币体系由银本位向金本位过渡之后丧失了长期经济领先的地位，并彻底沦为西方货币金融霸权支配下的债务奴隶。滨下武志的主要著作是《近代中国的国际契机》。正是从社会劳动史的比较分析，滨下武志深刻地指出：中国能有今天的发展，东亚经济能实现伟大复兴，首先就在劳动力的优势、强势，这种劳动力优势，又绝不是简单地指人口数量多，而是指作为中国社会基础的最为广大的农民，特别是指他们在经营管理方面的经验、协作劳动的技巧和精明强干的计算能力，即高素质劳动力才能为经济的发展奠定根本的基础。据此，他方才提出了东亚“勤劳革命”模式对抗欧美“工业革命”模式的著名论断。

什么是中国模式？杉原薰的研究提醒我们注意一个事实：中国是现代世界上唯一一个没有通过剥夺农民的土地，而是通过土地的集体所有制和农民的组织化推动完成工业化的国家，仅仅这一点，就可以说明“具有中国特色的社会主义”并不是一个空洞的口号。

与指责中国劳动者，特别是农民先天“落后”，农民乃是“革命”与“现代化”的阻力的“左”的和右的教条主义者不同，杉原薰认为，以农民为主体的中国及东亚的劳动者，是世界上最优秀的劳动力，与西方劳动者相比，他们发生、发展的经历并不相同。在某种意义上，杉原薰其实继承了毛泽东的视野，关于“勤劳革命”的理论，更从一个侧面有力地论证了今天的中国为什么必须坚持以工农联盟为基础的根本制度，为什么倘若中国放弃工农的主体地位，放弃社会主义新农村的建设，不但将丧失发展的全部优势，甚至还会退回到四分五裂的悲惨状况中去。

第三，市场问题。

当代中国流行的另一种观念，是将发展的动力简单化地归结为市场和市场经济的伟力，而中国历史上之落伍，也被解释为前人长期以来全然不知市场、“市场经济”为何物（所谓中国“闭关自守论”的基础，其实质就是认为中国从来“无市场”）。此说涉及当下问题，或许不能一概而论，但倘若涉及历史，则可以肯定就是毫无道理的臆测。我们前面的论述其实已经清晰地揭示了：明代辉煌的经济之所以土崩瓦解，并非因为没有实行市场经济，而恰恰是因市场化过度、过头了，这才造成了不可应付的粮食危机，由于把货币供给也交给了海外白银市场，结果 1630 年世界白银市场的大波动，又终于造成了明王朝的货币系统之大崩溃。

市场作为分工和交换的领域，其实并无神秘之处。市场经济两个最大的好处是分工可以扩大就业，交换可以压低商品价格，但是我们同时绝不能忘记，它从而也就可以带来两大坏处：就业的扩大，会带来工资的下降或劳动力的廉价；商品价格的降低，则会造成利润率的下降。这也就是马克思所指出的：分工和就业的扩大一定会造成人均收入的减少，而充分的竞争则会造成一般利润率的下降。这更意味着，这样一个高就业低收入、高竞争低利润的社会，对资本的积累而言，无疑又是最不利的。这同时还意味着，一个充分发达的市场经济，绝不会自动导向资本主义体制。历史上的中国，恰恰就是这样一个高就业低收入、高竞争低利润的"理想型"的市场经济，或者说它是市场经济的极端，反而导致资本剩余、资本积累很难实现，导致技术创新和技术革命很难实现。

市场经济绝不等于资本主义，资本主义是一种反市场经济的私人资本垄断、利润垄断制度。这也就是伊懋可所提出的那个著名论断：中国为什么没有发展出资本主义——他认为中国恰恰是由于市场经济过度发达，所以才被市场经济导入了一个市场的"高度平衡陷阱"：

> 随着农业盈余以及人均收入和需求的减少，随着劳动力日益廉价以及资源和资本日益昂贵，随着农耕和运输技术日趋完善以至难以做出细小的改进，对农民和商人而言，最合理的战略就是有效利用资源和固定成本，而非发展节约劳动力的机器。巨大而静态的市场，无法在生产体系中创造出有可能促进创造力的瓶颈。当暂时的短缺出现时，基于廉价运输的商业多功能性便是比发明机器更快捷、更有保证的解决方案。这种状态可以被形容为"高度平衡陷阱"。[7]

与伊懋可的看法不同，我认为中国之所以没有突破市场"高度平衡陷阱”，并不在于这种所谓市场经济的高度发达，造成了中国的人均收入太低、经营利润太薄，从而无法积累起推动生产力进一步发展的雄厚资本。实际上，中国没有完成公共积累、社会积累和国家积累之根本原因，就在于传统的国家缺乏组织效率，没有组织力量。我们知道：新中国之所以能够通过高就业低工资、高积累低消费的方式完成中国的工业化，并不在于当时中国的人均收入有多高、经营利润有多大，而根本就在于国家形成了一个有效的财政体制，从而可以精确地把十分有限的生产盈余最为有效地利用到国家的长远发展上去，投入到教育和医疗等民生事业中去，更从基层建立起公积金等公共积累机制，这使得生产得以不断扩大规模，劳动力素质、劳动者觉悟可以得到不断的提升。

实际上，欧洲当然也根本不可能是简单地通过“市场经济”的充分竞争积累起庞大的资本的，因为倘若欧洲真是在实行彻底的市场经济，它一定也会如亚当·斯密和伊懋可所分别指出的那样，必然地陷入市场“高度平衡陷阱”。真实的历史告诉我们，欧洲的资本积累并不是从内部市场的“盈余”中获得的，而是从掠夺美洲、非洲、亚洲，从侵略全世界的殖民战争中得来的。因此，500 年来真正的分野实际上是：中国由于长期实行国家不干预的市场经济，反而被导入了市场的“高度平衡陷阱”，而欧美则通过掠夺世界积累了自身发展的资本，从而逃出了市场的“高度平衡陷阱”。

因此，没有国家的组织，仅凭市场经济是不可能完成资本的积累和市场的不断扩大的。以为单凭市场经济本身就可以完成市场的扩张和资本积累，无论从中国还是从西方历史上看，都属于无稽之谈。

第四，自然资源和环境生态问题。

在解释中国为什么走上了一条与欧洲不同的发展道路时，美国学者彭慕兰曾经提出如下的生态视角：自 18 世纪末期，中国与欧洲一样，都面临着以木材短缺为龙头的生态危机，但是，中国与西方克服这种生态危机的办法是不同的，西方采用的克服生态危机的办法，一个是“向下”（掘煤），一个是“向外”（掠夺美洲殖民地资源），西方世界通过这两种方式应对生态危机，一方面造成了工业革命，造成了矿产能源对日照能源的替代，另一方面，它也造成了野蛮的殖民主义对自然生态的破坏与掠夺，资本主义最大的后果就是前所未有地破坏了地球生态，导致了种族灭绝式的殖民战争——这是此前任何一种人类文明也没能做到的。[8]

总体来说，中国克服生态危机的方式与西方是不同的，即主要通过劳动的密集型、劳动力素质的提升（充分组织、调动人力资源），通过贸易的中继等方式，以节约自然资源的方式面对生态危机。同时，一个长期被追问的问题是：在 15 世纪初就远航世界的中国，一个大规模开通了北方蒙古商道的中国，为什么却没有发展出从外部世界掠夺资源和资本以谋求自身发展的增长模式？本书前面的分析力图说明：这从根本上说，就是由于明、清两大帝国无可匹敌的强大。正是中华帝国这种傲视周边一切竞争对手的强大，正是中国长期的战略优势，一方面使得中国和亚洲保持着 400 年的和平；另一方面，也使得中国“没有必要”通过欧洲那种“以战养战”的方式（即以战争的方式掠夺资本和资源，又通过掠夺资源和资本不断发动战争）寻求生存和发展。其实，我们只要简单看看 1500 年以来欧洲的局势，立即就会得出这样的结论：当时的欧洲存在着 200 多个彼此争战不休的国家，如此，战争就不能不是 1500 年以降欧洲历史的主题。与保持着 400 多年和平的亚洲和中国不同，在1815年之前，所谓“和平”从来就没有在欧洲建立起来过，威斯特伐利亚和约时代的欧洲，其实也就是中国的春秋战国时代；而在1815年之后，欧洲更是把不绝的战争强加在全世界的头上。

恰恰是对世界资源的掠夺，形成了欧洲内部的资本积累，它在使欧美国家摆脱市场的“高度平衡陷阱”的同时，也使全世界成为欧美资本主义发展的代价和肥料。今天我们提出科学发展观，一个重要的内容就涉及生态问题，但是，如果简单地把它理解为保护自然生态环境，简单地把生态问题理解为向西方资本主义国家学习保护环境，那则是没有深入理解科学发展观中所包含的马克思主义视野。实际上，正像我们在本书开头就谈到的，恰恰是在不平等的资本主义世界的逻辑里，到处都在发生“环境、资源代价在发展中国家，利润在发达国家”的现象，因此，环境问题从来就不是一个文化问题或简单的“提高保护意识”的问题，更不是单纯的人与自然界的问题，因为它首先是社会问题，环境问题凸显了资本主义体制造成的当代世界生产关系和社会关系的严重不平等。

我们知道，马克思主义从两个方面发展或者彻底改造了欧洲形而上学的辩证法：其一是恩格斯把自然辩证法的内容引进来，其二是马克思把现代资本主义社会运动的规律充实进来。正是马克思主义告诉我们，人类只能以社会的方式，特别是社会生产活动的方式与自然发生关系，无论是毁坏自然还是保护自然。在一定的历史时期，我们谈生态问题，过于受到西方环保主义的影响，其缺点往往是就生态问题谈生态，甚至把生态问题、环境问题等同于自然界的问题，没有看到生态问题、环境问题本身就是人类社会问题和人类发展方式问题。

谈到发展问题，因为我们是马克思主义者，所以我们反对割裂生产力与生产关系的有机联系，反对抛开建立良好的社会关系、生产关系的努力，孤立地追求、看待和发展生产力，因为如果出现两极分化、区域分化，如果民族矛盾、社会矛盾突出，现代生产力就不可能得到持续的发展。

党的十七届四中全会的决议深刻指出：

> 当今世界正处在大发展大变革大调整时期。世界多极化、经济全球化深入发展，科技进步日新月异，国际金融危机影响深远，世界经济格局发生新变化，国际力量对比出现新态势，全球思想文化交流交融交锋呈现新特点，发达国家在经济、科技等方面仍占优势，综合国力竞争和各种力量较量更趋激烈，不稳定不确定因素增多，给我国发展带来新的机遇和挑战。

正是这种新的机遇和挑战，必然对历史研究提出新任务、新挑战。中华民族向来有着重视探索历史经验的传统。毛泽东曾经十分推崇郭沫若的《甲申三百年祭》，而孔尚任借风月故事吊明之失的《桃花扇》也是他非常喜爱的作品，其中有句话说：“眼看他起朱楼，眼看他宴宾客，眼看他楼塌了。”明清兴衰的道理是很深刻的。“竹帛烟销帝业虚，关河空锁祖龙居。坑灰未冷山东乱，刘项原来不读书。”“秦人无暇自哀而后人哀之，后人哀之而不鉴之，亦使后人复哀后人也。”我们今天处于中华民族伟大复兴的重要历史关头，因此，应该格外重视历史研究，因为历史不仅仅是过去，而且指示着现在，昭示着未来。

用毛主席的话说，中国这么多人口，有这么辽阔的国土和丰富的资源，社会主义制度更有着根本优越性，因此，中国应该对人类做出更大的贡献。[9]今天看来，究竟有没有中国道路、中国模式？从历史上看，中国道路和中国模式究竟形成了哪些特点？上述不成熟的探讨，起码让我们思考以下几个问题：

第一，中国在历史上既是一个强大的力量，同时更是一个和平的力量。这一点，只要对比一下明清两朝的长期和平，与欧洲300年的内部军阀混战和200年的对外殖民行径，就是一个不难得出的简单结论。在这个意义上，我们今天可以理直气壮地向世界宣告，中国的崛起是和平崛起。

第二，中国在历史上就通过高就业均收入、高竞争低利润的经济增长模式，发展出了空前繁荣的市场经济，而中华人民共和国成立以来，我们通过从基层建立起高度组织化、运转有效的国家行政机制、社会组织机制、财政税收—转移支付机制，把分散的、有限的剩余积累起来，高效地投资于国家和社会的未来发展之上，反过来又为广泛之社会就业提供门径——市场经济与社会主义的结合，也就是传统中国与现代中国的优秀成分的结合。中国国家公共财政和金融业发展的唯一目标，就是服务于生产和市场的扩大、服务于民生的需求，我们绝不走以虚拟经济支配实体经济那种愚弄人民、愚弄世界的资本投机赌博道路，社会主义市场经济是我们走向成功、走向复兴的关键，这不是一个简单的口号，而是历史的结论。

第三，中国的基本国情决定了在任何时候、任何情况下，农业、农民都是我们社会发展的根本和基础。只有农业和农村发展了，我们的国家才能真正发展、持续发展；只有农民的生活改善了，我们的民生才能从根本上改善；只有8亿农民的创造力发挥出来了，我们才能建设一个创新型国家。中国的农民，是世界上最优秀的劳动者，在中国农民中，充满着具有先天经验的管理者、经营者和会计师，中国“勤劳革命”的基础、环境生态的基础、制度稳定的基础、文化建设的根本，都在于这片希望的田野。只有当一个中国人理直气壮地说“我是中国农民的儿子或女儿”时，他（她）才能称得上是深深地爱着这个国家和人民。

第四，也是最为关键的一点就是中国的马克思主义。马克思主义真理，可以归结为一个基本论断：“全世界无产者，联合起来。”凭借劳动者的组织能力和组织形式创新，摆脱私人资本控制，推动生产力发展，建设美好社会——自由人的共同体。

西方社会不具备马克思主义实践的先天条件，因为西方私人资本发展历史很长，金融资本力量极其强大，资本相比劳动具有历史形成的优势，劳动者的组织能力和组织形式难以与强大的资本力量抗衡，劳动者针对私人资本进行的革命很难发生，发生后，劳动者的组织形式也难以持续（巴黎公社的失败就是证明）。

与西方不同，现代中国具备马克思主义实践的先天条件。中国是在资本极端匮乏的处境下开启工业化现代化之路的，中华人民共和国成立之初，新中国拥有的资本为零，但是，劳动力资源的极端丰厚，在中国革命过程中形成了强大的劳动者组织能力，成为新中国最大的优势。这就是毛泽东所谓“一张白纸，没有负担，好写最新最美的文字，好画最新最美的图画”。

现代西方的优势，就是现代中国的劣势，而现代中国的优势，就是现代西方的劣势。中国共产党的伟大胜利和基本经验，可以概括为毛泽东的一句话：组织起来。这是对马克思“全世界无产者，联合起来”的最好阐释。

让我们再一次聆听一位伟大的中国人、一个中国农民的儿子，在大约60年前留给我们的教诲吧：

> 我们有一个共同的感觉，就是我们的工作将写在人类的历史上，它将表明：占人类总数四分之一的中国人从此站立起来了。中国人从来就是一个伟大的勇敢的勤劳的民族，只是在近代落伍了。这种落伍，完全是被外国帝国主义和本国反动政府所压迫和剥削的结果。一百多年以来，我们的先人以不屈不挠的斗争反对内外压迫者，从来没有停止过，其中包括伟大的中国革命先行者孙中山先生所领导的辛亥革命在内。我们的先人指示我们，叫我们完成他们的遗志。我们现在是这样做了。我们团结起来，以人民解放战争和人民大革命打倒了内外压迫者，宣布中华人民共和国的成立了。我们的民族将从此列入爱好和平自由的世界各民族的大家庭，以勇敢而勤劳的姿态工作着，创造自己的文明和幸福，同时也促进世界的和平和自由。我们的民族将再也不是一个被人侮辱的民族了，我们已经站起来了。我们的革命已经获得全世界广大人民的同情和欢呼，我们的朋友遍于世界。[10]

人类社会是在矛盾中发展的。有矛盾就有斗争，而共产党人的哲学，归根结底就是斗争。什么是和谐社会的战略思想呢？和谐社会当然不是无为而治，不是一团和气，更不是妥协退让。和谐是指协调生产与贸易、金融与武力、生态与软实力为互动的体系，是指协调中国的东西南北为互动的战略结构，是指协调世界格局为与我有利的互动的天下胸怀。如果只讲和谐而闭口不谈斗争，中国人民就不可能真正站起来。

『漫长的19世纪』

下篇

人世难逢开口笑，
上疆场彼此弯弓月。
流遍了，郊原血。
——毛泽东《贺新郎·读史》

当资本主义与国家重合，
当它即是国家之时，
便是它得胜之日。
——费尔南·布罗代尔《资本主义的动力》

导语

“漫长的19世纪”，是指从英国资产阶级革命到第一次世界大战的世界史。对中国来说，这大致就是从明亡到清亡的历史。

对于这一段大动荡、大变革的世界史，我们的先驱者早已有过不少极其精彩、一语中的的论断。综核名实，又大致可以概括为三个基本结论：

第一，“漫长的19世纪”是“未完成的世纪”（于尔根·哈贝马斯）。之所以说“漫长的19世纪”是“未完成的世纪”，其中一个原因是，在“短促的20世纪”（从第一次世界大战到苏联解体）结束后，人类历史仿佛又退回到“漫长的19世纪”（艾瑞克·霍布斯鲍姆）。从这个意义上说，今天的我们依然面临“死去的时代”——“漫长的19世纪”可能复活的威胁。另一个原因则是，“漫长的19世纪”是人类历史发展“出乎意料”的结果，作为“现代性的后果”，全人类都被抛入变动不居、充满风险和不确定性的“现代世界”（安东尼·吉登斯）。一方面是军事技术的突飞猛进、金融扩张的全球化，另一方面则是南北差距拉大，殖民地人民和世界劳动者阶级的反抗此起彼伏（列宁）。总之，

“和平”与“发展”这两个主题，在“漫长的 19 世纪”一个都没有解决（邓小平），旧的世界资本主义体系与新的世界社会主义运动之间，究竟谁战胜谁的问题，依然还是没有结论（毛泽东）。

第二，“漫长的 19 世纪”还是一个“颠倒的世纪”（卡尔·马克思）。这种颠倒就是指“虚拟经济”支配实体经济，资本主义制约并支配物质生产和市场交换，“现代资本主义世界体系”制约并支配“世界经济”（费尔南·布罗代尔）。同时，这也就是指投资国制约并支配生产和资源出口国，“发达国家”制约并支配“发展中国家”——西方资本主义国家以军事和金融霸权制约并支配全世界（世界体系理论和全球依附理论）。

第三，“漫长的 19 世纪”总体上看来又是欧美列强的军事暴力和金融垄断支配世界的世纪，但是，这个靠“军事实力”和“金融财力”说话的时代，是一个权力的运用没有合理性与合法性的霸权主义时代，因而就不是一个“文明”的时代。也正是因为“现代性”成了一个问题，它才鼓舞和激励了我们伟大的先行者一代又一代地思索奋斗、殚精竭虑，为创造一个合理、平等的现代世界而思考、斗争和牺牲。

“漫长的 19 世纪”形成了人类思想的高峰期。从康德的“世界永久和平”祈愿到马克思的“全世界无产者，联合起来”，从黑格尔的资产阶级宪政国家到列宁的“国家与革命”“世界革命”，从康有为的《大同书》到催生新中国、新世界的新文化运动和五四运动，新世纪航船的桅杆，在历史的波涛中反复出现在旧世界的地平线上，但是，仿佛在一刹那间，它又转瞬即逝，再次从我们的视野里消失。

现在，我们勇敢的前人已经把追求新文明、新的发展道路的大任交给了我们，我们要努力奋斗和工作，为的就是去完成他们的遗愿。

第一节的叙述告诉我们：19 世纪的大转折或者“大分流”——由

世界经济向“现代资本主义世界体系”的转变，实际上如同一场大地震一样，事先没有得到预见，事后也没有得到真正合理及令人满意的有效解释。例如，直到1776年《国富论》发表，欧洲最杰出的经济学家亚当·斯密依然还在赞美“中国比欧洲任何一个国家都富强”，即他起码没有预见到中国经济和社会即将走向大衰落和大崩溃。迄今为止，关于西方所代表的“现代资本主义世界体系”崛起之原因的论断，恐怕也只有尼采的说法最为直截了当、击中要害——这种“西方的胜利”，乃是强力意志（尤其是军事强权）的胜利，这也意味着“漫长的19世纪”是一个靠“军事实力”和“金融财力”说话的世纪，而与此同时，也正如尼采所指出的，在这种崛起的背后，是人类“道德谱系”的大崩溃和大转型。

第二节从三个方面解释了“中国为什么会被打败”。第一，“文化帝国”的治理体系与治理能力脱节：中国历史上并非没有一个治理体系，但是，这个治理体系在近代没有转化为治理能力。政治上依赖地方社会自治，经济上依赖社会自助，边疆和藩属治理主要依靠松散的文化认同，于是国家不知何为，社会结构上下脱节、内外不通，国家能力自然持续下降。第二，货币—财政体系混乱，货币金融长期依赖外国货币市场，而当着1830—1850年世界金融体系由“银本位”向“金本位”转化的历史关键时刻，清朝货币体系却一朝崩溃，财政体系亦随之瓦解。第三，兵农分离，中央与基层脱节，从而顾此失彼，“市场发展的高度平衡”反而导致了积累的下降、军饷的缺乏，如此兵制必不能对抗英国的军商合一。国家与社会脱节，中央与地方（特别是边疆）脱节，生产与军事脱节，如此“帝国”，自然也不能对抗西欧民族国家。

第三节从“战争”和“债务”这两者之间的关系解释了什么是欧洲现代民族国家，以及现代民族国家这种组织形式为什么会在欧洲兴起。这一节的论述紧扣绵延千年的欧洲统治者之“三大基本任务”展开，这“三大基本任务”就是积极发动和准备战争，筹措战争经费，弥补战争亏空。在这一节中，读者同时会思考这样几个问题：第一，为什么最早的银行家阶级会在16世纪70年代的地中海地区产生？第二，为什么说资本的原始积累，最初来自银行家所放战争款的巨额利息，而不是我们惯常所理解的“榨取雇佣劳动的剩余价值”？第三，为什么说“市民社会”其实就是指“纳税人社会”？第四，为什么说“民族主义”的基础是一种战争—财政动员机制，而不仅仅是一种意识形态的宣传？为什么说现代民族国家的真正基础是战争—财政体制，而不是抽象的“民族精神”？

第四节是本书下篇的转折点。这一节转而去叙述我们的前人是如何殚精竭虑，力图要把人类从欧洲民族国家和资本主义体制所带来的频繁战乱、金融危机中解放出来的。夸张一点儿说，这一节其实就是缩略版的“西方现代思想史”。尽管缩略，但由于立足于现代世界的根本问题，所以对绝大多数尚无暇，也无必要去咀嚼艰深晦涩的欧洲思想著作的读者来说，缩略的叙述可能是需要的。简而言之，这一节指出了：我们的前人那些殚精竭虑的工作是如何前赴后继地联系起来的——它的核心是追问：“漫长的19世纪”在什么意义上可以被称作“文明”？

这一节的主要论点也可以用几句简短的话来概括说明：第一，康德所说的“启蒙”之根本目标，就是要把欧洲从战乱和战争金融体制中解放出来。第二，黑格尔把世界历史的动力、资本主义体制的动力解释为扩张主义的国家所保障的市民阶级的“个人自由”，因此，他是至今依然支配世界的一种经济学理论的真正开创者。根据这种经济学理论，是市民社会的“需求和欲望”创造了“生产和供给”，进而是资产阶级的“欲望和需求”保障了劳动者阶级的生存。第三，马克思颠倒了黑格尔，但又不是简单地颠倒，马克思认为是“劳动”创造“世界”，但是劳动和劳动者又为资本和资产阶级的“需求”所束缚和控制。第四，列宁（和随后的毛泽东）指出，要改造这个由军事和金融霸权支配的“颠倒的世界”，仅仅靠马克思所说的欧美的产业工人是不够的，而真正的出路在于：在帝国主义和现代资本主义世界体系的“外部”，创造并生长出一种新的发展模式、新的政治制度和新的生产方式。

第五节通过评述“改造中国与世界”的先驱者康有为及其《大同书》，追溯“中国现代道路”的兴起。如果简单地概括这一节的内容，那就是它回答了一个问题：为什么现代中国道路是追求“改造中国与世界”的中国方案，而不仅仅是“寻求富强”？

第六节是本书下篇的结尾，它为重新思考“漫长的 19 世纪”打开了一个开放的空间，这一节以简捷的方式批判了形形色色的历史决定论，从而把“漫长的 19 世纪”——进而就是现代资本主义世界体系——视为“历史耦合”的结果，而不仅仅是现代性“出乎意料”的结果。在这个意义上，“漫长的 19 世纪”不仅仅是“未完成的”，而且，它也应该并且能够被新的发展模式、新的政治制度和新的生产方式替代和超越。

“一个另外的世界是可能的，而这一切则取决于我们今天的行动和努力。”（费尔南·布罗代尔）

第一节
重新思考19世纪

> 英国恰恰是由于其“落后”，才造成了它19世纪的“先进”；而中国则是由于其“先进”，反而导致了19世纪的“落后”。
>
> ——伊曼纽尔·沃勒斯坦

布罗代尔将1350—1650年的300年时间视为“漫长的16世纪”。这一长时段的划分，就是为了对应当时世界经济的火车头——明朝中国（1368—1644）在世界史上的辉煌地位。在他看来，所谓“漫长的16世纪”总体上看就是一个“亚洲，特别是中国主导世界经济的时代”。

与此相对应，社会史学家阿瑞吉则提出了另一个长时段的分期概念——“漫长的19世纪”（1688—1915年，从明亡、英国资产阶级革命到第一次世界大战），它标志着中国与欧洲之经济社会开始分道扬镳，随之而来的就是中国、亚洲的形象在欧洲中心主义的“世界史叙述”中的全面贬值，中国和亚洲由“普遍的世界史”所指示的前进方向，由世界历史和世界经济的"火车头"，沦落为世界体系的边缘和"东方"，甚至"远东"。

构成"漫长的19世纪"的约300年，主要是指欧洲主宰整个世界的统治结构逐渐完成的历史过程。与基督教纪年上的"19世纪"不同，所谓"漫长的19世纪"，首先是一个以"现代资本主义世界体系"为着眼点的地缘政治范畴，它不是孤立地考察欧洲，而是考察欧洲发生的事件在相当长的时间内对"世界体系"的影响。因此，伊曼纽尔·沃勒斯坦倾向于用"延长的19世纪"来表述它——将19世纪"延长"，还不仅仅是有利于考察欧洲发生的事件对"世界体系"的"延长的影响"，[1] 更为重要的是，按照艾瑞克·霍布斯鲍姆的解释，在"短促的20世纪"（1914—1991年，从第一次世界大战到苏联解体）结束后，人类社会和历史仿佛又退回到了"漫长的19世纪"，或者说，按照他的洞见，实际上，人类至今依然没有走出"漫长的19世纪"。

世界体系理论提醒我们认识到："现代"并非一个空洞的时间概念，而首先是一种制度安排，是一个全球性的空间权力结构，它指1500年以降世界空间结构的形成和运动，世界结构运动的根本原因是武力与财富在空间分布上的不平等和不平衡，与流行的"国际政治"视野中的所谓"全球化"不同，[2] 与人们所习以为常的"现代化"理论也有所区别，它强调现代世界空间结构的形成首先是资本主义力量强制的结果，当然，它同时也是被统治力量反抗和革命的结果，因此，世界结构的不平衡是绝对的，平衡是相对的。更为重要的是，它指出生产力决定生产关系和上层建筑，一定的生产关系和上层建筑必须"与生产力的发展相适应"——这种社会理论诉诸的"一般规律"，其实不过是"相对的规律"而已。同样地，以强制和革命的方式改造社会关系、生产关系和上层建筑，随后引发、造成了生产力变动，则是另一种“相对的规律”。正是这两种“相对的规律”的互相作用，才能说明生产力与生产关系、生产关系与上层建筑之间的平衡和不平衡，才能说明这种“相对的平衡”和“绝对的不平衡”只能在真实的历史运动中展开。而且，（正如毛泽东所指出的）如果仅仅强调生产力的决定作用，那么经济学就变成了自然科学和技术科学；如果只强调生产关系和上层建筑，经济学就变成了政治学和国家理论——而这二者都是需要避免的。[3]

作为描述世界体系在不平衡中“互动”的中长期范畴，一方面，“漫长的 19 世纪”被称为欧洲内部社会结构的“大转型”（卡尔·波兰尼）；另一方面，它也被称为欧洲经济和社会发展模式与欧洲之外世界的“大分流”（彭慕兰）。就前者而言，它意味着生存竞争关系成为唯一霸权的“竞争社会”模式在欧洲的形成。就后者而言，它意味着欧洲通过一种全新的“剥夺外部世界的方式”谋求自身发展（剥夺殖民地资源及白银、黄金和煤炭的开采）。或者说，对欧洲内部而言，这意味着以资产阶级市民社会为政治主体的民族国家的兴起，而对外则意味着帝国主义的扩张。在这个意义上，托马斯·罗伯特·马尔萨斯发表于 1798 年的《人口论》（1803 年扩充再版）恰是这一“大转型”的重要思想和知识标志，马尔萨斯的著名论断是：人口将以几何级数增长，而生活资料只能以算术级数增长，所以，如果不以战争的方式消灭人口，则无法实现“供给与需求”之间的平衡。从此，围绕着“供需平衡”而展开的残酷生存竞争，就成为西方现代精神的核心。

实际上，无论对欧洲还是整个世界来说，在 19 世纪的欧洲兴起的，乃是资本主义社会关系或者“新的统治世界方式”，而绝不仅仅是一种“生产力”和“生产模式”。居于这一新霸权核心并起着决定性作用的，首先也不是某一种新的“物质生产”方式，而是现代民族国家“政治主体”的兴起，是“一切人反对一切人的社会战争”，是马克思在《共产党宣言》中所说的“战争成为人类最主要的交往方式”，是这种社会模式以“现代价值观”的面目，通过帝国主义国家频繁发动的战争和资本主义扩张得以普世化。这表明，“生产力决定生产关系和上层建筑”这种简单化的论断不能解释“漫长的19世纪”所发生的变动。

因此，当前世界史研究中的如下观点值得重视：阿瑞吉等人指出，造成这种19世纪“大分流”或者“大转型”的关键因素，“起初并不是经济上或生产力方面的，而是军事上的”。它首先表现为中国与英国、欧洲与世界其他地区之间“军事和战争能力”的差别。正是这种军事和战争能力的差别，正是欧洲“军事霸权”的形成与“竞争社会”的形成，修改并决定了欧洲人看待世界和中国的方式，奠定了欧洲处理与外部世界关系的方式——而后才发生的欧洲在经济贸易方面独占式的“领先”和“优势”，只不过是进一步强化了这种欧洲看待、统治世界的方式而已。

因此，阿瑞吉说：

> 随着近代欧洲军商合一的民族国家体制在1648年的《威斯特伐利亚和约》中被制度化，中国的正面形象随后黯然失色了，这不是因为欧洲经济上的成就有多么伟大，而是欧洲在军事力量上的领先地位。欧洲商人和冒险家早已指出过由士大夫阶级统治的国家在军事上的薄弱，同时也抱怨过在与中国贸易时遇到的官僚

腐败和文化障碍。这些指控和抱怨将中国改写成一个官僚腐化严重且军事上不堪一击的帝国。这种对中国的负面评价又进而将中国纳入西方对中国的政治想象中，从而使得中国由一个值得仿效的榜样，变成了“英国模式”的对立面，后者在西方的观念中日益成为一种意识形态霸权。[4]

实际上，阿瑞吉关于 19 世纪欧洲“社会霸权”和“军事霸权”在互相强化中突飞猛进地增长的论断，可以看作是对马克思如下观点的运用。在《〈政治经济学批判〉序言》中，马克思指出：构成“经济现实”的并不是抽象的“生产力”，而是“物质的生产方式”与“一定的意识形式”的结合，后者包括特定的看待世界的方式、处理社会关系的方式。例如恩格斯就曾这样论述欧洲市民社会的“战争”本质如何改变了欧洲世界观：“竞争最充分地反映了流行在现代市民社会中的一切人反对一切人的战争。这个战争，这个为了活命、为了生存、为了一切而进行的战争，因而必要时也是你死我活的战争，不仅在社会各个阶级之间进行，而且也在这些阶级的各个成员之间进行；一个人挡着另一个人的路，因而每一个人都为力图挤掉其余的人并占有他们的位置而战。”[5] 因而，马克思认为，“资本主义经济构成”，既包括物质生产方式的革命，也包括欧洲市民社会看待、统治世界的方式的转变（“一切人反对一切人的社会战争”）。在阿瑞吉看来，这两种变化（军事霸权和竞争社会）实际上很难截然分开。其中欧洲军事力量在“漫长的 19 世纪”的不断发展，则是促成这种斗争“不仅在社会各阶级之间，而且在这些阶级的各个成员之间”进行的竞争型社会的最鲜明的动因。

在这个问题上，毛泽东的论述可能更为简捷精辟，他说：

> 从世界的历史来看，资产阶级工业革命，不是在资产阶级建立自己的国家以前，而是在这以后；资本主义的生产关系的大发展，也不是在上层建筑革命以前，而是在这以后。都是先把上层建筑改变了，生产关系搞好了，上了轨道了，才为生产力的大发展开辟了道路，为物质基础的增强准备了条件。……生产力的大发展，总是在生产关系改变以后。拿资本主义发展的历史来说，……在英国，是资产阶级革命（17 世纪）以后，才进行工业革命（18 世纪末到 19 世纪初）。法国、德国、美国、日本，都是经过不同的形式，改变了上层建筑、生产关系之后，资本主义工业才大大发展起来。[6]

毛泽东敏锐地抓住了日常性的“社会战争”和竞争型社会是 19 世纪转变的要害。它比简单的“生产力决定论”更能真实地揭示 19 世纪发生的“大转型”或“大分流”的复杂性和总体性。

阿瑞吉说过：随着资本主义在战争国债制度中的崛起，只是在 19 世纪中期之后，中国才“由一个值得仿效的榜样，变成了‘英国模式’的对立面”的论断，也是符合事实的。[7] 实际上，即使在 18 世纪的欧洲启蒙主义的视野里，中国的形象，特别是中国的政治体制依然还是仰慕的对象，而不是“落后”的范本：欧洲近代资产阶级革命（特别是法国大革命）的根本目标就是打倒和终结封建贵族的特权制度，而消除封建割据、实现国家政令完全统一的君主开明专制制度，因此就成为欧洲启蒙运动所推崇的政治体制，这其实是十分自然的。所以，马克思在《资本论》中回顾欧洲资本主义的“史前史”时，曾经这样形象地说：

> 我们想起来了，当世界其他一切地方好像静止的时候，中国和桌子开始跳起舞来，以激励别人。

例如，托克维尔在《旧制度与大革命》这本经典著作中这样指出：在整个漫长的18世纪，对法国的启蒙思想家而言，“没有一个人在他们著作的某一部分中，不对中国倍加赞扬。只要读他们的书，就一定会看到对中国的赞美——他们心目中的中国政府好比是后来全体法国人心目中的英国和美国。在中国，专制君主不持偏见，一年一度举行亲耕礼，以奖掖有用之术；一切官职均经科举考试获得；国家只把哲学作为宗教，把文人和知识分子奉为贵族。看到这样的国家，他们叹为观止，心往神驰”。[8]

托克维尔还指出，在漫长的16—18世纪，仅德意志就被1648年的《威斯特伐利亚和约》瓦解为314个地方邦国，直到1815年拿破仑战争结束后，德意志分裂的314个小国才被归并为39个有主权的城市国家，而这只不过是整个欧洲分崩离析状态之一斑。因此，与处于战乱分裂中的欧洲比较而言，中国文化—政治上的统一（“大一统”）被认为是其强大的根本。它包括中国不实行欧洲式的贵族分封制度，国家统治者无须向贵族特权势力让步妥协，从而可以“不持偏见地”执政（唐之后，中国的皇子皇孙亦不过是“衣食税禄”，并无形成“独立王国”之可能），也包括世俗的而非宗教的知识得到重视，“有用之术”而非“世袭”成为个人身份取舍的关键，这一条尤为科举制度所保证，特别是在16世纪70年代之后，随着大量进口美洲白银，国税渐次收银，对官僚的支付从此为银，于是职田、公田制度渐归衰落，中央政府对于官僚，特别是封疆大吏的支配渐趋完全，而随着官僚制度的日益成熟，随着中央权力的增加，随着郡望大姓贵族的分崩，中小地主遂得均分官僚地位的机会。[9]因此，在欧洲的启蒙主义者看来，如果中国有贵族的话，这个贵族阶级也只能是“世俗的知识分子”，而不是西欧的封建军事贵族特权集团。而且，中国已经完成了宗教的世俗化，自春秋诸子之学到宋明以来的理学都不是宗教，而是世俗的学问，无论是作为小地主阶级（士）的意识形态，还是作为文官官僚阶级的意识形态，其支配作用表明：人们可以根据“理性的法则”而非“宗教的权威”来处理、裁判事物和协调纠纷——这使得从春秋战国到宋明，所谓“理性的法则”一直是“与时俱进”地变化着的。

令欧洲启蒙思想家叹为观止的，当然不仅仅是这种和平的社会秩序、理性的政治制度，而主要是指中国经济在19世纪之前所占据的世界核心地位。按照“加州史学派”的重要作者罗伯特·B. 马克斯的统计，到1775年，亚洲人口占世界人口的2/3，亚洲生产着世界上80%的产品，也就是说，占人类人口2/3的亚洲生产着世界上4/5的产品，占人类人口1/3的欧洲人、非洲人和美洲人仅仅生产着世界上1/5的产品。且直到19世纪初，这样的事实也并没有因工业革命而改变。[10]

亚洲之所以能够做到这一点，首先就是由于亚洲的农业奇迹，它不仅仅表现为由皇帝带头，自上而下，“一年一度举行亲耕礼”——近代欧洲“重农学派”认为，这种亲耕的文化象征仪式背后，实际上有一整套“勤劳社会”的发展模式在——因为中国最高统治的象征是“神农”，这决定了统治者必须象征性地“亲耕”及与百姓“并耕”，它因而预设了一个“劳动的共同体”，甚至预设的是“不劳动者不得食”

的初期经济社会主义理想。[11] 根据《吕氏春秋 · 爱类》,“神农”的教义是这样的：

> 神农之教曰：“士有当年而不耕者，则天下或受其饥也。女有当年而不绩者，则天下或受其寒也。”故身亲耕，妻亲绩，所以见致民利也。[12]

当然，这不意味着中国社会必然停留在农业的阶段——农业的发达必然促使一部分过剩人口转而从事工商业，这是中国战国时代就已经发生的事实，不过，整个东亚都强调工商业的发展对农业剩余和精明强干的农民劳动力的依赖，也都高度重视农业对工商业的基础性作用。今天，即使在商品经济发达的日本，其天皇依然保持亲自种植水稻的象征性传统，强调发达的农业是工商业发展的基础，这构成了东亚经济发展不同于欧洲单纯强调工商业和工业革命的特征。事实上，整个 18 世纪，亚洲的农业生产率两倍于欧洲，而中国南方则八倍于英国，杂交水稻的种植技术令每个欧洲的旅行者惊讶不已。18 世纪 20 年代，法国人皮埃尔 · 普瓦夫尔就是这种中国农业奇迹的赞叹者之一，他所惊讶的是：为什么这么少的耕地能养活这么多的人口？皮埃尔 · 普瓦夫尔的中国旅行日记，后来成为推动法国启蒙运动，特别是孟德斯鸠探讨中国问题的著作《论法的精神》的重要资料来源。

当然，中国并非独自做到了这一切，中国生产技术的领先，其实是广泛的世界交往和联系的结果，这表明：关于中华帝国“从来闭关自守”的看法，不过是 19 世纪中后期才在欧洲产生的。

加文 · 孟席斯指出，大明船队的远航不仅是世界上第一次远洋航行，更重要的是，明代庞大的船队装载着大量的学者，使得船队在某种程度上成为一个流动的海上实验室。包括《本草纲目》《永乐大典》这些百科全书的编纂，离开了大航海活动对物种的收集、采集和编目，离开了系统的、大规模的科学调查工作，是不可能完成的，正如离开了郑和船队对阿拉伯矿产（如钴）的引进，明代中国享誉世界的工艺产品——青花瓷的生产就是不可能的一样。也正是通过这样的科学航海活动，大量的植物品种被引进中国，包括杂交水稻技术在内的巨大科学突破因此最早在中国产生，这是中国农业奇迹的另一成因。同一时期欧洲的情况则可以说是与中华帝国恰好相反，东罗马帝国崩溃及“百年战争”造成了欧洲经济和农业生产水平长期的倒退，“黑暗时代”导致的科学和知识水平落后则加剧了欧洲的衰败，野蛮和无知更使得欧洲陷入绵延千载的军阀割据与混战。与郑和航海所表现出的巨大的知识和科学旨趣截然相反，即使葡萄牙和西班牙为挣脱穆斯林封锁而开始的航海活动，也仅仅对金银和香料感兴趣，而对包括搜集和引进物种在内的科学活动完全不感兴趣——与中国的航海相比，后者不过就是纯粹的“海盗”行为。[13]

无论孟席斯的结论是否最终能为史学家所广泛接受，确定无疑的是，正是明朝的航海活动将大量美洲的食物、作物引入中国，促进了全世界范围内的物质交流，这成为促使中国率先发生农业革命的外部条件，它也刺激了中国瓷器和纺织品生产的国际化。农业的高产量—食物价格的低廉—低工资（相对高的食品购买力）—高竞争力，正是这一系列相关和递进的关系，成为19世纪之前东风压倒西风，亚洲压倒欧洲，印度的棉布、稻米和中国的黄金、瓷器、丝绸、茶叶席卷世界市场的根本原因所在。因此，杉原薰、小泽辉智和阿瑞吉将这种创造出亚洲奇迹的生产方式称为与英国后来的“工业革命”不同的

“勤劳革命”，并认为这是中国经济长期领先于世界的内部条件。

一个流行的说法亦需纠正，即中国自 1434 年完成最后一次发现世界的大航海后，从此便陷入闭关自守和自我封闭中，直到 1840 年才被西方的枪炮强迫开放。实际上，1434 年后中国不但没有退出国际舞台，而且恰恰是明以降中国对白银日益强大的需求把西方卷入了以东亚为核心的世界经济中。重视国际市场、国内市场是中国固有的传统。中国历代之“善治”，就在于国家支持和放任市场。所谓国家支持市场，又表现为以交通维持各地域的均衡，即蒋中正所谓“政府对全国交通的计划，平均周遍，世代相承”，“并不见有什么偏怙的现象”；[14] 而所谓放任，就是让家族、宗族乃至家庭去组织生产和交换，以义庄、义田、乡校和社学来规范经济和社会活动，国家尽可能少地干预。

阿瑞吉这样比较“勤劳革命”与“工业革命”：第一，与向设备和机器投资不同，“勤劳革命”的模式特别强调向劳动力投资，以此培养劳动力的灵巧和协作精神，主张“向高质量的劳动者要效益”。第二，与通过企业之间的竞争达致大企业垄断削减成本不同，“勤劳革命”的生产模式是立足于基层，通过彼此利益相关的层层承包和转包体系，最终将生产落实到小企业乃至家庭的灵活性、专门知识和低工资的结合上去，以社会合作的方式不断削减生产成本。

阿瑞吉指出，中国文明中无疑包含着发展经济的巨大冲动，但它对资本主义是排斥的，从根本上说，这是因为：“一切人反对一切人”的社会模式，与中国文明的根本追求相矛盾。因此，中国人难以接受“因支持在市场中进行无拘无束的斗争，以及一揽子的放任自由政策而反对儒家的社会和谐的理想”。于是，儒家文明中的资本家，乃是“非资本主义市场经济中的资本家”[15]，也就是说，如果他想发财的话，就必须适应中国社会“自己吃饭、大家吃饭”的信条。

中国以资本共享的方式推动经济发展，而近代西方则以资本独占的方式开启了一个新的时代。共享与独占，这两种经济发展模式，究竟哪一种更有前途？中国改革开放的成功，是不是因为成功建立了一个不断扩张的承包体系，以此推动市场的扩大和就业的扩大，并导致了成本的不断下降呢？中国经济奇迹，是否源于让更多的人吃饭、更多的人就业的“共富”模式呢？

实际上，越来越多的历史学家开始接受如下观点：如果把中国持续千年的世界领先地位与今天的重新崛起联系起来考虑，那么中国在19世纪后约100年的落伍不过是一个偶然插曲。霍布斯鲍姆在《革命的年代：1789—1848》这部划时代的著作中也曾经这样写道：“18世纪后期，许多非欧洲的大国和文明显然仍以平等之地位，勇敢面对白种商人、水手和士兵。伟大的中华帝国当时在清王朝的统治下，处在鼎盛时期，天下无敌。”[16]按照彭慕兰的统计，直到1800年，作为欧洲经济上最先进国家的英国，在主要经济指标上仍然落后于清王朝，特别是当时英国最权威的经济学家亚当·斯密仍然把中国而不是英国视为市场经济的典范，中国依然被当作欧洲经济上仿效的榜样。斯密在1776年的《国富论》中肯定地说：“中国比欧洲任何一个地区都富强。”他根本没有预见到中国的经济、中国的“生产力”会走向衰落。

斯密还进一步指出，罗马帝国的崩溃和旷日持久的战争，彻底摧毁了欧洲的农业，造成人口流散，土地荒芜，此后“百年战争”导致的惨状，实可谓“白骨露于野，千里无鸡鸣”。大贵族忙于捍卫自己的领地和攻占邻人的领土，对改良耕地、提高产量毫无兴趣，因为对他们来说，扩大领土比改良自己的耕地更为有利。以不能拥有财产的奴隶作为农业工人，就更难期望奴隶会认真耕作，甚至进行土地改良了，斯密说："一个不能拥有财产的人，除了吃得尽可能多，劳动得尽可能少外，再也没有其他的利益。"据此斯密认为，奴隶制农业效益最低，这便是在美洲殖民地开展烟草、食糖等收益更大的种植业的原因，因为如果以奴隶种植谷物，则根本没有效益。他这样总结说：人类经济发展的自然道路，一般是农业的发达促进了城市手工业和制造业的发展，而城市制造业的发展进一步促进贸易的发展，但是，欧洲农业的破产和崩溃，恰恰造成了这条正常的道路是走不通的，结果，欧洲统治者（国王）就被战乱逼迫着走向了向城市工商征税，弃农业于不顾的道路——斯密说，与中国的发展相比，这是一条反常和变态的发展道路：

所以，根据事物的自然进程，每一个发展中社会的大部分资本，首先应当投入农业，然后投入制造业，最后才投入对外商贸。这种事物顺序是极其自然的，所以我相信，在每一个拥有领土的社会里，总是可以看到对这种顺序的某种程度的遵循。在任何大城市建立以前，必须先耕种土地，必须先在这些城市建立某种粗糙的制造业，然后才能想到去从事对外贸易。

但是，虽然在每一个社会中这种事物的自然顺序必然发生，然而，它在欧洲的所有现代国家中却在许多方面被完全地颠倒了。欧洲某些城市的对外贸易商贸，采用了比较精细的制造业，即适合于远方销售的产品，而制造业和对外商贸一起，再造成对农业的主要改良。城市政府所采用的这种政策，结果必然迫使欧洲采取这种不自然的和倒置的顺序。[17]

斯密的上述判断，构成了费正清所指出的那个最为简单的事实：在斯密那个时代，欧洲农奴的生活状态肯定比中国的小农要差得多，于是，与中国相比，欧洲社会内含着更为迫切的革命需要，正是由于丧失了农业革命或“勤劳革命”的历史机遇，英国才被迫走上了“工业革命”的道路。最富有启示性的，是沃勒斯坦辩证的解释：英国恰恰是由于其农业“落后”，才造成了它 19 世纪的“先进”；而中国则是由于其长期农业“先进”，反而导致了 19 世纪的“落后”。

沃勒斯坦在比较中英两国的土地制度时曾这样指出：自 16 世纪就开始的英国圈地运动，之所以一开始没有招致反抗，乃是因为欧洲原有的土地制度是与落后的“农奴制度”密切联系在一起的。由于欧洲的农奴本来就没有土地，所谓圈地运动“剥夺农奴土地”的说法也根本无从说起，英国所圈者主要是大片因战乱而荒芜的“公地”，而非自耕农土地。欧洲的农奴本来一无所有，他们在圈地中失去的也不过是“枷锁”而已。在中国，正是农业生产和农业技术的高度发展，使得小块的土地所能养活的人口数量不断增加，从而促成了大庄园制度，即欧洲那种依靠农奴劳动的封建制度在中国的不断解体，促进了勤劳小农和小生产者数量的增加。因此，欧洲的农奴与同时代的中国小农处境根本不同，他们的经济地位完全没有可比性。农奴土地制度和小农土地所有制之根本不同，又进一步导向沃勒斯坦所揭示的著名的历史悖论：英国恰恰是因其土地制度的“落后”（大量依靠农奴劳动）反而走向了“先进”（圈地和土地经营的资本化），而中国因其“先进”（小农土地所有制的平均和平等）而导致“落后”（无法实行大规模的土地资本化经营）。

按照罗志田和乔安娜·韦利–科恩等学者的研究，所谓“中国无视

18 世纪欧洲的技术发展”这种观念，其实也是工业革命完成很久之后才产生于西方，随后才被投射到对鸦片战争的解释之中的。即使在鸦片战争时期，火车、电报、铁甲军舰等现代科技手段，对中英双方而言也还都是未知之物。换言之，近代以来象征西方“先进”“优越”的“船坚炮利”，在鸦片战争时期基本上还不存在，所以，当时中英双方科技实力大致相当，所谓中英之间先进—落后的二元对立根本不能成立。[18]

同样地，“小农”之“根深蒂固的落后性”的定见，其实也是“制度决定论”的产物，特别是现代西方军事入侵的产物。宫崎市定说：

> 东印度公司历来是从欧洲运来白银购买中国的茶叶和丝绸，再向全世界销售的，但是从 1750 年起，英国本国开始了工业革命，必须向厂矿建设投入大量的资本，因此向海外运出白银使得英国感到非常困难。英国的资本家通过政府向东印度公司提出要求，叫它向海外大量推销英国的主要产品——毛织品，用所得到的白银如往常那样购买中国的物资。但是，像广东那样亚热带的地方，是根本不可能推销毛织品的，而中国的北方早已经普及了棉衣，因此，英国的毛织品可以说既不舒适，更没有价格上的优势。东印度公司既然受命不能从本国运出白银去购买中国茶叶，为了打开这个难关，所找到的替代白银的物资就是鸦片。[19]

正如历史研究已经证实的，19 世纪中期以来，英国工业产品对由小农经济支配的中国市场而言，其实并没有真正的竞争力，英国的主要商品——棉布和呢绒，实际上在中国也均没有市场。因此，英国打开中国大门所依赖的并非物美价廉的商品，而只能是大炮和鸦片。这充分表明：真正摧毁中国以小农为主体的经济的，并非工业革命的生产方式，更非市场经济的扩张，而是英国通过战争的方式强买强卖（特别是武装走私鸦片），以此破坏和摧毁市场公平竞争，加上西方的金融垄断，而后一点尤为关键。

实际上，西方世界在货币金融方面的强势地位，在16世纪美洲白银发现之后就已经形成了。正是这种货币金融的强势，促成了西方世界通过其所掌握的大量白银货币并发挥这唯一的关键性优势，即通过经营货币而非从事土地开发和自由贸易，逐步“挤进”亚洲经济贸易体系。西方的“货币优势”对亚洲的“人力优势”、西方的“资本优势”对亚洲的“勤劳革命”的模式，由此逐步奠定。19世纪以来的大变局又是一个根本性的转折，随着鸦片战争之后中国一系列的战败，西方经营金融和操纵货币的“优势”则一举变成了西方的金融“垄断”，且从此成为一种不可逆转的历史趋势。一方面，一系列的战败使得中国背上了天文数字的战争赔款；另一方面，中国以此开始的“富国强兵”运动，又使得近代以来的中国以大量向西方借款的方式深陷西方的债务陷阱，中国遂成为西方的债务奴隶。可以说，把中国从辉煌的顶峰推向深渊的，除了军事失败外，就是西方的金融垄断，而近代以来，西方的贷款在养成中国非生产性的买办资产阶级的同时，使得整个中国的生产活动，特别是欣欣向荣的农业生产活动、纺织品和日用品生产活动，因资金的根本缺乏、市场的破坏、买办资产阶级的腐败而陷入彻底崩溃。在投资缺乏、投机横行、市场崩溃、经济全面萎缩的局面下，才有了“劳动力过剩”“人口过剩”“小农过剩”的问题。可见，这种所谓的“过剩”，当然不是经济发展所致，而是经济和市场全面崩溃的结果。

将19世纪中国的持续衰落归咎为“人口过剩”和“小农过剩”，

归结为“小农经济”不适合工业化大生产，这种论断的所谓“科学性”可谓千疮百孔，它混淆了“资本主义掠夺”与“人口过剩”的关系。前者是把军事上“你死我活”的“生存斗争”、丛林法则运用于经济领域，后者在某种程度上才是“高度平衡的市场陷阱”所造成的，这二者本是完全不同的范畴。[20]值得指出的是，无论是孙中山以“耕者有其田”为口号的“三民主义”，还是共产党以“减租减息”“土地改革”为先导的“新民主主义”，甚至以“联产承包”为标志的中国农村改革，其首要目标都是满足千百万中国小农的需求，其初步方略也都是以发挥小农经济的优势来恢复中国的经济和生产，这恰恰是因为小农经济乃必须正视的中国现实，但是，的确只有毛泽东才深刻地意识到：中国小农经济和以小农为基础的生产方式崩溃之根本原因，绝不是这种生产方式“落后”，并非这种生产方式不符合历史潮流，亦并非它“跟不上时代”。中国小农经济的破产，从根本上说是帝国主义军事侵略和西方金融垄断的结果，因此，毛泽东提出小农要“组织起来”和“实现联合”。在民族解放战争时代，毛泽东所说的这种“组织起来”，首先就是指小农在军事上组织起来，也就是以历史上的“民兵制”来对抗“募兵制”(《通典·兵典》早就指出了募兵制的弱点：“事小敌脆则可用也，事巨敌坚则涣然离也”)，毛泽东所创造的“人民战争”的思想，正表明了组织起来的小农在军事上焕发出的巨大力量。中华人民共和国成立后，毛泽东所主张的“互助合作”和“集体化”道路，除了探索中国农村通过分工合作的制度创新发展生产力的新模式外，其核心特指小农在金融上组织起来，通过形成公共积累摆脱缺乏生产资金和产业转型资金的困境。这表明：要了解中国，既需要认识漫长的小农经济和小农社会的辉煌，也要看到近代小农在中国军事失败和金融破产情况下的悲惨处境。只有认识到中国人口的绝大多数都是小农的客观现实，才能最终认识到：在帝国主义和资本主义时代，小农经济的辉煌和以小农为基础的经济是不能简单地恢复的。千百万小农要生存下去，中国农村要发展，中国要发展，就必须以新的基层组织形式战胜帝国主义与国内买办阶级的军事侵略和金融垄断，实行军事胜利和金融财政上的彻底自主。

从这个意义上说，邓小平的“分田到户”，不能被狭义地理解为恢复小农经济，作为一个马克思主义者，邓小平所提出的理论的核心在于：必须使最基层的劳动者能够分享生产资料，从而能够分享发展带来的好处。因此，邓小平晚年说，如果基层劳动者不能分享生产资料，不能分享发展带来的好处，那么中国就会出现两极分化，改革开放就失败了，我们就走到邪路上去了。

既然中国经济社会的辉煌是被西方的军事打击和金融垄断终结的，那么我们就必须认识到军事革命和金融垄断在“漫长的 19 世纪”的重要作用。西方的军事革命，除了“军商合一”的体制外，则是海洋战争所支配的战争技术革命和现代国际法准则的确立。对于金融垄断的形成，除了美洲白银开采所确立起的西方货币优势这个历史因素外，近代西方的“好战主义”、霸权主义乃是促使现代信贷制度形成的真正原因。现代资本主义信贷制度同样起源于西方的战争筹款制度，因此，我们可以说军事革命和金融革命二者乃是 19 世纪西方得以控制世界的关键，而二者之中最关键的依然还是军事革命，因为没有战争筹款之频繁和急需，现代资本主义信贷制度也不可能产生。故曰：战争问题或者西方军事革命，乃是西方战胜亚洲和征服世界的另一关键。

历史就是这样充满了戏剧性，“合法”的知识叙述与残酷的现实之间，总是存在着深刻的差异。从这个角度来看，明清的衰亡，也就不仅仅是两个王朝的衰亡，而是一种发展道路的衰亡，这种发展模式、发展道路的失败，不但对中国，而且对整个世界都具有重要意义。因此，明清的衰亡不仅仅是中国历史的转折点，更是世界历史的转折点，或者说，它意味着历史学界所谓的“漫长的 16 世纪”的终结、“漫长的 19 世纪”的开始。

什么是“漫长的 16 世纪”的发展模式呢？简单地说，它把社会理解为由“自然秩序”支配的，国家和政府的目标就是顺应自然秩序，而不是去干预它，国家不应该干涉市场和自由贸易，甚至不应以财政和货币的手段去调控社会，而是把维持社会安定、避免战乱、“无为”当作政治和治理的根本目标，同时主张通过贸易和商业的方式化解战争和冲突，乃至淡化主权争执。这种学说，在西方就是“重农主义”和以亚当·斯密为代表的古典经济学，而在中国就是以黄宗羲、顾炎武、王夫之为代表的货殖论。也许需要说明的是，所谓“重农主义”这种翻译方式，似乎有“仅仅重视农业而不重视工商贸易”之嫌，故所谓“physiocrat”，似乎译作“自然秩序学派”更为妥当。

在“漫长的 16 世纪”，中国就代表着上述这样一条发展道路，例如，明代对蒙古、清代对俄国，采用的都是搁置主权单一化的争议，而以大规模的跨国自由贸易代替战争掠夺的交往模式，所谓海洋朝贡贸易体系之核心亦在于此。与黄宗羲、顾炎武和王夫之的货殖论一样，亚当·斯密开创的古典经济学认为，生产、贸易、土地是经济发展最核心的要素，其中投资土地和农业更是经济发展的基础，按照他的说法，货币并非生产性的要素，依靠囤积货币不可能支配一个强大的经济，恰恰相反，在斯密看来，这就是西班牙帝国垮台的真正原因。值得注意的是，不仅仅对于囤积货币，斯密对于经营和炒卖货币的行为也十分抵触，在他看来，货币的流通只不过是生产发展和商品流通的辅助手段，因此，在货币的供需之间必须保持严格的平衡。他之所以主张政府要小，就是因为他反对当时的英国政府借国债、发行国债，即斯密关于小政府的思想，就是建立在他反对英国政府借债打仗，然后再把税收加在百姓头上的发展逻辑之上的。“他悲观地预测这些不断增长的债务从长期来看，可能会使所有的欧洲大国破产。而当时困扰他的英国债务是 12 900 万英镑，每英镑今天大约价值 1.5 美元。”[21]

斯密的学说并不是孤立的，他的思想是法国财政大臣杜尔阁政策的理论化，而杜尔阁的政策则来自法国社会对中国宋明王朝“无为”的治国理念的理想化，因为中国皇帝就不向商人借钱，也不主张打仗。黄仁宇提供了如下足以令我们吃惊的数字：16 世纪的明代正式在册的国家官员只有 20 400 名，这当然是不折不扣的“小政府”，基层事务名义上交给人民轮流服役担任（实际上是交给了不拿工资的胥吏），这当然就是“自由放任”，朱元璋的祖制是税收定额制，总计合粮三亿零两千担，比宋代又少得多，清代更标榜永不加赋——主要是指对城市工商不加赋，即工商业税很低，鼓励商人自由贸易，当然，同时国家也就很少向工商业提供公共国家服务，而这自然就是斯密的理想，也是法国启蒙思想，特别是所谓“重农学派”的理想。

但是，随后的世界历史，特别是 19 世纪以降的欧洲历史，完全没有按照亚当·斯密所设想的那样发展，而是按照今天欧洲思想家最讨厌（至少口头上是如此）的那个人——托马斯·罗伯特·马尔萨斯所主张的方向发展。马尔萨斯反对以贸易代替战争，相反，他积极主张用战争消灭人口。与斯密不同，马尔萨斯认为生产、贸易和市场都不是决定性的，因为生产和贸易的发展永远赶不上人口的增长，因此，如果不明确产权、主权归属，你的口粮就会被分给他人，而如果不打仗，就不能明确产权、主权归属，如果不消灭人口，“供给”就永远赶不上“需求”。历史证明，马尔萨斯所道出的这一点，恰恰就是“漫长的19 世纪”的“真理”，是一个残酷的真理，即 19 世纪以降，欧洲经济学真正的核心问题并不是生产、贸易和市场，而是由你死我活的生存竞争所决定的“供需关系”，19 世纪欧洲经济学的真正代表人物是马尔萨斯，也并不是斯密，更不是边沁，实际上，所谓经济学的铁律就是“生存竞争”和“供需平衡”——这亦是当今经济学家所服膺的“铁律”，只不过他们把生产、贸易和市场经济说成是“生存竞争”，这样，他们就几乎一致地将马尔萨斯的幽灵加在了无辜的亚当·斯密的头上。

综合来看，阿瑞吉所指出的“文弱的士大夫”统治的国家遇到了“欧洲商人和冒险家”统治的国家，与其说是指向“先进”与“落后”两种生产方式、两种制度之间的冲突，不如说预示着 19 世纪欧洲价值观对“文明和野蛮”的大颠倒：在 19 世纪欧洲的视野里，“文弱”、和平和善良成为一种罪恶，而穷兵黩武、放战争国债、金融掠夺则成为“新道德”——马克斯·韦伯的“宗教社会学”就是根据这样的标准来划分文明之高下的。因此，与经济和社会的大分流相对应，这其实更是一种“道德与法的大分流和大转型”，欧洲主导的对人类道德谱系的重新书写，使得“武力征服和支配”成为 19 世纪欧洲道德的核心、法律制度的核心。

值得注意的是，陈独秀发表于 1915 年的名文《东西民族根本思想之差异》，可谓正代表着在亡国灭种的历史情势下，现代中国知识分子对上述价值观之“大颠倒”的接纳，因此，这篇文章在中国现代思想史上具有极其重要的标志性意义：

> 儒者不尚力争，何况于战？老氏之教，不尚贤，使民不争，以任兵为不祥之器；故中土自西汉以来，黩武穷兵，国之大戒，佛徒去杀，益堕健斗之风。世或称中国民族安息于地上，犹太民族安息于天国，印度民族安息于涅槃，安息为东洋诸民族一贯之精神。斯说也，吾无以易之。
>
> 若西洋诸民族，好战健斗，根诸天性，成为风俗。自古宗教之战，政治之战，商业之战，欧罗巴之全部文明史，无一字非鲜血所书。英吉利人以鲜血取得世界之霸权，德意志人以鲜血造成今日之荣誉。若比利时，若塞尔维亚，以小抗大，以鲜血争自由，吾料其人之国终不沦亡。其力抗艰难之气骨，东洋民族或目为狂易，但能肖其万一，爱平和尚安息雍容文雅之劣等东洋民族，何至处于今日之被征服地位？
>
> 西洋民族性，恶侮辱，宁斗死；东洋民族性，恶斗死，宁忍辱。民族而具如斯卑劣无耻之根性，尚有何等颜面，高谈礼教文明而不羞愧！[22]

无论陈独秀的立场和结论如何，他所谓“自古宗教之战，政治之战，商业之战，欧罗巴之全部文明史，无一字非鲜血所书”这一概括毕竟是准确的。用葛兰西的说法就是：19 世纪欧洲“文化霸权”的核心教条，其实就是马基雅维利的如下格言，即现代人的“美德”，就是如狮子一般残忍凶猛，同时又如狐狸一样势利狡诈。[23]

恩格斯则率先指出资本主义社会的行为准则，其实就是战争伦理的日常化：

社会战争：一切人反对一切人的战争已经在这里公开宣告开始。正如好心的施蒂纳所说的，每一个人都把别人仅仅看作可以利用的东西；每一个人都在剥削别人，结果强者把弱者踏在脚下，一小撮强者及资本家握有一切，而大批弱者及穷人却只能勉强活命。[24]

当然，能够像马尔萨斯或者恩格斯那样透过表象看出欧洲现代文明起源的恶的本质者，在思想史上并不多见。相反，人们往往将现代西方文明的起源抽象地追溯到意大利的“文艺复兴”，却偏偏忘记了“在这个世界上，最真实的东西就是权势”这句格言方才道出了欧洲文艺复兴的真正主题，而这个主题最初就体现在佛罗伦萨那位著名的国务秘书——尼科洛·马基雅维利于1515年献给美第奇家族的政治名篇《君主论》中，弗里德里希·迈内克说：最有资格代表意大利“文艺复兴”精神实质的，其实就是马基雅维利，因为“在他身上，‘古典精神’肯定不是像在文艺复兴时代那么多人文主义者身上那样，表现为一种单纯的学问和文艺更生，带着一种教师般苍白淡漠的辞藻灵感”[25]，因为在他那里，所谓古典精神的复兴，也就是古罗马权势主义和霸权精神的复兴，而且在他那里，也最为深刻地表现了当时的欧洲，特别是意大利走投无路，因而必须铤而走险的真实历史处境。

马基雅维利说，“受他人骚扰会激起征服的欲望和必需”，“凶猛和征服是沦落了的民族新生所必需的美德”，“像狮子一样凶猛，同时又像狐狸一样狡诈”——这才是“文艺复兴”所需要的“美德”和“品格”，这个文艺复兴所要反对的，正是奥古斯丁这样的名言：“一旦没有了正义，国家的统治将会完全依赖赤裸裸的掠夺来维持。”与奥古斯丁完全相反，马基雅维利这样指出：权势、统治和征服根本就不需要任何理由，因为它自己就是自己的理由，而且，权势（霸权）乃是这个残酷的现实世界唯一靠得住的理由。如果世界的基本结构就是正义与权势、命运与能力、和平与争霸的对立，马基雅维利便坚定地站在后者一方反对前者。至于正义、命运与和平，在他看来那只不过是“一个需要男人以皮鞭去征服的女人”而已。马基雅维利说：

> 我确实认为是这样：迅猛胜于小心谨慎，因为命运之神是一个女子，你要想压倒她，就必须打她，攻击她。人们可以看到，她宁愿让这样行动的人们去征服她，胜过那些冷冰冰工作的人们。因此，正如女子一样，命运常常是年青人的朋友，因为他们在小心谨慎方面较差，但是比较凶猛，而且能够大胆地制伏她。[26]

正如西方经济传统的真正代言人是马尔萨斯，并不是斯密那样，西方现代政治传统的奠基者，从来就不是形形色色主张“人权大于主权”的伪善的人道主义、人文主义学者，而是坚定地主张“主权大于人权”、霸权大于正义、战争比和平更为现实而有效的马基雅维利。实际上，在马基雅维利之后，还没有哪一个西方学者敢于绕过他的《君主论》和《论李维》妄谈“政治”与西方政治传统。

19 世纪欧洲政治传统（或曰“霸权文化”）的形成，最终在尼采的“主人道德”学说中得到最为透彻的说明和最独特的表达。实际上，正是尼采最终成就了马基雅维利所开创的那个“将整个世界视为一个女子，而欧洲则是手持皮鞭要征服她的那个恶棍”的形象，也是尼采准确地将马基雅维利所谓的“美德”清楚地定义为“主人道德”——《论道德的谱系》这部在《资本论》第一卷出版后一年（1887 年）问世的经典著作，根本意义就在于以“宣言”的形式宣告 19 世纪欧洲价值观划时代的突破，它无情地践踏了一切人类文明既有的价值标准，并将其视为“奴隶道德”“弱者的伦理”，而将战争、征服、掠夺、杀戮和统治称为“主人道德”“强者的逻辑”，认为后者才是“现代文明”的真正实质。尼采学说以“强者与弱者”的永恒对立彻底颠倒了划分“野蛮与文明”的价值法则，从而将欧洲 19 世纪张扬的“强权即公理的法则”视为人类新价值观、新法律观的起源，以此重新书写了人类道德谱系。

在《论道德的谱系》的开篇，尼采大声疾呼：所谓的“文明”和“道德”的实质就是“软弱”，标榜“文明与道德”乃是十足的“弱者的哲学”。既然“文明”实际上就等于“软弱”，那么“文弱”就是人类最大的恶德。尼采以含混的方式揭示了基督教文明“恶的起源”，在反抗罗马帝国和阿拉伯人的双重统治中诞生的基督教，一方面内含着征服罗马和欧洲的执着军事野心，孕育出一个“恶”的上帝，即尼采所谓：“我 13 岁那年，善与恶的观念就开始追踪我；当时，我就这个问题写了我的第一篇哲学习作，我对这个问题的解决方法就是：公平合理地把上帝尊为恶之父。”另一方面，尼采又时刻呼吁欧洲必须警惕“东方文明”和“异教”的渗透与腐化：“我理解了风靡一时的同情的道德，甚至连哲学家都被这种道德传染了，弄病了，这不正是我们那变得可怕的欧洲文化最可怕的病兆吗？这不是迂回地走向新佛教，走向一种欧洲人的佛教，走向虚无主义吗？”[27]

在《论道德的谱系》中，尼采还以吊诡的滔滔雄辩力图进一步证明“好与坏”“善与恶”的区分其实不过是在“骑士”与“教士”永恒的斗争中产生出来的，是“文弱的教士”用来反对和“妖魔化”“骑士精神”的弱者的武器。尼采宣称：所谓的文明、善良和仁术其实都是奴隶的道德，统统都是奴隶和弱者战胜“强者”“骑士”“主人”的骗术，而历史上的一切奴隶和教士之所以要推崇“文明”与“道德”，“就是因为他们本身软弱无能，就是因为他们忌妒强者”。历史上的“文明”与“道德”的谱系，无非都是弱者发明和编造出来，用以战胜强者的“软力量”。尼采指出，只有当这些“可恶的弱者”连同其文明、道德的虚伪说辞被揭穿、这些“文明的渣滓”被强者的军事强权无情地消灭干净之时，才是人类真正获得进步和发展之日。[28]

这就是为什么卢卡契会认为尼采是西方“非理性主义”思潮的开创者，因为所谓“非理性主义”的实质就是指战争和强制，也就是强权的逻辑。尼采尽管生活在帝国主义尚没有全面到来的时代，但他以最鲜明和集中的方式预言了欧洲文明的帝国主义本质。《论道德的谱系》等一系列文化著作扭转了欧洲启蒙的价值取向，它以宣言的形式，或者说以启示录的形式，提出了帝国主义时代的文化和伦理问题。正如卢卡契所指出的，离开了尼采神秘和诗意的表述，我们就无法将西方现代的非理性主义文化与帝国主义的暴力实践联系起来：

尼采本人并没有经历帝国主义时期，因此，他有机会以神秘的形式——提出和解决后来时期的主要问题。这种提出和解决问题的神秘形式加深了他的影响。这不仅是由于这种神秘形式成了帝国主义时代日益占统治地位的哲学表达方式，而且是由于这种神秘形式使他能够以如此普遍的方式提出帝国主义文化、伦理和其他问题，以至于他始终是反动资产阶级的居于领导地位的哲学家，无论形势和反动派所采用的策略发生什么变化。在第一次帝国主义世界大战之前，尼采就已经获得了这个地位，而且第二次世界大战之后，他仍然占有这个地位。[29]

尼采学说代表着19世纪欧洲文化霸权的实质。卢卡契说，也正是19世纪的到来，以暴力的方式宣告了欧洲启蒙思想的崩溃，而这就是卢卡契所谓“理性的崩溃”。随着“优胜劣败”、强权即公理、非理性、好战的价值观在欧洲获得支配地位，得到突飞猛进发展的是欧洲“战争技术”，而并不是抽象的“生产力的革命”。鸦片战争之前（1836年），一份来自广州的英国间谍报告曾经这样言简意赅地提出了19世纪文明的崭新标准：“现在，文明社会进步的评判标准很可能就是‘杀人技术’的熟练程度，实施相互毁灭时的尽善尽美的多样性，以及学习使用它们的技巧。”[30]这种“杀人技术”或者战争技术的“革命”，在卡尔·施密特所提出的“海盗伦理”与“海战时代”相互作用的战争理论中得到体现：

> 而海战是建立在这样一种观念之上的，敌人的贸易和经济应该成为攻击的目标，在这种战争中，敌人就不仅仅是参战的对手，而且也包括敌国的所有成员。海战的实质在于，其攻击的不仅仅是军事目标，也包括非军事目标，无论是军事人员还是平民，男人还是女人，老人还是幼童，无一例外。[31]

现代军事行动所采取的“空中打击”和“海上封锁”的战争形式，第一次使得平民——敌对方的人民成为战争攻击的主要目标，施密特所谓“（生存）空间革命”“海洋时代”“新国际法时代”的降临，更是建立在欧洲殖民主义对其他国家主权漠视的基础上的，它的前提是

“海洋自由论”：海洋无产权、“占有”即“拥有”、强权即公理。用黑格尔的话来说就是：在以争夺利益为本位的“全球市民社会”扩张中，一切“国家主权”都是偶然的、临时性的。

伴随着欧洲军事霸权在 19 世纪形成而发生的，还有欧洲审美态度的变化。从尼采到约翰·施特劳斯，从歌德《浮士德》中的魔鬼靡非斯特到王尔德“暴力即是美”的化身“莎乐美”，在欧洲构筑其 19 世纪文化霸权的历史过程中，暴力逐步代替了真善美，暴力本身甚至成了真善美，这毫无疑问是一个惊心动魄的、全面的“文明大转型”。一旦我们认识到 19 世纪是以暴力和霸权逻辑对人类价值谱系的大颠倒为前提发生的，按照尼采所叙述的全新的价值谱系，既然 1840 年的中国是被“打败”的，再来辩论中国与英国究竟谁对谁错，谁代表“文明”、谁代表“更好的经济发展模式”，这从根本上就变得毫无意义。1840 年的中国“打”不过英国，这本身就是一个最为斩钉截铁的“价值验证”。在“超于善恶之上”的“权力意志”视野里，“好与坏”“善与恶”“是与非”“文明与不文明”等标准全都不过只是“弱者的虚构”而已。在“现代世界”的入口处，只有“强与弱”“死与活”这两条路可供选择——弱者和战败的一方如果选择活下去，就必须将愚昧落后、“发展的陷阱”等所有罪名承担起来。因为在 19 世纪欧洲的道德谱系中，最恶劣的道德就是“软弱”，而文弱就是“奴隶的原罪”。在军事暴力和战争债务驱动的世界里，只有“枪杆子”和“债印子”才是“硬道理”。

因此，我们必须看到：鸦片战争不但使英国在 19 世纪获得了统治中国、亚洲和世界的权力，而且，更为重要的是，它使得霸权主义者掌握了现代历史叙述的“话语权”、文化霸权。正是这种关于现代世界史的普遍主义叙述，正是这种“价值的颠倒”，正是这种文化霸权，才使得一场非正义的侵略战争被叙述成“道义”的战争。

重新反思19世纪，就意味着要悬置“近代文明”、文艺复兴、启蒙运动等既成的说辞，先去直面军事暴力、金融垄断、文化霸权等最基本的历史真实，去面对19世纪欧洲的上述“价值颠倒”，重新检讨19世纪欧洲对“人类道德谱系”的重新书写。反之，只有完全站在帝国主义和殖民主义的立场上去“解放思想”——不假反思地将19世纪视为“现代”的开端和标志，不假反思地将19世纪的“霸权主义模式”视为检验“现代”的标准和尺度，才会“自然地”得出鸦片战争是“文明战胜愚昧”的正义战争的结论。

是否接受19世纪“强权逻辑”为“现代”普世标准，也是判定中国是否一贯“愚昧野蛮”的前提，而判定中国一贯“愚昧野蛮”，则是全盘接受19世纪“强权逻辑”普世性的条件。在这个意义上，人们甚至忘记了：使帝国主义和殖民主义者主导的世界史叙述得以成立的，从根本上说就是一场战争，即鸦片战争的胜负。这充分表明：当代中国“思想解放”的过程，同时也是一个臣服于西方文化霸权的过程。

由此看来，20世纪以来，中国虽然在毛泽东的率领下以“人民战争”的方式摆脱了西方帝国主义列强的军事侵略，但是，中国和广大第三世界人民要真正摆脱西方帝国主义的金融垄断和文化霸权，中华民族要实现真正的独立和复兴，确实还有十分漫长的道路要走。

第二节

中国为什么被打败

大抵风俗既成，如江河之不能使之逆流。虽尧舜生今，不能举斯世而还之唐虞。贤者办事，贵在因俗而立制，所谓“除去泰甚”者耳。

——曾国藩

简单地断言清帝国在武力上“软弱”，当然也并不符合历史事实，这里的关键，首先在于对何谓“霸权”的理解、在于对何谓“主权”的理解。正是不同的意义和价值体系，构成了理解、阐释何谓“软弱”或“强大”的前提。

如果单纯从军事上说，从17世纪中叶到18世纪中叶，清帝国和英国一样“好战”。从康熙、雍正到乾隆，从北击雅克萨到收复台湾，从远征廓尔喀到平定噶尔丹，无论是在西北还是在东南，无论是在茫茫草原还是在辽阔海疆，清王朝的大部分历史，其实也是必须透过炮火硝烟才能被看到的。但是，我们一定要记住，某些西方专家做出的比较，例如何伟亚的如下说法，同样是容易在中西之间造成混淆的，他认为：到18世纪末期，中英两国“都统治着不同种族与文化的子民；双方都各有其政治中心，也都有其等级不同的属国和殖民地，双方也都自认为比对方优越”。在这里，何伟亚并没有厘清：所谓的“等级不同的属国”与“殖民地”是两个完全不同的范畴，前者是帝国援助的对象，后者则是宗主国掠夺的目标，西方的战争经费，夺取、统治殖民地的战费，全部都是从压榨殖民地中取得并数十百倍地得以返还的。

关于鸦片战争之前清王朝的军费开支情况，魏源有过统计。他这样说：

> 我朝用兵，异于前代者有二：曰兵数少，饷数多也。……至其用饷之数，则大小金川共首尾五年，用饷至七千万，川、楚逾万万，准、回两部三千三百余万，缅甸九百余万，台湾八百余万，即恢复安南亦费百万以外。盖前代兴师，率皆加赋，取之于民，故兵多而饷少。本朝全发内帑，不加派一赋，故兵少而饷多。[1]

非但不剥夺属国，而且军费内部筹措也“不加一赋”，军饷“全发内币”，这样的军事政策当然不是殖民主义的政策。清朝用兵，主要目的不是占领土地，而是在土地上确立秩序，争的不是主权，而是在天下秩序中，谁是中心，谁是辐辏和边缘，形象地说，就是究竟北京是边疆还是准噶尔是边疆这个问题。如果准噶尔或者西藏成为中心，中原成为边疆，那么中国就不再是中国，北京城的皇帝也不再是天子。作为一个拥有广阔领土和疆域（按照魏源的计算，乾隆时代中国版图达2 200万平方千米），自身人口却很少的“少数民族”统治者，对清王朝而言，尽管武力是必要的，但是，由于军费“全发内币”，武力征服和军事占领并不是最佳的帝国统治方式，而获得文化和礼仪上的认同，并在边疆地区保持某种程度的地方自治，甚至在多民族政体中实行“多主制”，则是更为有效的治理方式。像历代中国王朝一样，清帝国的统一同样是建立在“礼乐之制”之上的，与历代王朝不同的仅是，清王朝对蒙古、青海、西藏和北疆的统治，主要借助藏传佛教的软力量。根据礼乐之制的理念，武力的效果总是有限的，这是继承着中国漫长的“礼乐之制”统治经验的清王朝与脱胎于欧洲军事帝国、新兴的“英帝国主义”之间的一个重要区别。它表现为：对于属国和藩邦，清王朝并不追求军事和武力占领，更不追求通过武力占领攫取经济、税收利益。无论对蒙古、西藏还是新疆，清王朝采用的都是“统而不治”的方式，而无论对朝鲜、安南还是琉球，清王朝所采用的也都是通过提供经济和贸易上的好处换取文化上的象征性认同的“朝贡”。

然而，与清王朝这种“差序包容”（hierarchical inclusion）的“天下观”不同，英国对什么是“统治”却有着其完全不同的理解。简而言之，民族国家被视为垄断暴力的唯一“主权”形式，在“主权神圣”的外衣下，国家可以为所欲为；于是，在欧洲内部，英国的政策是建立在“互相毁灭的武力平衡”基础上的“主权平等”外交（此为《威斯特伐利亚和约》所奠定）；而对欧洲之外的国家，英国则实行直接的军事占领和经济掠夺的殖民地政策。[2]

清王朝的政治，将中国作为“礼乐共同体”的统治方式推向了极致和高峰，不过，它也使得“礼乐之制”的固有缺陷更加深化了。这些缺陷包括“官—吏”分立造成的“官无封建而吏有封建”的痼疾，包括由白银依赖造成的东南沿海商人群体买办性的加剧——这在清代广东公行制度的腐败中得到最深入的表现，更包括藩属地区、沿海地区离心和分裂势力的日益做大。对中国作为“礼乐共同体”的政治特点，现代中国政治家大都有所领悟，例如蒋中正就将中国历代王朝政治的特性解释为主要依靠社会和礼俗的“自治”，而非国家的控制。他说：

> 中国固有的社会组织，在血统方面，由身而家而族；在地域方面，由家族而保甲而乡社。两方面的系统都很分明，两方面的训练和教育，亦最为古来的贤哲所致力。由个人日常生活的箴规，推而至于家，则有家礼，有家训；推而至于族，则有族谱，有族规。在保甲则有保约，在乡社则有乡约和社规。其自治的精神，可以举修齐的实效，而不待法令的干涉。其互助的道德，可以谋公众的福利，而不待政府的督促。言教育则有乡校和社学。言赈济则有义田和义庄。言积谷备荒则有社仓的储蓄。言防盗缉奸则有保甲的连坐。乃至堤防沟洫，道路河川，无不由乡社的群力从事于修筑和输浚。[3]

然而，所谓依靠社会“自治的精神”和乡里“互助的道德”，固然是“不待政府的督促”，不过这样一来，国家的责任和能力势必下降。面对400万“自治”的小农，国家的干涉好像少了，但是地方势力的利益、束缚和权力因此就大起来了。国家依靠地方自治，似乎是很节省行政成本而有实效的制度，但是长此以往，国家的组织性和行政效率就形同虚设了。内部地方上的权力尚且如此之大，至于边疆方面，国家的能力就可想而知了，当它遇到强敌入侵的时候，不能抵抗也是自然的了。这个问题实际上自古就有，宋以降加剧，到了清代，矛盾就更是非常的突出了。[4]

概括地说，清王朝这种“差序包容”甚至“多主制”的统治方式之优势所在，当然就是可以大大节约统治成本，从而以“少数民族”

的规模成功统治了广阔的领土，特别是幅员辽阔的边疆地区。其劣势则在于，对藩属和边疆地区长期实行的“统而不治”“为而不有”的政策，天长日久，必然造成一种地方主义、分离主义，这表现为治理藩属能力的下降，特别是对边疆问题的松懈。以东邻日本的兴起为例，与清王朝对比而言，主导明治维新的日本萨摩、长州两藩，都属日本的外藩，它们的特长恰在于具备经营地方、边疆问题的长期经验，这不但使明治之后的日本将治理的重心确立在其边疆地区，而且从客观上助长了近代日本的扩张主义趋向。因此，鸦片战争以来，帝国主义对中国的打击，其根本目标也主要是瓦解清王朝的边疆和藩属，这一点并不是偶然的，而是基于清王朝“天下秩序”在边疆治理上的弱点做出的明确战略选择，如日本对琉球、朝鲜、台湾、满蒙，俄国对东北和蒙古，英国对广东、新疆和西藏，法国对安南和广西。在这个意义上，清王朝的瓦解，首先是其边疆和藩属瓦解的“多米诺骨牌效应”造成的。特别是鸦片战争的剧变，首先从东南沿海的海疆爆发，这亦不是偶然的，那里长期以来就是引进白银的口岸，同时也是买办商人势力支配的地区，而作为“蛮夷之地”，相对于北方和西北而言，南方地区国家的治理能力更一向就是薄弱的。[5]

正是这种“为而不有，统而不治”的方式，造成了自道光以来朝廷中的“捐西守东”之论，即由于财政的紧张，经营边疆要靠朝廷出钱，故廷议纷纷然，以为新疆土地太大，“取之虽不劳，而守之则太费”，不如全面放弃。魏源等人从清醒的战略视野批判了这种谬论，表达了一系列深刻的见解。关于新疆，魏有论述如下：

> 臣源曰：汉之西域，前称山北六国，后又称车师六国。车师

有前后部，前王庭则今吐鲁番，后王庭则今乌鲁木齐也。其西为乌孙，则今伊犁；其北为北匈奴地，则今塔尔巴哈台也。皆为天山北路，行国非居国。……我朝亦尝勤天下之力以经营之……一旦追天时、顺人事，列亭障，置郡县，人又或以为取之虽不劳，而守之或太费。抑思兵果否尝增耶？财果否尝费耶？……是以乾隆初年户部库银止三千三四百万，今已多至七千八百余万，有盈无绌，是新疆不惟未尝糜饷，而且节帑，其费财者又安在？……国家提封百万，地不加增，而户口日盛，中国土满人满。今西域南北二路地大物夥，牛羊、麦面、蔬蓏之贱，浇植、贸易之利，金矿、铜矿之旺，徭役、赋税之简，外番茶马、布缎互市之利，又皆什伯内地。边民服贾牵牛出关，至辄辟汗莱，长子孙，百无一反。是天留未辟之鸿荒，以为盛世消息尾闾者也。[6]

经营、发展边疆，非但不必朝廷出钱，而且边疆发展更对国家财政有莫大贡献，而改西域为新疆、改新疆为行省这一政策的最终实施，便体现了魏源、左宗棠等战略家的远见卓识。如果没有这样的远见卓识，中国的边疆必然沦为西方列强的殖民地。

“天下”是指礼乐秩序支配下的差序格局，“天下观”中的边疆、外藩与中心或者中央的关系，显然不同于帝国主义时代的“宗主国”与“殖民地”之间的关系——前者是建立在“宾礼”基础上的“主—客关系”，后者则是建立在剥夺基础上的“主—奴关系”；前者关系的远近亲疏是根据文化交往、文化认同的程度来确定的，而殖民地却总是与奴隶制、种姓制度联系在一起的。对这一点，我们也必须有清醒的认识。18 世纪末期中英上述“帝国天下观”与“帝国主义世界观”之间的对立，就鲜明地表现在1793年马嘎尔尼使华所发生的冲突上。乾隆帝在敕谕中清楚地表达了关于差序格局的思想，即中华制度与英国制度是不同的，世界上没有两片完全相同的树叶，既然不同，就不能相等，如果相等，就等于抹平了世界的差异。在英国看来，没有主权平等就没有商业上的平等交换，而在乾隆看来，商业交换与文化差异是两个不同的范畴，只有在存在差异的地方才存在交换，人们总是在交换自己没有的东西，差异是交换的前提。中国“礼乐制度”是其他文化中的制度不能模仿、无从效法的，故乾隆帝说：“天朝自有天朝礼法，与尔国各不相同。……尔国自有风俗制度，亦断不能效法中国，即学会亦无用。”此即所谓“华夏不治夷狄”，乃“天下”观的重要内容。[7]

在马嘎尔尼的时代，英国所要追求的与清王朝的“主权平等”，表达的其实亦只是英国单方面的要求，因为清王朝并没有提出要求在英国的伦敦附近建立一个军事和商业基地，以供中国军队与商人驻扎并存储货物和后勤之用，清王朝对“以诸夏役夷狄”完全没有兴趣，而且即使清朝这样提出，英国也根本不会答应。既然如此，马嘎尔尼究竟有什么理由要求中国将舟山划出，供英国人驻扎呢？实际上，我们当然亦应该了解，从来就不存在什么抽象的“主权平等”。《威斯特伐利亚和约》中所申述的“主权平等”，其实质不过就是以国际法的名义将德意志314个封建残余势力的割据状态固定下来，陷德意志于永久分裂的境地罢了。马嘎尔尼时代英国向中国要求的“主权平等”，无非让中国单方面割地（舟山和香港）给英国而已，这种“主权平等”当然只能建立在互相毁灭的武力较量之上，而根据当时中英之间武力的差别，这种建立在敌我基础上的国家关系和“主权平等”还不可能达到。因此，18 世纪末历史的尴尬在于：清帝国没有接纳英国为“藩邦”的兴趣（因为它不属于中华文化圈），而英国也没有通过武力达到与清帝国“主权平等”的能力，更没有把中国纳入殖民地的可能。这种文化上的互相“不承认”及武力上的彼此“无可奈何”，是那次“外交”陷入失败的真正原因。

这也正如罗伯特·B. 马克斯在其极具创见的著作《现代世界的起源》一书中描绘的：清王朝的“外藩”并不等于英国人理解的“殖民地”，它们从来就不是中华帝国征税的对象，而是中国以购买力的方式进行援助的对象。英国所谓的“主权平等”也绝不等于“和平相处”或“和平共处”，而是意味着“武力对等”和“唯一主权者”的支配。只是“18 世纪末期的时候，与中国相比，英国的势力还是不够，它仍然无力挑战中国在亚洲确定的贸易原则，尽管他们试图这样做，最著名的一次发生在 1793 年，马嘎尔尼勋爵带领使团觐见中国皇帝乾隆，结果遭到一番冷嘲热讽，无功而返，英国对此之所以无可奈何，就是鉴于当时的英国和中国之间确实还没有实现欧洲式的武力平衡”[8]。

然而，在不到半个世纪的光景，清王朝却在鸦片战争中被英国的武力击败，鸦片战争的战败对中国和世界历史而言都是极其关键性的，它并不能被简单地理解为仅仅是一场战争的胜负。今天看来，鸦片战争对中国与世界的关键性影响，起码可以从以下三个方面去界定：

第一，鸦片战争的失败和随后一系列的战败，使得中国日益背上了天文数字的赔款，从而使得中国由 1567 年以来世界上最大的商品生产国和出口国，一举沦为了西方的债务奴隶，从此，近代中国就再无财力投资发展生产和国家建设，更不要说民生建设了。西方列强由此变成了中国的债主，随后，不但中国的生产活动一般都是由外国投资驱动的，中国遂成为西方列强的资源和劳动力来源（用今天的话来说就是“打工国家”），而且西方列强也由生产国变为投资国、资本输出国，即从此之后，西方列强主要依靠资本投资而非物质生产来占有和攫取世界主要财富。现代世界资本主义分工体系由此得以形成。

第二，我们尤其要注意到，鸦片战争前后其实又是世界货币金融体系由“银本位”向“金本位”过渡的重要历史时期。自 16 世纪以来，地中海的银行家先是在欧洲内部的南北贸易中利用金—银之间的差价获利，开始了其黄金积累过程，随后，在对中国的贸易和大规模白银出口中，又进一步利用中国和日本之间的金—银差价再次获利，[9] 通过亚洲贸易增加了黄金的储备（起初的原因不过是黄金比白银更便于携带和长途运输）。最终，随着欧洲对非洲的殖民活动和金矿的开采，欧洲在 19 世纪初掌握了世界上大部分的黄金，从而为西方各国采用“金本位”制度奠定了基础。

威廉·恩道尔指出：“英镑本身与黄金等价——随着 1816 年颁布的这项法律，英国开始实行金本位制。在随后的 75 年之久的时间里，英国外交政策的第一要务，就是确保英国的私人银行和英格兰银行的金库获取新开采的世界黄金储备。”“1871 年德国战胜法国，从法国得到的战争赔款是用 43 吨黄金支付的；德意志第二帝国由此宣告诞生，德国的黄金储备翻了两番（四倍于前），黄金撑起了德国马克，为德国工业的空前扩张提供了流动资金。到 1878 年时，法国、比利时和瑞士也跟随德国和英国加入新的国际贸易金本位制。沙俄本是黄金生产大国，也使用黄金作为官方储备。1886 年南非的德兰士瓦发现大量黄金，1899 年布尔战争爆发，这是伦敦为控制德兰士瓦的黄金而发动的战争，1873 年后英国工业霸权的重大衰落，基本上被 1886 年以来从德兰士瓦攫取的大量黄金储备掩盖掉了。”[10]

于是，1830—1850年，当普鲁士、法国、俄国、比利时——随后是美国继英国之后，先后废弃“银本位制”而采用“金本位制”之时，世界白银需求大规模减少了，白银的价格大幅跌落了，而这一大变动对白银的最大进口国中国而言，所造成的影响起码有两个。第一个影响是世界各国、各种成色的银币纷纷涌向中国，中国货币市场上充斥着劣质白银或者白银“劣币”，这造成了“良币”——高纯度的中国税收用银库平银和漕平银（“纹银”）价格高企。第二个影响是税收用银价格的上涨，客观上造成了国家税收的成倍增加，这将对中国内部的经济，特别是农民生活和农业生产造成最直接的影响。

中国的货币制度本身高度复杂，而清代尤甚，除铜钱外，所流通银币有西班牙元，威尼斯银币，法国王冠银币和丹麦、瑞典、荷兰及德意志铸造的利克斯银圆，其中实银分元宝、中锭、锞子、散碎诸种，称量及成色更分库平、关平和漕平诸色，其复杂程度实为世界货币史上之最。随着鸦片战争之后一系列的赔款，国家税收用银（库平纹银）大规模流失，道光之后所谓的“银贵”，实际上专指库平、漕平银价格上涨，而库平银价格上涨，必然造成了国家税收的急剧增加。咸丰元年（1851），由于库平银价格上涨，国家税收实际上已经增加了一倍，此所谓“朝廷自守岁取之常，小民暗加一倍之赋”。对于国家税收用银价格的急剧上涨给老百姓带来的灭顶压力，曾国藩于咸丰元年二月十八日所上《备陈民间疾苦疏》的第一条，即有深切论述：

一曰银价太昂，钱粮难纳也。苏、松、常、镇、太钱粮之重，甲于天下。每田一亩，产米自一石五六斗至二石不等，除去佃户平分之数与抗欠之数，计业主所收，牵算不过八斗。而额征之粮已在二斗之内外，兑之以槽斛，加之以帮费，又须各去米二斗。计每亩所收八斗，正供已输其六，业主只获其二耳。然使所输之六斗，皆以米相交纳，则小民尤为取之甚便。无如收本色者少，收折色者多。即使漕粮或收本色，而帮费必须折银，地丁必须纳银。小民力田所得者米也，持米以售钱，则米价苦贱而民怨；持钱以易银，则银价若昂而民怨。东南产米之区，大率石米卖价三千，自古迄今，不甚悬远。昔日两银换钱一千，则石米得银三两。今日两银换钱两千，则石米仅得银两五钱。昔日卖米三斗，输一亩之课而有余。今日卖米六斗，输一亩之课而不足。朝廷自守岁取之常，小民暗加一倍之赋。此外如房基，如坟地，均须另纳税课。准以银价，皆倍昔年。无力监追者，不可胜计。州县竭全力以催科，犹恐不给，往往委员佐之，吏役四出，昼夜追比，鞭朴满堂，血肉狼藉，岂皆酷吏之为哉！不如是，则考成不及七分，有参劾之惧，赔累动以巨万，有子孙之忧。[11]

时为礼部侍郎的曾国藩的这笔税收明细账，联系税收折色制、漕运的浮征和陋规、火耗之叠加，详述了库平银价格上涨导致赋税倍增给百姓带来的灾难，同时也揭示了“委员佐之，吏役四出，昼夜追比，鞭朴满堂，血肉狼藉”的酷吏政治之根源，从而成为揭示清王朝政治弊端的经典文献。

上述世界货币体系的变迁，已经给中国固有的货币制度带来了深刻的打击，可是，在这种条件下，投资中国和印度贸易的英国金融家又与广东公行的中国买办阶级勾结起来，通过如下紧密联系着的两种方式，从根本上破坏了中国的金融体制：一方面，他们通过利用中国“良币”——“纹银”与各种成色的世界银币之间的差价，大量出口纹银到印度和欧洲，以投机获利，造成了中国“纹银”的大规模外流。由于“纹银”是中国国家最终的税收结算和储备白银，是中国国库用银，更是中国的“基准货币”，所以“纹银”的外流狠狠动摇了中国的国本。另一方面，大量劣质和成色不等的白银货币又经他们之手源源不断地流入中国市场，使得中国货币（铜钱—西班牙银币—纹银）之间的换算关系陷入紊乱。作为基准货币的“纹银”的大量流失，更加使得货币换算关系的紊乱不可收拾，这最终摧毁了中国的货币—税收体系。

这样一来，一方面是中国自明隆庆元年开始逐步确立起来的以白银为本位的货币金融体系，终于在 1840 年左右走向无可挽救的崩溃；另一方面是西方自 16 世纪 70 年代开始日益积累黄金的活动在此时恰恰达到了高潮，并最终促成了金本位制度在欧美的产生。于是，中国与西方在经济和贸易上的鸿沟，从此由这种货币制度的安排铸成并日益放大了，即从此之后，无论中国有多么强的生产能力和多么大的生产规模，由于西方各国货币与黄金挂钩（甲午战争之后，日本也改为金本位制），都是西方列强货币稳定、货币的购买力强，通俗地说，就是外国人的钱更值钱，同理，无论中国的出口规模多么巨大，由于金贵银贱，中国钱不值钱，都在一开始就使得中国在国际贸易方面处于下风。何况，中国本无国家发行的信用纸币，贸易交换所用者很难适应国际市场汇率变化之金属货币——银块，这样，国家就丧失了通过汇率调整维护自己产品出口能力的基本手段。实际上，这种状况在人民币主权货币确立之前从未得到过真正解决。例如，1933 年的大萧条中，美元贬值 40%，英镑亦贬值 40%，日元竟然贬值了 60%，只有以银为币的中国无法自行贬值，结果是贸易赤字日甚，入超日甚，工商业惨遭破坏。[12]我们说鸦片战争对中国与世界的影响是根本性的，更是指上述国际货币体系变动，是指中国由此而形成的商品生产和贸易上的绝对不利局面。

第三，在英国—中国—印度三角贸易关系中，英格兰银行和东印度公司的金融家逐渐承担起汇兑贸易差额的角色，这个角色不但替代了历史上东南亚华侨所创立的“银信汇兑局”的作用，并且把晋商汇票从中国贸易中挤了出去，从而使得中国的对外贸易不得不依赖英格兰银行的汇兑业务和汇票。[13]有清以来，西方银行家在与中国的大规模贸易中逐步建立起来的这种国际汇兑垄断者角色，使得中国的贸易剩余被西方金融掌握，这乃是随后西方金融资本支配中国经济的重要制度基础。

从这个意义上说，英国和西方帝国主义列强绝非仅仅“靠枪炮打开了中国的大门”，实际上，英国和西方帝国主义列强更是靠它们长期所形成的金融放债体系逐步控制了中国的经济、贸易和生产活动，而鸦片战争不过是以暴力的方式揭开了现代世界由资本投资主导的债务剥削体系的铁幕而已。中国的近代失败当然也不仅仅是单纯的军事失败，因为它作为19世纪漫长历史的结果，首先表现为世界货币—金融体制的转换所导致的清国家内部货币体系的紊乱，作为国库存银和“货币基准”的“纹银”的大规模流失，大量劣质货币的流入造成的清代货币换算体系的崩溃，最终，在军事失败之外，这一切又势必给晚清的国家货币税收体系带来灭顶性的打击。

由此看来，由世界货币体系的变迁、世界货币流动逐步造成的中国内部金融—货币体系的动荡，自然也并非从1840年才开始的，而是在19世纪初的头几年就开始了，并且逐渐加剧了。这种货币金融变迁，其实又早已潜在地、根本性地影响着中国的金融—货币体系，并必然会最终传导到中国的国家财政—税收体系，这就是清代国家财政日益陷入困境的根本原因。这种国家财政上的困难，当然势必会影响到清的国家能力，特别是国家军事能力建设。

正如本书上篇所揭示的，中国货币体制之不合理，其实自明隆庆元年就奠定下来了，在这个意义上，明、清两大帝国崩溃的原因，都主要在其内部——内因是变化的根据，外因只是变化的条件。也就是说，自1567年以降实施了长达300年的货币政策，其实才是导致中华帝国从内部崩溃的最根本原因——在这个问题上，恐怕没有比滨下武志的如下论述更为直截了当的了：

> 中国在以白银为主要货币金属的同时，其供给却需要依靠外国，这种矛盾的结果，在白银的第二次流出期突出地体现出来。这也就是：在“对外贸易”上作为“结算手段”的银不足时导致的银贵，以及在国内作为“流通手段”的银不足时，导致的银贵钱贱。而且，这还暴露出没有直接掌握白银流通的清朝财政，却以白银为主进行征税和财政经营的内在根本矛盾。
>
> 而且，白银从中国的流出，其原因不应仅仅归结为外国贸易结构性质的变化，而更应该被看成是一个新的起点——由此产生的新的贸易金融关系的展开，决定了各国列强侵入并掌握中国社会经济的实际状况，以及以此为基础而发生质变的中国国内金融市场的历史特征。[14]

“富国”不仅与“强兵”联系在一起，因为“强国”总是与“强币”联系在一起。贸易开放并不能带来“国富”——在这一点上，斯密即使不是错误的，也是十分简单化的，因为只有强兵、强币才能使一国在国家贸易中积累资本。与金融垄断（强币）相比，军事暴力只不过是19世纪“欧洲文明”的一个方面，反过来说，军事失败同样也只是鸦片战争以来中华帝国失败的一个方面，即军事失败只不过是中国国家财政失败的最直接表现，而中国国家财政的失败则是300年来中国将货币委之于外国的必然结果，它才是造成中国国家能力在近500年里持续下降的根本。在这个意义上，当代中国人将鸦片战争的失败简单地归结为英国的“船坚炮利”和科技文明先进之类的说法，就几乎是完全不着边际的。于是，关于鸦片战争的叙述，唯一值得参考的中国著作，可能也就是胡绳的《从鸦片战争到五四运动》了。

胡绳在《从鸦片战争到五四运动》这本名著中追问了一个特别值得深思的问题：鸦片战争中英国的军队人数不过七千，而且还是不识地理、不谙地形、劳师袭远的疲惫之师——充其量不过是一批规模较大的海盗而已，为什么清朝所调集的大部队，其以绝对的优势兵力，竟然不能应付这七千海盗？而今想来，这个问题看似简单，实则最不容易回答。

通过大量的战报和奏章分析，胡绳发现了一个久为历史学家所忽略的问题：被从内地调来的大批清兵虽然人数众多，但是“军饷”严重缺乏，故而非但行动集结极其迟缓，等其赶到，高度机动的英军早已杀向他地，更由于清军因“穷”而成“匪”，不但纪律性极差，所到之处，敲诈勒索地方乃至抢掠百姓成为家常便饭，且清军之间的互相攻击、彼此屠杀更是经常激起民变，从而导致沿海百姓反过来为英军提供情报，甚至成为英军侦探。如此里应外合，这才造成英军得以以小击大，变被动为主动。

这就是所谓：大军“奉调之初，沿途劫掠……抵粤之后，劵弩纷扰，兵将不相见，遇避难百姓，指为汉奸，攘夺财务，校场中互为格斗，日有积尸”。[15]

这样，胡绳的考辨就提出了两个极其重要的问题：其一，清军是严重“缺饷”的乌合之众；其二，英军采用了清军所不擅长的海洋战争的手段。他认为这两点是清军战败的重要内外因。

就后者而言，施密特对欧洲现代军事革命的分析堪称经典，在《陆地与海洋：古今之“法”变》一书中，施密特指出：现代海洋战争采用的是典型的以小击大的机动战、运动战和“游击战争”，它不以夺取对方领土而只以夺取商业利益、摧毁对方的经济和贸易为目的，海洋战争采用高度机动的战略战术，以不择手段的恐怖和威慑来强制对方就范。与陆战不同，在没有边界和阻隔的海洋上，所谓地理、地形的优势根本派不上用场。换言之，在鸦片战争中，即使没有沿海居民做向导，英军只要不上岸，清军也绝不可能依靠陆地地形优势对其战而胜之，更不必说聚而歼之。鸦片战争中英军所采取的军事行动，恰恰完美地表现了施密特所描述的现代海洋游击战争的战略战术威力。[16]例如，尽管对英军来说，即使兵临南京城下，也并不意味着其就能占领南京，即使其占领南京，也不意味着清朝的战败，但是，少数英军对清王朝的真正威胁在于，一旦英军兵临南京，并在那里封锁长江，则会立即阻断了清王朝的“漕运”，而一旦“漕运”断绝，就等于卡断了清王朝税收和财政的命脉，将对清王朝的经济和国家税收产生致命的威胁与打击。

胡绳所提出的第一个问题，即清军其实是严重“缺饷”的乌合之众，这一点则更为深刻地揭示了鸦片战争中清军战败的根本原因。这个问题与战争进程中清朝对“漕运”断绝的担忧结合在一起，暴露了清国家税收体制与军事衰弱之间的必然联系，恰恰是这一点，在此前关于鸦片战争的研究中很少被提及。

实际上，魏源早已比较过清军与欧洲军队的军饷情况，他说：“八旗兵饷之制：前锋、亲军、护军、领催、弓匠长月给银四两，骁骑、铜匠、弓匠月给银三两，皆岁支米四十八斛；步军领催月给银二两，步军一两五钱，皆岁支米二十四斛；炮手月给银二两，岁支米三十六斛；教养兵月给银如步军之数，不给米。绿旗兵饷之制：京师巡捕三营，马兵月给银二两，步兵一两，皆月米五斗；各省镇标马兵月饷银二两，步兵一两五钱，守兵一两，皆月支米三斗。考西洋欧罗巴各国兵，月给洋银六圆，每岁七十二圆，饷糈优厚，故训练精强。其饷几同中国禁旅亲军、领催之饷数，其余绿营则仅半之，且有不及半者。”[17]按照康有为的统计，当时北方匠人的工资，为月银二三两，南方有四五两者，士人就馆，月银多为三四两，举人、秀才十数两[18]，如此看来，即便与一般百姓的收入相比，清代禁军的军饷也并不高。

进而言之，正是从康熙时代开始逐步实施的“摊丁入亩”和“盛世滋丁，永不加赋”等利民政策，一方面解决了人口剧烈增长而带来的人地矛盾，从而通过分工和交换的扩大，把清王朝推向康乾盛世；另一方面，由市场高度平衡造成的人均收入的下降、需求的减少和利润率的微薄，却无一例外地会导致国家岁入的不断减少，从而大大影响了清王朝对军事的投入，更使得军队大规模“缺饷”成为那个“盛世”的普遍现象。何况基层名曰自治，实则为胥吏和劣绅所全面把握，故尽管国家免赋，地主却并不会免租，国家免税，地方养胥吏的“陋规”与“火耗”却还是要从老百姓那里出，因此，基层百姓真正从“仁政”中获得的好处其实是很少的。此即魏源所谓：这样的“仁政”，“可行于文、景，不可行于宣、元之世”，而国家每十年就把地方欠下的赋税免除的“仁政”，更是十分不当，其“则利顽民而不利良民，官免赋而佃不免租，则利于富民而不利于贫民”，国家岁入有数千万之名，实则有千万减免之实，一旦国计日匮，燎旱偏灾，朝廷何以救济？一旦需要用兵，军饷何来？所谓免税的旷世“仁政”，实则是“过厚于无事之民，反无以备夫缓急望救之民”，这便是图虚名而招实祸。[19]

同时，清朝八旗兵制并非与土地相联系的民兵制，而是贵族兵役制，以八旗为核心的满洲贵族，又是与生产相脱离，完全要靠小农的地税国赋来供养的，而汉族军队“绿营兵”，基于的也是募兵制，他们同样不事生产，要靠国家赋税养活，所以，国家赋税收入的减少对这两支庞大军队的战斗力的影响是很大的。与清王朝长期实行兵农分立、军事与生产脱离的制度完全相反，英国所采用的建军模式却是通过向商人贷款不断发动战争，豢养和扩大军队，同时又反过来通过军队和战争掠夺资源，刺激国内经济发展，并为商人开辟市场。清—英军事制度之间的差别在于：一个是军事与生产贸易分立，一个却是军商合一，这两条不同建军道路的长期采用，终于导致了鸦片战争中国必然战败的结局。

从更为长远的角度看，这个似乎注定的结局，首先是由清英不同的社会结构，特别是不同的土地制度及这种土地制度长期实施导致的。如前所述，英国的土地制度是与农奴制度联系在一起的，包括圈地运动在内的对土地进行资本化经营的英国土地改革，一方面将农奴改造成一无所有的流浪汉，并为后来的城市工厂准备了大量廉价劳动力；另一方面，在圈地运动中，原本一无所有的农奴并没有失去土地，他们失去的仅仅是服劳役的“义务”而已。因此，包括圈地运动在内的土地资本化运动，与解决农奴问题相联系，在英国的条件下方才是可行的。同时，因为工业革命的资源和市场都在“外部”，要控制外部市场和资源，就非依靠军队和军事暴力不可，而英国要发展军事力量，既要有大量流浪汉为兵源，又非对国民加税和借贷不可。形成悖论的是，这种“英国道路的可行性”恰恰在于英国农奴制度相对于清王朝自耕农制度的落后性。正因为清王朝的土地制度是建立在大量的小自耕农土地所有制基础上的，在人口不断膨胀的条件下，剥夺小农的土地，不仅不利于生产的发展，而且在政治上也是完全不可为的。因此，养活庞大人口并促进生产发展，就只能通过减税的方式，以扩大分工、刺激交换的方式来鼓励农民经营和开发土地，增加粮食产量。换句话说，清康乾盛世以来，国家收入不断减少，从而导致军队越来越弱，这恰恰是康乾盛世惠民、利民的宽仁政策所导致的一个“出乎意料”的结果，甚至是市场经济高水平发展所导致的资本积累困境所致——这正是清朝由盛而衰的又一原因所在。较早指出这个历史关键点的，是日本东洋史研究的开创者、京都史学派的奠基人内藤湖南。

内藤湖南出生于今日本秋田县鹿角市，他在明治维新的时代特立独行，积极反对明治政府推行的“脱亚入欧”的全盘欧化路线，主张“东洋（东方）史就是中国文化的发展史”，日本不应该“脱亚”而应该“援亚”。他更进而主张中国和同为“东洋”的日本从根本上说代表着完全不同于英国和“西洋”的发展模式，中国虽然在军事上被英国打败了，这种军事上的失败既有其必然性，但从长远看更有其偶然因素，由此而轻言中国乃至“东洋”发展模式之失败乃是一种“短见”。

内藤湖南在1899—1910年间曾经六次来华，与中国学者严复、文廷式、张元济、罗振玉等交往密切，并有幸亲见《满蒙文藏经》、文澜阁《四库全书》《蒙文元朝秘史》等珍贵历史文献。1907 年，内藤湖南受聘于京都大学，开设东洋史讲座，从此直到 1926 年退休担任帝国学士院会员为止，成为日本“东洋史学派”的开创者。他晚年退隐于京都一个山庄，依然关心着中国学术的发展。郭沫若旅日十年，因《中国古代社会研究》《甲骨文字研究》《石鼓文研究》《金文丛考》等划时代著作而倾倒日本学术界，并被日本政、学二界大佬西原寺公望等奉为上宾。在郭沫若眼里，日本学术界除了京都史学派的内藤湖南和狩野君山外，其余东京史学派的白鸟库吉之流，不过是歪曲历史的意识形态鹦鹉，根本不值一提。郭沫若以为：正是京都史学派（他所谓“西京学派”）的独树一帜，才将日本的中国学乃至日本学术向前推进了“三百年”——这种评价，实不可谓不高。[20] 内藤湖南于 1934 年在京都的乡下去世，其生前尽管有在战乱中贩运中国典籍到日本的可争议之举，但总体上说，他开创了日本“东洋史学派”，这一学派对中国文化的研究和发展做出了重大贡献。

内藤湖南的中国史研究波澜壮阔，创见迭出，例如他所提出的著名的“唐宋变革说”。内藤湖南据此认为，中国自宋代起就进入了“近世”，即政治上进入一个彻底削平封建割据和贵族势力的“君主—平民”二元结构时代，这一巨大的历史变革，使得长期被特权贵族势力压制的平民地位有所抬头。作为历史研究者，只有了解中国的君主独裁有压制贵族和封建割据势力的进步的一面，才能洞悉为什么中国自宋以来能逐步培植起平民的力量，而这一历史趋势发展的结果，又自然会造成清末之后中国必然走向“共和制度”的前途。

内藤湖南中国史研究的洞见之一，在于他对清王朝由盛而衰原因的辩证分析。如前所述，他认为这主要是由于清朝岁入的不断减少和开支的不断增加，“在乾隆末年到道光末年的 60 年”，这种收支日益不成比例和急遽扩大，竟终于铸成了清朝的迅速衰败。

一方面是开支的日益增加。首先，这是由清宗族开支的日益增加造成的，清之宗室制度是对宋以降已被逐步废除的封建贵族制度的某种程度的“回潮”。清开国后并不实行分封制，却对皇亲和功臣实行优待政策，此优待政策还要延及子孙。随着皇亲和功臣子孙的人口繁衍，优待数目不得不日益膨胀，优待贵族阶级的开支日益增加。

其次，乾隆后期以来，作为满洲军队的八旗军逐渐丧失战斗力，内外战争主要依靠汉军绿营及随后的各省义勇军，结果，清王朝在照旧给付八旗军饷的同时，还要把绿营和各省义勇军当作常备军来供养，清政府一下子要养几支军队，开支自然空前增加。

另一方面则是国家岁入的不断减少。国家岁入的不断减少是清代长期实行的应对人多地少的轻徭薄赋之宽仁政策，以及高度平衡的市场竞争的结果。正是这一长期政策导致了国家岁入的不断减少，并最终反过来加剧了清王朝军事力量的衰落。魏源早就一针见血地指出：

> 曰武职名粮外，尚有二端：宗禄，一也；民欠，二也。顺治初，宗室从龙入关二千余，近日至三万余，岁禄数百万。其民欠地丁银，则康熙五十年至雍正四年（1711—1726），八百十三万，计每年仅欠六十万。今则钱粮奏销七分以上得免考成，每年拖欠不下二百万。有亏于官蚀于胥吏者，亦有欠于民者，皆冀十年恩免一次，是以民欠数年复积千余万。是则生齿日繁之在宗室者，未尝不累于国计……或曰：然则康熙六十载之休养，何以部帑止

存八百余万，不及乾隆七分之一耶？曰耗羡未归公，一也；常例未捐输，二也；盐课未足额，三也；关税无盈余，四也。是皆雍正十余载清厘整饬之功，故收效若是。[21]

内藤湖南则这样写道：

地租收入的减少是一件很重要的事，这也是清朝实行仁政的结果。在中国，几乎是每十年调查一次地租减收的情况。也就是说，每十年一次把那些无望征收的地租予以清帐。因为有了这样的惯例，所以地方遇到灾害时，也就申请免除地租，并加以延长，达到十年，就予以清帐。——这当然是清朝颇以为自豪的仁政的结果。即天灾的地方不交地租，而且新开垦的地方也不交地租。这样，随着人口和新开垦土地的增加，国家的税收反而是不断下降的。

从道光二十五年到道光二十九年（1845—1849）间岁入岁出情况，可以看到收入渐渐减少的结果。岁入定额本来应该是 4 517 万两，但实际上道光二十五年只是 4 061 万两，而到了二十九年，就变成了仅仅只有 3 701 万两，下降的规模这么厉害。结果自然是：收入减少，支出也就不能不减少了，因此，军队的饷银也只能给原来的七八成，从嘉庆时代开始，军饷的足额发放就是不可能的，大致上是如果该发壹圆的话只能发 80 钱，这就是收入渐渐减少的结果之一，而不这样做实际上也无法解决。[22]

毫无疑问，地租的减少固然是事实，“火耗”和“陋规”，特别是在运河地区与漕运相伴随的“浮征”却一点儿也没有减少，因为这一部分是胥吏、幕僚收入的来源，倘若裁减这一部分，则非但会造成胥吏所把持的地方行政垮台，更会招致他们的激烈抵制，根本就没有实行的可能性。这一点是我们必须同时强调指出的。因此，不真正解决“官无封建而吏有封建”的问题，不但军事效率和动员能力谈不上，而且王朝行政的崩溃也不可避免。

值得注意的是，晚清唯一具有战斗力的军队，就是曾国藩率领的湘军，湘军的战斗力无疑来源于其军需和军饷可以得到充足的保障，而且曾国藩从实用主义原则出发，利用手中的特权大肆提拔任用幕僚和胥吏，即大胆地“以吏充官”，也就是说，曾国藩的成就，很大程度上在于他得到了朝廷的钦命，可以任用他周围能干的幕僚为官，甚至发展到通过大肆卖官筹措军费的地步。曾国藩此举自然有迫不得已的成分，因为如此一来，一方面可以使得幕僚和胥吏拥有出头之日，另一方面则可将军务、军需和财政任之以真正的“能人”、干才。

刘广京指出：

曾国藩本打算从湖南的上层人士那里筹款，但效果不大，于是就依靠帝国授权湖南、湖北、广东等省拨付的饷银，以及朝廷批准出售功名、官衔甚至官职之所得来资助他的大军。他的经纪人跋涉数省以兜售北京为此目的而颁发的“执照”。曾国藩在建立他的军事统一组织和训练制度的同时，又成立了一个管理经费和给养的机构。

曾国藩依靠他的一批私人幕友来为营务处、粮台和各种特设的局办事，这些人名义上是他的“食客”，并从他的私人俸禄里支领酬金。曾国藩以善于把精干之士招进幕府和量才使用他们而著

> 称。他常常任命幕友至营务处或者某个粮台任职，这样就把“食客”转为有委员地位的政府官员并付给官俸。曾国藩也需要心目中不贪赃而又有实际才能的“正人君子”来充当这样的管理人员，但实际上，他伤感地发现，他不得不在湘军和绿营将领中放宽他的品性标准。事实上，他只有对手下官兵的所作所为视而不见，才能彻底维持湘军的战斗力。[23]

与曾国藩不同，湖北巡抚胡林翼曾力主扫除胥吏，破除陋规与浮费，以建立严格的行政税收管理制度，他曾这样申饬说，政治的核心就在于约束和治理胥吏：“州县亲民之官，一吏胥之不能制，即不免于率兽以食人，尚何能与民众分忧耶？”由此可见，晚清政治已经陷入督抚“一吏胥之不能制”的困境，亟须改变。对于胡林翼的这种政治理想，江苏督粮道郭嵩焘则给予了公开的嘲笑，并抨击其不切实际，郭嵩焘甚至以为胡林翼这简直就是“多事”，他明确指出：清王朝的整个官僚机器和国家行政，实际上都是靠胥吏、幕僚的歪门邪道才“得以维系不坠”的，陋规、火耗、浮费固然是造成国家税制不合理、导致腐败的渊薮，但正是这一切维持着王朝的苟延残喘，而一旦扫除胥吏与陋规，则王朝行政将立即垮台，这就无异于要清王朝“速死”：斯所谓“无君子莫治小人，无小人莫养君子；今将立法制，垂久远，而必取州县之吏，束缚之，困苦之，亦非与民求安之道也”。

无论曾国藩本人如何号称“中正”，他都实在不是依靠其所号称的“中正”信条或者信念崛起的，恰恰相反，彻底的实用主义才是他的政治信条。在曾国藩看来，要想掌握军费、军饷，使得军队具有战斗力，就不得不听任胥吏、幕僚和军队的横暴乃至抢劫，他对彻底改造

“官无封建而吏有封建”的制度丝毫没有任何兴趣，曾国藩的所谓政治“智慧”，反而是顺应这种制度和陋规：“大抵风俗既成，如江河之不能使之逆流。虽尧舜生今，不能举斯世而还之唐虞。贤者办事，贵在因俗而立制，所谓‘除去泰甚’者耳。”

在这个意义上，曾国藩所率领的湘军，就其军队的政治性质而言，乃是一支由胥吏和幕僚指挥的军队，他所造成的“中兴”，与其说是对胥幕制度的改革（“除去泰甚”），不如说简直就是胥幕阶级的“中兴”或者“回光返照”而已。

因此，如果我们把内藤湖南进行的细密的财政统计与胡绳所描述的鸦片战争中清军的战斗力衰弱做一下对比，鸦片战争以来清军一系列的战败的结论自然就是非常明显的了。倘若我们再把内藤湖南的著作与曹雪芹的《红楼梦》对照起来读，也就会更深切地感受到《红楼梦》的伟大之处，会进一步了解毛泽东为什么指出：在一部《红楼梦》中，竟然包含着清王朝，乃至整个中国王朝体制盛衰循环的辩证法。

曹雪芹大约生于康熙末年（1715），卒于乾隆盛世的1763年，《红楼梦》就是在康乾盛世期间写成的。它开篇写贾雨村和冷子兴评点宁荣二府的历史命运，读来宛如上述王朝由盛而衰的辩证法的隐喻：

> 如今虽说不及先年那样兴盛，较之平常仕宦之家，到底气象不同。如今生齿日繁，事务日盛，主仆上下，安富尊荣者尽多，运筹谋划者无一，其日用排场费用，又不能将就俭省。如今外面的架子虽未甚倒，内囊却也尽上来了。

在“薄命女偏逢薄命郎，葫芦僧判断葫芦案”一回中，“护身符”

更是胥幕阶级操控官吏的法宝。在文学的象征性叙述背后，小说《红楼梦》中确实包含着对当时社会经济活动的深刻透视，这种社会—经济分析，成为隐藏在家族兴亡故事背后的隐线，甚至成为小说叙述的“伏笔”。例如，小说开篇即写宁国府的管家媳妇秦可卿死后，托梦给唯一一个“能运筹谋划者”王熙凤，告诉她贾府的振兴之道是以祭祀和家学之名置办祭田和学田，收取地租，而这实际上也就是为历代儒家所倡导的“井田”“公田”“学田”制度，它折射着康乾之间朝野上下围绕着改革“田制”，借以重兴“民兵”的辩论。对清王朝来说，除非到了山穷水尽，采用乡勇、民兵代替八旗兵制，是绝对不能考虑采用的制度。这就仿佛对管家的王熙凤来说，弄钱最快的办法是利用职权和关系帮人办事，以从中收取好处费。这也就是她自嘲的“担着祖上的虚名，做个穷官，弄点钱勉强度日”，而这其实就是极致地描写清代的优待功臣的“宗室制度”所造成的后果——预示着宗室制度的崩溃和堕落。

非但是宗室制度下寄生虫阶级日渐庞大，“其日用排场费用，又不能将就俭省”，而且正如中国康乾盛世的“小农”并不是英国的“农奴”一样，《红楼梦》里的奴婢其实也并不是欧洲意义上的“奴”，如胡适所说，她们也要求在“情感上”得到重视和满足。统治者于是只能四处标榜“仁政”、人情乃至“痴情”，其结果自然是坐吃山空，最终应了“千里搭席棚，没有不散的筵席”的辩证法。这大概就是后来的读者在《红楼梦》中几乎看不到什么严酷的阶级压迫和阶级斗争，只有仁政、痴情、人情下面的钩心斗角、贪赃枉法的原因。在这个意义上，或许可以说，造成清王朝和贾府最终崩溃的，确乎不见得是什么轰轰烈烈的阶级斗争，而是一个力图维持各个阶级、阶层矛盾均衡的“盛世”，在鸦片战争中，如同被一根稻草压倒的骆驼，从内部崩溃瓦解而已。实际上，这就是曹雪芹的《红楼梦》和内藤湖南的清史研究给我们提供的共同结论。

曹雪芹的家族是在雍正以“反腐败”为名的税收合理化运动中倒下的，雍正为了加强中央财力，采用了严格税收的措施，把火耗、常例都收了上去，盐课、关税也归了中央，但是他也因此得罪了天下的富人，死后惹得一身骂名，自然是人亡政息。因此，所谓康乾盛世，是指通过对内采取“无为而治”的方式，对藩邦尽可能实行“统而不治”的方式，精心维持的庞大疆域和内部矛盾均衡，而这就是为什么英国在鸦片战争中孤注一掷的军事冒险，仿佛只是举一击之力，就很容易地打乱了这种统治的平衡或矛盾的均衡，并在随后近一个世纪的时间里最终造成了清王朝从内部的逐渐崩溃。实际上，在鸦片战争过程中，清王朝真正关心的不是与英军作战，而是英国的军事冒险对清王朝维持内部平衡所造成的后果和影响。清王朝在广东、福建、浙江地区如此投鼠忌器，也是由于这个地区的买办商人对国家财政和税收的控制作用。爆发危机的广东、广西、江苏、浙江等东南沿海的省份，由于人多地少，历史上就是“重商抑农”的地区，小农拥有的土地很少，不能靠土地谋生，所以民众“守土重迁”“保家卫国”的观念原本很差，作为涉及海外贸易最深的地区，这里又长期是国家进口白银的主要通道，也是海外贸易商人和买办商人支配力巨大的地区。对英国进行战争，尤其不符合这些买办商人的利益。

深具讽刺意味的是，最终导致道光皇帝接受《南京条约》的赔款要求而放弃与英军继续战斗下去的决心的，竟是那些与沿海买办商人相勾结并代表他们利益的大臣的分析，例如浙江巡抚刘韵珂在道光二十二年（1842）二月上奏说，如果战争再继续下去，将会产生十大“可虑”，其中最可虑者却并不是英军，而是国家税收之筹措：“沿海七省，警备已将两载……计七省一月之防费，为数甚巨，防无已时，即费难数计，糜饷劳师，伊于胡底？”[24]结论竟然是：与其耗费大量军饷调集大军与英军作战，不如一次性向英国赔款，后者不过是白银几千万两，而前者很可能就是无底洞。何况这么打下去，大大影响了税收漕银的征收，“今大兵复又失利，催征更属为难”。既然平衡各个阶层的利益，特别是照顾沿海各省商贾利益才是盛世的目标，那么，根据代价和收益的精明计算，选择向英国赔款讲和，显然最符合“盛世政治”的路线。

因此，在鸦片战争之后的几十年里，自道光皇帝以下的清王朝的统治者，依然还是把主要精力放在照顾沿海买办、包养宗族、节制鸦片贸易方面，而并没有把整顿日益紊乱的货币金融体系、重建军事制度、打击沿海地区的官商勾结造成的地方势力作为对付外国帝国主义入侵的主要方针政策，更没有意识到货币体系的紊乱、财政上对沿海买办商人的依赖、国家对白银的需求乃是比简单的“鸦片问题”严峻得多的危机。按照帝国的思路，清王朝依然将现代帝国主义的问题理解为不过是外藩、外夷的问题，而完全没有意识到中国沦为西方帝国主义殖民地的危险，从而完全低估了鸦片战争对整个王朝，乃至整个世界历史进程所产生的根本性的影响。

鸦片一战，可谓“其作始也简，其将毕也巨”。这就是胡适所说的：许多开辟历史新局面的事件，“当其初起时，谁也不注意。以后越走越远，回视作始之时，几同隔世”[25]！

第三节
国债与资本

在整个一千年里，战争一直是欧洲国家的主要活动。

——查尔斯·蒂利

彭慕兰提出，将英国与整个中华帝国做比较是不恰当的。因为中华帝国的版图比整个欧洲还大，所以最好的比较是“区域间”的比较，而不是“国家间”的比较，例如英国与中国的长江三角洲地区的比较。他的看法得到了黄宗智等学者的广泛认同。这代表着美国学术界自20世纪80年代兴起的“地方性研究”的趋势。

实际上，把中国与欧洲做比较的确不恰当，中国自秦汉以来一直就是四周天下、从陆地和海洋上横跨欧亚的世界性力量，而欧洲历史上几乎没有实现过统一。1世纪，欧洲形成罗马帝国，尽管也有了皇帝，但罗马帝国的皇帝就是个武夫，是安禄山式的人物，所以，这种统一也不过是安史之乱之后中唐式的统一，罗马帝国的权力掌握在一群武夫手里，到3世纪末，罗马帝国就分裂为东西两个部分，由两个武夫皇帝分别治理。

罗马帝国统治者很晚才觉悟到“马上天下不能马上治之”的道理，明白了没有文化合法性的统一极端脆弱，因此，4世纪初，皇帝君士坦丁一改罗马迫害基督教的传统，开始接受和弘扬基督教。今天看来，君士坦丁的这种思路当然是正确的，但他选择基督教为“文治”和“文化合法性”的工具是错误的。

这是因为基督教绝非一种和平的信仰，而是一种在长期被迫害过程中形成的极端不宽容的宗教，正如韦伯所说，基督教有一个充满暴力性格的上帝，在君士坦丁大力弘扬基督教之后，他后悔莫及地发现，他竟然选择了一个内部教派高度分裂的宗教作为思想文化统一的工具，这实际上等于选择了一个动荡之源。历史证明：正是基督教这一内部高度分裂的宗教，非但没有把罗马帝国在精神、文化上凝聚起来，反而加速了罗马帝国的衰亡和崩溃。

在基督教成为罗马帝国国教之后不久，帝国就因教派内部的分歧而分裂为东西两个帝国，东西两个罗马帝国因为教派不同，更加深了彼此的对立。基督教派中被贬为异端的阿利乌派被从罗马帝国驱逐出去，不得不到日耳曼蛮族那里去传教，导致了信仰阿利乌教派的蛮族最终于410年杀入罗马，毁灭了西罗马帝国。聂斯脱利派也被贬为异端，只能到东方去传教，最终于隋代传入中国，这就是景教。

从这个意义上说，西罗马帝国的灭亡，在一定程度上就源自基督教内部教派的冲突。

西罗马帝国灭亡之后，欧洲就陷入了四分五裂的状态，直到800年才出现一个较大的法兰克帝国。在唐宋的典籍里，中国把法兰克帝国称为拂菻，而经常把它与东罗马帝国搞混。法兰克帝国很快又分为三个国家，直到962年，萨克森国王奥托一世又建立了一个罗马帝国，号称“神圣罗马帝国”。这其实是一个由多如牛毛的小邦组成的松散联盟，神圣罗马帝国最终在法国大革命后的1806年被拿破仑彻底摧毁。

西罗马帝国毁灭后，罗马天主教会留存下来并进一步成为欧洲军阀割据的主要支持力量。8世纪中叶，天主教会扶植法兰克帝国的显贵家族成员丕平上台，从此开始了教皇为国王加冕的传统，从那时起，欧洲最大的军阀头目便需要通过假借罗马帝国及教皇加冕这两个旗号获得合法性，这也就是在“罗马”之上又冠之以“神圣”的原因。

为了报答教皇的支持，丕平把意大利的拉韦纳地区作为礼物赠给了罗马教皇，这个地区从此成为教皇国，即教皇直接管辖的世俗领地——这就是所谓的丕平赠土。

自1096年开始，罗马教皇前后八次发动十字军运动，战争从11世纪持续到13世纪，以对伊斯兰教进行圣战的名义，把欧洲的战火引向了西亚。

概括来说，欧洲陷入长期动荡、分裂的原因自然很多，但是，这与基督教成为欧洲的文化霸权有着密切的关系。基督教是一种高度不宽容的一神教，它主张以暴力的方式诉诸教派的争议，自从君士坦丁扶植基督教开始，欧洲的历史便由武夫的内讧走向宗教的战争，可谓是雪上加霜。

如此看来，自秦统一始，中国就形成了与欧洲截然不同的传统，走着与欧洲截然不同的道路，中国道路的特点是：第一，不立教。第二，不以武夫、教士治国。第三，书同文，即通过统一文字完成文化认同。欧洲人搞出“想象的共同体”，即“印刷现代性”，是当代才有的事情。

汉字是世界上唯一一种被运用了 3 000 年以上的文字——非但其间从无间断，而且今天依然是中国当代生活之基础，它使得数千年前以汉字书写的文献依然是当代中国人生活的指南——这一点在世界史上绝无仅有。地中海的克里特人发明文字，大约与晚商甲骨文的时代略同，此文字后经腓尼基人改造为希腊文，但是希腊文献经典本来不多，在经历奥斯曼帝国和近代英国殖民者统治之后，所剩无几，这些文献更非当代欧洲日常生活之指南。古巴比伦、埃及、玛雅文明也有文字，但早已经中断遗失了。印度大夏古国的吠陀是口传，有经无文。因此，中华文明是世界上唯一一个文字筑就的辉煌文明，汉字使得它古老而年轻。

这说明大一统的中华帝国首先是“文化帝国”，或者“文化的统一”是行政统一的基础。恰恰又是这一点使得“中华帝国”与西方意义上的 empire（帝国）完全不同。牟复礼说：

> 我们通常把秦始皇自命的新名号（皇帝）翻译成 emperor，并且按照他自认的顺序，将其称为 First Emperor（始皇）。统一的中国就此诞生，并被称为中华帝国，这一政治称谓一直延续到 1911 年的辛亥革命。
>
> 但对于中国历史，我们无论是用王国还是帝国，都存在问题。
>
> 在西方，empire 指的是一个通过军事征服统治他国领土的王国（kingdom），这些被统治的地区的人民有不同的传统、语言、文化。
>
> 但我们要记住，最重要的区别是，中国的皇帝（几乎没有例外）并不试图直接采用军事手段统治他们的文化和语言范围之外

的异族人民，也不设想“皇帝”这一称呼跳出他们的民族历史。在其政令所及的地区，始终存在着文化的统一性，政治管理依赖文化上的统一。由于中国文字的特点，即使方言和次生语言所产生的差异，也会被彻底的语言统一性（在文字这一层面）消弭冲淡。[1]

汉字及其写就的经典文献构成的文化传统是中国文化大一统的基础，所以这个奉行“文化大一统”的独特帝国历来把“文化政治”这种“软力量”而非军事、政治、经济和司法这种“硬实力”看得更为重要，从而更为重视通过文化教育达成“礼治”（人民的各安其位、各司其职），而非通过军事、经济、司法、刑名达成的“法治”（责成奖罚）。以文化教育安抚人民为主，以军事征服、物质刺激和刑名责罚为辅，这构成了“内儒外法”“王霸混杂”的中国独有的统治方式。只不过，这种统治方式在宋代之后却日益分裂脱节，在制度上更极端发展为官—吏二分的体制，官一般只承担文化教育和“教化”的责任，而将军事、财政、司法、税收乃至兵事全交由吏去把握，当然，如此一来，造成的问题就是：文化的向心力虽然源远流长，但制度上的向心力日益松散，甚至文化由于丧失制度的依凭、与制度日渐相脱节，终演化成有明以来上层皇权与六部脱节、下层“官无封建而吏有封建”这种表面上、形式上的“大一统”。

通过军事征服和税收掠夺统治领土，却是欧洲帝国的一般特征，而欧洲近代以来的民族国家，亦是这种帝国传统的产物。对近代欧洲来说，所谓“主权”是国家在与教廷所垄断的文化霸权的斗争中方才确立起唯一性的。在欧洲，“统一”只能通过武力征服达到，自恺撒到拿破仑，这本是天经地义的事情。近代以来，恰恰又是欧洲各政治体之间“武力的均衡”保证了民族国家的分立，而各国之间的债务连带关系又使这种分立得以固定和永久化——否则债务将被勾销。可见，中国的统一是以文化为基础的统一，西方民族国家的分立是军事力量均衡和债务连带之契约关系的结果，二者历史形成上的区别大致就是如此。

相对于地缘空间上的中国而言，地缘上的“欧洲”形成的时间比较晚，今天被称为“欧洲”的共同体，起初不过是指在 476 年导致罗马帝国崩溃解体的帝国边疆叛乱省份，罗马帝国的“少数民族”——日耳曼人、法兰克人、马扎尔人和来自北方的维京人，构成了后来被称为“欧洲人”的主体。在与东罗马拜占庭帝国和奥斯曼土耳其帝国的长期对峙中，这些“罗马帝国的剩余”只能以一种矛盾的方式来表述自己究竟是什么：教皇 / 皇帝、美德 / 商业、神圣 / 世俗、天主教 / 东正教——最终就是古代 / 现代。这表明无论是从“精神的历史”还是从“现实的历史”中看去，自 5 世纪之后，作为整体的“欧洲”就不再存在，分裂乃是欧洲的常态，实际上，在东罗马帝国最终于 1453 年被奥斯曼摧毁之前，只有“基督教文明”可以勉强把“欧洲人”整合起来并下一个定义，这也就是“欧洲”在漫长的时期内只能自称为一种“精神”或“文明”的缘故。直到 1492 年美洲被“发现”，作为“精神”的欧洲才算真正着陆，一个被称为“欧洲”的幽灵从此才有了现实的躯壳。因此，一个具有世界和全球空间意义的“欧洲”，乃是以美洲的发现为标志才真正出现的，美洲也因而被称为“拉丁”美洲，即拉丁人的家园。[2]

19 世纪对欧洲和全世界之重要，是由于这一时期是民族国家的政治体制在欧洲确立的时代。民族国家为什么产生在欧洲？它是怎样形成的？民族国家有什么主要特征？为什么说民族国家的兴起是理解 19 世纪以来世界变迁的关键？这是考察 19 世纪问题的一个关键。

首先需要说明的是微妙的字义上的差别，即民族国家（nation state）与“民族—国家”（nation-state）并不相同，民族国家并不一定指“民族—国家”，因为后者是指其人民有一种很强的语言、宗教和文化的身份认同的国家。即使今天看来，在欧洲也只有瑞典、爱尔兰——或许还有德意志接近这一理想，实际上，很少有欧洲民族国家可以称为“民族—国家”，特别是被视为民族国家典范的英国和法国，其实也都不是“民族—国家”。

“民族—国家”这样的写法和提法，并不全是简单的语言游戏，因为它包含着一个重要的历史秘密，即不是“民族”先于“国家”而形成，恰恰相反，欧洲真实的历史昭示着：总是先有“国家”，然后才有“民族”。“民族精神”“民族美德”，甚至单一的“民族历史”等“观念”被创造出来的目的，就是赋予作为暴力和权力垄断者的国家主权以合法性与正当性。如果权力自身不能构成权力的理由，那么使得国家合法垄断权力和暴力的理由——或曰“国家存在的理由”，其实只能是“民族”。只有为了维护“民族的美德”、彰显“民族精神”、继承和创造民族的“历史”、推动“民族文化”，作为“守护神”和民族代言人的国家方才具有了至高无上的权威。当黑格尔指出“观念构成国家存在的真正理由和基础”[3]的时候，他在这里所说的观念就是“一国应该构成一个民族的观念”。

将民族文化和民族历史置于国家之上，这很大程度上是以“狂飙运动”为标志的德国浪漫主义思潮影响的结果。要深刻理解这种把

“观念”置于“现实”之上的颠倒，就必须深刻了解德国在欧洲大陆的具体历史处境：由于地理条件恶劣，夹在罗马世界和斯拉夫世界之间，从未形成稳定的边界，其内部错综复杂的山脉体系和杂乱无章的河流区隔亦助长了德意志的政治分裂。也就是说，德意志形成统一国家的自然条件、地理条件实在很差，正是这一切，使得德语、德国文化及神圣罗马帝国的历史，成为将德意志统一起来的先决的甚至几乎是唯一的条件和动员力量。[4]

15 世纪是欧洲民族国家的起步阶段。1490 年左右，葡萄牙人开始积极准备战争，以突破摩尔人在格林纳达这个出海口对地中海的长期封锁。欧洲正是从那个时代才开始从穆斯林势力的压迫下逐渐抬头。通过漫长而血腥的战争史，自南向北，民族国家的政治体制逐步把欧洲连贯起来。随后，欧洲各民族国家又以帝国主义的形式，通过争夺海洋霸权向世界扩张。

十字军运动爆发以来，教皇国所在地意大利成为财富的源头，一方面是由于十一税源源不断地涌向这里，另一方面则是由于战利品和军需也涌向了意大利。欧洲金融的历史，起码可以追溯到第一次十字军东征后圣殿骑士团的产生——这是一个为十字军筹措战争经费的武装教士组织。1147 年，圣殿骑士团跟随法国国王路易七世率领的十字军东征，他们一方面负责保管教会的各种物品文件，另一方面负责押运战利品，更主要的则是为国王收税、付账、印钞、追债，为十字军提供给养，为王室提供贷款，当然，他们要收取 18% 的“管理费和利息”。

伴随着十字军东征的步伐，圣殿骑士团创立了第一个横跨欧洲的金融网络，教皇从此成为放战争款的银行家。放债鼓励欧洲各路军阀互相杀伐，从此成了教皇统治欧洲的新方式。

1513 年，当尼科洛 · 马基雅维利撰写《君主论》这部西方社会科学的奠基之作时，他就已预见到了什么叫“资本家（族）的统治”。佛罗伦萨的美第奇家族就是靠替罗马教皇收取和管理十一税起家的，时值意大利银行家美第奇家族获得了佛罗伦萨的统治权，马基雅维利敏感于这种全新的统治形式，于是，他把美第奇家族称作“新君主”。300 多年后，卡尔 · 马克思把这个“新君主”称为资产阶级专政，马克思说，在那里，国家已经沦为了“管理整个资产阶级共同事务的委员会”。

树大招风，自 15 世纪末起，位于地中海上的古罗马故地意大利，因教皇在此聚拢了巨大的财富而成为各种势力角逐和争斗的核心地区，因为它的东面有奥斯曼帝国，西面有正在崛起的西班牙帝国（1580 年，由于复杂的继承关系，葡萄牙被西班牙合并，虽然 60 年后葡萄牙再次独立，但从此不可抑止地走向了衰落），北方有法兰克帝国的继承者——法国波旁王朝及神圣罗马帝国，这些强权都觊觎着意大利的领土与财富，所谓欧洲“漫长的 16 世纪”就开始于这些帝国反复蹂躏意大利的“你来我往”的争战史。只有了解了意大利悲惨的处境，我们才会懂得马基雅维利的洞见，他说：只有具备如下两种兽性的人格才配在这个残酷的地中海世界生存，而这就是狮子与狐狸。

君主既然必须懂得运用野兽的方法，他也就应该同时效法狮子与狐狸。狮子不能够防止自己落入陷阱，而狐狸则不能够抵御豺狼。因此，君主必须是一头狐狸，以便认识陷阱，同时必须是一头狮子，以便使豺狼惊骇。然而，那些单纯依靠狮子的人却不理解这一点。[5]

不过，就意大利四分五裂的状况而言，就意大利所同时遭逢的几大强权纷争、压迫的处境而言，其实并没有一个意大利邦国的君主能够具备“狮子”的能力与胆略，于是，残酷的现实恰恰决定了意大利只能扮演“狐狸”的角色，这既是意大利唯一的生存出路，同时它也极其深刻地铸造了 16 世纪的“意大利性格”，事实证明，这种性格对世界历史发展，特别是“资本主义”率先在意大利的产生具有重要意义。布罗代尔这样说：当韦伯希望用“精神”来称量资本主义重量的时候，他显然是选错了地点，如果资本主义的精神和性格实际上就是马基雅维利所谓的“狐狸”的性格的话，那么，它的发源地在意大利，而不是韦伯所说的北欧。

弗里德里希·迈内克说：

> 这些意大利人的治国方略确实相当特殊。在西班牙对米兰和那不勒斯的统治压力下，他们固然很不自由，但同时也不全受禁锢。在威尼斯、佛罗伦萨和罗马，他们没有全然忘怀过去在外国人入侵以前意大利的自由时期。他们渴望恢复这自由，但看不到有恢复的可能性；而且，他们不得不让自己或多或少地委曲求全，迎合现行的权势关系。他们至少能够欣喜地看到：随着法国内战的结果和亨利四世王国的确立，崛起了一个对西班牙权势的强有力的欧洲抗衡者。因此，他们完全明白自己是多么有幸，能够享受残余的政治独立……于是，在这里形成了精明的睿智，以物质的财富来弥补权势的不足，这要靠一个合理和构想连贯的体制得以实现，在其中治国方略刚柔相济、软硬兼施。它显示出智识胜过自然，机谋胜过蛮力。恰如从马基雅维利的告诫中学到的那样，如果扮演不了雄狮，就扮演狐狸，见风使舵、韬光养晦，等待有

利时机，并且在一切可能之处不流血地获取权势。这就是那些保持独立的意大利邦国所扮演的角色。[6]

在“教皇与恺撒”即教会与国王的斗争中，正是通过“精明的睿智，以物质财富来弥补权势的不足”，“智识胜过自然，机谋胜过蛮力”，“如果扮演不了雄狮，就扮演狐狸，见风使舵、韬光养晦，等待有利时机，并且在一切可能之处不流血地获取权势”等原则的确立，一种政治体制——现代民族国家之雏形得以诞生，同时也标志着一个阶级——现代金融资产阶级在地中海、意大利的诞生。如果用马基雅维利那个流传千古的经典比喻来说，就是恐怕没有什么比“狐狸”更能形容资本主义的“性格”了，亦如没有什么比“狮子加狐狸”更能形象地说明金融与武力所推动的“西方民族国家的崛起”。

在“狮子与狐狸的旗帜”升起的地方，最先产生的是地中海地区经营金融借贷的城市国家。在研究资本主义历史起源的思想家中，查尔斯·蒂利及其“战争借贷建国理论”具有重要的地位，他描述了意大利城市国家是如何“以小制大”，通过放债支配军事帝国的。按照他的解释，如果离开1500年以来欧洲战乱频仍的客观历史环境，我们就无法解释服务于战争的“民族国家”形式何以会在地中海地区产生。离开了这种服务于战争的特殊类型城市国家，我们也就无法解释金融服务业何以由地中海开始，并迅速在欧洲发展。一旦我们无法解释诸如“契约借款”“调剂债券”“战争国债”这种国家间和国家内部的战争债务体制，我们也就无法理解什么是资本主义。

从欧洲的历史来看，资本积累起初并非来自一般的剥夺雇佣劳动（马克思），也不是来自一般的高利贷利息（布罗代尔）。查尔斯·蒂利说：雇佣劳动和高利贷利息，这在历史上到处都存在过，它们不可能自然地、自发地发展成为“资本”。资本产生的最为必要和充分的条件是：只有当“国家”成为借贷方时，利润和信用才成为可保障的；只有当国家的借贷成为永久的需求时，利润的积累才是可持续的。

在民族国家体系出现之前，地中海地区首先出现了由金融放贷者主宰的“城市国家”，这种城市国家是“民族国家”产生的必要条件。具有金融借贷功能的城市国家，它们与好战的“帝国”之间形成的战争借贷关系——这种“狐狸”与“狮子”的关系——最终催生了民族国家。[7]

根据查尔斯·蒂利的统计，1490 年，欧洲的 6 200 万人口被 200 多个正式自治的政治体控制，平均每个国家 31 万人，每个国家的面积不过相当于今天的萨尔瓦多和卡塔尔。到了 400 年后的 1890 年，欧洲剩下了 30 个国家；到第一次世界大战结束后的 1918 年，欧洲的国家只有 25 个，且直到今天没有发生重大的变化。也就是说，在大约 400 年的时间里，有 170 多个国家在欧洲消失了。[8] 更加直接地说，这些政治体被 400 年来旷日持久的欧洲内部的战争消灭了，查尔斯·蒂利在对 15 世纪以来欧洲战争的次数和规模做出细致的统计后这样指出：

> 尽管这些数字只是近似的，但是它们反映出欧洲国家从一个世纪到另一个世纪深陷战争之中。它们也说明在我们所考察的整整五个世纪中，欧洲的统治者一门心思全放在准备战争、支付战争费用和弥补战争损失上。而且，在 1500 年前的五个世纪，欧洲国家甚至更为专注于战争的进行。在整个一千年里，战争一直是欧洲国家的主要活动。[9]

“战争”是欧洲的基本主题，而国家间互相依赖的战争债务和借贷关系，则是现代欧洲国际法的基础。这个简单而残酷的真理，是我们讨论欧洲之“现代性”的基本出发点。

尽管欧洲内部400年的战乱消灭了170多个国家，最终却并没有促成欧洲内部的统一，而是将欧洲的基本政治单位僵持和稳定在“民族国家”这一制度上。到19世纪末，欧洲政治体的数目基本上达到稳定，且这些政治体都采用了民族国家的形式。最近100多年的历史进一步表明，欧洲既不可能真正超越民族国家，形成统一的“欧洲帝国”，也不可能退回到400年前200多个封建邦国群雄并起的状态。因此，需要问的一个问题是：为什么既不是布罗代尔描述的地中海“城市国家”，也不是统一的“罗马帝国”，而是“民族国家”成为欧洲最有力量的、最基本的政治单位？其根本原因在于民族国家这种制度实际上是欧洲400年旷日持久的战争所造成的“武力平衡”的产物，同时又是国家间债务—借贷关系的产物。从根本上说，目前欧洲政治体的规模是由欧洲战争的规模决定的，而战争的规模则是由为战争提供贷款的资本家的资本积累规模决定的。这就是资本主义与欧洲现代民族国家之间关系的实质。

查尔斯·蒂利指出：正是战争编织起欧洲民族国家之网，而准备战争、支付战争费用和弥补战争损失这贯穿千年欧洲史的“三大基本任务”，则在欧洲内部创造出现代民族国家的基本结构。

首先，为了准备战争和筹措战争经费，欧洲的统治者不得不向大商人和资本家借钱，正是这一举措大大促进了欧洲国家经济的货币化，促进了信贷业的发展，扩大了资本家的发言权，这也正是欧洲资产阶级壮大的最基本原因。蒂利指出：

> 从历史上看，很少有大的国家能够从当前的财政收入中支付它们的军事开支。相反，它们要以这样或那样形式的借贷来应付短缺：向银行家借钱并让其分享将来政府的财政收入。如果一个政府能够借款，那么它就能在收入之前花费。在收入之前花费，会使得昂贵的战争更容易，因为政府的收入按年增长是很慢的，而战争的费用则是庞大的，而且，一个借钱很快的国家能够比它的敌国调动得更快，从而更能够赢得战争。
>
> 毫无疑问，信贷的利用取决于一个国家的偿还能力，但是它甚至更多地取决于资本家的出现。资本家作为贷款的筹集者、还贷的财政收入的管理者，甚至作为战争财政的筹集者的面目出现，来为国家服务。资本家把钱交到国家手中，然后以国家的税收作为抵押和借款的条件，从而从税收中获得信贷和风险投资的报酬，同时，资本家也扮演着战争公债的组织者和持有者的角色，正是这些角色，促进了国家经济的货币化。[10]

众所周知，西方“大国崛起”的序幕，是由西班牙帝国的兴起揭开的，而西班牙帝国崛起的基本动力，无疑是它在1550年之后掌握了美洲白银。我们尤其不能忘记的是，这些白银对西班牙本土来说，从来只不过就是“过路的财神”而已，而这就是因为西班牙帝国要把美洲白银用于帝国扩张的目的——换句话说，就是要它把运到主要战场上去征服新领土。1500年以降，西班牙在欧洲的主要战场有两个，一个是尼德兰，另一个是意大利。由于尼德兰经过80年持久的反抗，在1581成立北部七省联盟，并最终迫使西班牙于1648年承认荷兰的独立，结果，四分五裂的意大利就成为西班牙帝国与其他强权长期觊觎和征服的对象。不过，因祸得福的是，大量的白银亦就是缘此方才作为“军需财政供应”被运到意大利的，从而使得意大利，特别是热那亚成为世界白银的主要集散地，并由此成为支配欧洲和世界货币流动的两条轴线的中心。布罗代尔说：

> 从1580年开始，意大利各大城市同西班牙本身相比，同样或者更加称得上是真正的白银集散中心，那么我们就看得更清楚了：意大利从扮演白银分散中心这个角色中获得更大的利益。意大利的第一个任务是通过黎凡特向东方——特别是中国输送一部分过剩的西班牙银币，白银到了黎凡特，价值便相应提高，再往东，穿过波斯和印度，到达菲律宾海域和中国，白银更加值钱。在中国，“2马克黄金换8马克白银”，也就是说，金银的比价是1∶4，而在欧洲，至少是1∶12。意大利到中国的这条轴线最远从美洲开始，或者通过地中海，或者通过好望角，几乎绕地球一周。这条轴线是世界经济的一种结构，一个恒定不变的因素，是世界经济直到20世纪初的一个特点。意大利的第二个任务是：向尼德兰提供难以得到的金币、银币和汇票。西班牙为维护在尼德兰的统治和天主教的命运，便源源不断地向尼德兰输送现金，不但养活了忠于西班牙的军队和臣民，也养活了那里的叛逆者。不过，从热那亚到安特卫普这条轴线，与到中国去的那条托起整个世界经济的轴线相比，只是经济形势的一个长周期的产物。总之，整个17世纪，意大利一直处在两条轴线的十字路口，或者说，意大利就处在这样一个创造性的体系的中心。这个体系包括各种联系、各种同步运转以及明显的不匀称性。[11]

可见，意大利人正是因其经营货币的高超才能而因祸得福，西班牙人只不过是拥有美洲白银，却不会经营白银，而懂得经营货币的是意大利人，特别是热那亚人，这可以称作“欧洲历史的大事因缘”。布罗代尔说：

> 菲利普二世是白银市场的主人，但不是铜、汇票和黄金的国际市场的主人，这恰恰帮助了热那亚的成功。热那亚商人通过出售白银，在本地，尤其在意大利，得到他们需要的金币和汇票，从1557年起，西班牙帝国只能通过热那亚人筹集军饷，热那亚人精明能干，不但把西班牙国王在卡斯蒂利亚内外的各种资源调动起来，而且把西班牙的，甚至意大利的公共储备集中使用，以保证他们数额巨大的贷款。1579年，由于有了皮亚琴察交易会，热那亚人的货币流通体终于组织起来，意大利人通过输送商品、白银、汇票乃至西方的全部财富从中赢利。[12]

意大利之所以得以扮演西班牙帝国之“私人银行”的角色，就是因为现代民族国家必然是一种由特殊的金融家阶级和法律官僚支配的国家。国家间的战争并不是教会发动的十字军战争，也不是私人所发动的类似海盗的掠夺行为，因此，一方面，国家要以“主权”的形式为战争提供合法性，它就需要一支法律、外交队伍应付宣战、停战和谈判；另一方面，它还需要一支庞大的经济财务专家队伍，以对战争经费进行管理、分派、筹措，对战争资源加以有效组织，特别是对战争债务年利息（即“年金”）进行清理和管理（这些债务是永远不可能清偿的，因此只能对其进行年利息的清理和管理）。致力于对战争债务“年金”的管理，这就是现代官僚制度，特别是银行制度的起源。

约翰·埃利奥特通过描述西班牙统治者由“查理五世型”海盗和武士向“菲利普二世型”官僚的转变，形象地说明了西班牙的统治重心由“欧洲大陆”向地中海转变的过程。这个过程揭示了现代官僚制度与战争规模扩大的密切关系：

> 如果西班牙在查理五世和菲利普二世统治下的历史中，战争是个占优势的主题，那么官僚化就是另一个主题。这表现为武士——查理被惯于久坐的菲利普二世替代，后者在成堆的文件所包围的书桌边度过自己的工作日。这恰当地表现了西班牙帝国走出西班牙征服者时代，进入公务员时代的转变。

西班牙菲利普二世统治的时代之所以具有世界史意义，主要就是指在这个时期，在地中海地区、在意大利的城市国家中，一个银行家阶级首次登上欧洲舞台。根据费尔南·布罗代尔的研究，地中海银行家这一阶级正式出现于 16 世纪 70 年代，即明代中国解除海禁，开始大规模进口美洲白银的隆庆元年之后。由于当时的地中海地区正处于向欧洲和中国出口白银的十字路口，白银在此地大量汇集，从而产生了掌握和经营货币的大商人阶层。这些大的货币拥有者一方面以白银低价换取黄金，通过金银交易的差价获利——这主要通过承担为西班牙在尼德兰的战争提供军饷的任务实现（军饷用金而非银是因为金便于携带）；另一方面通过中转白银到中国获得更大的利益。在西班牙与葡萄牙争夺海洋霸权的时代，由于海路的不安定，白银往往不能按期从美洲运到西班牙巴塞罗那，缺乏货币支配其庞大帝国的西班牙当局往往只能就近向上述意大利的货币持有者借贷，这样就产生了所谓的“契约借贷”。布罗代尔指出：

意大利位于十字路口：一条是南北干线，适应西班牙通过向热那亚的“契约借款”干预尼德兰的军事政策，另一条干线与纬线平行，通向黎凡特以及远东。前者从热那亚抵达安特卫普，是为黄金之路；后者则输送白银，通向遥远的中国。[13]

西班牙统治者与热那亚商人之间的货币借贷凭证，其实就是欧洲历史上最早的债券，产生于1561年，被称为“调剂债券”。因为它是可以转手倒卖的，所以才被称为可“调剂”的。布罗代尔说：

“契约借款”是西班牙当局与批发商之间缔结的短期借款合同。所借款项须在贵金属到达塞维利亚时偿还，但是，由于运载贵金属的西印度船队总是不能及时到达，所以西班牙国内只能靠借贷维持日常开支。

对于精明能干的热那亚商人，西班牙国王于1561年至1575年间曾向他们出让“调剂债券”，也就是说，借出的款项原则上以年金证券（国税预算）做担保，但是，放款人有权随意使用债券。热那亚人把债券卖给自己的熟人和朋友，认购者居然争先恐后。当然，热那亚人日后还要买回这种票证，把他们还给西班牙国王，但只是在国王偿还债务时才这样做。[14]

正如布罗代尔所指出的，早期银行家要想让西班牙国王偿还债务，仅仅只有理论上的可能性，从根本上来说是不可能的，借款者所能保证拿到的，其实只是随着债务的增加而日益升高的年利息（年金）。这样一来，掌握着越来越多“调剂债券”票证的批发商便需要形成一个组织，并且需要按年定期开会，以对越来越多的债务进行清理和管理。因为国王的债务以利息的方式永无止境地延长（债务延长而利息随之延长），所以就奇迹性地使得不能清偿的债券日益增值，也使得经营债券本身成为最有利可图的生意。于是，从 1579 年 11 月 21 日起，到 1621 年为止，欧洲的大债券拥有者在意大利的皮亚琴察城定期举办债券年会，对债券进行交易。也正是“皮亚琴察交易会”催生了作为“债券商”的银行家阶级，它也成为世界上最早的金融巨头的聚会，类似今天诸如“达沃斯高峰论坛”的世界金融资本家定期聚会。

通过对地中海城市国家诞生的债券业务的研究，布罗代尔提出了一个不同于马克思资本“原始积累”理论的重要见解：资本积累的最初来源并不是榨取工人的剩余价值，而是庞大的“国家债务利息”。同时，巨额利息的来源又是庞大债务的积累，以及对债务的经营和管理，这造成了欧洲资本原始积累的最一般形式。在这样的债务体系中，“优良而庞大的债务”作为利息的源源不尽的来源，转而成为最优良的资本，它甚至能够以“转账”的方式用于支付和再投资。正因“债务利息”而非“利润”是资本的真正起源，资本主义从根本上说就是一个“债务体系”，而非简单的“雇佣劳动体系”。处于这个体系顶端的，乃是金融家和银行家的力量，而非产业资本家和商业资本家的力量。从这个意义上说，资本主义是布罗代尔所说的“上层结构”，而非生产和商业这样的“中层结构”，更不是小生产和小市场这样的“底层结构”，布罗代尔甚至认为，资本和利润起源于巨额债务带来的超级利息，它起初与市场和生产性投资并没有关系。

布罗代尔关于资本主义起源于金融业而非一般的物质生产、市场经济的论断，是十分独特的，当然也是相当深刻的。即使在今天，能够认识到这个问题并从这样的角度去认识资本主义的人也并不多见，而在菲利普二世时代——“漫长的16世纪”（中国的明代），人们当然更难认识到这个问题。实际上，当时的人完全不可能想到一个日后支配世界的资本主义制度会从这里产生，甚至连菲利普二世本人也对以他命名的那个时代之最大发明——炒卖债券的生意充满鄙视：

> 证券时代并不是1579年随着皮亚琴察最初举办交易会开始的。整个16世纪都为这个时代做了准备。但是，1566年以后，或者更确切地说，1579年之后，证券占据了十分重要的地位，以至连那些与商业很少关联的人也觉察到这一点。分工的发展使得银行家从商业活动中脱颖而出，或者更确切地说，产生了银行家和金融家的职业，因为他们的活动从一开始就以君主的财产为对象。作为历史学家，我们必须找出这种职业的特殊性，以便懂得当时为什么有人会对这个职业感兴趣。因为对当时诚实明理的人来说，金钱只是商品的随从，在他们看来，“真正的交易”是诚实贸易的结果。因此，他们不能接受，钱可以脱离商品而单独进行买卖。他们不能接受，在皮亚琴察，一切都通过转账结算。菲利普二世就承认，他对汇兑一窍不通。可能正是因此，他对热那亚人非常敌视。[15]

地中海银行家，是伴随着白银开采所造成的新时代而产生的：大规模白银的开采和运输，必然催生一个掌握、经营大量货币、汇票、债券，从而有能力向统治阶级放债、向他们发动的战争投资的阶层。16世纪70年代，这个阶层首先在白银贸易的十字路口——地中海的热那亚产生，正如布罗代尔所说：

他们的活动从一开始就以君主的财产为对象。

布罗代尔所说的“君主的财产”，也就是指西班牙的美洲，正如本书前揭：在16世纪，蒙古、琉球是中华帝国购买力援助的对象，而美洲却是欧洲以武力获取的财产。这使得西班牙帝国可以将美洲作为“抵押”，源源不断地向全世界的商人借贷。

因此，美洲的殖民与欧洲资本主义体制的确立，是一个铜币的两面，是同时发生的、彼此联系着的历史过程。布罗代尔说：美洲的发现，使欧洲在一瞬间积累起超级财富，而这些财富则推动了资本主义在欧洲的崛起与发展。

尽管人们对（证券）交易会做了种种指责，但这个世界是“合理的”，因为它掌握着未来的钥匙，他们不懂得交易会的活动是智慧的活动。实际上，证券的出现及其发展是经济生活的一种新结构的出现之开端，是对经济生活的必要补偿。热那亚人在这方面起着先驱的作用，并迅速掌握了最先进的技术。当然，他们的错误在于过分相信了证券交易的优越性，被金融业的迅速发展陶醉，并逐渐脱离了大西洋的商品贸易。直到1556年，他们在大西洋贸易中还占据重要地位。有人说，热那亚的失败是金融或者证券的失败，是忠于传统贸易活动的商人的胜利。其实不然，随着美洲的发现，一场地理革命用了一个多世纪才宣告完成，与此同时，另一种资本主义悄悄发展起来。这是新金融家的胜利。葡萄牙放款人以北欧放款人为后盾，于1627年在马德里操纵金融活动。这实际上是荷兰资本主义发展的阶段之一。至少从1609年开始，荷兰资本主义已经拥有了自己的上层建筑，其中包括最现代化的信贷机构。地中海资本主义为荷兰资本主义提供了样板，而其经过长期苦心经营而确立的地位也将被荷兰资本主义取代。[16]

历史就是在这里展开“大分流”的：1378年，即明朝建立后十年，威尼斯取得了地中海的贸易独占权。1450 年，明英宗在土木堡战役中被俘。三年后，奥斯曼帝国穆罕默德二世攻陷君士坦丁堡，东罗马帝国灭亡。1517 年，路德发布《九十五条论纲》，掀起新教改革运动。1530 年，明朝在北京建圜丘、方泽、日坛、月坛，以再次确认礼制秩序。1566 年，尼德兰独立战争爆发。1573 年，张居正发动改革。1600 年，英国东印度公司成立。1640 年，英国资产阶级革命爆发。1644 年，北京陷落，明朝瓦解。

如果说 16 世纪是资本主义和民族国家在地中海地区的滥觞期，那么，随后到来的 17—18 世纪，乃是欧洲民族国家秩序的形成期。历史转折点则是西班牙帝国的崩溃。

1452 年，来自瑞士哈布斯堡家族的腓特烈三世当选神圣罗马帝国皇帝，从此，神圣罗马帝国皇位就一直在哈布斯堡家族传递。1556 年，查理五世将庞大的帝国分割为东西两半，西边一半是西班牙—哈布斯堡王朝，东边一半是匈牙利—哈布斯堡王朝——奥匈帝国的前身。在长达 150 年里，哈布斯堡王朝的西班牙和奥地利分支通过频繁的家族内部通婚保持着紧密的联系，直到 1700 年的西班牙继承权危机为这个“双头鹰帝国”画上了句号。

西班牙—哈布斯堡王朝的崩溃，标志着欧洲资本主义的中心由地中海地区的意大利转向大西洋，而导致西班牙帝国崩溃的，则是 1701—1714 年长达 13 年的“西班牙王位继承战争”。这场神圣罗马帝国联合欧洲新兴列强与法国波旁王朝之间进行的战争，更是欧洲内部帝国向民族国家转换的重要标志。在 18 世纪初的欧洲大陆上，日渐衰落的神圣罗马帝国及其两个“双头鹰王朝”与法国是彼此鼎立的均衡势力，而这种武力均衡在 18 世纪伊始，却被一个看似偶然的事件——西班牙国王查理二世的“无子而终”打破了。因为查理二世与神圣罗马帝国、波旁王室都有复杂的血缘关系，故二者都要求自己的代理人继承西班牙王位。在法国波旁王朝的大肆活动之下，查理二世将西班牙王位留给了其侄子安茹公爵菲利普（即后来的菲利普五世），因为这个菲利普正好也是法国国王路易十四的孙子。虽然遗嘱规定法国、西班牙两国不能合并，但如此一来，菲利普实际上终将继承西班牙和法国两个王室，从而导致法国以合法继承的方式合并西班牙帝国，如此就会导致当时的欧洲“均势”破产，产生一个独霸强权。在这种情势下，神圣罗马帝国便与当时的新教国家尼德兰、英格兰联合起来，掀起了对西班牙和法国的战争。直到 1714 年双方筋疲力尽，才签署停战协议，菲利普五世宣布放弃对法国王室的继承权而留任西班牙国王，这使得两大强权的合并成为不可能，更使“帝国”之梦从此在欧洲难以为继。欧洲得以生成“主权平等”之“权力均衡”的国际法概念，也是这场大战的重要成果。

这场大战对 18 世纪以降欧洲局势之重组产生了巨大影响，首先是对法国的影响：虽然西班牙王位最后被波旁王朝的菲利普五世继承，但《乌得勒支和约》规定法国与西班牙不可合并，法国在这场战争里损兵折将，非但路易十四称霸全欧的计划被制止，而且从此法国便开始被英国压制，这种情况直至拿破仑战争时才有所改观。

其次是对神圣罗马帝国（德意志）的影响：神圣罗马帝国在三十年战争后，本已变得四分五裂，趋向灭亡，但这场西班牙王位继承战争戏剧性地挽救了神圣罗马帝国，使得帝国内部各邦国独立的气焰稍为减弱。德意志最主要的邦国普鲁士则借支持神圣罗马帝国的军事行动，由神圣罗马帝国皇帝利奥波德一世那里取得了王国的主权地位，而德意志踏上其第一轮独立强国之路，实自是开始。

也就是在西班牙王位继承战争中，出生于神圣罗马帝国首都法兰克福的梅耶·阿姆谢尔·罗斯柴尔德因替皇帝承办军需而崛起为欧洲著名的银行家，并在战争中将他的贸易和金融网络布满欧洲。

至于荷兰，则从此摆脱了西班牙帝国的控制，走向彻底独立和真正崛起，而英国更是继承权战争的最大赢家，因为它在这场战争里大量夺取法国的海外殖民地，成功巩固了海上优势，并与荷兰联手将欧洲的资本中心由地中海转向了大西洋，从而走上世界霸权之路。

当然，西班牙王位继承战争更为重要的影响是：它大大提升了人类互相毁灭的战争水平。这场战争淘汰了欧洲三十年战争后所一直沿用的火枪及长矛方阵战术，而以攻击力更强的滑膛枪、步兵横队战术代之。同时，交战双方开始使用爆炸弹和霰弹，使得火炮攻击的杀伤力更强。后勤补给的效率亦大为改善，使得持久战变得更为可能。交战双方亦开始进行大规模的机动战与城塞战，这种战争的模式至拿破仑战争时则更上台阶。

因此，弗里德里希·迈内克如此评价此番战争造成的转变：

> 在许多方面，西班牙继承战争是百年后欧洲将经历的大动乱和大复兴的前奏——由查理五世和斐迪南一世建立的、完全陈旧衰老的西班牙—哈布斯堡集合权威与双头政治体系被成功推翻。这个体系的单一支柱被完全击碎为各个部分，曾包括西班牙、比利时、米兰和南意大利在内的西班牙权威构造分崩离析。这是个意义非凡的事态，因为关于欧洲权威和领土关系状态的历史传统由此遭到第一次巨大打击。此前，总的来说，在国际斗争中，只

> 有个别省份和国度被输掉或赢取，但是，现在倾覆的是整个体系，是一个普遍主义的大帝国……于是，作为欧洲国家体系基本特征的变动性和不牢靠就越加增强了，一种速赢速输、交替坐庄的模式出现了。这强有力地刺激了各种政治野心，而且，假若它们背后的国家资源更为充裕，它们就更容易取胜，这招致了紧随西班牙继承战争的 20 年里国家形式的剧变。[17]

此次大战造成的一个更为重要的结果是：旷日持久的战争使得欧洲各国负债累累，均陷入严重的财政危机；脆弱的和平又使得新的战争随时可能再爆发，所以既要随时准备战争，同时又要筹资偿还原来的战争借款，正是这样的情势催生了英国的垄断公司。1711 年，英国决定成立“南海公司”，政府授予该公司与西班牙控制的美洲进行贸易（主要是奴隶贸易）的垄断权，而作为交换，该公司必须认购政府发行的战争国债。进一步，政府有权向南海公司垄断的美洲贸易收取国税，同样也是作为交换，政府则支付南海公司购买的战争国债 6% 的年利息。随后，东印度公司、英格兰银行也采用同样的方式得以形成。这样，垄断海外贸易的资本家阶级以垄断贸易公司的方式放战争款，而民族国家以国债和国家税收为抵押进行战争融资——现代民族国家的体制由此形成。

正如马克思在《资本论》第一卷中所指出的，英国正是在乌德勒支和谈时，通过阿西恩托条约，从西班牙人手里夺走了经营非洲与西班牙美洲之间贩卖黑人奴隶的特权，英国资本原始积累的第一桶金来自贩奴，而非工业革命。

实际上，自 1588 年伊丽莎白一世在海上击败西班牙无敌舰队以来，英国与西班牙之间的海上争霸就没有停止过。1625 年，英国与西班牙再开战端，英国惨遭败绩，查理一世不得不通过议会向国民加税而募集战争经费，填补战争亏空，英国国王与议会之间的长期冲突就此展开。1688 年，当英国王权可能落到天主教教徒手中之际，为了避免反对天主教—法国的“新教国际统一战线”崩溃，尼德兰的威廉三世又是靠着阿姆斯特丹银行里犹太人提供的秘密贷款，才出其不意地跨过英吉利海峡，夺取了自己岳父的英国王位，而夺位甫始，由于威廉三世面临着偿还债务的巨大财政负担，他立即通过立宪体制说服议会，以征收高额消费税来获得财政资源，并以此国税为抵押发行国债，这即是英国此后走向不断发债、不断进行军事扩张的恶性循环的开始。欧洲真实的历史告诉我们：所谓“国会”，实乃一为确保还款而设立的征税机构；所谓“君主立宪”，乃是限制荷兰出身的君主及阿姆斯特丹银行无节制地汲取英国百姓税收财富的制度；所谓资产阶级革命、君主立宪体制之实质，其根本就在于此，它绝无晚清改良派所说的那种政治神秘。

战争和借贷这两个联系最紧密的方面，构成了资本主义的上层结构，而从下层和基础结构来看，民族国家建构的最关键的阶段，乃是作为民族国家主体的市民阶级（资产阶级）的产生。而且，正如马克思在《黑格尔法哲学批判》中所指出的，这个随着民族国家一起诞生或者被发现的“阶级”，一开始并不是工业革命的主体产业无产者阶级，而是作为纳税人的“市民阶级”。这个市民阶级主要由从事美洲和亚洲贸易的商人构成，这些商人是作为国家税收的主体被发现并在这个意义上才被赋予“资产阶级法权”的，海外利益和殖民地争夺因此变得十分重要。这就涉及战争之“善后”与欧洲民族国家建构之间的关系。

民族国家最重要的政治建构，其实是在弥补战争损失中完成的。这个过程的实质，也就是致力于把战争的代价转嫁到殖民地和“全体国民”的头上，而通过发明有效的机制，使得“国民”心甘情愿地接受这个代价，是欧洲现代民族国家最关键的一环，因为它深深地牵扯到国家与“市民社会”的关系，牵扯到为了寻找最终的“付费者”，国家不得不面对具有支付能力的“市民社会”，从而发展出国家—市民社会间的谈判技巧。这一过程也表明国家的“强制”能力发展到一个新的阶段，即国家懂得了如何以谈判和妥协的方式对社会进行“强制”。这种国家统治方式的转换在亚当·斯密的经典著作《国富论》中得到最为理论化、系统化的表述。如果说在托马斯·霍布斯的《利维坦》中，社会相对于国家来说还是一个危险的丛林，那么在斯密那里，市民社会则是财富的渊薮，国家欲求富强，就必须鼓励和放任市民社会的发展。

《国富论》的第五篇《论君主或国家的收入》，占了全书近1/3的篇幅，可以被视为该书之主干，而其第一节就是《论国防开支》，斯密这样指出：“君主的首要职责在于保护社会不受其他独立社会的侵犯，而只有靠职业化的国民军队才能完成这一职责。但和平时期备战和战争时期动用军队的开支，在不同的社会状态及不同时期极为不同。”[18] 斯密的出发点与马基雅维利的《君主论》完全一致，因而可以说是欧洲政治传统，即治国理政经验的进一步发扬：国家之强大，归根结底取决于一支职业化的国民常备军队伍。不同的是，马基雅维利仅仅把叙述重点放在了军队的组织和训练方面，而斯密则将论述重点放在了军费的筹措方面，与《君主论》相比，斯密的真正贡献是指出在寻求战争付费者的过程中，简单的、一味的强制不但不能奏效，而且往往总是适得其反。所以，一方面，国家需要发展出其补偿机制，包括给予市民选举权、参政权，首先便是参与殖民地贸易权作为补偿——这对市民社会来说就是“无权利则不纳税”；另一方面，国家还必须发展出其动员机制——现代“民族主义”就是这样一种“战争税务动员机制”，目的就是通过维护海外和殖民地利益保证税收。

鼓励市民社会壮大的根本原因就在于国家的税收旨趣。这就是为什么所谓的“市民社会”其实也就是指“纳税人”集团。与那些单靠人头税、地租和贡赋维持统治的传统国家不同，现代民族国家的自我建构的完善，实际上又总是与新的税种的发明携手而行的。

斯密指出，这些税种主要有：其一，流通税。其中包括海关、通行费、交易税、转让费和物流费。实际上，现代民族国家对“自由贸易”的旨趣，在很大程度上是与它对流通税的依赖密切相关的，其实这也是英国与清王朝一个重要的不同之处。我们知道，在鸦片战争之前，中英两个政府的区别并不在于一个鼓励贸易，而另一个则恰恰相反，真正的区别或者英国鼓励贸易的真正动因在于殖民地贸易是其宗主国征收“流通税”的主要财源，清朝财政由于不依赖流通税而主要依赖土地税，对贸易就没有那么上心。以对鸦片的态度为例，清王朝认为它既是毒品，故而根本就不能流通，但是，即使在《南京条约》签订之后，英国力图迫使中国接受的也不是让鸦片贸易“自由流通”，而是强调要对鸦片贸易征“流通税”。

其二，收入税。正是这一税种才需要一个庞大的工资劳动者阶层的出现。因为工资是货币化的收入，也就是说，工资的支付方式使得每个社会成员都参与到货币经济中，而只有在大多数人都为工资而工作的社会中，“收入税”才能成为国家通过税收手段直接向全体国民或大多数国民榨取资源的手段。在这个意义上，维护工资劳动，甚至为劳动者争取工资，并不是社会主义和社会民主主义福利国家的发明，而是现代民族国家的普遍机制。尽管中国是世界上最早对全民普遍征税的国家，但是直接面向零散的小农征税，代价远比工商社会高昂，在一个靠“文化软力量”进行统治的国家中，这种旨在增加国家税收的改革会遭到“道学家”的反对，最终并不能真正实行。

其三，市场机制。市场机制的运动只能通过“价格”这个信号辨认，也就是说，只有每一件物品都是有价格的，全面征税才有可能。因此，市场机制的建立是与国家税收的无孔不入紧密相连的。在这个问题上，恐怕也没有一部著作比亚当·斯密的《国富论》解释得更清楚、更精彩的了，《国富论》特别强调指出：积极扩大对亚洲的贸易，这是英国税收的迫切性要求使然，与在美洲殖民地强制征税对比而言，对亚洲和“东印度”的贸易，将大大增加英国的财富，因为比起美洲殖民地而言，亚洲和中国更富有，因此，斯密当时所鼓吹的自由贸易，一方面是批判西班牙对美洲殖民地的榨取，警告这种榨取已经接近极限；另一方面，鼓励英国将贸易的重点由美洲转向东亚和中国，方才显现出斯密的远见卓识之处。斯密说：西班牙人对美洲的兴趣不过就是对贵金属的贪婪，与美洲土著野蛮人交往，从根本上说不会给欧洲带来什么好处，美洲种植业不但使美洲的生产单一化，长期看来更会使得欧洲的经济单一化，而在这个世界上，只有中国和亚洲的文明程度与欧洲相当，而文明国家之间的贸易，才会使英国得到更多的利益和税收：“如果东印度贸易是完全自由的，那么它所提供的市场将比欧洲和美洲的市场加起来还大，也就是说，欧洲的制造业和美洲的金银和其他产物加起来，也不如广阔的东印度市场带来的多”，斯密关于欧洲在美洲的榨取、掠夺已经走到了尽头，故英国应该积极通过对亚洲的贸易扩大国家税源的看法，充分显示了他惊人的预见能力，而就在《国富论》发表那一年，美国独立宣言发表，美国独立是对斯密学说的第一次直接回应，在此我们不再赘述。[19]

综上所述，鼓励自由贸易、鼓励就业与工资劳动、鼓励市场经济，这三者综合起来就是鼓励市民社会的形成和壮大，而其真正目的就是现代民族国家以税收的方式从贸易、工资和物权中榨取资源。当然，这种榨取不是强行的，而是通过一系列的国家建构和机制，通过国家与市民社会“谈判”的方式，以契约的方式达成的。在这个意义上，正如马克思和黑格尔都指出过的，正是在“国家”与“市民社会”的关系中，包含着现代统治方式的真正秘密。

总体来说，现代“民族国家产生的秘密”与亚当·斯密的“国民财富产生的秘密”确实是一个同步的过程：银行家以信贷的方式投资战争，国家以主权和官僚制的形式经营管理战争，这构成了资本主义体制的上层结构；而“民族”和“市民社会”被呼唤出来，则是为战争承担代价，这又构成了基础结构——这大致上就是欧洲式的现代民族国家围绕着战争财政被建构起来的基本步骤。

在欧洲民族国家的形成过程中，作为“战争税务动员机制”的“民族主义”，当然也是民族国家建构的极其重要的一环。作为意识形态动员机制的民族主义，并不仅仅是一种宣传和“煽动”，因为作为战争意识形态的民族主义，同样有着坚实的现实经济功能。从欧洲的视野看，民族—国家的理论是由德国浪漫派的思想家提出的，但这一理论的扩展则是由于法国革命的实践。我们与其抽象地说民族主义是法国革命的产物和导火索，不如说民族主义实际上起源于法国为准备战争而发明的公债制度。正是法国战争公债的全盘破产，出乎意料地导向了一场“由民族来拯救国家”的社会革命——这当然就是大革命。换言之，理解民族主义的关键在于理解法国革命，但是，真正理解法国革命的关键在于理解法国国家财政的破产原因，而法国财政之所以破产的关键，就在于战争公债制度的危机和崩溃。

自1620年起，在反对西班牙—哈布斯堡皇帝查理五世的宏大战役（法国对西班牙帝国的战争）中，法兰西斯一世就首创了以发行战争公债的方式向巴黎的商人借钱的“国债制度”。从那个时代开始，法国的国债不断飞速上涨，1701—1714年，为了应付上述因菲利普五世继承权而起的波旁王朝对尼德兰、英国和神圣罗马帝国的战争，不断延期的战争借款终于使得法国陷入灭顶之灾。绵延100多年的战争中最重要的则是随之而来的1756—1763年英国和法国之间的“七年战争”。英法“七年战争”之所以重要，乃是因为这场战争并不仅仅是在欧洲打响的，而是从欧洲一直扩展到亚洲的印度和殖民地美洲，从而成为不折不扣的殖民地争夺战。所以，从最严格的意义上说，西方列强为争夺殖民地而发动的第一次“世界大战”，其实并不是在1914年才爆发的，1756年以英法战争为导火索，进而席卷全球的“七年战争”，其规模已经类似一次“世界大战”。

正是靡费空前的“七年战争”，最终将法国的财政推向破产，因为法国在这次大战中丢掉了其在亚洲和美洲的大部分殖民地：1756年，随着英法战争的爆发，战争立即就扩张到亚洲的印度，英国东印度公司与法国武装起来的孟加拉纳瓦尔之间的战争，奠定了英国东印度公司统治印度的基础。在美洲，“七年战争”被称为“法兰西印第安之战”，战争的结果是签订《英法和约》，据此和约，法国又让出魁北克和包括底特律在内的要塞，以及除新奥尔良外的密西西比河以东的土地。战败不仅耗尽了法国的财政，而且使得法国丧失了海外的生财之道——殖民地（英国则恰恰相反），如此一来，法国王室也就丧失了通过授予殖民地垄断权向银行家继续贷款和延期贷款的资本。

然而，不甘心失败的法国随即又卷入美国独立战争。法国王室孤注一掷，以无偿赠款的方式为美国独立战争提供了大部分财政支持，借殖民地起义之手对英国实行报复。美国独立战争对英国的最终胜利，却是以法国财政的最终破产为代价换来的。法国革命被马克思称为“最伟大的天才也想象不出的戏剧”，其第一个戏剧高潮就在于：美国的最终独立，反过来使得法国的国家财政破产，更使得法国的海外税收几乎完全枯竭。这直接导致了 1786 年的巴黎贵族会议的呼吁：如果不给贵族更多的国内特权（实际上法国贵族的特权已经太多了），他们就拒绝付战争款，与此同时，他们不再允许王室继续借贷，并要求偿债。王室与贵族之间讨价还价的失败，自然使得王室把税收的希望寄托于市民资产阶级，特别是广大劳动者阶级身上，这又进一步导致 1789 年的国民议会的严重呼吁：如果国家想要通过发行新税种的方式从国民那里拿到钱，它就必须让“第三等级”有更大的发言权。不过，这里的关键却在于大革命前西耶士那篇战斗檄文所使用的那个挑战性的标题——究竟什么是“第三等级”？

实际上，“第三等级”这个表述包含了法国社会的根本问题，甚至可以说包含了整个欧洲社会结构内涵的根本矛盾，因为这个“用数字来表示的名称”本身缺乏任何特殊内涵，它最初不过就是对封建特权阶级——教士和贵族的否定罢了。卡尔·洛维特说：

西耶士的檄文对于什么是“第三等级”做出了三个简短回答：（1）第三等级是什么——是一切！（2）它迄今为止是什么——什么都不是！（3）它要求是什么——要求成为某种东西！

在讨论了这些之后，人们为了让这些“什么也不是”成为“是一切”，当然就必须采取革命的手段。因为第三等级有这样的权利，因为他们做了“一切有益的工作”，而与他们相反，贵族和教士只是毫无用处的受益者和消费者。什么是第三等级的工作？它包括农民的田间劳作、手工业者对原材料的加工、商人所促成的交换和更高级的教育部门（教师、公务员和律师），他们已经构成了一个“完备的国民”；在这里，西耶士所说的“国民”与卢梭在《契约论》中所说的“人民”是一回事，在第三等级中联合起来的人们的共同性，是建立在其“利益的共同性”之上的，利益共同性也说明了平等的政治权利，由此也表明了市民社会的经济学特征。[20]

可见，第三等级包括农民、手工业者、商人、教师、公务员和律师——他们与不劳而获的教士和贵族处于对立状态。这种对立状态表明：对“人民”实行平等，就必须对贵族阶级实行专政。1789 年发表的《人权与公民权宣言》之所以是一个矛盾的宣言，并不是“彻底革命的宣言”，就特别鲜明地表现为：第一，它同时诉诸“人权”与“公民权”这两个彼此矛盾的范畴，其中“人权”是相对于教权而言的，正是“上帝面前人人平等”这个说法深刻表明，西方“人权”思想的最终根源就是基督教；而“公民权”是相对于国家主权而言的，它的基础则是卡尔·洛维特所谓的“第三等级利益的共同性”，说穿了，“公民权”所厘定的其实就是纳税人的权利和国家的义务。在法国大革命中，需要确立的当然是公民权，也就是市民社会的权利，而并不是基督教所倡言的人权、“(上帝面前)人人平等”。第二，将《人权与公民权宣言》简称为“人权宣言”，这是一个精心的误导，它掩盖了法国资产阶级革命的实质或者掩盖了其根本上的革命精神，因为这种革命精神就在于它以“公民权”推翻“特权”，以“人民的权利”推翻“教权”，特别是以“主权”推翻抽象的“人权”，以人民的、第三等级的专政对抗抽象的“人”。实际上，也正是由于这种精心的误导，西方世界才得以通过歪曲自己的历史，反过来以“人权高于主权”的虚伪说教行霸权主义之实。第三，出于本阶级的利益考虑，法国资产阶级对“公民权”的界定过于狭窄，即他们只是给第三等级中的商人、律师、公务员和教师赋予公民权利，而将农民排除在外。因此，大革命的动因是双向的：一方面，国家被要求按照第三等级中一部分人的愿望改造；另一方面，全体国民(特别是农业税的承担者——广大小农)以“法兰西民族”的名义为战争承担代价。

“第三等级”登上历史舞台，这是马克思所说的法国资产阶级革命“戏剧”的第二个高潮。同时，从马克思的角度看来，作为一场充分暴露出资产阶级的“不彻底性”的革命，法国革命更富于戏剧性之处在于：国家只顾跟贵族和资产阶级讨价还价，却忘记了法国人口的大多数——小农。国家税种的增加，其实是把主要财政税收负担压在了小农身上，但法国资产阶级革命没有满足占法国社会主体的广大小农的任何要求，从而使得处于社会最底层的法国小农转而站在了帝制的一边，积极组织起来反对资产阶级革命。或者说，也正是这一点，才使得广大的法国小农作为“秩序”的拥护者站在了皇帝和“秩序”的一边来反对资产阶级革命造成的“动乱”。这可以说是“戏剧的第三个高潮”。

最终出场的伟大戏剧人物，就是那个真正将法国从战败和资产阶级革命的混乱中拯救出来的人，拿破仑这个“战士”一举抓住了现代民族国家的本质就是“战争”这个要害，他以民族主义为动员，以民族国家的名义打击和扫荡欧洲的贵族阶级，以军队和战争的方式向欧洲输出资产阶级革命，从而解决了法国的认同危机，并从这个角度彻底改造了欧洲的政治结构。在这个意义上，拿破仑的军队——一支农民的军队，对造成欧洲长期战乱不休、分崩离析的根源——封建贵族阶级施行了灭顶式打击，恰恰完成了资产阶级启蒙知识分子想要完成而没有完成的建立现代民族国家的任务。因此，在总结法国大革命“这出即使是天才也想象不出的戏剧”时，马克思在《路易·波拿巴的雾月十八日》中赞美了拿破仑将保守的农民引向进步的资产阶级革命的历史首创精神。

很少有欧洲的历史学家指出过：拿破仑重建法国和欧洲制度的思想，特别是消灭贵族阶级、在统一的民族国家内部施行行省的思想，是受到了奥斯曼帝国治国理政经验的启示。实际上，欧洲语言中“州”（sangiaccati）一词就来自土耳其语“旗”（sangiaq）。换句话说，法国革命实际上有着其深刻的“东方政治来源”和“东方思想基础”。

马基雅维利早就这样对比过奥斯曼统一的行省制度与法国分崩离析的贵族制度之间的区别：

> 在我们的时代里，关于这两种不同政体的例子就是土耳其皇帝和法兰西国王。土耳其皇帝的君主国是由一位主子统治的，其

余的人都是他的臣仆。土耳其皇帝把他的王国划分为若干“州”，他派遣各种官员到那里去，并且可以随心所欲地调动或者撤换他们。但是，法兰西国王处在古来就有的一大群贵族当中，这些贵族又为他们的臣民所公认和爱戴，并且更重要的是：这些贵族又都拥有各自的特权。国王除非自己冒险行事，否则是不能够剥夺这些特权的。因此我们如果考察这两个国家，就会认识到占领土耳其皇帝的国家是困难的，但是一旦征服，保有这个国家相对容易。反之，事实证明：从某些方面说，占领法兰西这个国家是比较容易的，而要保有它却是困难的。

占领土耳其的王国之所以困难，原因在于入侵者不可能由王国的王侯勾引进来，入侵者也不能依靠内部的叛变而得利——因此，向土耳其进攻者必须想到：他将会遇到团结一致的国家，他必须依靠自己的力量而不是依靠别人的叛乱。……那些像法国那样统治的王国里，情况就恰好相反：因为在那里常常有不满分子和希望变革的人，如果你把这个王国的贵族争取过来，就很容易入侵那里。那些人会为入侵开路，使你轻而易举地取得胜利。但是，如果以后要保有这个国家，你就会遇到无限的困难，它来自那些曾经帮助你夺权和你已经打败了的人们。你只是消灭了君主是不够的，因为残存的贵族将成为新变革和动乱的首领。而且，你既不能使他们心满意足，又不能灭绝他们，因此，当他们的时机一旦到来的时候，你就会失去这个国家。[21]

在这个意义上，拿破仑领导的法兰西帝国战争所打击的真正目标和对象，就是扫除欧洲战乱的核心——封建贵族集团，重建一个可以与奥斯曼帝国匹敌的统一的欧洲制度，拿破仑几乎已经做到了这一切。最终阻挡住拿破仑的，并非马基雅维利所预言的封建贵族阶级的复辟，而是一个新兴的欧洲金融资产阶级的强力。欧洲的金融资产阶级出于放战争国债获取高额利息的目的，利用了封建贵族残余复辟的热望，重新使得欧洲陷入分裂和战乱的民族国家争霸。

拿破仑于1806年击溃了神圣罗马帝国，但是，他没有击溃神圣罗马帝国的理财人罗斯柴尔德家族[22]，而最终击败拿破仑的，恰恰是这个家族。在迈耶·阿姆谢尔·罗斯柴尔德毕生的财富中，最珍贵的莫过于他的五个儿子。迈耶一共有19个孩子，这实在算是个奇迹，其中的五个儿子——阿姆谢尔、所罗门、内森、卡尔曼和詹姆斯长大后分驻欧洲各地，各自经营家族金融网点，形成互联互通。作为银行家，罗斯柴尔德的儿子们也很幸运地赶上了拿破仑战争的“美好时光”，其中，最具冒险精神的三子内森负责伦敦的家族生意，也正是这个人决定了滑铁卢战役的胜负。

杰克·卡希尔在《教皇与银行家：一部借贷文化史》一书中揭示了1814年，欧洲最大的银行家迈耶·阿姆谢尔·罗斯柴尔德的三子内森是如何通过担任“反法联盟”的财务官，集全欧的资本之力与拿破仑的共和革命相对抗的。卡希尔说：“历史学家现在还在疑惑，为何这个不满40岁的商业银行家，不久前还只是个小纺织品出口商，居然成了从拿破仑手里拯救欧洲的人。”

众所周知，第七次反法联盟的总指挥是英国陆军元帅威灵顿公爵，但是，内森的哥哥所罗门从不这样看，他这样说：“我在伦敦的弟弟才是总指挥，而我则是他的陆军元帅。”

滑铁卢战役的重大历史意义在于：它是一场金融资本家支配的战

争，开辟了资本与国家联合统治的模式。

这是因为在战争开始之前，英国的财政已经完全破产了，威灵顿报告说，他不仅不能出兵，而且连家门也不敢出，“因为公债的债主们正在门口索要该还给他们的钱”。

内森就是在这样的情况下上任财政官的，他利用家族的走私渠道为联军筹措军需，利用家族银行网络把欧洲的硬通货聚拢到伦敦，他使伦敦成为吸金之所，伦敦金融城由此诞生，而战争的天平就这样倒转了。

关于滑铁卢战役一向有许多传说，其中就包括内森在战争胜负已见分晓时辞别战场，闯过风高浪大的英吉利海峡一路狂奔回家，大肆购买正在崩盘的英国股票，因为他知道“反法联盟”战胜的消息会大大抬升英国股票的价格。据称，他此举将 1.35 亿英镑收入囊中。

滑铁卢战役结束后，罗斯柴尔德家族被英国王室授予勋爵，从那时起，这个家族与伦敦金融城一起，成为英国的象征。

普鲁士虽侥幸赢得了战争，但财政因此破产，遂不得不求助于罗斯柴尔德家族，而后者发放贷款的条件却是以普鲁士皇家领土为抵押。

拿破仑终于被击败了，欧洲历史遭遇了滑铁卢，仿佛又退回了起点——国家依然还是家族的，只不过是由新的金融贵族代替了旧的土地贵族而已。

戴维·摩西·皮德科克正是从如下角度深刻揭示了近代欧洲与伊斯兰世界冲突的内在原因。从这个意义上说，他是当今欧洲少有（甚至是仅有）的一位站在伊斯兰文明立场上或者文明互动的立场上去理解、解释拿破仑革命和法国大革命之世界史意义的思想家。他这样论述《拿破仑法典》对欧洲金融资产阶级的打击：

> 这就是拿破仑废除高额利息的原因。他知道：除非在欧洲消灭银行家的利益，否则战事就将绵延不休。他在1798年命人翻译了伊斯兰法典《伊玛穆马里克》，并以其充实国民法典，大家更为熟悉的是这个法典的另一个名字——《拿破仑法典》，其中90%的内容来自伊斯兰法典。拿破仑对于废除重利这一举措的重要性，可以从他如下言词中得到理解。他说："利息这个怪物没有毁灭全部的人性实在让人惊叹，若不是破产和革命充当了反方向的阻力，人性早就被毁灭了。"但是，这也就是滑铁卢之战的真正原因所在，为了银行家的利益，为了他们通过支持战争获得超额利润的贪婪，拿破仑就必须被阻止，也就是说，这与其说是阻止他传播"异教"，还不如说要阻止他传播民主信仰。[23]

在这个意义上，西方对亚洲的战争是其旷日持久的对奥斯曼帝国战争的延续和扩大，而长期以来欧洲保守主义的思想家从各个方面对法国革命的攻击，从根本上说就是因为这些保守势力所代表的是金融资产阶级的利益。金融资产阶级之所以在对伊斯兰世界旷日持久的战争中一直扮演着举足轻重的角色，是因为他们要阻止的对象并不是拿破仑这个人，而是以这个人的名字命名的《拿破仑法典》，同样地，他们所要攻击的也不是伊斯兰"异教徒"，而是伊斯兰法典中所包含的禁止私人银行家放债剥削的民主内容。

回顾欧洲金融发展的历史，无论圣殿骑士团、美第奇家族还是罗斯柴尔德家族，他们都有一个共同特点，那就是作为教皇的理财人而崛起，作为宗教战争的军需筹措者而建立了遍布欧洲的金融借贷网络。这证明了马克思一生中最重要的发现之一：欧洲的教会是一个经济体系，而且也是一个金融借贷体系——当然也是个战争体系，更直接地说，是一个为战争服务的金融借贷体系。正是在这个体系中，深刻地埋藏着现代资本主义的起源。

毫无疑问，将宗教体系作为经济体系来批判，这是马克思的独创，这种独创性表明，马克思对于资本主义起源的认识，马克思对于经济学的理解，与包括恩格斯在内的社会主义者完全不同。在马克思的家乡特里尔，居民以天主教教徒为主体，而其东部与信奉新教的普鲁士接壤，北部则是加尔文教徒聚集区，马克思则出身犹太拉比世家。对这里的人民来说，宗教就是“他们的活动方式”，“是表达他们生命的一定的方式”。宗教也决定了马克思的成长环境。马克思正是通过揭露宗教的经济性质展开他的宗教批判的。这就是马克思学术工作的起步，也可以说是马克思主义的起源。

这表现在 1843 年的《论犹太人问题》中，在这篇文章中，马克思指出，基督教是贵族阶级的经济学——“基督教国家只知道特权”，而犹太教则是市民社会的经济学——因为犹太教追求的人权就是私有产权，“自由这一人权的实际应用就是私有产权这一人权”。

更为重要的是，马克思在《〈黑格尔法哲学批判〉导言》中，深刻地揭示了新教革命的实质：这无非就是把宗教的虔信转变为信用，把信仰的学说变成了信用的学说，而资本家就是那些掌握了社会信用的人。这是马克思公开发表的第一篇文章，标志着马克思主义的诞生。

在那里，他这样惊世骇俗地写到新教革命：

> 的确，路德战胜了虔信造成的奴役制，是因为他用信念造成的奴役制代替了它。他破除了对权威的信仰，是因为他恢复了信

仰的权威；他把僧侣变成了世俗人，是因为他把世俗人变成了僧侣；他把人从外在的宗教笃诚中解放出来，是因为他给人的心灵套上了锁链。

在次年撰写的《1844年经济学哲学手稿中》，马克思进一步指出，新教，作为一种关于“信用”的学说，实质上就是资本主义的国民经济学：

> 信贷是对一个人的道德做出的国民经济学的判断。在信贷中，人本身代替了金属或纸币，成为交换的中介，但是人不是作为人，而是作为某种资本和利息的存在。……在信贷关系中，不是货币被人取消，而是人本身变成货币，或者是货币和人并为一体。人的个性本身、人的道德本身既成了买卖的物品，又成为货币存在于其中的物质。构成货币灵魂的物质、躯体的，是我自己的个人存在、我的肉体和血液、我的社会美德和声誉，而不是货币、纸币。

众所周知，青年马克思是通过对宗教的批判开始他的思想的，而他的结论是：宗教是一种经济学。在他的壮年，他进一步指出，资本主义是一种拜物教。

可见，离开了马克思对宗教的批判，就不能理解马克思主义经济学；同样地，离开了马克思主义经济学，就不能深刻地理解欧洲的宗教传统。

离开了欧洲的“一定的活动方式”，“一定的表现他们生命的方式”——马克思后来将之概括为生活—生产方式，我们怎么能够真实地理解马克思主义呢？

中国的经济学家之所以不能真正理解西方经济学，就是因为他们不能将西方经济学理解为西方人“生活—生产方式的表现”，因此，他们也就不能真正地、具体地理解马克思主义。

马克思对作为“经济学的宗教性”的批判性理解，可以简单地概括为：基督教（天主教）是贵族特权的经济学，而犹太教、新教和加尔文教是资产阶级的经济学。具体地说，犹太教所提供的是私有产权的学说，新教则是关于信用的学说，加尔文教使良心成为数字化、可计量的，而资本主义经济学的实质，则是把数字化的信用进一步货币化、证券化。因此，所谓资本，无非就是货币化的信用。

拿破仑战争的结束，标志着欧洲历史的空前转折，标志着欧洲内部战争的初步结束，更标志着欧洲对世界的殖民战争和帝国主义战争的全面开始。因此，“漫长的 19 世纪”可以分为两个阶段：从 1648 年《威斯特伐利亚和约》体制形成到 1815 年拿破仑战争结束，这是欧洲民族国家的形成期。期间欧洲各国通过建立彼此间的武力平衡，通过作为“停战协定”和“债务协定”的条约体制，把欧洲内部的民族国家体系彼此联结起来。1815—1915 年约百年间，欧洲内部甚至终于实现了千载难逢的“百年和平”，因此，黑格尔方才将 1815 年视为“历史的终结”和启蒙理想的实现。

但是，1815 年又是欧洲将其战争意识形态——民族主义转化为殖民主义的开始，是西方列强通过大规模的殖民战争将战乱全面加诸世界的开始。于是，欧洲内部的“百年和平”，其实是建立在西方列强对外部、对全世界掠夺的基础上的。最终，围绕着分割殖民地，特别是数世纪以来欧洲力图彻底瓦解奥斯曼帝国的斗争，引发了 1914 年的第一次世界大战。今天看来，19 世纪以降奥斯曼帝国的持续衰败，使得整个亚洲失去了其西部的战略屏障，而如果从更为漫长的历史看去，汉代文献中之“条支”，即是地中海东岸的叙利亚塞琉可斯王朝[24]，这是汉代以来，中国世界向西方延伸的边界，而这条沿着地中海蜿蜒的遥远的防线，才是中国乃至整个亚洲的“万里长城”。

与此同时，从欧洲民族国家到帝国主义的霸权建立的历程背后，则是由欧洲内部的资产阶级革命、无产阶级革命到世界被压迫阶级、被压迫民族的“世界革命”反抗资本主义体制历程的延续。

也正是贯穿于“漫长的19世纪”的欧洲“霸权体制”与“反霸权体制”之间的斗争，为我们理解欧洲现代思想发展提供了真实的现实基础。

第四节
从康德到列宁

任何国债，均不得着眼于国家的对外战争加以制订。

——康德《永久和平论》

马克思曾把康德哲学视为1780—1815年法国和欧洲状况在思想上的复杂反映，并把康德视为欧洲现代“思想革命”的开端。这首先是因为第一个把欧洲民族国家的产生，特别是躲在国家背后并役使它的金融资产阶级霸权的兴起视为人类历史“大灾变”而进行批判的欧洲思想家，就是康德。

康德对民族国家的批判，就是对战争的批判。他对战争的批判，又是对金融家放债而国家靠发债券驱动战争的资本主义暴力形式的批判。批判欧洲现代民族国家，并将这种批判引向对金融垄断体制的批判，是康德晚年最为重要的思想工作。

在康德一生写就的艰深晦涩的大部头著作中，恐怕没有一本像《永久和平论》这本小册子那样平易近人的了。《永久和平论》完成于法国大革命之后，系康德在完成“第三批判”（判断力批判）后晚年思想的压卷之作。基于现实的迫切性，在这部晚年的作品中，当康德面对欧洲战乱的痼疾时，他一反常态，抛开复杂晦涩的理论思辨，禁不住这样感慨万千、悲天悯人地写道：

> 有一个医生，他天天都在安慰他的病人说你们不久就可以痊愈了。他告诉其中一个说你的脉搏改善了，告诉另一个说你的排泄改善了，告诉第三个说你的发汗改善了。有一天，病人的朋友来探视，问病人说："朋友，你的病情怎样了？"病人回答："怎么样？医生只是空说改善，而实际上我就要死了。"
>
> 在"国家"这种痼疾和灾难面前，任何人要否定人类的健康或者有改善的希望，我都不会责怪他。不过，我还是信赖休谟开出的那剂英雄主义的猛药，他说："当我看到目前各国国家间杀伐不止时，我就仿佛看到醉汉们在瓷器店里用棍棒互相殴打，他们必须慢慢治疗他们互相给对方造成的创伤，但这还不够，因为他们事后还必须赔偿他们所酿成的全部损失。"弗莱亚人总是觉悟得太晚，然而，当前战争的惨痛后果，却可以迫使政治预言家认识到：人类走向改善的转折点即将到来，它现在已经是遥遥在望了。[1]

战乱频仍的时代，当然是一个思想和精神上的怀疑论盛行的时代。正如康德上述所及，18 世纪欧洲怀疑论的代表者是苏格兰的哲人大卫·休谟，他认为客观的知识是不存在的，人们所表达的无非"意见"，"意见"是从特定立场出发对客观经验的总结，而绝非客观的知识，因此，人们围绕着不同"意见"而进行的争执就是不能停止的。因其怀疑论，休谟两次被爱丁堡大学拒聘，而亚当·斯密亦曾因被发现房间藏有休谟的《人性论》副本而险遭开除。从这部作品（《人性论》）

的出发点来说，大卫·休谟无疑继承了马基雅维利对人性的悲观理解，后者在《论李维》第一篇的第四段里说：人们从来不会按照自己的利益做任何善事，除非有某种强制性的力量驱使他们去这么做。马基雅维利还说：饥饿和贫困使人勤劳，暴力的惩戒使人善良，使得人们达到善和正义的，正是强制的力量。大卫·休谟的巨大贡献便在于将马基雅维利的这种政治学表述进一步推向经济学的领域，即他所提出的著名的“囚徒定理”：只有当两个囚徒都面临着相同的困境——每一方都担心另一方会率先坦白交代的时候，他们才会选择合作，即只有在囚徒困境中，人们才会认识到合作比不合作要好。休谟关于自由贸易与国际合作乃治疗国家间猜忌和永无止境之冲突良药的思想，就根植于他所深处的欧洲社会军阀混战的悲惨状况。休谟把欧洲的这种处境形象地比喻为“囚徒困境”，它表明“饥饿和贫困”的惩罚作为“看不见的手”，与国家这个“有形的鞭子”一样，是使人弃恶从善的动力。这还意味着，在休谟看来，在从事“经济”活动时，人们根本就是按照“恶”的原则行事，因为他们在从事那种活动时，不过是处在“生存竞争”困境中的囚徒而已。

休谟的思想不仅影响了亚当·斯密，而且更深深地震撼了康德。与休谟不同，康德认为，怀疑主义盛行、思想的混乱，其根本原因并不在外部世界，不在于外部世界的混乱和动荡，而在“内部”，在于人的思维方式和“表象方式”的混乱。对人的思维能力和思维方式的全力关注，对思维方式进步的肯定，则使康德将一个混乱动荡的怀疑主义时代引向了一个思维方式大革命和大变革的时代，将“怀疑的时代”引向了“启蒙的时代”。

康德指出：人生在不自由的状态里，而精神上渴望自由，这恰恰说明追求精神自由是人的天性。人即使在监狱里、枷锁中，他的精神依然还是自由的，因此，自由是人的先天本能，是人的天赋，是天赋人权。精神自由有二意：一曰思考的自由。人的认识能力是先天的，也是不能停止的。二曰欲求。物质欲求带来的无非享乐，享乐不能持久，追求享乐，往往徒生烦恼。真正的欲求是精神的欲求，精神的欲求无他，就是把他人也当作人来对待，人总是要顾及他人，这就是道德的起源，因此，道德也是先天的。

因为人具有先天的思维能力，所以持不同意见的人们之间的交流是可能的，只要他们坚持"思想和表述的基本条件"。"思想本身的基本条件"是先天的，是独立于经验而存在的。康德列举了这些基本形式和范畴：空间和时间的感知形式，包括原因、结果在内的 12 个知性范畴，数量、质量及更细的划分。这就是先天的思维能力。

康德运用人"先天的思维能力"来反驳休谟的经验主义怀疑论，他说：按照经验主义的反映论，知识不过就是事物的反映。然而，这恰好不能解释针对同样的事物，我们为什么会有不同的"反映"，为什么会有如此不同、彼此矛盾的知识。康德认为，知识中出现矛盾，只能用思维方式的不同、"表象"方式的不同来解释。人们之所以会产生不同的意见，根源不在外部，而在内部，是因为我们的思维方式、表象方式本身存在矛盾，我们思考就是为了克服思维中的矛盾，而这恰好说明有序的思维方式是先天存在的，是思维方式、表象方式的不同，决定了我们知识中的矛盾。他说：

现在，如果人们假定，我们的经验知识遵照作为物自身的对象，将发生的情况就是：根本不能无矛盾地思维无条件者；与此相反，如果人们假定，我们对事物的表象如同它们被给予我们的那样，并不遵照作为物自身的对象，而是毋宁说这些对象作为显象遵照我们的表象方式，那么，矛盾就被取消了。[2]

外部世界究竟是怎样的？世界会不会变得更好？对于这样的问题，一辈子没有离开过哥尼斯堡的康德均持存而不论的态度，他认为唯一可以“抓住”的东西便是人的先天思维能力，唯一可以确定的是：人的思维方式是不断进步的。因此，他把自己的全部工作概括为研究人类思维方式进步的规律、为思维方式立法：“因为根据思维方式的这种变革，人们完全可以很好地解释一种先天知识的可能性，并且更进一步，为作为经验对象之总和的自然先天地提供基础的那些规律配备它们令人满意的证明。”这就是他著名的“三大批判”要完成的工作。

对混乱的外部世界不感兴趣，而只是关心人的思维方式，因此，康德认为，一切知识都是对事物的“表象”，而且，康德还用了更大胆、直率的词：一切知识都是“假定”，是“假说”。一个好的假定，就能够更好地证明自然规律；思维方式的进步，就可以推动人类的进步。这方面最好的典范，就是“哥白尼式的假定”，康德说“哥白尼的革命”，当然并不是太阳系本身的革命，不是外部世界的革命，而是人类思维方式的革命，它与其说是以“真理”战胜了“谬误”，不如说是以一种更进步的思维方式代替了旧的、落后的思维方式。他说：

天体运动的向心规律就是这样，为哥白尼最初只是作为“假说”所“假定”的东西提供了十足的确定性，同时证明了联结世界大厦的不可见的力（牛顿的引力）；如果不是哥白尼大胆地以一种违背感观却真实的方式，不是在天穹的对象中，而是在这些对象的观察者中寻找被观察的运动的话，引力是永远不会被发现的。[3]

康德进一步指出，哥白尼革命仅仅揭示了天体运动的规律，而他自己的著作所揭示的，则是人类思维运动和发展的规律，因此，他要从事的乃是“思维的哥白尼革命”：

> 尽管在这本书自身中，在批判中阐明的、类似于上述“假说”的思维方式变革从我们空间和时间表象的性状和知性的基本概念得到的并不是“假说性”的，而是无可争辩的证明，但在这篇前言里，我也只是把这一变革当作“假说”提出，为的只是使人们注意到这样一种每次都是“假说性的变革”的最初尝试。

18—19 世纪的欧洲，正经历着空前的现代转型，在康德看来，这是“最坏的时代”，因为这是各国杀伐不止、怀疑主义盛行的时代，但这也是“最好的时代”，因为这是各种假说、假定层出不穷，思想日益走向丰富自由，人类思维方式正经历大变革、大进步的时代，他用了一个著名的词来命名这个时代——“启蒙的时代”。

康德写于 1784 年 9 月 30 日的短文《回答这个问题：什么是启蒙》则是划分这样一个新时代的标志。什么是启蒙？康德回答说：启蒙，就是人类意识到了自己先天具有的思维能力，并敢于运用和发展这一能力。因此，文章开篇这样说：“要有勇气使用你自己的理智！这就是启蒙的格言。”

康德认为，在这个战乱不休、怀疑论盛行的时代，人并没有真正陷入毫无自由的“囚徒困境”，他说：即使现实中不自由的人，在“思想”上也是自由的，即使被关进了牢房，囚犯的思维依然还是自由的，除非他自己“咎由自取”、自愿放弃这种思想的自由，否则，思想的自由、先天的思维能力是任何力量都不能剥夺的。

康德认为，启蒙的时代，其实就是“开明专制”的时代，在这样的时代，人们在现实中必须服从统治者，但是，与此同时，“开明专制”的国家应该鼓励思想的自由、承认人先天具有思维能力，应该允许人“像学者一样活着”：“每个人在现实中都是臣民，而在思想上却都是学者，每个人都像臣民一样懂得服从，同时又像学者一样懂得思考。”

康德这样举例说：每个军人都必须服从上司的命令，“但按理不能阻止他作为学者对军务中的错误做出评论，并把这些评论交给公众去评判”。每个人都必须履行纳税的义务，“尽管如此，同一位公民如果作为学者公开表达自己的思想，反对这样一些捐税的不适当甚至不义，则他的行动并不违背一位公民的义务”。同样地，一位神职人员，固然有责任按照教会的信条宣讲教义，“但是，他作为学者，更有充分的自由甚至天职，把经过审慎检验的、关于那种信条有错误的地方，需要改进的建议，告诉民众”。[4]

康德认为，在启蒙时代，人不但应该有现实中“服从”和思想上“自由”两种“活法”，而且，当时的欧洲也存在两种不同的国家：一种是政治、经济上专制却承认和尊重思想自由的国家，另一种则是在政治和经济上鼓励自由放任而在思想上也无法无天、陷入怀疑虚无的国家。后者的代表是英国，前者的典范则是普鲁士。康德直言不讳地宣称：普鲁士的开明专制，代表着一个新的时代——启蒙时代的降临：“这个时代是启蒙的时代，是弗里德里希时代。”他这样赞美普鲁士皇帝：“也唯有自己已启蒙、不惧怕阴影，但同时手里握有一支训练有素且人数众多的军队以保障公共安定的君主，才能够说出一个共和国不可以斗胆说出的话：理性思考吧，思考多少、思考什么都行，只要服从！”[5]

比起混乱的外部世界，康德更关心先天的思维能力；比起政治、经济和贸易的自由，康德更关心思想的自由和如何正确地思想；比起机器的进步，康德更关心人类思维方式的进步。他认为，英国提倡的自由贸易、自由放任，其实不过就是丛林法则、无法无天，普鲁士的专制却是保障公共安全和公共福利的必要条件，而通过鼓励思想的自由，通过确立思想的原则，以思想为天职的“胚芽、思想自由就会反过来影响人民的性情（人民由此就逐渐变得能够有行动的自由），并最终影响政府的原理，政府发现，不像对待机器那样对待人，对政府自己是有益的”[6]。

康德所处的时代，一方面是欧洲内部军阀混战，外部基督教势力与伊斯兰势力彼此争斗的乱世，另一方面又是欧洲与中国、东洋之间直接经济、贸易、文化关系建立起来的“世界交通大革命”时代。在此之前，欧洲的视野从来就被一种二元对立局限，即若非基督徒就是穆斯林、不是朋友就是敌人的“二元对立”，而欧洲与东洋之间直接关系的建立则使得欧洲突然发现了一个既非基督教又非穆斯林、既非朋友又非敌人的第三种文明，一种高度发达但价值中立的文明，康德关于“越临近海洋的地方，就越接近文明”的见解，充分证实了本书前揭宫崎市定的论断：法国革命和价值中立的人道主义思想，关于“和谐世界”的“自然法”思想，正是欧洲与东亚之间建立关系后的必然产物。

于是，康德的思想带有一定的“东方色彩”，这似乎就不足为奇了，而这也是尼采将康德鄙视为“哥尼斯堡的中国人”的主要原因。

康德综合了希腊的斯多葛派和基督教的遗产，创立了“自然法体系”，力图以此替代上述生存竞争的丛林原则或者“囚徒困境”。就这种“自然法体系”的第一个来源而言，它就是希腊精神，由于当时的希腊已经被异教的奥斯曼帝国占领，所以，这里的“希腊精神”很大程度上就是指东方的精神，或者说就是对奥斯曼帝国所代表的“东方精神”的继承和改造。按照这种“东方精神”，或如中国宋代的理学所揭示的那样，自然法诉诸的是一个最终彼此和谐的世界，它们都出自宇宙无所不包的神圣统一。就这种“自然法体系”的第二个来源而言，它是对基督教的世俗化理解，即认为上帝植入人类内心的“先天思维能力”（理性）能够理解这种宇宙的统一与和谐。尽管人类还远不完美，甚至离开动物的状态并不甚远，但是，康德认为，个人的完美化是自然法和理性所规定的种种规则的全部目的。换句话说，与宋代中国的思想家一样，康德认为个人持续不断的修养和完美化，是认识自然法秩序的条件，同时也是自然法存在的根本目的。从这个意义上说，近代欧洲的启蒙主义思想，正是“格物致知”自然法哲学的基督教化，或者说是基督教化了的“东方精神”。

像欧洲早期的启蒙思想家一样，康德对中国怀有美好的感情，不仅因为中国是一个由“学者”和士大夫治理的帝国，实行的是真正的“开明专制”，更为重要的是，他认为中国奉行的“四海之内皆兄弟”的“友善法权”，乃是“公共人权”和未来国际法的基础，只有在中国式的“友善法权”的基础上，才能实行“世界宪政”，才能逐步达成世界永久和平。

康德赞成中国的“礼制”而批判民族国家的“法治”，他所谓的“友善法权”就是指“作为外人的法权”，即“一个外地人，不会由于自己抵达另一个人的地域，而受到当地人的敌意对待的法权”，康德说，这就是中国式的“怀柔远人”。在《论永久和平》中，康德称赞当时的清王朝说：中国人允许西方人接近并短暂居住，但不允许他们强占领土；中国人与荷兰人和英国人进行贸易，但强烈反对他们的强权逻辑和丛林法则。中国对待外国人“有法有方”，而这种法的基础是“宾客法权”（宾礼），体现的是对外国人的善意，它认为自我与他者、主人与外人、本国与外国之间的关系，是“宾主间”的善意的关系，而在西方，自我与他者、主人与外人、本国与外国的关系是纯然对立的，这种对立使国家关系变成了敌我关系和战争关系。康德认为，当全世界都能够像中国人那样，采用对待宾客的方式善意地对待外国人，而不是如荷兰人和英国人那样，将国家关系理解为敌对关系时，“唯有在这个条件下，人们才可以自诩在不断接近永久和平”[7]。

在欧洲历史上，不但对休谟、洛克的经验主义进行了彻底批判的是康德，而且对英国所代表的现代民族国家的本质认识得最清楚、批判得最彻底的“始作俑者”也是康德。[8]他指出，英国人对人类理智的最大误用，就是发明了债券和股票制度这个工具，并使得这个制度服务于暴力和战争：英国之所以长期以来一直能够穷兵黩武，就是由于其所发明的战争国债制度。他甚至认为，英国好战，欧洲则永无宁日，而英国人所发明的战争国债制度一日不除，人类则一日永无和平可言。所以，消灭英国人所发明的战争国债制度，乃是他所说的“世界永久和平”的根本前提。

康德的如下论断发表于1795年，即乔治·马嘎尔尼勋爵访问中国之后三年，鸦片战争爆发前35年，今天读来，依然有石破天惊之感：

任何国债，均不得着眼于国家的对外战争加以制订。

为了国家经济的缘故而寻求国外的援助，这种援助的来源本是无可非议的。但是，作为列强之间互相对抗的机制而言，那种无从预见而又不断增长的、对当前的偿债要求又总是安全的（因为不会所有的债权人都同时要求偿债）的举债体系，便是一种危险的金融武器。本世纪内，一个经营商业的民族（那就是英国）这种巧妙的发明，乃是一种战争财富，它超过了所有国家财富的总和，并且只能通过无法避免的税收亏损而最终崩溃和枯竭。这种战争利器伴随着当权者根深蒂固的战争癖好，于是成为永久和平的一大障碍。正是由于这个缘故，禁止这种借贷体系，就更加必须成为永久和平的一项先决条款了。因为，最终无可避免的国家破产，必定会牵连许多其他国家无辜受累，并给它们造成公开的损害。因而，别的国家至少有权联合起来，反对这样一个国家及它的横行霸道。[9]

在这些论述中，康德其实预言了资本主义危机产生的根本原因：战争国债耗尽了一个国家的税收，又势必牵连那些向它放债的国家，从而导致全世界范围内的经济危机。在康德的思想体系中，“理性”是最核心的范畴，而它所针对的就是“战争”这一最大的“非理性行为”。所谓“理性的批判”，就是寻找人类合作、和平交往的行为方式，以排除战争这一非理性形式。康德认为，一旦理性使人认识到世界是联系的，而民族国家债务体制的崩溃则会导致一国破产，全世界经济面临危机，在这个意义上，战争债务的循环和最终破灭，势必将毁灭整个世界的经济，因此，他主张必须率先为国际金融和借贷体系立法，以构成“国际法”的重要内容和“先决条款”。

康德写作《永久和平论》的背景是：欧洲知识界尚未看到银行家罗斯柴尔德家族在滑铁卢战役中所扮演的关键角色，更未对《拿破仑法典》与法国革命的关系有比较透彻的认识。所以，康德在一部小册子中竟能表达如此深刻的历史预见，它所申述的观念方才可以称为一项重要的思想遗产。从此，对战争国债的抨击，特别是对金融资本家阶级支配生产与交换、支配经济与国家政治的抨击，便成为康德之后欧洲“自由”思想的一个重要方面。例如，阿克顿勋爵也曾表达这样的信念：“肆虐了数个世纪，迟早要解决的真正问题，不是人民与国家的问题，而是人民与银行的问题。”他更为著名的一句话是：“权力会腐化，绝对的权力绝对腐化，而世界上没有一个地方比私人银行系统更盛行腐化。”这位勋爵并非疯狂的左派分子，而是自由主义的教父、英国自由党的下院议员，是当时的英国首相威廉·格莱斯顿的顾问兼密友，亦是1895年剑桥大学的教授。迫使他发出上述诅咒的，是这样的现实——当他的那位首相密友走进办公室时，却发现他的政府对银行家毫无权力可言，于是，格莱斯顿更为精彩地这样评价英格兰银行：“英格兰银行已经从银行家的银行变成了政府的政府。”

在1815年于滑铁卢打败了拿破仑之后，神圣同盟的支持者——银行家阶级实际上便掌握了欧洲的政权，随后，在第一次世界大战之前，欧洲的银行家又通过提供贷款、削减贷款、冻结贷款，最终摧毁了奥斯曼帝国。历史上最具决定性的金融资本家的“政变”则发生在新生的美国，1790年，美国第一任财政部部长亚历山大·汉密尔顿不顾富兰克林和杰斐逊的强烈反对，将美国金融政策的制定权和发钞权授予了美国第一银行，而这个银行80%为私人拥有，伦敦最有实力的银行家内森·罗斯柴尔德便是它的大股东。汉密尔顿这样做的唯一理由是："只要将有钱人的力量、利益与政府的资源结合起来，就能产生持久的、无所不能的信贷，而这正是银行所需要的。"但是，汉密尔顿的设计不仅使得美国和美国人民丧失了掌控货币和信用的能力，使得形成一个权钱勾结的体制不可避免，而且，"成立这样的银行无异于被英国和国际银行家集团再殖民一次"。富兰克林坚持反对这个方案，直到他于 1791 年去世。同年，汉密尔顿的法案终于获得了通过。[10] 正是通过这场"政变"，金融家阶级掌握了世界上最强大的国家——美国。

无论是富兰克林还是阿克顿，他们的急迫呼吁，实际上都是康德思想的悠远回声。因为康德晚年的主要工作就是对建立在战争债务制度上的欧洲民族国家体系进行批判。这种对民族国家的批判，是他在完成了著名的"三大批判"之后晚年倾其全力的工作。尽管在当时的条件下，康德没有也不可能为他所说的"世界永久和平"状态提供实现的切实渠道，没有为他所向往的普遍的国际法找到一个担当的主体——他当时所能想到的只是一个自愿联合却又随时可以解散的"永久性的民族联合大会"，但是，他在 18 世纪末所进行的思考对当今的世界依然意义重大，他提出的"以国际关系的民主化达成世界和平"思想的现实意义，甚至超过了他艰深晦涩的"三大批判"对纯粹哲学的意义。

在康德之后，从反思法国大革命的角度进一步深入思考欧洲现代性问题的是黑格尔。如果说康德希望通过消除思想和道德的矛盾拯救一个混乱的世界的话，那么，黑格尔则高度肯定矛盾与冲突，他虽然赞成世界最终将回归精神，但矛盾和冲突就是推动精神回归与精神发展的根本动力。黑格尔绝不是一个只关心天国和上帝，对现实世界无动于衷的教士，他也不是康德那种只关心“内心的道德法则”，一辈子也懒得走出哥尼斯堡的学院派教授，他的核心观点是精神必须“出走”，只有出走的精神、异化的精神才能被认识或者被认出来，精神只有在时间和空间中呈现出来才能被认识，也就是说，精神是通过重大事件、伟大人物的行动，通过“历史”被对象化的。支配精神不断在现实和历史中呈现自己的力量，就是所谓的“辩证法”。在黑格尔那里，所谓“辩证法”，当然也就是精神的辩证法，是精神自我异化的过程，用他自己的术语来说，就是“精神现象学”。

黑格尔又指出，这种精神运动，这种精神在时间和空间中不断呈现自己的辩证运动，是极其特殊的理念，因为“整个大陆、非洲和东方从未有过这一理念，现在也没有；希腊人和罗马人、柏拉图和亚里士多德，就连斯多葛学派也不曾有过它；与此相反，他们只知道人通过出生……或者性格刚强、教养、哲学……而现实地是自由的”。换句话说，精神可以在现实中实现，这是现代欧洲的创造，是“欧洲现代性”的本质。黑格尔说：精神的第一次“显灵”或者现实的实现，就是法国大革命。戏剧性的是，1806 年《精神现象学》完稿之日，正是拿破仑率领法国大军开进普鲁士之时，在当日的逃难路上，用篮子挎着《精神现象学》手稿的黑格尔本人亲眼看见了拿破仑骑马从他的窗前走过。在写给好友尼塔麦的信中，黑格尔说，他亲眼看见了“骑在马背上的世界精神”，即目睹了世界精神在普法战争中的呈现。

无论其思想多么抽象晦涩，黑格尔对欧洲现代性问题的思考就是在这样巨大的冲击中进行的，或者说，是在对普法两国命运的思考中展开的。这种思考可以简要概括为：自由，在普鲁士那里还只是精神，还只是新教革命带来的思想自由，而并不是现实法律保证的自由，但在法国，自由只是现实，并没有达到精神的高度，法国还缺乏一种现代国家的哲学。就前者而言，普鲁士只有“看不见的精神”，旧日耳曼人太自由散漫，“个人隶属于全体，只是在风俗、宗教、看不见的精神和一些主要的利益方面。在其余的地方，他不容许他自己受全体的限制”。黑格尔认为：“一个国家要求一个共同的中心，一个君主和代议机构，把关于对外关系、战争和财政的权力集中起来。这样的中心又必须具有必要的权力以指导这些事务，以执行它的决定，以维系各个部门使从属于它。”因此他指出，事实上，“日耳曼的政治机构只不外是各个部门从全体中取走的权利和利益罢了”。黑格尔断言：“按照国家的概念和国家权力范围的科学考察来加以规定的话，就可以看见，德国不能够真正地被称为一个国家。”[11] 这一点已经从普法战争中普鲁士一方的一败涂地得到了证明。

那么，他何以又说法国大革命只是在“现实”中实现了自由，而没有在“精神”上达到自由呢？这是因为黑格尔认为，自由精神的辩证运动，从低级到高级，要经历个人的、市民社会的和国家的这些不同阶段，具有不同的呈现方式，而法国大革命所呈现的只是市民社会的自由，法国大革命之所以使得法国陷入内部混乱，也就是因为法国的自由只是停留在市民社会或者社会自由这个层次：

> 虽然法国大革命合理地摧毁了一个不再符合自由意识的国家，但并没有给自由意识提供新的基础；它根据自己不完善的原则造成了一场巨大的变革，但没有组织起新的共同体。它把国家的规定性设定为对私人财产和人格安全的单纯保护，从而把国家与社会混为一谈。成为国家的最终目的的，是单个成员的特殊利益，

但不是国家自己真正的普遍利益。在这种情况下，作为国家的一个成员，看来就随市民们的便了。[12]

黑格尔所批判的法国大革命之“不完善的原则”，当然是指卢梭《社会契约论》所申诉的市民社会的自由原则，至于完善的原则，在黑格尔看来，则是国家、市民社会和个人之间的调和，即所谓伦理、观念与意志之间的调和。黑格尔说：

这种（个人自由）意识所由之发展的手段——人类活动，本来是为各种欲望和热情所鼓励，但是也有各种高等的原则隐伏在里边，结果就是“国家”。在国家之内，各项普遍的原则，同主观的和特殊的原则相和谐，而各个人的热情促成了法律和政治秩序的种种约束。[13]

黑格尔最著名的论断是：自由意志之“低级表现”，无非就是欲望和热情，这无非就是“个人自由”；自由“更高等的原则表现”，则是作为“观念”的市民社会；自由之“最高原则”的体现，则是作为“伦理”的国家。因为康德所说的那种能够意识到他人的人，一种与他人合为一体而工作的人，不是每个具体的人，而只能是“一个民族”，它在制度上就表现为一个国家，所以，国家的伦理目的，就是使得自由的普遍原则与特殊原则相和谐。[14]

显然，把黑格尔简单地视为“国家主义者”是不妥当的，实际上，黑格尔当然没有抛弃自由，在这个意义上，他也并没有全盘抛弃卢梭，但是，黑格尔所要求的自由，用他自己的话来说，乃是“更高的自由或更高原则上的自由”。在他看来，基督教匍匐在上帝光环下的“个人自由”不过是个幻觉，是软弱的个人主义，但是，市民社会的保护私有财产的自由也是不完善的，真正的自由体现在罗马城邦的个人“美德”之中，这种更高的自由理想就是要“活在一个值得为之牺牲个人生命的国家里，并为这样的国家而活、而死”。黑格尔又如此悲哀地说：由于当下的德意志根本没有力量维护自己民族的利益，“德国根本就不是一个国家”。因为国家的最高利益就是自我维护，所以，黑格尔所呼吁的更高的自由，就是从个人、从资产阶级市民社会出发去建立一个新的国家。这样的国家不属于任何具体的个人，只属于一个抽象的“人”——自由的德意志“民族”。《精神现象学》的前三个部分所论述的，分别是“意识”“自我意识”“理性”，只有论述国家的第四部分才以“精神”为标题，因为黑格尔认为精神只能从“民族”起步，以“民族”为呈现方式，精神首先就表现为“民族精神”。

黑格尔对康德既有批判又有继承。继承的一面表现为：他们都认为世界是由精神或者先天思维能力创造的，而历史不过是精神的运动，是精神连续地呈现自身的不同方式。批判的一面表现在：黑格尔虽然认为精神是第一性的，但他高度肯定物质、现实和历史，认为没有物质、现实和历史，精神就无法表现自己、呈现自己，并最终自己认识自己。在这个意义上，市民社会对物质的追求，它所造成的物质的巨大涌流，正如拿破仑的军事胜利一样，使得“精神”以前所未有的方式呈现出来并为“世界”所目睹。

更为深入地说，黑格尔对现代欧洲的讴歌，其实也就是对现代欧洲之于“战争”和“财富”这两大追求的讴歌。他说：对战争和财富的追求，就是欧洲现代性发展的根本动力，也是精神运动的根本动力，是精神在现实中呈现自身的两种基本方式。他下面的这段话，令人想起马克思在《共产党宣言》中关于"资产阶级历史作用"的那段激情澎湃的论述。黑格尔这样说：

> 因此，共体一方面可以把自己组织为有关个人所有权和个人独立性的制度，有关人身法权和物权的制度，另一方面又可以把首先是追求个人目的——获得和享受——的各式劳动划分为各行业自己的组合，使它们各自独立。普遍组合的精神就是这些分离孤立的制度的单一性和它们的否定本质（否定原理）。为了不让这些制度根深蒂固地这样孤立下去，不让它们因孤立而瓦解整体，涣散精神，政府不得不每隔一定时期利用战争从内部来震动它们，打乱它们已经建立起来的秩序，剥夺它们的独立权利；对于个人也是这样，个人因深深陷于孤立而脱离了整体，追求他们神圣不可侵犯的自为存在和个人安全，政府就必须让他们在交付给他们的战争任务中体会到他们的主人、死亡。精神，就是通过这样打破固定存在形式的办法保卫伦理的存在，并使之不致堕落为自然的存在，保持它的意识的自我，并将这个自我提高为自由和它自己的力量。[15]

在这里，黑格尔清晰地阐释了战争为什么对现代欧洲来说是重要的，为什么战争是推动欧洲前进的根本力量。第一，如果没有对外战争，以追求个人利益为唯一目的的市民社会就会因内部的互相竞争而瓦解；第二，市民社会是孤立的行会制度，只有战争才能使其团结一致，认识到自己是一个"整体"；第三，市民社会追求的唯一目标便是获得和享受物质财富，市民是物质享受的奴隶，而战争则使得他们认识到精神的本质：主人翁精神和牺牲品格。

因此，没有战争，就没有国家，而没有国家，就没有市民社会团结和持续发展、壮大；更为重要的是，没有财富，就没有战争，没有战争，也便没有财富。欧洲的现代性，就是这样围绕着国家和市民社会，围绕着战争与财富建立起来的。或者说，市民社会的目标是财富，国家的目标则是战争，通过战争，国家将自私自利的市民社会提高到大公无私的精神层次，而这就是黑格尔抽象的精神辩证法的实质所在。他说：

> 历史各个过程应当达到的目标——就是“客观的意志”和“主观的意志”在“国家”内的结合。“国家的观念”——它的抽象的基础属于“法律哲学”的范围。人类在纯属自然的状态里是不自由的，大家长制原则并不是政府唯一合法的基础，而只是一种过渡的基础，一个合法的政府并不需要全国各分子的同意，一个国家的宪法不是细心抉择的结果，而是民族精神的产物。[16]

同时，市民社会是民族精神的异化，只有通过市民社会自我否定，才能达到民族共同体的精神。这意味着在黑格尔的时代，人们开始从下面、从所谓“经济社会”的角度看国家，而不是仅仅从“上面”这么做，即国家开始被当作一个旨在促进个人“财富增加”的机构对待。于是，与康德诉诸“先天思维能力”的自然法不同，与马基雅维利和霍布士等国家权威主义者亦有区别，黑格尔认为市民阶级才是现代民族国家的坚实阶级和社会基础，强有力的国家不能单纯建立在公民的觉悟和对公民的教育之上，更不能简单地建立在国家“专制”之上，而必须建立在对市民利益的满足和物质刺激——“国富”之上，并且围绕着市民利益的谈判和同意建立起来，国家回应全体社会成员的所有“意见”是不可能也不现实的，而只要有了市民阶级的支持，它并不需要全体人民的同意，因为这样，民族国家就能真正解决税收这个最实际的问题。在理论和思想问题上，黑格尔的立场从来都是充分现实主义的——对国家来说，“发展是个硬道理”：

> 利己的目的，就在它的受普遍性制约的实现中建立起在一切方面相互依赖的制度。个人的生活和福利及他的权利的定在，都同众人的生活、福利和权利交织在一起，它们只能建立在这种制度的基础上，同时也只有在这种联系中才是切实可靠的。这种制度首先可以看成外部的国家，即需要和理智的国家。[17]

从现实的角度说，国家强大的根本就在于税收，而要获得税收，就必须得到市民社会——国家内部那一部分“先富起来的”人们的支持，所以，黑格尔强调“现实的国家”只有同市民社会的生活、福利和权利交织在一起，国家只有满足市民社会的物质需要，才能最终解决自己的强大问题。这就是所谓满足国民物质需要的“理智国家”。

正如洛维特所指出的，黑格尔的《法哲学原理》乃是对古代国家和法国大革命之自由思想的双重扬弃，或者说，它既是对卢梭《社会契约论》的批判，同时也是对柏拉图《国家篇》的批判。在他看来，古代国家虽然相对现代国家而言更是一个普遍的实体，但是在其内部，单个的人还没有被解除束缚、没有被释放或者“解放”，而与之相对，根植于自私自利的市民社会基础上的个人自由却摧毁了国家，导致了“自由的专制”，让欧洲陷入动乱和黑暗。于是，黑格尔的国家就是古代国家与基督教个人主义的调和：

> 在现代，国家的理念具有一种特质，即国家是自由依据意志的概念，即根据它的普遍性和神圣性，而不是依据主观偏好的现实化。在不成熟的国家里，国家的概念还被蒙蔽着，而且它的特殊规定还没有达到自由的独立性。在古典的古代国家里，普遍性已经出现，但特殊性还没有解除束缚而获得自由，它也没有回复到普遍性，即回复到整体的普遍目的。现代国家的本质在于，普遍性是同特殊性的完全自由和私人福利相结合得来的，所以家庭和市民社会的利益必须集中于国家；但是，目的的普遍性如果没有特殊性自己的知识和意志——特殊性的权力必须予以保持——就不能向前迈进，所以，普遍性必须促进，但主观性也必须得到充分而活泼的发展。只有在这两个环节都保持着它们的力量时，国家才能被看作一个肢体健全的、真正有组织的国家。[18]

上面这段话，实际上就是亚当·斯密以来，充分调动市民阶级的主观能动性和积极性，以扩大国家税收、增加国家能力的自由主义政治—经济哲学的经典论证。

黑格尔的另一贡献是把精神讲述为通过时间呈现自己的运动，而这就是黑格尔意义上的“历史”，即精神不再是一个观念、一个秩序，而是精神在时间中的旅行，同时更是精神在世界空间中的旅行；它调和着一切对立的东西，向精神的更高目标迈进。黑格尔的遗稿《历史哲学》（首版于 1837 年）将世界历史的开端定义为欧洲民族国家在世界的“旅行”和对世界的“发现”，“而推倒了那种把‘历史’看作为一串偶然事故，或者含糊假定‘历史’是上帝的作品的见解”[19]。黑格尔首次将“自由”与“国家”结合起来，创造了一个当时听起来颇为奇怪的词——“自由国家”，就其根源而言，这个国家的精神基础是基督教，其社会主体却是资产阶级，其表现方式则是欧洲民族国家。他说：精神，只有通过欧洲国家在世界上的“旅行”，方才得以在世界范围内呈现自身。这便是现代历史开始的标志，而欧洲现代民族国家便是精神发展和走向“世界精神”的工具。黑格尔思想体系形成于资产阶级在欧洲掌权的时期，同时也是欧洲国家走向海外扩张的时期。他所谓的民族国家的世界“旅行”，就是殖民主义的侵略；他所说的以自由意志为基础的国家，以市民社会为主体的国家，其实就是资产阶级专政的国家，同时也是走向霸权主义的西方列强。这尤其突出地表现为：他将欧洲资本主义扩张理解为“世界史”的开端，将帝国主义列强视为实现“世界精神”的工具，将野蛮的殖民主义侵略理解为以大炮发言或者骑在马背上的“世界精神”，从而大大助长了西方霸权主义的扩张气焰。

在他看来，由于欧洲之外的其他国家是“不信上帝因而从来没听说过什么是自由”的国家，资产阶级市民社会对他们的征服和打击，乃是“自由”在世界历史中的实现。于是，根据这样的叙述，帝国主义、民族国家的暴力被合法化了，在世界范围内，只有个人自由、市民社会的“全球化”和由供给—需求关系支配的财富的普遍增长。

在康德那里，作为“天赋人权”的自由，是批判西方民族国家的武器，因此他提出人权高于主权。在黑格尔那里，自由成了市民社会的自由，成了发财的自由，成了为发财而掠夺他人的自由，成了以富强之名欺凌弱国的自由。这也就是为什么20世纪80年代以来中国“新启蒙”的逻辑中，所谓的“普世价值”“普遍人权”总是与全球市民社会、“私有产权”、个人自由——最终便是与基督教信仰的落实联系在一起。而我们今天经常批评的西方国家对内讲国家主权，对外则讲以“市民社会”的财产权为基础的“人权”，以传播自由之名，行侵略掠夺之实，或者我们今天处理国际事务时经常要面对的西方世界的“双重标准”问题，其根源其实就在于黑格尔的上述理论颠倒。这也是尽管我们可能并非人人都读过艰深晦涩的黑格尔的作品，却总是生活在黑格尔思想的阴影中的原因。

进一步说，这也是以美国为首的西方国家至今不愿用谈判的方式与世界上许多国家解决纠纷的原因。在他们看来，那些国家因为不信上帝，所以他们不配享有也更不能产生“上帝面前人人平等”的信仰，以及由基督教保证的“个人自由”的信念。这些建立在“异教”基础上的国家，因此就不能被称为“自由国家”乃至“国家”。恰恰是这一论调，构成了黑格尔对康德学说的重大背离。

在近代欧洲历史上，对“人权”的不同于基督教的理解来自康德。在康德看来，权利意识并非来自上帝，而是起源于每个人对自己所拥有的小块土地的所有权，不过，“人权”的概念又来源于对这种私人所有权的超越，因为人权来源于人类共同拥有“同一个地球”的利益共同体意识。康德指出，这种“同一个地球”的意识不是一种“法律的占有共同体，因而也不是使用土地和土地所有权的共同体，它仅仅是通过这种共同体使人们彼此有形的交往成为可能”。也就是说，正是“同一个地球”的意识，使得人类共同体成为可能，因为地球不是属于哪一个人、哪一个国家和民族的私有财产。在这个问题上，康德还进一步谈到海洋，他认为海洋不仅仅将人们分隔开来，更重要的是通过贸易把人们联系起来，因此，越临近海洋的地方，人们的联系就越密切。他特别举了地中海地区的例子，指出正是这种交往，才使得“地球上发生的邪恶和暴力全世界都能听到”。

康德又指出这种交往和联系不能被“滥用”，而且要特别警惕对海洋交往的“滥用的弊端”。这种“滥用的弊端”包括打着传播文明的名义所进行的野蛮的殖民活动。康德深刻地指出，以文明的名义，却通过武力征服所谓“野蛮地区”的人民，这种逻辑尤其在法律的意义上说不通，因为这其实就等于说只要人们认为一部宪法、一部法律不够“进步”，就可以随意用武力去推翻它。这恰恰不是启蒙，而是公然的违法，是对法律和秩序的背离，是对武力的迷信。[20]

在这个意义上，黑格尔的“自由国家”理论恰是对康德“人权”学说的修正和背离。因为黑格尔所谓“人权”的基础是市民社会的财产权，而财产权作为拥有权，表现为“占有权”，即它假定世界的其他地域都是“自由”的领地，谁占有则谁拥有。

为了完成这个体系的颠倒，黑格尔必须为这种市民社会的“自由占有”寻找一个根据、一个空间。这个“自由”空间想象，也来自他对“海洋”的阐释。

像康德一样，黑格尔也谈到了海洋，不过在这个问题上他不是继承了康德，而是接续着格劳秀斯的《海洋自由论》中关于海洋可以自由使用、自由占有的“海洋无产权”的空间理论。格劳秀斯的《海洋自由论》原本是荷兰向西班牙争夺海洋霸权的宣言书，核心是认为西班牙没有霸占海洋贸易、垄断殖民地贸易的权利，海洋必须对列强开放，使海盗国家利益均沾。在此基础上，黑格尔才把西方的殖民活动描述为“追求自由”，并且声称殖民者以海洋贸易的方式为殖民地带来法治和先进文明。同时，他也推翻了亚当·斯密所奠定的人类财富增长的自然之路——农业的发展是民生的基础，也是工商业进步的基础，国内贸易是工商业发展的结果，而海外贸易则是这一切的扩大。黑格尔认为，工商业与海外贸易比农业生产更先进，而他的理由竟然是：殖民主义掠夺要比生产和交换更符合“自由”的精神。这恰恰暴露了他所说的自由乃是一种特定意义上的自由，或者直率地说，是殖民者的自由。

家庭生活的原则是以土地（固定的土壤）为条件的。同样，对工业来说，激励它向外发展的自然因素是海。追求利润要通过冒险，于是工业在追求利润的同时把自身提高到营利之上。它不再固定在泥块上和有限范围的市民生活上，也不再贪图这种生活的享受和欲望，用以代替这一切的是流动性、危险和毁灭等因素。此外，追求利润又使工业作为巨大的联系媒介与遥远的国家进行贸易，建立和采用契约基础上的法律制度，同时，这种贸易又是文化联络最强大的手段，商业通过它获得了世界史的意义。

正是接续着黑格尔，卡尔·施密特才把西方殖民活动称为“自由精神”寻找现实生存空间的活动，它的方式就是采用海洋战争的手段摧毁大陆国家的国家主权、冲破其国家疆界：

> 坚固的陆地从属于一群主权国家，而海洋则不属于任何国家，或者它只属于一个国家——英国。坚固的陆地秩序在于它被分隔为不同的国家领土，而公海则是自由的，也就是说不受国家控制，不服从任何国家主权。……16 世纪以来所谓的现代性正是来源于这种空间的革命，从海洋这个方面出发，那种国家的、封闭的、有疆界的空间观念才显现出来。那种自由的、摆脱了国家空间束缚的、国家疆界所无法穿越的海洋，才成为权威的国际政治和国

际法的空间观念。[21]

黑格尔所说的欧洲市民所具备的“自由冲动”，并非指向自由贸易，而是指向由“自由国家”推动的殖民掠夺。黑格尔晦涩而充满诗意地写道：“‘普遍的东西’要在‘国家’里，在它的法律里，在它的普遍的和合理的许多部置里发现。‘国家’是存在于‘地球’上的‘神圣的观念’。所以，在国家里面，历史的对象就比从前更有了确定的形式；并且，在国家里，‘自由’获得了客观性（市民社会），而且生活在这种客观性的享受之中。”[22] 正是他的这些晦涩难解的话，将资产阶级个人自由之“普遍性”落到了实处，即落在了资产阶级“自由国家”的对外殖民之上。麦克尼尔指出，欧洲国家支持资产阶级海外公司冒险活动的唯一目的，就是通过殖民贸易的盈余弥补欧洲国家战争财政的亏空——随着吞并殖民地规模的扩大，市民社会的体积同时扩大，对外战争与市民社会的扩大，乃是一个互相强化的过程。威廉·麦克尼尔解释说：

> 在欧洲内部的战场上，一支现代化军队需奋力杀敌才能使战斗力得到提高。但这只会暂时打破区域性的权力平衡，在欧洲，这种平衡主要靠国家主权基础上的外交得以维系。但是在欧洲之外，外交这种手段被纯然的武力征服代替，于是，在欧洲势力所能达到的各个角落，无论是在印度、西伯利亚，还是在美洲，结果都是整个欧洲体系的扩张。而欧洲疆界的扩张导致了贸易网络的扩张，贸易的盈余抵消了欧洲税收的上升，这就意味着：欧洲对殖民地的掠夺，减轻了本来可以很高的军备开销负担。总之，西欧各国处于军事组织的一个自我加强的循环之中，它们在政治

和经济上的扩张建立在其他国家和民族的牺牲上。

从17世纪50年代英国资产阶级革命开始，到1815年拿破仑战争结束，欧洲以在其内部建立“武力平衡”的方式初步结束了漫长的战乱，达到了一定程度的欧洲内部“和平”。与康德的“未完成的现代性”不同，黑格尔把1815年视为“历史的终结”。在这个意义上，黑格尔哲学几乎是故意掩盖了欧洲的这种内部和平是以征服和掠夺殖民地与全世界为前提来维持的。以1815年之后的法国为例，拿破仑之后的“法兰西第二帝国”的主要功能，就是变欧洲内部战争为对外殖民战争，例如就是在路易·波拿巴所发动的第二次鸦片战争中，英法联军焚毁了中国的圆明园及颐和园的大部分，维克多·雨果准确地说：法兰西和英吉利是冒犯人类文明的两个强盗之国。

在“漫长的19世纪”，以武力强制和资本积累为实质、以殖民地掠夺为目标的欧洲式的现代化道路，给欧洲和全世界带来了旷日持久的战争、接踵而至的经济和金融危机，造成了人类历史上空前的战乱、榨取和掠夺。这一真实的历史过程，完全背离了康德的理想，也背离了康德所预言的人们通过普遍的交往达到权利的平等和互相尊重，并形成彼此依存的人类共同体的“启蒙方案”。这一过程既不是理性的，也绝非“理性的实现”。

实际上，正是资本主义形式的现代民族国家毁灭了启蒙，毁灭了理性和自由。历史反复证明，欧洲19世纪所开辟的对内构建民族国家、对外殖民扩张的现代化道路是不可持续的，因此，它迫使19世纪末的欧洲人不得不直面启蒙理想在欧洲的破产。

也就是在这个意义上，尼采可以被视为从非理性的或“右”的角度直面启蒙破产的第一位欧洲思想家。在他看来，康德所谓的人类的理性交往是完全的空想，因为人类关系的实质绝不是康德所谓的建立在法律基础上的权利互相尊重，而是商品交换和买卖关系，是他（尼采）所直截了当地指出的“债务人与债权人的关系”。尼采指出，离开了商品交换和债务逻辑，我们非但不能解释法律的起源，甚至不会知道什么是理性。

《论道德的谱系》被视为尼采最完整、系统的著作，这部诡异的杰作出版于马克思《资本论》第一卷发表后的那一年（1887 年），正值资本主义生产方式在欧洲全面确立的时代。尼采在这部著作中指出，所谓“自我意识”和个人权利意识，绝非什么文明进步的产物，亦非值得西方文明为之骄傲的独创，而是在买卖和债务关系中确立起来的古老原则，所谓“人是上帝的杰作，是万物的尺度”之类的人文主义学说，恰恰掩盖了“人的自我估价”，其实同样也产生于交换和买卖关系。至于“公平”和“公正”，就更不是什么天然的法律用语，因为离开了现实中的买卖关系、债务逻辑，这个词就会使人茫然不知所云：

> 罪恶感和个人责任感起源于最古老、最原始的人际关系中，起源于买主和卖主的关系、债权人和债务人的关系中；在这种关系中第一次产生了人反对人的现象，第一次出现了人和人较量的现象。……从这里培养出最古老的关于精确性的意识，同样，人类最早的骄傲，人对于其他动物的优越性也由此而产生。或许我们对于人（manus）的称呼也是出于这种自我感觉的表达。人把自己看成是衡量价值的，是有价值的、会衡量的生物，看成是“本身会估价的动物”。买和卖……恰恰是那些关于交换、契约、罪孽、权

> 利、义务、协调等意识的萌芽意识首先转化出最粗放、最原始的公共群体，与此同时还形成了比较、计量和估价权力的习惯。……“任何事物都有它的价格”，“所有的东西都是可以清偿的”：这是正义最古老和最天真的道德戒律，是地球上一切“善行”“公允”“好意”“客观性”的开端。[23]

按照尼采的分析和论述，正是在买卖／债务这种人与人的对抗中产生了衡量和评估权力的“尺度”——法规和法律。应该说，尼采的这种论述与马克思在《资本论》第一卷中关于商品的“价值”和“交换价值”的论述确实有着许多相通之处。

世界无产阶级的伟大革命导师卡尔·马克思，是人类历史上第一位通过现实的生产关系和经济关系揭示人类社会形成、发展真实面貌的思想家。自古以来的全部人类历史，被马克思无情地概括为人们结合为不同形式的社会集团，围绕着“社会剩余价值分配”而进行的争夺。“迄今为止全部的人类历史，乃是阶级斗争的历史。”

马克思指出，在最近的资本主义社会，货币成为“剩余价值的完成形态”。在这个社会里，货币的性质发生了根本性的改变，它由亚当·斯密所说的交换的中介，即将商品运到销售地的“车道”，变成了资本家阶级获取剩余价值的完美工具。如果用马克思著名的公式来表述斯密曾论述的货币的那种历史作用，那就是：W（商品）—G（货币）—W（商品）。通过这个简单的公式，我们可以清楚地看到：货币只不过扮演商品“搬运工”的作用，而这也就是所谓的“市场”或者“市场经济”社会。

马克思所说的“资本主义社会”却与之完全不同，马克思也用另一个著名的公式来表达资本主义社会及这个社会剩余价值产生的基本方式，这就是：G（货币）—W（商品）—G（货币）。在前一个公式里，人们以自己的商品交换别人的商品，并在商品的使用和消费中获得满足，在那里，货币不过是个商品交换的中介、工具而已；在后一个公式里，资本家所进行的却是一种“使货币不断自我增值”的游戏，货币本身及货币增值成为目的。马克思说，前一个公式表现出的是“使用价值的取得，需要的满足，而（货币则）被当作手段。反之，在后一个公式里，货币被当作了资本，被当作资本的货币流通，则以自身为目的，因为价值的增值是发生在这种不绝更新的运动内的。所以，资本的运动是无限的、无边界的”。于是，马克思这样定义资本家阶级——如果把自由等同于赚钱的自由，那么，资本家就是黑格尔所说的那种自由的精神运动的最完美体现者：

> 货币所有者，当作这个运动的有意识的负担者，就成为资本家。他的人身，或者不如说他的钱袋，是货币的出发点与复归点。那个流通的客观的内容（价值的增值）是他的主观的目的；当抽象财富的递增的占有成为他的活动的唯一推动的动机时，他才是当作资本家或当作人格化的有意志、有意识的资本来发生机能。使用价值，绝不是资本家经营的直接目的。他的目的也不是个别的得利，而只是牟利行为的不懈的运动。这个绝对的致富冲动，热情的价值追求，是资本家和货币贮藏者共有的。但货币贮藏者只是疯狂的资本家，资本家却是合理的货币贮藏者。价值不息的增值，是货币贮藏者所欲的，因为他要在流通面前救出货币，但也是精明的资本家所成就的，因为他不断重新把货币投入流通中去。[24]

马克思之所以列出这两个使人一目了然的公式，是因为人们长期混淆了由商品生产、交换、消费组织起来的社会与追求货币利润的社会，或者说混淆了市场经济与资本主义。货币成为榨取剩余价值的完美形态，这才是资本主义社会的主要特征，在马克思看来，认识到这一点极其关键。

于是，在《资本论》的序言中，马克思这样感慨道：

> 以货币形态为其完美形态的价值形态，是极无内容、极简单的了。但两千余年来，人类智慧在这方面的努力还是毫无结果。反之，对许多内容更丰富而且更复杂的形态的分析，却至少已接近于成功。[25]

资本主义社会是对人类经济关系的大转变，而这一转变最重要的标志就是货币由商品交换的中介变成了剩余价值的来源，这便是马克思所说的“由货币到资本的转化”，也是《资本论》第一卷理论部分最重要的内容。资本主义社会最大的“谜”，就体现在“货币转化为资本”——“钱仿佛能够生钱”这样的神奇游戏中。当然，所谓的“钱能生钱”不过是一个幻觉，只不过“这种关系，采取了物之间的一种关系的幻象的形态。所以，要找一个比喻，我们必须遁入宗教世界的幻境中去”[26]。故马克思说“钱可以生钱”，就是所谓“拜物教”（Fetishism）的核心。《资本论》的作者所要做的，首先就是带领我们从破除这种幻觉起步，开始对资本主义的秘密的探询。

为了破除“钱能生钱”的幻觉，我们必须看到，资本家实际上先是以货币购买了一种特殊的商品——劳动力，随后，在资本主义工厂条件下进行的劳动便会创造出比购买劳动力的货币更大的价值。可见，钱不能生钱，而且，一般的商品交换、一般的市场经济也不能产生超额的利润，在现代工业生产领域，只有劳动和劳动力能够“生钱”，只有劳动力这种特殊的商品才能产生剩余价值、超额利润。于是，马克思提出了与此前的经济学家完全不同的观点：资本主义国家与社会财富的来源（或者斯密所谓的“国民财富的来源”）并不是抽象的市民社会的贸易活动，而是一种特殊的雇佣劳动体系。据此，马克思也无情地嘲笑了黑格尔“资产阶级法权”的虚伪，他指出，市民社会所推崇的“自由、平等”，是建立在商品自由、平等交换的假象之上的。这里的市场首先使劳动力成为商品，使人成为商品，使最广大的劳动者成为商品，因为在资本主义市场上，劳动者除了他们自己身上的劳动力可以“自由支配”外，其余的自由一点儿都没有。对资本主义全部意识形态——“天赋人权”之实质的解读，以《资本论》的如下段落为最为深切：

劳动力的买卖，是在流通领域或者商品交换领域的界限内进行的。这个领域，实际上是天赋人权之真正的乐园。在那里行使支配的，是自由、平等、所有权和边沁。自由！因为一种商品（如劳动力）的买者和卖者，是由他们的自由意志决定的。他们是以自由人、权利平等者的资格订立契约的。契约是最后结果，他们的意志就在此取得共同的法律表现。平等！因为他们彼此都以商品所有者的资格发生关系，以等价物交换等价物。所有权！因为他们都只处分自己的东西。边沁！因为双方都只顾自己的利益。使他们联合并发生关系的唯一的动力，是他们的利己心、他们的特殊利益、他们的私利。正因为每一个人都只顾自己，不顾别人，所以每一个人都由事物之预定的调和，或者什么都照顾到的神的指导下，只做那种相互有益、共同有用或者全体有利的工作。[27]

马克思以讽刺的口吻说，当“自由贸易”的教条主义者喋喋不休地重复那些立足于商品交换之上的“自由平等”空洞观念时，他们却忘记了一个最简单的事实：这里本来没有什么真正的商品交换发生，因为劳动者阶级本来是两手空空、没有什么真正的“商品”可以拿到市场上交换的“一无所有者”，他们在市场上出售的并不是任何意义上的商品，而是他们自己。实际上，连奴隶也知道，这种“出售自己”的行为不可能是自愿、自动和自发的，而只能是被迫的。这种强迫和被迫的关系，虽然被说成是自由的和自愿的，但其压迫性实质写在每一个资本家和劳动者的脸上，而这一点，用不着多么仔细去观察就可以一目了然：

一旦离开简单、抽象的流通和商品交换领域（抱庸俗见解的自由贸易论者，恰恰就是从这个领域借取观念、概念和标准，来判断资本与工资劳动的社会的），我们就会发现剧中人的形象似乎就有些改变了。因为原来的货币所有者，现今变成了资本家，他昂首走在前头；劳动力所有者，就变成了他的劳动者，跟在他后头。一个笑眯眯、雄赳赳，专心于事业；另一个却畏缩不前，好像是把自己的皮运到市场上去，没有什么期待，只等待着刮似的。[28]

那么，货币又是如何转变为资本，即如何转变为剩余价值的来源的呢？简单地说，这就是因为人们被马克思所说的“幻觉”蒙蔽和麻痹。正是这种幻觉使得他们相信货币乃是价值的象征，而并不是一张纸、一块金属、一个把商品运到市场上交换的工具，恰恰相反，他们认为货币作为价值的象征，乃是财富的最终来源和创造者。

在《资本论》中，马克思是这样为货币“祛魅”的：货币作为一般等价物，它的产生，不过是为了商品生产和商品交换的方便而已，货币的价值和价格，实际上不过如同语言一样，是约定俗成的，也就是说，是为彼时彼地商品生产与交换的情况所决定的。一旦人们错误地以为货币本身是价值的象征或者价值的来源，货币就将倒过来决定生产和交换，而在这种时候，资本家就不但可以通过垄断货币资本牟利，而且可以通过掌握货币资本控制生产、市场交换，或者说就是破坏生产和市场。

马克思的思想过于艰深，更重要的是，整个资本主义社会对马克思思想的深刻恐惧和处心积虑的妖魔化，最终导致了马克思的理论成为一种最难以理解而在传播中又最容易被庸俗化的学说。结果，马克思那些开天辟地的伟大发现往往被归功于他身后的某些通俗作家，从这个意义上说，那个于贫困交加中在大英博物馆拼命写作的人，几乎从未得到过堪与其伟大学说相匹配的公正对待——尤其是心平气和的阅读。制度经济学派的创始人凡勃伦曾经这样指出：正是通过阅读卡尔·马克思，后来的经济学家才纷纷认识到一个简单的事实——企业家（“资本家”的中性说法）阶级在经济活动中的唯一任务就是“挣钱”，而非从事商品生产。对他们来说，生产商品只不过是一个与挣钱相伴随的极其次要的、机械的活动；而所谓“挣钱”则是一个货币的运作过程，是通过讨价还价（“贱买贵卖”的中性说法）的销售活动进行的。对企业家来说，其最高成就永远是以最简捷的方式（最好是不用付出任何东西）获得财富，尽管这两个目标可能重合，但当其发生冲突之时，生产就必须让位给利润。因此，通过限产、控股、兼并的方式获得最大利润是资本的本能。在这个意义上，企业家最喜欢的恰恰就是经济的不稳定，因为他们可以在经济的上升阶段买空（as a bull），而在其下降阶段卖空（as a bear），这就是为什么大企业主会阻碍社会进步，危及生产，并故意向市场发出错误的信号，因为这正是资本的本性，因为资本家只对市场价值感兴趣，而对社会价值、社会代价（即所谓的“外部性”）丝毫没有兴趣。[29]

马克思所告诉我们的绝不仅仅是这些，他不仅仅告诉我们，当少数人掌握货币资本并通过掌控货币供给决定生产和交换之时，这个社会就是颠倒的、有病的和危险的，经济危机因而就是不可避免的，而且他还把这种颠倒视为以小生产者和小市场交换为基础建立起来的德国哲学的一般特征，因为只有在一个小生产的、高度分散的社会里，一种抽象的普遍性才是格外需要的，甚至是绝对必需的。货币成为价值的象征，成为价值的源泉，并不是因为它本来就是这样，而是因为“人们把它想象成这样”。按照马克思的说法，从不同的商品中、不同的分散的劳动中，想象和抽象出一个“共同本质”的思维过程，其实是“在人们的头脑中进行的”，即人们首先从不同的商品中抽象出共同的“本质”，其次把这些抽象出来的本质定义为商品的“价值”，最后再把这个“抽象的价值”赋予在国家、货币、债券和股票身上。这就是德国哲学的一般思维过程，更是经济学的“形而上学基础”所在。

马克思说：

人们把他们的劳动生产物看作价值，使它们互相发生关系，不是因为这些物在他们看来不过是同种人类劳动之物质外壳，……

恰恰相反，是因为他们在交换中，把他们不同的生产物看作价值，而使其均等。他们虽然不知道，但是这样做了。价值不曾在额头上写明它是什么。它是把每一种劳动生产物化成一种社会的象形文字。后来，人们才想到要说明这个象形文字的意义。他们自己的社会的生产物，就是在这个秘密后面出现的，使用价值的被当作价值规定，本来就和语言一样，是人类社会的产物。[30]

德国自然环境的分裂和社会生产条件的高度分散，使得德语和德国文化成为德国统一的唯一依靠。在德国经济生活中——套用列宁后来的名言就是“小生产每日每时地、自发地产生着资产阶级和资本主义”，换句话说，这种小生产的分散性就使得一个国家垄断资产阶级可以通过操纵货币的方式伪装成“普遍的阶级”，以此来支配生产和交换，同时，他们又以官僚等级制的方式对社会剩余价值进行再分配。处在流亡和被放逐中的马克思已经看到，在当时欧洲的先进国家，如英国，情况与德国大不相同，甚至说是刚好产生着相反的趋向，即无产阶级的阶级斗争而非资产阶级垄断日益决定着社会剩余价值的分配。这种斗争更有可能使得生产和交换的发展与扩大反过来决定着货币供给，即有可能将被颠倒了的货币与生产的关系重新颠倒过来。因此，马克思说：

政治经济学在德国的生活地盘依然没有。这门科学依然是当作完成品，从英法二国输入进来。德国的经济学教授，都还是学生，于是，外国现实的理论表现，在他们手里，统统成为教条的集成，因为他们周围的世界是小资产阶级的世界。从这个世界的观念去解释，所有的理论就在他们手里被误解了——他们用博通文献的精美包装，或者用彼此无关的材料的凑集来做掩饰，这种材料是从所谓“管理学”（Kameral wissenschaft）借来的，那是一种知识混合物，是德意志官僚满怀希望的候补人所必须通过的炼狱。[31]

在英国和法国，生产、交换支配着货币，而在德国，则是货币和金融支配着生产与交换，货币与金融才是德国人所谓的“精神”的实质。因此，德国人骄傲地自诩的精神，不过就是“没有任何现实基础的信用制度”而已。德意志官僚集团是一个无能的阵营，而德国知识分子则是官僚资产阶级的后备军。德国之所以落后于欧洲，不在于其资本和知识的能力，而在于其劳动者阶级的能力，在于它还没有英法那样一个通过自己高超的斗争形式为社会的公平、公正、合理发展制造前提的产业无产阶级。在这个意义上，在马克思看来，能够把德国从小生产的分崩离析中解放出来的，恰恰是1848年之后资本主义的迅猛发展，因为在小生产破灭的灰烬中，诞生了德国历史上第一个真正具有普遍意义的阶级——无产阶级。这个阶级不仅是德国统一的希望所在，是德国经济发展的动力所在，而且更是新的德国哲学和政治经济学的真正读者。马克思直言不讳地说，《资本论》就是为这个新阶级而写的。这个阶级表面上一无所有，但是，他们凭借着自己的“劳动力”的增进，即组织生产、交换与管理经济和上层建筑能力的提高，最终有可能决定整个现代人类社会的走向。在马克思看来，决定现代人类社会命运的辩证法，就是不断增长的工人阶级能力与资本积累之间的历史较量和赛跑，他说，当自由已经被黑格尔歪曲成“发财的自由”的时候，只有德国无产阶级还在坚持康德的真理——“自由乃天赋人权”，因此，真正继承了德国哲学的，不是黑格尔所谓的市民阶级，而是德国无产阶级：

> 德国无产阶级是随着刚刚着手为自己开辟道路的工业的发展而形成起来的。因为无产阶级不是自发产生的，而是人工制造的贫民组成的；不是在社会的重担下机械地压出来的，而是由于社会的急遽解体过程，特别是由于中间等级的解体而产生的群众。[32]
>
> 就在于形成一个被彻底的锁链束缚着的阶级，即形成一个非市民社会阶级的市民社会阶级，一个表明一切等级解体的阶级，一个由于自己受的普遍苦难而具有普遍性质的领域，这个领域并不要求享有任何一种特殊权利，因为它的痛苦不是特殊的无权，而是一般无权，它不能再求助于历史权利，而只能求助于人权——总之是这样一个领域，它本身表现为人的全面丧失，并因而通过人的完全恢复才能恢复自己。这个社会解体的结果，作为一个特殊等级来说，就是无产阶级。[33]

除了剩余价值学说或者对“以货币形态为其完成形态的价值形态”的资本主义生产方式的研究外，马克思的另一个伟大知识贡献，用他自己的话来说，就是揭示了“由资本主义的生产法则引起的社会对抗”。他关于人类社会所遵循的“自然法”的学说，表面上是采用了一种康德式“自然法”的表述，但在马克思那里，人类社会发展所遵循的基本法则不是宇宙秩序的最终和谐，也不是理性对宇宙秩序的认识。马克思的思考要比此前欧洲一切知识分子都要具体、深刻且大胆、实在得多，众所周知，他把人类社会的法则理解为为了争夺社会剩余价值而进行的“阶级斗争”。“共产主义者不屑于隐瞒自己的观点”——马克思从来没有否认暴力和权力在人类历史上的作用（正如他没有简单地否定马基雅维利），也没有否认知识和理性所扮演的重要角色（正如他没有简单地否定康德），更没有取消国家举足轻重的作用（正如他没有简单地否定黑格尔），但是，他依然坚持认为，暴力、知识和国家，它们归根结底只有一个目的，就是服务于争夺生产资料所有权和剩余价值分配权的斗争。不过，也许令人惊讶的是，马克思关于知识、权力和国家起源的思想，竟然具有如此强烈的"东方精神"或者"中国精神"。因为荀子和柳宗元都曾经这样阐释人类历史的起源，即他们的思想中都蕴含着这样的前提——历史乃是人类为争夺生产资料和剩余价值而进行的博弈，这或许可以部分地解释马克思的伟大学说虽是在欧洲提出，却在东方被积极接受：

> 彼其初与万物皆生，草木榛榛，鹿豕狉狉，人不能搏噬，而且无羽毛，莫克自奉自卫；荀卿有言：必将假物以为用也。夫假物者必争，争而不已，必就其能断曲直者而听命焉。其智而明者，所伏必众；告之以直而不改，必痛之而后畏；由是君长刑政生焉。故近者聚而为群；群之分，其争必大，大而后有兵有德。
>
> 人之所以为人者，何已也？曰：以其有辨也。饥而欲食，寒而欲暖，老而欲息，好利而恶害，是人之所生而有也，是无待而然者也，是禹桀之所同也。然则人之所以为人者，非特以二足而无毛也，以其有辨也。今夫狌狌形笑，亦二足而无毛也，然人啜其羹，食其肉。故人之所以为人者，非特以二毛无足也，以其有辨也。夫禽兽有父子而无父子之亲，有牝牡而无牝牡之别。故人道莫不有辨。辨莫大于分，分莫大于礼，礼莫大于圣王。[34]

正如荀子和柳宗元一样，马克思在《1844 年哲学—经济学手稿》中也提出，人类的先天能力，并不在于康德所谓的先天认识能力和先验道德能力，而恰恰在于人类先天的“受苦性”和被动性，恰恰来自人类与动物之间的先天区别：人类先天无毛无爪，只能依靠外物（生产资料）生存下去，而这里的“生产资料”也就是荀子所谓“必将假物以为用也”。所谓“夫假物者必争，争而不已，必就其能断曲直者而听命焉。其智而明者，所伏必众”，当然就是说理性和认识的起源，即所谓“辩”和“有辩”。“告之以直而不改，必痛之而后畏；由是君长刑政生焉”，就是说暴力和权威的发生。至于“故近者聚而为群；群之分，其争必大，大而后有兵有德”，当然是讲国家与法律的起源。

在《德意志意识形态》中，马克思进一步论述说：正是人类作为无毛无爪之生灵这种先天的被动性，使得人类不得不通过意识发明工具、社会组织和语言系统，如此才能生存、发展。工具、社会组织和语言等人类的发明，又反过来对人类造成第二重束缚，于是，恰恰是人们围绕着这些基本生产和生活资料的斗争与争夺，方才促成了思想、语言、文化、国家、法律的产生，推动着人类文明的演进。

到此，马克思才算真正“颠倒”了黑格尔。在马克思看来，历史的进步不是由于人类先天的“精神性”，而恰恰是由于人先天的物质性、被动性。人因其先天的被动性而不得不生产，正如无产者因其贫困而不得不劳动。人类历史进步的动力，并不在于历史中潜伏着的精神“因素”，“民族要解放，人民要革命”，皆是其所遭压迫使然。并不是先天的自由精神，而是被压迫、被剥削、被奴役的“肉体”的痛苦——被动的、物质性的处境，成为社会革命和历史进步的火车头。毛泽东说“哪里有压迫，哪里就有反抗”，这也就是马克思在《神圣家族》中所说的："革命需要被动因素，需要物质基础。"

我们尤其必须记住，在马克思那里，"劳动力"并非指一般的"筋肉的活动"，而是指"生产能力"，指无产阶级阶级能力的不断增进和提高，它不仅仅是指劳动的能力，而且更是指"管理和支配生产与交换活动的能力"，最终就是指管理现代社会的能力。一无所有的劳动者阶级，可以依靠先进的社会组织形式战胜自己的敌人，同时战胜自己先天的匮乏和被动性，正如人类依靠社会组织战胜强大的动物世界，同时也战胜了自己一样。正是在这个意义上，无产阶级本身的敌人，并非拿枪和不拿枪、占有或不直接占有生产资料的剥削阶级，而是自身一盘散沙的无组织状态。当劳动者阶级不能组织起来并不断推动社会组织的变革之时，当他们不能够在整个的经济基础和上层建筑领域全面显示出其组织、领导能力之时，他们就只是不折不扣的"穷人"和"流氓"无产者而已。马克思所谓的无产阶级的组织，乃是劳动者的自由联合体，在这个意义上，它从来就不是指资产阶级意义上的民族国家。因为我们的革命导师这样教诲我们：

> 劳动者阶级没有把奇迹寄托在公社身上。他们根本不拥有该由人民的命令来开始的、任何现成的乌托邦——他们除了解放在崩溃过程中旧的资产阶级社会本身所孕育的新社会的诸因素外，没有任何其他该实现的希望。[35]

在贫困交加和颠沛流离之中，马克思和恩格斯以其伟大的实践勇气发动了国际无产阶级运动，并以历史的伟大首创精神亲自创立并领导了无产阶级的"两个国际"。马克思晚年密切关注着无产阶级的斗争如何才能具备历史的深度和世界视野这一根本性问题。正如艾瑞克·霍布斯鲍姆所说，任何目睹苏联红场阅兵之壮观和中华人民共和国开国大典的人，都不能不承认马克思确实改变了世界。马克思是人类历史上第一个发现了现代劳动者阶级无穷潜力的思想家，但是，正是马克思始终提醒我们，这不过是“潜力”而已，至于如何将这种“潜力”转化为现代社会的“组织领导能力”，劳动者阶级注定有更为漫长的道路要走。无产阶级专政的历史经验教训，印证了他深刻的预言。

在马克思之后，德语世界里康德思想最具争议的理论继承者之一是于尔根·哈贝马斯。与马克思将启蒙的希望和主体寄托于欧洲无产阶级身上不同，于尔根·哈贝马斯把在欧洲复活启蒙的理想寄托于“公民社会”，特别是“公共知识分子”及其所掌握的言论空间，即他所谓的“公共领域”理论。实际上，哈贝马斯主要继承了康德的知识、信息公开化理论，而非马克思的社会—经济分析视野。他把信息与知识的共享看得比货币资本的独占更为重要。

什么是“公民社会”？“公民社会”不是“市民社会”，简而言之，公民社会既不是家庭，也不是国家，更不是市场，而是介于家庭、国家、市场之间的一个空间。它不完全是私人的，因此被冠以“公民”；它也不属于国家与市场，因此被叫作“社会”。基于前二者，这个空间就被叫作“公民社会”。

然而，现实世界中的公民社会，绝不可能是没有阶级、没有差别的人群的组合，因此，马克思说，所谓公民社会，也就是不敢正视或力图抹杀阶级差别、戴着假面的“资产阶级社会”。实际上，现实中任何公民社会的运作，无论它是所谓的“公共媒体”还是非政府组织，都离不开持续的经济、财政支持，而其财政基础不是来自资本，就是来自国家。尽管有时候资本的募集打着“慈善”和捐助的名义，但可以肯定的是，几乎没有一个公民社会组织在现实中是独立于资本和国家的。在这个意义上，公民社会的独立性完全是虚假的。

哈贝马斯所提出的拯救启蒙的方案，实质上就是要把启蒙的理想从资本家阶级和国家官僚手里夺回，交到所谓的“公共知识分子”手上，从这个意义上说，他发展了安托尼·葛兰西的“文化领导权”理论。与资产阶级通过金钱和市场、官僚阶级通过国家机器进行统治不同，这个以促进知识和信息的公开化、公共化为己任的“公共知识分子”阶级，主要通过掌握媒体以形成“公共舆论”进行统治。因此，哈贝马斯的“回到康德”和“回到启蒙”就是指回到这样一个欧洲式的文化资产阶级及其文化霸权，在他看来，康德也许就是欧洲历史上第一个这样的“公共知识分子”。所谓启蒙问题也就在于形成这样一种超越国家和市民社会的“公共文化机制”，启蒙的要义就在于通过最广泛而自由的交往形成全球公民社会。

哈贝马斯的方案是对马克思的产业无产阶级、黑格尔的民族国家，也许还包括韦伯的官僚制的多重拒绝，他是在信息公开和知识的自由交往的意义上呼吁回到康德的启蒙的。康德所提出的“如何形成公共权利的先验基础”，构成了哈贝马斯思想的出发点。不过，哈贝马斯的理论是对康德视野的狭窄化，并以此表现出当代欧洲知识精英视野的日渐狭窄。哈贝马斯好像并不了解，无产者与资产者之间的矛盾不是私人之间的矛盾，这种矛盾不可能通过不同意见之间的公开辩论得到解决。因为他们之间缺乏康德所说的“共同的思想条件”，无产阶级是与整个资本主义社会的前提——私有产权和劳资关系的神圣性相冲突的。他们恰好就是建立在这种财产关系之上的法律制度的牺牲品。因此，哈贝马斯的公共领域将无产阶级排除在外就是必然的：

> 所谓“公共领域”，我们首先是指社会生活中的一个领域。在这个领域中，像“公共意见”这种事物可以形成。公共领域原则上向所有公民开放。它的一部分由各种对话构成，在这种对话中，作为私人的人们来到一起，形成了公众。这时，他们既不是作为所谓商业人士来处理私人行为，也不是简单地作为群体接受官僚国家法律规章的制约。他们是在非强制的情况下处理普遍利益问题时，作为公民群体来行动。因此，他们可以自由地集合并自由地表达意见。当这个公众达到较大的规模的时候，他们之间的交往就需要一定的传播和互相影响的手段，今天的报纸和期刊、传媒和电视就是这种公共领域的媒介。当公共讨论涉及国家时，我们称之为政治的公共领域。[36]

460 今天的报纸和电视没有一个是哈贝马斯所谓的“公共的媒介”，因为它们必定要通过广告商的约束被最大的利益集团支配。传媒运作的复杂程度并非一般公众所能了解的，而其中以“私人”面目出现的“公众人物”所散布的绝非“公共知识”，而只不过是小资产阶级的情调和洛克式的“经验”而已：

> 资产阶级公共领域首先可以理解为一种私人集合而成的公共领域，但是，这私人随即就要求这一受上层控制的公共领域反对公共权力自身，以便就基本上已经属于私人，但仍然具有公共性质的商品交换和劳动领域中的一般交换原则，同公共权力进行讨论。[37]

哈贝马斯因此嘲笑了市民社会的意识形态，指出这不过就是为了私人发财而反对一切“受上层控制的公共权力”的资产阶级的无政府主义，但是，哈贝马斯本人所幻想的“公共领域”的主体，表面上包括所有愿意公开进行讨论的“公民”，实际上不过是松散的、掌握着各种形式的媒体和话语权的资产阶级知识分子及媒体从业者罢了。在这个意义上，哈贝马斯的思想也不过是资产阶级“经验”的杂烩，只不过是另一种更为彻底的无政府主义——欧洲“有教养”的市民阶级根深蒂固的意识形态罢了。在这个意义上，20世纪末以来，中国精英知识分子中所流行的“批判的思想”以哈贝马斯为旗帜，也就是不足为奇了。

葛兰西警告说，无产阶级在掌握生产资料的同时，必须掌握话语权，否则就会被敌人从意识形态上战胜。东欧和苏联的崩溃，很大程度上就是被西方的媒体战争击溃，从这个意义上说，恰恰是被哈贝马斯所倡议的西方“公民社会”和媒体社会击溃。

今天看来，马克思之后，唯一一位有能力将欧洲哲学所提出的启蒙理想推向世界的欧洲思想家，其实就是俄国革命的领袖和思想导师列宁。

列宁对现代历史的首创性贡献，就在于分析了“帝国主义时代”的基本特征：在帝国主义时代，欧洲的资产阶级已经不具备任何革命和进步的意义，“市民社会”已经彻底崩溃，因为欧洲资产阶级已经不是原来那以市场经济为基础、以自由竞争为信条的阶级，而是高度组织化的资产阶级，它的基础早已经不是中小企业主，而是大的垄断托拉斯和大的金融垄断集团。列宁清晰地看到，当欧洲和全世界的无产阶级还没有实行联合和“组织起来”的时候，全世界的资产阶级却已经高度组织起来、联合起来，并形成了一个跨国的国际资产阶级联合体。这个国际资产阶级联合体的司令部，就是跨国资产阶级的金融垄断组织——垄断银行。列宁说：

> 不管在什么情况下，不管在哪个资产阶级国家，不管有什么样的银行法，银行总是大大地加强并加速资本集中和垄断组织的形成过程。
>
> 半个世纪之前，马克思在《资本论》里写过："银行造成社会范围的公共簿记和生产资料的公共分配形式，但只是形式而已。"我们所引用的关于银行资本的增长、关于最大银行的分支机构及其账户数目的增加等材料，都具体地向我们表明了整个资本家阶级的这种"公共簿记"，而且不仅是资本家阶级的"公共簿记"，因为银行所征收的，是一切货币收入，其中也有小业主的，也有职员的，也有少数是上层工人的。"生产资料的公共分配"，从形式上看，是从现代银行生长出来的；但是，生产资料的这种分配，就其内容来说，绝不是"公共"的，而是私人的，也就是说，是符合大资本（首先是最大的、垄断的资本）的利益的，因为大资本是在民众忍饥挨饿，整个农业的发展无可救药地落后于工业，"重工业"向其他一切工业部门收取贡税的条件下活动的。[38]

这就是说，银行以"公共"之名，行"私人"之实。在财政、金融没有公共性的条件下，一切"公共性"、一切所谓的"公平""正义"都是空谈与欺骗。原来建立在市场经济基础上的个人自由和私有制已经不存在，代替这一切的是建立在金融垄断基础上的大企业寡头对市场的垄断。实际上，正如列宁在一个世纪之前就已经分析过的那样，今天欧洲和美国的主要银行均是私人的，这无疑是一个巨大的制度缺陷，不但列宁指出了这一点，而且本杰明·富兰克林、托马斯·杰斐逊等美国“国父”也都看到了私人控制的中央银行、垄断银行将会给生产、民主和民生造成的巨大灾难。正如列宁所说，私人银行将“公共财富”收集起来，却用于大资本家阶级追求超额利润的“私人目的”，资本家银行所扮演的“公共财政角色”与其“私人本质”之间的矛盾，必然决定了他们绝对不会“自动地”投资民生，更不会像亚当·斯密当年所设想的那样去致力于改变整个欧洲“农业无可救药地落后于工业”的变态发展道路，甚至不会投资一般的工业生产，而是最为积极地投资军事工业，以此服务于对外扩张、争夺世界市场的目的。同时，由于发展中国家的劳动力价格便宜，更由于发展中国家资本的缺乏，国际资本家集团就更加缺乏向生产发展和科技进步投入资金的动力，而是通过剥削发展中国家的廉价劳动，即热衷于通过向发展中国家的反动统治阶级放贷获取高额利润。

欧洲已经重新退回到中世纪，在那里，教皇就是银行家，新的军阀混战不可能停止，而这种争夺殖民地的军阀混战已经扩展为世界大战。国际资本家阶级就这样成了发展中国家统治阶级的朋友、支持者，同时，也就必然成为那些国家进步力量、劳动人民，以及欧洲和全世界进步力量与劳动者的敌人。在这个意义上，发展中国家的进步力量，他们所要反对的国内统治阶级之真正后台、债主和贷款者，其实就是国际资本家阶级，他们反抗本国反动统治阶级的斗争，也就是支持发达国家进步力量和无产阶级的斗争。所以，当列宁听到中国辛亥革命的消息时，他第一时间的反应便是认为中国人民反对国内统治者的斗争率先向孤军奋战的欧洲无产阶级发出了联合呼吁，它代表着国际无产阶级和进步力量走向真正的大联合的开始。列宁说，与欧洲已经丧失了进步作用的资产阶级相比，现在真正具有革命性的，是亚洲和中国争取民族解放的进步力量：

> 技术十分发达、文化丰富、宪法完备的文明先进的欧洲，已经到了这样一个历史时期，这时，当权的资产阶级由于惧怕日益成长壮大的无产阶级而支持一切落后的、垂死的、中世纪的东西。衰老的资产阶级同一切衰败了的和正在衰败的势力联合起来，以求保存陷于动摇状态的资本主义雇佣奴隶制。
>
> 整个欧洲的当权势力，整个欧洲的资产阶级，都是与中国的官僚买办阶级、所有的一切反动势力和中世纪势力实行联盟的。
>
> 而在亚洲，到处都有强大的民主运动在增长、扩大和增强。那里的资产阶级还在同人民一起反对反动势力。数万万人民正在觉醒起来，追求生活，追求光明和自由。这个世界性的运动使一切懂得只有通过民主制度才能达到真正的集体主义的觉悟的工人多么欢欣鼓舞！一切真诚的民主主义者对年青的亚洲多么同情！
>
> 而“先进”的欧洲呢？它掠夺中国，帮助中国民主、自由的敌人！[39]

据此，列宁创造性地提出了“落后的欧洲和先进的亚洲”的思想论断——列宁认为，非但欧洲的资产阶级是落后的、与反动势力天然捆绑在一起的，而且欧洲的无产阶级也不是“天然先进的”，这是因为欧洲资本主义发展和资本积累的残酷性，特别是第一次世界大战中，欧洲各国工业无产阶级在民族主义的煽动下卷入帝国主义国家之间的战争，大批沦为炮灰，这使得人们认识到欧洲的民族主义乃至种族主义意识，有可能压倒无产阶级的阶级意识，并促成欧洲无产阶级的全面保守化，马克思关于欧洲产业无产阶级作为人类现代启蒙运动的新主体的论断需要反思。在列宁看来，不但欧洲民族国家的建构形式决定了它必须通过大规模的海外殖民活动弥补内部的财政亏空，而且，欧洲资产阶级国家也可以利用海外榨取来的资源、利用对殖民地的剥削来满足欧洲社会内部劳动者的福利要求。正是这一过程，使得欧洲无产阶级可能逐步形成一种“工人贵族意识”，而且，列宁认为，这种工人贵族意识，不但使得欧洲无产阶级“和平长入市民社会”成为可能，不但使“重建市民社会”的怀旧梦成为可能，更使得欧洲无产阶级有可能在战争中站在其国内资产阶级的一边，而反对殖民地人民革命和殖民地劳动者的解放斗争。

发达资本主义国家与殖民地人民之间的矛盾，不可能通过黑格尔所谓资产阶级市民社会的谈判程序得到解决，因为资产阶级民主曾经是建立在商品“平等交换”这一假象之上的，但事实上，在目前的欧美和日本，到处都是大的垄断企业和私人银行，正是它们支配着经济的全部领域，以公共财政之名，行压迫掠夺之实，所谓“平等的交换”根本就不存在：

> 分散的资本家合成一个集体的资本家。银行代替几个资本家办理往来账，似乎只是执行着一种纯粹技术性的、纯粹辅助性的业务。但当这种业务的范围扩大到很大的时候，极少数垄断者就控制着整个资本主义社会的工商业业务，就能通过银行的联系，通过往来账及其他金融业务，首先确切地了解各个资本家的业务状况，然后加以监督，用扩大或者减少、便利或者阻塞的办法决定他们，最后完全决定了他们的命运。[40]

这个跨国的金融资本家阶级，不但全面剥削和统治欧洲社会，而且通过金融放贷的方式统治世界上的各民族，因此，列宁说，在帝国主义的历史条件下，空喊“民主”“主权”的口号是毫无意义的。因为人们即使需要一个建立在商品“平等交换”基础上的形式上的民主，也必须首先通过无产阶级专政的形式摧毁现存的资产阶级垄断统治，特别是实行财政金融领域的公共性，只有财政、金融是真正公共性的，只有像《共产党宣言》中所提出的“使资本成为公共的”，才能实现那种建设在“平等交换”的市场经济基础上的民主，同时，也只有打倒帝国主义的掠夺，才能恢复一个真正公平的“世界市场”。同样地，只有给予被压迫民族以自决权，才能在此基础上重建各民族平等的联合，以打倒帝国主义。于是，列宁指出，世界的无产阶级和进步力量所要追求的“当务之急”，恰恰不是抽象的“民主主义”和“民族主义”，而是无产阶级专政和“社会主义的国际主义”。他说：

> 正如人类只有经过被压迫阶级专政的过渡时期才能达到阶级的消灭一样，人类只有经过一切被压迫民族完全解放的过渡时期，即他们有分离自由的过渡时期，才能达到各民族的必然融合。[41]

被压迫民族、被压迫阶级在经过阶级革命和民族革命之后所形成的“自愿的、非压迫性的联合”，即列宁对人类历史上第一个社会主义共同体——苏维埃社会主义联盟——“苏联”的真正定义。在列宁的意义上，苏联并不是一个资产阶级意义上的民族“国家”，它也并不是作为一个“国家”的范畴被提出的，恰恰相反，革命导师列宁告诉我们，启蒙所诉诸的人类解放和人类共同体意识，只有通过一场彻底反对和摧毁欧洲帝国主义及其民族国家体制的“世界革命”才能实现，作为一个反垄断体制的运动，世界革命的核心意义就在于打破 19 世纪欧洲帝国主义国家剥削全世界的不合理制度。

列宁率先看到，随着欧洲的产业被逐渐转移到殖民地和发展中国家和地区，这场真正的无产阶级启蒙运动的核心地带已经不在欧洲这种资本主义的中心地区，而在中心地带榨取的对象——边缘地区的劳动者阶级的斗争中。产业的转移使得欧洲无产阶级的革命意识越来越弱，而发展中国家的无产阶级则越来越庞大。促使世界范围内资本主义秩序解体的新兴力量，不是一般的欧洲无产阶级，而是被压迫民族的劳动者阶级。因此，如果在新的历史条件下重新阐释马克思所说的"旧的资产阶级社会秩序的解体和已经解体"，那么，这里的"旧的资产阶级社会秩序"就不仅仅是欧洲内部的旧秩序，还包括 19 世纪以降帝国主义的世界秩序，马克思所谓的"劳动者阶级"也应该是指"世界劳动者阶级"，而不是专指欧洲工业无产阶级。特别是欧洲的劳动者阶级的斗争目标，一开始就没有包含对欧洲自身的民族主义和种族主义的反思，其斗争视野也已为欧洲内部的福利社会和工人贵族意识所大大束缚，而在这一点上，欧洲的知识分子就更谈不上什么"公共知识分子"了。

列宁变帝国主义之间的殖民战争为殖民地人民的解放斗争，以及变工人贵族和福利国家幻想为欧洲内部的无产阶级革命的论断，其实是对康德以来的欧洲启蒙理想的又一次深沉而彻底的呼唤，即只有通过"世界革命"的方式，才能真正落实并实现康德关于普遍世界史和"普遍人权"的启蒙理想，而不包括殖民地人民民族解放斗争的各式阶级斗争、文化解放方案，实际上都是不完整的。如果不改变帝国主义与殖民地之间的经济和政治关系，国际法的基础和程序的正义是不可能的。当殖民地成为主要剥削对象时，欧洲无产阶级无法“天然地”承担世界革命的真正历史使命（更不要说欧洲知识分子了），因为在帝国主义时代，社会生产的承担者主要是殖民地、半殖民地的劳动者阶级，而整个欧洲本身都具有“寄生性”。因此，代表人类历史普遍性的“普遍阶级”这个重任就落在了殖民地人民、落后国家人民争取现代解放的斗争身上。

列宁认为，只有殖民地、半殖民地劳动者的斗争改变了世界市场关系，金融秩序和武力失衡关系、被压迫民族争取自身解放的斗争，才能在世界范围内落实启蒙的世界“永久和平”的启蒙理想。也正是在列宁主义的思想基础上，毛泽东才深刻指出，殖民地、半殖民地人民的斗争如何突破民族革命和资产阶级民主革命的范畴，这才是一个真正属于列宁主义的课题。恰恰是列宁以“世界革命”的现代方案去重新建立一个更为平等的世界市场和金融秩序，彻底倒转了黑格尔的欧洲中心主义叙述，以更为现实和更为彻底的形式“回到了康德”的启蒙理想，并且在世界范围内为启蒙找到了20世纪的历史主体。毛泽东的杰出著作《论持久战》就在这个意义上成为康德和列宁传统的真正延续，成为对第二次世界大战性质的列宁主义总结。这部著作的一节恰恰直接采用了康德的那个核心命题——“为永久和平而战”。毛泽东说：

> 目前的战争发展到世界大战之间，是不会间断的，人类的战争灾难不可避免。为什么又说这次战争接近于永久和平？这次战争是在第一次世界大战所已开始的世界资本主义总危机发展的基础上发生的，由于这种总危机，逼使各资本主义国家走入新的战

争，首先逼使各法西斯国家从事于新战争的冒险。……这次战争，将比二十年前的战争更大、更残酷，一切民族将无可避免地卷入进去，战争时间将拖得很长，人类将遭受很大的痛苦。但是由于苏联的存在和世界人民觉悟程度的提高，这次战争中无疑将出现伟大的革命战争，用以反对一切反革命战争，而使这次战争带着为永久和平而战的性质。……已经开始了的革命的战争，是这个为永久和平而战的战争的一部分。占着五万万以上人口的中日两国之间的战争，在这个战争中将占着重要的地位，中华民族的解放将从这个战争中得来。将来的被解放了的新中国，是和将来的被解放了的新世界不能分离的。因此，我们的抗日战争包含着为争取永久和平而战的性质。[42]

在“列宁主义”和“毛泽东思想”的视野里，无论黑格尔对资产阶级市民社会及其国家的批判，还是后来出现的哈贝马斯对资产阶级文化的自我批判，[43]实际上都不过是从欧洲内部对资产阶级进行的自我批判。他们所进行的政治批判和文化批判都没有也不可能真正触及建立在欧洲民族主义、欧洲中心主义基础上的全球压迫体制的核心，这种批判因而就不能彻底触及欧洲中心主义的神学或神秘基础，更不能彻底清除那种“主权”与“人权”的双重标准。在一个帝国主义的时代里，任何意义上的“普遍性与特殊性”的划分，任何意义上的“人权高于主权”的傲慢，也都不可能使得欧洲认识到其自身民族主义先天的“落后性”。

列宁和毛泽东都指出，在帝国主义和全球资本主义时代，仅仅靠发达资本主义国家内部产业无产阶级的解放斗争去克服现代资本主义世界体系，是远远不够的，而真正的希望在于“外部”，即如何从外部生成一个新的发展模式、新的政治体制、新的生产方式，而不是简单地通过完成民族革命，通过现代化的“比较优势”，“融入”世界资本主义体系。这才是创造一个新世界的关键。

在帝国主义的时代，随着列宁关于帝国主义国家“工人贵族”保守性的论断的诞生，世界史的主体，“世界公民”和解放全人类的责任，已经不可能主要由发达资本主义国家的无产阶级来担任，而只能由发展中国家的劳动者来担任。

“社会主义的国际主义！”“全世界劳动者，联合起来！”这就是列宁所说的“先进的亚洲与落后的欧洲”的根据，也是世界历史“重新面向东方”的真正根据，是“具有中国特色的社会主义道路”、新的发展观的题中应有之意。

在这个意义上，正是列宁和毛泽东以殖民地、半殖民地人民的民族解放战争对抗帝国主义战争的思想开启了启蒙的新篇章。

“十月革命一声炮响，给中国送来了马克思列宁主义”，为在“数千年未有之大变局”中无地彷徨的中国重新确立文化自信、制度自信、道路自信和理论自信提供了历史的契机。

第五节

作为“中国方法”的《大同书》

大道之行也，天下为公。

——《礼记·礼运》

19 世纪降临的“现代世界”，是西方列强军事扩张和资本主义金融垄断的产物。

正如安东尼·吉登斯所说，这个“现代世界”的发生，标志着人类文明的“大断裂”，它不是任何一种文明形态与传统（包括希腊—罗马传统和基督教文明）的自然发展和延续，而是军事暴力和金融垄断所造成的世界“失序”的结果，甚至是布罗代尔所谓“上帝发错了牌”的结果。这一巨大的断裂所带来的突出的问题是，我们被卷入的这个“现代世界”并没有真正的价值认同基础，由西方军事扩张和金融垄断制造的现代世界也并没有文化上的合法性，即便整个世界都如美洲那样被硬性地打上“拉丁”文化的印记。

希腊思想是从“何谓正义”的追问开始的。在柏拉图的《理想国》里，正义的象征就是神，就是灵魂，就是理念。或者说，神在人就有灵魂，而“灵魂在人世生活中的感受和形式”就是理念。在亚里士多德的《政治学》里，神就是城邦之神，城邦的守卫者就是“灵魂里有黄金的人”，城邦政治的目的不是生活，而是追求“好的生活”。

无论在柏拉图还是亚里士多德看来，正义的承载者都是统治者，而统治者所追求的并不是权力，而是正义、理念和灵魂里的善。

近500年来，西方思想追求的不是正义，而是权力。正是“正义”与“权力（利）”之间的冲突，构成了欧洲现代性的基本矛盾：“自文艺复兴以来，西方人的思想中始终贯串着一条冲突的红线，即一方面是关于世界普遍性的自然法体系的基本观念，另一方面是在历史和政治生活中起支配作用的霸权事实，这两者彼此碰撞。”[1]而且，在旷日持久的碰撞中，“正义”和“自然法”逐渐向权力低头、妥协，这使得欧洲古典政治学的要旨——“善优于权力”逐步转化为近代西方政治学的核心——“权力（或权利）优于善”。“近世以来，西方政治理论的一个基本演变轨迹是：先从所谓的‘自然法’（natural law）转变为‘自然权利’（natural rights）；而在‘自然’这个词贬值以后，所谓‘自然权利’就变成了‘人的权利’（human rights），即今天所谓的‘人权’——这一从‘自然法’到‘自然权利’再到‘人的权利’的转变过程，也就是西方走向政治虚无主义的过程。”

列奥·施特劳斯进一步结合近代欧洲“权利优于正义”的政治传统，如此论述所谓的欧洲“现代性问题”说：

> 现代性的开端首先是马基雅维利的“非道德的政治观”（即马基雅维利主义），继之演变为康德的“非道德的历史观”，最后是尼采的“超越善与恶”的个体人生观，与韦伯的“非道德的社会

观”（社会理性化）双峰对峙，到海德格尔终于点破：在现代性条件下，“伦理是不可能的”。[2]

由于近代欧洲政治思想是以“权利”（或者权力）为核心的，故而，在那里并没有“伦理”的地位，这样的现代性当然也就不可能真正具有世界普遍意义，用当今的语言来说，就是它不可能成为“普世价值”。于是，如何从文化上定义现代世界，即所谓的文化“现代性问题”，就成为我们所身处的这个世界的最大问题。在这个意义上，所谓“启蒙”，说到底其实就是追问现代世界的“文化合法性”何在，一个“文明的世界”是否可能；同时，启蒙也就是力图为现代世界提供一个文化共识、文化合法性或者价值普遍性的努力。

基于武力和金融支配的现代世界缺乏“文化合法性”这个突出问题，康德力图以“纯粹理性”这一范畴申诉“自然有秩序”“历史合目的”之理念，以为现代世界创造一个普遍的“自然法”基础，但是，我们一定要知道，康德所谓法的基础，乃是不能验证的“理念”，在“哥白尼革命”的意义上，它只是一个“假定”而已；康德的深刻之处在于指出，倘若不假定“自然有秩序、历史合目的”，如果不以这样的理念为前提和基础，那么，所谓关于自然的知识和人的知识（自然科学和社会科学）非但均没有可能，而且人类世界便成为彼此攻伐的“疯人院故事”。即恰是这无法验证的抽象的理念，构成了知识与存在的基础，这便是他对“哥白尼式革命”加以赞叹之深意。

非但纯粹理性是一个理念，是一个假定，而且实践理性和判断力也是理念，也是假定。康德说，人的心灵有两种能力，其一为认识能力，其二为欲求能力，实践就是欲求，意志便是向善的欲求，“因为善是意志（亦即一种由理性规定的欲求能力）的客体”[3]，而审美则是伴随着愉快的理性活动。然而，康德毕生的著述均没有回答人为什么必然向善而非向恶，必然追求美而不是追求享乐，世界的本质何以是理性而非混乱。对于这个根本问题，康德的解释是消极的（或曰“庸人式的”），即如果不“假定”人类具有这样先天的能力，那么，一切后天的立法、法则都将丧失内在的基础。正如康德在《纯粹理性批判》开篇就承认的，他自己学说“的用途在思辨方面就确实只是消极的”。他所谓的理性并不是必然，而是不得不然的假说，因此，理性不是客观的，而是纯粹主观的和先验的。

康德将理性作为“自然法”的基础，但是，从他的整个思想体系来看，无论真、善还是美，都是作为理念或者“假定”和“假说”而存在并被繁复的论述构建起来的。这充分表明，在一个充满暴力的时代，在怀疑主义思潮占统治地位的欧洲，康德本人也不敢断言“真善美”是真实的实存，实际上，浓重的怀疑主义深刻地困扰着康德的写作，这是铸成他繁复拖沓、曲折矛盾文风的一个要因。“三大批判”本身的内在矛盾提醒我们，纯粹理性作为不能验证的纯粹理念，或干脆只是一个“必要的假定与假说”，它充其量表达的不过是弗里德里希大帝时代，德国知识分子对“开明专制”的向往，更直率地说，作为欧洲的开明绅士、成功人士（大学校长），康德所关心的是如何确立世界的秩序，而并不是人民的疾苦，在他看来，“好的世界”就是有秩序的世界，至于人民对秩序的感受，“秩序”对普通百姓意味着什么，并不是他所要关心的。因此，他所诉诸的理性和自然法，不过就是那个时代欧洲高级知识分子头脑中的理念或者理想，而康德“三大批判”本身的结构矛盾，便是欧洲社会矛盾在康德头脑中的反映，便是托尔斯泰所谓“战争与和平”这一根本矛盾的体现，是我们上述所谓“正义”与“权力”冲突的西方现代性矛盾的体现。

康德的“自然法”本身就是欧洲矛盾的产物，因此，时至今日，康德的“启蒙方案”——这一伟大的“现代假说”，甚至连将欧洲在文化上统一起来的使命也没有完成，而他思想中深刻的怀疑主义色彩，却反而成为非理性思想的源头。所谓“超越善恶的个体人生观”“非道德的历史观”“非道德的政治观”“经济学不讲道德”，所谓“认识与价值的冲突”，如此等等，无不导源于康德关于理性不是客观实存，而是“主观假定”的深刻怀疑主义。

黑格尔所提出的更为基督教化的方案，则是进一步将基督教的上帝作为“自由精神”的基础，将世界史解释为“世界精神”和“绝对精神”，以欧洲民族国家（即西方列强）的世界扩张为“工具”，以世界为舞台的异化运动。黑格尔“自由主义”学说中鲜明的“文化帝国主义”（或者说就是“帝国主义的文化”）内涵，是难以为那些长期遭受西方军事压迫和金融剥削的民族与文明所接受和“同意”的。

欧洲漫长的启蒙历程，最终并没有为“现代世界”提供文化合法性、提供“普世价值”，因此，今天我们所身处的现代世界依然是一个靠军事实力和金融财力说话的世界，而不是一个文明的世界。于是，这个现代世界才会呈现出塞缪尔·亨廷顿所描述的基本状态：即使西方的军事威力已经天下无敌，即使西方的金融垄断已经覆盖全球，“理性”和“自由”的说辞在此强权支配的世界上依旧显得虚伪且脆弱，现代世界的“文化共识”依然不存在，现代世界的“文化合法性”根基依然虚无，因此几乎不可避免地，“文明的冲突”日益深化。

与西方不同，“礼制”是中国政治世界、生活世界的根本特征，它也构成了与西方不同的中国的现代性发生的基础。礼制的基本特征有两个方面：一是讲治理的基础是启发人民的觉悟，是谓“章德”，与希腊思想不同，中国思想认为人人皆有觉悟，道德觉悟的承载者不在统治者，道德觉悟的基础在于人民之中。二是讲天道，天道至刚，天道至柔，天道至大，天道至微，天道不是弱肉强食、优胜劣败，而是在万物化生的意义上对至柔、至弱的肯定。中国的天道不是强者战胜弱者，而是弱者有其生存的余地和位置，连最高的道德和正义，也并不是站在强者一边，而是站在弱者一边，因此，发展、化生往往表现为柔弱胜刚强。

中国的世界观有三个要素：一是作为宇宙秩序的“天理”，二是作为政治秩序的王朝、国家和法律，三是作为社会主体的人民。与西方不同，在中国的世界观中，人民的意志高于王朝、国家，而与“天理”一致。这三者的统一，以及强弱转换的历史观，构成了中国所谓的“大一统”。

何谓“大一统”的“一”？“大一统”与“天”的关系又是怎样的呢？

在中国文化中，“天”并不是一个理念，更不是一个假定，“天”也不是先验的“先天”、超验的“第一因”，天更不是抽象的秩序。天就是实存，是实际的存在。天的第一义就是“化生”，即天就是万物的生长和人民的生活，所谓“天人合一”“万物与我为一”，是说天、人和万物是平等的存在，是同一种事物，而不是“第一因”。认识到天、人、万物是彼此平等的同一种存在，就是“大同”。

再进一步说，所谓一就是“元”，而元就是气，所谓气者，即是“空中细物”。“天地皆运于气”，是说天地都是气的产物，天地皆是“空中细物”，与万物是平等的。天地尚且如此，何况“天子”呢？所以，在气、“空中细物”的意义上，“天子”不过是与万物、与芸芸众生平等的“一细物”而已。因此，与西方诉诸“上帝”这个唯一主宰者、“第一因”完全不同，中国的“天”申诉的是无主宰、无差别的万物平等。天，也就是平，所谓“天下太平”，也就是以天的名义申诉彻底的平等，而这便是“天下观”的要义。

在中国，天子并不能自动代表天，代表天的只能是万物构成的“天元”和人民构成的“人元”，所谓“王者，往也，天下所归谓之王”，就是说，只有继天奉元，养成万物，为民拥戴者，只有化生万民，解民于倒悬者，方才能称“王”、称天子。

在西方，政治的基础是法，法的基础是理念，因此检验政治好坏的标准，自然便是看它是否规范化，是否理性化，是否专业化、程序化，是否合法——一句话，是否能够代表、维护秩序。故在西方，政治者，法也；而在中国，检验政治好坏的根本标准，并不是一般地维护和维持秩序，而是“化生”，即关怀和回应民生疾苦。因此，它要求统治者不能存先天的、个人的好恶，不能从“先天的秩序”出发，而必须从“化生”出发，必须以百姓的好恶为好恶，以天下百姓的是非为是非。在中国，政治凡符合百姓的好恶，凡回应民生疾苦，就是符合“天道”的“正道”，也就是“好的政治”，而这便是所谓的“政者，正也”。

中国思想家中，对这个问题有极好论述的是康有为，他说，中国所谓“王者”不是指王霸者，王者有三意：第一，止战和维护和平；第二，人民的拥戴；第三，辅助弱小，养成万物。他说：

> 何以孔子改“一”为“元”？何君（指何休）述微言曰：元者气也，无形以起，有形以分，造起天地，天地之始也。……盖天地之本皆运于气，孔子以天地为细物，况天子乎？故推本于元以统乎天，为万物本。终始天地，本所从来，穷极混茫，如一核而含枝叶之体、一卵而具元和之象；……无臭无声，至大至奥。孔子发此大理，托之《春秋》第一字，故改“一”为“元”焉。此第一义也。老子所谓道、婆罗门所谓大梵天王、耶教所谓耶和华近之，而不如言元统天之精也。何休述微言曰：惟王者然后改元立号。孔子以天下皆定于一，故属万物于天元，亦属亿兆于人元。王者，往也，天下所归谓之王。此圣人教主为天下所归往者，乃能当此王者，乃可改元立号以统天下。此二义也。……王，往也。天下不往，则为独夫；天下归往，则为王者。……明王者当继天奉元，养成万物。此又一义也。由斯言之，不能继天奉元、养成万物者，是天不予，万物不往，不得为王者矣。……政者，正也……法正之道，正本而末应，正内而外应，动作举措，靡不变化随从，可谓法正也。……政莫大于正始。[4]

早在商周时期，将法权、秩序历史化而非绝对化，就成为中国政治思想史的极大创新——这就是关于“天命”的思想。“天命无常”的历史主义或者法权“相对性”学说，更使得“民命”“民视”“民听”成为权力合法性的最终来源。历代变法要义，是要求法度、法律服从于民事、民情、民生，而非将“法”视为不可摇动的政治根基，从而完成了对绝对法权的“祛魅化”。在这个意义上，中国的皇帝并不是西方意义上的“绝对的主权者”、先天秩序的代表者，他不过是主权的

“托管人”，即无非是“奉天承运”“为民立命”而已。由于权力的根本来源是“天命”与“民命”，这便成为中国之“皇帝”与西方意义上作为主权唯一所有者的“大王”及日本凌驾于“天”之上的“天皇”的基本区别。中国的主权必须在“天命”的意义上才能得到解释，万民要服从皇帝，但更重要的是，皇帝本人必须“敬畏天命”“克己复礼”，以服从“至平至公”的天道。

中国统治者的楷模何以是“文王”或周文王？这是因为所谓的“文王”，就是指“文明之王”，而文明也就是承载“天命”。康有为说：“文王，周始受命之王，王之所命，故上系天端。方陈受命制正月，故假以为王法。”承载天命，也就是“化生万物”，而非代表抽象的秩序，恰恰相反，只有摆脱了既成的是非善恶、个人的好恶，才能与天地同好恶，与万民同好恶。与天地同好恶，与万民同好恶，斯为“大同”，大同也就是“公”。故明末的周登如说：“盖人之好即己之好，而何得独无？己之好，即人之好，而何尝独有？此谓之大同。呜呼，至矣。”

在西方，理就是法，政治就是秩序，政治的核心是法制。在中国，天就是“化生万物”，政治就是回应民生疾苦，在中国政治学的意义上，所谓“好的政治”“文明的政治”，就是指承载“天命”的政治。承载天命，并不是代表和维护秩序，而是与万物同命运、与万民同好恶，这叫“法正”，也就是“大同”的政治，它的理想是“太平”，而太平就是“天下为公”。

当然，这绝不是说中国的历代政治现实已经达到了如此的水平，而是说这始终是中国人衡量文明政治与政治文明的标准和尺度，也是一切政权合法性的基础。因此，中国的法正，不是西方的政法。作为衡量政治文明的标准和尺度，它被称为“政道”，所谓“法正”就是效法“政道”。作为一切政治行为合法性的基础，它也可以被称为“中国的自然法”：“董子《繁露》述微言曰：政者，正也，统致其气，万物皆应，……政莫大于正始。”这就是说，历代政治的好坏，要依靠这样的“政道”和“自然法”来检验。

在西方，因为政治的基础是法，所以，它要求政治符合理念、符合法的规范、遵循程序的正义。西方政治的核心要义，就是制定规则、维持秩序，在这个意义上，凡不符合西方理念和程序正义的政治，自然都属于异类，都是坏的政治，或曰“专制政体”。在中国，判断政治好坏的标准不是抽象的理念，不是程序的正义，甚至不是维持现存秩序，而是人民的好恶，特别是统治者是否以百姓的好恶为好恶，是否根据人民的好恶、要求来施政或制定政策；在中国，判断政治好坏的标准不是简单的是否合法，是否合乎既定的规范，而是是否合乎“正道”，而“正道”就是看政治和政策是否符合老百姓的是非好恶，老百姓的好恶就是“天道化生”的体现。且历代的改革与革命都是从破坏法度、变法开始的，改革家对中国政治弊端的认识，不是认为中国没有法度、没有制度，而是“积习太深，文法太密”，法律、法度、法条严重脱离实际，光绪帝的名言很说明问题：“中国之弱，在于习气太深，文法太密。庸俗之吏多，豪杰之吏少；文法者，庸人借为藏身之固，而胥吏倚为牟利之符；公事以文牍相往来而毫无实际，人材以资格相限制而日见消磨。误国家者在一私字，困天下者在一利字。”如果从“政治即是法治”的角度看，中国几千年无非都是“专制”，中国政治史似乎是一片黑暗，毫无研究的价值与必要，而这也恰恰表明，只有摆脱了这种“秩序决定论”，而从政道即“天道”、天道化生的角度，即从“法正”而非“法制”的角度去思考，我们才能对中国的政治传统和治理经验有所自觉，才能真正开始有价值的中国政治史研究。

例如，雍正皇帝的政治名篇《御制朋党论》即深刻地阐释了这样的道理：统治者必须放弃个人的是非好恶，必须放弃既有的价值标准——这便是“去私”，去私，然后能“戒朋党”，从而达到以天下百姓的是非好恶为是非好恶——这便是“人君之不自用，而必欲化尽天下之偏私，以成大同也”，就是说，一个人一旦从政，则须做到“六亲不认”，一个人一旦为官，则无个人之是非好恶，这便是“去私”，而如此“去私”，方能“法正”，“法正”方能为“公家人”；不能放弃自己的好恶而以天下之好恶以代之，便是官僚集团树立朋党、搞宗派主义的思想基础。因此，腐败的根源就是“偏私”，偏私就是对正大光明的违背：

> 孟子论：国君之进贤退不肖，既合左右诸大夫国人之论，而必加以察焉，以亲见其贤否之实。洪范稽疑以谋乃心者，求卿士庶民之从，而皇极敷言，必戒其好恶偏党，以归于王道荡平正直。若是乎，人君之不自用，而必欲尽化天下之偏私，以成大同也。人臣乃敢溺私心、树朋党，各徇其好恶以为是非，以使人君惩偏听而生奸，谓反不如独见之公也。朋党之罪，可胜诛乎！[5]

在这个意义上，《御制朋党论》与其说是皇权专制主义的诏书，不如说是重申“政道”或为政之道的宣言。毛泽东指出，“以中国最广大人民的最大利益为出发点的中国共产党人，相信自己的事业是完全合乎正义的”[6]，在这里，他所强调的政治正义的标准，同样也是人民的是非好恶，即革命政治的基础，并不在简单的是否合法或符合程序的正义，而在是否符合人民的要求——符合了人民的要求，就体现了

“天道”，而将天道落实在政治实践中，就叫作“政道”，而这样的政治就是文明的政治。

这一切，均只有放置在中国固有之政治传统中才能真正得到理解。

在观察中国政治史时，还有一个重要问题须得注意：近代西方的“自由”是从“上帝”推出来的，而近代中国的自由、平等等范畴却是由“天”推演出来的；故西方之“人权”，即上帝所赋，为教权演化而来，而中国之“人权”，则是自然“天成”。这就是康有为将人权称为“天权”、将“人民”称为“天民”之所以然，而离开了中国的“天下观”，他的这一切说法亦都成为不可理解的了。

故“天下”者，乃一“大小远近若一”之大同平等之世界。从魏源《圣武记》的记述可见，有清以来的历次边疆征战，皆是为了制止“四夷”之间的互相杀伐，而不是为了开拓殖民地，即“资小”“伐交”，“资小”就是辅助弱小族群，“伐交”就是讨伐以强凌弱者。清代实施的所谓“改土归流”政策，若用今天的话来说，就是从土司和奴隶主们手中解放奴隶，即所谓的化四夷为“天下”。此即所谓“天下有道，守在四夷”，“天子失政，道在四夷”。

在中国政治思想中，天就是“平”，就是无偏私的“公”，所以，迫使、强制“天下”四周的“四夷”（或四裔）接受中国文化之“正义”与“善”的价值观，恰恰又是说不过去的，除非他们互相之间已经“流血漂杵”、杀得太不像话。换句话说，正因为始终将权力置于“天”的基础上，所以历代王朝才认为，所谓武的唯一目的也就是“止戈”，“武德”就是有能力和力量去制止暴力，而以权力和暴力的形式推行中国价值观，这在根本上有违“天道”“武德”，而这就是中国“华夏不治夷狄”的政治思想与欧洲“以武力及商战传教”的文化霸权主义的区别。故叶适指出：

> 为国以义，以名，以权。中国不得治夷狄，义也；中国为中国，夷狄为夷狄，名也。二者为我用，故其来寇也斯与之战，其来服也斯与之接，视其所以来而治之者，权也。……中国之所以为中国，以其有是三者而已。苟舍其所以必胜之具而独以诈力为用，是既已化为夷狄矣……秦人之暴甚于夷狄矣……盖三者自是并亡，不复有中国、夷狄之分矣，特以地势相别异耳。……夷狄尝苦中国无信义，……然则夷狄虽不义，常以信义望中国，中国以夷狄为不义，是以不用信义答之；不知此其所以为中国者，本不以夷狄之无而废也。[7]

随着军事暴力和金融力量支配的“现代世界”的降临，中国实际上再也不可能对周边和“四裔”采取这种“其来服也斯与之接”的政策了，而且，更为关键的是，中国历来引以为自豪的“文治”，即文明的政治，在近代“权力政治”的视野里已被判为“专制”，成为“野蛮”的代名词，而所谓“数千年未有之大变局”者，便是指近代中国的双重困境：非但在“实力”上打不过西方列强，而且面对“世界大势，浩浩荡荡”，面对蒸蒸日上的“西方文明”，古老的中华文明在“道理”上也陷入理屈词穷，在“道路”上似乎也已日暮穷途。

鸦片战争以降，“天下”的问题终于变成了“世界”的问题，“文野之分”亦变成了“强弱之判”，“化生万物”的问题变成了迫切的“权力”或“权利”问题，或曰日益变成了国家“主权”之存亡的问题。众所周知，“天下”与近代以来流行于中国之“世界”一词，其含义是不同的，“世界”本是随着佛教传入而形成的一个外来词，即所谓“大千世界”者也，只是在近代，“世界”才取得了竞争性“民族国家体系”的含义，而在民族国家争霸的“世界”中，“中国向何处去”，无非是说中国面临着两个不同的选择：其一，就是如同明治维新之后的日本那样——“用夷变夏”“师夷之长技”，即效法西洋，全心全意为维护、争夺权力而斗争，同时，对所谓公平正义（天道与政道）以“听之任之，以存而不论的方式处之”。其二，就是以“现代世界”为背景和目标，重建“正义与权力”之间的关系。在这两条道路之间究竟如何选择，最终选择哪一条去走，就是中国现代政治思想的核心问题所在。

在这个意义上，我们或者可以说，近代中国所面临的遭际乃是双重的：

一方面，必须重建新的中国认同。作为“天下帝国”的中国，在鸦片战争之后遭到了西方列强军事、金融霸权的根本性挑战，处于崩溃的边缘。由于主权的危亡，中国文明所诉诸的一切价值都因没有“实力”的支撑而陷入虚妄，因中国国家能力的衰败而沦为举世声讨的“渣滓和糟粕”。毫无疑问，中国近代以来所面对的最直接任务，当然就是加强国家能力、鼓吹个人权利，以此“富国强兵”。如果不能伸张公平正义，不能在这个基础上重新建立中国认同，实际上也就不能真正结束中国国家四分五裂的瓦解状态，即使暂时完成了形式上的国家统一，由于建立在“太平”和“大同”基础上的中国认同崩溃，人心大坏、价值虚无，这种形式上的统一也终究不可能是稳定、持久的。

另一方面，必须重建新的“现代世界”认同。现代中国和西方一样，面临着“强权即公理”的丛林法则的支配，如果这个讲求“权利”的现代世界缺乏一个起码的文化上、价值上的认同基础，如果支配这个世界的基本原则从根本上说就是弱肉强食、优胜劣败、强权逻辑、债务圈套，那么，人们对它的接受就只能是被动的、迫不得已的、不得不然的，最多不过是所谓“苟免而不怀仁，貌恭而不心服”罢了。正如康德所指出的，如果不能重建一个被广为接受的“大小远近若一的公理世界”，也就谈不上什么权利的合法性和正当性，如此，非但中国不能自主地接受现代化和现代世界，而只能一直“被现代化”“被世界化”，而且，即使对西方列强来说，那样的现代世界也只能是一个高风险的、危机四伏的、不能持续的世界。

近代以来的中国面对的问题就是这样：一个是发展的问题，另一个是什么样的发展的问题；一个是中国何以落后、衰落的问题，另一个是中国强大起来，如何能够提出一个更合理、更和平、更为人类所接受的世界治理方案的问题；一个是如何增强中国的治理能力的问题，另一个是怎样建立一个好的世界治理体系的问题。

以“天道”（或曰“太平与大同”）为基础，重建新的中国认同和“现代世界”认同，再造人类新文明、再造文明的政治，这其实也就是毛泽东所概括的“改造中国与世界”。当然，这并不是一个单纯的思想理论问题，而是实践问题。这个艰巨的工作，是早在19世纪末就在中国努力地展开着的，我们今天若要寻找中国的现代性起源，要寻找这个工作的开端，就不可避免地要把目光投向一部开创性著作——《大同书》[8]。

康有为的《大同书》（原名《人类公理》）于光绪甲申年（1884）开始编纂，1902年基本完成。这是中国第一部以“改造中国与世界”为使命和目标而写作的经典文献。

今天看来，《大同书》的意义起码有两个方面：一方面，重建和恢复儒家经典的制度和政治内涵，并以此作为现代中国制度改革的基础。

在“空前未有之大变局”中，康有为通过重新阐释中国经典，重建中国的知识谱系，把“太平”“大同”树立为儒家思想的核心，力图把中国文化的优秀因素从帝王统治术和士大夫阶级脱离现实的教条束缚中解放出来，以恢复儒家文化的政治性和斗争性。另一方面，重建现代世界的图景，以此重建一种以现代世界为对象的政治哲学。康有为将儒家的“公天下”思想与现代西方的科学、自由、民主和早期社会主义思想结合起来，而把它们与近代西方列强的军事暴力、金融垄断和资本体制剥离开来，通过这样的方式，他力图去展望一个“大同”的世界。

总体来说，前一个方面主要是对中国传统文化中所蕴含的治国理政的学说的整理、批判和继承，后一个方面则主要是对欧洲近代文化，特别是其制度学说的整理、批判和继承。

儒家思想作为系统的政治制度学说，是在西汉时期围绕着礼制而形成的，到了宋代，中国的治理体系有了很大的变化，对礼制的理解也发生了变化。宋代儒家思想大致有三个流派：第一个流派是以王安石为代表的改革派或“新法派”，王安石认为，后代对礼制的理解脱离了制度思考和制度设计，经学成了与治国理政无关的纯粹学问，所以，他认为改革治理体系的关键在于改革学术和教育体系，恢复“五经”中治国理政的内容，使治理之道在于学。他也改革了学校制度，以学校制度的改革推动科举制度的改革。第二个流派是朱熹为代表的理学或者道学派，他格外强调对治理者进行道德约束，使先天的道德即他所谓的“道”与“性”成为士大夫阶级意识形态的基础。朱熹把士大夫作为治理的主体，同时，鉴于唐代之后门阀士族已经崩溃的事实，朱熹重视宗族制度在治理体系中的作用，把宗族作为治理的基础，使得礼由“天子之礼”变成乡规民约和宗教家礼，朱子学在明代成为中国和东亚的官学，他对中国历史的影响是极大的，其后果也是复杂的。第三个流派是以叶适为代表的永嘉学派，其对前两派都有继承，即一方面恢复儒家治国理政的传统，另一方面则把治理的基础放在基层。上述思想，对明代的王阳明，清代的王夫之、康有为、魏源都产生了很大的影响，形成了中国治理体系和治理能力的思想体系，是中国传统文化中最优秀的成分。

就康有为而言，他主要继承的是董仲舒和王安石的传统，即从顶层制度设计入手来推动中国的制度改革，是为“变法”之奥义。从这个方面的努力来说，康有为可以说是传统意义上的最后一位儒者，但又是现代意义上的第一位儒者。他既继承了汉儒“天道即政道”的政治追求，又发扬了宋儒“为万世开太平”的哲学倾向，并且努力使清代的注疏和训诂工作服务于上述两个目标。康有为之所以长期被诟病，除了他是政治改革的“失败者”外，更主要的原因是他发明创造的“《春秋》阐释学”具有鲜明的文化政治指向（所谓“于学术则不纯”），尤其是康有为公开宣称自己掌握了《春秋》的“密电码”，认为自己从中找到了一系列阐释孔子微言大义的“记号”，从而把考据学这门语言学改造为今天所谓的“符号学”或阐释学，这表明他是站在儒家教条主义、保守主义传统的对立面上的，因此，用语言学、考据学的标准来要求一个思想家便是不妥当的。萧公权指出，康有为写作《新学伪经考》《孔子改制考》《春秋笔削大义微言考》所要做的，其实是“政治哲学”工作，而钱穆以为康有为上述著作的基本观点，不过是“抄袭”自廖平，这其实就是看不到清代学术实质变化的书生之见：在17—18世纪，“中国学者们日益避开政治与哲学理论上的探讨，而转向较无政治性的知识追求，钻入汉学牛角尖”，廖平的工作当然也并没有超出这个窠臼，而真正对整体性的学风做出革命性转换的便是康有为。在这个意义上，康有为当然不是一个经学家，而是一个政治哲学家。故萧公权说：“康有为致力于转儒学为变法哲学，不应该简单视为一种经学研究的学术贡献，而应重视他对于当时及后来中国近代思想史的实际影响。”[9]

学术与政治的脱离，乃是儒家学说衰败的另一个重要原因，这就是王安石所批判的：“学者之所教，讲说章句而已。讲说章句，固非古者教人之道也。”从这个意义上说，康有为对今文经学的重视，乃是志在促成儒学内部“学术与政治”的重新统一，他对今文经学的推崇，不但为戊戌变法，而且为五四运动，乃至为中国现代学术的走向，开辟了新的方向。

学术与政治的重新结合，是由清代今文经学引发的大转变，关于今文经学在中国现代学术转变中的地位，魏源曾这样指出：

> 自乾隆中叶后，海内士大夫兴汉学，而大江南北尤盛。苏州惠氏（栋）、江氏（汉声），常州臧氏（镛堂）、孙氏（星衍），嘉定钱氏（大昕），金坛段氏（玉裁），高邮王氏（引之），徽州戴氏（震）、程氏（瑶田），争治诂训音声，瓜剖脉析，视国初昆山、常熟二顾（炎武、祖禹）及四明黄南雷（宗羲）、万季野（斯大）、全谢山（祖望）诸公，即皆摈为史学非经学，或谓宋学非汉学，锢天下聪明智慧，使尽出于无用之一途。独武进庄方耕侍郎（存与），生于其时其乡，其学能通于经之大义，西汉董、伏二先生之微森，未尝凌杂脉析，世之语汉学者鲜称道之。呜呼！吾所谓真

汉学者，庶其在是。所异于世之汉学者，庶其在是。至嘉庆、道光间，而李申耆先生（兆洛）出，独治《通鉴》《通考》之学，以地证史，以史治地，起三代两汉魏晋南北朝唐宋元明，用康熙、乾隆《皇舆一统图》朱印，墨注古地名其上。每代各为一图，号曰《历代沿革图》。疏通知远，不趋声气，而恶夫以饾饤为汉，空腐为宋。醰然粹然，莫测其际也。[10]

为什么如此复杂的儒家思想理论中，竟然会焕发出近代改革的逻辑，甚至是“谋反”的逻辑呢？甚至连鲁迅都要产生怀疑：康有为这样的革命家和改革家写出的文章，为何竟难以读懂呢？这里的原因，首先是康有为等早期中国改革家不过是当时的一代大学者，他们所从事的政治，说到底只能从文化的政治入手。他们诉诸的阅读对象，又只是精英群体，甚至包括皇帝本人，而并不是一般的老百姓。他们的改革，既然是自上而下的改革，就要诉诸上层听得懂的语言，而那些于今天的我们早已经不再熟悉的儒家经典和“学术公案”，之于当时的中国精英士大夫来说，其实倒是非常熟悉的。那些人尽管对现实可能不甚了然，却熟悉儒家经典，也很容易理解儒家学说的政治内涵，甚至连慈禧太后竟然也完全能看出这背后的政治用意所在。

康有为之所以要把他的改革思想立足于以董仲舒为代表的汉初的今文经学，又是因为今文经学和围绕着今文经学的辩论，乃是清代士大夫精英得以立身的一门显学，用今天的话来说，就是今文经学，乃是晚清最大的“学术热点”。

清代学术的最大成就，可以说就是推翻了古文经而树立了今文经的学术地位。那么，究竟什么是今文经呢？董仲舒和汉初儒家所推崇的“今文经”，其实是指汉代学者凭借记忆和口传，以汉初的文字（汉代通行的隶书）重新著录的先秦经典，而《公羊传》和《穀梁传》恰就是这样一种后人记录“孔子亲说”的今文经著作。那么，什么又是古文经呢？古文经是用先秦古文书写的，而所谓“古文经”的出现，传说是伴随着“考古”奇迹的。它是指西汉末年，汉鲁共王在拆迁孔子旧居时的神奇发现：据《汉书·鲁共王传》描述，这次拆迁出人意料地发现了躲过秦焚书之祸、由古文体写就的先秦典籍，其中最惊人的是发现了《左氏春秋》。由于左丘明接触过孔子，所以，《左氏春秋》的发现立即就压倒了作为孔子“口传亲说”的《公羊传》的核心地位。这样一来，尽管《史记》等著作从来没有提到过有古文经典流传下来的事情，但是，在漫长的历史进程中，正是随着古文经传奇性地被发现，包括《公羊传》《穀梁传》在内的今文经的地位和传统必然地衰落了。汉以后，特别是宋、明儒家对儒家经典的注释、阐发所依据的自然都是古文经了。马融、许慎、郑玄都是古文经学大师，正是他们开创了注疏和训诂学的学术基业。

清代是儒学学术化的最高峰，但是，这种儒学学术化的极端发展，恰恰造成了古文经学的崩溃。历史性的转折发生在 17 世纪末和 18 世纪中叶——这甚至可以说是整个清代学术的最大亮点，先是陈第、顾炎武等人通过考察语音历史沿革的方法，逐步推翻了古文经的真实性。随后，1745 年阎若璩的《尚书古文疏证》出版，则宣告了《古文尚书》连同孔安国的注释都不过是东晋时代才出现的“伪书”和“伪经”。最终，扬州学派的庄存与及其外孙刘逢禄，则在 19 世纪初发表的《左氏春秋考证》中进一步揭示了《春秋左氏传》乃是一部独立编年史——和《晏子春秋》《吕氏春秋》一样，它实际上与《春秋》根本没有关系，把

《左传》篡改为《春秋》的注释的人是汉代刘歆。王莽外戚篡政利用了刘歆的“学术造假”，进一步有意作伪，其目标是“以周公易孔子，以述易作”，从而必然要打击《公羊传》（这就是康有为所谓的“以《左传》易《公羊》”），故意造成了儒家和孔子真意的隐匿。

可见，推倒古文经而恢复今文经，是从顾炎武开始到庄存与、刘逢禄、廖平等以来，清代持续性的学术考证工作所结出的一个最大硕果。也就是说，这种枯燥的学术考据工作，最终起到的开天辟地的效果竟然是一举使得儒学回到了汉初，不但将汉末研究“伪经”的儒家一律打倒，而且确实是从根本上把宋明以来以古文经作为信奉对象的儒学都打倒了。于是，宋明以来的理学、道学简直是不攻自破了，因为其研究的都是“伪经”，而只有清代的学者和汉初的今文经学家才继承了儒家的正统，研究了“真经”。于是，儒家的知识历史不但被彻底改写了，而且，科举考试所尊奉的经典，乃至科举制度本身也受到了巨大的威胁。可以说，没有有清一代的考据学统推翻古文经的“伪考古学”发现，借以推翻了汉以降1 000多年的“伪儒学”，后来的五四时代要想“打倒孔家店”，也是没有那么容易的。其实，这也是后来专治宋明理学的钱穆等人要激烈排击康有为的又一道理。

康有为正是利用了这个爆炸性的学术硕果，成功吸引了当时社会精英的“眼球”，这不但使他倡导的“改革”通过诉诸汉代今文经的“改制说”获得了合法性，而且，在这些研究的基础上，康有为进一步指出，古文经的目标，无非是徒劳地恢复古代的制度，其作伪和篡改所造成的更为深重的后果，更是把儒学的学说和理想矮化为统治者的意识形态宣传，把孔子由中国历史上的“改革者”、“政治文明”和“文明政治”的奠基人矮化为统治者的帮闲。康有为认为，真正的“文王”

即文明之王，是孔子，而不是周文王，周文王不过是死文王，孔子是生文王。“孔子之前皆当乱世，争杀无道，去禽兽不远。孔子改制之后，乃为人道，故以为人道之始也。”“孔子以人世宜由草昧而日进于文明，故孔子以进化为义，归于此文也。”康有为说：

> （孔子）不为人主，而为制法主。天下从之，民萌归之。自战国至后汉八百年间，天下学者无不以孔子为王者，靡有异论也。自刘歆以《左传》破《公羊》，以古文伪传记攻今学之口说，以周公易孔子，以述易作，于是，孔子遂仅为后世博学高行之人，而非复为改制立法之教主圣王，只为师统而不为君统。……尽以其权归之人主。于是，天下议事者引律而不引经，尊势而不尊道。其道不尊，其威不重，而教主微；教主既微，生民不严不化，益顽益愚。皆去孔子素王之故。[11]

这就是说，《左传》代替《春秋》二传之后，经学家的目标要么是研究毫无意义的“断烂朝报”（这不过是饾饤之学），要么就是空谈义理，而《公羊》《穀梁》、董、何的精神却是改革现存的制度，由于古文经的作伪者把孔子由政治文明的制定者矮化为教人读书写字的教书先生乃至官学导师，后世的儒者就变成了弄辞章、考据、训诂、诗、科举的“小人儒”了，如此中国的政治文明就衰退了，而中国人民因为丧失了“立法者”，也就逐渐丧失了法律意识，这样中国就变成了君主集权的专制国家，人民“尽以其权归之人主”，从此也丧失了“民权”和“天民”的意识。

“辛苦遭逢起一经”是文天祥之名句，其实，这句诗恰恰也是康有为的写照。对康有为来说，这所谓“一经”就是指《春秋》。关于《春秋》经，需要做以下简单说明：我们知道，儒家在先秦时代不过是诸子百家中的一个学派，它起初是以“子学”的形式存在的，到了汉代，儒家成为诸学之尊，才转而以“经学”的形式出现，儒生们把孔子尊为圣人，把相传由孔子删定过的“五经”奉为经典。不过，在长期的流传过程中，“五经”逐渐形成了不同的版本，即所谓“文有磨灭，言有楚夏，出有先后”，对经文的解说更是五花八门，于是形成了“经有数家，家有数说”的局面。比如，《春秋》经相传是孔子根据鲁国的史书改写而成的，其后世的弟子对其中的微言大义做出了不同的解释，于是就形成了“经”之外的“传”。汉代流行的《春秋》传有五种，各自成一家言，其中以《公羊传》《左氏传》《穀梁传》最为著名。所谓《公羊传》，即因公羊氏世代相传而得名，汉武帝时的宰相公孙弘及大儒董仲舒都是公羊学派的弟子。至于在“传”后面加注释，则称为“注”，而将不同的注释加以比较，通过博览群经的方式对各种注释加以考据、校勘、以音释义，从而努力形成诸经、传互不矛盾的解释，即把不同的注释打通，这又被称为“疏”。故经、传、疏，可以说是儒家学术的全部。[12]

康有为在中国学术史上的一个重大创新，就是他认为《春秋》其实有三个版本：第一个版本就是原版的鲁史，其中无非齐桓、晋文的杀人放火故事，而这就是王安石所谓的“断烂朝报”的流水账。第二个版本是孔子修改过的《春秋》，其中，孔子不但对文字进行了修改和删削，而且在需要评论的地方加了记号，这本作为“孔子讲义”的《春秋》，其要义被《公羊传》和《穀梁传》传承下来。换句话说，《公羊》《穀梁》阐发、继承的乃是“孔子的讲义”，即《春秋》大义。第三个版本则是公羊家的传人董仲舒与何休的著作，他们根据孔子在书中所加的记号，通过破译这些“记号”，阐发了孔子当年的评论，这种阐释非常重要，它与时事无关，它阐发的是孔子的微言。[13]

康有为重视的是后两个版本的《春秋》，即《公羊》《穀梁》，以及董仲舒、何休对《春秋》微言的阐发，从而认为作为鲁史的《春秋》（即杀人放火的故事）属于“断烂朝报”，即它毫无意义与价值。按照康有为的说法，后两个版本的《春秋》揭示的是孔子的思想，即微言大义，其中包含着、揭示着历史发展的规律。这样的历史规律又可以从两方面去认识：第一，从时间纬度看，孔子认为人类历史是由不平等向着平等不断进化的过程，这个进化过程有三个阶段或者“三世”，即康有为所谓：“《春秋》要旨分三科：据乱世，升平世，太平世，以为进化，《公羊》最明。”“每变一世，则愈进于仁；仁必去其抑压之力，令人人自立而平等，故曰升平。至太平，则人人平等，人人自立，远近大小若一，仁之至也。”[14]第二，从空间纬度看，这种时间上不断走向平等的历史过程，同时也是空间上世界各民族不断走向完全平等，即大小远近若一的“太平世”的过程，即由“内其国而外诸夏”到“内诸夏而外夷狄”，最终走向“远近大小若一”的世界大同。

孔子的“三世”学说，揭示了人类历史发展的规律，为现实世界的改革和改制指明了方向：

> 《春秋》所以宜独尊者，为孔子改制之迹在也。《公羊》《繁露》所以宜专信者，为孔子改制之说在也。能通《春秋》之制，则“六经”之说莫不同条而共贯，而孔子大道可明矣。[15]

在儒学发展的历史上，康有为一方面把孔子当作承载“天命”的文明政治之王，即“真文王”，另一方面则把自己比作汉代的大儒董仲舒，因为以董仲舒为首的西汉古文经学家乃是把《公羊传》捧为孔子“口传亲说”、奉为儒家经典核心的始作俑者。他们认为，《春秋》的微言大义，揭示了历史的辩证法，将上天主宰万物的原则运用于历史之中，从而使得“天理”落实为制度，又使得制度改革成为“天理自然”。[16] 康有为说，汉朝之所以为后世朝代所不及，其实就是因为“尊儒”，但是，他这里所说的儒，乃是作为政治哲学家的儒，不是经学家的儒。康有为推崇的儒家学说是政治学，是把制度改革思想作为核心的儒家学说，是董仲舒、公孙弘等人所主张的儒家学说。

人们不禁要问：曾经长期被视为无补于政事的空谈的孔子学说，在汉代是怎样脱颖而出的？又是怎样占据汉以来社会意识形态主导地位的呢？

这就需要我们把思考的目光转向西汉中国政治思想的大变革之中。经过汉初 60 多年的休养生息，新的社会矛盾在文景之际日益凸现出来：一方面是诸侯王的租税收入不断增加，致使诸侯王的权力日益扩大；另一方面则是耕地集中于豪商、大地主手中，致使农民陷入破产。到汉武帝时代，一方面是国力的强盛；另一方面则是诸侯王的反乱此起彼伏，地方豪强收纳流民冶铁煮盐，危及国家财政，其中以大夫邓通、吴王刘濞为最。正是这种“弱干强支”的政治不平衡局面，恰为儒学的兴起提供了一次难得的机遇。当时的儒生通过呼吁加强中央集权、削弱诸侯势力，抓住了这个历史机遇，他们在不断回应时代要求的情况下，通过提出“改革”和“改制”的系统理论，逐渐恢复了儒学的元气。

在这一发展演变过程中，为儒家思想复兴做出重大贡献的是西汉大儒董仲舒。董仲舒思想的核心就是他的改制论，而他的政治体制改革目标就是打击以“七国之乱”为代表的诸侯作乱，即所谓“拨乱反正”“复三代之制”。

当然，董仲舒所说的“大一统”并不是简单地回到周代的古制，他所谓的大一统是“一统乎天子”，他的出发点是基于当时的诸侯王权力太大，主张削弱诸侯王的势力而尊天子和中央。因为按照孔子的说法，周代的天子与诸侯的关系，不过是族与族之间的关系，天子不过具有最高的名分而已。在董仲舒那里，天子与诸侯之间的关系不仅仅是名分上的，也不仅仅是血缘上的，更是自然法意义上的，换句话说，天子的地位关乎天下安危，诸侯必须无条件地服从天子，这不是基于血缘宗族的原因，也不是基于名分和才能的差别，而是基于服从“春秋大法”的义务。到此，董仲舒的“儒学”已经不是原始的儒家学说，也不是原来的孔孟之术了，而是经过他和汉初其他儒家学者的发展，吸收了墨、道、名、阴阳等各家，特别是法家学说之长的“儒法学”。

按照公羊家的说法，经过孔子删削的《春秋》并不是一部史书，而是一部旨在结束诸侯王互相杀伐的“据乱世”、为后世立法的“法律著作”。正是号称要继续孔子的事业，汉代的儒家完成了“儒家的法律化”或者法律的儒家化。所谓“罢黜百家，独尊儒术”的核心，其实就是致力于、服务于汉代国家法律的统一，即所谓“统纪可一，而法度可明”，以结束诸侯作乱，这就是“公羊家以《春秋》为汉制法”一说的由来，这样做的目的，即是将儒家的教化纳入秦法以成汉法，使儒术服务于汉代的司法改革。武帝命张汤、赵禹“更定律令”，正是本着这样的精神。于是，在武帝时期，《春秋》竟然成为“决狱之书”，即司法参考书，也就不足为奇了。

当然，董仲舒所诉诸的法律，也并不是法家的法令，而是推崇包含孔子微言大义的《春秋》作为“自然法”的地位。同时，运用“天人合一”理论，董仲舒不但使得儒家思想成为汉代制度改革的法律依据，而且为汉王朝的政治制度设计提供了理论基础。他关于天灾是上天对统治者的警示的类乎巫术的论说，客观上却更起到了鼓励统治者重视、发展农业，保障民生的作用，从而对稳定汉帝国的经济基础起到了意想不到的效果。

可以说，维护国家统一、反对动乱、重视农业等中国政治的优良传统，都是汉代的公羊家所坚持的。故汉武帝时，召试天下贤良文学人士，董仲舒以“天人三策”对，建议“诸不在六艺之科、孔子之术者，皆绝其道，勿使并进”，这就成为汉武帝推行“罢黜百家，独尊儒术”政策的重要依据，武帝置学官，从此原来“虚名无位”的文学与贤良，则成为“属所二千石”的郡国文学士[17]，通过主张打击诸侯作乱、鼓吹防止天灾、重视民生，儒生从此成功“参政”。

由此可见，西汉统治者和古文经学家之所以要罢黜百家，独尊《公羊》《穀梁》，就是因为《春秋》二传乃是他们改革、“改制”行动的思想文化基础。董仲舒这些“公羊学者”以为，《春秋》二传就是孔子根据“天道”为“后世王者”制定的法律典章，“拨乱反正”这样的说法就来自《公羊传》《穀梁传》揭示的“大义”：

> 君子曷为春秋？拨乱世，反诸正，莫近于《春秋》。……制《春秋》之义，以俟后圣。

> 由董仲舒所发明的“三统”说，在汉代的意思非常复杂，但最简单地说来也就是：“黑统、白统和赤统”，……依次禅递，周而复始。比如对于西汉当时来说，“三统说”的历史使命，就是主

> 张汉代的皇帝应该效法和回到汉之前的“三代”去，而这就是拨乱反正。那么，汉以前的“三代”是什么呢？这当然就是要改秦制而法周道，这就是董仲舒所谓“夏尚忠，殷尚敬，周尚文”，所谓“吾从周”，就是因为周“郁郁乎文哉”，即周制把道德教化作为法律的基础。[18]但是，汉儒们主张效法的“周道”与“古制”是不是周道与古制呢？实际上当然也不是的。他们只是“托古改制”，即“托于古制而行己意”罢了。比如说：他们所要行的“大一统”的政制，便与古制完全不同，因为汉儒所谓“大一统”，是“一统乎天子”，这就是说要君主集权，于是，在“三统说”的基础上，就产生了汉代“强干弱枝，大本小末”的削平封建的政策。[19]

康有为对孔子的推崇是在特定的历史条件下发生的，他把孔子理解为人类政治文明和文明政治的奠基人、奉行“天命”的现实制度的不懈改革者、一个彻底的平等主义者，他对儒学的认识也是在特定的历史条件下形成的。[20]在中国饱受帝国主义侵略和打击、面临亡国灭种之危局的情势下，康有为独具慧眼地认识到，西方侵略对中国所采取的利器不仅仅是武力，而是“借武力而传教，借武力而通商”。西方秩序的建立过程，也就是中国的“天下”瓦解的过程，其中基督教对中国社会的瓦解又是根本性的，它瓦解的是中国的风俗人心，瓦解的是中国的文化、国族认同。一旦人心瓦解、认同瓦解，一旦人心涣散败坏，则社会解体，中国的复兴亦从根本上成为不可能之事。他看到，撇开基督教所诉诸的价值是否具有“普世性”不论，基督教的广泛传播，又恰恰是借助了西方武力和商战之力，即所谓“窃泰西以兵力通商，即以兵力传教。其尊教甚至，其传教甚勇；其始欲以教易人之民，其后以争教取人之国。昔者立约时，未与定教律，故教案之难，天下畏之”。反观中国，无论天下秩序所诉诸的价值观有多么“普世”、何等美好，实际局势都是在长期的历史发展中，儒教已经严重脱离现实而沦为“伪儒学”，这种“伪儒学”与现实经济、财政、司法的脱节，使得它成为没有任何现实权力支撑和依托的空谈。

在上清光绪帝的第一封奏章中，康有为痛陈了他首次进京一路上的感触和见闻：教民和会党遍及大江南北，“教堂遍地，随处可以起衅”，而京中上层却歌舞升平、贪官污吏横行、世风严重败坏。在康有为看来，表面上，大清帝国面临的危机是武力和通商所带来的，而从根本上看，则是政治不能回应民生疾苦，是政治文明的大崩溃，危机更为深重的表现则是基督教势力的大举入侵，这是中国文化上之“西化”的根本。更加可忧的是，文化上之“西化”，又是中国未来“分化”、瓦解的最大隐患。

随后的历史，特别是基督教教民与中国百姓日益频繁的冲突所造成的“庚子拳变”，不但印证了康有为的先见之明（“故教案之难，天下畏之”），而且，重读康氏一个多世纪之前对中国局势的判断，对今天依然具有深刻的启发意义：

> 窃见方今外夷交迫，自琉球灭、安南失、缅甸亡，羽翼尽翦，将及腹心。比者日谋高丽，而伺吉林于东；英启藏卫，而窥川、滇于西；俄筑铁路于北，而迫盛京；法煽乱民于南，以取滇、粤；教民、会党遍江楚河陇间，将乱于内。臣到京师来，见兵弱财穷，节颓俗败，纪纲散乱，人情偷惰，上兴土木之工，下习宴游之乐，晏安欢娱，若贺太平。顷河决久不塞，兖豫之民，荡析愁苦，沿

江淮间，地多苦旱，广东大水，京师大风，拔木百余，甚至地震山倾，皆未有之大灾也。[21]

窃泰西以兵力通商，即以兵力传教。其尊教甚至，其传教甚勇；其始欲以教易人之民，其后以争教取人之国。昔者立约时，未与定教律，故教案之难，天下畏之。……近者胶案，割地累累，波及旅顺、大连湾、广州湾、威海卫、九龙；其他失权之事，尚不一而足也。偶有一教案，割削如此；彼教堂遍地，随在可以起衅。彼我互毁，外难内讧，日日可作。与接为构，乱丝棼如，而彼动挟国力以兵船来。一星之火，可以燎原……

……

故凡天下国家之盛衰，必视其教之隆否。教隆则风俗人心美，而君坐收其治；不隆则风俗人心坏，而国亦从之。此古今所同轨，万国之通义也。……中国圣人，实为孔子。孔子作《春秋》而乱臣惧，作六经而大义明；传之其徒，行之天下。

……

孔子制作六经，集前圣大成，为中国教主，为神明圣王，凡中国制度义理，皆出焉。[22]

仆之急急以强国为事者，亦以卫教也。日夜穷孔子之学，乃得非常异义，而后知孔子为创教之圣。立人伦，创井田，发三统，明文质，道尧舜，演阴阳。精微深博，无所不包。仆今发明之，使孔子之道有不借国力而可传者，但能发敷教之义，宣扬布濩，可以混一地球。[23]

西方“暴力秩序”的建立，伴随着中国“文明政治”的崩溃，首先就是瓦解了华夏—四夷的天下秩序、朝贡体系。在上述第一个奏折中，康有为首先通过几个重要事件起论，描述了周边交通的断绝所造成的中国孤立状态：继日本通过废藩置县吞并琉球之后，1802年法国煽动越南内乱，1883年越南沦为法国殖民地，1886年英国由印度殖民地攻占缅甸，在这个意义上，近代以来中国的封闭状态，其实是帝国主义有意识的蚕食、包围战略的结果。康有为深刻地认识到这既是朝贡体系的崩溃，更是“儒教文化圈”的崩溃。

康有为认为，在西方的暴力面前，中国的“天道”不是毫无还手之力的。“物耻，足以振之；国耻，足以兴之。”例如，他密切注意着日本维新派以“国际法”的名义对朝鲜的觊觎，而从孔子“天下为公”的言说中，推导出“公天下”、世界“公政府”的制度设计，在朝鲜即将沦为日本、俄国殖民地而中国又无力援助朝鲜的情势下，康有为设想将朝鲜纳入世界“公政府”的保护之下，成为瑞士那样的中立国，即所谓“万国之公地”。[24] 他认为，要使得中国避免四分五裂，被列强瓜分的局面，若使世界上主要国家和民族免于沦为列强殖民地的命运，就要在世界范围内“公天下”，即重建以“天道”为基础的文明的政治，以对抗暴力和权力的政治。对外而言，就是以和平国家和殖民地国家之间的大联合，逐步成立世界“公政府”，对抗帝国主义列强，而对内而言，这自然是通过重新整理儒教或者儒学，使得儒学或者儒教能够担负得起重建新的“文化大一统”的文明政治责任。

康有为敏锐地认识到，“天”不是空洞的虚无，因为天道就是政道，奉行天道的政治才是文明的政治。如果没有政治和权力的支持，没有政治制度的创新与改革，所谓的普世价值、“天理”，所谓文明的政治，统统不过是浮在真空中的空谈，而价值与实际的脱离、上中下层的脱节、正义与权力的分裂，恰恰又是中国政治思想的最大弊端，而这就是他所谓的“经”与“权”的分裂。在他看来，离开了孔子的政治思想,《春秋》就是毫无意义的“断烂朝报”，那种不触及“权”的“经”，貌似“学术”，其实不过就是“伪经”罢了，而反过来说，如果“权”最终不受到正义和善的制约，那么这种所谓的“行权”，其实质也不过就是霸权主义，是“强权”，它与野蛮没有区别。康有为认为，这恰恰又是近代西洋政治的问题所在。于是，在他看来，倡言天道，并不是走向佛老的无为和道学家的空谈心性，近代中国与世界的现实处境决定了：倡言天道，即倡言“政道”，就是倡言文明的政治，以对抗霸权政治；文明的政治，就是以争取平等和公正的斗争去反抗不平等，为了实现“经”，就必须运用“权”，在这个意义上，“权”就是对暴力政治的制止。正如陈立所说：

> 权者何？权者，反于经然后有善者。权之所设，舍死亡无所设。行权有道，自贬损以行权，不害人以行权。杀人以自生，亡人以自存，君子不为也。[25]

与同时代的今文经学家一样，康有为认为，中国文明的弊端不在于它所诉诸的“价值”和“理想”，而在于这种价值本身脱离现实政治经济与社会，在于这种价值和理想没有“实力”的支撑，而陷入纯粹的理想、空谈乃至说教的地步，从而忘记了“天道”就是“政道”，因此，改革需要“行权”、需要斗争、需要流血，也正是因为中国所面对的乃是“眼中战国成争鹿”的空前暴力的体制、残酷权力结构，故谭嗣同在戊戌变法失败时说：“各国变法，无不以流血而成，今中国无因变法而流血者，此国之所以不兴也，有，请自嗣同始。”这也就是为什么在《出都留别诸公》的名篇中，康有为这个改革的“失败者”，反而将一个骑士、战士的豪迈形象长留于历史中：

天龙作骑万灵从，独立飞来缥缈峰。
怀抱芳馨兰一握，纵横宙合雾千重。
眼中战国成争鹿，海内人才孰卧龙？
抚剑长号归去也，千山风雨啸青峰。

作为今文经学的主要代表者，康有为彻底改变了儒家学术传统，他使经学由考据学变成了政治学。康有为认为，所谓的“经”，乃是诉诸现实权力的“经”，是应对现实、立足现实，而非与现实相脱离的“政治学说”，“经”不能离开“权”，不能离开现实世界的根本问题。什么是现实世界的根本问题呢？现实世界的根本问题就是不平等：种族的、性别的和阶级的不平等。在康有为看来，孔子学说的核心，恰恰就是由据乱而升平而太平的迈向平等的进化之道，是追求平等政治之道，这种平等政治追求，才是孔子学说和儒家真经的当代价值所在，而这就是康有为所谓：“仆之急急以强国为事者，亦以卫教也。日夜穷孔子之学，乃得非常异义，而后知孔子为创教之圣。立人伦，创井田，发三统，明文质，道尧舜，演阴阳。精微深博，无所不包。”这些话本身，就是从政治学（“权力”）的意义出发，对孔子和儒学的整理与发明。为什么这样说呢？因为康有为指孔子“立人伦”，这当然是无疑的，但“创井田”的是周公，并不是孔子，至于“发三统，明文质”的，当然是后来的董仲舒，“演阴阳”的则是黄老，而康有为将这些放在一起，统统归于孔子名下，当然就是要把中国传统整理为一个可以运用于当世的政治思想体系。康有为也就这样成为近代中国思想家中将中国传统整理为以儒学为核心的政治哲学体系的第一人。

康有为从汉儒和董仲舒那里借来了“三统说”，他当然也是要变法、要改制，这就是他所告诫清帝的：清王朝“处列国竞争之世，而行一统垂裳之法”，乃是自取灭亡之道。时代不同了，“统纪”自然应该不同，而应致力于开创一个新纪元，使“统纪可一”，然后“法度可明”。按照“三统”之说，康有为建议，清王朝的改革固然可以仿效日本明治维新，不过日本地狭人稀，中国地广人众，条件不同，所以从复“三统”的角度说，清王朝应该效法汉制。那么，康有为所说的“汉制”又是什么呢？康有为所谓“汉制”的核心，其实就在于“以知县上隶属于国，汉制百郡，以太守上达天子”，即建立中央对郡县的直接垂直领导，而剥夺府臬督道的权力，或曰是中国版“废藩置县”式“明治维新”。

可见，康有为改制、变法的目的固然也是“大一统”，但是康有为的“大一统”当然又与汉儒们不同。在当时的条件下，康有为的“大一统”的实质，可以从两个方面来看，一方面是策略性的，所谓策略，一是说要“皇权归位”，就是说要夺慈禧太后的实权归光绪皇帝，让皇帝真正“亲政”；二是说“大一统”的最根本是要权力归孔子这位“素王”——“文明政治的奠基者”，即要实行君主立宪，而孔子的平等学说，则是宪政的基础。于是，慈禧才“一针见血”地指出，康有为所谓“托古改制”的真正用意，其实也就是篡权谋逆。另一方面，康有为真正触动既得利益集团的主张，其实就在其“废藩置县”的政策，即要把权力从地方大吏手中夺取，归于中央。

我们知道，自宋代废藩置节度使以来，所谓的节度使本来是无兵权的。明代亦是于战时方才设官出巡，故称“巡抚”，几个战区的司令长官称“总督”，而明代之巡抚、总督均为军事首长而非地方长官，即有军权而无事权（这可以说是与宋代刚好相反）。到了清代，巡抚和总督方才成为手握军政财权的封疆大吏，而在帝国主义打击之下，清王朝迫切需要加强国家能力建设，抑止地方封疆大吏的离心倾向，于是，康有为方才提出仿照日本之废藩置县制度，以中央集权的方式推进制度改革。实际上，倘若不剥夺地方大吏的军政财权，变法改制确实是不能实行的，而最终导致戊戌改革失败的，也是地方大吏反抗中央的强大力量。

同样地，正如发明了基层选举——“乡举里选”的董仲舒的改革重视基层政治一样，康有为也提出了一种特殊的制度，类似后来所谓的“领导干部下基层调研”或曰“中央工作组”走“基层群众路线”制度，这个制度乃是康有为所设想的“民政”系统的主干，其核心功效乃是沟通中央与基层，变“官治”为“民治”，当然，改革之所以要设立民政局，同样是要剥夺地方督抚的行政权，最终目的是改革“官无封建而吏有封建”的中国政治痼疾，这与所谓“效法汉制”主张实行汉代地方直属中央的郡县制度乃是一脉相承的：

> 然国政之立，皆以为民，民政不举，等于具文而已。夫地方之治，皆起于民，而自县令之下，仅一二簿尉杂流，未尝托以民治。县令任重而选贱，俸薄而官卑，自治狱催科外，余皆置之度外，其上乃有藩臬道府之辖，经累四重，乃至督抚，而后达于上。藩臬道府，拱手无事，皆为冗员，徒增文书、费厚禄而已。一省事权，全在督抚，然必久累资劳，乃至此位，地大事冗，年老精

衰，旧制且望而生畏，望其求新政而举行之，必不可得，向者学堂农商之诏累下矣，而各直省多以空文塞责，亦可见矣。

日本以知县上隶属于国，汉制百郡，以太守上达天子，我地大不能同日本，宜用汉制，每道设一民政局，妙选通才，督办其事，用南书房及学政例：自一品至七品京朝官，皆可为之，准其专折奏事，体制与督抚平等，用出使例，听其自辟参赞随员……每县设民政局，督办派员会同地方绅士治之，除刑狱税负，暂时归县令外，凡地图户口道路山林学校农工商务卫生警察，皆次第举行，三月而备其规模，一年而责成实效，如此则内外并举，臂指通灵，宪章草定，奉行有准，然后变法可成，新政有效也。[26]

也就是说，欲在中央行议会，必在地方兴学会，欲行宪政，必兴民政，学会的功能在于培养地方绅士参政议政的能力。今天看来，康有为政治改革思想的核心是追求“政治民主”与“政治统一”的结合，即他一方面指出只有加强基层政治参与，使人民得以从下自乡村，上至国家的各个阶层参与政策制定，才能避免造反和暴动对政权的威胁；另一方面，处在一个激烈竞争的世界上，只有中央政府不受强有力的地方政府的分裂压力的牵制，才能有效处理国家所面对的重要问题。也就是说，康有为的政治体制改革有两大要义：一是以人民从基层到中央的有序参与以制动乱，二是维持强大的政府以抗地方利益集团、分离势力和西方列强。他对政治民主的理解绝非简单的“官民对抗”，而是中央政府、地方势力及利益集团、普通民众、西方列强之间的力量博弈，他所提出的必须始终高度警惕利益集团对“民主”的利用，主张以“深入基层”之“学会”代替选举民主的观点，对今天的中国依然具有重要启发意义。

关于改革财政制度，陆象山曾经指出，儒学退化的一个关键，就在于其与财政、税收、经济之脱离，此所谓：“世儒耻及簿书，独不思伯禹作贡成赋，周公制国用，孔子会计当，《洪范》八政首食货，孟子言王政，亦先制民产、正经界，果皆可耻乎？”认识到改革的关键在提高国家能力，国家能力之关键在财力，财力关键又在税收，税收根本则在国家主权货币，这又是康有为制度改革思想中的要义。其中，特别是他提出的统一货币，把国家发钞制度建立在准确、稳定的国家财政税收基础上，同时发行国债，“以无为有”的主张，可以说是紧紧抓住了中国500年来财政制度失败的要害：

> 犹虑强邻四逼，不能容我从容图治也，且我民穷国匮，新政何以举行！闻日本之变法也，先行纸币、立银行，财泉通流，遂以足维新之用。今宜大筹数万万之款，立局以造纸币，各省分设银行，用印度田税之法，仿各国印花之税，我地大物博，可增十倍。然后郡县遍立各种学堂，沿海急设武备学院，大购铁舰五十艘，急练民兵百万，则气象丕变，维新有图，虽不敢望自强，亦庶几可以自保。[27]

中国财政之自主、自强，关键即在于国家货币主权的确立，而康有为乃是近代中国最早提出“货币革命”思想的两位先驱者之一（另一位是魏源）。康有为第一封上清帝书，即是《钱币疏》，这是1888年10月间他替御使屠守仁代拟的。在这封奏折中，康有为继魏源之后提出了“废两改元”的货币改革政策，这就是废除银两，发行国家铸造的银元的主张。

《钱币疏》指出，中国钱法败坏，是数百年之积弊，它造成的是“失名、失实、失用”三大弊端。所谓失名，就是中国普遍用外国银元，致使国家失去了货币主权，“乃使天下日用银币之需，皆用敌人年号，不见君国正朔”；所谓失实，是说中国纯银质软，不适合造币，遂造成外国以大量含铜、铅之银元，“易我纹银，盖漏卮外洋，四百年矣……于今五十年，漏卮之巨，不可胜算”；所谓失用，就是说银两不便运输，必分割、破碎后方才能够交易，有此大不便，故人民方才大量采用外国银元。基于以上原因，康有为主张效法乾隆征廓尔喀时，为卫藏铸造国家银元的方式，废两改元，即废除传统的银两制度，以国家发行的银元为国币，国家将银两收购并改铸银元流通。[28]

康有为的上述主张，到1928年方才为国民政府所实施，国民政府废两改元的工作，则是由宋子文主持实施的。[29]

康有为十分关心外国货币流行中国，致使中国丧失国家货币主权的严重问题，除了“废两改元”外，他还积极主张发行法币，不过，他主张应该在金本位而非银本位的基础上发行法币。康有为的这一见解，与国民政府以银本位为基础发行法币的政策相悖，但历史证明，康有为主张金本位制是正确的，而国民政府的银本位制法币政策则是有很大缺陷的。

萧公权这样评论说：

> 若干年前，康有为提出一个银行制度，有点像1864年成立的美国国家银行。以康有为之见，私营银行应该将资本（银子）存在户部或省级银行，作为由户部印发钞票的预备金。全部钞票的总值将是政府所存银价的1.5倍，在18省流通的银钱据康氏估计

> 约1亿两，同时，为了抵制外国银钱流入中国，政府要自铸银元。他说，远西各国都有银钱，没有一个西方国家允许外国钱在本国流通。
>
> 戊戌之后，康有为继续谈论财政问题。他一直想运用他的方案：由准备金及银行发行的钞票，以活络财政。他说，这就是“以无为有”。不过，他知道维持钞票价值的重要性，并坚持以足够的银子作准备金。民国初年的财政紊乱促使他写了《财政救国论》，除了重申以银行发行钞票的旧说外，他强调建立金本位以替代银本位的重要性。
>
> 康氏深信货币稳定的重要（特别是与外币有关者），因此他主张金本位，认为是改进财务紊乱的唯一途径。他于1904—1908年间所撰一系列文章中论及此事，显示他对这一问题的历史与实际都相当了解。……他呼吁，如果中国这样继续保持银本位，无疑是财政的自毁。[30]

上述深入的政治、经济和财政改革方案的提出，充分说明康有为绝非什么“西方体制和秩序的迷信者”，而是极为深刻、立足中国现实的改革家，他对民主政治实质的理解，对中国财政和货币痼疾的诊断，甚至超出了孙中山等人的观察，当然更不是后来钱穆等“新儒家”学者所能企及的。实际上，正是戊戌变法的失败和康氏一生的蹉跎，才使得他深深知道中国改革的艰巨性和复杂性，但是，唯其如此，他才深知，倘若没有运用权力的勇气和意志，倘若没有对中国500年来国家能力持续衰败的原因的真正认识，真正有效的改革就是谈不上的。在一个铁与火的权力斗争时代，康有为从不迷信抽象的西方制度，而是立足中国现实提出具体的改革主张，这种改革的艰巨性决定了改革者和革命者的“失败者”命运，但唯其是失败者，才是真正的改革者和革命者。“眼中战国成争鹿，天下英雄孰卧龙”——康有为的现实主义和理想主义，正是在重建政治文明的意义上得以结合起来的。

可见，康有为之所以能够如此大胆提出他的改革思想，并不是靠宣传西欧近代的君主立宪思想和法国的民权思想，在当时的中国宣传那些东西不但没有人相信，而且没有人能懂。康有为宣传立宪改制，他依靠的首先就是今文经，特别是今文经学在清代所确立起来的儒学正统地位。正是这种儒家正统地位，为他的改制和改革提供了合法性。

通过这样的方式，康有为让人们相信历史的演进是制度文明的演进，儒学是关于制度改革的政治学说，改革和改制、建立文明的政治才是儒家的真正使命，这种使命就是今文经学所昭示的传统。这样，他就把儒家与帝国的意识形态剥离开了，不是帝国的命运决定儒学的命运，相反，帝国衰亡了，而儒学则不然，毋宁说，帝国的兴衰取决于儒学内含的改革和改制思想动力。

那么，儒学改革和改制的目标与动力又是什么呢？当然就是回到孔子的理想。那么，究竟什么才是孔子的理想呢？孔子的理想就是建立文明的政治和文明的世界，就是建立一个真正平等的世界，同时也是一个科技不断进步的“进化世界”。孔子的理想、儒家价值的核心，就是康有为所说的“天下为公”。“大同”之“太平世界”的实现，种族、性别和阶级完全平等的新世界的产生，就制度而言，就是实行“公有制”，即“选贤举能，讲信修睦，故人不独亲其亲，不独子其子，使老有所终，壮有所用，幼有所长，鳏寡孤独废疾者皆有所养，男有分，女有归。货恶其弃于地也，不必藏于己；力恶其不出于身也，不必为己。是故谋闭而不兴，盗窃乱贼不作，故外户而不闭”。

“人间正道公有制”，这便是孔子的理想。

康有为说，在孔子之前，人类所处的是与禽兽无异的互相杀伐的时代，从孔子开始，中国率先摆脱了这种“据乱世”，进入了升平世。所谓“升平”也不过是一个“人各为己”的私有制度——大道隐去，天下为家，其表现就是“各亲其亲，各子其子，货力为己，大人世及以为礼，城郭沟池以为固……以设制度，以立田里，以贤勇知，以功为己，故谋用是作，而兵由此起”。随后，孔子的理想因古文经学的篡改而丧失了，中国文明政治的传统于是中断，中国社会从此止步不前。

“大道之行也，天下为公”，这是康有为从《礼记》里发明出来的一句话，在后来的中国历史上，这句话一举成为近代以来中国改革与革命的格言。《春秋》二传和董、何学说之外，康有为又格外重视《礼记》，因为“礼”就是文明政治，《礼记》是对文明政治的讲述，《礼记》的精神实质就是对理想制度的追求，其中包含着孔子三世进化的学说。他说：

> 读至《礼运》，乃浩然而叹曰：孔子三世之变，大道之真在是矣。大同小康之道，发之明而别之精，古今进化之故，神圣悯世之深在是矣。相时而推施，并行而不悖，时圣之变通尽利在是矣。是书也，孔氏之微言真传，万国之无上宝典，而天下群生之起死神方也！[31]

《礼记·礼运》之所以能让康有为豁然开朗，就是使他洞见了孔子的“大同”理想，洞见了孔子“致太平”——对“平等世界”的追求，洞见了大同价值之于“眼中战国成争鹿”的现代世界的意义所在，认识到中国和中国文化的“世界使命”。康有为认为，一旦“经”与“权”结合起来，一旦孔子的大同理想与现实政治、经济相结合起来，一旦高举起争取种族、阶级和性别平等的旗帜，孔子思想不但将成为中国变法图强的利器，而且会成为改造世界的利器。

在康有为看来，西方的“权利社会”当然是不知道有“大同”价值的存在的，而中国虽然知道有“大同”的太平世界存在，但长期将其束之高阁，这是因为：一方面，后世儒学鄙视富强之术，鄙视政治、经济的无为倾向，大大影响了孔子思想的传播能力，这种以“虚文”为本位的学风导致近代中国连国家主权亦几乎丧失；另一方面，后世儒学没有“世界关怀”和“人类担当”，故而对世界其他民族皆以“四夷”待之，从而造成中国社会即使处于盛世，亦对世界其他民族采用听之任之、存而不论，甚至是麻木不仁的“独善其身”的姿态，这种所谓“华夏不治夷狄”、没有世界关怀和人类担当的保守姿态，亦使得中国社会一直停留在“小康”阶段，而不能向“大同”再进一步。康有为说：

孔子之为《春秋》，张为三世：据乱世则内其国而外诸夏，升平世则内诸夏而外夷狄，太平世则远近大小若一，盖推近乎之理而为之。

今地球四洲，除亚洲有孔子与佛、回外，余皆为耶所灭矣，使吾国器具早精，舟车能驰于域外，则使欧、墨、非、澳早从孔学可也。耶氏浅妄，岂能诱之哉？吾既不能早精器具，坐令彼诱之而坐大，此不宣扬之失策也。夫吾孔子之教，不入印度，而佛入中国，岂孔学不如佛哉？传与不传异耳。[32]

也就是说，大同价值观之所以没有得到传播，不是因为这种价值观不好，而是因为中国国家没有能力，更是因为后世儒家丧失了孔子的抱负，康有为以为，在孔子之后，中国之所以一直停留在“小康”阶段踯躅不前，就是因为后世儒家没有“世界关怀”和“人类担当”，中国一旦进入“内诸夏而外夷狄”的小康盛世，后世儒者的思想就停留在了“独善其身”、自鸣得意的阶段，拒绝继续为争取“远近大小若一”的太平世界而斗争。康有为说，孔子之道先是被荀子的“武断”败坏了，继而受到刘歆“伪造”的蛊惑，但最终则败坏于朱熹“华夏不治夷狄”的“偏见”。所以，“吾中国二千年来，凡汉、唐、宋、明，不别其治、乱、兴、衰，总总皆小康之世也”。在康有为看来，中国如果不追求“大同”，如果不致力于改造世界，那么其结果便是连“小康”的“升平世”也不能保持，最终不可避免地要沦落到“据乱世”之中去。

那么，在康有为看来，19世纪以来的“现代世界”又是怎样的一个“世界”呢？我们怎么去认识这个军事技术空前发展、金融垄断不断加强的“世界”呢？康有为说，总体来说，西方社会不好，而这并不是因为它没有法治，没有秩序，恰是因为它是强权支配的秩序，它造成了空前的种族、阶级和性别的压迫，而且听任这种压迫的存在，它造成了“人生苦”，却不能够回应和解决这种苦难，是不能回应众生苦难的社会，无论它怎样标榜法治、标榜秩序，这种背离“天道”的政治，造成的必然是一个离理想的大同社会非常遥远的世界。西方近代以来制度的核心，就是人人各自为己的私有制度，是把权力争夺神圣化了的暴力制度，这个制度在价值上是虚无的，在伦理上是没有基础的，举凡西方社会严重的种族歧视、性别歧视、国家间的不平等，特别是严酷的阶级压迫剥削制度，无不根源于私有制度。

中国学习西方的制度，绝不是要建立新的权力崇拜、强权崇拜，绝不是要学习西方的私有制。即便中国变法成功了，即便中国强大了，中国也不要做世界上一个新的强权，而是要通过中国的强大和发展，推动和建立一个“远近大小若一”的“太平世界”的实现。中国改革的最终目标，就是要彻底结束“私天下”，以建立“公天下”，就是要彻底结束一个权力崇拜的世界，而建立一个以和平、合作为最终价值的世界。

在这个意义上，西方的制度，并非什么效法的最终目标，毋宁说正是批判和改革的对象。

康有为敏锐地指出，随着工业革命的发生和机器文明的进步，现代世界的统治者已经由国王变成了资本家，封建王国已经被“资本家的王国”代替，因此，国家的“强弱”问题也必将被阶级的“贫富”问题取代，而领土的问题将被资本垄断的问题取代，因此，阶级学说和均产学说的兴起，“乃为此后世界第一论题也”。

康有为更提出，未来社会必定是共产主义社会，《大同书》提出了“共产之说”，这在中国思想史上还是第一次。他说：

> 故以今之治法，虽使机器日出精奇，人民更加才智，政法更有精密，而不行大同之法，终无致生民之安乐、农人之得均养也。或亦能倡共产之法，而有家有国，自私方甚。有家则一身妻子待养，有国则陈兵而租税日增。以此制度，而欲行共产之说，犹往南而北其辙也。无论法国革命时不能行之，即美国革命至今亦万不能行也。[33]

那么，究竟什么时候才能实现大同社会，即实现康有为所说的共产社会呢？康有为认为，这取决于以下几个条件：第一，科学技术，特别是交通和通信技术的高度发达。随着交通的发达，世界变成了郡县，故那时就可以以一个“公政府”来治理全世界，而随着通信技术的发达，全球化的集中生产、集中销售也就可以实现。他甚至设想了计算机和互联网这样的发明，这一通信技术的革命，将使得全球的生产与销售可以在计划下进行，从而避免了私有制下生产和市场的无政府状态。[34]

第二，政治制度的变革。康有为对德国为完成统一而实行的联邦制度很感兴趣，以为它初步以“公政府”的方式将四分五裂的德国联合起来、统一起来，同时，他认为美国的联邦制产生了一个更大的“公政府”。不过，康有为也认为，无论德国、法国还是美国的革命，导致的均是列强的联合，而未来的联合应该是被压迫民族的联合。被压迫民族联合起来成立“大公政府”，与列强的联合斗争，其结果便是形成一个世界的“公政府”，这样一来，“大同”世界、平等的世界就不远了。

第三，未来的大同世界是文明的世界。康有为认为，这种新文明的重要表现和标志，就是工人阶级成为社会主体，“创新”成为大同社会的根本追求。他说：“太平之世无所尚，所最尚者工而已；太平之世无所尊，所尊贵者工之创新器而已。”[35] 大同世界的主体是工人，大同世界最崇尚的，则是工人的创造性劳动和技术创新。“故野蛮之世，工最贱、最少，待工亦最薄；太平之世，工最贵，人之为工者亦多，待工亦最厚……故太平世之工人，皆极乐天中之仙人也。”[36]

第四，大同世界是人人平等的世界，是没有私有财产的世界，但是，这样的世界会不会因没有竞争而陷入停滞、丧失发展进步的动力呢？康有为很担心可能会出现这样的情况。为了防止大同世界的退化，康有为指出，尽管大同世界反对为了私有财产而竞争，却鼓励各共同体及个人为了科技进步和公共福利的改善进行充分的竞争，这就是以所谓“公竞争”代替“私竞争”。同时，他主张对发明创造、科技创新、文化创新进行重奖，主张这种奖励以荣誉奖励为主，也包括物质奖励，而且，他还主张各分政府可以拥有自主选择发展道路的财政自主权，以便通过征税对公共福利设施不断进行改善。[37]

今天看来，康有为这种“改造中国与世界”的胸怀和抱负，确乎是相当惊人的。魏斐德也许是第一个将《大同书》与毛泽东的思想进行互文式研究的重要学者，他指出，如果忽略康有为通过重新阐释儒学的“太平”“大同”主张所表达出的中国近代思想的先进性、普遍性，那么，人们就无法理解后来的五四运动和中国革命所提出的那些问题，就不能理解这种“中国思想方式”对全人类的根本意义，就不能理解毛泽东创建的“新中国”是对西方民族国家这种制度形式的超越。

从康有为本人思想的不断发展及他对后世的影响来看，他的思想中毫无疑问地包含着一种超越国族、种族、阶级和性别的“世界大同”情怀，包含着一种从儒家的“太平”（平等）和“大同”出发拯救人类苦难的博大胸襟，甚至包含并预示了后来毛泽东所说的“中国要对人类做出更大贡献”的大宏愿。作为一个被压迫民族的知识分子，生活在帝国主义侵略和欺凌中国的时代，竟能拒绝如同时代的日本维新派那样，简单地复制和追随弱肉强食的 19 世纪世界逻辑，而是怀抱康德、马克思、列宁那样的世界大同情怀，再勾勒一卷被压迫民族视野中的普遍的“世界史”蓝图，在这个意义上，康有为恰恰表达了列宁所说的亚洲、中国思想在19世纪的先进性、普遍性，标志着启蒙的方案在帝国主义主宰的19世纪的世界、在被压迫民族、在中国的地平线上呈现出的新文明曙光和新思想曙光。

《大同书》最终完成于戊戌变法失败后，当时的康有为已经避居印度的大吉岭，康德曾经以“世界公民”自诩，而处于流亡中的康有为则以“天民”自况。与康德将“先验法则”作为世界秩序的基础不同，《大同书》从“世界大同”和“众生平等”的东方情怀起论，[38]康德的“法”所指向的是一个规范的世界秩序，而《大同书》却把回应、面对“众生苦”当作政治的目标。通过批判19世纪帝国主义主宰的现代制度所造成的“众生苦”，康有为最终从解救被压迫民族和“人类苦”的视野提出了一整套重建“大同世界”的人类改革方案。

康德的“三大批判”是对知识和思想方式的批判，而康有为《大同书》的批判则是对现存制度的全面批判，他认为，要实现文明的政治，就必须批判霸权政治，要达到大同，就必须对据乱世的根源进行批判，于是，康有为的大同理想，首先就是建立在对民族国家形式的欧洲现代军国体制的彻底否定之上的，此乃他与黑格尔的根本不同，而这就是《大同书》中的“第一批判”：“去国界合大同”。

康有为认为，“有国界之害”的最大表现，或曰欧洲形式的现代民族国家之“大害”，就在于战争，欧洲民族国家是被作为战争机器而设计出来的，这种形式的现代政体必然要把战争加诸全世界的头上，同时把战争国债和税收加在劳动者头上，发明战争国债，这是人类前所未有之灾难。因而，他认为“欲去国害必自弭兵破国界始”，即只有拔去民族国家的战争功能，才能谈得上人类永久和平，也才能谈得上康德意义上的那种世界和平。

不过，与西方先进的思想家不同，康有为能够更进一步认识到，欧洲殖民主义又是建立在种族主义伦理之上的，因此，对欧洲国家体制的批判，必须触及欧洲人自身长期不愿正视的“种族主义”问题；对现代欧洲国家的批判，必然也要涉及对现代种族主义政治的否定。在《大同书》“去种界同人类”一篇中，康有为谈到了我们后来称为“生命的政治”（bi-political）的种族主义，详尽地论述了种族主义如何成为现代西方殖民主义的基础，并且深刻地谈到破除种族主义对破除现代西方启蒙方案的重要意义。尽管在《大同书》中，康有为将种族主义制度仅仅理解为白种人对黄种人的压迫，而没有触及其他种族的人的苦难，甚至也以为棕色人种和黑人不如白种人和黄种人优秀，即他对种族主义的批判也并不彻底，但是，康有为提出的克服种族主义的方案之一，就是实现迁徙的自由、跨种族的居住的自由，他对种族问题的揭发的深刻性及其论述的系统性，与当时乃至今天的欧洲思想家相比，毫无疑问也算是先进的。

《大同书》的“第二批判”，就是对性别歧视的批判，对女性解放的呼吁，即《大同书》中“去形界保独立”一篇的要旨。这一部分论述对后来的新文化运动和五四运动，对中国革命思想，甚至毛泽东本人的思想，显然影响甚巨。

《大同书》的“第三批判”，就是对批判私有制的批判，在“去家界为天民”一篇中，康有为指出家族制度乃私有制度之源。他说，佛教主张“出家”，这对养育自己的父母来说，是一种不公平和不平等；而中国的“家天下”，特别是“以一人养一家”，这对“一人”而言，也是一种不公平和不平等。至于西方的“个人自由”，无非是只顾自己，听任社会不公，这更是大私。他认为，人类之所以需要家庭，主要是因为生育、教养、老病需要家庭来承担，而一旦将生育、教养和老病归之于公，“盖自生养送死皆政府治之，……是不待出家而自然无家，未尝施恩受恩，自不为背恩，其行之甚顺，其得之甚安。故必公天下，而后可至于太平大同也。”[39]

康有为指出，家族制度、宗族制度和民族制度在历史中形成的必然性，实际上都深深根植于人类自身的生产和再生产——生育和教养制度，要摆脱家族制度的束缚，就必须形成一个能够承担起生育和教养责任的更为合理的社会，需要社会和“公政府”承担起建立“育婴院”“小学院”“中学院”“人本院”等机构的责任。因此，家族革命、民族解放和民族革命必须要伴随着彻底的社会革命、教育革命。

《大同书》中的“去产界公生产”一篇，则是对建立在私有财产基础上的资本主义生产方式的批判，分别包括对土地私有制、资本驱动的工厂劳动、代表资本家利益的党派政治、西方金融垄断的逐一批判。康有为指出，私有制的根源，不仅仅在于资本家和大商人与一般劳动者之间的财富差别，更在于信息的不对称。这种信息不对称，使得资本家和大商人总是可以在竞争中取胜，但是，康有为充满自信地指出，这种信息的不对称，将随着技术的发展、教育的普及和政治制度的改革被消除。因此，教育的公平、知识的公平、信息的共享，是康有为大同世界的一项重要内容。[40]

在康有为写作《人类公理》(即《大同书》)的时代，马克思的《资本论》第一卷刚刚问世不久。《资本论》主要是从欧洲文明内部对资本主义体制进行研究和批判，而康有为则是站在中国文明的立场上对资本主义制度进行批判。也就是说，当时的欧洲之外，还没有如此系统的对资本主义生产方式的全面批判的纲领。总体来看，康有为的《大同书》是一部全面论述现代社会种族、性别、阶级、国家、社群问题的著作，上述批判也是一个有机联系、逐步推进的整体，它最终成为对 19 世纪以来欧洲现代方案的全面拒绝，成为对权力政治的全面拒绝，并通过这种批判和拒绝，以劣种、女人、劳动者为主体，重新制定一个人类合理交往、有机团结的大同世界的普遍公理和普遍公法，召唤一种文明政治的产生。

康有为的《大同书》是现代中国革命思想的先声，它犀利地揭露了中国封建体制和西方现代体制拥有着共同的前提：以暴力为本，对女性、下层劳动者和弱势种族的压榨。它的写作时代与马克思的《资本论》和尼采的《论道德的谱系》大致相同，《大同书》不但总结和提供了中国传统知识现代化的新的谱系，把女人、小人和“劣种”当作未来和平的“大同世界”之捍卫担当者，而且力图以中国思想为基础，第一次尝试着“以中国为方法，以世界为对象”，去重建具有世界普遍意义的现代伦理，去建立一种新的政治文明，去建立一个现代世界的普遍认同。《大同书》开创了现代中国改革和革命的道路，它使得“中国模式”“中国方法”“中国道路”第一次成为可能，而这就是《大同书》的历史意义所在。

在中国近代历史叙述中，戊戌变法运动仅仅被解释为中国现代改革运动的一环（立宪改良），从而，康有为思想的价值也仅仅在其“变法方略”的意义上得到研究者的肯定，而《大同书》更被当作康有为的失意之作、一种纯然的空想，长期被研究者束之高阁。正如魏斐德所指出的，将康有为视为“改良派”“政治保守派”是不正确的，因为康有为的思想比当时的革命派更为激进，实际上，康有为既是一个充分现实的改革家，同时又是一位高度的理想主义者，只有这二者的高度统一才能解释康有为，也只有“经”与“权”的高度统一才能解释近代以来的中国革命和中国改革。没有最彻底的改革和革命的意志，中国就会停留在贫困落后的状态，也就不会有历史的发展和进步。如果没有人类的情怀和世界的担当，现代中国的复兴、中华民族的伟大复兴就将成为对西方强权逻辑的复制。

未来社会必然是一个工人当家做主的社会，必然是一个创新的社会、一个公有的社会，一场由精英发动的改革，却将主体落实在全世界的底层和被压迫者身上，康有为的这种奇妙的双重性格，甚至使得他与毛泽东在思想结构上具有了某种相似性——持续的改革和不断的革命之所以是必要的，关键就在于不断将改革的主体落实到下层最广大的民众身上，如此才能抵抗人和世界不可抑止的退化本能。[41]

今天看来，是否存在一个“中国模式”或者一条“中国道路”，特别是中国社会主义道路，并不是一般地将中国改革者和革命者的思想视为“空想”、乌托邦的人所能够回答的。因为 100 多年来中国革命和改革的历程已经昭示着：以人民战争的方式击溃帝国主义的军事霸权是可能的，以勤劳革命的方式完成工业化发展是可能的，同样，按照劳动者的愿望和斗争去变革生产方式，形成一个不断改革和革命的正义运动也是可能的。

尽管倘若康有为生于今天，他恐怕依然会指出我们的时代离“大同社会”还差得何其遥远，但是，他无疑会这样说：不追求“大同”，“小康”社会就不能保持；不改造世界，中国的复兴也没有可能；没有“大同世界”的愿景及为之斗争的意志，中国的所谓“和谐社会”也就不能实现。不断从最基层、从全世界去发现改革的动力，将改革和革命进行到底——这是因为中国文明对“世界”负有责任。著名的德国汉学家傅朗克在20世纪初说：

> 虽然儒家所教导的世界和谐和世界和平是遥远的美梦，但是，我们不能丧失更高、更好目标的信念。因为没有信念，我们的努力便无目标，这个世界的历史也毫无意义。

魏斐德亦曾以“历史与意志”为题描述中国思想之运动，那么，究竟什么才是他所谓的潜伏在数千年漫长中国历史中的“意志”呢？如果这一“意志”不是黑格尔所说的个人或“市民社会”所承载的“自由”，它在中国文明的语境中又是指什么呢？

我们只能说，这种面向“大同”的历史意志的核心就是“力抗强权”，就是“远近大小若一”之“平等”，是政治平等、经济平等、性别和种族平等的追求，是这种“众生平等”理想在全世界范围内——在全人类的实现。

中国古代的先贤乃至历代的统治者，实际上都没有真正迷信过一个朝代、一种体制的永存和万寿无疆，在他们看来，在历史沧桑和王朝兴衰之外，唯一能够源远流长的，确实是一种道德意志，正是这种道德意志，构成了超越个别王朝命运的“天命”。因此，维系天命，首先就是维系那种为国家、为民众牺牲请命的圣哲意志。这就是《左传》中所谓：“古之王者知命之不长，是以并建圣哲，树之风声，分之采物，著之话言，为之律度，陈之艺极，引之表仪，予之法制，告之训典，教之防利，委之常秩，道之礼则，使毋失其土宜，众隶赖之，而后即命。圣王同之。”

在这个意义上，“大道之行”的“道”所代表的，当然不是哪一个朝代、哪一种制度、哪一个家族，因为它所代表的是对天下百姓疾苦的感同身受，是为下层小民请命的道德意志，而这种道德意志就是超越朝代和时空，贯串于整个历史中的“天命”。

同样，在中华文明中，究竟是做一个“大人”，还是“小人”，并不是由权势、地位和财富决定的，更不是由性别和族裔决定的，而是由胸怀、担当和视野决定的。决定“大我”与“小我”、“大人”与“小人”的，是胸中是否“怀道”而非“怀己”，是否“怀义”而非“怀利”。与欧洲文明不同，在中国的宇宙观和社会观中，“自我”从来不是孤立的，因为“己”的上面有家，家的上面有国，国之上而有天下，与天下百姓同心同德，斯为大同。

“位卑未敢忘忧国”，处江湖之远，而不敢忘怀家国天下，“公者千古，私者一时”，就是超越小我而达致大我的社会进化之道，就是摒弃自私自利之心的成人之道，以此命令中国人去追求做一个高尚的人、纯粹的人、对人民有利的人。

还有，如果说在中华文明中，道德意志是与天并举的主神的话，那么黎民百姓则是另一尊堪与天齐的主神。我们的祖先早就说过：“民，神之主也。”他们还说：“国将兴，听于民；国将亡，听于神。”“民所欲之，天必从之”，“天视自我民视，天听自我民听”。把人民抬到了上天的地位，人民比天还大，而中华文明的这一特征，在人类文明史上是独有的。它把“不平等”视为人间最大的侮辱，并把追求平等和“公的社会”视为历史进步的根本动力，而这也是数千年来“陈王奋起挥黄钺”的中国改革与革命运动之根源。

这些都被《大同书》继承下来，“大道之行也，天下为公”，成为现代中国人叙述历史，解释、创造新的历史的重要精神动力，并最终将苦难的中华民族引向天安门前那响彻世界历史的宣告：

> 我们的民族将再也不是一个被人侮辱的民族了，我们已经站起来了。我们的革命已经获得全世界广大人民的同情和欢呼，我们的朋友遍于全世界。

不忘初心，方得始终。正是在这个意义上，正是一卷《大同书》唱响了“红旗”，并将我们引向“短促而伟大的20世纪”——引向“为有牺牲多壮志”的中国革命。

第六节

“出乎意料”的现代性及其后果

本来打算去中国，结果却到了加利福尼亚。

——雷吉斯·德布雷

今天，作为一种文明气质的“启蒙”的消失，是与康德所倡导的“持续地批判现存世界之能力”的丧失密切联系在一起的。它在世界史领域的突出表现，就是将19世纪英国乃至16世纪以来欧洲的崛起看作“历史必然”，这既是欧洲中心主义的真正基础所在，也是我们无法走出“漫长的19世纪”的真正原因。这也就是为什么一旦我们呼吁批判甚至抛弃这种欧洲中心论，总是会面临另一种担忧或者指责：这样做，是否就会否认历史发展确有其“必然性”，是否会导致将一切历史活动归于纯粹的偶然和不可知论？

作为当代杰出的历史学家之一，彭慕兰的如下言词正代表了这一担忧——一旦欧洲中心主义的基础坍塌，那么所谓“历史必然性”的大厦将随之崩溃：

> 确实，19 世纪的经典社会理论由于其欧洲中心论而有重大缺陷，但当前某些“后现代”派学者采用相反的态度——全盘放弃文化间的交互比较，几乎完全集中于揭示历史瞬间的偶然性、特殊性及或许是不可知性——使其甚至无法触及历史（及当代生活）中的许多重要问题。看起来，通过尽量进行好的比较来对抗带有偏差的比较会更可取一些。而在通过对另一方的前景进行观察时，把比较的双方看作“互相偏离”，而不总是把一方看作标准，可以部分地达到这一点。[1]

与历史上的欧洲中心主义者不同，彭慕兰承认所谓的“英国模式”不能成为唯一标准，甚至不能被视为“标准”，他进而指出，“英国模式”的形成，是欧洲在与其他地域、其他经济模式的联系和互动中才可能的。彭慕兰这种在广泛的世界联系中观察欧洲历史的视野，代表了欧洲史研究的巨大进步。尽管如此，在彭慕兰看来，英国在 19 世纪的兴起还是具有必然性，也正因为“现代性”恰恰率先发生在英国，或者只发生在英国，所以它才可以被称为一种“模式”。例如，像马克斯·韦伯一样，他反复指出，公司式的资本运营方式、战争贷款的债务方式和以贸易和机器生产“节约资源”，特别是节约土地和人力资源的方式，这三者确实是欧洲，特别是英国才具备的极其特殊的经济—政治创制，而且，这些制度早在工业革命之前都已经存在于英国，尽管它们只是通过工业革命才得以壮大成熟。

在滨下武志等学者看来，公司制度、债券方式乃至航海和长途贸易等与其说是欧洲的“创制”，不如说其在欧洲产生的时间其实都大致与中国相类。16 世纪末，即明代中后期的南洋中国海外移民向家乡汇款的货币潮流，已经催生了世界上最早的汇票制度（后演化为银信汇兑局），它甚至比16世纪70年代地中海地区的汇兑业出现得更早些。随后，“账局”和“票号”分别也在中国北方贸易中产生，并日益扮演重要的金融角色。关于股份制公司、货币汇兑制度及资本的跨境自由流动，滨下武志的研究指出：

> 中国历史上一般行业的组织形态，与后来的公司组织形式不同，采取的是合伙（合股）这种共同出资的方式。虽然这种方式类似于共同经营，但不同点也很多。例如，第一个不同点是存在着官利（股息），这是一种由合伙契约规定的、结算时无论有无利润均须对所出资金支付红利的固定利息。而且，出资（持股）的方式，也有以劳动力或者财产充当债权的情况。这种合伙的方式容易吸收资金，因而更有可能吸收大量的信用贸易。
>
> 关于资金流动方面，在中国国内存在着山西票号这样的全国性的汇兑网；国外的汇款方面，东南亚方面有管理华侨汇款的银信汇兑局。银信汇兑局向国内汇款的方式有多种，汇款的方式也多种多样。[2]

今天看来，如果说确实有一种因素是欧洲和英国独有的，那就是穷兵黩武和军商合一的国家体制，这是将公司、债券、机器、航海与战争密切联系起来的暴力机制。这一体制之所以能够在19世纪被最终确立，并成为“英国模式”胜出，那就是因为英国在战争中的胜利，恰恰是这种胜利激发了欧洲各国和日本对“英国模式”的仿效。[3]

19世纪以来，欧洲（特别是英国）在军事制度和技术方面的领先，是唯一一个毫无疑问、不容置疑的因素。1701—1714年间长达13年的“西班牙王位继承战争”，掀开了18世纪人类“暴力革命”的大幕，这场长达13年的“西班牙王位继承战争”彻底结束了人类战争的“冷兵器时代”，随后的“海洋战争”和“海权理论”则奠定了针对平民的“大规模毁灭性”战争的合法性，英国就是在这场人类“暴力革命”的浪潮中崛起的。1816年，英国累积战争国债已达7.92亿英镑，为其国民生产总值的2.5倍，而英国国家之所以没有因此而破产，就是因为当时全欧洲的资本都经伦敦资本市场而投向英国国债。这不仅证明现代欧洲民族国家的实质就是一部战争机器，而且也极其清晰地展示了战争技术的革新不仅对战争本身，而且对欧洲国家财政制度、对市民社会的形成、对资本积累之加速的决定性影响。或者说，正是战争促使了欧洲现代国家体制的形成和转化。

人们可能还是要问：18世纪的英国难道不是由于其包括政治—经济体制在内的方方面面领先于世界之“先进”，方才产生了工业革命吗？这里的回答是：无论在这方面存在多少自以为是的盲目结论乃至“定论”，真实的历史提供给我们的答案都是完全否定的，因为事实并非如此。

实际上，很多欧洲历史学家都对“工业革命”这个概念（尤其是以一个如此简单的概念来囊括欧洲的现代转化）提出过怀疑和否定，约翰·内夫指出：

> 在经济史上，几乎没有一种概念像工业革命概念那样令人产生错觉，它把现代文明中所有重要问题都和经济变革联系在一起，而那些经济变革又是以1760—1832年英国发生的情况为代表的。几乎没有一种概念是建立在这样一个不可靠的基础之上的，它竟

然在 72 年的英国经济史中找到了理解现代工业社会的钥匙。[4]

彭慕兰也指出，仅凭 72 年的英国短暂经济史，是不能解释工业革命的。与其说工业革命创造了新的财富，还不如说新的海外财富的发现导致并推动了工业革命，因为工业革命的发生来源于两个方向的驱动：“向外”（殖民地市场）和“向下”（挖煤）。

首先是“向外”。如果没有美洲殖民地的奴隶也需要穿衣服这件事，那么，即使英国实现了纺织品生产的机械化，它生产的棉布也无处销售。英国棉纺织品的市场是美洲，其原材料——棉花，同样也来自美洲，而“近代美洲”则是欧洲武力的第一个产物。如果英国没有占领印度，如果东印度公司没有通过军事手段垄断占当时世界市场一半以上的印度的棉纺织业，如果英国没有通过对印度的军事占领破坏印度的纺织业，而单独靠英国的机器织布技术的“革命”，它要想独霸世界棉纺织市场，其实是根本不可能的。

其次是“向下”。正如为我们所耳熟能详的，工业革命在全世界的象征都是黑暗的矿坑——恰恰是“黑暗的矿坑”形象地表明了“底层”这个社会学的范畴是怎样产生的：如果没有煤的大量采用，没有煤的热能对太阳能的替代，工业革命其实就根本谈不上是一场真正的革命。1800 年，英国的煤炭产量占当时世界的 90%，这是英国在人类历史上的第一次产品领先。在当时的条件下，煤矿深层开采是比美洲的奴隶种植园还要黑暗的领域，透水、瓦斯爆炸和塌方是家常便饭，一幅女矿工头顶油灯在狭窄的地道里爬行的速写，曾揭开英国议会关于是否应禁止女性下矿井的辩论，而辩论的焦点竟然是女工在矿坑上身裸露，有碍风化。关于这一点，1835 年托克维尔在论曼彻斯特的一段充满讽刺的名言值得引用：

> 从这污秽的阴沟里泛出人类最伟大的工业溪流，肥沃了整个世界；从这肮脏的下水道中流出纯正的金子。人性在这里获得最为充分的发展，也达到了最为野蛮的状态；文明在这里创造了奇迹，而文明人在这儿却几乎变成了野蛮人。

可以说，英国的煤矿开采业是比奴隶劳动还残忍落后的野蛮行业，在这个意义上，将英国的煤炭业称为“先进生产力”，确实是对人权的亵渎，因为每一块煤炭上都沾着工人阶级的血肉，在这个问题上，今天的人们或许很有重读恩格斯《英国工人阶级状况》这部名著的必要。[5]然而，英国之所以偏偏能做到这一点，则又几乎是出于偶然，或者直率地说就是出于“运气”而已。因为英国的地理地貌特征其实就相当于“欧洲的山西”，而且其煤炭储备状态比山西更为特殊：英国存在大量的泥炭和地表煤。这就是工业革命不产生于法国，不产生于荷兰，更没有产生于中国的根本原因，恐怕也是最直接的原因。更进一步说，18 世纪末，英国的森林覆盖率不足 5%，这个国家陷入燃料严重短缺中，煤是天然的燃料，这也是英国向下发展（掘煤）的根本动力所在。对比而言，尽管中国经济的核心地带江南地区同样存在燃料短缺的问题，但非常可惜的是，中国广大的南方并不产煤，而中国经济的核心地区江南和东南沿海，更是处在一个严重的“贫煤带”上。我们所能知道的工业革命发生的道理，其实就这么简单：使得中国、法国、荷兰、美国在 19 世纪没有发展起大规模采煤业的原因，恰恰就是市场化的考量——成本和代价—代价和收益。

对此，沃勒斯坦解释道：

实际上，煤炭并不是什么新的能源。还在18世纪，煤炭就已经取代木材成为主要的燃料。原因很简单，此前几个世纪的工业生产（以及家庭取暖），使欧洲的木材资源日渐枯竭。到1750年，木材的枯竭已经成为“工业增长致命的瓶颈”。英国长期以来就饱受木材匮乏的困扰，所以早在16世纪，英国就鼓励用煤，并一直关心采煤技术。蒸汽机的利用，无非是利用它来转换能源，使得煤炭能得到更为有效的利用，以使高能耗工业转化为低能耗工业。[6]

沃勒斯坦还进一步阐述了法国为什么没有像英国那样大规模采用深层采煤技术，他的结论同样非常简单：

这恰恰是出于成本的考虑，既然法国不存在英国那样严重的木材匮乏问题，“以昂贵的代价生产出劣质铁制品”就没有意义，所以，法国不用煤炭，恰恰从经济学上说，是一种“正当的反应。”[7]

更为值得注意的是，宫崎市定在他堪称世界史研究名篇之《中国的铁》一文中指出：

中国铁的生产，在产业革命以前的世界史上，具有世界范围的重要意义。自战国时代，中国即盛行使用铁器，到了汉代就形成了一个高峰。中国的铁一直被贩卖到罗马的市场上。汉代之所以能给匈奴以沉重打击，使它向西方逃窜，就是因为使用了铁制的武器。然而至三国以后，中国便感到铁不足用了。就连长枷和镣铐等刑具，以前本来是用铁制造的，这时也用木制品来代替了。在这个时代形成的北方民族的语言中，也没有直接采纳中国语

"铁"这个字的痕迹。

可是从唐末到宋初，中国发生了可以称为燃料革命的一大事件，燃烧煤炭取得高热，并利用煤炭炼铁，使铁已有大量生产的可能。这就在世界史上出现了远东的优越地位。蒙古的大规模征伐即由于利用了中国的铁；在蒙古征伐的逼迫下，又发生了突厥族西迁的事件。在南海方面，中国的铁成为重要的贸易品，一直输入到阿拉伯半岛。[8]

毫无疑问，以煤炭特别是焦炭大规模进行冶铁生产，这并非英国工业革命的首创，而是中国文明和工业发展对人类的巨大贡献，但是，正是对农业的高度重视，特别是中国文化中强烈的和平主义诉求，一方面使得以农业原料成功解决燃料问题成为可能，另一方面则形成了对将铁的冶炼及生产大规模运用于军事工业的强烈制度性约束，这一点早在汉代昭宣之间围绕着盐铁问题进行的大辩论中就可以看得非常清楚。《盐铁论》反对国家大规模冶铁，并明确反对将此运用于军事目的，其中说，"县官鼓铸铁器，大抵多为大器，务应员程，不给民用"，同时，又反对军事扩张，而主张代之以耕地之改良与经营，"今中国弊落，不忧，务在边境。意者地广而不耕，多种而不耨，费力而无功"。[9]既然不主张以战争的方式进行领土扩张，当然就不会重视武器水平的提升，而是以冶铁辅之以铸钱，从而推进"商业革命"，这样，也便不可能在发展军事工业的基础上对冶铁业进行相应的规划和提升。正是在这个意义上，我们便不能简单、抽象地说中国没有发生一般意义上的"工业革命"，而是必须追究：率先进行大规模煤炭冶铁的中国，何以没有发生英国那种暴力、野蛮的"工业革命"？

如果说煤在英国的大量采用，首先是出于应对燃料的严重短缺的不得不然，那么，工业革命的另一个伟大标志——蒸汽机的产生和推广，恐怕就更是出于偶然的因素了。在这个问题上，除了沃勒斯坦所提出的蒸汽机可以通过能量转换的方式更为有效地利用能源这个目的外，另一个或许更为实际的原因是：在对大量地表煤进行开采过后，英国举国上下不得不进行深层掘煤，而这导致了英国地表的下沉，从而使得矿坑排水问题日益突出。蒸汽机的最初用途就是排水，而不是节省能源——最初的蒸汽排水机效率极低，其燃料本身的花费本来应该是使得这种蒸汽机毫无实用价值——这仿佛青年时代曾在南京矿路学堂学习过的鲁迅所谈到的：蒸汽抽水机排水后挖出的煤，正好够机器本身的燃料消耗。在英国，这种现象成为例外，因为蒸汽排水机就在煤矿巷道里，在四周都是煤的环境条件下，煤的损耗是可以忽略不计的。

工业革命与欧洲科学技术发达的关系更难联系起来，因为无论机械纺织机还是蒸汽机的发明者都不是什么“科学家”，而是出身低贱、“文化程度”很低的体力劳动者。1825 年，在英国北部一个叫达勒姆的黑煤窑里，一个至今尚不知名的黑窑工劳动者，竟然对英国工业革命做出了奠基性的贡献，因为他为了“省力”，别出心裁地将蒸汽抽水机用于推动从矿井到 7 英里（约 11.27 千米）外的运煤码头的矿车上。事实上，这才是一场推动世界的交通革命的真正开始，这辆矿车是铁路机车的雏形。直到 1850 年，英国才投资进行大规模铁路建设，而这时离鸦片战争结束已过十年。

这就是卡尔·波兰尼一语中的指出的：“具有决定性作用的机器都是没有受到过教育的技师发明的，他们中的一些人甚至没有读写能力。”[10] 大规模机器的采用，也与“欧洲科学技术自‘漫长的 16 世纪’就开始领先”的神话没有任何关系，因为 18 世纪 50 年代，欧洲关于自然的知识还基本垄断于天主教会手里。欧洲 19 世纪才开始的机器对人类劳动的排斥和替代，其根本原因在于欧洲劳动力价格的长期上涨，而这是大量美洲白银流入欧洲和亚洲之后所导致的不同结果造成的：大量白银流入亚洲和中国促进了中国生产和贸易的增长，这些白银被繁荣的中国经济消化了，而在欧洲情况恰好相反，货币过剩造成了价格革命，其中劳动力价格被通货膨胀抬高了，通俗地说，就是使“雇人”变得非常昂贵，它促进了以机器代替人力以“节约成本”，从而划出了资本密集型（欧洲）和劳动密集型（亚洲）两种不同的发展道路。

对此，弗兰克论述说：

> 货币计量学设定，如果货币数量增加，而流通速度和交易量不变，那么商品和服务的价格就应该随着货币的增加而相应地上涨。汉密尔顿等人注意到，在 16 世纪，新的美洲货币进入欧洲，于是价格上涨了。这被称为“货币革命”。
>
> 史料显示，在亚洲大部分地区，新增的美洲和日本货币并没有像欧洲那样引起物价的暴涨。相反，亚洲由于新增了货币，造成了生产和交易的增长，并且通过经济的更广泛的商品化而提高了货币流通速度。[11]

正如波兰尼所指出的那样，实际上，我们今天所理解的那种旨在探索宇宙和自然规律的“自然科学”，对欧洲工业革命的作用几乎等于零。具有讽刺意味的是，“自然科学对工程技术的决定性贡献直到一个世纪过后才出现，而那时工业革命早就结束了。对桥梁或者运河的实际建造者、机器和发动机的实际设计者来说，今天被称为自然科学基础的关于自然的一般法则和知识完全没用。特尔福德，土木工程师协会的创始人和终身领导人，拒绝了那些研究物理学的学者的入会申请，并且据大卫·布鲁斯特爵士所言，他甚至连一点几何原理也不知道”。[12] 正是这位布鲁斯特爵士发明了大规模使用机器生产的工厂制度，因为尽管他对几何原理毫无兴趣，却对投资获利非常感兴趣。而真正推动了工业革命发生的，可能就是达勒姆的煤窑里那个我们永远不可能知道其姓名的黑窑汉，因为他才是有轨机车的真正发明者，这一为了“省力”而无意间的发明所带来的一连串连锁反应，则是他根本不可能预见的。这里所谓一连串的连锁反应是指：正是他别出心裁的创造促成了铁轨的产生，正是铁轨的广泛运用，才使得铁和钢的需求大为增加。如果没有煤，就没有冶铁业的大规模发展，没有冶铁业的发展，铁和钢又是不可思议的。尽管在英国，煤的发掘一开始不过是为了应对燃料短缺，煤炭开采与穷兵黩武的军国主义的结合原本并不具有必然性，但是，恰恰是煤炭开采促进了冶炼业的大规模发展，而钢和铁一旦被用于装备英国的战争机器，世界将为之颠倒。

这说明即使工业革命得以产生的动力，也不是英国的先进和发达，而恰恰是英国的短缺，即对英国来说，煤的生产起初只是为了应对燃料的严重短缺，它起初显然不是为了用于军事目的——尽管英国是个穷兵黩武的国家。推动欧洲能源革命的力量不仅是煤，也包括风能和水能，在工业革命初期，水能的作用比煤更重要，但是，由煤的生产而导致铁和钢的巨大需求，是一个煤被运用后的一连串的或然性结果，公平地说，它们被运用于军事目的和战争，其实是当初煤的开采者并没有想到的。

尽管如此，鸦片战争的胜负依旧不能简单归结为英国的“船坚炮利”，因为就军事装备而言，当时英国对中国其实也还不占完全优势。鸦片战争中唯一一艘“铁船”尼米西斯号来自东印度公司，而不是英国皇家海军。该船很小，吃水仅 5 英尺（约 1.52 米），只能用于内河航行。尽管它装备了 120 马力的蒸汽机，也确实没有采用任何木头，完全铁制，但不幸的是，在鸦片战争中，它因为个头太小，根本没有参战能力，所以只负责收集情报。而且，必须指出的是，鸦片战争中所谓的“英国军队”，其实 2/3 以上都是来自马德拉斯和孟加拉邦的印度人。说得直白些，鸦片战争时代的所谓英国海军舰队，其实就是木头船，因为世界上第一艘装配了大炮的铁甲汽船是在鸦片战争之后由法国制造的，1853 年俄罗斯与奥斯曼土耳其在克里米亚战争中，它才首次启用。所谓中国鸦片战争失败是因为中国装备落后，敌不住英国的船坚炮利，无非是一种事后的意识形态说辞。

我们强调上述偶然性，当然不是为了否定鸦片战争的既定历史结果，1840 年鸦片战争一举反转了持续 300 多年东风压倒西风的世界体系，确实是不容否认的事实，但我们要指出的是，这种“必然结果”更是多种彼此没有联系的、偶然的因素在特定的历史条件下“碰撞”所造成的“出乎意料”的结果。因此，正是以上的讨论才能使我们看到：这种巨大的反转绝不是一朝一夕的结果，而是 1500 年以降许许多多独立发展的事件日积月累，在一个历史关头突然碰到一起，并产生了互相影响，从而爆发出超出单独事件的巨大能量所致。一句话，这种反转其实是“历史耦合”作用的结果，即它不是船坚炮利、工业革命、鸦片贸易、白银价格波动、世界货币体系调整等其中任何一个原因单独造成的，而是这一系列带有偶然性的原因综合在一起的结果。

因而，用马克思的话来说，欧洲人确实“创造了历史，但是，是在他们自己毫不知情的情况下创造的”。或正如雷吉斯·德布雷所说，现代世界史对欧洲人来说是一场荒谬的旅行：本来打算去中国，结果却到了加利福尼亚（We thought we were heading to China，but we ended up in California）。

比如，1492年以降，哥伦布等人绕过伊斯兰世界向西航行去寻找亚洲的航海，反而发现了美洲新大陆，这其实原本就是个偶然，因为他们的目标本来是中国和印度，而绝非加利福尼亚。而且，如果他们在美洲没有发现白银，这种对美洲的“偶然发现”本身也就没有什么世界意义。问题恰恰在于，15世纪以降的中国作为一个银矿贮存量高度短缺的国家，匪夷所思地围绕着白银建立起自己的税收体系和货币体系，并以此维持了300多年的货币体系不变，这就使得美洲白银的开采能够产生世界影响——截至1800年，世界白银的4/5都流入了中国，而物美价廉的中国产品和低价的黄金则源源不断地流向欧洲。一个“世界经济体系”就这样被白银货币或者白银资本偶然性的联系推动起来了。

进一步说，对美洲而言，如果没有中国和亚洲对白银的巨大需求，西班牙殖民者当然就不会竭泽而渔地开采银矿，危险而有毒的白银开采业自然也就不会夺去那么多印第安人的性命：仅仅在波托西这座罪恶之城，起码有800万名印第安人死于白银开采业。

同样地，如果没有欧洲殖民者带来的病菌、枪炮和奴隶劳动消灭了大量的印第安土著，那么，也就不会有大量的黑奴被从非洲贩卖到美洲作为劳动力的补充，这样，英国就没有通过发贩奴财掘到“第一桶银”的可能。英国从西班牙美洲殖民地获得的大量银元，就是为其充当奴隶贩子的报偿。这些银元被用于中英贸易，才使得英国得以进入亚洲经济体系。因而，对18世纪初的英国来说，它通过连续苦战获得的第一个最有价值的“条约”，其实就是1713年的《乌德勒支和约》，这个条约乃是英国通过积极参与推翻西班牙帝国、削弱法国波旁王朝的“西班牙继承权战争”所获得的最大报偿，正是根据此条约，英国才获得了日后得以改变世界的一项重要权力：垄断了向西班牙美洲殖民地贩卖奴隶的特权。正是通过这一贩奴特权，英国才换取了大量的美洲白银，从而将贩奴所得白银用于进口中国茶叶。用贡德·弗兰克的话说，1713年《乌德勒支和约》的成立，标志着英国通过为美洲殖民者西班牙充当奴隶贩子，获得了大量美洲白银，从而才得以挤进亚洲经济列车，成为世界经济列车上的二等乘客。

与此同时，乾隆之后，清王朝结束了长期的边疆战争，清朝的军事行动所应对的，不过是白莲教起义所代表的身无寸铁的乌合之众，清军变成了一支扰民、病民、掠夺镇压自己人民的军队，这支军队的战斗能力迅速下降。也正是在清王朝的嘉庆皇帝秉持“清静无为”、韬光养晦理念执政的20余年（1796—1820）中，世界形势发生了根本性的转折。1762年英国首次出现在亚洲海上，而在挑战荷兰在爪哇群岛（巴达维亚）的统治宣告失败后，英国转而趋向全力征服印度，从而开始了英法两国在印度的激烈殖民竞争。1757年，当英国东印度公司在普拉西战役中击败法—印联军时，它即开始积极东进，从陆上威胁中国西藏，此前中国长期支配的海上贸易体系，即所谓的“南洋”与“西洋”，此时已先后被荷兰、英国控制，而此时的英国更具备了从印度洋和印度海陆两点直接攻击中国本土的战略优势。其中极为重要的是，1799年，也就是在嘉庆帝继位的第三年（马嘎尔尼来华后的七年），英国东印度公司利用莫卧儿王朝内部的纷争，成功将印度纳入其殖民统治之中，从而开始了它真正统治、肢解亚洲体系的大战略。天朝和“天下”的地缘政治基础，在那个时候其实已经面临崩溃了。1840 年英国之所以能够发动鸦片战争，一个主要原因就是它有印度这个大后方作为基地。1904 年，英国军队直接攻入拉萨，十三世达赖喇嘛仓皇逃向内地。正是由于英国从东西两个方向夹攻，清王朝才始料不及地遇到两个大门同时洞开的局面。这种在战略和地缘上绝对不利的局面，乃是后来的中国在军事上面对西方列强不可逆转、不可收拾的失败的一个主要原因。

同时，如果没有自 1500 年以降 500 年西方列强对奥斯曼帝国持续不懈的围攻，直至最终通过第一次世界大战将其彻底肢解，如果没有印度莫卧儿王朝在 18 世纪以来持续的内乱造成的长期衰落，如果没有美洲殖民地的棉花供给和纺织品市场，那么英国要想迅速取得世界市场上的纺织品生产的垄断权，其实也都是不可能的。特别是如果没有 1799 年印度沦为殖民地这一事件在亚洲造成的多米诺骨牌效应，那么后来所谓的鸦片贸易、鸦片战争中英国发动袭击的“大后方”，恐怕也都难以设想。上述这些决定性因素，实际上统统与所谓的工业革命没有任何关系。

最后，我们尤其必须看到的是，英国所创造的新的全球金融体系的垄断、支配作用是巨大的。这也决定了我们如何真实地理解“英国革命”。1688 年，尼德兰的威廉三世，正是靠着阿姆斯特丹银行里犹太人提供的秘密贷款，才出其不意地跨过英吉利海峡，夺取了英国的王位——这就是开创了世界资本主义时代的“英国资产阶级革命”的实质。君主立宪体制一旦确立，威廉三世立即面临着偿还债务的巨大财政负担，于是，他通过立宪体制得以说服国会，通过收取消费税获得财政资源，并以此国税为抵押发放国债。这是英国随后走向不断发债、不断进行军事扩张的恶性循环的开始。这里的根本原因，就是真正支配英国资产阶级政治的，乃是一个以阿姆斯特丹银行为标志的国际金融资产阶级势力。[13] 英国资产阶级革命的真正意义，就在于它确立了一个由国际银行家放贷、国家以国税为抵押的资本主义体制。

从此，利用议会给予的担保和高利率，英国开始了其向海外，特别是荷兰投资者大举融资的历史。1776 年，英国国债总额为 1.43 亿英镑，其中四成以上为荷兰所持有，除了利用殖民地的资源外，国债体制更可以使英国能够利用别人的钱过日子，使英国的财政能力超出其国民生产总值几十倍。[14] 这表明资产阶级以金融垄断的方式掌握国家，比工业革命、船坚炮利等因素更具决定意义。在这一点上，金融立国的美国的兴起，恰恰给我们提供了又一个更重大、更独特的例子。作为 18 世纪末唯一一个战胜英国的军事干预而实现了独立的殖民地，美国独立战争的成功，除了得益于殖民地人民同仇敌忾，长期、坚决的抵抗，得益于一支艰苦卓绝的民兵军队，得益于法国的无私支持和援助这些因素外，很重要的一条就是，美国甫一独立，美国国父们就远见卓识地以创造主权货币的方式与英镑主宰的金融体制脱钩。在独立战争之前，美国并没有自己的货币，1661 年，马萨诸塞州甚至还宣布采用印第安人的传统货币——贝壳串珠为法定货币，而独立战争开始后的 1774 年，大陆会议就决定发行 2 002 万英镑的信用券作为独立战争资金，这是美国主权货币的起源。独立战争刚刚胜利，新生的美国政府就将信用券与银价挂钩，最终创造了美国主权货币——美元。然而，美国政府让人民接受信用券——随后的美元的原因，从一开始就不是商业和经济上的，而是政治上的，是维护国家主权或美国根本利益意义上的。大陆会议决议这样阐述美国国家货币主权的重要性：“无论何人，只要今后丧失良好品质、拒绝接受信用券甚至对货币流通设置障碍，就应当受到惩罚，并被视为敌视美国并因而成为美国的敌人。应该禁止其从事所有的贸易活动，禁止其与这土地上的居民往来。”[15]

因此，美国独立的成功绝不仅仅是军事上的，历史已经充分证明：美国货币与金融的独立才是它彻底独立和最终崛起的根本原因。但是，独立战争结束后的1791年，美国仿照私有的英格兰银行模式成立了美国第一银行，这个银行的功能在于存放美国政府的资金和税收，以此发行钞票，增加该银行认为恰当的货币供给，这等于把美国国家的货币主权让渡给金融资产阶级，尽管这举措不利于美国普通民众，但它使得美国政府与金融资本家紧密地结合起来，大大增强了美国政府的财力。在这个意义上，甚至连黑格尔也在“历史哲学”中感叹：美国不但能够彻底战胜“老欧洲”，而且终将取老欧洲而代之（America is the country of the future，it is a land of desire for all those who are weary of the historical arsenal of old Europe）。直到今天，美国依然可以利用其国债的发行形成超过其国民生产能力数十倍的财政能力，正是这一“金融立国”传统的延续和高度发展。

与美国相比，明清两朝的中国则提供了完全相反的例子。从明朝中期开始，中国就将自己的金融命脉系于大规模的美洲白银进口，甚至还长期依赖日本的白银开采。清朝中期，以广东公行为核心的清王朝的对外贸易，更大规模地采用英格兰银行的债券和东印度公司的汇票，尽管清王朝在对外贸易上长期处于顺差和盈余方，尽管1820年时，中国国内生产总值占世界总量的32.9%，遥遥领先于美国（1.8%）

和日本（3.0%）[16]，但是，其外贸对英国金融体系的依赖和依附在1830年已经表现得非常深刻。因此，我们完全不能想象，已经被纳入英国金融体系的清朝贸易体系、将大部分广东贸易盈余都存入伦敦资本市场生息的清王朝，能够支持对英国的长期战争。

尽管历史不能假设，但今天看来，截至1830年，在中国广州—印度—英国之间的贸易若不是大规模采用英格兰银行汇票结算，而依然采用白银汇兑系统来结账的话，那么可以设想的起码是，由南洋银信汇兑局和山西票号构成的中国金融网络就会得到发展。同时，如果没有1840年前后西方国家纷纷采用金本位制度，那么大量劣质白银货币就不会如洪水一样冲击中国货币市场，最终导致中国的货币—金融体系迅速瓦解。这就意味着中国由“良币”（纹银）的短缺造成的经济—财政崩溃会被关键性地推迟。如果横跨欧亚大陆的突厥、波斯、蒙古帝国不是在同一个时间崩溃，那么，19世纪50年代之后的中国也许就不会同时在广州、台湾、新疆、西藏几个方向遭遇同英国、日本、俄国等几个国家的战争，自康熙到雍正以来推行的“摊丁入亩”的惠民政策所造成的社会—经济安定局面，也不会因银贵铜贱所导致的货币政策崩溃而一朝瓦解，而没有英国从中国赔款中所获得的金融支持，1874年日本是否敢于就台湾问题向清朝发难，1895年甲午战争中国和日本之间究竟鹿死谁手，恐怕还非常难说。

实际上，即使战争的胜负也带有偶然因素，因为世界上没有常胜将军，也没有永远不败的国家。当强调战争的作用的时候，我们其实也是在强调战争活动中最为鲜明地体现着的偶然性如何转化为必然性的残酷逻辑，即所谓：“国虽大，好战必亡；天下虽安，忘战必危。”“兵者，国之大事，死生之地，存亡之道，不可不察也。”离开了战争，我们非但不能理解“漫长而残酷的19世纪”，而且，也不能深刻地理解历史偶然性究竟是以何种方式转化为必然性的。

因而，所谓历史的“耦合现象”就是指上述这些原本看起来独立发展、彼此无关的事件和现象，在19世纪的最后20年开始了剧烈的互相影响，并最终迎头相撞，在一个时间段和一个空间点上碰在了一起，而这首先是指1840年的广州。鸦片战争一役，300年的“利点”仿佛一下子集中于英国，清王朝则由于处于“多重不利”的战略局势之中，捉襟见肘，四面楚歌。然而，即使这个时期，中国尚无崩溃之理，清朝亦无速亡之虞，因为那时西方的势力还主要局限于中国的南方，在欧洲人眼里，中国还是一头“睡狮”。只有在1895年中日甲午战争爆发之后，中国政治、军事的核心地区北方（辽东半岛、山东半岛）才沦为瓜分的对象，瓜分豆剖，于是接踵而至；或者说，只有当作为统治中心的北方紧随作为腹地的西部轰然倒下的时候，这个领有2200万平方千米版图的大帝国，才一朝之间呼啦啦似大厦倾。严格地说，“漫长的16世纪”到了这个时候才算真正结束，而中国亦从此屈辱地进入了“近代”。对中国而言，正是1840年的鸦片战争与1895年的甲午战争，方才分别从南北两端将中国推入了“漫长的19世纪”。它再次提醒我们，西部与北方乃中国之命脉和生门，是山穷水尽后尚能支持的“后院”，西部北方危，则大势将去，天下大觳矣！

正如安东尼·吉登斯在《现代性的后果》这部言简意赅的杰作中所指出的，现代性并不是一个产生于欧洲的事先设计好了的方案，恰恰相反，即使对欧洲而言，现代性和现代世界同样也是一个“出乎意料的结果”。正因如此，作为“现代性的后果”，欧洲连同整个世界才都被抛入了一个变动不居、充满风险和不确定因素的现代世界中。他还说，“现代性”之所以是一个独特现象，就是因为它不是任何一种历史传统的延续，而是与人类所有文明传统的大断裂，更是欧洲传统自身的大断裂。因此，吉登斯反对从形而上学的角度将现代性理解为欧洲独特传统的必然发展：

> 为什么现代性的断裂特性并未受到完全重视呢？原因之一就是长久以来存在着进化论的影响——把人类历史看作有一个总的发展方向，并受着某种具有普遍性的原动力的原则支配的过程，进化论的确表述了这种“宏大叙事”，尽管它不一定属于受宇宙目的论影响的理论。根据进化论的观点，人们可以按照一条“故事主线”来描述历史，这条主线把杂乱无章的人类事件归化在一幅井然有序的图画之中：历史以弱小孤立的“狩猎采集文化”为开端，经历了作物种植与畜牧业社区的发展，从那里产生了农业国家，最后以西方出现现代社会达到顶点。
>
> 历史实际上并不具有进化论概念所创造的“总体性”形式——解构进化论，意味着不能把历史看作一个统一体，或者不认为它体现了某种组织变革的唯一原则。但这样做并不意味着世界万物都处在某种矛盾和混乱之中，或者人们可以任意书写完全特异的“历史”。[17]

正因如此，吉登斯指出，我们既不能把现代性与现代世界的产生归结为英国的工业革命和随后的工业化进程，不能将其归结为以金融控制为最鲜明表征的“象征系统”的发展，也不能将其归结为民族国家所代表的“监控机制”的不断发达，甚至也不能将其归结为欧洲军事技术的长期领先造成的霸权强制。总之，不能归之于其中的任何一个及其“决定性作用”。故而，吉登斯力图用“工业主义—象征系统—监控系统—军事技术”这四大因素构成的交互作用的“矛盾关系网络”来复杂地观察现代世界的发生及其结构运动，吉登斯认为，在这个彼此作用的矛盾网络中，没有一个因素是决定性的，但是，它们是“互相决定”的——任何一个因素的变化，都会造成整个结构的整体变迁。

与此同时，吉登斯更把“全球化”当作现代性的另一个重要维度，在他看来，如果没有广泛的世界联系，如果19世纪的欧洲，特别是英国不是处于这种广泛的世界性联系的有利位置，从而可以最大限度地从这种广泛的世界联系中获利，而单靠上述“四大要素”，“漫长的19世纪”也依旧还是不可能成为“欧洲的世纪”。

宫崎市定的论断更值得深思，他说：

> 思考历史是人类的本能，什么人也不能不思考历史而存在。历史的发生并不是历史家的特定权利或义务。然而，在思考历史时，我们不知不觉会设定一个框框，这个框框虽然并没有什么学问的依据，却往往成为定案，不明所以地被视为真理，或想当然地被当作公理；似乎再也没有必要去证明其中的真实。事实上，它如果真是公理的话，必然会自我宣告本身是一个假设，而不会使人以为只此一家，不必再思考。
>
> 另一方面，因为历史对象无限地延伸至过去，覆盖整个地球，研究题目又无数之多，所以，被称为历史家的人可以在这个框框内安心埋头追求细微的因果关系，而无法对成为框框的范围本身做出反省。不过，历史家的真正任务，或许应该是探讨支配世人

历史意识的各种各样的框框，而其中交通就是公认的一种。[18]

通过将世界史理解为世界交通史，宫崎市定打破了现代文明在欧洲起源的“思维框框”，并提出了现代文明在东亚起源，而在欧洲开花、结果，并在世界范围内壮大的新文明观：

> 交通在历史上的意义，本来就不止于把东洋和西洋结合。交通并不是一种仪礼，把两种东西生硬地绑在一起，而是好像两个皮带连接在一起的齿轮，一边转动而另一边也会同时转动。把世界人类看成有机生物，可能更为适当也未可知。这个生物在世界上到处都扎根，在一处吸收到的养分，立刻又循环到别的部分。在东洋吸收的营养，在欧洲结集，成为工业革命和政治革命的动力。用长远的历史眼光去看，这个营养再次成为新的活力，向世界重新分配的日子当会再来。[19]

正如宫崎市定所说，当今世界面临着更为公正、合理地分配人类文明发展成就的使命，然而，这种公正、合理的分配从来就不是一种自然而然的自动行为，因为资本主义以军事暴力和金融垄断的方式，将人类所有的剩余价值牢牢掌握在发达国家手中，而同时却将发展和增长的代价留给了整个世界。19 世纪以来的资本主义发展，破坏的恰恰是一个和谐、自然的世界秩序，造成的则是一个金融和武力垄断的霸权体制，并反过来把这个霸权当作创造现代世界的唯一动力。

那么，我们究竟该怎样去认识“漫长的 19 世纪”呢？

这首先要求我们摆脱欧洲形而上学的知识论基础，去重新认识中国世界观中所包纳的关于宇宙和人类发生的智慧。在本书的上篇中，我们曾引证过明史专家牟复礼的见解，通过分析“易”的宇宙观对中国文明的漫长影响，李约瑟和牟复礼都曾有力地揭示了中国“没有主宰却和谐有序”的世界观的先进性。他们指出，与其他宇宙观和社会观不同，中国文明将宇宙和人类社会历史理解为在相互矛盾中“本然自生”的有机体运动，也就是说，世界不是“救世主”“造物主”的创造，而是在物质空间（五行）与时间（四季）的矛盾运动（阴阳）转换中宇宙和人类历史的运动。与之不同，包括欧洲在内的世界其他文明，则总是把宇宙和人类社会视为“造物主”的产物，因此，它们总是需要逻各斯、主神、“精神”或者“第一因”，因为只有通过这种第一因和“唯一因”，才能解释宇宙和人类社会历史运动。

在这个意义上，毛泽东关于“矛盾论”的思想，正是对“没有主宰却和谐有序”的中国宇宙观的发展。毛泽东说：“形而上学的宇宙观是非历史的，它把世界一切事物……都看成是永远彼此孤立和永远不变化的。如果说有变化，也只是数量的增减和场所的变更。而这种增减和变更的原因，不在事物的内部而在事物的外部，即由于外力的推动。和形而上学的宇宙观相反，唯物辩证法的宇宙观主张：任何事物的内部都有这种矛盾性，因此引起事物的发展。事物内部的这种矛盾性是事物发展的根本原因，一事物和它事物的互相联系和互相影响则是事物发展的第二位的原因。”“内因是变化的根据，外因是变化的条件。”所谓矛盾的同一性，是指彼此矛盾着的存在把事物联系起来；所谓矛盾的决定作用，是指矛盾着的事物之间的彼此互相决定，而不是指唯一的一种矛盾关系的决定作用；因而，矛盾的特殊性是指在某个特殊的历史时刻，某一种矛盾关系的变化会导致矛盾着的事物在整体上发生变化。

中国历史的发展只能通过内外矛盾的解决实现："原来矛盾着的各方面，不能孤立地存在。假如没有和它作对的矛盾的一方，它自己这一方面就失去了存在的条件。……没有顺利，无所谓困难；没有困难，也无所谓顺利。……没有无产阶级，就没有资产阶级。……没有殖民地和半殖民地，也就没有帝国主义的民族压迫。"[20]"没有压迫就没有反抗"。魏斐德说："这意味着，没有意志，无所谓历史，而没有历史，也就完全没有意志。"

"一切已死的传统，像梦魔一样缠绕着活人的头脑"，马克思的这句话，仿佛就是那些力图支配我们的旧世界知识霸权的控诉。正是根据这种"过去"的或者"死人"的知识，根据这种陈旧的知识和对"知识"的庸俗理解——"理性"仅仅被理解为"计算""算计"和操作，所谓"合理的知识"也就是现实的，能带来收益、利益和利润的知识。个人主义、功利主义和实证主义成为主宰知识世界的意识形态，显然，这种所谓的"知识"，这种对"知识"的理解，首先是对中国悠久的知识传统的巨大讽刺，因为在漫长的古代中国，知识意味着对存在的秩序（道）的谦虚聆听，"求知"也就是"求道"，或者说"求知"就是"追求真理"。"朝闻道夕死可矣"，为了追求真理和"大道"而不惜牺牲生命，就是历代中国仁人志士的"知识观"。

这种"死人"的知识和对知识的庸俗理解一直标榜自己是"现代的知识"，但是，它绝非"现代"的。众所周知，正是在现代知识的视野里，"实践"优于"理论"，而所谓"知性"不过是从属于意志的手段和表象而已。马克思《关于费尔巴哈的提纲》中的一句格言表明了现代知识的基本态度："哲学家们只是用不同的方式解释世界，而问题在于改变世界"。这意味着所谓的"知识"就是指否定和改造现存秩序的方式，而不是对现实存秩序的理解、适应甚至认同。

这就是马克思为什么仿佛是接续着康德的论述叙说道：在人类的认识过程中，“他不仅使自然物发生形式的变化，同时他还在自然物中实现自己的目的，这个目的是他知道的，是作为规律决定着他的活动的方式和方法的，他必须使他的意志服从这个目的”。对一切康德的熟练读者来说，这句话当然一点儿都不陌生，因为正是康德提出：所谓认识的过程，就是对现存和现实秩序进行否定与改造的实践过程，好比用木头加工椅子一样，椅子来源于木头，但制作椅子的过程是对木头的生命体的否定和改造，而我们在用木头造椅子之前，“已经在头脑中把它建成了”。

那么，究竟什么是知识？一个最简明的回答就是：第一，追求知识就是追求真理，但真理不等于实证的知识，因为真理根植于民众之中，真理是合目的性的知识，即所谓“大学之道在明明德，在亲民，在止于至善”。第二，知识是改造和变革现存世界的方式。这就是人类的知识传统和现代知识的真谛。毋庸讳言，这种对知识的理解，如同大同世界的理想一样不可逆转地衰老了，古往今来的圣贤也仿佛在一瞬间统统离我们远去了，我们似乎真的进入了“大知不如小知”的时代。

59 年前的 1949 年，毛泽东曾经这样说过：

> 我们有一个共同的感觉，就是我们的工作将写在人类的历史上，它将表明：占人类总数四分之一的中国人从此站起来了。我们正在做我们的前人从来没有做过的极其光荣而伟大的事业，……我们的事业是正义的，正义的事业是世界上任何一种力量也不能

阻挡的。我们的目的一定要达到，我们的目的一定能够达到。[21]

务必使同志们继续地保持谦虚、谨慎、不骄、不躁的作风，务必使同志们继续地保持艰苦奋斗的作风。我们有批评和自我批评这个马克思列宁主义的武器。我们能够去掉不良作风，保持优良作风。我们能够学会我们原来不懂的东西。我们不但善于破坏一个旧世界，我们还将善于建设一个新世界。[22]

今天，我们或许应该思考：毛泽东当时为什么会用一个行动、一种“行动描述”，即用“中国人民站起来了”来宣告一个新世界的诞生？他的这种描述与我们今天对知识的态度有什么关系？

我们之所以很少思考这样的问题，或许是因为我们很少真正去考虑究竟什么才是“行动”。什么是行动？康德说：“行动，就是指通过否定现存秩序的方法改造现实世界。”康德这里所说的“行动”，其实也就是毛泽东所说的“革命”。在这个意义上，中国革命就是康德那个意义上的、真正的“行动”。正是这种“行动”告诉我们，人们在现实世界、现存秩序面前不是无能为力的，相反，批判和否定现存秩序的“行动”，对人类进步、知识进步而言具有根本性的意义，这甚至也就是康德所理解的“现代知识”的核心，因而也是“启蒙”的核心。众所周知，正是康德把“启蒙”首先理解为“通过否定现存秩序的方式改造现实世界”的“勇敢行动”，在这个意义上，“知识就是改造现实世界的行动”。

在毛泽东那里（正如在康德和马克思那里一样），“世界”并非需要我们去屈服、臣服、理解和认同的“表象”，而是我们必须去努力改造、创造的“对象”。为了使世界成为我们改造的“对象”，首先就需要我们进行自我改造或者“自律”。什么是自律？所谓“自律”，就是康德所说的“意志”。什么是意志？康德说：“所谓意志，就是为了使与‘表象’相对应的‘对象’能够产生而进行自我规定的能力。”这也就是毛泽东为什么要反复强调的革命者的自律和意志，这就是他为什么要强调“务必使同志们继续保持艰苦奋斗的作风，务必使同志们继续地保持谦虚、谨慎、不骄、不躁的作风”。因为意志是知的动力，而知性不过是意志的工具，只有“意志”才能够使世界成为我们认识和改造的“对象”，离开了意志，世界不过就是表象。这就是马克思所说的“人敢于面对的，从来只限于他自己所能解决的课题”，也就是马尔罗所说的“人不会通过增加知识洞悉自己，只有在他面对自己所提出的课题时，他才能够发现自己”。

众所周知，所谓“知识的现代基础”完全立足于如下判断——世界不是上帝创造的，它因而不是命定的，不是给赐的，而是我们自己创造的，人们创造世界的知识方式就是通过“批判”，而所谓“批判”，也就是以否定现存秩序的方式去不断改造世界：

> 咳！我们知道了！我们觉醒了！天下者我们的天下，国家者我们的国家，社会者我们的社会。我们不说，谁说？我们不干，谁干？刻不容缓的民众的大联合。我们应该积极进行！[23]

青年毛泽东这些脍炙人口的话，一举道出了康德艰深晦涩的“三大批判”的精髓，正如“是谁创造了人类世界，是我们劳动群众”，它激越的旋律中也同样闪烁着康德哲学思辨的幽灵。这再次说明：我们称之为共产主义和社会主义的东西，不是一种教条，不是一种单纯的理想，更不是任何一种意识形态，因为它脱胎于一种最高级的知识，它来自“真理”和“真知”。

人类的“必死性”决定了“人类创造的世界”不可能像上帝的造物那样是“永恒的”，也正是这一点，才使得黑格尔去诉诸“历史”——诉诸人类改造世界的生生不息的活动的永恒延续。只不过，黑格尔所诉诸的“历史”仅仅是欧洲市民社会的历史，他所说的“意志”也不过是市民个人的“欲望的不满足性”罢了。

毛泽东也多次论述过死亡，像黑格尔一样，他也诉诸历史，但是，他所说的历史是被压迫人民求解放的革命的历史：

> 人总是要死的，但死的意义有不同。中国古时候有个文学家叫作司马迁的说过：“人固有一死，或重于泰山，或轻于鸿毛。”为人民利益而死，就比泰山还重……
>
> 我们的同志在困难的时候，要看到成绩，要看到光明，要提高我们的勇气。中国人民正在受难，我们有责任解救他们，我们要努力奋斗。要奋斗就会有牺牲，死人的事是经常发生的。但是我们想到人民的利益，想到大多数人民的痛苦，我们为人民而死，就是死得其所。[24]

今天看来，正是这种透辟的哲学，才能使得我们去深刻、冷静地观察那个 19 世纪的旧世界，而只有认识到现代世界的产生不能委之于上帝、理念、逻各斯和任何“第一因”“唯一因”，我们才能真正解放思想，摆脱各种形而上学的历史神秘主义解释，从而不懈地把对资本主义旧世界的深刻批判转化为对一个新世界的热情创造和热烈想象中去，把对一个复杂世界的客观认识转化到改造这个世界的奋斗精神之中。

它让我们再次想起康有为对孔子理想的解读：持续的改革与革

命，是阻止人类世界衰老和退化的唯一方式，离开了千百万被压迫者反抗不公正世界的意志——革命和改革的“意志”，康德所说的“历史进步”就是不可能的，正如离开了对“大同”与“太平世界”理想愿景的追求，小康的升平世界非但不能保持，而终将沦为“据乱世”一样。

于是，我们仿佛再一次听到——在这个漫长的历史深处，响起了青年毛泽东悲怆而激越的呼唤，正是这一呼唤告诫我们，历史并非宿命，它取决于我们改造世界、改造自我和创造历史的意志与奋斗，更取决于我们对旧世界的组织结构的透彻了解，这种分析和了解可以帮助我们去改造旧世界。青年毛泽东这样说：

> 夫以五千之卒，敌十万之军；策疲乏之兵，当新羁之马。如此而欲图存，非奋斗不可。[25]

这并非历史，而是当下中国在世界上的真实处境的写照。

被黑格尔视为世界历史终结者的拿破仑的名言是：不要唤醒中国。

马克思幽默地说：当世界安静下来的时候，中国和桌子却跳起舞来。

500年来，西方以为自己终结了历史，但人类历史将证明，他们做成的唯一一件伟大的事情就是：唤醒了中国。

第三版序言

1. 黑格尔:《精神现象学》,上卷,贺麟、王玖兴译,商务印书馆,1996 年,第 33 页。

2. 钱基博:《近百年湖南学风》,中国人民大学出版社,2004 年,第 41—42 页。

3. 蔡昉、林毅夫:《中国经济》,中国财政经济出版社,2003 年,第 9 页。

4. 以千年为单位对世界 GDP 进行研究的开拓者,主要是年鉴史学派的保罗·贝洛赫和麦迪森。他们依据的主要指标是生产、收入和支出。贝洛赫认为,按 1960 年的美元价格计算,1800 年英国人均国民收入为 324 美元,中国为 228 美元,1800 年中国 GDP 在世界经济总量中所占比重高达 44%,1840 年仍高达 37%。他的估算为布罗代尔所接受。根据麦迪森的估计,公元元年中国 GDP 在世界经济总量中所占比重为 26.2%,1500 年占 25%,1600 年占 29.2%,1820 年占 32.9%;按 1990 年的美元不变价格计算,中国人均 GDP 在 1300—1820 年为 600 美元,无论总量和人均 GDP 都领先于世界。

5. 范春燕:《近年来西方左翼学者关于中国特色社会主义的争论及其启示》,《国外理论动态》,2011 年,第 7 期。

6. 魏源:《军储篇一》,见《圣武记》,岳麓书社,2011 年,第 573 页。

7. 康有为:《钱币疏》,见《康有为全集》第一集,中国人民大学出版社,2007年,第173页。

8. 王安石:《上仁宗皇帝言事书》,见《王文公文集》,上海人民出版社,1974年。

9. 叶适:《叶适集》,第三卷,中华书局,1971年,第808页。

10. 苏东坡的《论养士》说治理者之历代沿革:战国至秦出于客(卿)。汉以后,出于郡县吏。魏、晋以来,出于九品中正。隋、唐至今,出于科举。实际事务,则归于“九品之下”的“流外”,即胥吏。

11. 蒋中正:《中国之命运》,文华出版社,1945年,第21页。

12. 梁启超:《王安石传》,东方出版社,2009年,第74页。

13. 钱基博:《近百年湖南学风》,中国人民大学出版社,2004年,第12—13页。

第二版序言

1. 马克思:《〈资本论〉· 第一版序言》,见《马克思恩格斯文集》第5卷,人民出版社,2009年,第7—8页。

2. 毛泽东:《实践论》,见《毛泽东选集》第一卷,人民出版社,1991年,第292页。

3. 宫崎市定:《宋代的煤与铁》,见《宫崎市定论文选集》,中国科学院历史研究所翻译组编译,商务印书馆,1963年,第192页。

4. 毛泽东:《愚公移山》,见《毛泽东选集》第三卷,人民出版社,1991年,第1102页。

第一版序言

1. 钱穆:《国史大纲(修订本)》,上册,商务印书馆,2009年,第15—16页。

2. 黄仁宇:《资本主义与二十一世纪》,三联书店,1997年,第454页。

3. “与民争利”一说源自董仲舒,武帝时贵族、豪族冶铁铸钱,危及国家铸币和税收,成汉之大害,故武帝以国家错(铸)币之法纠正之,豪族、贵族因之以“与民争利”诽谤武帝。王利器指出:“他(董仲舒)之所谓民,并不是一般的老百姓,而是指的豪门贵族和富商大贾,本书《禁耕》篇所谓‘夫权利之处,必在深山穷泽之中,非豪民不能通其利’,《复古》篇所谓‘往者豪强大家,得管山海之利，采铁石鼓铸，煮海为盐'，正好说明董仲舒扮演的'为民请命'这出剧是怎么一回事了。”王利器：《盐铁论校注》，上，中华书局，1992年，第8—9页。

4. 王亚南：《中国官僚政治研究》，中国社会科学出版社，1981年，第78页。

上 篇 “漫长的16世纪”

导 语

1. 黄仁宇：《资本主义与二十一世纪》，三联书店，1997年，第462页。

2. 第二次世界大战之后的情况又有所不同，它主要表现为“世界资本主义体系”被一套规则（如世界贸易组织、国际货币基金组织、发达国家集团及其财长会议、知识产权协议）支配，而这些规则的制定归根到底是由美国的军事霸权保证，并围绕着美国的债务体系而运行的。

3. 按照布罗代尔的研究，1550—1570年也是现代意义上的银行家在地中海热那亚地区产生的时期，它标志着现代资本主义体制的滥觞。

第一节 “无发展的增长”与“科学发展”

1.《清史稿》，第二册，中华书局，1976年，第278页。

2. 晋商开辟的商路大致是：经洛阳过黄河入太行，再经晋城、长治、太原，出雁门关至大同。由大同分两路：一路西出杀虎口，过包头，至甘肃，经新疆哈密、伊犁出境；另一路东出张家口，至库伦，在恰克图完成交易后，货运莫斯科。山西商人因此主要由西口商、东口商、对俄贸易商三类组成。

3. 关于山西在世界史上的地位和意义，论述精到者如宫崎市定有如下洞见：中国铁工业在唐末发生了可以称为“燃料革命”的事件，即煤炭使用的普遍化，并把煤炭用于炼铁。高热的发生及其操作的成功，使宋代文化发达起来，使远东在世界上占据优越地位。于是，既有煤又有铁的山西省的冶炼事业就和世界史发生了联系。五代时的后唐、后晋、后汉这三个朝代之所以能够以并州（晋阳）为根据地而崛起，我想就是因为背后有炼铁业。并州以北，云州大同附近也产铁和煤。占领这个地方的辽国以及继辽而起的蒙古之向西发展，受蒙古逼迫的突厥族之向西迁徙，这一系列的历史事件都说明东方铁制武器的优越地位。见宫崎市定：《宫崎市定论文选集》，上卷，中国科学院历史研究所翻译组编译，商务印书馆，1963 年，第 211—212 页。

4.《长治市志资料》，长治市地方志编纂办公室编印，1984 年，第 146 页。

5. 明太祖对前朝的分封和兵镇制度加以改革继承，分封诸子为王，镇兵边关，诸王的政治权力被削弱，原则上不得过问地方民政，但拥有 3 000~20 000 人的卫护兵，军事权力得以加强，这样，亲王事实上就成为皇帝在地方的军事代表，并起着监视各地驻军、拱卫朝廷的作用。见陈梧桐、彭勇：《明史十讲》，上海古籍出版社，2007 年，第 23 页、第 41 页。

6. 江统“徙戎”之策，核心是夺取胡人耕地，将其由农耕驱逐回游牧，此策足以陷胡人于饥饿，而导致其反乱掠夺。他说：“今我迁之，传食而至，附其种族，自使相赡，而秦地之人得其半谷。此为济行者以廪粮，遗居者以积仓，宽关中之逼，去盗贼之原，除旦夕之损，建终年之益。”

7. 宫崎市定：《中国村制的成立：古代帝国崩坏的一面》，见《宫崎市定论文选集》上卷，中国科学院历史研究所翻译组编译，商务印书馆，1963 年。

8. 魏源：《圣武记》，岳麓书社，2011 年，第 4 页。

9. 毛泽东与刘少奇的相关争论，参见杜润生：《杜润生自述：中国农村体制改革重大决策纪实》，人民出版社，2005 年，第 27—28 页。其中说道：“刘少奇那时的设想是先国家工业化，后农业集体化。”“而毛主席认为资本主义发展初期有过一个手工业工场阶段，即通过改变所有制，依靠分工、合作形成新的生产力。难道我们就不能把农民组织到合作社，依靠分工协作、统一经营，来提高生产力，动摇私有制？”

10. 陈翰笙：《帝国主义工业资本与中国农民》，见《陈翰笙集》，中国社会科学出版社，2001 年。

11. 伊莎白 · 柯鲁克、大卫 · 柯鲁克：《十里店：中国一个村庄的革命》，龚厚军译，上海人民出版社，2007 年。

12. 杜赞奇：《文化、权力与国家：1900—1942 年的华北农村》，王福明译，江苏人民出版社，1994 年，第 41 页。

13. 戴建兵：《金钱与战争：抗战时期的货币》，广西师范大学出版社，1995 年，第 202 页。

14. 黄仁宇:《黄河青山：黄仁宇回忆录》，见《黄仁宇全集》第十四册，九州出版社，2007 年，第 226 页。

15. 毛泽东:《在郑州会议上的讲话》，见《毛泽东文集》第八卷，人民出版社，1999 年，第 11 页。

16. 威廉·韩丁:《大逆转》，转印自 Ben Mah（马耀邦:《中美关系：透视大国隐形战争》，当代中国出版社，2008 年，第 164 页）。

17. 王加丰等:《强国之鉴》，人民出版社，2007 年，第 19 页。

18. 贡德·弗兰克:《白银资本》，刘北成译，中央编译出版社，2000 年，第 7 页。

19. 费尔南·布罗代尔:《菲利普二世时代的地中海和地中海世界》，上卷，唐家龙、曾培耿译，商务印书馆，1998 年，第 736 页。

20. 乔万尼·阿瑞吉:《亚当·斯密在北京：21 世纪的谱系》，路爱国、黄平等译，社会科学文献出版社，2009 年，第 65 页。

21. A.G. Frank: *No Civilization/s:Unity and Continuity in Diversity; or, Multilateral and Entropic Paradigms for the World Today and Tomorrow*, Positions, Fall, 2007: 226.

22. 胡锦涛:《在全党深入学习实践科学发展观活动动员大会暨省部级主要领导干部专题研讨班上的讲话》(2008 年 9 月 19 日)，见《改革开放三十年重要文献选编》，中央文献出版社，2008 年，第 1815 页。

23. 杰瑞米·里夫金:《氢经济》，海南出版社，2003 年，第 129 页。

24. 1973 年，时任纽约对外关系理事会主席和大通曼哈顿银行行长的戴维·洛克菲勒主持成立的以北美、欧洲和日本为支柱的三边私人智库，目的是加强美国对世界的控制力，首任主任为布热津斯基，重要成员包括格林斯潘、保罗·沃克尔和后来成为美国总统的吉米·卡特。

25. 托马斯·弗里德曼:《世界是平的：21 世纪简史》，何帆等译，湖南科学技术出版社，2008 年，第 17 页。

26. 保罗·沃克尔 1979 年就任美国联邦储备系统主席以来，全面采用了米尔顿·弗里德曼的货币理论，其手段是大规模提高美元利率，以阻止美元贬值，其直接结果有三：一是高利率吸引了大量外国投资者购买美国国债，使美国上层阶级获利；二是高利率导致美国工业成本上升，产业凋敝；三是高利率导致拉丁美洲和第三世界国家因无法偿还美元债务而陷入危机和破产。

27. 浦山，曾用名浦寿山，1923 年 11 月 27 日出生于北京，江苏无锡人，浦氏兄妹中产生了浦寿昌（中华人民共和国外交部副部长）、浦安修、浦熙修、浦洁修等杰出人物。浦山 1943 年赴美留学，1949 年以《论技术进步对就业的影响》获得哈佛大学经济学博士学位，导师为熊彼特。浦山于 1945 年加入美国共产党，1949 年回国后，历任周恩来总理英文秘书、中国社会科学院研究生院院长、中国社会科学院世界政治与经济研究所所长等职，是我国经济学学科的奠基人。浦山于 2003 年在北京逝世，关于他的成就，可参见他的好友、诺贝尔奖得主劳伦斯 · R. 克莱因的《浦山的学术思想》和他的学生余永定的《怀念敬爱的浦山先生》，两文均收入《浦山集》，中国社会科学出版社，2005 年。

28.“漫长的 16 世纪”的历史告诉我们：分工扩大造成的收入和需求下降，交换扩大造成的利润下降，必然限制资本积累和市场的无限扩张。自“漫长的 19 世纪”以来，推动市场不断扩张的力量是军事和金融的扩张，而非市场这只“看不见的手”。

29. 埃尔马 · 阿尔瓦特：《发展历程中的障碍》，见《全球化与世界体系》下卷，弗朗西斯科 · 洛佩斯 · 塞格雷拉主编，白凤森等译，社会科学文献出版社，2003 年，第 387—388 页。

30. 斯坦利 · L. 布鲁，兰迪 · R. 格兰特：《经济思想史》，邸晓燕译，北京大学出版社，2008 年，第 295 页。

31. 萨米尔 · 阿明：《不平等的发展》，高铦译，商务印书馆，2000 年，第 72 页。

32. 彭慕兰：《腹地的构建：华北内地的国家、社会和经济（1853—1937）》，马俊亚译，社会科学文献出版社，2005 年，第 20 页。

33. 苏舆：《春秋繁露义证》，中华书局，1992 年，第 259—260 页。

34. 1930 年，国民党政府曾力图结束混乱的“多币制”，废除银两而发行国家银元，掌握国家货币主权，更于 1935 年与英国、美国达成协议，通过向英国借款并以使法定货币与英镑挂钩的方式完成国家财政货币统一，但也正是此举导致日本干涉，成为促发“九一八”事变的导火索。

35. Kaoru Sugihara: *Japan, China, and the Growth of the Asian International*

Economy, *1850—1949*, Oxford University Press, 2005: 60.

36. Raffi Khatchadourian: The Stolen Forests, *The New Yorker*, October 6, 2008.

37. 马耀邦：《中美关系：透视大国隐形战争》，当代中国出版社，2008 年，第 20 页。

38. 见钱基博：《近百年湖南学风》，中国人民大学出版社，2004 年，第 73 页。

39. 欧文 · 拉铁摩尔：《中国的亚洲内陆边疆》，唐晓峰译，江苏人民出版社，2005 年，第 194—195 页。

40. 袁纯清：《以转型发展为主线，再造一个新山西》，《求是》，2010 年，第 19 期。袁纯清：《努力走出资源型地区社会管理的新路子》，《求是》，2011 年，第 7 期。

第二节　历史与迷信

1. 费尔南 · 布罗代尔：《15 至 18 世纪的物质文明、经济和资本主义》，第二卷，顾良译，施康强校，三联书店，1997 年，第 645—646 页。

2. 康有为：《上清帝第一书》，见《康有为全集》第一集，中国人民大学出版社，2007 年，第 180 页。

3.《商君书》，石磊译注，中华书局，2009 年，第 38—39 页。

4. 宫崎市定：《东洋的近世》，见《日本学者研究中国史论著选译》第一卷，中华书局，1992 年，第 238 页。

5. 杰里 · 本特利等：《简明新全球史》，魏凤蓬译，北京大学出版社，2009 年，第 358 页。

6. 宫崎市定：《宫崎市定论文选集》，下卷，中国科学院历史研究所翻译组编译，商务印书馆，1965 年，第 192—193 页。

7. 王加丰等：《强国之鉴》，人民出版社，2007 年，第 24—25 页。

8. 宫崎市定：《东洋的近世》，见《日本学者研究中国史论著选译》第一卷，刘俊文主编，中华书局，1992 年，第 238 页。

9. 彭慕兰：《大分流：欧洲、中国及现代世界经济的发展》，史建云译，江苏人民出版社，2003 年，第 174 页。

10. 在《资本论》第一卷中，马克思通过将劳动力等同于一种特殊商品，试图描述资本家如何通过占有劳动力商品交换的“剩余”完成资本积累，这意味着马克思认为资本积累来自市场交换（只不过交换的是劳动力这种特殊商品）。

11. 马克思：《资本论》第一卷，中央编译局译，人民出版社，1975 年，第 493 页。

12. 乔万尼·阿瑞吉、贝弗里·J. 西尔弗等：《现代世界体系的混沌与治理》，三联书店，2003 年，第 288 页。

13. 乔万尼·阿瑞吉说：“布罗代尔是如此的兼容并包，以至他有数不清的不完整的理论。当你阅读布罗代尔时，你一定要清楚地知道你想要什么，想从他那里选取什么。”《资本的蜿蜒之路》，《外国理论动态》，2009 年第 8 期。

14. Mark Elvin: *The Pattern of the Chinese Past*, Stanford University Press，1973: 312.

15. 一个跨文化互动的时代是由中亚游牧民族推动的，其建立的时间为 1000—1500 年之间。这个时代与此前时代的最大不同是：游牧民族把彼此孤立的定居文明联系起来。游牧的突厥和蒙古人横扫定居社会，在从中国到东欧的庞大区域内建立了跨地区的帝国，也为加强不同社会和不同文化区域之间的贸易与交流奠定了政治基础。参见：杰里·本特利等：《简明新全球史》，魏凤莲译，北京大学出版社，2009 年，第 300 页。

16.《元典章》卷四三《刑部五》，延祐五年（1318）二月，监察御史刘世杰呈，光绪年间日本刻本。

17. 蒙古人促成了欧亚一体化，通过建立由许多驿站构成的通信网络，大大促进了贸易、外交和传教活动的开展。其中著名的包括中国派往西方的使节——拉班·扫马，他是出生于元大都的景教徒，曾作为波斯伊儿汗国的代表访问意大利和法兰西。同时，帝国还召集了大量能工巧匠为蒙古服务，巴黎的金匠圭劳姆·布彻仅是其中之一。蒙古国家的主要管理者是畏兀儿人，税收的主要管理者是阿拉伯和波斯的穆斯林，如阿合马、桑哥。

18. 元代最值得一书的是纸币（交钞）制度的确立。因为蒙古所建立的是横跨欧亚的大帝国，在这个大帝国中出现了前所未有的通商局面，所以更加便利的结算手段成为必要。纸币有使用和携带方便的特征，中统元年（1260），忽必烈发行中统元宝交钞，两贯交钞等于白银一两，全国流通，官府课税差役都用交钞，由于准备金充足，交钞制度的推行比较成功，故有“公私蒙利五十年”之说。同时，元代对于海洋十分重视，忽必烈至元九年至三十年期间，曾多次派亦黑迭儿出使南洋，主要至马八儿国、俱兰国等。参见朱耀廷、赵连稳：《元世祖忽必烈传》，北京大学出版社，2009 年，第 255 页。

19.《元史》是明洪武年间（1368—1398）编订的，成书不久就遭到解缙等人的批评，顾炎武、朱彝尊也对《元史》有很多的诟病。故处在“海国”和帝国主义的“海洋战争”时代的魏源于清咸丰年间（1851—1861）重修《元史新编》。魏源高度肯定了元代在中国历史和世界历史上的地位，他说，如果把少数民族统一华夏的时期删去，中国历史上真正统一的时间就只剩下 600 余年，他这样肯定元代说：“臣源于修《海国图志》之时，知元代西域远徼，皆西北接鄂罗斯，西南连五印度，与今西洋夷接壤。自国朝以前，疆域未有廓于元者。而史书之芜蔓疏陋，亦未有甚于元者。”参见夏剑钦：《魏源传》，岳麓书社，2006 年，第 234 页。

20. 余大均译注：《蒙古秘史》，河北人民出版社，2001 年，第 4 页。伯希和是杰出的东方语言学家，是欧洲“东方学”的开创者和奠基人，但在中国，他更以盗窃敦煌文书著称。

21. 滨下武志：《中国、东亚与全球经济：区域和历史的视角》，王玉茹、张纬译，社会科学文献出版社，2009 年，第 52 页。

22. 卡尔·施密特：《陆地与海洋：古今之“法”变》，林国基、周敏译，华东师范大学出版社，2006 年，第 78—79 页。

23. 朱学渊：《匈牙利人与女真人同源》，台北《历史月刊》，2003 年 6 月。

24. Kenneth Minogue: *Politics*: *A very short Introduction*, Oxford University Press, 1995.

25. 罗伯特·B. 马克斯：《现代世界的起源：全球的、生态的述说》，夏继果译，商务印书馆，2006 年，第 118 页。

26. 费尔南·布罗代尔：《15 至 18 世纪的物质文明、经济和资本主义》，第二卷，顾良译，施康强校，三联书店，1997 年，第 672 页。

27. 同上，第 631 页。

28. 在 1500 年之后的欧洲，高利贷法只是限定了贷款的最高利息率，而不禁止高利贷，连斯密也赞成当时英国的高利贷法，它将最高利息限定在 5%。见斯

坦利 · L. 布鲁，兰迪 · R. 格兰特：《经济思想史》，北京大学出版社，2008 年，第 101 页。

29. 马克斯 · 韦伯：《韦伯作品集》，第五卷，广西师范大学出版社，2004 年，第 430 页。

30. 杨联陞：《中国制度史研究》，江苏人民出版社，2007 年，第 159 页。

31. Gavin Menzies: *1421: The Year China Discovered America*. 中文译本为加文 · 孟席斯：《1421：中国发现世界》，师研群译，京华出版社，2005 年。

32. 丹尼尔 · J. 布尔斯廷：《发现者》，吕佩英译，上海译文出版社，1995 年，第 164 页。

33. 加文 · 孟席斯 15 岁加入英国皇家海军，17 岁随舰队环航世界，1968—1971 年曾指挥英国皇家海军“鲳鲸号”从中国航行至美洲。“业余历史学家”系加文 · 孟席斯的自称，但是，他比任何“专业历史学家”都熟悉海图并具有航海经验这一点，似乎是无疑的。

34. 参见加文 · 孟席斯的《1421：中国发现世界》引言部分。

35. 刘钢：《古地图密码：中国发现世界的谜团玄机》，广西师范大学出版社，2009 年，第 36—37 页。

36. 朱耀廷、赵连稳：《元世祖忽必烈传》，北京大学出版社，2009 年，第 276 页。

37. 杜威：《科学与德莫克拉西》，见《民治主义与现代社会：杜威在华演讲集》，北京大学出版社，2004 年，第 102 页。

38. Harold J. Cook: *Matters of Exchange*: *Commerce*, *Medicine*, *and Science in the Dutch Golden Age*, Yale University Press, New Haven and London, 2007.

39. 宫崎市定：《东洋的近世》，见《日本学者研究中国史论著选译》第一卷，刘俊文主编，中华书局，1992 年，第 234 页。

40. 费尔南 · 布罗代尔：《15 至 18 世纪的物质文明、经济和资本主义》，第二卷，顾良译，施康强校，三联书店，1997 年，第 641—642 页。

41. 最为值得重视的是，韦伯关于中国专制主义的论断影响了现代中国的新儒家和儒家传统维护者，如钱穆认为明代洪武十三年胡惟庸案废相之后，自秦以来皇权与宰相联合治天下的体制从此彻底崩溃，中国遂自明以来进入皇权“一元论专制”的时代，但是，钱穆对于“中国式民主政治”的核心就在于皇权与以宰相为代表的士大夫之间的权力制衡的看法，是很值得怀疑的。中国“多元一体”的政治体制基础，其实来源于上古的两个世系——以黄帝为代表的血缘世系和以尧舜为代表的名分世系，前一个是贵族承继世系，后一个是向平民开放权力的世系。从中国历史来看，权力向平民开放，并不是单指向士大夫开放，而且包括向士农工商，特别是少数民族开放。李世民这种有少数民族血统者、朱元璋这样的贫苦农民之所以可以当皇帝，其合法性就来自尧舜的平民世系。在这个意义上，钱穆等中国儒家本位主义者认为，士为四民之首，凡是不重视“士”的时代，就必然是专制的时代。这与韦伯一样，同样是得出了中国文化为“专制主义”的结论。对认识中国文明而言，这两种意见出发点不同，而结论和实质是相同的。

42. 牟复礼：《中国思想之渊源》，王立刚译，北京大学出版社，2009 年，第 13—16 页。

43. 宫崎市定：《东洋的近世》，见《日本学者研究中国史论著选译》第一卷，刘俊文主编，中华书局，1992 年，第 221—222 页。

44. 黑格尔：《精神现象学》，下卷，贺麟、王玖兴译，商务印书馆，1996 年，第 45 页。

45. 宫崎市定：《宫崎市定论文选集》，上卷，中国科学院历史研究所翻译组编译，商务印书馆，1963 年，第 214—215 页。

46. 卡尔·施密特：《陆地与海洋：古今之“法”变》，林国基、周敏译，华东师范大学出版社，2006 年，第 13 页。

47. 李露晔：《当中国称霸海上》，邱仲麟译，广西师范大学出版社，2004 年，第 93 页。

48. “我国古代的历法不是纯阴历，而是阴阳合历。平年 12 个月，全年共 354 天，月数要少于一个太阳年，故三年要闰一个月，以使历年均长约等于一个太阳年，更重要的是和自然季节调和配合。”参见王力主编：《中国古代文化常识》，世界图书出版公司，2009 年，第 29 页。

49. Gavin Menzies: *1421: The Year China Discovered America*, William Morrow, 2003: 91-92.

50. 李露晔：《当中国称霸海上》，邱仲麟译，广西师范大学出版社，2004 年。

51. 马克斯·韦伯：《韦伯作品集》，第五卷，广西师范大学出版社，2004 年，第 214 页。

52. 王守仁:《答南元善 · 丙戌》，见《王阳明全集》上卷，吴光、钱明、董平、姚延福编校，上海古籍出版社，1992 年，第 211 页。王守仁的思想代表着人类哲学走向现代的革命，这特别表现为将世界由“表象”理解为自我认识的“对象”，此所谓“天下又有心外之事，心外之理乎”。同时，王守仁将人类思想活动划分为三个部分：理性—意志—知识。此所谓“身之主宰便是心，心之所发便是意，意之本体便是知，意之所在便是物”。根据王守仁，人类改造自我与改造世界的活动是统一的，此即所谓“知行合一”学说。举凡近代欧洲思想的基石，自我、自由、理性、意志、认识、物质——这些范畴在王守仁那里早已形成了一个成熟的哲学体系，换言之，这个体系比以康德、黑格尔为代表的德国古典哲学体系诞生得早得多。以宋代陆九渊、明代王守仁为代表的中国现代思想体系，经过孙中山等人阐发，最终在毛泽东的《实践论》中再次达到高峰。对此一中国思想的发展脉络，本书第二卷将有更为深入的阐发。

53. 沟口雄三:《中国前现代思想之曲折与展开》，陈耀文译，上海人民出版社，1997 年，第 129 页。

54. 马克斯 · 韦伯:《韦伯作品集》，第五卷，广西师范大学出版社，2004 年，第 207 页。

55. 宫崎市定:《明代苏松地方的士大夫和民众》，见《日本学者研究中国史论著选译》第二卷，刘俊文主编，商务印书馆，1992 年，第 243 页。

56. 根据陶希圣的说法，孔学发展史分为七个阶段：由封建贵族的固定身份制度的实践伦理学，一变为自由地主阶级向残余贵族争取统治的民本政治学说与集权国家理论；再变为取得社会统治地位的地主阶级之帝王之学，并带来浓厚的宗教色彩，孔子遂由此成为神化的伟大人格；三变拥抱道教、佛教，孔子又变为真人、至人及菩萨；四变而道士化；五变而禅学化；六变而孔子之经世济民的探讨失败；七变为欲使孔子“三民主义化”。

57. 马克斯 · 韦伯是一个被称为“德国历史学派”的思想家和学者阵营中的一员，成员包括弗里德里希 · 李斯特、威廉 · 罗舍尔等。他们的如下贡献被视为开创性的：第一，把历史视野引入经济—社会研究中，力图摆脱抽象的、静态的和模型式的推演；第二，把对国民经济的研究置于对国民生活的研究之上，强调把经济活动看作社会整体的一部分，并从历史的角度加以研究，因为以下七个方面是密切联系着的整体：语言、艺术、宗教、法律、科学、国家、经济。

58. 宫崎市定：《东洋的近世》，见《日本学者研究中国史论著选译》上卷，刘俊文主编，中华书局，1992 年，第 240 页。

59. 同上，第 141 页。

60. 马克思：《论犹太人问题》，见《马克思恩格斯全集》第1卷，人民出版社，1959 年，第 425 页。

第三节 “当中国称霸海洋”

1. 李露晔：《当中国称霸海上》，邱仲麟译，广西师范大学出版社，2004 年，第 3 页。

2. 魏源说：“安南所都曰东京，即唐交州，唐都护治所。而以广南、顺化二道为西京，即古日南、九真地。”见《圣武记》，岳麓书社，2011 年，第 278 页。

3. 郑和船队对所经岛屿进行了反复勘查，并进行命名，如将南沙西部岛屿命名为“永乐群岛”，南沙一大岛命名为“景弘岛”，另一个为“马欢岛”，再一个为“费信岛”（郑和幕僚之名），见陈梧桐、彭勇：《明史十讲》，上海古籍出版社，2007 年，第 44 页。

4. 清兵甫至江南，第一个投降的就是东林党要人钱谦益，钱作为复社的领袖，这很能说明东林党人所高标的“气节”之难以测度。陈梧桐认为，对于明朝宦官政治的贬斥，有现代政治影响历史研究的因素在，特别是吴晗的《朱元璋传》和丁易的《明代特务政治》，将国民党之特务政治与明代宦官制度相比附，其对明史研究的负面影响更为显著。见陈梧桐、彭勇：《明史十讲》，上海古籍出版社，2007 年，第 9 页。

5. 万历年间顾起元：“旧传册在兵部职方。成化中，中旨咨访下西洋故事，刘忠宣公大夏为郎中，取而焚之。意所载多恢诡谲怪、辽绝耳目之表者……”严从简《殊域周咨录》卷八 ·“琐里、古里”条：“成化间有中贵迎合上意者，举永乐故事以告，诏索郑和出使水程。兵部尚书项忠命吏入库检旧案，不得，盖先为车驾郎中刘大夏所匿。忠笞吏，复令入检，三日终莫能得。”见周宁：《风起东西洋》，团结出版社，2005 年，第 129 页。

6. 陶希圣：《中国政治思想史》，下，中国大百科全书出版社，2009 年，第 846 页。

7. 隆庆二年（1568 年），张居正上著名的《陈六事疏》，首在“省议论”，可谓对道学家的宣战书，其曰：“臣闻天下之事，虑之贵详，行之贵力，谋在于众，断在于独。汉臣申公曰：‘为治不在多言，顾力行何如耳。’臣窃见顷年以来，朝廷之间，议论太多，或一事而甲可乙否，或一人而朝由暮跖，或前后不觉背驰，或毁誉自为矛盾，是非淆于唇吻，用舍决于爱憎，政多纷更，事无统纪。”这些话说到了道学政治之核心弊端。见张舜徽主编：《张居正集》，荆楚书社，1987 年，第 2 页。

8. 明代以婆罗洲（今加里曼丹岛）文莱为界，以东称“东洋”，以西称“西洋”，故有郑和下“西洋”之说。

9. 黄仁宇：《十六世纪明代中国之财政与税收》，三联书店，2007 年，第 90 页。

10. 明代青花瓷由中国的瓷器制造工艺中添加阿拉伯的钴而成，中国扬州博物馆中展示了郑和航海引进钴的过程及对明青花制造的影响。另外，成祖朱棣的胞弟朱橚，曾著《救荒本草》一书，应对当时的疾病与灾荒，此书的科学价值得到了李约瑟等人的高度评价。参见伊维德：《朱有燉的杂剧》，张惠英译，北京大学出版社，2009 年，第 7 页。

11. 值得注意的是，明成祖永乐三年的郑和远航，是与永乐四年派张辅为将攻入安南互为表里的行动。永乐初，安南陈氏王权被黎氏篡夺，陈氏逃往中国求助，明成祖派兵平定安南之乱，设交趾布政司，建立郡县。

12. 南宋历朝几乎都颁布过禁止货币下海的法令，见《宋史本纪》第十二册，光绪年间日本刻本。

13. 宫崎市定：《宫崎市定论文选集》，上卷，中国科学院历史研究所翻译组编译，商务印书馆，1963 年，第 196 页。

14. 谭春霖：《欧人东渐前明代海外贸易》，燕京大学政治学丛刊第二十七号。

15. 李露晔：《当中国称霸海上》，邱仲麟译，广西师范大学出版社，2004 年，第 31 页。

16.《盐铁论 · 世务第四十七》，王利器校注，中华书局，1992 年，第 508 页。

17. 滨下武志：《中国、东亚与全球经济：区域和历史的视角》，王玉茹、赵劲松、张玮译，社会科学文献出版社，2009 年，第 95 页。

18. 李露露：《妈祖神韵：从民女到海神》，学苑出版社，2003 年，第 74 页。

19. 彭慕兰：《大分流：欧洲、中国及现代世界经济的发展》，史建云译，江苏人民出版社，2002 年，第 104 页。

20. 魏源：《圣武记》，岳麓书社，2011 年，第 282 页。

21.《明史》，卷二百五《朱纨传》，中华书局，1974 年，第 5404 页。另据宫崎市定：因为苏州是绢的主要产地，而不是通商口岸，故嘉靖年间，葡萄牙人、日本人和浙江人在双屿岛私自设立国际贸易市场进行交易，此处便成为倭寇与巨商聚会的重要据点。嘉靖二十七年（1548），浙江巡抚朱纨进攻海盗据点双屿岛，并焚毁了走私贸易市场，此举断绝了豪商的财路，故浙江地方豪族遂活动中央政府官员，进行了罢免朱纨的运动。朱纨被罢免下狱后说："纵天子不欲死我，闽、浙人必杀我。吾死，自决之，不需人也。"遂服毒自杀，从朱纨所言"吾贫且病"，可见他是一个清正廉洁的官员，其死，是因打击走私贸易而开罪于巨商大户。见《明代苏松地方的士大夫和民众》，《日本学者研究中国史论著选译》第三卷，中华书局，1992 年，第 239 页。

22. 村井章介：《海洋视角的战国日本：从列岛史到世界史》，筑摩书房，1997 年。

23. 中国自古有姓有氏，姓是族号，氏为姓的分支。顾炎武《亭林文集》卷一《原姓》认为国君无氏，不称氏，称国。所谓"闽人三十六姓"，谓其人为外国籍，而其姓仍为中国，宗族仍在中国，此即后来之"海外华人"。

24. 滨下武志：《中国、东亚与全球经济：区域和历史的视角》，王玉茹、赵劲松、张玮译，社会科学文献出版社，2009 年，第 96—97 页。

25.《明史》，卷三二三《琉球列传》，中华书局，1974 年，第 8368 页。

26. *Japan in the Contemporary Middle East*, Edited by Kaoru Sugihara and J. A. Allan, Routledge, 1993, p. 91.

27. 谢韫：《亚细亚的孤儿——琉球王国的兴衰》，《世界博览》，2009 年第 10 期。

28. 岛津义久：《与琉球王书》，1606 年，日本东京大学图书馆藏件。

29. 黄仁宇：《十六世纪明代中国之财政税收》，三联书店，2007 年，第 97 页。

30. 陶希圣：《中国政治思想史》（下），中国大百科全书出版社，2009 年，第 391 页。

31.《明史》，卷三二三《琉球列传》，中华书局，1974年，第8369—8370页。

32. 冲绳县编：《冲绳：苦难的现代史》，岩波书店，1996年，第2页。

33. 葡萄牙进入东洋贸易圈的步伐大致如下：1509年，葡萄牙舰队击败了阿拉伯和印度的联合舰队，1511年驻印度总督阿尔布尔克占领马六甲，1513年葡萄牙人驶往中国，但由于当时明王朝十分强大，葡萄牙非但不能以武力敲开中国大门，而且通商的要求也因其占领马六甲而被明朝廷拒绝，此后葡萄牙人只能转向东南沿海联络倭寇。为了分化和瓦解倭寇势力，1554年，葡萄牙指挥使索萨与广东海道副使汪柏签订了贸易协议。从1555年起，葡萄牙人在澳门的居住得到明官方默许。

34. 陶希圣：《中国政治思想史》，下，中国大百科全书出版社，2009年，第943页。

35. 胡宗宪继朱纨之后任浙江巡抚兼总督，他破倭建功，主要是由于得到了严嵩的强力支持，而严嵩垮台之后，胡宗宪也被弹劾下狱，最终饿死狱中，弹劾他的依然是朝中与闽、浙豪商相勾结的既得利益集团。万历年间抗倭功成者戚继光，则主要是为张居正所重用，而张居正死后，戚继光亦被排挤而去。可见，朱纨、胡宗宪、戚继光等抗倭英雄之所以皆无好下场，皆是因为倭寇问题，实际上就是终明一代官商勾结所致。

36. 由于中国传统的政治结构是皇权直接面对基层，必然造成上下脱节，而对基层社会的控制，主要依靠基于地缘和血缘关系的宗法制度。明代中期以来，东南沿海地区宗法势力与海外贸易的结合，终酿成海盗、海商势力的庞大，这在明代，主要体现为浙江、福建两省海盗势力猖獗，而到了清代，更有所谓“地球各国盗贼之多，以中国为最，中国盗贼之多，以广东为最”之说。立足中国基层的地缘而形成海洋共同体，由海商、海盗发展为海外中国人共同体，乃是500年来中国社会体制上下脱节的痼疾，在海洋时代的地缘政治表现，它既构成了瓦解中国制度的力量，又构成了中国近代革命的重要基础和重要依靠力量，这从康有为等的“庚子勤王”和孙中山革命都依靠东南沿海的海商势力和海外中国人群体可以很清晰地看出。参见桑兵：《庚子勤王与晚清政局》，北京大学出版社，2004年，第283页。

37. Kaoru Sugihara: *Pattern of Chinese Emigration to Southeast Asia 1869—1939*,

Japan, China, and the Growth of the Asian International Economy, 1850—1949, Edited by Kaoru Sugihara, Oxford University Press, 2005, p. 244.

38. 魏源:《圣武记》，岳麓书社，2011 年，第 274 页。

39. 宫崎市定:《宫崎市定论文选集》，下卷，中国科学院历史研究所翻译组编译，商务印书馆，1965 年，第 214 页。

第四节　回首射雕时，万里暮云平

1. 乔万尼 · 阿瑞吉:《亚当 · 斯密在北京：21 世纪的谱系》，路爱国、黄平等译，社会科学文献出版社，2009 年，第 339 页。

2. 曹永年:《蒙古民族通史》，第三卷，内蒙古大学出版社，2003 年，第 10 页。

3. 魏源考证说："官书以厄鲁特为阿鲁台。考《明史 · 外国传》，阿鲁台与瓦剌世相仇杀，厄鲁特乃瓦剌之裔，岂得以仇国为其祖称？"故今人将阿鲁台称为瓦剌，并与厄鲁特混淆，即是延续了这个错误。见魏源:《圣武记》，岳麓书社，2011 年，第 525 页。

4. 曹永年:《蒙古民族通史》，第三卷，内蒙古大学出版社，2003 年，第 130 页。

5. 张居正:《番夷求贡疏》，见《张居正集》第一册，张舜徽主编，荆楚书社，1987 年，第 376 页。

6. 魏源:《圣武记》，岳麓书社，2011 年，第 519 页。

7. 内蒙古大学出版社的《蒙古民族通史》(四卷五册)在这个问题上提供了完全不同于以往历史叙述的独特见解，值得指出的是，这是一部力图站在蒙古族立场上进行叙述的历史，因而才能够提供不同于汉族视野的明朝、清朝形象，对诸如"土木堡之变"这种历史事件，也有别开生面的叙述。这部历史著作的出版，证明了即使在中国内部，也存在着关于"中国叙述"的复杂声音，是一部极富参考价值的通史。

8. 魏源:《圣武记》，岳麓书社，2011 年，第 165 页。

9. 欧文 · 拉铁摩尔:《中国的亚洲内陆边疆》，唐晓峰译，江苏人民出版社，2005 年。

10. 魏源:《圣武记》，岳麓书社，2011 年，第 161 页。

11. 同上，第 152 页。

12. 居正此言，为桑弘羊政策之延续。《盐铁论·卷一·力耕第二》：“汝、汉之金，纤微之贡，所以诱外国而钓胡、羌之宝也。夫中国一端之缦，得匈奴累金之物，而损敌国之用。是以骡驴馲驼，衔尾入塞，驒騱騵马，尽为我畜，鼲貂狐貉，采旃文罽，充于内府，而璧玉珊瑚琉璃，咸为国之宝。是则外国之物内流，而利不外泄也。”《盐铁论校注（定本）》上，王利器校注，中华书局，1992 年，第 28 页。

13. 将运粮贩盐之权交由民间商人，国家从中退出，这反而会削弱国家的组织能力。黄仁宇指出：“国家并不居中统筹，当中不设中继所，没有仓库、银行及接运站，也缺乏医药卫生等各项设备，边区一个军事单位的粮食来源可能来自十来个或二十个不同的县份。……政府的中层缺乏后勤的能力与责任，是明清体制最显著特征。”

14.《宋史·食货志》，卷一八一，中华书局，1977 年，第 4416 页。

15. 黄仁宇从另一角度批评“开中法”说：由于国家实际上不能控制盐业，结果国家丧失了主要税收来源，从而导致国家行政效率低下。参见黄仁宇：《十六世纪明代中国之财政与税收》，三联书店，2001 年，第 282 页。

16. 胡兆亮等：《中国文化地理概述》，北京大学出版社，2001 年，第 31 页。

17. 所谓“八大皇商”是指清初被册封的范永斗等八人，他们“走东口”（即张家口），是最早与东北地区进行贸易的山西商人。

18. 康德：《论永久和平》，见《康德著作全集》第八集，中国人民大学出版社，2007 年，第 363—366 页。

19. 威斯特伐利亚，是德国西北部地区，宗教信仰复杂，区域矛盾严重，堪称近代欧洲缩影。1648 年，神圣罗马帝国皇帝、德国各诸侯和作为调停人的法国、瑞典及教皇代表，在此签订和约，以结束西班牙帝国与荷兰间的 80 年战争和德国内部的 30 年战争，史称《威斯特伐利亚和约》。

20. 1640 年以前，漠北和漠西蒙古各自执行自订的地方法规，1741 年之后由清王朝颁布的《蒙古律例》，“爰按蒙古土俗酌定法律”，即参照蒙古地方法而制定。乌云毕力格、成崇德、张永江：《蒙古民族通史》，第四卷，内蒙古大学出版社，第 274—282 页。

21. 英国法学家威廉·特维宁在《全球化与法律理论》一书中较系统地批评了威斯特伐利亚和约体系的缺陷，指出这个体系所奠定的国内法—国际法的二元结构，将洲际法、地区法、非国家的习惯法从法律体系中排除出去，使得法律由对民众的诉求的回应变成了以国家官僚为主体的强制，香港中文大学于兴中教授对此问题也有系统研究，参见于兴中：《威斯特伐利亚二重奏、黑箱操作及法学的北强南弱》，《法学家茶座》，2008 年，第 21 辑。

第五节　“隆庆元年”（1567），世界史的大转折

1. 明穆宗朱载垕于 1567 年登基，年号隆庆，他是明朝第十一位皇帝，嘉靖的第三子，万历则是他的第三子。虽然在位仅 6 年，而且据说不参与朝政，但他依然开创了历史的新时代，他在位期间发生的两个最重要的历史转变是：第一，完成了俺答封贡，结束了有明朝以来的长期北方边患；第二，戚继光结束了东南沿海的海盗问题。隆庆元年穆宗即接受了徐阶的建议，开放了海禁，西班牙美洲与明朝之间的贸易关系由此建立。与此同时，他上台立即使海瑞官复原职，同时启用了张居正。这些都促成了历史的根本转折。参见：《明史》，卷二，中华书局，1974 年，第 253 页。

2. 宫崎市定：《宫崎市定论文选集》，下卷，中国科学院历史研究所翻译组编译，商务印书馆，1965 年，第 192 页。

3. 宫崎市定：《东洋的近世》，见《日本学者研究中国史论著选译》第一卷，刘俊文主编，中华书局，1992 年，第 170—171 页。

4. 王夫之：《宋论》，中华书局，1964 年，第 81 页。

5. 魏源：《圣武记》，岳麓书社，2011 年，第 572—573 页。

6.《明史》，卷七，中华书局，1974 年，1895 页。

7. 土地税、土地制度问题，是中国历代政治之核心。唐之贞观之治，除了通过府兵、进士二途将文武晋升之道开放给平民外，就是均田和减税，即由十一而税的古制，改为四十而税一。中唐两税法改革之后，均田不能实行，只能听任豪强地主占地，而国家只是向大户课税而已。“一条鞭法”无非将课税变成征银，而征银的主要对象，又是巨商富民。这表明支配中国财政的主体，已经由大地主向掌握白银货币的大商人转化。

8. 如郑和的海图一样，明朝时期的重要科学著作在后世大都散失，不存于中国，其中也包括宋应星的《天工开物》。这部科学巨著是地质学家丁文江在 1923 年

重新发现的，丁在云南考察矿物时读《云南通志·矿政篇》知有此书，而于国内遍求不得，先是求人代抄于日本东京帝国图书馆，后经罗叔韫以古币从日本收藏家处得到，其重见天日之过程，见丁文江：《重印（天工开物）始末记》，《努力周报》，1923 年第 5 期。

9. 宋应星：《天工开物》，江苏广陵古籍刻印社，1997 年。

10.《海忠介备忘集》，六，山东古籍出版社，1984 年。

11. 徐阶还是中国“会票”的最早经营者，清《皇朝经世文编》中记载，徐阶的“官肆”为走远途的商贩和官吏提供一种证券，可以异地存取、兑换白银，这就是说，明朝徐阶经营的“官肆”其实已经有了后来山西票号的性质。

12. 宫崎市定：《宫崎市定论文选集》，下卷，中国科学院历史研究所翻译组编译，商务印书馆，1965 年，第 206 页。

13. 百濑弘：《清代西班牙元的流通》，见《日本学者研究中国史论著选译》第三卷，刘俊文主编，中华书局，1992 年，第 455 页。

14. 黄仁宇：《十六世纪明代中国之财政与税收》，三联书店，2007 年，第 101 页。

15. 林金水、谢必震主编：《福建对外文化交流史》，福建教育出版社，1997 年，第 139—140 页。

16. 根据洪业等人的考证，中国的第一份世界地图，即传教士利玛窦与明代后期中国福建人合作编辑的《坤舆万国全图》，成于 1584 年之后。虽然这张地图的来源一直不清楚，但它将中国和美洲置于世界的核心是意味深长的。

17. 蒙古惯例，大汗死后，新任大汗必须经过宗亲、贵戚和勋臣联合参加的库里台推举，大汗与臣属各自盟誓后方能继位。

18. 曹永年：《蒙古民族通史》，第三卷，内蒙古大学出版社，2003 年，第 238 页。

19. 张居正：《请停取银两疏》《请停止内工疏》，见《张居正集》，张舜徽主编，荆楚书社，1987 年。

20. 黄仁宇：《十六世纪明代中国之财政与税收》，三联书店，2007 年，第 93 页。

21.《明史》，卷七，1963 页。

22. 李露晔：《当中国称霸海上》，邱仲麟译，广西师范大学出版社，2004 年，第 5 页。

23. 滨下武志:《中国、东亚与全球经济:区域和历史的视角》,王玉茹、赵劲松、张玮译,社会科学文献出版社,2009 年,第 36 页。

24. 明朝无疑是中国历史上皇权与士大夫冲突最激烈的王朝,明太祖十三年(1380),朱元璋废除了自秦以来辅佐天子处理国政的相位,这是中国政治制度的极大变动。从此天子直接面对六部,六部有建议权,而天子独揽决策权,另设内阁大学士,为天子襄理文墨,但内阁大学士没有建议权,为了避免皇帝与六部之间发生直接冲突,遂设司礼监居中传递消息。世宗、穆宗和神宗在位期间(1522—1619),皇权与六部之间的冲突达到僵持阶段,竟然造成了这三任皇帝几乎不见六部官员的局面,于是作为皇帝代言人的内阁大学士和司礼监,与士大夫的代言人六部之间的冲突进而加剧。正是皇权与官僚体制之间的冲突和矛盾的不可化解,造成了明代中期以来国家行政效率、国家组织效率的迅速衰败。国家的一切改革因不能动员官吏,并被庞大的官吏集团阻碍,结果终归不能实行,最终导致明王朝瓦解。

25. 崔瑞德、牟复礼:《剑桥中国明代史(1368—1644)》,下卷,张书生、杨品泉译,中国社会科学出版社,2006 年,第 400 页。

26. 同上,第 324—325 页。

27. 王安石:《上仁宗皇帝言事书》,见《王文公文集》,上海人民出版社,1974 年。

28. 柳宗元等:《论秦始皇》,上海人民出版社,1974 年。

29. 叶适:《监司之害》,见《宫崎市定中国政治论集》,中央公论新社,2009 年,第 367 页。

30. 陆九渊:《与陈倅第二书》,见《陆象山全集》,中国书店,1992 年,第 63 页。

31. 陆九渊:《与赵子直书》,见《陆象山全集》,中国书店,1992 年,第 45 页。

32. 王安石:《上仁宗皇帝言事书》,见《王文公文集》,集体点校,上海人民出版社,1974 年版,第 6 页。

33. 苏轼:《策略四》,见《苏轼文集》第八卷,孔凡礼校,中华书局,1986 年,第 235 页。

34. 魏源:《圣武记》,岳麓书社,2011 年,第 508 页。

第六节　重写《甲申三百年祭》

1. 卡尔·波兰尼：《大转型：我们时代的政治与经济起源》，冯钢、刘阳译，浙江人民出版社，2007 年，第 71 页。

2. 以棉代替麻，是明代社会生活即经济生活的一大变革。万历中期，50%以上的田赋纳银，随着粮、棉、盐的货币化，货币已经成为社会经济生活之基础，大大推动了市场交换的发展。见吴承明：《中国的现代化：市场与社会》，三联书店，2001 年，第 31 页。

3. 宫崎市定：《明代苏松地方的士大夫和民众》，《日本学者研究中国史论著选译》第二卷，刘文俊主编，中华书局，1992 年，第 239 页。

4. H. B. Morse: *The International Relations of the Chinese Empire*, Princeton Press, pp.46-47.

5. 陈梧桐，彭勇：《明史十讲》，上海古籍出版社，2007 年，第 90 页。

6. 牟复礼、崔瑞德：《剑桥中国明代史（1368—1644）》，下卷，张书生、杨品泉译，中国社会科学出版社，1992 年，第 297 页。

7. 王夫之：《船山思问录》，上海古籍出版社，2000 年，第 83—84 页。

8. 在弘治时代，由于白银的渐次流入，民间掌握的白银越来越多，运粮到边关的“纳粮开中”逐渐被纳银给户部太仓府，而后直接调银到九边的“纳银开中”代替。弘治五年（1491 年），户部尚书叶淇变法，把纳粮开中改为纳银开中，这就是“开中法”变“折色制”，随着银子的充裕，粮食的转运成本越来越高。

9. 费尔南·布罗代尔：《菲利普二世时代的地中海和地中海世界》，上卷，唐家龙等译，商务印书馆，1998 年，第 81 页。

10. 亚当·斯密：《国富论》，上，杨敬年译，陕西人民出版社，2001 年，第 233 页。

11. 顾炎武：《日知录集释》，清道光十四年（1834）刊本。

12. 宫崎市定：《宫崎市定论文选集》，下卷，中国科学院历史研究所翻译组编译，商务印书馆，1965 年，第 74—75 页。

13. Stanley J. Stein, Barbara H. Stein: *Silver, Trade and War: Spain and America in the Making of Early Modern Europe*, Johns Hopkins University Press, 2000, p. 24.

14. 滨下武志：《区域经济中的白银流通与世界经济：16—19 世纪的东亚》，见《中国、东亚与全球经济：区域和历史的视角》，王玉茹、赵劲松、张玮译，社会科学文献出版社，2009 年。

15. 明代的黄宗羲、顾炎武、王夫之都对白银货币化引起的风险和问题有所洞见，甚至在各自的著作中提出了“废银说”。参见黄宗羲：《明夷待访录》卷二《财计》，中华书局，1981 年；顾炎武：《日知录》卷十一《以钱为赋》《银》；《亭林文集》卷一《钱粮论》上，上海古籍出版社，1985 年影印；王夫之：《读通鉴论》卷二十《唐太宗》，中华书局，1975 年。

16. 彭慕兰：《腹地的构建：华北内地的国家、社会和经济（1853—1937）》，马俊亚译，社会科学文献出版社，2005 年，第 24 页。

17. 宫崎市定：《东洋的近世》，见《日本学者研究中国史论著选译》第一卷，刘俊文主编，中华书局，1992 年，第 166 页。

18. 直到元代取直之后，运河才不再经过开封。

19. 黄仁宇：《十六世纪明代中国之财政与税收》，三联书店，2001 年，第 69 页。

20. 魏源：《圣武记》，岳麓书社，2011 年，第 508 页。

第七节　黄仁宇为什么要讲毛泽东的好话

1. 王安石：《明州慈溪县学记》，见《王文公文集》，集体点校，上海人民出版社，1974 年，第 405 页。

2. 王安石：《上仁宗皇帝言事书》，见《王文公文集》，集体点校，上海人民出版社，1974 年。

3. 袁行霈、严文明、张传玺、楼宇烈主编：《中华文明史》，第二卷，北京大学出版社，2005 年，第 60 页。

4. “朋党”一词指豪强聚众成党，汉时尤指流民与豪族之间的人身依附关系。《盐铁论 · 复古第六》：“将以建本抑末，离朋党”，“往者，豪强大家，得管山海之利，采铁石鼓铸，煮海为盐。一家聚众或至千余人，大抵尽收放流人民也。远去乡里，弃坟墓，依倚大家，聚深山穷泽之中，成奸伪之业，遂朋党之权，其轻为非亦大矣！”《盐铁论校注（定本）》，王利器校注，中华书局，1992 年，第 78—79 页。

5. 韦伯说：“正如王安石在政治上的改革企图走向专业化，文献里也有人主张以现代官僚制里有专业能力的官员取代传统通才式的官员，因为没有人能无所不通。不过，中国古老的教育理想与此等功能上的要求强烈相反，并且，连带地，也与我们欧洲机械主义态度下对于行政之理性的客观化的诉求，形成强烈的对比。”《韦伯作品集》，第五卷，广西师范大学出版社，2004 年，第 231 页。

6. 最近，有研究者分析人民币与美元单一货币挂钩的关系时说：“这导致中国的货币政策不得不追随美联储，一定程度上丧失了货币控制权”，“只要人民币与美元挂钩的关系不改变，中国就难以完全按照自己的国情实施恰到好处的宏观经济政策”。这一见解值得参考。刘罡：《自掌货币控制权迫在眉睫》，《华尔街日报》，2010 年 5 月 28 日。

7. 钱穆：《国史大纲》，下册，三联书店，2000 年，第 27 页。

8. 魏源：《圣武记》，岳麓书社，2011 年，第 36 页。

9.《万历十五年》系黄仁宇在 1976 年夏天用英文完成，原名为“1587，无所作为的一年”，意在强调明代国家“无为”所造成的国家能力的持续下降。中文本没有采用作者原意，这是个很大的遗憾。而且此书写就之后，在美国竟为寻找出版方几经周折，延宕多年后，英文本才由耶鲁大学在 1979 年出版。中文版也几经审阅，起先由黄苗子转呈中华书局时，交到当时的责任编辑傅璇琮手上，后经沈玉成进行文辞润色，总算起死复生，迟至 1982 年在中华书局付梓，旋引起巨大轰动。走笔至此，想起此书出版小史，不禁感慨系之！

10. 黄仁宇：《资本主义与二十一世纪》，三联书店，1997 年，第 454 页。

11. 黄仁宇：《黄河青山：黄仁宇回忆录》，见《黄仁宇全集》第十四册，九州出版社，2007 年，第 152 页。

12. 同上，第 245 页。

13. 同上，第 222—223 页。

14. 同上，第 227 页。

15. 戴建兵：《金钱与战争：抗战时期的货币》，广西师范大学出版社，1995 年，第 293 页。

16. 黄仁宇：《黄河青山：黄仁宇回忆录》，见《黄仁宗全集》第十四册，九州出版社，2007 年，第 172 页。

17.《盐铁论校注》，上，王利器校注，中华书局，1992 年，第 79 页。

18. 黄仁宇:《黄河青山：黄仁宇回忆录》，见《黄仁宗全集》第十四册，九州出版社，2007 年，第 245 页。

19. 黄仁宇:《十六世纪明代中国之财政与税收》，三联书店，2001年，第420页。

20. 郭沫若:《甲申三百年祭》，人民出版社，2004 年。

21. 黄仁宇:《大历史不会萎缩》，广西师范大学出版社，2004 年，第 246 页。

22. 关于欧洲国家彼此间的债务关系及其与美国的债务关系，导致了两次世界大战的研究，参见迈克尔·赫德森:《金融帝国：美国金融霸权的来源和基础》，嵇飞、林小芳译，中央编译出版社，2008 年。

23. 黄仁宇:《资本主义与二十一世纪》，三联书店，1997 年，第 462 页。

24. 丸山真男:《日本政治思想史研究》，王中江译，三联书店，2000 年，第 131 页。

25. 魏源:《圣武记》，岳麓书社，2011 年，第 580 页。

26. 张宇燕:《实践与真知——读〈朱理治金融论稿〉》，见《观察与交流》，北京大学中国与世界研究中心主办，第 52 期。

27. 陈云:《统一财政经济工作》《为什么要统一财政经济工作》，见《统一财经，为新中国奠基立业》，当代中国出版社，2008 年，第 102 页，第 107 页。

28. 韦伯说:“政治，是一种并施热情和判断力，去出劲而缓慢地穿透硬木板的工作”，“若非再接再厉地追求这世界上不可能的事，可能的事也无法达成”，“真正能让人无限感动的，是一个成熟的人（无论年纪大小），真诚而全心地对后果感到责任，按照责任伦理行事，然后在某一情况来临时说:‘我再无旁顾，这就是我的立场。’这才是人性的极致表现，使人为之动容”。《韦伯作品集》，第一卷，广西师范大学出版社，2004 年，第 273 页。

29. 毛泽东:《论联合政府》，见《毛泽东选集》第三卷，人民出版社，1991 年，第 1097—1098 页。

30. 李先念:《坚决贯彻执行政务院（关于统一国家财政经济工作的决定）》，见《统一财经，为新中国奠基立业》，当代中国出版社，2008 年，第 177 页。

第八节　中国资产阶级的历史命运

1. 吴承明:《中国的现代化：市场与社会》，三联书店，2001 年，第 47 页。

2. 1813 年开始担任广东行商总办的伍秉鉴既是鸦片走私贩子，同时也通过美国旗昌洋行的福布斯家族，先后投资美国密歇根中央铁路、柏林敦铁路和密苏里河铁路，约翰·墨里·福布斯还进一步以伍家投资为基金，建立了美国股票投资公司，并投资美国的矿业。叶显恩:《世界商业扩张时代的广州贸易（1750—1840）》,《广东社会科学》，2005 年第 2 期。

3. 马克思:《资本论》，第三卷，人民出版社，1975 年，第 544 页。

4. 阿克顿:《自由史论》，胡传胜等译，译林出版社，2001 年，第 249 页。

5. 王加丰等:《强国之鉴》，人民出版社，2007 年，第 50—51 页。

6. 宫崎市定:《宫崎市定论文选集》，中国科学院历史研究所翻译组编译，商务印书馆，1965 年，第 86 页。

7. 汉武帝时设平准令、均输官，目的就是统一征收国家商业税，即“令远方各以其物贵时商贾所转贩者为赋”。见《史记·平准书》。

8. 滨下武志:《近代中国的国际契机：朝贡体系与近代亚洲经济圈》，朱荫贵译，中国社会科学出版社，1999 年，第 85 页。

9. 戴建兵:《金钱与战争：抗战时期的货币》，广西师范大学出版社，1995 年，第 129 页。

10. 李文海整理:《师哲口述：中苏关系见证录》，当代中国出版社，2005 年，第 24 页。

11. 毛利和子:《中国与苏联》，岩波书店，1989 年，第 40—41 页。

小　结　“中国道路”与世界史问题

1. Dennis O. Flynn and Arturo Giraldez: “*Spanish Profitability in the Pacific: The Philippines in the Sixteenth and Seventeenth Centuries*”, In: Dennis O. Flynn, Lionel Frost, and A.J. Latham, eds, *Pacific Centuries*: *Pacific and Pacific Rim History since the Sixteenth Century* (London, Routledge, 1999), pp. 23-24.

2. 费尔南·布罗代尔:《菲利普二世时代的地中海和地中海世界》，上卷，唐家龙等译，商务印书馆，1998 年，第 735—736 页。

3. 亚当·斯密:《国富论》，唐日松等译，华夏出版社，2006 年，第 484 页、276 页。

4. 毛泽东:《论联合政府》,见《毛泽东选集》第三卷,人民出版社,1991 年,第 1095 页。

5. 李海、李惠贤、成丽英主编:《统一财经,为新中国奠基立业》,当代中国出版社,2008 年,第 17—18 页。

6. 杉原薰与滨下武志的共同点是:认为存在一个不同于欧美的东亚现代化道路,认为存在一个东亚经济贸易共同体和东亚经济现代化模式。他们之间的不同在于:杉原侧重于生产方式的研究,滨下则侧重于金融和贸易问题的研究。

7. Mark Elvin: *The Pattern of the Chinese Past*, Stanford University Press, 1973, p. 314.

8. Kenneth Pomeranz: *The Great Divergence: China, Europe, and the Making of the Modern World Economy*, Princeton University Press, 2000, pp. 46-47.

9. 毛泽东:《增强党的团结,继承党的传统》(1956 年 8 月 30 日),见《毛泽东文集》第七卷,人民出版社,1999 年,第 88 页。

10. 毛泽东:《中国人民站起来了》,见《建国以来毛泽东文稿》第一册,中央文献出版社,1987 年,第 6 页。

下　篇　“漫长的 19 世纪”

第一节　重新思考 19 世纪

1. 伊曼纽尔·沃勒斯坦:《现代世界体系》,第三卷,庞卓恒译,高等教育出版社,2000 年,第 321 页。

2. 按照沃勒斯坦的解释,欧洲一般的时间范畴总是与“现状”和“当下”联系在一起的,因此,欧洲的“国际政治是关于现状的东西,反映追求自身直接利益最大化的多种力量的互动”,而“地缘政治却是别样的东西,它指涉的是一些结构性的制约因素,这些因素控制着世界体系中的主要行为者为求取长期性政治和经济利益而发生的互动”。所以,“也可以说,对地缘政治的分析就是对中长期的结构和趋势的分析”。参见伊曼纽尔·沃勒斯坦:《东北亚和世界体系——处于体系性大危机之世界的地缘政治分析》,牛可译,《文化纵横》,2009 年第 2 期。

3. 毛泽东：《读苏联〈政治经济学教科书〉的谈话》，见《毛泽东文集》第八卷，人民出版社，1999 年，第 131 页。

4. 阿瑞吉：《从东亚的视野看全球化》，载《中国年度学术》，中国社会科学出版社，2006 年。

5. 恩格斯：《英国工人阶级状况》，见《马克思恩格斯全集》第 2 卷，人民出版社，1957 年，第 359 页。

6. 毛泽东：《读苏联〈政治经济学教科书〉的谈话》，见《毛泽东文集》第八卷，人民出版社，2006 年，第 131—132 页。

7. “中国奇迹使东亚占全球国内生产总值的比例在英国工业革命开始后的半个世纪还能进一步增长。”见乔万尼·阿瑞吉：《亚当·斯密在北京：21 世纪的谱系》，路爱国、黄平、许安结译，社会科学文献出版社，2009 年，第 334 页。

8. 托克维尔：《旧制度与大革命》，冯棠译，商务印书馆，1997 年，第 198 页。

9. 陶希圣：《中国政治思想史》，第一册，上海新生命书局，1932 年，第 5—6 页。

10. 罗伯特·B. 马克斯：《现代世界的起源：全球的、生态的述说》，商务印书馆，2006 年，第 141—142 页。

11. 陶希圣：《中国政治思想史》，第一册，上海新生命书局，1932 年，第 175 页。

12. 许维遹：《吕氏春秋校释》，卷二十一，中华书局，2009 年，第 593 页。

13. Gavin Menzies: *1421: The Year China Discovered America*, *Happer Perennial*, 2003, pp. 69-70.

14. 蒋中正：《中国之命运》，文华出版社，1945 年。

15. 乔万尼·阿瑞吉：《漫长的 20 世纪：金钱、权力与我们社会的根源》，姚乃强等译，江苏人民出版社，2001 年，第 203—209 页。

16. 艾瑞克·霍布斯鲍姆：《革命的年代：1789—1848》，王章辉译，江苏人民出版社，1999 年，第 30 页。

17. 亚当·斯密：《国富论》，唐日松等译，华夏出版社，2006 年，第 276 页。

18. 罗志田：《后现代主义与中国研究》，《历史研究》，1999 年第 1 期。

19. 宫崎市定：《宫崎市定论文选集》，下卷，商务印书馆，1965 年，第 84 页。

20. 中国历史上的两极分化和农民失地，作为市场竞争和货币经济发展的结果，总体来说是可以通过改朝换代和制度的干预得到修正的；而鸦片战争后发生的两极分化和农民失地，则是帝国主义军事和金融掠夺的结果，是资本主义世界体系运动的结果，因此，并非历史上的“均田”“均富”所能解决的。

21. 斯坦利 · L. 布鲁，兰迪 · R. 格兰特：《经济思想史》，邸晓燕等译，北京大学出版社，2008 年，第 64 页。

22. 陈独秀：《陈独秀著作选》，第一卷，上海人民出版社，1993 年，第 165—166 页。

23. 葛兰西：《狱中札记》，曹雷雨等译，中国社会科学出版社，2000 年，第 37 页。

24. 恩格斯：《英国工人阶级状况》，见《马克思恩格斯全集》第 2 卷，人民出版社，1957 年，第 304 页。

25. 弗里德里希 · 迈内克：《马基雅维利主义》，时殷弘译，商务印书馆，2008 年，第 89 页。

26. 尼科洛 · 马基雅维利：《君主论》，潘汉典译，商务印书馆，2009 年，第 121 页。

27. 尼采：《论道德的谱系》，周红译，三联书店，1992 年，第 6 页。

28. 尼采的叙述部分地揭示了基督教的历史起源，即它是在犹太人反抗罗马帝国的过程中形成的，在 66—70 年间犹太人反抗罗马的战争失败后，耶稣主张以和平的方式反抗罗马，并于 1 世纪 30 年代被处死。随后，记载这一时期犹太人历史的《旧约》和记载耶稣生平的《新约》构成了基督教经典。

29. 卢卡契：《理性的毁灭：非理性主义的道路——从谢林到希特勒》，王玖兴等译，山东人民出版社，1997 年，第 273 页。

30. 乔万尼 · 阿瑞吉、贝弗里 · J. 西弗尔：《现代世界体系的混沌与治理》，三联书店，2003 年，第 251 页。

31. 卡尔 · 施密特：《陆地与海洋：古今之“法”变》，林国基、周敏译，华东师范大学出版社，2006 年，第 51 页。

第二节 中国为什么被打败

1. 魏源：《圣武记》，岳麓书社，2011 年，第 490 页。

2. 何伟亚：《怀柔远人：马嘎尔尼使华的中英礼仪冲突》，邓常春译，社会科学文献出版社，2002年，第28页。

3. 蒋中正：《中国之命运》，文华出版社，1945年。

4. 黄仁宇在总结经济发达的宋反而不能抵抗经济落后的辽、金、西夏时，即归结为宋王朝没有基层组织能力："经济力量在原则上固然可以转变为军事力量，可是当中也必须有组织与结构，……（宋）反不如契丹之辽、西羌之夏和女真之金，他们以部落的组织供应兵员与马匹，……动员更容易。"参见黄仁宇：《资本主义与二十一世纪》，三联书店，1997年，第462页。

5. 南方长期被视为中华帝国的"蛮夷之地"，是统治力量薄弱的地区。"在马可·波罗看来，中国13世纪的蛮夷之地反而是稻田密布、运河成网的江淮流域和浙江丘陵地带，以及东南沿海省份。对中国人来讲，南方并非祖先的故土，在那里会产生一种流放感。"谢和耐：《蒙元入侵前夜的中国日常生活》，刘东译，北京大学出版社，2008年，第2页。

6. 魏源：《圣武记》，岳麓书社，2011年，第163—164页。

7. 关于"华夏不治夷狄"："闻文、武受命，伐不义以安诸侯大夫，未闻弊诸夏以役夷、狄也。昔秦常举天下之力以事胡、越，竭天下之财以奉其用，然众不能毕；而以百万之师，为一夫之任，此天下共闻也。且数战则民劳，久师则兵弊，此百姓所疾苦，而拘儒之所忧也。"《盐铁论校注（定本）》，王利器校注，中华书局，1992年，第80页。

8. 罗伯特·B. 马克斯：《现代世界的起源：全球的、生态的叙说》，夏继果译，商务印书馆，2006年，第21页。

9. 如英国驻日本总领事和外交代表阿礼国在《大郡之都》中写道："目前用白银与日本金交换，至少能获得100%的利润，既稳定又实在，还有谁愿意冒着市场价格下落的风险去做危险的茶叶和生丝生意呢？"

10. 威廉·恩道尔：《金融海啸：一场新鸦片战争》，顾秀林、陈建明译，知识产权出版社，2009年，第4—5页。

11 曾国藩：《备陈民间疾苦疏》，见《唐浩明点评曾国藩奏折》，岳麓书社，2004年，第29—30页。

12. 戴建兵：《金钱与战争：抗战时期的货币》，广西师范大学出版社，1995年，第312页。

13. 滨下武志解释说："在中国，因为黄金价格贵，在商品贸易中又用银本位制进行结算，所以外国方面用黄金或者工业品进行支付处于有利地位。之所以会这样，是因为在西方用金本位制购入的工业产品，在中国是用银本位制进行贸易的。在这个过程中，西欧是金贱银贵，中国是金贵银贱，西欧在存在这两种价格差时，除了获得两重汇兑差额利润外，还使得自己的商品得以低价化。"参见滨下武志：《近代中国的国际契机：朝贡贸易体系与近代亚洲经济圈》，朱荫贵译，中国社会科学出版社，1999 年，第 185—186 页。

14 滨下武志：《近代中国的国际契机：朝贡体系与近代亚洲经济圈》，朱荫贵译，中国社会科学出版社，1999 年，第 97 页。

15. 胡绳：《从鸦片战争到五四运动》，上册，人民出版社，1981 年，第 151 页。

16. 如鸦片战争中在浙江兵败自杀的守将裕谦说："彼可并帮来犯，我则必须扼要分守，彼可数日不来，我则必须时刻防备，以成彼众我寡，彼聚我散，彼逸我劳之势。"见《道光夷务》，第三册，日本刻本，第 1226 页。

17. 魏源：《圣武记》，岳麓书社，2011 年，第 491 页。

18. 康有为：《大同书》，《康有为全集》第七集，2010 年，第 86 页。

19. 魏源：《圣武记》，岳麓书社，2011 年，第 570 页。

20. 郭沫若说："日本的西京学派事实上是在王国维的影响下茁壮起来的，他们的成就委实是在东京学派的霸徒之上。这一派的领袖是内藤湖南和狩野君山，他们和王国维有过密切的交游……在中国学问的研究上，日本的学术界可以说是落后了三百年，但他们在短期间把那落后的三百年也补起来了。"见郭沫若：《郭沫若自传》，江苏文艺出版社，1996 年，第 222 页。

21. 魏源：《圣武记》，岳麓书社，2011 年，第 494 页。

22. 内藤湖南：《中国史通论》，夏应元主编，钱婉约译，社会科学文献出版社，2004 年，第 697—608 页。

23. 费正清编：《剑桥中国晚清史（1800—1911）》，上卷，中国社会科学院历史研究所编译室译，中国社会科学出版社，1993 年，第 460 页，第 463 页。

24.《道光夷务》，第四册，光绪年间日本刻本，第 1678 页。

25. 胡适：《胡适日记》，1927 年 1 月 25 日，台北远流出版公司，1991 年。

第三节　国债与资本

1. 牟复礼：《中国思想之渊源》，王立刚译，北京大学出版社，2009 年，第 111—112 页。

2. J. G. Pocock: *Western Historiography and Problem of "Western" History*, United Nations, NewYork, 2009.

3. 弗里德里希·迈内克：《马基雅维利主义》，时殷弘译，商务印书馆，2008 年，第 500 页。

4. 王加丰等：《强国之鉴》，人民出版社，2007 年，第 110 页。

5. 尼科洛·马基雅维利：《君主论》，潘汉典译，商务印书馆，2009 年，第 84 页。

6. 弗里德里希·迈内克：《马基雅维利主义》，时殷弘译，商务印书馆，2008 年，第 132—133 页。

7.《乔万尼·阿瑞吉访谈》，《国外理论动态》，2009 年第 8 期。

8. 查尔斯·蒂利：《强制、资本和欧洲国家（公元 990—1992 年）》，魏洪钟译，上海人民出版社，2007 年，第 72 页。

9. 同上，第 50—51 页。

10. 同上，第 91 页。

11. 费尔南·布罗代尔：《菲利普二世时代的地中海和地中海世界》，上卷，唐家龙、曾培耿译，商务印书馆，1998 年，第 732 页，第 736 页。

12. 同上，第 740 页。

13. 同上，第 735—736 页。

14. 同上，第 738 页。

15. 同上，第 736—737 页。

16. 同上，第 748 页。

17. 弗里德里希·迈内克：《马基雅维利主义》，时殷弘译，商务印书馆，2008 年，第 376 页。

18. 亚当·斯密：《国富论》，唐日松等译，华夏出版社，2006 年，第 491 页。

19. 同上，第 450 页。

20. 卡尔·洛维特：《从黑格尔到马克思》，李秋零译，三联书店，2006 年，第

324—325 页。

21. 尼科洛·马基雅维利：《君主论》，潘汉典译，商务印书馆，2009 年，第 19—20 页。

22. 罗斯柴尔德家族，在欧洲乃至全世界声名远扬的金融家族，发迹于 19 世纪初，创始人迈耶·阿姆谢尔·罗斯柴尔德和他的五个儿子在世界各地开设银行，建立了自己的银行产业链，影响了整个欧洲乃至世界历史的发展。

23. Sidney Rogerson: *Propaganda In the Next War*, Republished in 2002, with covernotes and new fore-word by David M. Pidcock，The institute for rational economics, Sheffield S103HN，England.

24. 宫崎市定：《条支和大秦和西海》，见《日本学者研究中国是论著选译》第三卷，刘文俊主编，中华书局，1992 年，第 393 页。

第四节 从康德到列宁

1. 伊曼努尔·康德：《永久和平论》，何兆武译，上海世纪出版集团，2005 年，第 85 页。

2. 康德：《纯粹理性批判》，见《康德著作全集》第三卷，中国人民大学出版社，2007 年，第 13 页。

3. 同上，第 14 页。

4. 康德：《回答这个问题：什么是启蒙》，见《康德著作全集》第八卷，中国人民大学出版社，2007 年，第 44 页。

5. 同上，第 46 页。

6. 同上，第 46 页。

7. 康德：《论永久和平》，见《康德著作全集》第八集，中国人民大学出版社，2007 年，第 363—366 页。

8. 休谟指出，洛克所谓知识是经验的反映，这里的经验只不过是英国的经验，或者说就是英国的意见而已，而康德则指出，在没有一个公开普遍的程序被确定之前，任何经验和意见的表达都是非法的。罗兰·斯特龙伯格：《西方现代思想史》，刘北成等译，中央编译出版社，2005 年，第 220 页。

9. 伊曼努尔·康德：《永久和平论》，何兆武译，上海世纪出版集团，2005 年，第 8—9 页。

10. 威廉 · 恩道尔：《金融海啸》，顾秀林、陈建明译，知识产权出版社，2009 年，第 45 页。

11. 黑格尔：《精神现象学》，上卷，贺麟、王玖兴译，商务印书馆，1979 年第二版，第 5—6 页。

12. 卡尔 · 洛维特：《从黑格尔到尼采》，李秋零译，三联书店，2006 年，第 327—328 页。

13. 黑格尔：《历史哲学》，王造时译，商务印书馆，1963 年，第 1—2 页。

14. 在《法哲学原理》中，黑格尔又曾有更为复杂的表述：国家是“伦理”，市民社会是“观念”，而个人则是“意志”。本节采用了他晚年在《历史哲学》中更为简明的叙述。

15. 黑格尔：《精神现象学》下卷，贺麟、王玖兴译，商务印书馆，1979 年第二版，第 13 页。

16. 黑格尔：《历史哲学》，王造时译，商务印书馆，1963 年，第 2 页。

17. 黑格尔：《法哲学原理》，范扬、张延泰译，商务印书馆,1991 年，第 183 页。

18. 同上，第 260—261 页。

19. 黑格尔：《历史哲学》，王造时译，商务印书馆，1963 年，第 11 页。

20. 康德：《法的形而上学原理：权利的科学》，沈叔平译，商务印书馆，1991 年，第 188—190 页。

21. 卡尔 · 施密特：《陆地与海洋：古今之“法”变》，林国基、周敏译，华东师范大学出版社，2006 年，第 74—75 页。

22. 黑格尔：《历史哲学》，王造时译，商务印书馆，1963 年，第 79 页。

23. 尼采：《论道德的谱系》，周红译，三联书店，1992 年，第 49—50 页。

24. 卡尔 · 马克思：《资本论》，第一卷，郭大力、王亚南译，人民出版社，1956 年，第 157—158 页。

25. 同上，第 2 页。

26. 同上，第 54 页。

27. 同上，第 188 页。

28. 同上，第 188 页。

29. 斯坦利 · L. 布鲁，兰迪 · R. 格兰特：《经济思想史》，邸晓燕译，北京大学出版社，2008 年，第 303 页。

30. 卡尔 · 马克思：《资本论》，第一卷，郭大力、王亚南译，人民出版社，1956 年，第 56 页。

31. 同上，第 8—9 页。

32. 马克思：《黑格尔法哲学批判导言》，见《马克思恩格斯全集》第 1 卷，人民出版社，1995 年，第 16 页。

33. 马克思、恩格斯：《神圣家族或对批判的批判所做的批判》，中央编译出版社，2008 年，第 71 页。

34. 柳宗元等：《论秦始皇》，上海人民出版社，1972 年，第 3—4 页。

35. 马克思：《法兰西内战》，人民出版社，1972 年，第 135 页。

36. 汪晖、陈燕谷编：《文化与公共性》，三联书店，1998 年，第 125 页。

37. 同上。

38. 弗 · 伊 · 列宁：《列宁选集》，第二卷，人民出版社，1960 年，第 759 页。

39. 同上，第 449—450 页。

40. 同上，第 759 页。

41. 同上，第 720 页。

42. 毛泽东：《毛泽东选集》，第二卷，人民出版社，1991 年，第 475 页。

43. 试想，列宁如果在世，将如何评价哈贝马斯的“公共空间”理论呢？在这个问题上，我们也许可以回到列宁当年与罗莎 · 卢森堡之间的争论。卢森堡坚持欧洲的无产阶级由于其在思想和意识上的进步和成熟，依然是世界革命的火车头，而列宁则相反，他认为欧洲的无产阶级思想上的进步已经被其经济上的依附腐蚀，因此他们根本无法制止帝国主义和殖民主义的战争。

第五节 作为“中国方法”的《大同书》

1. 弗里德里希 · 迈内克：《马基雅维利主义》，时殷弘译，商务印书馆，2008 年，第 343 页。

2. 甘阳：《政治哲人施特劳斯：古典保守主义政治哲学的复兴》，见列奥 · 施特劳斯：《自然权利与历史》，彭刚译，三联书店，2003 年，第 64 页。

3. 康德：《判断力批判》，见《康德著作全集》第五卷，中国人民大学出版社，2010年，第216页。

4. 康有为：《春秋笔削大义微言考》，见《康有为全集》第六集，中国人民大学出版社，1998年，第10—11页。

5. 雍正帝：《御制朋党论》，见《清实录》第七册，《世宗宪皇帝实录》卷二十二，中华书局影印本，1985年，第357页。

6. 毛泽东：《论联合政府》，见《毛泽东选集》第三卷，人民出版社，1991年，第1096页。

7. 叶适：《叶适集》，第三卷，中华书局，1971年，第684—686页。

8. 关于《大同书》的完成时代，可以说是1884年开始撰写，1898年9月康有为流亡日本时已成稿20余篇，1901年游历印度、南洋、欧美后又有见闻补入，故可知定稿当在1902年之后，康有为晚年定居上海后仍有补续。

9. 萧公权：《近代中国与新世界：康有为变法与大同思想研究》，汪荣祖译，江苏人民出版社，2007年，第77页。

10. 钱基博：《近百年湖南学风》，中国人民大学出版社，2004年，第13—14页。

11. 康有为：《孔子改制考》，见《康有为全集》第三集，中国人民大学出版社，2007年，第101页。

12. 袁行霈、严文明、张传玺、楼宇烈主编：《中华文明史》，北京大学出版社，2006年，第133页。

13. 康有为：《春秋笔削大义微言考》，见《康有为文集》第六集，中国人民大学出版社，2007年，第13页。

14. 同上，第17页。

15. 康有为：《桂学答问》，见《康有为全集》第二集，中国人民大学出版社，2007年，第18页。

16. 康有为在自编《年谱》中，说到其自幼胸怀大志，尝自比圣贤："动希古人，某事辄自比南轩，某文辄自以为东坡，某志辄自以为六祖、邱长春矣。"

17.《盐铁论校注（定本）》，王利器校注，中华书局，1992年，第6—7页。

18. 苏舆：《春秋繁露义证·三代改质文第二十三》，中华书局，1992年，第184—185页。

19. 陶希圣:《中国政治思想史》，上卷，中国大百科全书出版社，2009 年，第 254 页。

20. 对康有为是“伪儒”的批评和诟病，从戊戌变法时代就开始了。这些批评者包括当时的士大夫保守派，如荣禄等，也包括支持改革的维新派，如孙家鼐、张之洞等。今人对康有为否定最积极的是钱穆，其最不满处是康有为对宋明理学的打击，但是，钱穆的道学习气太重，不可能理解康有为把儒学改造为政治哲学与改革意识形态的思想努力和真实用意。

21. 康有为:《上清帝第一书》，见《康有为全集》第一集，中国人民大学出版社，2007 年，第 180 页。

22. 康有为:《请商定教案法律厘正科举文体听天下乡邑增设文庙谨写〈孔子改制考〉进呈御览以尊圣师而保大教折》，见《康有为全集》第四集，中国人民大学出版社，第 92—94 页。

23. 康有为:《答朱荣升书》，台北《万木草堂遗稿外编》，第 62 页。

24. 康有为:《保朝鲜策》，见《康有为全集》第一集，中国人民大学出版社，2007 年，第 246 页。

25. 陈立:《春秋公羊传注疏》，嘉庆刻《十三经注疏》，中华书局影印本，第 4820 页。

26. 康有为:《统筹全局疏》，见《康有为编发奏章辑考》，孔祥吉编著，北京图书馆出版社，2008 年。

27. 同上。

28. 康有为:《钱币疏》，见《康有为文集》第一集，中国人民大学出版社，2007 年，第 173 页。

29. 戴建兵:《金钱与战争：抗战时期的货币》，广西师范大学出版社，1995 年，第 27 页。

30. 萧公权:《近代中国与新世界，康有为变法与大同思想研究》，汪荣祖译，江苏人民出版社，2007 年，第 237—238 页。

31. 康有为:《礼运注》，见《中国哲学史教学资料选辑》下册，中华书局，1982 年，第 418 页。

32. 康有为:《论语注》，见《康有为全集》第二集，中国人民大学出版社，

2007 年，第 393 页。

33. 康有为：《大同书》，见《康有为文集》第七集，中国人民大学出版社，2007 年，第 154 页。

34. 同上，第 157 页。

35. 同上，第 161 页。

36. 同上，第 161 页。

37. 同上，第 175 页。

38. “不忍之心”看起来是受到佛教思想的影响，但佛教是否定人的现实欲望以求解脱的，而康有为则认为阻碍人间平等自由的是“制度”，而非“欲望”，他对于欲望是肯定的，这是他与儒家和佛教的根本不同之处。

39. 康有为：《大同书》，见《康有为文集》第七集，中国人民大学出版社，2007 年，第 93 页。

40. 同上，第 155 页。

41. 魏斐德：《历史与意志：毛泽东思想的哲学透视》，李君如等译，中国人民大学出版社，2006 年，第 131 页。

第六节 “出乎意料”的现代性及其后果

1. 彭慕兰：《大分流：欧洲、中国及现代世界经济的发展》，史建云译，江苏人民出版社，2003 年，第 6 页。

2. 滨下武志：《近代中国的国际契机：朝贡贸易体系与近代亚洲经济圈》，朱荫贵译，中国社会科学出版社，1999 年，第 24—25 页。

3. 汉诺威王朝（1714—1901）近 200 年国家岁入的 4/5 均用于军事开支，它是不折不扣的军事政权。为了支付高昂的战争费用，英国国债额从詹姆斯二世（1685—1688 年在位）时的 200 万 ~300 万英镑激增至乔治四世（1820—1830 年在位）时的 8.21 亿英镑。见梅俊杰：《自由贸易的神话》，上海三联书店，2008 年，第 133 页。

4. 伊曼纽尔 · 沃勒斯坦：《现代世界体系》，第三卷，庞卓恒译，高等教育出版社，2000 年，第 24 页。

5. 恩格斯在 1844 年曾经这样写道：“首先是瓦斯爆炸，几乎每天都有；其次是坑道坍塌，把工人活埋或者弄成残废；最后，是下井的绳索往往质量很差，造成不幸的工人坠落而粉身碎骨。根据《矿业杂志》的统计，仅此每年就要夺去1 400人的生命，仅就郎卡郡一地而言，《曼彻斯特卫报》每周都要报道两三起不幸事件。即使煤矿工人侥幸活下来，因为职业病，他们的平均寿命不会超过45岁。”今天很少有人再去阅读恩格斯这部题为《英国工人阶级状况》的著作了。在著作的开头，恩格斯这样写道：“我抛弃了社交活动和宴会，抛弃了资产阶级的葡萄牙红葡萄酒和香槟酒，把自己的空闲时间几乎都用来和普通工人交往，对此我感到高兴和骄傲。”今天的知识界人士彻底忘记了恩格斯的高尚情怀。参见《马克思恩格斯全集》，第二卷，人民出版社，1957年，第274—531页。

6. 伊曼纽尔·沃勒斯坦：《现代世界体系》，第一卷，尤来寅、路爱国等译，高等教育出版社，1998年，第126页。

7. 同上，第199页。

8. 宫崎市定：《宫崎市定论文选集》，上卷，中国科学院历史研究所翻译组编译，商务印书馆，1963年，第200页。

9.《盐铁论·刺权第九》，王利器校注，中华书局，1992年，第121页。

10. 卡尔·波兰尼：《大转型：我们时代的政治与经济起源》，刘阳、冯钢译，浙江人民出版社，2007年，第103页。

11. 贡德·弗兰克：《白银资本：重视经济全球化中的东方》，刘北成译，中央编译出版社，2001年第2版，第216、220页。

12. 卡尔·波兰尼：《大转型：我们时代的政治与经济起源》，冯钢、刘阳译，浙江人民出版社，2007年，第103页。

13. Larry Neal: *The Rise of Financial Capitalism:International Capital Markets in the Age of Reason*, Cambridge Press, 1990. 亦见于周一良主编：《世界通史》（近代部分），上册，人民出版社，1962年，第41页。

14. 梅俊杰：《自由贸易的神话》，上海三联书店，2008年，第135页。

15. 约翰·F. 乔恩：《货币史》，李广乾译，商务印书馆，第354—356页。美元的说法来自美国政府发行的货币与西班牙银圆的比价换算关系，即15.21：1，这从dollar这个词的词根来源可以看得非常清楚，dollar是thler的变音，是Joatchimsthal这个地名的简写，这个地方位于欧洲波希米亚，是欧洲最主要的银矿所在地。

16. 朱维铮:《挨打不是因经济落后》,《东方早报》,2008 年 1 月 4 日。

17. 安东尼 · 吉登斯:《现代性的后果》,田禾译,黄平校,译林出版社,2000 年,第 4—5 页。

18. 宫崎市定:《东洋的近世》,见《日本学者研究中国史论著选译》第一卷,刘俊文主编,中华书局,1992 年,第 239 页。

19. 同上,第 241 页。

20. 毛泽东:《矛盾论》,见《毛泽东选集》第一卷,人民出版社,1991 年,第 300—301 页。

21. 毛泽东:《为建设一个伟大的社会主义国家而奋斗》,见《建国以来毛泽东文稿》,中央文献出版社,1990 年,第 553 页。

22. 毛泽东:《在中国共产党第七届中央委员会第二次全体会议上的报告》,见《毛泽东选集》第四卷,人民出版社,1991 年,第 1438—1439 页。

23. 毛泽东:《民众的大联合》,《湘江评论》第四号,民国八年(1919)八月四日出版。

24. 毛泽东:《为人民服务》,见《毛泽东选集》第三卷,人民出版社,1991 年,第 1005 页。

25. 此系毛泽东 1914 年 11 月 11 日,在长沙一师读书时所书《讲堂录》。